Geschichte des Design in Deutschland

Gert Selle ist emeritierter Professor für Kunstpädagogik an der Universität Oldenburg. Er lebt und arbeitet als Kulturhistoriker und Essayist in München.

Gert Selle

Geschichte des Design in Deutschland

Aktualisierte und erweiterte Neuausgabe

Campus Verlag
Frankfurt/New York

Bibliografische Information der Deutschen Nationalbibliothek:
Die Deutsche Nationalbibliothek verzeichnet diese Publikation in der
Deutschen Nationalbibliografie. Detaillierte bibliografische Daten
sind im Internet über http://dnb.d-nb.de abrufbar.
ISBN 978-3-593-38487-0

Das Werk einschließlich aller seiner Teile ist urheberrechtlich geschützt.
Jede Verwertung ist ohne Zustimmung des Verlags unzulässig. Das gilt
insbesondere für Vervielfältigungen, Übersetzungen, Mikroverfilmungen
und die Einspeicherung und Verarbeitung in elektronischen Systemen.
Copyright © 2007 Campus Verlag GmbH, Frankfurt/Main
Umschlaggestaltung: Guido Klütsch, Köln
Umschlagmotiv: sog. Bofinger-Stuhl. Bofinger Production, Ilsfeld.
Entwurf Helmut Bätzner, 1966
Satz: Fotosatz L. Huhn, Linsengericht
Druck und Bindung: Druck Partner Rübelmann, Hemsbach
Gedruckt auf säurefreiem und chlorfrei gebleichtem Papier.
Printed in Germany

Besuchen Sie uns im Internet: www.campus.de

Inhalt

Vorwort		9
Einleitung		11
Designgeschichte als Wissenschaft und als Erzählung		11
Produktform und Gesellschaft		16
I	**Fabrikation und Ästhetik – Aufbruch in das Industriezeitalter**	23
	1 Beginn der industriellen Revolution in Deutschland	25
	Voraussetzungen des Produzierens	25
	Gestaltung aus der Form der Arbeit	28
	Maschinenbau als technische Kunst	30
	2 Gebrauchsgerät aus Handwerk und Manufaktur	36
	Der Künstler als Entwerfer: Karl Friedrich Schinkel	36
	Staatstragendes Design im Klassizismus	41
	Biedermeier – das Nahe und Vertraute	43
II	**Kunstindustrie, Massenprodukt und Gebrauchserfahrung**	49
	1 Ökonomie und Ideologie der Produktgestalt	51
	Modellierung des Nutzers durch den Gegenstand	51
	Thonet Nr. 14	52
	Das unsichtbare Design der Industrialisierung	57
	Warenöffentlichkeit und Gegenstandsbeziehung	60
	Der wilhelminische Historismus	62
	Die erste deutsche Massenproduktkultur	70
	2 Die Kunstgewerbe-Reform um 1900	77
	Ausgangslage der Entwurfsarbeit	77
	Die spezifisch deutsche Interpretation	86
	Künstler zwischen Mäzenat, Werkstätte und Fabrik	89
	Der Musterzeichner als Berufsbildprojektion	95
	3 Versachlichung des Entwurfs in der Großindustrie	99
	Peter Behrens bei der AEG. Richard Riemerschmid und die Dresdener Werkstätten für Handwerkskunst	99

  Rationalisierung am Produkt – ein scheinbar abwegiges Beispiel 113
  Bündelung der Interessen im Deutschen Werkbund 1907–1914 115
  Bildungsbürgertum und zweite Kunstgewerbe-Reform 121
  Arbeiterwohnung und Arbeitermobiliar 123

III Entwurf der Moderne zwischen den Weltkriegen 127

1 Das produktkulturelle Profil der ersten Republik 129
  Kunst, Architektur und Design im revolutionären Umbruch 129
  Die Bauhaus-Entwicklung 132
  Eine Lampe aus dem Bauhaus 142
  »Stahlclubsessel« B3 145
  Funktion als Paradigma 151
  Neudefinition der Rolle des Entwerfers 154
  Ein Fazit 159
  Sozialdesign: Das Beispiel Ferdinand Kramer 160
  Das Problem der kulturellen Standardisierung 166
  Die Frankfurter Küche 169

2 Die produktmoralische Indifferenz 175
  Angestelltenkultur – zentraler Umschlagplatz der Moden 175
  »Form um 1930« – ein Übergangsphänomen? 182

3 Verteilungspolitik und Entwurf im »Dritten Reich« 192
  Alltag nach 1933 192
  Der Volksempfänger 200
  Ein Auto für alle 202
  Nationalsozialistische Design-Adaptionen 207

IV Der Weg in die Automation und den Massenkomfort 217

1 Institutionalisierung des Design 219
  Wiederaufbau im geteilten Deutschland 219
  Staatliche Designförderung 222
  Das Produktbild der fünfziger Jahre 228
  Schneewittchensarg 235
  Ulmer Hocker 240
  Ein neuer Funktionalismus 243
  Design-Interpretationen in Ost und West 250

2 Über Theorie und Praxis des Design 1968–1989 255
  Warendesign und Funktionalismuskritik 255
  Das ökologische Intermezzo 262
  Die neue gestalterische Freiheit 267
  »Consumer's Rest« 273

	Der Kult mit Artefakten	276
	Unübersichtliches Gelände	281
	Gestaltung des Produktionswerkzeugs	283
	Zwei deutsche Parallelkulturen	286

V Design im Zeitalter der Mikroelektronik — 293

1 Produktform am Ende des 20. Jahrhunderts — 295
- Aufbruch in eine Weltproduktkultur — 295
- Neuorientierung der designhistorischen Analyse — 300

2 Exemplarische Entwurfsstrategien — 305
- Miniaturisierung: Die Minox — 305
- Simulation: Ereignisfeld Resopal — 309
- Animation: Ein Wasserkessel — 315
- Symbolisierung: Tabula rasa — 318
- Interface: Ein Entwurf der Gruppe Kunstflug — 322
- Digitalisierung: Der Mikrochip — 326
- Multifunktionalität: Das hybride Handy — 329
- Sensualisierung: Spiralnudel und Gummibärchen — 334

3 Totalästhetisierung des Alltags — 338
- Die Inflation des Schönen — 338
- Design in Deutschland oder Deutsches Design? — 342
- Die Parallelweltenbastler — 346
- Ein neuer Designbegriff — 351
- Materielle und immaterielle Produktkulturen — 354
- Material – ein aktuelles Thema? — 356

4 Exkurs: Das designpädagogische Profil des Deutschen Werkbundes — 363

5 Produktkultur jenseits normativer Ästhetik — 374
- Zum Stand der Dinge — 374
- Der Reiz des Irrationalen — 382

VI Anhang — 391

- Danksagung — 393
- Literatur — 394
- Register — 432
- Bildnachweis — 441

Vorwort

Designgeschichte ist ein Ereignis im Fluss der Zeit. Man sieht sie, als Betrachter in eine Gegenwart eingebunden, die den Blick beeinflusst, immer wieder neu, so dass die hermeneutische Arbeit nie endet. Entweder treten Phänomene in den Vordergrund, die man lange übersehen oder nicht gewichtet hat, oder es sind neue Forschungsergebnisse zu berücksichtigen, die eine Erkenntnis präzisieren oder korrigieren. Auch kann die Entwicklung einen so überraschenden Verlauf genommen haben, dass neue Beobachtungen die älteren überlagern, von denen sich wiederum einige bestätigt, andere in Frage gestellt sehen. All dies ist hier berücksichtigt worden.

So sind Teile des Buches kaum verändert aus seiner letzten Fassung von 1994 übernommen, andere ergänzt oder auch ganz neu geschrieben worden. Das Buch selber hat eine Geschichte, die 1978 mit *Designgeschichte in Deutschland von 1870 bis heute* begann und 1987 unter dem Titel *Designgeschichte in Deutschland. Produktkultur als Entwurf und Erfahrung* fortgesetzt wurde. Sieben Jahre später erschien *Geschichte des Design in Deutschland* als Vorläufer des nun erweiterten und aktualisierten Bandes, der sich wiederum als Einführung in den Zusammenhang von Ökonomie, Technologie, Soziologie, Psychologie, Morphologie und Ästhetik industrieller Produktformen versteht. Auch dieser Neuansatz führt über den Rahmen deutscher Designgeschichte hinaus in die allgemeine Geschichte industrieller Formgebungen, insoweit die Entwicklung in Deutschland Fallstudienmaterial in einer Fülle anbietet, die verallgemeinerbare Einsichten in das Prinzip Design gewährt. Dessen Geschichte scheint dem unsichtbaren Masterplan einer dynamischen, technik- und industriegeprägten Moderne zu entsprechen, deren Grundmuster durch Analyse ihrer Produkte kenntlich gemacht werden kann.

Design hat die Eigenschaft, wie selbstverständlich schön zu sein. Es empfiehlt sich, das niemals zu glauben, auch nicht, wenn die anschwellende Menge populärer Designliteratur und Zurichtungen des Themas in den Medien das nahelegen. Nichts ist selbstverständlich am Design. Man sollte in Erfahrung bringen, weshalb ein Produkt als schön gilt, worauf sein Charakter gründet, wer es für wen produziert hat, warum es fasziniert und was sich unter seiner Haut verbirgt. Bis zu dieser unsichtbaren Schicht muss man sich durcharbeiten, um eine Form zu verstehen. Das wird hier immer wieder versucht.

Dass in diesem Buch vieles fehlt oder nur angedeutet ist, liegt nicht nur an seinem begrenzten Rahmen, sondern auch am Abstand, der gegenüber der Fülle des Gestalteten gewahrt werden muss, um Verhältnisse, Strukturen und Entwicklungslinien hervortreten zu lassen. So kommt manches interessante Stück hier nicht vor und sehen sich viele Entwerfer nicht erwähnt. Zum Glück gibt es Museen, Sammlungen, Ausstellungskataloge und Monografien. Leserinnen und Leser mögen sich über das umfangreiche Literaturverzeichnis zu vertiefenden Studien anregen lassen.

Da es viele reich ausgestattete Bildbände zum Design gibt, sind Verlag und Autor übereingekommen, den hier vorgelegten analytischen Textband nur im notwendigen Umfang zu illustrieren. Schwarz/Weiß-Wiedergaben erfüllen ihren Zweck als anschauliche Belege. Schließlich kann man ohnehin nur zeigen, was sichtbar ist. Wo immer auch vom unsichtbaren Design die Rede sein muss, trägt kein Bild weit genug. Eine der Aufgaben des Buches besteht darin, sichtbare und unsichtbare Gestaltveränderungen am historischen Produkt transparent zu machen, die sich im Zuge fortschreitender Industrialisierung ergeben. Diese Veränderungen sind beobachtbar. Sie schärfen die Aufmerksamkeit auch für Brüche und Verwerfungen im designhistorischen Feld. Designhistorische Studien treiben heißt immer, Gegenwart und Vergangenheit in Beziehung zu setzen. Und wer von der Genese und den Metamorphosen industrieller Produkt-Typen und -Formen spricht, muss den Wandel ihrer Funktion und Gestalt vor dem Hintergrund sich entwickelnder Wirtschaftsformen und Produktionstechniken, das heißt, die Geschichte der Fabrikation stets mitbedenken.

Der Aufbau des Textes folgt nicht immer dem Ideal eines linearen Geschichtsverlaufs. Oft werden epochale Entwicklungen zu Blöcken zusammengefasst, exemplarische Produkte analysiert oder Rückgriffe dazu genutzt, um Zusammenhänge zu verdeutlichen. Vollständigkeit wird nicht angestrebt. Das Buch ist vielmehr darauf angelegt, die grundlegenden Muster oder Paradigmen der Industrialisierungsgeschichte im Spiegel des Design hervortreten zu lassen. Je näher der Text unserer Gegenwart kommt, umso mehr verändert sich das Buch im Vergleich zu seiner früheren Fassung. Das liegt auch daran, dass sich heute Aussagen zum Konkurrenzverhältnis der alten analogen und der neuen digitalen Produktkulturen treffen lassen. Zudem kann man inzwischen auf zahlreiche Neuerscheinungen in der Fachliteratur zurückgreifen und sind Themenbereiche hinzugekommen, die sich 1994 erst angedeutet haben. Das Globalisierungsgeschehen, die Dehnung des Begriffs Design, das Entstehen virtueller Parallelwelten, das Jubiläumsjahr des Deutschen Werkbundes und die Tendenz zur Fetischisierung der Artefakte haben zusätzliche Kapitel erforderlich gemacht. Hinzu kommt das aktualisierte, um zahlreiche Titel erweiterte Literaturverzeichnis, das schon in der früheren Fassung sehr umfangreich war.

Aufgrund seiner modellhaften Deutungsansätze und dezidierten Stellungnahmen erhebt dieses Buch entschieden Anspruch auf Teilhabe am designtheoretischen und designhistorischen Diskurs. Dennoch versteht sich der Einmischungsversuch nicht in erster Linie als Beitrag zur Fachdiskussion, sondern ist allen am Design und seiner Geschichte Interessierten gewidmet. Leserin und Leser sind als alltagserfahrene Akteure gelebter oder erinnerter Produktkulturen angesprochen und werden sich an mancher Stelle wiedererkennen. Designerinnen und Designer werden sich mit ihrem professionellen Selbstverständnis in einen Geschichtsverlauf eingebettet, Studierende und Lehrende sich mit dem kulturhistorischen Komplex Design in einer Weise konfrontiert finden, die von den üblichen Formen der Einebnung und Glättung der Geschichte des Gestaltens abweicht. Und nicht zuletzt wird dem herrschenden Designbetrieb ein Programm bewusster Wahrnehmung und analytischer Durchdringung gegenübergestellt.

Einleitung

Designgeschichte als Wissenschaft und als Erzählung

Designgeschichte ist Forschungsfeld, zugleich Erzählform dessen, was über die Zeiten hinweg als produktgestalterische Leistung erkennbar geblieben ist. Im Forschungsgegenstand spiegelt sich das historische Geflecht von Produktionsbedingungen, gesellschaftlichen Strukturen, ästhetischen Leitvorstellungen, spezifischen Formen der Entwurfsarbeit und der Aneignungsweisen des Produzierten im Gebrauch. Mit dem produktkulturellen Kontext entsteht ein Rahmen, in dem einzelne Objekte interpretiert werden können.

Wer immer das Deuten, auch mit wissenschaftlichem Eifer, versucht, wird unwillkürlich zum Erzähler: Er stellt ein (Re-)Konstrukt dessen her, was für ihn im Rückblick bemerkenswert ist. Seine Erzählung bekommt, blickbedingt, ein eigenes »Design«. Alle Rekonstruktionsversuche oder Erzählweisen geben Regeln vor, wie Produktkulturen wahrzunehmen und zu interpretieren sind. Gleichzeitig prägen sie bewusst oder unbewusst den Phänomenen bestimmte Ordnungs- und Deutungsmuster auf. Es gibt daher keine »objektiven« Aussagen, sondern immer nur Wahrscheinlichkeitsoptionen im Rahmen konzeptabhängiger Definitionen dessen, was man unter Designgeschichte verstehen will. Es ist immer »die geschriebene und nicht die geschehene Geschichte, die wir inzwischen als unseren festen Wissensstand akzeptieren« (BELTING 2002, S. 32). Und alles Geschriebene ist durch den Filter theoretischer Annahmen und subjektiver Überzeugungen gegangen: Weder muss etwas tatsächlich so geschehen sein, wie behauptet, noch muss es womöglich den Sinn gehabt haben, der den Ereignissen im Nachhinein unterlegt wird. Daher gibt es nicht *die* Designgeschichte, sondern nur eine Summe von Interpretationen, die sich aus den verschiedenen Herangehensweisen und Deutungsmustern sowie aus den Zwecken der Darstellung ergeben. Erzählte Geschichte ist immer ein Konstrukt.

Auch seriöse wissenschaftliche Elaborate enthalten kein Abbild von Designgeschichte, sondern geben Ansichten des Vergangenen wieder. Im Prinzip gibt es so viele Ansichten wie Autoren, die vorgefundene Konzepte angewendet, abgewandelt oder neue hinzuerfunden haben. Oft ist der Wunsch nach Übersichtlichkeit und Vereinfachung der Anlass eines solchen Konstrukts. Eine stilgeschichtliche Musterung des Objektbestandes, die das äußere Erscheinungsbild für das Design einer Sache hält und alles ausgrenzt, was am Entwurf unsichtbar bleibt, aber auch der Versuch, über einen Kanon herausragender Entwürfe den Eindruck einer linear fortschreitenden Produktgestaltungsgeschichte zu erwecken, legen diesen Verdacht nahe. Doch weder die nach stilistischen Merkmalen ordnende Betrachtung des Vorfindlichen noch die Reihung gestalteter Objekte oder »Designklassiker« zu einem Kanon garantieren ein verlässliches Bild der Vergangenheit.

Produktkulturen entstehen und vergehen in produktionsgeschichtlichen Umfeldern und rezeptionsgeschichtlichen Vollzügen. Kein Artefakt entsteht, um sich unter stilgeschichtlichen Merkmalen verbuchen zu lassen. Kein Designobjekt wird ohne den Produktionshintergrund der Fabrik realisiert. Und jedes Massenprodukt wird durch kollektiven Gebrauch in einen Raum kultureller Erfahrung überführt. Stilgeschichte und Kanon sparen weitgehend aus, was Produktkulturen wirklich waren und sind: Schnittstellen des Ausstoßes industrieller Massenwaren mit dem gesellschaftlichen Konsum einer Epoche als der tatsächlichen Aneignungsebene von Design.

Wie der englische Designhistoriker John A. Walker feststellt, darf man sich nicht auf einen »simplifizierten Geschichtsbegriff« beziehen, dem die Vorstellung zu Grunde liegt, »dass der Stab genialer Begabung oder avantgardistischer Innovation (...) aus der Hand eines Designers zum nächsten in einer endlosen Staffel von Glanzleistungen weitergereicht« worden sei (WALKER 1992, S. 79). Daher ist Designgeschichte weder als Sammlung gestalterischer Spitzenleistungen noch als Designer-Geschichte zu erzählen. Vielmehr bildet sie sich im historischen Zusammenhang des Gestaltens, des Gestalteten und des Gebrauchs auf der Grundlage ökonomischer, technologischer und sozialer Entwicklungen als Teil der Kulturgeschichte ab. Deshalb ist sie auch nicht mit Kunstgeschichte gleichzusetzen, als deren Anhängsel sie lange Zeit galt. Designgeschichtsforschung ist eine eigene Wissenschaftsdisziplin, die sich insoweit dem aktuellen Selbstverständnis der modernen Kunst- und Bildwissenschaften anschließen darf, als sie mit ihnen das Bewusstsein teilen sollte, allzu lange ihren Gegenstand willkürlich eingegrenzt zu haben.

Aus inzwischen gewonnener Distanz zu älteren Erzählweisen von Designgeschichte lassen sich offenere Ansätze entwickeln, in die Erweiterungen und Vertiefungen des Designbegriffs der Gegenwart Eingang finden. Die Erkenntnis, dass *alle* Artefakte ein Design erfahren haben, das durch sie in die Gebrauchskulturen übertragen wird, zwingt zu einer ersten Öffnung und Erweiterung der Forschungsperspektive. Die ältere Designgeschichtsschreibung erweist sich vor allem dort als defizitär, wo sie das gewöhnliche Design des Alltags ausgrenzt. Heute weiß man, dass nicht nur das besonders Gestaltete, sondern auch das Indifferente, ja sogar das Missgestaltete Gegenstand kultureller Erfahrung gewesen ist, ebenso das anonyme Design, das auf der Basis von Technologie und Verwertungsinteresse quasi von selbst entsteht und in seiner Massenpräsenz die Erfahrung prägt (vgl. FRIEDL/OHLHAUSER 1979).

Fragwürdig geworden ist auch die Beschränkung auf den Bestand materialisierter Produkte. Auch die nicht objektfixierten abstrakten Ordnungsmuster des Alltagslebens haben ein Design und geben es an uns weiter: »Wenn man das materielle Objekt zum Fetisch erklärt, wird dadurch das Forschungsgebiet der Designgeschichte unnötig beschränkt. Neben materiellen Artefakten gibt es auch sogenannte ›Mentefakte‹, das heißt Denksysteme und Strukturen, die ebenfalls ein Design haben, zum Beispiel logische Systeme, Computerprogramme, Bildungsgänge, Ordnungen für die Warteschleifen von Flugzeugen (...). In der Designgeschichte werden solche Mentefakte so häufig übersehen, weil ihnen die leichte Fasslichkeit von Objekten wie Schreibmaschinen oder Stühlen abgeht.« (WALKER 1992, S. 78)

Designgeschichte ist jedenfalls nicht nur, was Designer als ihren Beitrag hinterlassen. Es gibt noch eine andere Designgeschichte, die ihrer Entdeckung, Beschreibung und Analyse harrt – eine anonyme und eine, die das Produkt gestalterischer Arbeit, das materiell vor Augen liegt, transzendiert.

Konzeptrevisionen der Geschichtsschreibung gehen mit Neudefinitionen des Designbegriffs einher. Heute ist im weitesten Sinne Designgeschichte und damit potenzieller Forschungsgegenstand der gesamte Bestand an Artefakten und »Mentefakten«. Dabei geht es inhaltlich um Kategorien des Sichtbaren und des Unsichtbaren, um mit oder ohne Absicht geformte Kulturprodukte und in den Lebensvollzug eingreifende Gestaltungsprogramme einschließlich ihrer Entstehungs-, Rezeptions- und Wirkungsgeschichte. Der Blick des Designhistorikers muss daher auf das kulturhistorische Gewebe gerichtet sein, in das Design eingesponnen ist. Allerdings wird es auf diese Weise schwieriger, weil teilweise zu einem im Wortsinne gegenstandslosen Unterfangen, Designgeschichte zu erzählen.

Um handfeste Erkenntnisse zu gewinnen, bedarf es methodischer Tricks wie den der punktuellen Tiefenbohrung im historischen Sediment. Um bei Walkers Beispiel zu bleiben: Eine solche Tiefenbohrung, bei der zitierten Warteschleife angesetzt, ließe sich dazu nutzen, in den Kontext der Geschichte der Flugzeugkonstruktionen, der Entwicklung spezieller Industrien, der Planung von Flughäfen mit ihren Sicherheits- und Leitsystemen und des Massentourismus mit seinen kulturellen und ökologischen Folgen einzudringen. Die Form der Flugzeuge wird dann nebensächlich. Wie jedes physische Werkzeug sein zweckgerichtetes körperhaftes Design hat, ist auch der Airbus nur ein Zeug, das fliegt, was bei seiner Größe einiger konstruktiver Anstrengungen bedarf. Man lässt sich davon beeindrucken. Aber das erweiterte designhistorische Interesse wird sich eher mit dem Stand der Technologien, der Art, wie das Management Turbulenzen begegnet, dem Netzwerk von Herstellern und Zulieferfirmen und nicht zuletzt mit der gesellschaftlichen Gewöhnung an Großflugzeuge und Fernreisen in exotische Länder befassen. Ein systemisches Design auf höherer Ebene beherrscht und steuert alle anderen Anwendungsbereiche von Design bis zur Urlaubsgestaltung in weltweit gestreuten Wellnesszentren.

Ein Problem der Designgeschichtsforschung ist die oft nicht ausreichende Kontextualisierung erhobener Fakten und Daten: In welchen wirtschaftlichen, politischen, gesellschaftlichen und gesamtkulturellen Zusammenhang ist die Entstehungs- und Wirkungsgeschichte eines Produkts oder Dienstleistungsangebots eingebettet? Nur allmählich hat sich bei Designhistorikern die Erkenntnis durchgesetzt, dass es Design ohne Kontext nie gegeben hat und nie geben wird und daher andere Wissenschaftsdisziplinen (Technik- und Wirtschaftsgeschichte, Gesellschafts- und Kulturgeschichte etc.) hinzugezogen werden müssen, um einen Entwurf historisch zu verorten (vgl. SCHNEIDER 2006, S. 205 f.). Ohne Umfeldanalyse, das heißt Kontextforschung, hängt jedes Designprodukt praktisch in der Luft.

Gewiss darf ein Designhistoriker sein Forschungsfeld so klein wie möglich halten. Schon in der unübersichtlichen Welt der Konsumgüter hätte er die Qual der Wahl, welche Objekte er für besonders geschichtshaltig erklären und einer Untersuchung zuführen möchte. In jedem Fall wird er darüber nachdenken müssen, welches zur Darstellung und Analyse geeignete Modell der Rekonstruktion er je nach Reichweite seines Interesses und des vermuteten Gehalts der Objekte und beobachteten Prozesse anwenden möchte. Ein Designobjekt erschließt sich nur begrenzt durch seine ästhetischen Merkmale (Formanalyse). Seine Produktionsgeschichte (Grundlagen der Fabrikation), seine Entwurfsgeschichte (Optimierung von Eigenschaften), seine Rezeptionsgeschichte (gesellschaftliche Akzeptanz) und seine Wirkungsgeschichte (Beitrag zum kulturellen Habitus) bilden einen Zusammenhang, ohne dessen Darstellung das überlieferte Objekt stumm, das heißt geschichtslos sein Sosein fristen würde.

Designhistorische Analysen verstehen sich als Versuche zur Aufhellung des Dunkels, in das industriekulturelles Geschehen versinkt, sofern niemand zu rekonstruieren versucht, wie es gewesen sein könnte. Wir wissen heute: Am Mythos der Moderne ist Design ursächlich, vielleicht maßgeblich mit beteiligt. Manchmal scheint es mit ihm geradezu identisch zu sein, wie in jener Stromlinienform, die einst Bleistiftanspitzer oder Toaster nicht verschonte. Wie man den Mythos sachlich in seinen nüchternen Fundamenten aufarbeiten kann, hat Sigfried Giedion in seiner grundlegenden Studie zur Geschichte der Mechanisierung gezeigt. Auf 800 Seiten ist nicht ausdrücklich von Design, sondern von der Entwicklung bestimmter Werkzeuge und von den darin aufscheinenden objektiv zwingenden Gestaltungsleitlinien des Fabrikzeitalters die Rede. Die Beispielreihe reicht von der Mechanisierung des Teig-Knetens in Bäckereien über die rationelle Tötung von Vieh nebst Fleischverarbeitung in Schlachthöfen bis zur Entwicklung von Badezimmereinrichtungen und anderen Alltäglichkeiten (vgl. GIEDION 1948). Ein vergleichbares Grundlagenwerk, das die Geschichte der Mechanisierung in die Epoche der Digitalisierung weiterschreibt, gibt es leider noch nicht. Es bedürfte dazu einer enzyklopädischen Anstrengung.

Wir sind von hochmodernen, aber auch von vielen älteren Produkten umgeben, die ein Design haben und auf uns gewissermaßen übertragen, während wir glauben, mit ihnen nur etwas zu erledigen. Kugelschreiber, TV-Gerät, Kühlschrank oder PC – alles beginnt irgendwann »selbstverständlich« zu werden. Was ist daran gestaltet, was das Gestaltende? Was Designgeschichte? Vielleicht das Nicht-Selbstverständliche an Dingen und Gewohnheiten. Oder das bis heute Unverstandene, aber Allgemeinverbindliche, Gesetzmäßige. Oder wie wir mit den Dingen »sprechen«. Oder über welchen Vorrat eingeübter Verrichtungsgesten wir verfügen, während uns die stummen Diener zu wiederholtem Tun veranlassen und dabei unauffällig erziehen.

Produktkulturen entstehen aus der Summe aller im Gebrauch befindlichen Artefakte und Mentefakte einer Epoche und den Umgangsweisen mit ihnen bzw. den Erfahrungen der Nutzer mit Dingen und Nicht-Dingen. In Produktkulturen findet sich Sichtbares und Unsichtbares, Gegenständliches und Immaterielles vereint – dies schon in den alten, eindeutig materiell bestimmten Gegenstandswelten, vermehrt aber dort, wo immaterielles Design unaufhaltsam in den Alltag der Postmoderne eindringt und erfahrungsleitend wirkt.

Wer sich mit der Geschichte der Produktkulturen befassen will, muss daher zwangsläufig ihre artifizielle Gegebenheit, ihr Gemachtsein, und die Folgen analysieren, die sich aus der Gewöhnung an sie im Massengebrauch ergeben. Mit anderen Worten: Der Designhistoriker muss sein Augenmerk auf die mit oder ohne Absicht gestalteten Produkte und ihr Funktionsspektrum richten, aber auch rekonstruieren, wie Zeitgenossen diese Produkte verwendet und angesehen bzw. interpretiert haben. Jedes noch so unauffällige Produkt ist ein designhistorisches Beispiel, jede Ingebrauchnahme eine Fallstudie wert. Im Museum bekommt man allenfalls das Objekt mit Datierung und Herkunftshinweis zu sehen. Alles andere muss man sich hinzudenken. Denn das Museum präsentiert in der Regel Objekte aus seinem Bestand, die aus einem dem Betrachter nicht mitgeteilten Blickwinkel Designgeschichte repräsentieren sollen.

Die Depots der Museen quellen über wie die Abfalldeponien des Industriezeitalters. Besucher dürfen beide Orte leider nicht betreten.

Das Museum zeigt das Besondere, das nach unveröffentlichten Kriterien der Sammlung Entnommene. Was man sieht, ergibt kein kohärentes Bild realgeschichtlichen Geschehens. Und nicht einmal das Ausgestellte darf man ungestört wahrnehmen als das, was es einmal war. Denn das Museum zwingt dem Betrachter die Perspektive der Sammler und Kustoden auf. Und es zwingt ihn, dem der Zutritt zum Reichtum der Depots verwehrt ist, zum Betreten eines Sakralraumes, in dem einzelne Reliquien aufgebahrt sind. Das Museum funktioniert als Aura-Maschine und entrückt die Exponate in einen Zustand der Unantastbarkeit, den sie nie hatten: »Jede Berührung könnte sie entweihen. (...) Haben nicht die Museumswärter den Platz der antiken Tempelwächter, die Kustoden aber den der Priester eingenommen?« (KOHL 2004, S. 258)

Dass jedes Exponat eine Produktionsgeschichte und eine Gebrauchsgeschichte im Kontext der Kultur seiner Epoche hatte, kann man im Museum nur vermuten. Produktfixiertheit, Produktvereinzelung, Auratisierung und die Löschung der Hintergrundgeschichte der Objekte sind das Problem des Museums als Institution. Es zeigt nur Dinge, meist eingeschränkt auf den Kanon, von dem schon die Rede war. Man betrachtet Produkte, die einst jenseits aller Feierlichkeit praktisch funktionierten und deren reale gesellschaftliche und kulturgeschichtliche Bedeutung unsichtbar bleibt. Man glaubt, diese Aneinanderreihung historischer Objekte entspreche einer Designgeschichte, deren Ablauf man in bildlicher Erinnerung mit nach Hause nehmen kann. Die leicht angestaubte Leistungsschau in Gestalt mumifizierter Objekte zeigt aber nur an, dass das Museum selbst eine Geschichte hat. Die ursprüngliche Aufgabe der Sammlung, wie im Kunstgewerbe-Museum des 19. Jahrhunderts praktiziert, ist von anderen Zielen abgelöst worden. Einst diente das Gesammelte und Ausgestellte dazu, Formen der Vergangenheit zu Vorbildern für Musterzeichner und Fabrikanten zu machen. Heute dienen die »Verehrungsdeponien« (Odo Marquard) dem Zweck emotionaler Bedürfnisbefriedigung – der nostalgischen Sehnsucht nach dem Vergangenen, das niemals wiederkehrt. Die Dinge im Museum erinnern an etwas. Das macht sie interessant, was nicht heißt, dass man versteht, woran sie erinnern sollen. Doch ist das Museum immerhin ein Ort, der im Zeitraffer vermitteln kann, mit welchem Tempo die industriell produzierten Lebenswerkzeuge entwickelt, vervielfältigt und perfektioniert wurden. Aus heutiger Sicht sind sie alle hoffnungslos veraltet. Aber ihre Zeitgenossen haben hinter ihnen hergelebt, so wie wir heute den Produkten unserer Zeit hinterherleben. Nicht wir, *sie* sind modern, wir werden es erst durch sie: »Die Ereignisse kommen zu uns, nicht wir zu ihnen.« (Günther Anders)

Ob auf dem Wege der Überwältigung oder der Adaption, ist eine Grundsatzfrage, die sich der aktuellen Techniksoziologie stellt. Hier heißt es: »Man muss kein Technikdeterminist sein, wenn man der Technik eine prominente Rolle für die Konstitution moderner Gesellschaften und in Prozessen sozioökonomischen und institutionellen Wandels zuschreibt.« (DOLATA/WERLE 2007, S. 37) Als Designhistoriker wird man Design als industriekulturelles Sekundärphänomen betrachten müssen. Das primäre oder strukturelle Design sind die technischen Innovationen.

Auch dies ist ein designhistorisches Thema von Anbeginn bis heute: Designgeschichte war und ist mit Technikgeschichte immer noch so verschmolzen, dass sie davon nicht abgetrennt werden kann. Es gibt eine verborgene Designgeschichte im Schatten jener, die als solche gilt. Verdeckt bleibt vor allem, was die technischen Systeme und Produkte mit uns machen, während wir glauben, uns ihrer nur zu bedienen. Wir verlassen uns blind auf das Funktionieren der Apparatewelt, von der wir glauben oder hoffen, dass sie alles, was wir nach ihrem Plan wollen sollen, schon richtig machen werde. Zum designhistorischen Thema könnte demnach auch die Entmündigung des Gebrauchers durch technische Innovation und Design werden.

Ist es Designern gelungen, die immer wieder nachhinkenden Benutzer mit ihren neuen artifiziellen Umwelt- und Lebensbedingungen zu versöhnen? Immerhin ist Design selbst ein systemisches Produkt und arbeiten seine Protagonisten als Erfüllungsgehilfen der Macht, die sie beherrschbar machen wollen. Während sie sich anschicken, die technische Welt benutzerfreundlich, unterhaltsam und schöner zu gestalten, geben die von ihnen aufbereiteten Produkte und Prozesse nicht zu erkennen, wie tief ihr unsichtbares Design, das sie längst haben, bevor ein Designer Hand an sie legt, schon im Unbewussten ihrer Erschaffer und Gebraucher verankert ist.

So geht es in designhistorischen Studien letztlich auch um einen Beitrag zur historischen Anthropologie des Industriezeitalters. Die Grundfrage ist, was das Grand Design der Industriekultur mit uns macht und welche Rolle Design im engeren Verständnis bei diesem Umgestaltungsentwurf des Menschen übernimmt. Danach vor allem wird fragen müssen, wer sich heute mit Designgeschichte befasst. Denn hinter dem Gestalteten verbirgt sich immer das Gestaltende, hinter dem Gestalter alles, was seiner Arbeit vorgegeben ist – nicht nur der konkrete Auftrag im Einzelfall, sondern auch das strukturelle Programm einer ganzen Epoche, das sich ihren Produkten ablesen lässt. Und es verbergen sich hinter den Gestaltungsakten Entscheidungen über den Verlauf und das Tempo der Industriekulturgeschichte.

Jedes Design, ob greifbar oder virtuell, ist sowohl Muster als auch Werkzeug zur Produktion kultureller Erfahrung. In den historischen Produktformen des Industriezeitalters bereitet sich vor, was heute Gegenwart ist und morgen Zukunft sein wird: Moderne und Postmoderne. Davon wird hier erzählt. »Aber die Geschichte ist eine Erzählung, die darüber hinaus beansprucht, Wissenschaft zu sein und nicht bloß ein Roman«, wie Jean-François Lyotard 1987 festgestellt hat. Das nachfolgend Geschriebene verbindet Erzählung und Beweisführung.

Produktform und Gesellschaft

Einführungen in Designgeschichte können mit den frühen Lebenswerkzeugen des Menschen, mit der Schüssel, dem Pflug, der Axt beginnen oder die Vorgeschichte spezialisierter Entwurfsarbeit bis zurück auf die Dombauhütten datieren, in denen die ersten Werkzeichnungen aufkommen und zwischen planender und ausführender Arbeit unterschieden werden kann. Im Grunde ist der prähistorische Mensch, der seinen Faustkeil mit der Erinnerung einer Funktionserfahrung und überschießendem, den nackten Zweck transzendierenden Formwillen aus dem Rohling herausschlug und dabei einen neuen, differenzierten Werkzeugtyp schuf (vgl. READ 1972; LEROI-GOURHAN 1984), der erste »Designer« gewesen.

Zwischen Handwerks- und Kunstarbeit differenziert sich in historischer Zeit die Gestaltung von Gebrauchs- und Luxusgütern aus. Doch muss man eine deutliche Grenze zwischen vorindustriellen und industriellen Produktkulturen und Gestaltungstätigkeiten ziehen. Denn erst hier präzisiert sich das Berufsbild des Designers, beginnt die moderne Produktionsweise eine neue und eigene Ästhetik zu entfalten und verändert sich das Verhalten gegenüber der Objektwelt. Die Veränderungen betreffen die Wahrnehmung und Selbstwahrnehmung der Zeitgenossen, und zwar gekoppelt an das Tempo der Industrialisierung.

Zwei Klassiker der Kulturtheorie, die auf Gegenstandsbezüge eingehen, der eine in der Analyse vorindustrieller Entwicklungen des alltagskulturellen Verhaltens, der andere fasziniert vom Gang der Mechanisierung des modernen Lebens, sprechen nirgends über Formgebung im Sinne von Design, sondern von einer Durchgestaltung der Kulturen auf der Grundlage sich langsam oder rasch verändernder gesellschaftlicher Reproduktionsbedingungen. Norbert Elias analysiert, wie die kulturellen Muster alltäglicher Lebensführung seit dem frühen Mittelalter als Abbilder innergesellschaftlicher, das heißt, ökonomischer, soziologischer oder sozialpsychologischer Entwicklungen entstehen. Rückschauend auf die lange, kompliziert ineinandergreifende Sozio- und Psychogenese beispielsweise der Regeln des zivilisierten Essens, beschreibt er das Ergebnis: »Das Essen hat einen neuen Stil bekommen, der den neuen Bedürfnissen des Beieinander entspricht. Nichts an den Verhaltensweisen bei Tisch ist schlechthin selbstverständlich (…). Weder Löffel, noch Gabel oder Serviette werden einfach, wie ein technisches Gerät, mit klar erkennbarem Zweck und deutlicher Gebrauchsanweisung eines Tages von einem Einzelnen erfunden; sondern durch Jahrhunderte wird unmittelbar im gesellschaftlichen Verkehr und Gebrauch allmählich ihre Funktion umgrenzt, ihre Form gesucht und gefestigt. Jede noch so kleine Gewohnheit des sich wandelnden Rituals setzt sich unendlich langsam durch, selbst Verhaltensweisen, die uns ganz elementar erscheinen oder ganz einfach ›vernünftig‹, etwa der Brauch, Flüssigkeiten nur mit dem Löffel zu nehmen; jeder Handgriff, die Art zum Beispiel, in der man Messer, Löffel oder Gabel hält und bewegt, wird nicht anders als Schritt für Schritt standardisiert.« (ELIAS 1978, S. 144)

Daraus folgt, dass die handwerklichen Produzenten über Jahrhunderte hinweg und auch noch die Formmeister und Spezialarbeiter der Manufakturen für höfische und bürgerliche Bedürfnisse gewusst haben müssen, worauf es bei Geräten des Alltags ankam. In ihre Form ging der Wandel von Funktionen und Bedeutungen gleichsam organisch ein. Kein Handwerker wäre auf die Idee gekommen, etwas aus diesem Zusammenhang Herausfallendes zu gestalten. Messer und Gabel wurden gleichsam vom kollektiven Bedürfnis und von der gesellschaftlich produzierten Handhabungsweise entworfen und zu Gegenständen kultureller Erfahrung und Tradition gemacht.

Es gibt in vorindustrieller Zeit noch kein Design, das nicht als verinnerlichte sozio- und psychogenetische Notwendigkeit »selbstverständlich« gewesen wäre. Die Formen des gemeinsamen Mahls sind aus einem komplexen gesellschaftlichen Entwurf entstanden, zum Beispiel dem langen Prozess, in dem aus dem grobschlächtigen Ritter der zivilisierte Hofmann wird. Die Ästhetik der Erscheinungs- und Handhabungsformen der Werkzeuge für das Leben folgt der Überlieferung und ihrer langsamen Veränderung aus gesellschaftlichem Bedürfnis. Noch Anfang des 19. Jahrhunderts gibt es in Deutschland keine Design-Diskussion. Auch wenn der Klassizismus schon ein Programm enthält, sind die schlichte Kanne aus der Manufaktur oder der Schreiner-Stuhl, wie er in Goethes Arbeitszimmer stand, Ausdrucksformen von Lebensweise, Moral und Schönheitsempfinden ihrer Hersteller und Gebraucher.

Erst im Vollzug der Industrialisierung wird ein Verlust der Nähe zu den Dingen registriert. So beschreibt Karl Gutzkow in seinen Lebenserinnerungen noch einmal das Bild kultureller Verwachsenheit von Menschen, Räumen und Dingen: »Die kleinen Arbeitstische der Frauen am Fenster, die Nähkörbchen mit den kleinen Zwirnrollen, mit den blauen englischen Nadelpapieren, den buntlackierten Sternchen zum Aufwickeln der Seide, die Fingerhüte, die Scheren, das aufgeschlagene Nähkissen des Tischchens, nebenan das Piano mit den Noten, Hyazinthen in Treibgläsern am Fenster, der gelbe Vogel im schönen Messingbauer, ein Teppich im Zimmer, der jedes Auftreten abmildert, an den Wänden Kupferstiche, das Verweisen alles nur vorübergehend Notwendigen auf entfernte Räume, die Begegnungen der Familie unter sich voll Maß und Ehrerbietung, kein Schreien, kein Rennen und Laufen, die Besuche mit Sammlung empfangen, abends der runde, von der Lampe erhellte Tisch, das siedende Teewasser, die Ordnung des Gebens und Nehmens, das Bedürfnis der geistigen Mitteilung.« (GUTZKOW 1852, S. 160)

Lampe, Nähkasten und Tisch lösen sich als Entwürfe und im Gebrauch noch nicht aus dem gewachsenen kulturellen Zusammenhang. Man könnte sagen, die Gegenstände waren damals, auf der Schwelle zum Industriezeitalter, noch nicht übermächtig. Bis zu dieser Schwelle darf man wie Norbert Elias den Formen und Ritualen des Gebrauchs und ihrer Entstehung auf sozio- und psychogenetischer Grundlage mehr Aufmerksamkeit zuwenden als den Formen des Geräts. Ein Messer sah schließlich immer wie ein Messer aus, nur sein in der Handhabungsweise zum Ausdruck gebrachtes »Design«, das sich in einer langen Geschichte des gesellschaftlichen Wandels aufbaut, lohnt die Beobachtung: wie und wodurch es zum zwingenden Gebot wird, nicht mit dem gefährlichen Instrument bei Tisch herumzufuchteln, nicht auf Mitessende zu zeigen, keine Brocken damit aus der Schüssel zu holen. Nicht das Werkzeug wird zivilisiert, sondern dessen Gebrauch und Wahrnehmung. Erst ändern sich die Menschen, die gesellschaftlichen Rituale des Miteinander, und schließlich färbt davon auch etwas auf die Form der Geräte ab.

Die Menschen sind es, die sich aus innerem Zwang zügeln und den Gebrauch des Tafelmessers kultivieren. Missbrauch wird tabuisiert, eine Schicklichkeitsgrenze gezogen. Erst dann folgen die gestalterischen Ausdifferenzierungen des Werkzeugs, bis die aristokratisch-bürgerliche Tafelkultur nach dem Butter-, Käse- und Dessertmesser (dem sein Extra-Gäbelchen beigesellt ist) verlangen wird. Hier muss die Abtrennung der Nachspeise vom Hauptgericht vorausgegangen sein und kann erst das Verbot der Zuführung der Speisen mit der bloßen Hand, das nun auch für Apfel und Birne gilt, die funktionale und ästhetische Werkzeugdifferenzierung nach sich ziehen. Die gesellschaftlich produzierte Geste, ihr Inhalt oder ihre kulturelle Bedeutung entstehen *vor* dem sichtbaren Design der Gegenstände. Manchmal gilt diese Regel noch bis in das Industriezeitalter hinein, zum Beispiel wenn der Vater das Recht für sich beansprucht, den Sonntagsbraten eigenhändig aufzuschneiden und vorzulegen. Mit dieser Geste macht er noch in der Abstiegsphase des bürgerlichen Patriarchats auf seine Rolle als Ernährer der Familie aufmerksam. Er realisiert dabei ein alle materielle Gestaltung transzendierendes und vor ihr auftretendes gesellschaftliches »Design«. Der rehfußverzierte Griff des Tranchiermessers in seiner Hand ist untergeordnetes Beiwerk, das mit der Tiefe des kulturellen Musters nicht konkurrieren kann.

Für eine Annäherung an Designgeschichte lehren die Analysen von Elias, dass die in vorindustrieller Zeit produzierten Gegenstände in ihrer Funktion und Gestalt Reflexe auf das gesellschaftlich definierte, sich über lange Zeit konstant haltende oder nur langsam ausdifferenzierende Ritual des Gebrauchens darstellen. Das heißt auch, dass die alten Gegenstandsformen im Einklang mit den Bedürfnissen standen und sie sich nicht erst schaffen mussten. Gegenstandsfunktionen und -formen stellten gleichsam die entäußerte soziale Natur des Menschen dar. Das erklärt ihre »Selbstverständlichkeit«. Erst die Industrialisierung treibt einen so scharfen Widerspruch zwischen Natur und Kultur, Mensch und Objektwelt, Organischem und konstruierter Künstlichkeit hervor, dass sich das Verhältnis von Gegenstandsform und gesellschaftlicher Erfahrungsgeschichte umzukehren scheint. Für die Wahrnehmung werden gegenstandsgebundene Funktionen und Gestaltungszusammenhänge bedeutsam, die es vordem nicht gegeben hat und die sich nun von alten Formen des sozialen Miteinanders abkoppeln. Schließlich wirkt die sich unter dem Druck der industriellen Produktionsrationalität eigenmächtig entfaltende neue Gegenständlichkeit selbst immer stärker wahrnehmungs- und handlungsbestimmend.

In welcher Form über eine lange Entwicklung gedehnte Soziodynamik vorindustrieller Gebrauchskulturen durch neue sinnliche Reize, durch funktionale Differenzierung und qualitativ und quantitativ veränderte Erlebnis- und Verarbeitungsweisen in der Konfrontation mit neuen Dingen abgelöst wird, hat Sigfried Giedion 1948 unter dem Stichwort *Mechanization takes Command* für das gesellschaftliche und individuelle Leben aufgezeigt. Er listet die industriell produzierten Lebenswerkzeuge auf, ob landwirtschaftliches Gerät, Sicherheitsschlösser, Küchenherde oder Patent-Fauteuils – jede Einzelheit ist ihm wichtig: »In ihrer Gesamtheit haben die bescheidenen Dinge (...) unsere Lebenshaltung bis in ihre Wurzeln erschüttert. Diese kleinen Dinge des Lebens akkumulieren sich zu Gewalten, die jeden erfassen, der sich im Umkreis unserer Zivilisation bewegt.« (GIEDION 1982, S. 20)

Der Zuwachs an differenzierten Werkzeugfunktionen und die Erleichterung von Verrichtungen durch technische Hilfen bedeuten einerseits Entlastung von harter körperlicher Arbeit, andererseits eine größere Entfernung der Menschen von ihren Werkzeugen und als Subjekte voneinander in Arbeit und Lebensvollzug. Ein bezeichnendes, bei Giedion zitiertes Beispiel ist die 1783 von Oliver Evans erfundene mechanische Mühle, ehe es in Amerika überhaupt Industrie gab. In ihr sollten sich alle Arbeitsgänge durch selbsttätige Mechanik vollziehen, so dass praktisch nur ein Mann das Getreide ausschütten und das Mehl abholen musste. Damit war der erste Entwurf eines organisierten Produktionsprozesses unter weitgehender Ausschaltung lebendiger Arbeit gelungen, also ein Akt vorgenommen, der tief in die Selbstwahrnehmung des sich in der Arbeit vergesellschaftenden Menschen einschnitt. Evans erntete damals Kopfschütteln, seine Erfindung kam zu früh, aber sie wirft ein Schlaglicht auf das kommende Werkzeug- und Gegenstandsverhältnis und auf das Verhältnis der Arbeitenden zu sich selbst und zueinander in der industriellen Produktion, auf die Form ihres Lebens.

Eine ähnliche Tendenz bildet sich im Eindringen mechanischer Bequemlichkeiten in die privaten Lebensbereiche zunächst weniger, dann vieler Gebraucher neuer Dinge ab. Auch hier verändert sich das Gegenstandsverhältnis in der technischen Substitution von Alltagstätigkeiten, die einmal kooperativ in der Produktionseinheit der Familie oder darüber hinausgehend sozial vollzogen wurden. Man sieht das am Beispiel der Mechanisierung der Vorratshaltung und der Küchenarbeit. Im Vordringen neuer Werkzeuge in den privaten Haushalt ist die Auflösung jener selbstverständlichen Vertrautheit der Menschen mit den Dingen und miteinander, die Gutzkow noch als gegeben erinnert, deutlich zu spüren. Auch bei Giedion ist das eigentliche Design nicht die vergegenständlichte Gestaltungsleistung, sondern die untergründige Formtendenz in der Handhabung neuer

Funktionstypen, die ihre Rolle bei der Gestaltung des industriellen Menschentypus spielen. Die Produktionsweise hat immer ihren Ausdruck am Produkt und an seinem Gebraucher gefunden. Aber nun drängt sie sich der Natur des Menschen über die Wahrnehmung und Handhabung neuer Funktionen stärker denn je als Form auf. In der Fabrik wird der Arbeitende zum abhängigen Teil der Maschine, sich selbst und anderen entfremdet. Auch in der Reproduktionssphäre wird der Gebraucher im Zuge der Mechanisierung tendenziell selbst zu einem Teil der mechanischen Funktionen. Dazu kommt eine Verfremdung der Gegenstände auf anderer Ebene. Die Dynamik der von Marx analysierten Warenform, in der nun alle Produkte unverkennbar auftreten, beginnt sich zu entfalten. Mechanisierung und Warenform treten gemeinsam in Aktion. Ihr Plateau sind die Weltausstellungen seit 1851.

Nun kann man von einer Psychologie des Massenprodukts sprechen. Bleiben Gestaltung und Aneignung der Werkzeugformen in vorindustrieller Zeit eingebunden in ein gesellschaftliches Miteinander des Produzierens und kultureller Handlungserfahrungen, aus denen sich werkzeugliche und ästhetische Traditionen bildeten, wird die Welt der Massenprodukte zu einem eigenen System gewaltförmiger Vergesellschaftung von Wahrnehmung und Erfahrung.

Sieht man von der bis gegen Ende des 19. Jahrhunderts noch sehr eingeschränkten sozialen Streuung des neuen Produktreichtums ab, wird die kulturell mitbestimmende Funktion des Design immer deutlicher. Wo die Gegenstände in den Vordergrund treten und mächtig werden, wird auch ihr Erscheinungsbild zwingend. Bald sieht es so aus, als sei nicht mehr der gesellschaftliche Prozess der Zivilisation, wie ihn Elias bis in die bürgerliche Epoche verfolgt, maßgeblich für Ästhetik und Verhalten, sondern das davon losgelöste neue Ding. Es wird, neben der Arbeitswirklichkeit, zum primären Ereignis kultureller Erfahrung.

In der Folge dieser Entwicklung tritt der Designer nicht nur als Gestalter von Produkt-Erscheinungstypen auf, sondern auch als Entwerfer von Gesten und Haltungen bei der massenhaften Aneignung des Produkts. Das Berufsbild konstituiert sich in dem Augenblick, als der Stand der industriellen Produktivität nach einem Spezialisten der Vermittlung verlangt. Vermittlung heißt hier, Produkte in einer Weise aufzubereiten, dass sie im Sinne einer Durchsetzung industrieller Normen je nach Stand von Technologie und Produktivität funktionieren und den Habitus ihrer Gebraucher formen. Ein Techniker oder Designer handelt in diesem höheren, ihm vielleicht gar nicht voll bewussten Auftrag, selbst wenn er nur einen Staubsauger entwirft.

Die designgeschichtliche Analyse muss prüfen, ob und wie diese Rechnung aufgeht. Bedurfte es überhaupt des Vermittlers, dann hat es womöglich Verzögerungen oder Widerstände in der Aneignungsgeschichte der technischen Kultur gegeben. In der Adaption der neuen Werkzeuge und Gegenstandsformen können unberechenbare Haltungen oder Eigenwilligkeiten aufgetreten sein, die sich sowohl gegen die Vereinnahmung durch das Prinzip der industriellen Produktionsrationalität als auch gegen die Unterwerfung unter das Warenprinzip richten mochten.

Die Analyse muss die Beziehung zwischen den Produktionskulturen (z. B. der Organisation der Arbeit an Maschinen) und sozialen Gebrauchskulturen offenlegen. Design kann nur als Resultante des Zusammenspiels produktions- und gebrauchsgeschichtlicher Faktoren begriffen werden. Produktkulturen sind gesellschaftlich bedingte und zugleich wahrnehmungsbedingende Ansammlungen ästhetischer und praktischer Gebrauchswerte. Sie entstehen unter bestimmten historischen

Voraussetzungen in spezifisch funktionaler und formaler Ausprägung und werden mit den Augen und dem praktischen Sinn derer erlebt und »erkannt«, die sie gebrauchen. So ist auch der Blick auf Produkte und ihre Gestalt ein historischer, das heißt, heute nicht mehr der gleiche wie damals. Jede designgeschichtliche Analyse ist daher letztlich ein Versuch, den Abstand zwischen heute und gestern zu verringern, um Rolle und Bewusstsein derer zu vergegenwärtigen, die den Produkten ihrer Zeit neugierig begegneten oder nahe standen.

I Fabrikation und Ästhetik –
Aufbruch in das Industriezeitalter

1 Beginn der industriellen Revolution in Deutschland

Voraussetzungen des Produzierens

Als die ersten Fabrikschlote zu qualmen beginnen und Eisenbahnlinien ihren schnurgeraden Weg in idyllische Landschaften schneiden, ist nicht abzusehen, welche gesellschaftlichen, ökologischen, kulturellen und ästhetischen Umwälzungen die nur langsam und verspätet einsetzende Industrialisierung auslösen wird. Der kleine Familienbetrieb ist Ausgangsbasis der Entwicklung in Deutschland, obwohl die großen Manufakturen des zu Ende gehenden 18. Jahrhunderts schon effektiver produzierten. Doch nicht diese Gründungen absolutistischer Staatswirtschaft oder frühkapitalistischen Unternehmertums, bereits als »Fabriken« bezeichnet, steigen zum industriellen Produzenten auf, sondern mechanische Werkstätten, die als Neugründungen handwerklich orientierter Erfinder oder im Ausbau bestehender Handwerksbetriebe binnen weniger Jahrzehnte zu Maschinenbau-Anstalten und richtigen Fabriken heranwachsen. Übergangsweise herrscht ein Nebeneinander von Pferdegöpel und Dampfmaschine, Fuhrwerk und Eisenbahn, Handwerkszeug und Werkzeugmaschine, von zünftischer Tradition, Manufakturarbeit und auf Gewerbefreiheit, Lohnarbeit und Kapital gegründetem Unternehmertum. Je rascher sich die neue Art des Produzierens entwickelt, umso deutlicher wird aus der knorrigen Gründerfigur ein Industrieller mit neuen Ansprüchen der Selbstdarstellung, während sich aus den handwerklich qualifizierten Arbeitskräften und den vom Lande Zuwandernden allmählich ein Industrieproletariat bildet.

Was in Deutschland nach dem Zollverein 1834 verspätet einsetzt, ist in England Jahrzehnte früher ökonomische, soziale und kulturelle Wirklichkeit. Es dauert und kostet Anstrengung und Verzicht, bis der »Herr der Fabrik« in den deutschen Kleinstaaten zum Typus des Jahrhunderts aufsteigen kann. Als gelernter Handwerker oder als Erfinder, Unternehmer und Kaufmann in einer Person, ist der Werkstattgründer mit schmaler Kapitalbasis auf die eigene Arbeitskraft, auf wenige qualifizierte, von ihm entlohnte Hilfskräfte und ein meist importiertes technisches Know-how angewiesen. Um 1820 muss Friedrich Wilhelm Harkort, einer der ersten Unternehmer an der Ruhr, wie andere aus seiner Generation, englische Maschinen, Ingenieure und Meister für seine mechanische Werkstätte einkaufen; deutsche gibt es nicht genug. Jahrzehntelang bleiben »technologische Studienfahrten nach England, Belgien und Frankreich, die häufig mit Industriespionage gleichbedeutend waren, wichtige Voraussetzungen für die Begegnung mit dem technischen Fortschritt« (TREUE 1976, S. 52).

Bis in die dreißiger Jahre lebt man wie in einem von der Industrialisierung kaum erfassten Entwicklungsland, dem erst nach 1848 der »große Spurt« (HELMUT BÖHME 1968) gelingt. Seit 1785 gibt es die erste Kraftmaschine Watt'scher Bauart in einem Bergwerk in Sachsen, die zweite original englische Maschine wird 1788 in Oberschlesien aufgestellt, ab 1799 kann die Berliner Porzellanmanufaktur das Material mit Dampfkraft mahlen und stampfen. 1837 gibt es in Preußen 423 Dampfmaschinen, aber in ganz Deutschland liegen 1836 erst sechs Kilometer Eisenbahnschienen. Die Strecke wächst bis 1840 auf 550 Kilometer, die Zahl der Dampfmaschinen in Preußen steigt 1846 auf 1139.

Die Verbreitung der Dampfmaschine und die Revolutionierung des Transportwesens durch die Eisenbahn sind Voraussetzungen der Industrialisierung. Eisen- und Stahlherstellung erfordern große Energiemengen in Form von Kohle, die wiederum nur durch Modernisierung der Fördertechnik in den benötigten Mengen abgebaut werden kann. So muss die kostenintensive »Rosskunst« (Pferdekraft) und die nicht überall anwendbare »Radkunst« (Wasserkraft) durch die neue »Feuerkunst« ersetzt werden. Für die großen Pumpwerke im Bergbau ist die Dampfmaschine als überlegene und wirtschaftliche Kraftquelle von unschätzbarem Nutzen.

Mit den frühen Maschinenentwürfen beginnt nicht nur eine neue Ära des Produzierens, sondern auch die moderne Designgeschichte in ihren technischen und geistigen Fundamenten. Bei Dingen des täglichen Gebrauchs, einfachen Handwerkzeugen und Luxusgütern, gibt es eine lange Tradition vorindustrieller Formgebung. An den neuen Maschinen aber manifestiert sich Traditionslosigkeit: Das Zeitalter der Technik »erfindet« seine Formen selbst. Aber nicht nur aus diesem Grund ist es gerechtfertigt, die Designgeschichte mit den Maschinenformen beginnen zu lassen; zunächst entstehen ja neue technische Einrichtungen, ehe mit ihrer Hilfe industrielle Massenprodukte in ihrer Form festgelegt werden. Die erste Gestaltungsaufgabe ist das Produktionsinstrument.

Der Bau solcher Maschinen wird zur Bewährungsprobe jener experimentierend-entwickelnden, auf handwerkliche Technologien aufbauenden, oft zugleich unternehmerisch tätigen Generation, die den Industrialisierungsprozess vorantreibt. An der ersten preußischen Dampfmaschine sollen noch die Gewerbe der ganzen Monarchie gearbeitet haben: Der Dampfzylinder stammt aus der königlichen Eisengießerei in Berlin, der Kessel aus einem Kupferhammer, die geschmiedeten Teile aus einer schlesischen Eisenhütte, die Pumpen wiederum aus anderer Quelle. Nur der hölzerne Balancier wird auf der Grube mit eigenen Leuten gefertigt. Den Plan der Maschine zeichnet ein Bergassessor, der sich in England umgesehen und daheim ein Modell angefertigt hat (vgl. MATSCHOSS 1901).

Die technischen Voraussetzungen für Bau und Montage solcher Maschinen sind denkbar primitiv. August Friedrich Holtzhausen, Wärter dieser ersten preußischen Feuermaschine, dann selbst Konstrukteur, findet zur Ausführung der Entwürfe oft nicht einmal Drehbänke vor. Aber er versteht sich »als praktischer Mann überall nach den gegebenen Verhältnissen zu richten und die Konstruktion seiner Maschinen so zu vereinfachen, dass, wenn die Gusswaren angeliefert, der Dampfcylinder, der Kolben und die Kolbenstange abgedreht waren, ein Grubenschmied zur Anfertigung der übrigen Teile genügte« (MATSCHOSS 1901, S. 94). Mit provisorischen Werkzeugen setzt man zum Bau komplizierter Maschinen an: »Der Zylinder wurde im königlichen Gießhause in Berlin gegossen, ausgeschabt und sauber poliert. Zum Ausschaben diente ein Eichenholzkopf mit eingesetzten Messern, der durch ein Wasserrad angetrieben wurde. Die runden Drehteile wurden auf gewöhnlichen Drechslerbänken vorbereitet.« (BUXBAUM 1919, S. 99) Das heißt, dass der »Ingenieur«

Beginn der industriellen Revolution in Deutschland

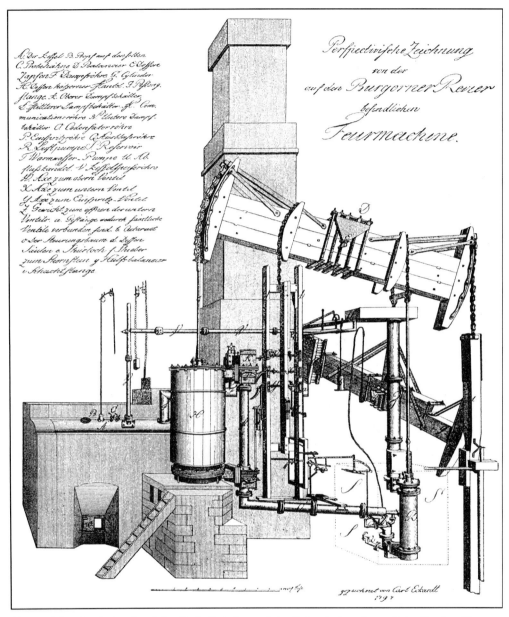

Abb. 1: Darstellung der 1783–85 nach englischem Muster für das Pumpwerk einer Grube gebauten ersten preußischen Dampfmaschine

improvisieren und der Schmied besonders geschickt sein musste, damit das neue Produktionsinstrument am Ende brauchbar gedieh: »Daß man es um jene Zeit wagen konnte, Dampfmaschinen zu bauen, nur mit dem Meißel und der Feile, ohne in der Lage zu sein, den Dampfzylinder und den abschließenden Kolben mechanisch herzustellen, zeugt davon, wie man damals das Werkzeug als ein Kunstwerkzeug handhabte.« (SCHLESINGER 1917, S. 17)

Gestaltung aus der Form der Arbeit

Aus den primitiven Produktionsbedingungen entstehen Maschinenobjekte von beeindruckender Formqualität. Es sind Gestaltungen aus dem technischen Wissen, der Material- und Bearbeitungserfahrung und dem manuellen Können ihrer Entwerfer und Erbauer. Man sieht ihnen noch die Überlegungen der Erfinder-Konstrukteure und die Hand des Mechanikers, Schlossers, Schmieds oder Zimmermanns an, der die Teile fertigte. Obwohl sich die Guss-, Walz-, Dreh- und Schleiftechniken rasch verfeinern, bleibt Handgeschicklichkeit die Grundlage allen Produzierens. Die Apparaturen des beginnenden Industriezeitalters sind daher auch Ausdruck eines Funktionsbewusstseins, das durch das Formbewusstsein der Hand vermittelt und realisiert wird. In der Kombination von geschmiedetem und gegossenem Eisen, von Buntmetallen und Holz, in der materialkundigen Durchgestaltung von Einzelteilen, in der mechanikverständlichen Transparenz der Gesamtform und in der konstruktiven Logik scheint ein aus der handwerklichen Tradition selbstverständliches und gemeinsames Einfühlungs- und Ausdrucksvermögen der Entwerfenden *und* der Ausführenden auf. Die Bearbeitungsdauer, das geduldige Probieren, Einpassen, Prüfen und Verbessern fließen in das Gesamtbild der Maschinen ein.

So wirken diese frühen technischen Unikate wie einzeln durchgeformte Kunststücke, die sie im Verständnis ihrer Erfinder und Erbauer auch gewesen sind. Kunst und Technik schließen einander noch nicht aus. Im Kunststückcharakter und in der spürbaren handwerklichen Wärme taucht ein wesentliches, für alle weitere Entwicklung der Technik- und Designgeschichte bedeutsam formgewordenes Merkmal auf. Gestalthaft teilt es sich als immer noch einsehbares Beispiel verwirklichter menschlicher Arbeit an einem fast noch organisch wirkenden Material und Gegenstand mit. Was heute an den frühen Maschinenobjekten so überzeugt, ist der mitgestaltende Charakter *aller* am Objekt. In der formalen Strenge, der plastischen Durchgestaltung und der beherrschten Materialität dieser frühen industriellen Produktionsinstrumente ist menschliches Arbeitsvermögen als Prinzip kooperativer Selbstverwirklichung gegenständlich geworden. Der Maschinenbauer vermittelt zwischen den alten Qualifikationen des Handwerks und den neuen der Ingenieurkunst. Der in den Manufakturen schon fortgeschrittenen Arbeitsteilung wird in der Werkstatt der Maschinenbauer noch einmal für kurze Zeit durch die Leistung kleiner Gruppen von Erfindern und Ausführenden, die einander unmittelbar zuarbeiten und durch die Nähe zu ihrem Arbeitsgegenstand verbunden bleiben, Einhalt geboten. Diese Kooperationsform muss unter der Dynamik industriekapitalistischen Produzierens zwar bald zugunsten einer ökonomisch effektiveren Arbeitsteilung, die mit Abtrennung und Entwertung der ausführenden Tätigkeiten einhergeht, aufgegeben werden. Doch selbst dann zeigen die frühen Maschinenformen noch eine Weile ihren Werkzeugcharakter und betonen ihre Würde mit Nachdruck.

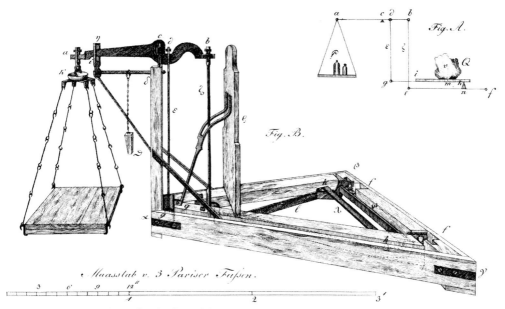

Abb. 2: Waage in einem Atlas der Maschinenkunde von 1828

Ökonomisch muss diese Phase des Einanderzuarbeitens überwunden werden als ein allererster, noch tastender Schritt zur Industrialisierung. Produktionsstrukturen, Technologien und Arbeitsteilung entwickeln sich langsam. Selbst August Borsig, der 1837 eine eigene Gießerei in Betrieb nimmt, baut bis 1844 nur zwei Dutzend Lokomotiven. Die Eisenbahnschienen müssen noch immer aus dem Ausland bezogen werden. Erst um die Mitte des Jahrhunderts setzt ein beschleunigtes industrielles Wachstum ein, wobei der Vorsprung Englands in der Eisen- und Stahlproduktion und im Maschinenbau aufgeholt werden kann. Alfred Krupp, Sohn des Unternehmensgründers, wird wegen seiner Gussstahltechnologie (um 1830) und der nahtlosen Radreifen für Lokomotiven (ab 1854) berühmt. Die erste Allgemeine Deutsche Industrieausstellung in München kann in einem Palast aus Eisen und Glas gefeiert werden, der von der Nürnberger Firma Cramer-Klett nach Plänen von August Voit und des königlich-bayerischen »Maschinenbaumeisters« Ludwig Werder nur drei Jahre nach Paxtons Londoner Vorbild von 1851 ausgeführt wird. Als im Jahr 1858 die tausendste Lokomotive die Borsigsche Fabrik verlässt, die 1847 schon 1 200 Beschäftigte hat, und ein aufwändiger Festumzug durch Berlin-Moabit die Technik mit der antiken Mythologie verbindet, sind dies Anzeichen eines neuen industriellen Selbstbewusstseins und einer Ökonomie, die alte Formen der Kooperation und Werkzeugbindung auflösen wird, wobei auch die Produkte sich in ihrer Erscheinung verändern werden.

In den Anfängen sind solche Fabriken sehr klein, die ersten Stufen schwierig. Ohne mühsame Umsetzung naturwissenschaftlicher Erkenntnisse in technologischen Fortschritt ist der Aufbau der Fabrik als effektives Produktionsinstrument nicht möglich. Man kennt zwar Mechanisierung und Arbeitsteilung aus der Manufaktur, man weiß von den englischen Kraftmaschinen. Aber zunächst muss sich der Bestand an traditioneller Handgeschicklichkeit mit neuem Wissen verbinden, ehe die Maschinenwelt auf dem Boden der veralteten Produktionsweise heranreifen kann: »Die Werkstatt erweist sich als Vorort der Industrialisierung, da sich aus ihr – vor allem im mechanischen Bereich – Fabriken entwickeln. Der Handwerker bringt in den Prozeß der Industrialisierung innovative und ingeniöse Mentalität ein; die Fähigkeit des ›Tüftelns‹ macht den handwerklichen Erfinder zum Ahnherrn großer Industrieanlagen.« (GLASER 1981, S. 35) Der Maschinenbau ist »ein Produktionszweig, der in sich noch keine spezielle Teilung kannte« (SCHRÖTER/BECKER 1962, S. 95); die kleinen Unternehmen produzieren nach Kundenauftrag alles, jede Maschine oder technisches Detail, das Zahnrad oder die gusseiserne Säule. Die Unternehmer, meist im Betrieb praktisch tätig, müssen, sofern sie keine ausländischen Spezialisten bekommen, selbst Maschinenbauarbeiter ausbilden. So kann sich sogar ein Weber oder Strumpfwirker, von Arbeitslosigkeit bedroht, zum Maschinenbauer umschulen lassen. »Die Herkunft der meisten Maschinenbauarbeiter aus dem Handwerk übertrug natürlich eine Reihe handwerklicher Traditionen und Gepflogenheiten auf die Maschinenfabriken, was noch begünstigt wurde durch die Kleinheit vieler Betriebe und deren handwerklichen Charakter.« (SCHRÖTER/BECKER 1962, S. 80) So sind »in der Frühzeit der industriellen Revolution (…) sich Handwerksbetrieb und Fabrikbereich noch recht nahe und darum auch Handwerker und Fabrikant« (KUCZYNSKI 1981).

Aber um 1850 arbeiten in Deutschland erst vier Prozent aller Erwerbstätigen in Fabriken, Bergwerken und Manufakturen (vgl. KOCKA 1981). Mitarbeit an Erfindungen in den mechanischen Werkstätten, Entwicklungsarbeit und sorgsame Ausführung erfordern Fähigkeiten, über die nur die besten Arbeitskräfte verfügen, wie sie der ungelernte Fabrikarbeiter der Zukunft nicht mehr besitzen wird. Zwei Produktionsepochen berühren sich, gehen ineinander über – die des Handwerks und der Manufaktur und die industrielle. Projekte wie der Eisenbahnbau erfordern bereits Vernetzung von Massenarbeitskraft in Einsatzplänen, Organisation der Materialbeschaffung, Logistik usw. im großen industriellen Stil, während die Arbeit an einzelnen Maschinenbauten noch in alter Weise individualistisch-handwerklich vor sich geht. Minutiöse Planung auf der einen, spontane, persönliche Anstrengung auf der anderen Seite, industrieller Takt oder handwerklicher Arbeitsrhythmus bezeichnen das Stadium des Übergangs, in dem auch das Design der frühen Maschinenobjekte und technischen Anlagen unter der Hand derer entsteht, die technisch denken und manuell produzieren.

Maschinenbau als technische Kunst

Ein künstlerisch-geniales Element bestimmt die Entwicklungs- und Modellarbeit der frühen Ingenieure. James E. Earnshaw, ein englischer Konstrukteur aus den Anfängen der Nürnberger Fabrik Cramer-Klett, soll noch 1844 Maschinenentwürfe mit Kreide auf den Wirtshaustisch gezeichnet haben (vgl. BIENSFELDT 1923, S. 26). Man hat oft Arbeitszeichnungen einzelner Werkstücke in natürlicher Größe mit Kreide auf Tafeln oder Bretter gebracht, damit man die Objekte in der Werkstatt zum Vergleichen anlegen konnte (vgl. NEDOLUHA 1960, S. 81). Die Mechaniker wussten anhand solcher Skizzen, was sie in welchen Maßen herzustellen hatten. Auch wenn wenig später wesentlich genauere Pläne für kompliziertere und bessere Maschinen unerlässlich werden, bleibt die enge Kooperation des Erfinder-Konstrukteurs mit Meistern und handwerklich ausgebildeten Arbeitern Bedingung des Gelingens und setzt Kreativität und technisches Wissen bei *allen* Beteiligen voraus. Die Maschinenbauarbeiter – um 1850 noch eine durch ihre Bedeutung für den Industrialisierungsprozess und besondere Fähigkeiten hervorgehobene »kleine Gruppe innerhalb des sich bildenden Proletariats« (SCHRÖTER/BECKER 1962) – stehen ihren Prinzipalen, den Erfinder-Unternehmern, kaum nach: »Solange das Maschinensystem nicht die entscheidende Rolle im Produktionsprozeß spielt, war die Maschinenproduktion an die manuellen Fertigkeiten handwerklich ausgebildeter Arbeiter gebunden, die über eine geradezu künstlerische Geschicklichkeit verfügen mußten.« (Ebd., S. 256 f.) So spiegelt sich die Individualität der Produzenten in ihren Produkten, in den Maschinen-Objekten. In die frühindustrielle Entwicklungsarbeit geht Arbeitsindividualität ein; sie vergegenständlicht sich auch in der Ästhetik der Maschinenformen, die noch aller Typisierung fern sind. Noch sind die Produzenten Herr, nicht Knecht der Maschinerie, die, wie Marx feststellt, »an sich betrachtet die Arbeitszeit verkürzt, während sie kapitalistisch angewandt den Arbeitstag verlängert, an sich die Arbeit erleichtert, kapitalistisch angewandt ihre Intensität steigert, an sich ein Sieg des Menschen über die Naturkraft ist, kapitalistisch angewandt den Menschen durch die Naturkraft unterjocht« usw. (MEW Bd. 23, S. 465).

Gerade im Maschinenbau behält die Arbeit den Charakter einer Selbstverwirklichung durch produktive Tätigkeit. Erst als die Handfertigung von Einzelprodukten und Prototypen von der seriellen Produktion mit Maschinenhilfe abgelöst wird, verliert sich der Kunstcharakter individueller Arbeitsleistung, bis man dies auch den Produzenten ansehen wird, die ebenso austauschbar werden. Der »Übergang von der Handkunst zum Maschinenprinzip« (SCHLESINGER 1917) ist die Schwelle. Um die Jahrhundertmitte beginnen Ungelernte die handwerklich Ausgebildeten zu verdrängen. »Dieser Typ des Maschinenbauers verfügte keineswegs mehr über die universellen Fähigkeiten der vierziger Jahre. Er eignete sich lediglich für die Ausführungen von Teilarbeiten.« (SCHRÖTER/BECKER 1962, S. 257)

So führt die Ästhetik des Maschinenbaus an Designgeschichte als Teil einer Geschichte der Arbeit heran. Die Erfinder, Ingenieure, Mechaniker und Handwerker treten in kapitalistisch-frühindustrielle Produktionsverhältnisse ein. Aber noch können sie eine andere Beziehung zur technischen Arbeit und ihrem Gegenstand entwickeln als ihre Nachfahren zur Zeit der Hochindustrialisierung. Entwurf und ausführende Tätigkeit sind weitgehend selbstbestimmte Arbeit. Erst die laufende Maschinerie wird die Entfremdung zwischen Hand, Bewusstsein und Gegenstand erzeugen. Erst in der Hochindustrialisierung wird die zerstückelte, reproduktive, überwachte Arbeit die produktive, selbstständig-mitdenkende Tätigkeit verdrängen. Die Arbeit der Konstrukteure wird dann deutlich von den Aufgaben des Fabrikarbeiters abgehoben sein, zwischen Technikern, Meistern und Arbeitern werden Klassengrenzen entstehen. Zugleich wird der Abstand aller zum Produkt wachsen. In der vorbereitenden Periode der Entwicklung frühindustrieller Produktionsinstrumente aber gibt es noch die privilegierte Form gemeinsamer Arbeitstätigkeit am einzelnen Werkstück. Technische Phantasie, »handwerklicher Eigensinn« und »ein spezifisch neuer, industrieller Produzentenstolz« (SIEBEL 1984) verwirklichen sich in der Überschaubarkeit und Einsichtigkeit des Arbeitsprozesses und an der Gestalt des Produkts. In ihrer strengen Geformtheit wirken die frühindustriellen Produktionsinstrumente daher wie monumentale Symbole kooperativer Beherrschung der Naturkräfte.

Dieses gattungsgeschichtliche Ziel ist noch nicht unter dem Kapitalinteresse verschwunden. Die Achtung, die man diesen Formen entgegenbringt, beruht außer auf der Transparenz ihrer technischen Funktionen und der kunstvollen Handgeschicklichkeit, die sie realisiert hat, auch auf der symbolischen Verkörperung der Produktivkräfte in Gestalt der Maschine.

Die neuen Produktionsinstrumente entstehen praktisch in zwei Schüben. Eine erste Generation vorzugsweise handwerklich oder manufakturell zusammengesetzter einzelner Kraftmaschinen und Werkzeuge wird von einer zweiten abgelöst, in der schon die Herstellung technischer Objekte mit Kraft- und Werkzeugmaschinen in kleinen Serien gelingt. Das Prinzip der industriellen Selbstreproduktion, über alles einzelne und lebendige Arbeitsvermögen hinaus, wie es sich später in rechnergesteuerten, automatisierten Produktionsabläufen erfüllen wird, kann aber erst in der laufenden großen Maschinerie, also in einer dritten, nachfolgenden Phase anklingen.

In der Abfolge der ersten Schritte liegt eine gewisse Logik. Messtechniken, die über den handwerklichen Gebrauch hinausgehen, müssen für den Bau von Maschinen weiterentwickelt werden. So entsteht Präzisionswerkzeug, zum Beispiel optisches und feinmechanisches Instrumentarium von hohem Gebrauchswert und entsprechend formaler Gefasstheit. Der Serienbau von Kraftmaschinen und Werkzeugmaschinen ist die Voraussetzung zum Aufbau größerer Produktionsanlagen. Kraftmaschinen wie die Dampfmaschine dienen der Erzeugung beliebig einsetzbarer Arbeitsenergie; Werkzeugmaschinen wie die Revolverdrehbank oder die hydraulische Presse sind das Arbeitsinstrument, das Werkzeugen, Maschinenteilen oder Serienprodukten die in der Konstruktionszeichnung exakt festgelegte Form und Oberfläche verleiht. Der Entwicklungsstand der Industrialisierung im Vergleich der Länder lässt sich 1851 in London an der Menge der ausgestellten »Hülfsmaschinen« ablesen. Der Amtliche Bericht aus dem Jahre 1852 (S. 585 ff.) geht unter *Fabrikmaschinen und Werkzeugen zur Herstellung derselben* ausführlich darauf ein. Es sind die »wesentlichsten Beförderungsmittel« der Industrialisierung und zugleich deren Erzeugnisse. Parallel dazu läuft die Entwicklung neuer Verkehrsmittel, um das wachsende Transportvolumen zu bewältigen. Das sind – nacheinander und nebeneinander – die technischen und gestalterischen Aufgaben im Produktionsgüterbereich: Messinstrumente, Kraftmaschinen, Werkzeuge, Werkzeugmaschinen und Verkehrsmittel erfordern Entwurfsarbeit und müssen ihre ersten, originalen Lösungen finden, technisch wie ästhetisch.

Der Ingenieur entwirft ein Funktionsganzes. Auch der Mechaniker führt ein ganzes Werk aus. Bei den technischen Objekten der Zeit müssen komplizierte Einzelvorrichtungen ersonnen, gebaut und verbessert werden. Das ist Spezialarbeit mit einem besonderen Flair. Sie ist durch den abenteuerlichen Charakter des Experiments, durch die technische Rationalität und durch die unmittelbare Verwertbarkeit des Produkts bestimmt. Sein Warencharakter bleibt jedoch zurückhaltend. Der kunstvollen Arbeit entsprechen gewisse Freiheiten des Arbeitsverhältnisses. Erfinden kann man nicht auf Kommando, die Ingenieurstätigkeit ist selbstbestimmte Entwicklungsarbeit. Auch sind die Ausführenden nicht in ein industrielles Organisationsraster zu zwingen. Abwandern wie zur Gesellenzeit oder »blaumachen«, später unter strenger Fabrikdisziplin strafbar, sind Zeichen einer freien Haltung zur Arbeit. Auch die Würde des Produkts wird in seiner Gestalt von den Entwerfenden und Ausführenden selbst produziert. Es gibt dafür keine Designer, allen-

Abb. 3: Darstellung einer Säulen-Dampfmaschine der Nürnberger Maschinenbauwerkstatt Klett & Co, 1842 (Germanisches Nationalmuseum Nürnberg)

falls Zeichner für die schöne Fassung der Pläne.

Schon in diese geht Ästhetisches, die vorweggenommene Anschauung des Produkts ein, die weit über das Prinzip rein technischer Zwecke hinausweist. Der Kunstcharakter technischer Entwicklungs- und Ausführungsarbeit wird bereits in der Zeichnung angemeldet. Man muss hier zwischen den schon genannten Brettskizzen in Rötel oder Kreide (vgl. FELDHAUS 1953), an die der Schmied oder Mechaniker sein Werkstück vergleichend anlegen kann, und schön ausgeführten Studien und Rissen nach fremden Modellen oder eigenen Entwürfen unterscheiden, die für die Augen der Auftraggeber, Kunden oder Kenner bestimmt sind. Der Erfinder oder Konstrukteur lernt entweder selbst, mit Reißzeug, Tusche und Farbe umzugehen, oder er beauftragt einen spezialisierten Zeichner, die Anlage im Ganzen und in ihren technischen Details über die Werkskizze hinaus anschaulich-plastisch herauszuarbeiten. So zeugen die technischen Zeichnungen von Kunstverstand und ästhetischem Ausgestaltungswillen, entsprechend dem produktions- und rezeptionsästhetischen Selbstverständnis einer Zeit, die man zu Recht als Epoche der Maschinenkultur bezeichnen kann: »Die Faszination, die die frühen Dampfmaschinen auch in ästhetischer Hinsicht ausübten, drückte sich etwa in der Vorführung neuer Maschinen in Kunstvereinen aus. Die (...) Prager Zeitung beschrieb 1829 die erste englische Dampfmaschine in Böhmen als ›äußerst elegantes Kunstwerk‹. Die technische Zeichnung behandelte Ma-

Abb. 4: Innenansicht des für die Erste Allgemeine Industrieausstellung 1854 in München errichteten Glaspalastes. Zeitgenössisches Foto (Münchner Stadtmuseum)

schinenkonstruktionen dieser Einschätzung entsprechend mit hoher künstlerischer Sorgfalt. In Plastizität erzeugender Lichtführung und abgestufter farblicher Behandlung, in der besonders der Reiz der blanken Metallteile herausgearbeitet wird, werden die Maschinen weit über die Zusammenhänge ihrer konstruktiven Funktionen hinaus um ihrer selbst willen gezeigt.« (GÖTZ 1985, S. 624) Kolorierte Maschinenzeichnungen aus der ersten Hälfte des 19. Jahrhunderts, heute Raritäten, zeugen vom hohen ästhetischen Anspruch. Man will, dass die Schönheit der Maschine sich schon über den Plan mitteilt und verstanden wird. Erst mit der Hochindustrialisierung zieht das Zweckdenken ein (vgl. REDTENBACHER 1862; NEDOLUHA 1960). Die Arbeitsteilung im Maschinenbau fordert schließlich Pläne, die zuverlässige Detailausführung an jedem beliebigen Ort möglich machen. Die technische Zeichnung kann aber am künstlerischen Anspruch festhalten, bis die Rationalisierung den Entwurf auf eine Plansprache schrumpfen lässt, die in ihrer Abstraktheit nur Maschinenbauspezialisten verständlich ist, und bis Formspezialisten beginnen, die technischen Funktionen hinter Hüllen und Dekorationen verschwinden zu lassen, die sie separat zeichnen müssen. Zeichnungen *und* realisierte Maschinenobjekte lassen den Kunstanspruch der Technik bis in die Anfänge der Hochindustrialisierung erkennen. Bei gotisierenden und antikisierenden Details handelt es sich nicht um nachträgliche Beigaben zur Konstruktion, sondern vielmehr um einen selbstverständlichen Zusammenhang des Technischen und des Ästhetischen: Denn es »ist die Gesamtanlage als vom Ingenieur-Konstrukteur gestaltetes und ›gewertetes Kunstwerk‹ zu betrachten, das technische und ästhetische Werte, Elemente und Motive zu einem homogenen Ganzen sinnvoll und augenfällig zusammenfügt« (SLOTTA 1981, S. 200). Das sagt schon ein Zeitgenosse: »Die Maschine selbst ist ein Kunstwerk, dessen Bau die Leitung eines vielseitig gebildeten Mannes erfordert, und alle Handwerke in Thätigkeit setzt.« (LUDWIG HOFFMANN 1832, S. 59)

Der Ingenieur-Entwerfer ist nicht Auch-Künstler, der einer Maschine am Ende das gotische oder dorische Dekor appliziert, sondern Technik-Künstler, der sich die mechanischen Funktionen gleichsam in gusseisernes Maßwerk verspannt oder auf Säulenstützen aufruhend denkt. Er formt damit die ästhetische Ausdrucksgeste seiner Maschine und seiner eigenen Anschauung von Technik. Im Anlagen- und Brückenbau, überall dort, wo das technische Werk sichtbar bleibt, behält er diese Kompetenz, während die Verantwortung für die Fabrikarchitektur und die Erscheinungsform der meisten Fabrikprodukte den Gestaltungsspezialisten, dem Architekten und dem Musterzeichner oder Designer, zufallen wird.

Zunächst aber bleiben Technik und Ästhetik ein Ganzes, das erst auseinanderfällt, als sich die Ingenieure in großen Konstruktionsbüros von der Werkstatt, von den Ausführenden und vom Produkt abgetrennt sehen und das Auftreten des Designers ihnen beweist, dass sie Nur-Techniker geworden sind. Die Epoche des Übergangs handwerklicher Qualifikation in industrielle Eigenschaften aber zeigt am Maschinenobjekt, wie dieses – quasi von selbst – zum Kunstwerk geraten kann, weil Kopf und Hand aller Produzenten noch vereint agieren.

Abb. 5: Bei Maffei 1856 gefertigte Lokomotive »Brugg«. Zeitgenössisches Foto (Deutsches Museum München)

2 Gebrauchsgerät aus Handwerk und Manufaktur

Der Künstler als Entwerfer: Karl Friedrich Schinkel

Gebrauchsformen für den Konsum kommen im frühen 19. Jahrhundert aus dem überlieferten ästhetischen Kanon des Handwerks. Wo schon gehobene bürgerliche Ansprüche oder noch aristokratische Luxusbedürfnisse zu befriedigen sind, beispielsweise durch die Erzeugnisse von Textil-, Möbel- und Prozellanmanufakturen oder der städtischen Zentren des Kunsthandwerks, hat der Dessinateur oder Musterzeichner bereits einen festen Platz. Wie Pevsner (1971) mit englischen und französischen Beispielen illustriert, werden einzelne Entwerfer von großen Manufakturen im Ausland, die massenweise modische Güter erzeugen, manchmal besonders gut bezahlt.

Das moderne Konsumgüterdesign nimmt seinen Anfang in der manufakturellen Arbeitsteilung. Im Unterschied zu den Aufgaben im (kunst-)handwerklichen Meisterbetrieb, handelt es sich bei dieser Entwurfstätigkeit schon um Teilarbeit entsprechend der Aufgliederung des gesamten Produktionsprozesses unter Rationalitätsgesichtspunkten der Manufaktur, die in dieser Hinsicht die Vorform der Fabrik darstellt. Die spezialisierte künstlerische Arbeit unterliegt selbst einer Differenzierung. So gab es (vgl. MEYER 1976) im Personalbestand der kurmainzischen Porzellanmanufaktur in Höchst kaum zehn Jahre nach ihrer Gründung 1746 schon eine Hierarchie der künstlerischen Funktionen vom Modellmeister, den Malern für Figuren und Tiere über die Landschafts-, Beiwerk- und Blumenmaler bis zu den Blaumalern in entsprechend abgestufter Besoldung. Deutlich darunter und abgespalten von der Entwurfstätigkeit arbeiteten die ausführenden Dreher, Bossierer, Schlämmer, Glasierer und Brenner. Kunst und Handwerk gehen in der Organisationsform der Manufaktur auf, wobei sich die Trennung von Kopf- und Handarbeit vollzieht – eine der Grundvoraussetzungen industrieller Massenproduktion schlechthin.

Im selbstständigen Kunsthandwerk wird in Konkurrenz mit den Manufakturen Kundenarbeit betrieben und der Sonderauftrag für das kunstvoll handgearbeitete Einzelobjekt oder die kleine Serie, deren Gestaltung auf Tradition und Können der Werkstatt beruht, ausgeführt. Freilich mag auch hier der Meisterentwurf schon seltener gewesen sein als die Ausführung von Repliken nach Mustern. Augsburger Silber, ein in ganz Europa bekanntes kunsthandwerkliches Spezialprodukt, entsteht schon Mitte des 18. Jahrhunderts arbeitsteilig. Aufträge werden bei Händlern durch Vorlage von Musterzeichnungen hereingeholt; Entwurfsarbeit und Ausführung liegen also nicht mehr selbstverständlich in einer Hand. Auch für Hausindustrie und Verlagswesen mag es gebräuchlich gewesen sein, Aufträge nach Mustervorlagen zu vergeben.

Gegenüber den Manufakturen, die sich künstlerische Spezialisten für den Entwurf leisten können, befindet sich der freie Kunsthandwerker mit kleiner Werkstatt im Nachteil.

Abb. 6: Bestecke aus einem lithographierten Firmenkatalog (Duncker & Maste, Iserlohn), um 1830

Der Rückgriff auf fremde Entwürfe in Form von Vorlageblättern wird daher im 19. Jahrhundert überall gebräuchlich, wo in Handwerk und Gewerbe Gestaltungsarbeit zu leisten ist und die Produzenten geschmacklich auf der Höhe der Zeit bleiben wollen. Man beginnt, auf den Bestand an veröffentlichten, das heißt in Gewerbezeitschriften oder in Kunstgewerbe-Sammlungen nachzuvollziehenden oder in Vorlagen-Mappen abgebildeten Formen zurückzugreifen. An die Stelle der mündlichen Überlieferung und anschaulich-direkten Vermittlung des Handwerks tritt zunehmend die mediale und institutionelle Verbreitung ästhetischer und technologischer Information.

In Preußen sorgt der »Verein zur Beförderung des Gewerbefleißes« für den Import vorbildlicher englischer Mustermaschinen und die Veröffentlichung technischer Anleitungen und Daten. Die Publikationen kann jedermann nutzen; die Maschinen werden kostenlos an Fabrikanten zur Erprobung ausgeliehen. Überall in Deutschland gibt es einzelstaatliches Bemühen um die Gewerbeförderung; 1842 in Mainz und 1844 in Berlin finden erste Gewerbe- und Industrieausstellungen statt. Aber es ist eine zunächst zähe Entwicklung ohne rechten Durchbruch, wohl auch gegen Widerstände: »Das geistige Leben Deutschlands war von politischen, gelehrt-philosophischen und romantisch-künstlerischen Bestrebungen in Anspruch genommen, technische Betätigung war wenig geachtet, der Nationalwohlstand war gering, das private Kapital stand der jungen Industrie uninteressiert oder abwartend gegenüber.« (BUXBAUM 1919, S. 105)

Neben der Produktivkraft Technik muss auch die Produktivkraft Design erst entwickelt werden; handwerkliche oder rein künstlerische Ausbildung reichen für die beginnende Massenproduktion, die über den Rahmen der Manufaktur hinausgeht, nicht mehr aus. Zunächst vermitteln neugegründete Kunstakademien ästhetische Qualifikationen. Spezielle Entwurfs-Zeichenschulen wie die um 1825 in Wien von Carl Schmidt betriebene gibt es kaum. Erst ab Mitte des Jahrhunderts wird die Frage der staatlichen Ausbildung von Musterzeichnern akut. Der Typus der Kunstgewerbeschule spaltet sich vom alten Akademietyp ab, oder das Lehrprogramm der Akademie wird den neuen kunstgewerblichen und kunstindustriellen Bedürfnissen entsprechend reformiert.

Noch bevor es zur Gründung von Kunstgewerbe-Museen und spezieller Bildungseinrichtungen für die Kunstgewerbepraxis kommt, wird das zunächst auf privaten Verlagsaktivitäten beruhende Vorbilderwesen staatlich gefördert; historische Sammlungen werden zugänglich gemacht oder Mappenwerke mit Vorbildentwürfen publiziert. Dazu gehören die *Vorbilder für Fabrikanten und Handwerker,* die zwischen 1821 und 1837 in Berlin von Peter Wilhelm Christian Beuth, dem Direktor der Technischen Deputation für die Gewerbe in Preußen, und Karl Friedrich Schinkel, dem höchsten Baubeamten des Königs, herausgegeben werden. Schinkel greift darin auf vielseitige eigene Erfahrungen als Entwerfer für Möbelformen, Öfen, Keramik, Lampen, Glas und Textilien für Berliner Porzellan- und Seidenmanufakturen, die königliche Eisengießerei, private Kunst-Gießereien und andere Spezialwerkstätten zurück. So notiert Fontane 1861: »Gab es eine neue Spontinische Oper, wer anders als Schinkel konnte die Dekoration, gab es ein fürstliches Begräbnis, wer anders als Schinkel konnte die Zeichnung zu Monument oder Grabstein entwerfen? Das ganze Kunst-Handwerk – dieser wichtige Zweig modernen Lebens – ging unter seinem Einfluss einer Reform, einem mächtigen Aufschwung entgegen. Die Tischler und Holzschneider schnitzten nach Schinkelschen Mustern, Fayence und Porzellan wurden schinkelsch gewebt. Das Kleinste und das Größte nahm edlere Formen an: der altvätrische Ofen, bis dahin ein Ungeheuer, wurde zu einem Ornament, die Eisengitter hörten auf, eine bloße Anzahl von Stangen und Stäben zu sein, man trank aus Schinkelschen Gläsern und Pokalen, man ließ seine Bilder in Schinkelsche Rahmen fassen, und die Grabkreuze der Toten waren Schinkelschen Mustern entlehnt.« (FONTANE 1966, S. 118) Eine Notiz Fontanes, man lebe noch immer »in dieser Welt Schinkelscher Formen«, stammt von 1859; sie lässt vermuten, dass Schinkels Musterentwürfe noch nach seinem Tode (1841) wirksam blieben. Schinkel ist ein Sonderfall, doch auch Beispiel für Zwischenschritte im Wandel der Künstlerrolle durch Indienstnahme für die industrielle Ökonomie. Preußen ist auf dem Wege unaufhaltsamer Industrialisierung. Die erste Berliner »Industrieausstellung« datiert 1827, ihr folgt 1844 im Berliner Zeughaus eine »Industrieausstellung« des Preußischen Zollvereins, die diesen Namen schon eher verdient. Wie dekorative Vorbilder durch Maschinenarbeit massenhaft reproduziert werden, stellt die Londoner Weltausstellung 1851 unter Beweis. Fontane könnte sich auf eine typische und allgemeine Entwicklung beziehen. Sorgt zunächst der Einzelkünstler Schinkel im staatlichen Auftrag für eine ästhetische Basis der Anfänge kunstindustrieller Massenproduktion – noch eingebunden in manufakturelle Wirtschafts- und Produktionsstrukturen, die sich zu verändern beginnen –, so übernimmt die dafür gegründete Institution des Kunstgewerbemuseums diese Funktion, sobald die Industrie sich entwickelt hat und die Nachfrage nach Formvorbildern steigt. Das Berliner Kunstgewerbemuseum wird 1867 eröffnet. Die Institution als Sammlungsort aller Muster aus der Geschichte löst damit folgerichtig den Einzelkünstler als Anbieter von Vorbildern für Fabrikanten und Handwerker ab. Das geschieht in England und Österreich früher als in Deutschland. Erst in den siebziger und achtziger Jahren übernehmen auch

Gebrauchsgerät aus Handwerk und Manufaktur 39

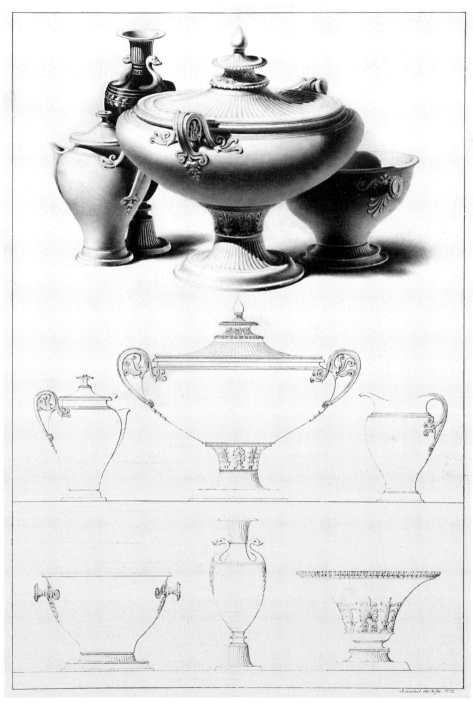

Abb. 7: Entwürfe von Karl Friedrich Schinkel, 1821. Aufgenommen in die »Vorbilder für Fabrikanten und Handwerker« (Staatliche Museen zu Berlin)

hier Kunstgewerbemuseen die breite öffentliche Belehrungs- und Beratungstätigkeit (vgl. MUNDT 1974).

Schinkel und Beuth können sich zwar schon auf staatliche Institutionen stützen, aber sie wirken noch durch persönlichen Einsatz und einzelkünstlerisches Beispiel (vgl. BUDDENSIEG 1988). Schinkel tritt in dieser Eigenschaft den industriellen Werkstatt- und Unternehmensgründern der dreißiger und vierziger Jahre vergleichbar auf: der Künstler als »Gründer-Designer« an der Schwelle zum industriellen Entwurf. Schinkels Beispiel hat besondere Bedeutung, weil sich in seinen Entwürfen Gestaltungsfragen der Zeit des Übergangs abbilden, aus ästhetischer, kultureller, politischer und ökonomischer Sicht. Schinkel ist als Baukünstler, Mitglied der Technischen Oberbau-Deputation, Architekturlehrer, Mitglied des Senats der Akademie der Künste und als Ausstatter des Königs und des Adels verantwortlich für den preußischen Geschmack der vor- und frühindustriellen Epoche. Die Mappe der *Vorbilder* enthält etwa 40 Blätter aus seiner Hand. Das »feingestochene Tafelwerk« (WAENTIG 1909) wird in erstklassiger Druckqualität reproduziert und an Gewerbeschulen und interessierte Produzenten verteilt, so dass jedermann sich der teils aus Antike und Renaissance (oder bei Textilien aus orientalischer Tradition) entnommenen, teils von Schinkel selbst, teils von anderen Zeichnern stammenden Muster freizügig bedienen kann.

Eine Ergänzung bildet die technologische Entwicklungshilfe, die Beuth mit der Gründung des Vereins zur Beförderung des Gewerbefleißes in Preußen seit 1821 und durch Preisausschreiben zur Lösung produktionstechnischer Probleme gibt: »Die staatliche Gewerbeförderung hatte (...) nicht nur Auswirkungen auf technische Bildung, Betriebsorganisation und maschinelle Ausrüstung, sondern auch auf die Gestaltung der Produkte. Die erstaunliche Formenvielfalt der Eisengussarbeiten aus preußischen Hütten belegt dies anschaulich« (Kat. *Preußen*, Bd. 1, 1981, S. 388). Beuth und Schinkel hatten 1826 gemeinsam die obligatorische Technik-Bildungsreise nach England unternommen; der Technologie- und der Kunstfachmann ergänzen sich ideal.

Mit Schinkels Einsatz auf der Schwelle zum Industriezeitalter wird die Künstlerarbeit unmittelbar, ohne den Umweg über die Bindung an eine Manufaktur oder einen Einzelproduzenten, zum disponiblen Produktionsmittel. Die Sammlung der *Vorbilder für Fabrikanten und Handwerker* ist in ihrer geschmackserzieherischen Absicht aber auch ein Versuch zur Verallgemeinerung ästhetischer Prinzipien über den ökonomischen Zweck hinaus; erstmals wird das Bemühen sichtbar, eine ganze Produktkultur nach Grundsätzen vorzustellen, die nicht mehr kulturwüchsig von selbst zu ihrem ästhetischen Ausdruck gelangen. Design wird erstmals zu einem kulturellen Programm, der Künstler wird in den Dienst nationalökonomischer *und* ideologischer Aufgaben genommen. Noch im Vorfeld der Unterordnung von Entwurfsfähigkeit und Produktgestaltung unter Kapital und Klasseninteresse kündet sich eine Funktionalisierung des Entwurfsvermögens an. In der Arbeit des Künstlers überlagern sich ökonomische, kulturpädagogische und politisch-ideologische Motive. Schinkel vertritt das Offizialdesign gleichsam doppelt – so wie er repräsentativ, aber auch ganz schmucklos baut, je nach Anlass und Zweck. Daneben existiert eine anonymen Vorbildern und stilistischen Strömungen verbundene Alltagsästhetik, die ohne bestellten Designer auskommt. In ganz Deutschland ist das bürgerliche Biedermeier zwar der klassizistischen Tradition elementar verpflichtet, aber es entsteht noch ohne direkte Hilfe des Künstlers aus der Tradition des Handwerks – eine vorindustrielle Situation.

Staatstragendes Design im Klassizismus

In den nicht vom berufenen Künstler entworfenen Alltagsformen spricht die Klasse der Produzenten für sich selbst, in den besonderen Entwürfen ist der Designer bereits als ihr ideologisch-ästhetischer Vormund zu ahnen.

Schinkels verantwortliches Mitwirken am preußischen Staatsklassizismus stützt Autorität und Würde der Monarchie unter der kollektiv verbindenden Idee eines Nationalstaates, die als Ausdruck der Interessen der Allgemeinheit gelten soll. Darin ist die gesellschaftliche Funktion des Entwurfskünstlers noch vorindustriell: Er sieht sich dieser vom Staat repräsentierten Allgemeinheit und nicht irgendeinem privatkapitalistisch abgespaltenen Einzelinteresse verpflichtet. Schinkels Funktion ist politisch-ästhetisch vermittelnd. Er erfüllt öffentliche und private Aufträge, er dient dem König wie dem Bürgertum. Mit den *Vorbildern für Fabrikanten und Handwerker* fundamentiert er ästhetisch bereits das Fabrikzeitalter. Zugleich weist sein Beispiel über die politischen und gewerblichen Interessen hinaus auf die Bedeutung ästhetischer Entscheidungen für ein Bewusstsein von Geschichte nicht nur in Preußen. Er gehört einer ersten historisierenden Generation an, was sich in seinem Interesse für die Gotik ebenso wie in seiner letztlich doch überwiegenden Neigung zum »klassischen« Formenkanon spiegelt. Sein epochales Bemühen wirkt wie ein Versuch, vor den großen Veränderungen ästhetisch noch einmal Fuß zu fassen; es ist eine ernsthafte, keineswegs nur romantisch-ironische Rückversicherung in der Geschichte. Schinkel weiß von seiner Studienreise nach England, wo ihn das Panorama der Industriestädte überwältigt hatte, was bevorsteht. Seine Entscheidung zugunsten einer eher streng klassizistisch als romantisch-gotisierenden Formgebung ist nicht eindeutig zu ergründen, aber es liegt nahe, sie als Bekenntnis aufzufassen: »Für Schinkel bedeutete die griechische und römische Antike ein Symbol des sittlichen und ethischen Handelns.« (ZUCHOLD 1982, S. 381)

Klassizismus ist zu seiner Zeit Ausdruck einer historischen Absicherung schlechthin, der alten wie der neuen Gesellschaft. Das schließt gleichzeitiges Gotisieren nicht aus. Wiederbelebungsversuche historischer Stile und den Hang zu antikisierender Formgebung gibt es überall in Europa. In Deutschland entsteht nach der Romantik und den Freiheitskriegen ein besonderes Identifikationsbedürfnis mit nationaler Kultur und Geschichte. Gotisch kann mit deutsch gleichgesetzt werden, obwohl es als französisch hätte gelten müssen und es auch in England ein *Gothic Revival* gibt. Bei den Ingenieur-Entwürfen von Maschinenteilen im »gothischen Stil« mag Hochachtung vor konstruktiven Leistungen des Spätmittelalters eine Rolle gespielt haben, auch dass Gusseisen zu Maßwerk auszugestalten war. Ein Grundzug zur Mystifizierung des Technischen, zu Symbol und Allegorie, ist unverkennbares Merkmal der Zeit. Slotta (1981) führt als Beispiel den »Kunstmeister« Karl Heinrich Mummenthey an, der in den späten 1820er Jahren die Anlage der hannoverschen Königshütte in Bad Lauterbach in Gestalt einer gotischen Kirche errichtet – kein Einzelfall.

Trotzdem setzt sich, nicht nur in Preußen, sondern weithin ein strenger Klassizismus durch, der bis in die Formen von Stuhlbein und Kaffeetasse alltäglich wird. Zwar kann kein Arbeiter, Tagelöhner, Soldat oder Bauer sich mit diesem ästhetischen Kanon ernsthaft im Sinne einer Suche nach kultureller und nationaler Identität befassen. Die unteren Schichten besitzen weder die geformten Gegenstände noch das Privileg, zu ihrem Genuss ausreichend gebildet zu sein. Aber dem bürgerlichen Subjekt muss der klassizistische Entwurf sehr nahe stehen, vor allem dort, wo aus dem herrschaftlichen Empire-Stil, der aristokratischen Tradition, durch Aneignung und Umwandlung eine bürgerliche Kultur entstehen kann.

Empire – das ist der napoleonische Herrschaftsstil, der nach dem Rheinbund (1806) auch in Deutschland Verbreitung findet, dessen Anspruch aber mit dem Sturz Napoleons zweifelhaft wird. Der deutsche Biedermeier-Klassizismus kann sich auf dieses Vorbild nicht beziehen. Es entspricht nicht den bürgerlichen Lebensgewohnheiten, ist »zu imperial für eine Zeit voller freiheitlicher Ideen« (HIMMELHEBER 1973) und steht im Gegensatz zu Prinzipien der Selbstdarstellung des bürgerlichen Subjekts, zur Tendenz der nationalen Besinnung und zur ökonomischen Bescheidenheit der produktiven, aufstrebenden Klasse. Zwar wird im Katalog der Münchner Ausstellung *Biedermeiers Glück und Ende* (OTTOMEYER 1987, S. 316) die bürgerliche Herkunft der schlichten Form bezweifelt und auf aristokratische Quellen verwiesen. Doch lässt sich die ästhetische Bescheidenheit vor allem als Zeichen der Sublimierung bürgerlicher Lebensumstände vor dem Hintergrund der Einschränkung lesen. In Deutschland herrscht Armut; in der Regel lebt man äußerst sparsam; die karge Einrichtung des durchschnittlichen Frühbiedermeier-Haushalts korrespondiert mit der betonten Würde des oft fast armseligen Mobiliars. In Tübingen soll man, wie Heilborn (1927) berichtet, mit Bewunderung von dem Buchhändler Cotta gesprochen haben, weil der ein Sofa in seiner Wohnung besaß. Die sprichwörtliche Sparsamkeit gilt nicht nur für Preußen. Wichtiger als Konsum sind geistige Genüsse und der Halt der Klasse in ihren ästhetischen und historischen Bezügen. Aus diesem Bewusstsein heraus entsteht das bürgerliche Biedermeier in seiner Betonung von schlichter Lebenshaltung, Intimität, Sentimentalität und Privatheit in klassisch einfachen Formen. Das Empire könne man »die haltungsgewährende, das Biedermeier die verzärtlichte Antike« nennen, meint Heilborn. »Im Empire herrschte noch die alte Gesellschaft, im Biedermeier hat das Bürgertum Besitz ergriffen. Bleibt in aller Wandlung der Respekt vor der geraden Linie.« (HEILBORN 1927, S. 45)

Das bürgerliche Zeitalter meldet sich mit geschmacklichen Vorlieben an, die nicht bloß Musterblättern und Journalen entnommen werden, sondern auf eigener Ökonomie und Gesinnung, auf einem beginnenden Klassenbewusstsein gründen. Erweiterter Bedarf an einfachen, gediegenen Gütern für den bürgerlichen Gebrauch fordert Ausdehnung der Produktion. So wachsen Handwerksbetriebe

Abb. 8: Kaffeekanne aus Steingut, um 1820 (Badisches Landesmuseum Karlsruhe)

gelegentlich zu Manufakturen beträchtlicher Größe an. Der Tischler Josef Danhauser in Wien produziert 1808 seine Möbel mit über 130, der Berliner Töpfermeister Tobias Feilner seine Kachelöfen um 1830 mit 100 Arbeitern. Wie bei kleinen Werkstätten gelten handwerkliche Verarbeitungsqualität und Formtradition; die klassizistischen Vorbilder erfahren unter den Umständen der Zeit auch in der massenhaften Adaption und Variation ihre Verbürgerlichung: »Mit dem steigenden Bedarf auf der einen Seite, der Zunahme der handwerklichen Produktion auf der anderen bildet der Möbelstil des Biedermeier bürgerliche, gleichsam demokratisch nivellierende Züge aus, die auch auf repräsentative höfische Einrichtungen und Einzelstücke übergreifen.« (GEISMEIER 1979, S. 281) So kommen eher englische als französische Vorbilder zum Zuge und kann das »Napoleonische« des Empire gebrochen werden. Dem aufwendigen und kalten Repräsentationsklassizismus antwortet ein Gegenentwurf. Schinkel nimmt auch hier eine vermittelnde Position ein: Der klassizistische Kanon lässt sich abwandeln – vom monumentalen Schlossbau zum bürgerlichen Haus, vom aristokratisch-steifen Dekor zum einfach-strengen Möbel und Hausgerät.

Es ist ein Kanon, der widersprüchliche Bedeutungen auf sich vereint – Ausdruck der Selbsterfahrung des bürgerlichen Subjekts und des Selbstständigkeitsstrebens seiner Klasse, aber auch Ausdruck nichtbeseitigter alter Herrschaftsansprüche. Zwischen Revolution und Restauration vermischen sich egalitäre und autoritäre Ausdrucksmomente im gleichen ästhetischen Prinzip der Schlichtheit, Strenge und Würde: »Der Klassizismus in Architektur und bildenden Künsten verband sich mit dem Neuhumanismus der Dichter und Gelehrten. Schinkel und Wilhelm von Humboldt, der Planer der 1810 gegründeten Berliner Universität, waren Freunde. Der Rückgriff auf die versunkene Kultur Griechenlands war ein ästhetisches Politikum. In humanistischer Bildung und klassizistischer Formung versucht das Bürgertum sich der Freiheit der Republik und der Freiheit des Individuums zu vergewissern. Klassizistischer Stil war in Preußen jedoch auch Ausdruck eines Kompromisses zwischen den Herrschern und den gebildeten Oberschichten. Im Zwischenreich der Künste wurde die Übereinstimmung möglich, die das monarchische Prinzip im politischen Alltag nicht zuließ.« (Kat. Preußen, Bd. 1, 1981, S. 322)

Auf der einen Seite produziert das Bürgertum seine feinsinnig-nüchterne Privatheit, auf der anderen Seite bleibt in den antikisierenden Monumentalbauten die alte Herrschaft präsent. Das Königsschloss wird nicht zum Bürgerhaus. Hier bleibt die Form massig, lastend, beeindruckend selbst bei Zurückhaltung im Schmuck. In der Öffentlichkeit lässt sich der mit revolutionärem Schlichtheitspathos gesättigte Klassizismus, in dessen Rahmen das freie Denken des Vormärz geübt und das Scheitern der Revolutionsbewegungen registriert wird, auch für restaurativ-autoritäre Zwecke umdeuten. In der Intimität des bürgerlichen Familienlebens hingegen wird die Nähe zueinander und zu den Dingen gesucht.

Biedermeier – das Nahe und Vertraute

Ursprünglich stiften die klassizistischen Formen im Gefolge der Revolution in Frankreich den symbolischen Bezug auf die römische Republik. Doch auch ohne diese Bindung ist der bürgerliche Lebensstil von der Romantik bis zur endgültig gescheiterten Revolution unaufwendig, betont einfach, auf geistigen Austausch angelegt; die ästhetische Identität des Bürgertums wird in Deutschland vor der po-

44 Fabrikation und Ästhetik – Aufbruch in das Industriezeitalter

Abb. 9: Lübecker Dielenschrank. Rüster mit Ahornintarsien und schwarz gefärbten Teilen, um 1815–20 (Museum für Kunst und Kulturgeschichte der Hansestadt Lübeck)

litischen Macht und ökonomischen Reife der Klasse entwickelt und entsprechend ausgelebt. Wo Bürgersinn deutlich die Grenze zur kühlen Pracht des Repräsentativen zieht, wird die eigene kulturelle Leistung sichtbar; das »traute Heim von Menschen, denen Heimat nicht nur ein Wort oder Begriff war, sondern der gesetzmäßige künstlerische Ausdruck der Persönlichkeit in den Gegenständen der Häuslichkeit« (LUX 1906, S. 6). Hier entsteht der Gegenentwurf zur Steifheit des Empire ebenso wie zur allzu großen Feierlichkeit und Erhabenheit restaurativer Klassizismus-Varianten in der typischen Biedermeierform, die aus der handwerklichen Regionaltradition, nicht vom Entwurfskünstler stammt: »Das Biedermeier ist ein rein bürgerlicher Stil, vom Bürger und für den Bürger geschaffen.« (HIMMELHEBER 1973, S. 86)

Inzwischen wurde die These aktualisiert, dass nicht das Bürgertum, sondern der Adel Erstnutzer der Biedermeierform gewesen ist. Die Ausstellung *Biedermeier. Die Erfindung der Einfachheit* in Wien 2007 (vgl. OTTOMEIER u. a. 2006) hat mit Franz I. das österreichische Kaiserhaus in früher Adaption des Stils der Bescheidenheit geortet. Man sollte dieses episodische Detail, das auch von nachrevolutionärer Anpassungsfähigkeit des Adels zeugt, nicht überbewerten, da es letztlich das Bürgertum ist, das die biedermeierliche Formenwelt durchdekliniert und ausdifferenziert. Der Kanon entwickelt nicht nur eine neue Qualität der Zurücknahme des demonstrativen Gestus, sondern zeichnet sich durch ein Merkmal aus, das diese Dualität auf lange Sicht beständig macht. Der Rückzug ins Private, ins Familienidyll, bringt ein Gebrauchswertbewusstsein ins Spiel, das sich gegen eine Vorherrschaft des Ästhetischen wendet. Hier adelt der persönliche Geschmack die Dinge, nicht der gesellschaftliche Anspruch. Gewiss gibt es Mischformen von Zweckdenken, Intimität und Repräsentation, wie man sie auch auf der Palette der Möbelentwürfe Schinkels findet. Doch reicht das Grundanschauungsprinzip der kubischen Formen, knapp gegliederten Flächen, sparsamen Anspielungen auf antikes Dekor und die Verwendung einheimischer Hölzer weit über die stilgeschichtlich eng definierte Blütezeit des Biedermeier zwischen 1815 und 1830 hinaus. In Zweckbindung und Erscheinungsweise bilden sich Typen, die im Alltag lange Zeit Gültigkeit behalten: Der Stuhl, das Sofa, der Schreibsekretär, die Vitrine, der runde oder eckige Tisch – Gebrauchsnotwendigkeiten bürgerlicher Familienbehaglichkeit, in deren Gestaltreichtum bei wenig Aufwand sich Bescheidenheit, aber auch Selbstbewusstsein ausdrückt.

Noch gibt es in Deutschland keine laute, auftrumpfende Selbstdarstellung des Bürgertums. Sogar der frühe »Capitalist« führt daheim das Leben eines Privatiers mit mäßigem Aufwand und maßvollem Mobiliar. Zurückhaltung, intellektueller und künstlerischer Anspruch, das Bekenntnis des bürgerlichen Subjekts zur stillen Größe und inneren Schönheit sowie eine in das private Ambiente übersetzte Klassenmoral finden in der biedermeierlichen Schlichtheitsgebärde überzeugend zusammen. Die intimisierte Ästhetik der Räume und Dinge spiegelt ein eigenes Wertbewusstsein; in ihrer Schlichtheit vergegenständlicht sich die zurückgezogene bürgerliche Identität. Tägliche Nähe des Umgangs mit schlichten Formen führt zu maßvoller Haltung und Gestik, die Proportion der Räume zum würdevoll-aufrechten Gehen und Sitzen darin. Die »feine Abwägung der einzelnen Raum- und Stimmungselemente« (LUX 1906) trägt zur Verfeinerung der Selbstwahrnehmung des bürgerlichen Subjekts bei. Auch Schinkels Tafelstuhl (dessen zwischen 1820 und 1825 entworfene Variante Berliner Schlösser zierte) könnte als beispielhaftes Objekt solcher ästhetischen Erfahrung gelten. Noch gibt es eine dauerhafte Beziehung zum

Abb. 10: Tafelstuhl. Entwurf Karl Friedrich Schinkel, 1823–24 (Staatliche Schlösser und Gärten Potsdam – Sanssouci)

Gegenstand. Bis an die Schwelle der Hochindustrialisierung beherrschen einfache Ensembles brauchbarer, nach Maß, Gewicht, Material, Handlichkeit und Ansehnlichkeit sorgsam durchgestalteter Gegenstände das bürgerliche Ambiente. Sie kommen aus einer Produktion, die Handgeschicklichkeit und Kunst noch nicht beurlaubt hat. Ähnlich wie die frühen Maschinenentwürfe zeigen viele Biedermeiermöbel trotz ihrer einfachen Form in zahlreichen Varianten eine später nie wieder erreichte Individualität. Sie korrespondiert mit der Individualität der Beziehungen des Gebrauchers zum Gegenstand und zu seinem sozialen Umfeld. Die Wärme der handwerklichen Einzelproduktion und die Nähe des familiär-intimen Gebrauchs haften den Dingen an, darüber hinaus das Allgemeingültige schlichter Lebensführung.

In Dimension, Zweckmäßigkeit und Erscheinungsbild der unauffälligen Handwerksstücke tritt der praktische Bürgersinn hervor: »Biedermeiermöbel übersteigen fast nie das menschliche Maß; der obere Abschluß der Kastenmöbel liegt zumeist in Augenhöhe oder nur wenig darüber. Selbst Kleiderschränke sind häufig erstaunlich klein. Die oft beschränkten Raumverhältnisse führten zur Erfindung von Kombinationsmöbeln: kleine Schreibschränke, die sich in Ofenschirme verwandeln lassen, Nähtischchen, auch als Hausaltar oder zum Klavierspiel zu nutzen. Der große Flügel wird hochgeklappt zum ›Giraffenklavier‹, oder man gibt ihm das Aussehen eines Bücherschranks, wie es auch Kleiderschränke gibt, die aussehen wie Sekretäre.« (HIMMELHEBER 1988, S. 43)

Während die Werkstattgründer an der neuen Produktionsmaschinerie arbeiten, ja einzelne schon »Fabrikherren« sind, während einer Zeit des Aufbegehrens und der Unterdrückung republikanischer Gesinnung, entwickelt sich in der Stille des privaten Lebens zwischen 1810 und 1850 eine bürgerliche Ästhetik des Alltags von eindringlicher Überzeugungskraft. Als Spiegel der Zeitbewegungen kann sie kaum gedeutet werden. Die Epoche des Biedermeier ist alles andere als ruhig. Während die politische Revolution misslingt, vollzieht sich die industrielle. Sie dringt überall in Europa allmählich auch in das bürgerliche Heim ein, berührt Gegenstand und Gebrauch: »Dem Haushalt kamen denkbar mannigfache Erfindungen zugute. War schon 1802 der Gasometer (Pepys) erfunden worden, so wurden 1814 die ersten Gaslaternen in London angezündet (Winzler), im Jahre 1826 erhielt Berlin Straßenbeleuchtung mit Gas. Den Wohnzimmern kam zunächst die Erfindung der geflochtenen Kerzendochte (Cambacérès 1834) zugute, die die Lichtschere außer Dienst setzte, und die der Moderateurlampe (Franchot 1836), die der Großväterbehausung am abendlichen Tisch die sanfte Helle gab. Für Kochzwecke kam die Berzeliuslampe (1808) sehr bald in Betracht.

Man lernte (1807) von François Appert das Einkochen bei luftdichtem Verschluss und die Sterilisierung durch Franz Ferdinand Schulze (1836), man mochte sich dabei des neu erfundenen Emaillegeschirrs (Pleischl 1836) bedienen. Die Zündhölzchen weisen eine lange Erfindungsgeschichte auf (1805 Chancel, 1832 Kammerer, 1848 Böttger), die Stecknadeln kamen aus Amerika (Hunt 1817), die Stahlfedern aus London (Perry 1830). Die Nähmaschine wurde 1836 von Madersperger vorerst mehr angeregt als erfunden, sie war von Howe (1847) gebrauchsfähig gemacht worden, die Plattstich-Stickmaschine hatte Heilmann (1828) konstruiert. Es gab seit 1817 Selterswasser (Struve), seit 1833 Briketts (Ferrand und Marsais), seit 1844 war die Möglichkeit der Herstellung von Linoleum (Galloway) gewiesen (…). Eisenbahn, Dampfschiffahrt, Telegraph; das Entstehen größerer Fabrikbetriebe; die Intensivierung des Ackerbaus; die hellere Straße und das lichte Heim; die schnellere Feder und der billige Brief; Nähmaschine und Stecknadeln; Turnen und Kaltwasserhygiene – diese Zeit macht den Menschen beweglicher und verjüngt ihn, macht ihm den Boden ertragsreicher und befreit ihn vom Zwang der Scholle, macht ihm sein Heim lichter und öffnet ihm die Welt, verwischt die Standesunterschiede und züchtet das Proletariat.« (HEILBORN 1927, S. 42 ff.)

So weisen die klaren, stillen Formen des Biedermeier auf ein letztes Innehalten vor dem Wechsel. Produktionsgeschichtlich stammen sie aus Handwerk und Manufaktur. Daher ist an ihnen die Nähe zur produzierenden und gebrauchenden Hand zu spüren. Selbst für heutige Betrachter ist handgreiflich, was an Materialsinnlichkeit, handwerklichem Können und Formsicherheit in den Biedermeier-

Abb. 11: Lübecker Stühle. Erste Hälfte 19. Jahrhundert (Museum für Kunst und Kulturgeschichte der Hansestadt Lübeck)

objekten steckt und in welchem Einverständnis Produzenten und Gebraucher sich noch befunden haben müssen. In schön gemaserten Hölzern, in der Körperfreundlichkeit eines Sitzes, einer Lehne, im Symbol der Urne oder der Lyra als knappen Verweisen ins Erhabene, trifft sich das Schönheitsempfinden der Hersteller mit den Erwartungen der Auftraggeber und Gebraucher. Es gelingt durchweg, die Nüchternheit der Zwecke und den Anspruch der Emotionen zu vereinen. Bürgerliches Denken und Empfinden bilden eine Einheit in der Form – »Haltung« und »Verzärtlichung« auch in und gegenüber den Dingen. Darin verbinden sich die privatisierten Gebrauchsgegenstände mit der Kultur der Produktionsinstrumente draußen. Würde und Schlichtheit, Maß und Empfindung zeichnen auch die Werkzeuge aus, mit denen das Industriezeitalter herbeigearbeitet wird – die Maschinen. So ist die Versöhnung der Zwecke mit der Schönheit ein Kennzeichen der frühindustriell-bürgerlichen Produktkultur insgesamt. Noch gelingt die Vereinigung des Ästhetischen und Ökonomischen in einem ethisch abgesicherten Gebrauchswertbegriff, an den »romantische« Ökonomielehren der Zeit (vgl. PRIDDAT 1986) fast beschwörend erinnern.

Auf der Schwelle zum Industriezeitalter ist gerade dieser Ausgleich von Zweckrationalität, Moral und Schönheit nicht nur im Denken, sondern auch in der Erscheinung der Gegenstandswelt das verborgene Thema schlechthin. Im Fortschreiten der Produktions- und Entwurfsgeschichte und in den Veränderungen der Sozialgeschichte des Gegenstandsgebrauchs soll ein solcher Ausgleich bald nicht mehr gelingen, ja für geraume Zeit nicht einmal mehr gesellschaftlich denkbar sein.

II Kunstindustrie, Massenprodukt und Gebrauchserfahrung

1 Ökonomie und Ideologie der Produktgestalt

Modellierung des Nutzers durch den Gegenstand

Der um die Mitte des 19. Jahrhunderts vollzogene Eintritt in das Industriezeitalter bringt nicht nur den Wechsel der Produktionsweise und das Massenprodukt – eine ganze Ästhetik des Lebens wälzt sich um, nicht nur die sichtbare Gestalt der Dinge. Die große Zeit der Musterzeichner für die Kunstindustrie, der maschinellen Nachahmung von Handarbeit, der Surrogat-Materialien, des Dekors in allen historischen Stilarten und der Ausdifferenzierung der Form für neue Klassen von Gebrauchern beginnt. Dieser Prozess verdeckt, wie dramatisch sich das Verhältnis der Zeitgenossen zu den Werkzeugen und Produkten und über sie zu sich selbst verändert, zum einen in der Arbeitswirklichkeit vor Ort, in der Fabrik, am Reißbrett oder im Kontor, zum anderen im Gebrauch der Produkte daheim oder bei ihrer Wahrnehmung in der Öffentlichkeit. Sofern Produkte ihre Herkunft aus der Fabrik nicht unter pseudohandwerklichem Dekor verbergen, sind sie im Stande, das Maschinenprinzip, das sie verkörpern, in ihren Gebrauch zu übertragen. Das lässt sich an einfachen Vorgängen wie dem Sitzen demonstrieren. Im Sitzen nimmt jeder, so glaubt man, eine ihm bequeme oder zweckmäßige Haltung ein. Doch zugleich ist das Sitzen eine gesellschaftliche Haltung, Kollektivprodukt einer inneren und äußeren Lerngeschichte, die sich unauffällig, aber zwangsläufig an Gebrauchern vollzieht. Stuhl oder Sessel sind Werkzeuge einer Formung. Der Körper des Sitzenden wird in eine bestimmte Position gezwungen, wie durch eine Schale oder ein Korsett. Während man auf einem Stuhl sitzt, modelliert dieses Instrument die Erfahrung des Körpers. Hocken auf dem Boden, wie es in anderen Kulturen üblich ist, signalisiert eine andere Haltung zu sich selbst, es entspricht einem anders vergesellschafteten Körper und einem anderen Körperbewusstsein.

Wozu ein Stuhl im bürgerlichen Privatalltag des beginnenden Fabrikzeitalters dienlich war, muss dem Schreiner, der ihn einst fertigte, gegenwärtig und selbstverständlich gewesen sein. Wer darauf saß, fand seinen angemessenen Halt nicht nur als Privatperson, sondern auch als Repräsentant einer bürgerlichen Kultur. In den biedermeierlichen Stuhlformen scheint ein Einvernehmen von Leiblichkeit und Gegenstand gleichsam naturwüchsig auf. Noch ist das neue Produktionsinteresse an der Ästhetik der Dinge nicht übermächtig; es lässt auch dem Körper noch eine Haltung der Gelassenheit. Noch sind die Gegenstände individuell produzierter, individuell angeeigneter und gedeuteter Widerschein von Bedürfnissen, die sich aus dem Stand der gesellschaftlichen Produktivität und dem bürgerlichen Selbstbewusstsein speisen, das seinen Reproduktionsort unter anderem in der Werkstatt, im Warenlager, in der Familiengeselligkeit gefunden hat.

Auf solchen Stühlen saßen die künftigen Herren der Fabrik, die Kaufleute, Bankiers, die

Staatsbeamten und die Intellektuellen, die Republikaner vor der gescheiterten Revolution. Ein durch und durch bürgerlicher Gebrauchertypus versammelte diese variantenreichen Möbelformen daheim um sich. Der von den Geschäften ausruhende Vater, die häusliche, kunstsinnige Mutter, die halbwüchsigen Kinder, die Gäste – mit Haltung und Anmut einander im Gespräch zugewandt –, dieses Bild des belebten frühindustriell-bürgerlichen Interieurs bezeichnet in seiner Gegenständlichkeit und Beziehungsstruktur den Zustand des Noch-nicht und Doch-schon des neuen Zeitalters. Wie man auf solchen Stühlen mit vollem Körperschluss, fest und selbstbewusst-aufrecht und dennoch zugleich beweglich saß, das entsprach als äußere und innere Haltung ganz dem Bewusstsein der in die Zukunft gewandten produktiven Klasse. Gleichzeitig spiegeln die Instrumente dieses Sitzens noch eine Produktionsweise, die im Hintergrund der handwerklichen Tradition verankert ist.

Zwischen Herstellern und Gebrauchern solcher Möbel muss stilles Einverständnis darüber geherrscht haben, dass ein ästhetischer Überschuss die Dinge individualisieren müsse. Auf ihre Weise sind alle diese Stuhlformen geschmückt, obwohl man doch den Schmuck im Sitzen nicht oder nur wenig wahrnahm. Offenbar konnten oder sollten solche Formen das bürgerliche Ich vom Stigma des bloßen Wirtschaftssubjekts befreien. Sie stützten ihm nicht nur physisch-real den Rücken, sondern hoben auch ein psychologisch wirksames Moment der Feierlichkeit hervor, in dem das kulturelle Gewicht der Klasse angemessen zum Ausdruck kam. Zum Körperschluss mit dem Ding trat der Seelenschluss mit seiner höheren Bedeutung, die ins Schöne und Moralische übertragene Empfindung. Das bürgerliche Dekor, die historische Ökonomie und das private Schönheitsbedürfnis erscheinen ausgewogen. Dieser Zustand zeigt sich in der dekorativen Form der Dinge, in ihrem Gebrauch und in der Erfahrung dieses Gebrauchs bis zum Ende des Biedermeier. Mit der Industrialisierung des Sitzmöbels beginnt die Erziehung eines neuen Nutzertyps, nicht nur eine andere Art der Formung und Herstellung des Sitzgeräts.

Thonet Nr. 14

Sobald die Industrialisierung einsetzt, werden neue Definitionen der Lebensweise, der Gegenstandsbeziehung und der kulturellen Selbstdarstellung fällig. Das teilt sich auch der Form der Produkte mit. Als der Bopparder Schreiner Michael Thonet von der Wiener Hofkammer das Privileg verbrieft bekommt, »jede, auch selbst die spröädeste Gattung Holz auf chemisch-mechanischem Wege in beliebige Formen und Schweifungen zu bringen« (Mrazek) und die Thonetschen Bugholzsessel in den 1860er und 1870er Jahren als patentierte Massenprodukte auf die Märkte dringen, wird in den Fabriken des Gründers nicht nur Holz nach modernen industriellen Fertigungsmethoden gebogen und verschraubt, es wird auch gleich eine veränderte Haltung, ein neues Bewusstsein mitentworfen und mitgeliefert, auf das die Zeitgenossen vorbereitet sind. Der neue Körper der Dinge entspricht den Erfordernissen des Produktionsinteresses an einem neuen Typus von Nutzer bis in dessen Leiblichkeit hinein. Man muss, um dies in aller Deutlichkeit zu erkennen, auf ein Objekt zurückgreifen, das in der Donaumonarchie von einem eingewanderten deutschen Handwerker-Unternehmer entwickelt worden ist, der bald zum Massenfabrikanten aufsteigen konnte. Thonets »Sessel« Nr. 14 ist das Paradebeispiel. Er ist ein im Grunde anonymes Produkt der Zeit, dessen Erfindung nicht einem plötzlichen Einfall des Firmengründers zuzuschreiben ist. Möbel von vergleichbarer

Leichtigkeit und Funktionalität gab es schon im Biedermeier, der Epoche des Übergangs. Und im Wien der Entstehungszeit tauchen zeitgenössische Vorläufer oder Produktvarianten aus anderer Hand auf, die Thonet mit dem Gespür für den richtigen Moment als Unternehmer aufgreifen und weiterentwickeln kann (vgl. VEGESACK 1987, S. 57 ff.). So geht der vielgepriesene Klassiker als »billige Consumsorte« 1859 wie ein Nukleus aus der Menge ahnungsvoll vorbereiteter Leichtbauformen hervor. In ihm ist alles enthalten, was eine Form des Industriezeitalters an kultureller Substanz zeichenhaft verdichtet mitteilen kann. Der große Sprung nach vorn in das Zeitalter der Mechanisierung, der Aktiengesellschaften und Weltausstellungen, verbunden mit der Anwendung neuer Technologien und rationalisierter Fertigungsweisen, wird die Beziehung zum Gebrauchsgegenstand verändern und einen neuen Gebrauchertyp entstehen lassen.

Thonets Produktionsverfahren ist hochmodern: Aus Buchenstamm-Abschnitten lassen sich im Gatter gleiche Vierkanthölzer sägen, die auf der Schruppdrehbank nach Schablone zu Rundhölzern abgedreht werden. Diese macht man unter Heißdampfeinwirkung biegsam, spannt sie in eiserne Rahmen, quetscht und staucht sie in die gewünschte Biegung, fixiert die Form durch Zwingen und nimmt nach dem Trocknen die Spannrahmen aus Schmiede- oder Gusseisen und die Formbleche wieder ab. Thonet hatte dieses Verfahren nach erfolgreichen Experimenten mit Schichthölzern entwickelt und seine Methode des Biegens massiver Hölzer zum Patent angemeldet. Bei dessen Freigabe bedienen sich zahlreiche Konkurrenten der rationellen Methode, wobei Jacob & Josef Kohn eine Dampfkammer hinzuerfinden, in der die Hölzer schneller biegsam werden.

Von exemplarischer Bedeutung ist hier weniger der Entwicklungsprozess der Schichtholz-Möbeltechnik, den man noch als Steigerungsform handwerklicher Tradition begreifen könnte oder als eine Art »Fingerübung«, die Michael Thonet als Techniker, Unternehmer und Marketing-Spezialist in eigener Sache betreibt. Mit virtuosen Verbiegungseffekten von Furnierholzstreifen, Vierkanthölzern oder mehrfach parallel verleimten Stücken mochte er seine Zeitgenossen verblüffen. Aber trotz aller Kunstfertigkeit, der Rationalisierung handwerklicher Arbeitsvorgänge in der Materialvorbereitung und aller technischen Perfektion des Werkzeugs waren der industriellen Produktion hierbei Grenzen gesetzt (vgl. VEGESACK 1987, S. 176 ff.). Den Durchbruch konnte nur ein einfaches Verfahren bringen, das Biegen von Massivhölzern. Erst ab 1856 soll Thonet über das ausgereifte Know-how für den Biegevorgang massiver Buchenholzstäbe im Durch-

Abb. 12: Thonet-Modell Nr. 14 (hergestellt ab 1859)

messer ihrer späteren Verwendung verfügt haben. Während bei den Schichtholztechniken immer noch gewisse Rücksichten auf das natürliche Materialverhalten genommen werden mussten, wird der Naturstoff nun in einer typisch industriellen Weise zum beliebig verformbaren Rohstoff; ihm wird schlicht Gewalt angetan: »Physikalisch gesehen, bleibt beim Biegen eines Holzstabes dessen mittlere Faserzone neutral d.h. unverändert, und während die äußere sich strecken muß, wird die innere gestaucht. Dabei reißt das Holz in der gedehnten Zone, übersteht aber die Stauchung meist ohne Schaden.« (Ebd., S. 183) Den Eigenwillen des Materials bricht Thonet dadurch, dass er den vorher gewässerten und gedämpften Stab an beiden Enden mit Zwingen unverrückbar an das die Außenkrümmung begrenzende Formwerkzeug aus Metall fixiert. Dadurch wird aus der Dehnung des Holzes eine Stauchung, weil es nun nicht mehr ausweichen kann; das Reißen bleibt aus. »Mit dieser Erfindung, genial und einfach zugleich, schuf Michael Thonet endgültig die Voraussetzung für die Massenproduktion von Bugholz (...). Auf diese Weise entstanden Möbel, die nicht nur Wirtschafts-, sondern auch Designgeschichte machten.« (Ebd., S. 183 ff.)

Produktions- und rezeptionsgeschichtlich hat sich ein Wechsel vollzogen, es beginnt nicht nur ein neuer Abschnitt von Designgeschichte oder die industrielle Designgeschichte, sondern die Epoche des industriellen Denkens und Planens in einer frühen Form von Globalisierung: Ein deutscher Handwerker entwickelt seine durchgreifenden technologisch-ökonomischen Phantasien auf dem Boden der Donau-Monarchie und produziert so hohe Stückzahlen in rasch gegründeten Fabriken, dass er Verkaufsfilialen in aller Welt einrichten und einen industriellen Produkttyp weltweit verbreiten kann.

In den Gewalten, die auf das Naturmaterial einwirken, ist der Bruch mit der handwerklichen Tradition der Materialbehandlung deutlich vollzogen. Auch die Wahl der Arbeitskräfte zeigt dies an; Thonet beschäftigt meist Ungelernte, darunter viele Frauen. Um 1876 beträgt der Wochenlohn seiner Arbeiterinnen durchschnittlich (umgerechnet) 10 Mark (nach EXNER 1876). Thonets Betriebe sind früh industriell mechanisiert, obwohl ein Teil der Produktion Handarbeit bleibt. Für die Standorte der Fabriken ist das nüchterne Verwertungsverhältnis ausschlaggebend. Sie entstehen in Einzugsgebieten billiger ländlicher Arbeitskraft, vor allem aber in der Nähe von Rohstoffquellen. Hartes Rotbuchenholz ist Voraussetzung der Bugholzmöbel-Massenfabrikation. »Der Einfluß dieser Industrie auf die Waldrente ist (...) ein drastischer«, bemerkt Exner (1876, S. 25). Nach seinen Berechnungen verschlang eine Jahresproduktion der Thonetschen Fabriken etwa eine Million Kubikfuß (entsprechend 30 000 Kubikmeter) Nutzholz. Was die Waldrente betrifft, müssen

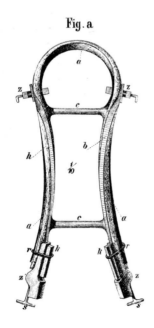

Abb. 13: Einspannvorrichtung für Nr. 14 (Rückenteil)

die Großgrundbesitzer ordentlich verdient haben.

Die Produktion entwickelt ihren industriellen Appetit. Aber auch der Gestus des Produkts gegenüber dem Gebraucher wird unverkennbar industriell. Nr. 14 ist Beispiel einer Überformung der Wahrnehmung im Gebrauch durch Übung des Körpers, Beispiel für die heimliche ökonomiegebundene Autorität, die ein Massenprodukt über das »Sinnenbewusstsein« (LIPPE 1987) der Zeitgenossen erringen kann. Dieser im höchsten Grade moderne Stuhl erfordert das moderne Sitzen. Sowohl eine neue Ästhetik als auch eine neue Moral des Sitzens scheinen hier im alltäglichen Nutzen auf. Sie drücken sich sinnbildlich in der Erscheinung des auf industrielle Rationalität, Effektivität und Elastizität ausgelegten Massenprodukts aus; sie drücken sich sinnlich ein durch ein Sitzen, das die gleichen Tugenden dem zufälligen Gebraucher abfordert. So nimmt dieser Stuhl im Grunde vorweg, was später die Stahlrohrstuhl-Ideen aus dem Bauhaus faktisch und symbolisch als Auftrag enthalten: die Modellierung des Körpers als Funktionsorgan oder Maschine, eines Körpers, der noch im zweckfreien Sitzen fern der eigentlichen Produktion zu einer Haltung gebracht wird, die als verinnerlichte Figur auf die Rationalität der industriellen Arbeit und des im weitesten Sinne darauf trainierten Menschen verpflichtet. Das Modell Nr. 14 steht am Anfang dieses Prozesses, in dem die neue Produktionsweise sich auch über den Weg der Produkte der äußeren und inneren Natur des Menschen bemächtigt. Wir sehen hier, dass dies noch ein Vorgang jenseits des glänzenden, warenästhetischen Fassadeneindrucks ist. Der Gegenstand ist – ganz gegen die wachsende Gepflogenheit wuchernder Dekoration in der zweiten Hälfte des 19. Jahrhunderts – auf Haut und Knochen einer ökonomischen Rationalität geschrumpft, die sich später in der funktionalen Glätte, Zweckmäßigkeit und Anonymität vieler Gebrauchsgüter im modernen Design ihren allgemeinen Ausdruck suchen wird.

So sollen die Stahlrohrstühle eines Marcel Breuer oder Mart Stam ein Menschenalter nach der Erfindung des Thonetschen Grundmodells aus Holz zu Symbolen der industriellen Nüchternheit werden. Es sind zugleich Instrumente der sinnlichen Zurichtung von Menschen in ihren Lebensfunktionen nach den Erfordernissen der fortgeschrittenen Produktionsweise. Da es von Thonets Modell unzählige Nachbauten gibt, kann man leicht die Probe aufs Exempel machen. Indem man länger darauf sitzt, spürt man, wie unbequem dieser Stuhl ist, würde man ihn etwa nach Biedermeierbrauch einen Abend lang »besitzen« wollen. Weder Körperschluss noch Seelenschluss sind an diesem Instrument möglich oder erwünscht. Es ist ein der flüchtigen Ruhe in der Zerstreuung funktional dienstbarer Gegenstand, mit dem bezeichnenderweise Caféhäuser, Kegelbahnen und sonstige Vergnügungsetablissements für den Massenverkehr eingerichtet werden. Es ist ein Stuhl für das vorübergehende Sitzen unter vielen: Das heißt auch für ein Körpergefühl der raschen Trennung vom Gegenstand, der eindruckslosen Benutzung im wechselnden Gelegenheitsgebrauch. Der Stuhl ist mit einer Hand leicht zu wenden und zu tragen, so dass sich Interaktionssituationen rasch herstellen und im Abwenden ebenso schnell wieder auflösen lassen. Es ist wie mit der Dauer des Sitzens: Sie soll kurz sein, so wenig bequem dieser »Sessel« (wie Stühle in Österreich heißen) ist. Ab sofort wird weniger behäbig gesessen und schneller gearbeitet.

Dass heute Liebhaber das Modell Nr. 14 wegen seines Alters und nachgedunkelten Holzes »gemütlich« finden, beruht auf einer Eintrübung des Geschichtsbewusstseins von Gebrauchern, die gewohnt sind, mit Designprodukten umzugehen, die das Prinzip der

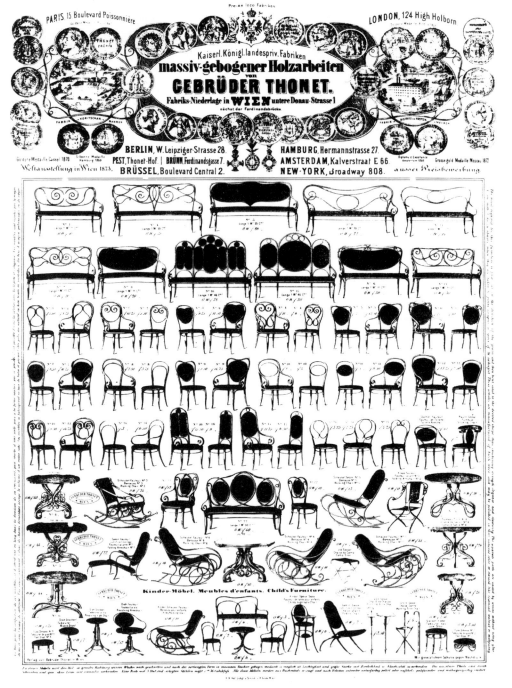

Abb. 14: Thonet-Katalog, um 1873

Rationalität der Moderne unmissverständlich zelebrieren. Vor knapp anderthalb Jahrhunderten kündigte Nr. 14 das Ende der Gemütlichkeit an.

Das unsichtbare Design der Industrialisierung

Neben der Form einzelner Gegenstände ist es die Art der nun vermehrt auftretenden Produkte, die Veränderungen an der Natur des Menschen anzeigt. So verankert die Uhr im Leben aller ein neues Zeit-Bewusstsein, das dem Stand der Industrialisierung entspricht.

Messen war schon Voraussetzung für den Bau der Produktionsinstrumente in der Übergangsphase zur Industrialisierung gewesen, freilich ohne die planende und ausführende Tätigkeit selbst zu erfassen. Zu einer zeitlichen Reglementierung aller Lebensvollzüge und Arbeitsgänge kommt es erst durch die laufende Maschinerie. Die fabrikmäßige Produktion ist in ihrer Rationalität und Effektivität auf exakte Kalkulation und Koordination zeitlicher Abläufe angewiesen. Disziplin der Arbeit ist nicht zuletzt Disziplin der Zeit, das heißt Verfügung über die messbar in Arbeit verbrachte Lebenszeit. Die Uhr ist nun nicht mehr bloß technisches Messinstrument, sondern Symbol der Arbeitsautorität und der Rationalität des Kalkulierens. Zu Fabrikuhr und Dampfsirene, die Anfang und Ende der Arbeit anzeigen, treten die Chronometer der industriellen »Privatbeamten«, der Meister und Aufseher, schließlich die Wecker, Küchen- und Taschenuhren der Arbeiter als unauffällig mitwirkende Produktionsinstrumente des neuen, aufgezwungenen Zeitbewusstseins. Noch die Regulatoren im maschinengedrechselten Holzgehäuse mit Erkern und Simsen, die in den 1880er und 1890er Jahren in die Gute Stube des Kleinbürgertums gelangen, zeugen nicht nur vom Sog der dekorativen Massenware, sondern auch von der unbedingten Herrschaft der Zeitökonomie über das Leben. Im Schwarzwald steigt die Zahl der Uhrenfabrikationsbetriebe von 1850 bis 1900 um das Doppelte. Allein die Firma Junghans stellt 1893 eine Million Uhren her, nachdem amerikanische Werkzeugmaschinen aufgestellt worden sind (vgl. WENDORFF 1980, S. 428 f.). Heute ist kaum vorstellbar, welchen Einschnitt gegenüber dem Lebensrhythmus vorindustrieller Epochen die Einführung geregelter Zeittakte bedeutet hat. Fabrikbetrieb und Eisenbahnverkehr erzwingen 1893 die Einführung einer »Normalzeit« im deutschen Reich, der nicht nur die Uhren, sondern auch die Menschen sich anbequemen müssen. Die Hochindustrialisierung vollendet einen Prozess, der mit dem Übergang von der inneren »biologischen« Uhr, die im Einklang mit der Natur Zeitrhythmen wahrnehmbar machte (Tag, Nacht, Hungergefühl, Müdigkeit usw.), zu den mechanischen Vorrichtungen des Zeitmessens geführt hat. Durfte Zeit einst mit dem Schatten des Zeigers der Sonnenuhr »verstreichen« oder in der Sanduhr »verrinnen«, so wird sie über »Unruh« und mechanische Hemmung der Räderuhr in gleiche Teile zerstückelt, im absoluten Gleichmaß, das aus dem Gesetz der Mechanik kommt, taktmäßig zerhackt. Von langer Hand wird in der Funktionsgestalt der Zeitmessung etwas vorbereitet, was nun in Leben und Bewusstsein eingreift.

Wie die Geschichte der Uhrwerke mit der Geschichte der gesellschaftlichen Produktion zusammenhängt, so setzt – unter verschärften Bedingungen einer neuen Produktionsrationalität – der Zwang zur genauesten Regulierung der Zeit jenseits aller natürlichen Bedürfnisse und kosmischen Rhythmen ein. Was einst die Erfindung der Räderuhr ausgelöst und über Jahrhunderte begleitet hat, wird nun übermächtig – die Verpflichtung

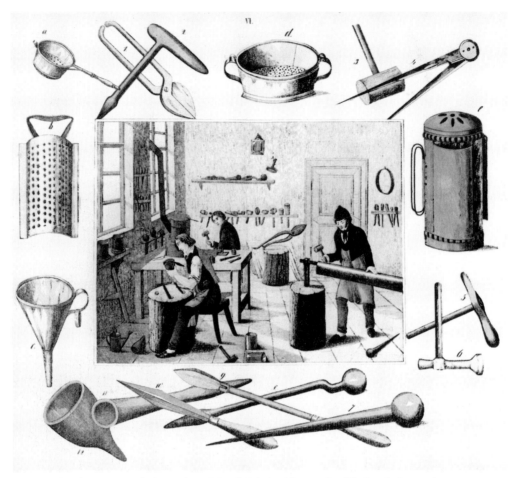

Abb. 15: Blechverarbeitung in einer Flaschnerwerkstatt. Zeitgenössische Darstellung um 1840 (Münchner Stadtmuseum)

auf ein abstraktes Regelmaß für alle Tätigkeiten in Kooperation. Ein Fabrikarbeiter kann sich nicht mehr wie ein Handwerker nach dem Sonnenstand richten, auch nicht nach irgendeiner Kirchturmuhr, schon gar nicht nach seinem körperlichen Befinden: »Die natürlichen Zeitmesser, die einst das menschliche Tun beherrschten, waren gütige und nachsichtige Meister. Der artifizielle Zeitmesser, der jetzt den Menschen des Industriezeitalters fast gänzlich in seine Abhängigkeit gebracht hat, ist ein totaler Fronherr.« (BRUTON 1982, S. 8) So greift die große Produktionsmaschinerie über ein »Design der Zeit« in das Leben ein. Die Regulierung der Zeit vervollständigt das Zwangssystem einer Arbeitsorganisation, in der nicht mehr Geschicklichkeit und Zeitmaß des einzelnen Handarbeiters, sondern nur noch die auf Kommando funktionierende, koordinierte Gesamtarbeitskraft unausgebildeter Massen im Takt zerstückelter Teilausführung zur Wirkung gebracht werden soll. Viele Hände führen kurze, einzelne Bewegungen innerhalb eines unübersichtlichen Vorgangs der Gesamtproduktion aus, deren Zeitmaß von der Maschine bestimmt wird. Das ist neu, obwohl vorbereitet.

Bei Thonet bildet sich noch eine Übergangsform im Design der Arbeit und der Prozesse im Produktionsfeld ab. Die Arbeitsteilung ist hochgradig fortgeschritten, ebenso die arbeitstechnische und betriebliche Organisationsform der Zulieferung von Material und des Werkzeugeinsatzes, aber in der Fabrikation bleiben die einzelnen Phasen der leichten und schweren Handarbeit, die unverzichtbar sind, personalintensiv. Gemessen am Stand der Produkttypisierung und den schon sehr modernen Vertriebsformen des Massenmöbels, das nach rationellen logistischen Prinzipien zerlegt, in Containerform verdichtet, an jeden Bestimmungsort der Welt gelangt, wirkt der fabrikmäßige Produktionsablauf immer noch manufakturhaft. Es handelt sich um eine fortgeschrittene, aber noch nicht im heutigen Sinne industriell vollmechanisierte Produktionsart. Zumindest bleiben handwerkliche Qualifikationen in den betriebseigenen Schmiede- und Schlosserwerkstätten im Rahmen der Werkzeugentwicklung erhalten, die heute durch Eingabe von Daten aus der Konstruktions- oder Designabteilung direkt in den Computer der produzierenden Maschine überflüssig geworden sind.

Doch für den Herstellungsprozess des Massenmöbels, in dem die Arbeiterinnen und Arbeiter immer nur die gleichen wenigen Handgriffe vollzogen, gilt bereits die von Marx grundlegend analysierte Beziehungslosigkeit der im kapitalistischen Produktionsprozess arbeitenden Menschen zum Gegenstand ihrer Arbeit, der ihnen so wenig gehört wie ihre verausgabte, ausgebeutete Arbeitskraft und Lebenszeit.

Nicht weniger auffallend verändern sich Felder der sinnlich-gegenständlichen Wahr-

Abb. 16: Mechanische Pressen der Württembergischen Metallwarenfabrik. Undatierte Darstellung der Formung und Nachbearbeitung

nehmung außerhalb der Produktion. Die Erfindung des Gaslichts und der elektrischen Beleuchtung – Schivelbusch (1983) spricht vom Zeitalter der »künstlichen Helligkeit« – beeinflusst die Wahrnehmung des aus der Abgeschlossenheit der Fabrik in die Warenöffentlichkeit tretenden Produkts. Man muss nicht gleich vom »Zerfall der Wahrnehmung« (ASENDORF 1984) reden, wenn die lebenswerkzeugliche Erfahrung unter einem anderen Licht gewonnen wird. Doch folgt aus der Betonung des Visuellen vor der Probe tastender Handhabung ein Verlust an Erfahrungssicherheit. Ein wichtiger »Kontrollsinn« wird zurückgedrängt.

Gaslicht findet ab der Jahrhundertmitte zunehmend für die Straßen-, Geschäfts- und Arbeitsplatzbeleuchtung, aber auch für Wohnungen Verwendung, bis es in den 1880er Jahren von der wirkungsvolleren elektrischen Bogenlampe und noch vor der Jahrhundertwende von der Edisonschen Glühlampe ersetzt wird. In den Glaspalästen der Industrie- und Weltausstellungen tritt die Lichterfülle in ihre eigentliche Funktion. Die visuelle Zentriertheit erlaubt das Hervorheben des Gegenstands als Ware und aller Produkte als Warensammlung. Sie sticht unter dem neuen Licht einem neuen Massenkonsumenten ins Auge. Nun wird auch der Gebrauch nach anderen »Gesichtspunkten« organisiert als in vorindustrieller Zeit: Die Dinge erscheinen in einem helleren Licht gerade in dem Augenblick, als sie sich dramatisch zu vermehren und zu neuer, unsicherer Schönheit herauszuputzen beginnen. Die Wahrnehmung verlagert sich vom haptischen Gebrauchsvertrauen und der Griffnähe von Werkzeugen im Halbdunkel eines von Tageslicht oder Ölfunzeln dürftig erhellten vorindustriellen Produktionsalltags zur distanzierten Augenlust an einer in gleißendes Licht getauchten Warenöffentlichkeit, während die Produktionsvorgänge in künstlerischen Darstellungen überhöht gefeiert werden.

Was die Epoche technisch und ästhetisch aufbieten kann – vom Kristallpalast bis zum phantastisch dekorierten Interieur, das gleichsam die Innenseite der neuen Warenöffentlichkeit darstellt –, zeigt sich nun inszeniert und illuminiert.

Warenöffentlichkeit und Gegenstandsbeziehung

Von welchem Pathos des Fortschritts und des menschheitsverbindenden, profitablen Austauschs die neue Warenöffentlichkeit getragen wird, bezeugen die hochästhetisierten Inszenierungen der Weltausstellungen seit 1851 (vgl. die Zusammenfassung bei LESSING 1900). Der Faszination durch die Warenfülle kann sich die Wahrnehmung nicht entziehen. In ihr erscheinen alle Dinge zunächst in »körperloser Lichtgestalt« (ASENDORF 1984). Unter der Hand des bürgerlichen Privatmannes schwindet ihr Werkzeugcharakter. Die Dinge, einst der produktiven Prüfung unterzogen, lösen sich auf, werden unkenntlich, täuschen etwas vor, verwandeln sich. Das Illusionsbedürfnis überwältigt die Gebrauchswerterwartung. In der Privatsphäre wird das Unbrauchbare brauchbar, das Brauchbare erscheint dürftig oder unbrauchbar. Nicht mehr vertraute Herkunft und Nutzen des Gebrauchs, sondern Exotik und Dekoration regulieren das Verhältnis der Wahrnehmenden zum Ding. Augenzauber beginnt den Beweis des Gebrauchswertes zu ersetzen, den immer nur die Hand im Umgang mit einem Ding führen kann. Unberührbarkeit und Ferne bei gleichzeitiger Helligkeit und Nähe – die typische Schaufenstersituation – markieren einen Wechsel allgemeiner kultureller Wahrnehmungsmuster. Die Menschen können nun beginnen, Wünsche zu entwickeln, die sie zuvor in der Nähe zu den wenigen begriffenen Werkzeugen ihres Alltags gar nicht verspürten.

Mit der »künstlichen Helligkeit« bricht die Produktionssphäre auch in die Intimität bürgerlichen Wohnens ein. Zentrale Energieversorgung von außen transportiert gleichsam die Industrie als ein nicht mehr zu leugnendes Ereignis in den Salon. Schivelbusch (1983, S. 154 f.) leitet daraus das relativ lange Festhalten an Kerzen- und Petroleumlicht ab. In der Tat wird das elektrische Licht für die bürgerliche Wohnung erst in der Brechung und farbigen Dämpfung der blendenden Glühlampe erträglich. Mit ihr unter dem Lampenschirm erlischt die Flamme als Symbol des Herdfeuers, an das Gasflamme, Petroleumlicht oder Kerze noch erinnern.

Zunächst und vor allem ist das neue technische Licht ein Element der Verkehrs- und Warenöffentlichkeit. Schivelbusch bezeichnet es treffend als das »kommerzielle Licht« der Ferne, es verwandelt die Außenwelt: »Bogenlicht war hell wie Tageslicht. Es überwältigte diejenigen, die es zum ersten Mal sahen, als wenn die Sonne plötzlich zur Nachtzeit aufgegangen wäre.« (SCHIVELBUSCH 1983, S. 58) Jenseits aller Lampengestaltung kündet es von einem säkularen Design der Wahrnehmung des Entfernten durch das Auge und löst einen älteren Entwurf der Wahrnehmungsnähe zum Gegenstand ab. Diesem Vorgang entsprechen andere Umstellungen der Handhabungserfahrung mit Gegenständen des technischen Komforts, der nun in die Haushalte und die öffentliche Umwelt einzieht. Gebrauchsmühsal verwandelt sich in mechanisch-technisch erzeugte Bequemlichkeit.

Das hat Folgen für die Gegenstandserfahrung, zumindest in den Schichten, die sich die neuen Bequemlichkeiten leisten können. Die Tendenz ist deutlich – noch immer werden Dinge als Werkzeuge zur Hand genommen, aber die Berührung geschieht auf eine merkwürdig flüchtige Art: »Knipsen, Einschalten, Anlassen, Knopfdrücken, ruckartiges Ziehen sind neue Bewegungen der Moderne: Sie sind, weder den Personen noch den Dingen Zeit lassend, so künstlich wie ergiebig; das künstliche Licht, ein Eingriff in den Rhythmus der Tage, verändert den alten Arbeits- und Lebensrhythmus dramatisch. Ruckartige Bewegungen, unscheinbar und mühelos die Dinge aus ihrer Ruhe herausreißend, konzentrieren Leistung in einem Moment – eine Effizienz, für die davor eine ganze Sequenz von Handlungsschritten notwendig war. Das Anreißen des Zündholzes, um die Jahrhundertwende erfunden, – eine Sekundensache –, betreibt blitzartiges Außerkraftsetzen mühsamer Prozeduren. Die körperliche Bewegung kann so flüchtig werden wie der Gedanke, der Körper nimmt es nahezu nicht einmal wahr, dass er anknipst oder schaltet. Die Bewegungen verlieren ihre Dauer – das heißt jenes für die Individuen erforderliche Maß an Muße und Verweildauer, um die Körper der behandelten Dinge zu begreifen.« (KAMPER/RITTNER 1976, S. 44)

In der Produktionssphäre geschieht Vergleichbares, wo Teilarbeit den Blick auf das Ganze einschränkt und die Erfahrung zusammenhängenden Produzierens verhindert, indem immer nur etwas Kurzes oder Wiederholtes getan wird. Die sinnliche Erfahrung wird auch im Arbeitsprozess fragmentiert.

Die angedeuteten Umstellungen von Wahrnehmung und Erfahrung müssen berücksichtigt werden, wenn man sich den Produktformen der Epoche der Hochindustrialisierung nach der Reichsgründung 1870/71 zuwenden will. Die ästhetische Differenzierung des neuen Reichtums an Dingen ist nun so weit fortgeschritten, dass man hinter den üppigen Warenformen zwar die sozioästhetischen und ideologischen Verwicklungen ahnt, aber die Grundgestaltungstendenz schon vergisst. Kulturelle Erfahrung am Gegenstand scheint nur noch in mehrfacher Brechung der Werkzeugfunktionen möglich. Kaum ein Ding im privaten Gebrauch tritt in dieser Epoche als das in Erscheinung, was es ist und wozu es dient. Es wird auch nicht mehr dafür entworfen und produziert, sondern für Sekundärfunktionen hergestellt und angeboten, sei es in ausdrücklicher Übertreibung der Dekoration, sei es in der gewollten Täuschung über seine tatsächliche Funktion. Die Orientierung der Dingwelt an produktiven Lebensvollzügen wird aufgegeben, das heißt, deren Reflex in der Erscheinung des Gegenstands ist kaum noch erkennbar. Die Gründe sind komplex und reichen in unterschiedliche Tiefen; sie sind zu suchen in einer anderen Ausstattung der Gegenstände durch Entwurf und Interesse an der Ware, einer anderen Erwartungshaltung der Gebraucher gegenüber ihren Gegenständen und deren demonstrativen Funktionen, im Aufkommen von Ersatz- und Kunststoffen für billige Massenfabrikation, im Einsatz von Maschinen, die »alles können« und Imitationen »wertvoller« Handarbeit möglich machen, im Verständnis von Kulturgeschichte als Musterbuch und in der Angst vor der nackten, geradezu als obszön empfundenen Funktionsform, die ohne das verhüllende Dekor zu einem Erschrecken vor den industriellen Tatsachen führen könnte. Das Verhältnis zum Gegenstand ist gestört oder verändert sich grundlegend.

Auch wie die Formen entstehen, wer sie entwirft, spielt in das neue Gegenstandsverhältnis hinein. Die Dinge kommen nicht mehr aus der Werkstatt oder aus der Tradition der Manufaktur, die künstlerische und ausführende Arbeit verband. Sie stammen vom Musterzeichner, der sich mit fortschreitender Arbeitsteilung auch in der Ausbildung und Zielsetzung des Berufs vom Künstler und vom Ingenieur unterscheidet.

Der wilhelminische Historismus

Michael Thonet hatte noch selbst aus dem Wissen handwerklicher Tradition entworfen oder war als Unternehmer findig genug, aus dem Umkreis der zeitgenössischen Formen etwas aufzugreifen und konsequent weiterzuentwickeln. Diese Einheit des ökonomischen, organisatorischen und ästhetischen Denkens löst sich zugunsten einer Spezialisierung auf, die entsprechende Qualifikation voraussetzt. Nicht nur Geschäftsführung und Gestaltung, auch »freie« und »angewandte« Kunst trennen sich nun: »Die bereits seit dem Ende des 18. Jahrhunderts zu beobachtende Tendenz, auch die bis dahin einzige Ausbildungsstätte für künstlerischen Nachwuchs, die Akademie der Schönen Künste, aufzuspalten in Schulen für freie und Schulen für angewandte Kunst, in Akademien, Kunstgewerbeschulen und technische Hochschulen wird jetzt entschieden vorangetrieben und durch Neugründung einer Vielzahl von Kunstgewerbe- und Handwerkerschulen besiegelt. Und neben das Kunstmuseum tritt das Kunstgewerbemuseum. (...) Wo nicht eine dem Museum angeschlossene Kunstgewerbeschule bestand, richtete man in dem Museum selbst Zeichenkurse oder -klassen ein, in denen gelehrt wurde, nach Ausstellungsstücken zu zeichnen und Anregungen exemplarischer historischer Modelle in Neuentwürfen zu verarbeiten.« (PILZ 1974, S. 64)

Was früher noch von einem Künstler beherrscht werden konnte, der wie Schinkel zugleich Maler, Architekt und Entwerfer war, verlagert sich an der Schwelle zur Hochindustrialisierungsepoche auf Spezialisten. Diese »Emanzipation der Produktgestaltung

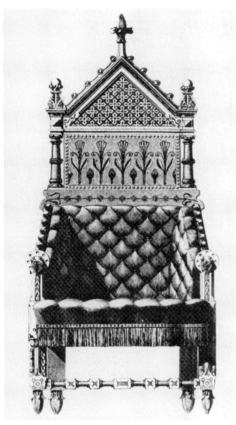

Abb. 17: »Gotischer« Sessel. Anonyme Entwurfszeichnung, um 1865

Abb. 18: »Renaissance«-Stuhl. Um 1875/80

von der Kunst« (PILZ 1974) schafft eigene Verantwortlichkeiten, aber auch Freiheiten für das Design. Entwurfsfähigkeit wird disponibel, die Moral des Musterzeichners ebenfalls. Er ist der Mann der neuen Kunstindustrie, der dem Handwerker die Schau stiehlt. Das Design, endlich ein industrielles, verleugnet seine Herkunft. Es ist nun zwar Ergebnis spezialisierter Entwurfsarbeit im industriellen Produktionsprozess, erweckt aber den Anschein, die Frucht handwerklicher Tradition zu sein. Es abstrahiert von den Gegenstandsfunktionen und vergrößert den Abstand des Gebrauchers zum Objekt durch Überlagerungen seiner ohnehin schon wirksamen industriellen Fremdheit mit absichtsvollen Täuschungen über Art und Funktion des ästhetischen Aufwands. Es beginnt, sich den Konturen der Klassengesellschaft entsprechend auszudifferenzieren, ohne die ideologisch-ästhetische Grundhaltung historisierender Dekoration, die alle vereinen soll, aufzugeben. Dabei ist der deutsche Historismus in seinen originalen handwerklichen Produkten durchaus qualitäts- und traditionsbewusst, eine ernstzunehmende Kunstleistung, bei der sich in Einzelstücken das Bewusstsein einer Rückwendung in die Geschichte keineswegs nur auf imitativem Wege (vgl. z.B. MUNDT 1981; BRIX/STEINHAUSER 1978) vergegenständlicht. Das gilt nicht für die Kunstindustrie, die billige Kopien fertigt.

Der amtliche Katalog der deutschen Abteilung auf der Wiener Weltausstellung 1873 führt zehn Kunstgewerbemuseen auf, die dort mit Mappenwerken und Vorbildsammlungen Einblick in ihre Arbeitsweise geben. Die Exponate deutscher Hersteller reichen in der Sektion Bau- und Möbeltischlerarbeit vom Pflanzenkübel aus der Küfnerei bis zum »Phantasiemöbel« aus der »Fabrik für Möbelornamente« mit »Dampfsäge- und Fraiseanstalt«. Technischer Fortschritt und Rationalisierung machen es möglich, jede Menge ungelernter Arbeitskräfte für billige Massenproduktion einzusetzen. Hier ist die Entwurfstätigkeit von der Ausführung vollständig abgekoppelt. Die Maschine braucht nur das zu reproduzierende Modell, nach dem das Werkzeug hergerichtet wird, dann ersetzt sie Handarbeit. Wurden im Flaschnerhandwerk früher einzelne Stücke mit dem Treibhammer aus dem Blech herausgearbeitet, vernietet oder gelötet, so lässt sich bereits über ein Holzfutter beim Blechdrücken rascher produzieren. Sobald aber maschinell gestanzt, gepresst oder tiefgezogen werden kann, ist die Stückzahl nur noch von der Laufdauer der Maschinen abhängig. Aus Blech ist dann vom Spielzeug bis zu Haushaltswaren und Baufertigteilen alles massenhaft und billig herzustellen, ohne dass man dazu einen Handwerker braucht; er wird nur noch zum Drehen oder Gießen der Formwerkzeuge nach Vorzeichnung oder Modell benötigt. In der holzverarbeitenden Industrie dienen Bohr-, Fräs-, Drechsel- und Schnitzmaschinen zur »kunstvollen« Nachahmung von Handwerksformen. Die Reliefkopiermaschine erlaubt Musterzeichnern und Herstellern von Vorlagenwerken die beliebige Reproduktion plastischer Ornamente und deren Variation in Größe und Proportion. Der Apparat tastet das Oberflächenrelief ab und überträgt es in eine grafische Form, so dass kein neuer Zierrat erfunden und eigens gezeichnet werden muss, sondern Muster jeder Art und Größe in reicher Auswahl allen Fabrikanten billig und rasch zur Verfügung stehen.

Trotz kulturpädagogischen Wirkens von Museen, Kunstgewerbevereinen und Fachzeitschriften sinkt die Qualität kunstindustrieller Erzeugnisse. »Schneller als geahnt wusste die moderne großindustrielle Technik sich der neuen Formen zu bemächtigen. Es entstand eine ›Renaissance von der Maschine Gnaden‹, die als krasse Karikatur ihres edlen Urbildes bezeichnet werden musste.« (WAENTIG 1909, S. 270)

Weshalb die gotisierenden Muster (vgl. z. B. UNGEWITTER 1851), auch Neo-Barock und zweites Rokoko ebenso wie der Klassizismus, von Renaissance-Formen abgelöst werden, lässt sich aus Zuweisungen der Kunst- und Kunstgewerbeliteratur nach der Reichsgründung erklären. (Zur stilgeschichtlichen Entwicklung mit ihrer verwirrenden Vielfalt und häufigen Überschneidungen vgl. MUNDT 1981.) Im deutschen Renaissancestil liege »ein Element ächt nationaler Anschauung, Sitte und Kultur«, dazu »deutsche Art« und »anheimelnde Wärme«, schreibt Wilhelm Lübke 1882 im Vorwort seiner *Geschichte der deutschen Renaissance*, die erstmals 1873 erschien. Eine andere Quelle ist der *Formenschatz der Renaissance* von Georg Hirth (1877). Die Neigung zu diesem angeblich deutschen Stil wird vor allem durch die industrialisierte Innenraumgestaltung angeheizt und ausgebeutet.

Das Bedürfnis nach kultureller Identifikation und sozialästhetischer Repräsentanz wird für die bürgerlichen Schichten im deutschen Reich Bismarckscher Prägung von einem Warendesign eingelöst, das sich zunehmend von allen handwerklichen Tugenden entfernt und »Geschichte« hemmungslos zitiert. Dennoch wäre es verfehlt, Geschmackskritik an der Keksdose, die wie eine Schmuckschatulle, am Wohnzimmer, das wie ein fürstliches Gemach auszusehen beginnt, anzubringen. Dies *ist* der überzeugte Geschmack einer Klasse, die

Ökonomie und Ideologie der Produktgestalt 65

Abb. 19: Preispokal. Silber getrieben, vergoldet; Figuren oxydiert. Entwurf Peter Bruckmann jr. (1893 publiziert)

Das Design des Historismus ruft für alle Industrienationen gleichsam die erste »Postmoderne« aus, indem es Kunstgeschichte zum Steinbruch für Gestaltungsideen erklärt und eine Art ästhetischen Manchester-Liberalismus betreibt, der den ökonomischen und sozialen Selbstdefinitionen der Industrie-Bourgeoisie (in Deutschland nach dem Sieg über Frankreich und der Epoche des Gründerzeitwachstums bis über die Aufhebung des Sozialistengesetzes 1890 hinaus) voll entspricht. Mit dem Verzicht auf eine Ethik des Gestaltens und Gebrauchens, die das vorindustrielle Bürgertum noch an die schlichte Monumentalität des Klassizismus und die in sich gekehrte Form des Biedermeier band, übernimmt das Design ähnliche Darstellungsaufgaben wie die Architektur der Epoche, die ebenso anspruchsvoll wie überladen wirkt.

Dabei ist Historismus ursprünglich ein Orientierungsversuch. Man findet ihn in der deutschen Romantik, in der Generation Schinkels, bei Bestimmungsversuchen einer noch nicht eingelösten, die politischen Verhältnisse übergreifenden Idee von Nationalkultur, bei Integrationsversuchen der modernen Technik in eine ästhetische Tradition. Historismus zeugt ursprünglich von der Suche nach einer kulturellen Identität des industriellen Subjekts. Geschichte wird aber in der zweiten Jahrhunderthälfte so gesehen, wie das industrielle Subjekt die Natur behandelt – als Bereich, über den man verfügt. Jürgen Habermas spricht daher von einer »unsteten, vor sich selbst fliehenden Gegenwart«, die sich durch eine »Kostümierung in geliehene Identitäten« verausgabt habe, und zeichnet nach, wie auf der Suche nach »einem neuen synthetischen Baustil« noch in der ersten Hälfte des 19. Jahrhunderts »durch eine reflektierte Aneignung der Geschichte« ein »eigener Weg« (HABERMAS 1985, S. 13) gefunden werden sollte. Dieser Versuch wird nun in Ar-

Abb. 20: Buffett-Schrank. Anonyme Musterdarstellung, um 1895

endlich industriell-unternehmerisch zu Ansehen, Reichtum, schließlich auch zu ihrer politischen Bedeutung gelangt. Der industriell produzierte Historismus ist die nationale Kultur für alle – vom Unternehmer bis zum sozialdemokratischen Funktionär; das Kaufkraftgefälle wird vom differenzierten Warenangebot einkalkuliert, dem die historischen Stilmittel von der Pseudo-Gotik bis zum falschen Rokoko frei zur Verfügung stehen. Dabei werden »die ethischen Implikationen des Stilbegriffs (...) ausgeklammert« und es entfällt »die von einem Schinkel noch apostrophierte handlungsorientierte Funktion des Ästhetischen« (BRIX/STEINHAUSER 1978, S. 267). Das heißt, es entfällt jenes im ästhetischen Gebrauchswert aufgehende, gemeinsame Interesse an schlichten Formen, die einst den inneren Reichtum des bürgerlichen Subjekts zum Ausdruck bringen sollten.

chitektur und Design durch Kultivieren des Scheinhaften abgebrochen. Die Funktion der am Gegenstand angewandten Kunst ist vor allem dessen Auflösung zur phantastischen Inszenierung; die Gegenstände werden zu verdinglichten Illusionen über willkürlich hergestellte geschichtliche Bezüge.

Dieses Prinzip, das an die Stelle von gelebtem und reflektiertem Geschichtsbewusstsein tritt, beschreibt am farbigsten immer noch Egon Friedell in seiner *Kulturgeschichte der Neuzeit* (1927–32): »Es ist die Ära des allgemeinen und prinzipiellen Materialschwindels. Getünchtes Blech maskiert sich als Marmor, Papiermaché als Rosenholz, Gips als schimmernder Alabaster, Glas als köstlicher Onyx. Die exotische Palme im Erker ist imprägniert oder aus Papier, das leckere Fruchtarrangement im Tafelaufsatz aus Wachs oder Seife. Die schwüle rosa Ampel über dem Bett ist ebenso Attrappe wie das trauliche Holzscheit im Kamin, denn beide werden niemals benützt; hingegen ist man gern bereit, die Illusion des lustigen Herdfeuers durch rotes Stanniol zu steigern. Auf der Servante stehen tiefe Kupferschüsseln, mit denen nie gekocht, und mächtige Zinnhumpen, aus denen nie getrunken wird; an der Wand hängen trutzige Schwerter, die nie gekreuzt, und stolze Jagdtrophäen, die nie erbeutet wurden. Dient aber ein Requisit einer bestimmten Funktion, so darf diese um keinen Preis in seiner Form zum Ausdruck kommen. Eine prächtige Gutenbergbibel entpuppt sich als Nähnecessaire, ein geschnitzter Wandschrank als Orchestrion; das Buttermesser ist ein türkischer Dolch, der Aschenbecher ein preußischer Helm, der Schirmständer eine Ritterrüstung, das Thermometer eine Pistole. Das Barometer stellt eine Bassgeige dar, der Stiefelknecht einen Hirschkäfer, der Spucknapf eine Schildkröte, der Zigarrenabschneider den Eiffelturm. Der Bierkrug ist ein aufklappbarer Mönch, der bei jedem Zug guillotiniert wird, die Stehbar das lehrreiche Mo-

Abb. 21: Patent-Nussknacker. Holzstich 1888

dell einer Schnellzugslokomotive, der Braten wird mittels eines gläsernen Dackels gewürzt, der Salz niest, und der Likör aus einem Miniaturfässchen gezapft, das ein niedlicher Terrakottaesel trägt. Pappendeckelgeweihe und ausgestopfte Vögel gemahnen an ein Forsthaus, herabhängende kleine Segelschiffe an eine Matrosenschänke, Stilleben von Jockeykappen, Sätteln und Reitgerten an einen Stall. Diese angeblich so realistische Zeit hat nichts mehr geflohen als ihre eigene Gegenwart.« (FRIEDELL 1948, S. 358 f.)

Es ist das Zeitalter der vollzogenen Trennungen, in dem man sich mit Ersatz behilft. Erstens der unwiderruflichen Trennung der Produktion von der Privatsphäre, die sich räumlich durch Einkapseln in das Interieur und psychisch durch Abschottung des Familienlebens gegen jede Öffentlichkeit spiegelt. Zweitens der Trennung der Klassen, die sich sogar noch quer durch dieses Interieur zieht, Dienstboten und Familie anders als in frühbürgerlichen Zeiten separiert. Drittens der Trennung von aller lebendigen Natur, die sich in der konsequenten Künstlichkeit des Interieurs dokumentiert und zur

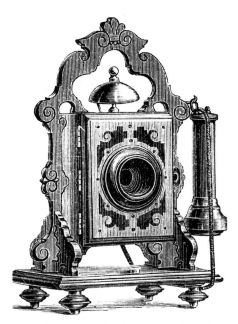

Abb. 22: Tischtelefon. Darstellung in einer Illustrierten, 1888

Surrogat-Natur wird. Viertens der Trennung der Geschichte von einer Gegenwart, die geschichtssüchtig alles falsch zitiert und dabei sich selbst verliert. Fünftens der Trennung des Gebrauchs von der Wirklichkeit der Dinge durch den »Kultus der Draperien« (ASENDORF 1984), der Warenöffentlichkeit und Wohnräume zu Bühnen macht, auf denen der Orientierungssinn sich verwirrt und die Realbeziehung zu den Dingen und Materialien sich in täuschenden Ersatzstoffen und kaschierten Funktionen verliert. In der dämmrigen Atmosphäre des Interieurs lebt eine Klasse, deren steife Umgangsregeln und Lebensformen offenbar eines Dekors bedürfen, das mit allen diesen Trennungen versöhnen und das gestörte Selbstbewusstsein als intakt zur Schau stellen soll. Man könnte von einem Entschädigungsdesign und gleichzeitig von einem Demonstrationsdesign sprechen, in dem das bürgerliche Interieur der zweiten Hälfte des 19. Jahrhunderts zu seiner ausgeprägten Form gelangt. Während draußen Industriegeschichte gemacht wird, scheint drinnen die Zeit stillzustehen.

Dies ist der sichtbare und monströse Teil der gesellschaftlichen Produkt- und Rezeptionskultur dieser Zeit. Im Stillen existieren aber auch Gegenstände für den täglichen Gebrauch, die ihren Werkzeugcharakter wahren. Es sind Formen, in denen sich lange Erfahrung des Handhabens und nüchterne, alltägliche Zwecke begegnen, die einfach unentbehrlich sind und funktionieren müssen: Küchengeräte, Handwerkszeug, Kleidungsstücke usw. Sie werden zwar häufig vom Dekorations- und Illusionszwang der Zeit erfasst, überleben aber oft als Formkonstanten und schaffen so eine den Historismus still unterlaufende Traditionslinie industrieller Sachlichkeit. Die Bezeichnung *Verborgene Vernunft* (Titel einer Ausstellung der Neuen Sammlung in München 1971) trifft den Sachverhalt, insoweit Traditionen des Zweckdenkens, der Bequemlichkeit, der Handhabung und der Beständigkeit kultureller Muster in den Nischen des bürgerlichen Gebrauchsalltags der Verpflichtung zur Illusion trotzen. Es gibt keine Epoche, die frei von solchen Überlagerungen oder Unterwanderungen alter und neuer, in sich widersprüchlicher Formen und Funktionen bliebe. Fast möchte man von einer zweiten, geheimen Designgeschichte sprechen, die hinter den Fassaden der neuen Klassenkultur, die den Aufwand beansprucht, gerade eben noch sichtbar bleibt. Denn solche werkzeuglich-einfachen Dinge werden vielfach von den technischen Neuheiten verdrängt, die sich gleichzeitig dekorativ verkleiden. Erfindungen und Weiterentwicklungen des mechanisierten Komforts beginnen sich in rascher Folge abzulösen: Beim Durchblättern von Zeitschriften oder Real-Lexika aus den 1880er und 1890er Jahren gerät man in einen Basar für technische Scherzartikel. Versandhauskataloge von heute zeigen, dass der Trend ungebrochen ist. Design, das sich auf

Ökonomie und Ideologie der Produktgestalt 69

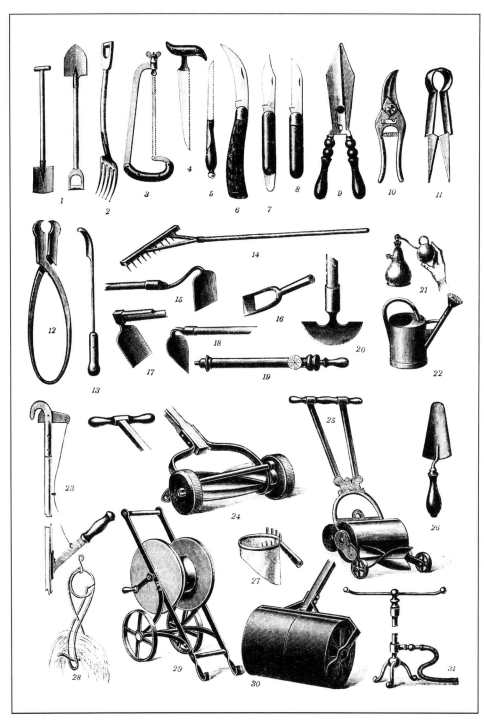

Abb. 23: Gartengeräte. Lexikondarstellung, 1894

Kopien, Imitate und Mustervariationen verlegt, ist über ein Jahrhundert alt, das Prinzip der unverzüglichen Aufbereitung technischer Innovationen ebenfalls; der Begriff der »Neuheit« wird spätestens in den 1880er Jahren zum Wert an sich.

Die Überlagerung von Funktionen durch ästhetischen Aufwand, die vollgestopften Räume, der bombastische Kram, das überflüssige, alles inkrustierende Ornament, die spitz zustoßenden Kanten, die gedrechselt-gewundene Unbequemlichkeit, das billige Material, die muffige Atmosphäre um das sinnlose Ding, dessen eigentliche Unbrauchbarkeit trotz hohem technischen Aufwand, der falsche, lächerliche Anspruch – das ist damals so normal wie heute. Dekor ist zu dieser Zeit ein Lebensmittel und ist es in den meisten Wohnungen bis heute geblieben.

Vielleicht ist der zwingendste Grund eine Haltung der unbewussten Abwehr der industriellen Mächte gewesen, die da mit neuen Funktionen unabweisbar ins Haus standen. Das Verbergen alles Technischen bis zur Unkenntlichkeit und die wuchernde Gestaltungsphantasie, die jeden Zweck unter Dekorationen verschwinden lässt, kann man auch als Schutzmaßnahme gegen den Einbruch der industriellen Kultur in das Leben deuten, obwohl die Aneignung aller »Neuheiten« im Widerspruch dazu steht. Es sind Formen, in denen sich Furcht und Faszination untrennbar mischen.

Die erste deutsche Massenproduktkultur

Auf den ersten Blick scheint das historisierende Design für alle bürgerlichen und kleinbürgerlichen Schichten eine ideologische Übereinkunft im demonstrativen Gebrauch zu schaffen, zumal sich zwischen Interieur und Exterieur Beziehungen entwickeln, deren gemeinsamer Nenner die Inszenierung ist. Vom stillen Umgang miteinander und mit den Dingen wie im Biedermeier und von dessen intimer Genusskultur bleibt wenig. Der Alltag im Deutschen Reich wird allenfalls im engen Familienkreis leise gelebt und schon von der Ausstattung der Wohnung übertönt. Der Auftritt der Mächtigen draußen findet seine Opernbühne in demonstrativen Festlichkeiten und auftrumpfenden Repräsentationsarchitekturen. Die autoritäre und nationalistische Attitüde wird vom Design aufgenommen und ins Innere der Wohnung transportiert. Jedes Möbelstück erscheint als Sockel für eine Germania, ein Niederwalddenkmal aus Gusseisen, Gips oder Pappmaché geeignet. Das derart Ästhetisierte und Bedeutungsgeladene erfüllt einen gemeinsamen Anspruch, fasst unter seiner ideologischen Klammer kulturelle und soziale Positionsunterschiede zusammen, die in Wahrheit unüberbrückbar sind.

Der verdeckte Widerspruch herrscht nicht nur zwischen Reichen und Armen, Mächtigen und Untertanen, sondern auch – mitten im privilegiertesten Genuss und Gebrauch – zwischen der Welt der niederen Zweckfunktionen und der ästhetischen Selbstwahrnehmung. Das Interieur ist geteilt, es muss schützen und gleichzeitig nach außen gekehrt etwas zeigen. Das bürgerliche Mietobjekt hat eine prächtige Fassade und zeigt hinten doch nur Backstein. Das Essbesteck braucht nur versilbert, die Bronzeplastik im Salon darf aus Gips oder eine galvanoplastische Reproduktion sein, sie hat nur zu wirken. Die Auflösung der Grenze zwischen Sein und Schein ist die eigentliche Kulturleistung der wilhelminischen Epoche.

Wie durch eine unsichtbare Mauer erscheint die bürgerliche Wohnung in eine nach außen gewendete, gesellschaftliche Zone und in eine nach innen abgewandte Zone der intimen lebenspraktischen Bedürfnisse geteilt. Schlafzimmer, Küche, Kinderzimmer und Dienstbotenkammern bleiben jenseits der Grenze zur Öffentlichkeit. Ähnlich trennen sich draußen die Bereiche der Ökonomie und der Repräsentation. Der Abstand zwischen Fabrik und Villa signalisiert mehr als nur ökologisch-hygienische Trennung des Privatlebens von der Produktion. Der Gründer einer mechanischen Werkstatt hatte einst oft unter demselben Dach gearbeitet und gewohnt. Einen sozialen Sicherheitsabstand zu seiner Fabrik und den Arbeiterunterkünften kannte er auch später nicht. Haus und Einrichtung blieben unaufwendig, im Gebrauch transparent, die Grenzen zwischen Darstellung nach außen und den alltäglichen Lebensfunktionen wurden weder ängstlich noch zwanghaft gezogen. Im Zeitalter der Hochindustrialisierung ändert sich dieser Gestus; nun wird die Öffentlichkeitszone des bürgerlichen Wohnens üppig dekoriert, die nichtöffentliche der Lebensfunktionen den Blicken entzogen, gleichwohl nach dem neuesten Stand der Technik modernisiert. Badezimmer und Closet nach englischem Muster werden installiert. Im Geheimen der Hygiene dringen funktionale Muster vor. Auch gibt es in der Küche den Gasherd und bald erste elektrische Hilfen, während Herrenzimmer und Damensalon noch mit imitierter Nürnberger Renaissance-Täfelung, pseudo-orientalischer Textilkunst oder falschem Rokoko eingerichtet sind. Der Kronleuchter harrt der zweiten oder dritten Umrüstung von Petroleum auf Gas oder Elektrizität.

Es ist eine Innenraumkultur der Brüche. Den Bruch zwischen Kunst und Technik kittet die Dekoration. Den Bruch zwischen Leben und Natur heilt die Kunst des Illusionären. Das berüchtigte Makart-Bouquet und allerlei Gestecke aus trockenen und künstlichen Pflanzen kommen aus einer speziellen Dekorationsindustrie. Sie deuten das widersprüchlichste Verhältnis zur lebendigen Natur an, das man sich denken kann. Aber unaufhaltsam dringen Gas, Elektrizität, Wasserversorgung und -entsorgung und Zentralheizung in die Wohnung ein, auch Fahrrad, Nähmaschine, Telefon greifen als kaum ästhetisierbare Funktionsformen der Moderne auf den bürgerlichen Lebenshaushalt über. Gleichzeitig bilden sich im preisgegebenen Interieur durch Verdoppelung des Motivs unzugängliche Klein-Innenräume in Gestalt burgartiger Schränke und Buffets, in deren Verliesen der »Silberhort des Hauses«, wie Walter Benjamin erinnert, aufbewahrt wird. Schwer wie die Stahl-Geldschränke in Banken und Büros symbolisieren diese Formen die Unangreifbarkeit bürgerlichen Besitzes und die Zwänge des Ausschließens unberechenbarer Gefahren.

Aber der wilhelminische Späthistorismus ist als legitime und legitimierende Ausdrucks- und Mitteilungsform für die verbindliche Lebensweise und Ästhetik der herrschenden Klassen nicht erschöpft. Vor allem in den 1880er und 1890er Jahren im Zuge der Hochindustrialisierung, der Wanderungsbewegungen und des Städtewachstums bildet sich die Struktur der industriellen Klassengesellschaft immer deutlicher ab. In ihr entfaltet das industrialisierte Design des Alltags seine eigenen Wirkungen nach neu entwickelten sozialästhetischen Gesetzmäßigkeiten. Das wilhelminische Gesellschaftsmodell entsteht nicht nur durch neuen Reichtum auf der einen und neue Armut auf der anderen Seite, sondern weist auch differenzierte Mittelschicht-Positionen aus, von denen die des Bildungsbürgertums bald besondere Bedeutung gewinnen soll.

Zur größten Berufsgruppe steigen zwischen 1850 und 1914 die Industriearbeiter auf, 1907 umfasst ihr Anteil 20 Millionen, etwa ein Drittel der Gesamtbevölkerung (vgl. CONZE 1976). Dabei ist dies keine homogene Klasse im Sinne eines durch gleiche Stellung im

Produktionsprozess, verbindliche Ideologie und Kultur sowie gleiche Lohn- und Lebensverhältnisse geeinten Proletariats. Nur in Facharbeiterhaushalten kann der Lebensstandard durch Erwerbstätigkeit aller arbeitsfähigen Familienmitglieder gehalten oder ein wenig angehoben werden, obwohl sich die industriellen Reallöhne zwischen 1871 und 1913 verdoppeln (vgl. BORCHARDT 1972). Die Zahl der Angestellten in den Berufen für Industrie, Handel und Verkehr vervierfacht sich zwischen 1887 und 1907. Trotz abhängiger Stellung und geringem Einkommen ist die soziologische Figur des Angestellten von proletarischen Lebensformen durch eine Orientierung an der Kultur der nächst höheren Schichten abgehoben. Auf der einen Seite reicht diese Figur bis in den »Mittelstand« hinein, der laut Schmoller (vgl. bei CONZE 1976) um 1895 etwa zwölf Millionen Haushalte im Reich umfasst, auf der anderen Seite grenzt die Lebenshaltung dieses neuen Kleinbürgertums an proletarische Verhältnisse. Durch klassenspezifische Anspruchsdifferenzierung entsteht eine neue designgeschichtliche Situation. Erstmals sind die ästhetisch-kulturellen Werte der Führungsschichten, vergegenständlicht in der Form des Massenprodukts, nahezu allen Klassen verfügbar. Die Kunstindustrie reproduziert die verbindliche Ästhetik des wilhelminischen Späthistorismus quasi für alle und betreibt damit, im eigenen ökonomischen, aber auch in einem höheren ideologischen Interesse, eine Art Demokratisierung der produktkulturellen Werte. Jeder kann nach seinen Kräften an der herrschenden Ästhetik teilhaben – eine wirklich neue Situation, mitverursacht durch eine lange Periode relativ erschütterungsfreier Prosperität und gewisser Zugeständnisse der Herrschenden in der »sozialen Frage«.

Die Villen der nach der Reichsgründung ökonomisch tonangebenden Oberschicht, die mit dem Adel konkurriert, die Häuser der Großaktionäre, Unternehmer und Konzernherren, der Kommerzienräte und Bankiers werden in den 1870er und 1880er Jahren mit teuren Einzelanfertigungen nach Künstler- und Architektenentwurf pompös ausgestattet. Die Fabrikware zieht wenig später – abgestuft in Ausführung und Preis – in die Häuser und Mietetagen des Mittelstandes ein und findet ihren Weg in das bescheidenere Heim der Angestellten und kleinen Staatsbeamten. Sie dringt schließlich über die kleinbürgerliche gute Stube bis in obere proletarische Randschichten ein. Tendenziell erfaßt der historisierende Entwurf am Ende alle Konsumenten; noch in den billigsten Varianten des ästhetischen Grundprinzips kann das Vorbild aufscheinen und sich vermitteln. Das historistische Design wird fortan seine faktische und ideologische Gegenwart im Alltag aller Klassen behaupten und immer wieder neu durchzusetzen versuchen. Das trifft sich mit der Pflicht zur Aneignung der »höheren« Kultur durch alle.

So kommt es, dass das, was wie Renaissance aussieht und massenhaft in Fabriken hergestellt und in Möbelmagazinen, den Vorläufern heutiger Möbel-Discountmärkte, feilgeboten wird, schon bald ein Design mit Merkmalen eigenartiger sozialer Ausdrücklichkeit wird. Es ahmt nach und ist – für sich – doch unnachahmlich. Es soll alle ästhetisch vereinen, aber es trennt doch unverkennbar nach jenen »feinen Unterschieden« (BOURDIEU 1982), die sich gerade in einer modernen Massenproduktkultur als Abbild der sozialen Struktur entwickeln. In der imitierenden Geste wirkt diese soziale Ausdrücklichkeit durchweg kleinbürgerlich, und je mehr die Dekoration verbilligt und der Aufwand für Material-, Arbeits- und Maschinenkosten daran vermindert wird, umso massenhafter verbreiten sich die Formen im sozialen Gebrauch auch nach unten. Heute sind Vertiko, Plüschsofa und der steife Billigstuhl mit geflochtenem Sitz Antiquitäten – durch neue Mittelschicht-Konsumenten angeeignet und geadelt. Damals bildeten sie Bestandteile einer Anpassungskultur, die einer genaueren Untersuchung bedarf.

Ein Zeitgenosse beschreibt das um 1890 entstehende Moabit: »In den Häusern hat die Baukunst nicht gerade Siege gefeiert, wenigstens nicht was die Ausbildung der Stirnseite betrifft. Man freut sich, wenn der Baumeister sich begnügt hat, seinen vier oder fünf Stock hohen Kasten einfach hinzustellen und auf jeden weiteren Schmuck, als auf schlichte, vorgeschobene Erker und einfache Balkone zu verzichten. Dort aber, wo er seiner Einbildungskraft die Zügel hat schießen lassen, sind schauerlichste Kunstwerke entstanden. (…) Eine Art billiger Luxus ist in den Wohnungen der untern Stockwerke der Vorderhäuser fast überall zu finden. Es wird ja alles im Großen und aus schlechtem Stoff hergestellt und ahmt wirklichen Reichtum nach. Die Thüren tragen Supraporten, aus Holzstoff gepresst, die Blattranken und Eierstäbe sind vergoldet. Die Decken zeigen Stuck, der meterweise gekauft und mit Schrauben befestigt wird. Verzeichnete Engel und Fabeltiere, erstere mit knallroten Backen und großen Vergissmeinnichtaugen, schweben oben in den verzwicktesten Stellungen herum. Es verschlägt nichts, wenn dann ein langer Zapfen, in den das Gasrohr für einen Kronleuchter mündet, aus dem Bauche irgend eines Himmelsbewohners heraushängt. Die meisten Stockwerke enthalten zwei Wohnungen von 3 bis 4 Zimmern, Küche, und jetzt auch meistens Badestube. Das Wort ›Stube‹ ist allerdings mit Vorsicht aufzunehmen, denn neben der Wanne hat nichts anderes Platz; zuweilen in ihr auch nur sehr schlank gebaute Menschenkinder. Aber immerhin ist das schon großer Fortschritt, den man der neuesten Zeit verdankt. Die Preise dieser Wohnungen schwanken zwischen 600 und 850 Mark [Jahresmiete, Anm. G.S.]. In dem 4. und 5. Stock ist derselbe Raum oft zu drei Wohnungen verwendet. Im Verhältnis zu den ›feinern‹ Vierteln kann man in diesem Stadtviertel um 20 bis 50 Prozent billiger wohnen. Am geringsten ist der Preisunterschied bei den ganz kleinen Wohnungen, die zumeist in die Hinterhäuser verlegt sind. (…) Die Bewohner setzen sich aus verschiedenen Schichten zusammen, nur die obersten und die untersten fehlen. Die besseren Wohnungen haben mittlere und kleine Beamte der Post, der Steuer oder der Stadt inne; daneben finden sich einige Offiziere im Ruhestand; kleinere Kaufleute, die den Tag über in der Stadt tätig sind; bescheidene Rentner; hier und da ein Schriftsteller oder Maler. Sehr stark sind Gewerbetreibende aller Art vertreten, deren Wohnungen neben den Läden im Erdgeschoß liegen. Den größten Teil der Bewohner bilden aber besser gestellte Arbeiter aller Zweige, Werkmeister, Monteure, Former usw. Hier herrscht schon stark die Sozialdemokratie; noch mehr ist das jedoch auf dem benachbarten Wedding der Fall.« (LEIXNER 1894, S. 77 ff.)

Der Bericht bezieht sich weiter auf das Beispiel eines Bauhandwerkers und einer Näherin, die sich dort in einem Hinterhaus Stube und Küche einrichten: »Beider Ersparnisse genügten, um auf einen sogenannten ›Leih-Kontrakt‹ eine größere Anzahlung zu leisten und die Wohnung einzurichten. Diese billigen Möbel werden in Mengen erzeugt; obwohl aus ziemlich schlechtem, weichem Holz gemacht, ahmen sie Ahorn oder Nussbaum nach und zeigen nicht ungefällige Formen. Der Preis jedoch ist stets zu hoch, weil die Hersteller die Zinsen für die Stundung aufschlagen (im Durchschnitt 16 bis 18 Prozent des bei Barzahlung geforderten Preises).« (Ebd., S. 193) Der »Leih-Kontrakt« bedeutet bei Zahlungsunfähigkeit, alle Möbel und das angezahlte Geld zu verlieren, da der Verkäufer das Eigentumsrecht bis zur vollständigen Abzahlung beansprucht.

Möbelmagazine sind nicht nur Bezugsquellen für das komplette kleinbürgerliche Einrichtungsimitat, sondern liefern auch Halbfertigfabrikate (Holzornamente, Möbelfüße, Beschläge) für Schreinerwerkstätten, die sich ihrerseits auf das Imitieren der Industrieformen verlegen, um konkurrenzfähig zu bleiben (vgl. DENEKE 1985 b). Der Unterschichtenkäufer erwirbt sein Mobiliar teilweise im Magazin oder auch aus noch billigeren Quellen: »Neben dem Magazin und den vor 1900 aufblühenden Abzahlungsläden boten in München vornehmlich noch die Tandler Wohnungseinrichtungen an; sie waren ursprünglich mit dem Verkauf von gebrauchten Möbeln beschäftigt und übernahmen später neben dem Althandel mit den häufig reparierten Stücken, in fließendem Übergang komplette Einrichtungen und Brautausstattungen, aber auch den Verkauf von Einzelstücken, von Stühlen, Tischen, Anrichten und Schüsselrahmen, die oft primitiv aus rohen Hölzern zusammengefügt wurden.« (DENEKE 1985 b, S. 595)

In den 1890er Jahren heißt Wohnen für die Unterschichten nicht, sich mit schönen Gebrauchsformen auszustatten, sondern in möglichst billigen Quartieren zu überleben. (Zu Wohnverhältnissen, d.h. Wohnungsgrößen, Belegdichten, Mieten vgl. WURM 1892, S. 49 ff.) Mit den paar neuen oder gebrauchten Sachen kommt »höhere« Kultur ins Haus, aber nur als deren schwacher Abglanz; das Haus ist weder ein eigenes, noch ein bürgerliches. Selbst im Wiedergebrauch solcher Möbel heute wird die einstige Brauchbarkeit und der karge Komfort für kleine Leute von damals spürbar. Vom Munde abgespart, auf Abzahlung oder vom Trödler gekauft, müssen die dekorativen Formen eines Billigsofas oder vornehm dunkel gebeizten Schrankes aus Weichholz mit maschinengedrechseltem Zierrat im Haushalt eines Straßenbahners oder Maurers fast auf den nackten Gebrauchswert schrumpfen. 1895 verdiente ein Jalousiemacher in Berlin 30 Mark die Woche, eine Näherin zwölf Mark (vgl. HIRSCHBERG 1897). Was konnte man sich außer Nahrung, Heizung, Miete, Kleidung dafür kaufen? Ein wenig Teilhabebewusstsein am Reichtum der Produktkultur mag an jedem Gegenstand gehangen haben, dazu Besitzerstolz, wohl auch Identifikation mit einer Ware, die sich bloß den Glanz borgte. Aber es gelingt im mühsamen Aneignungsakt nicht nur die Anbindung der Lebensweise an die »falschen« Dinge, sondern auch deren Einbindung in die von der eigenen sozialen Lebenswirklichkeit geprägte unverwechselbare Daseinsform. Aneignung und Gebrauch der Dinge verweisen auf die Stellung im Produktionsprozess, den sozialen Status, auf das Einkommen und das Herkommen aus Bereichen kultureller Erfahrung, die schon klassifizieren. Unter einem scheinbar einheitlichen ästhetischen Gesamtgestus der wilhelminischen Klassengesellschaft entwickeln sich daher eigene kulturelle Wirklichkeiten von spezifischer Qualität, kleinbürgerliche und proletarische so gut wie mittelständisch-bürgerliche, jede auf ihre Weise geprägt von der umfassenden Produktsprache des Historismus. Sie bilden ein System der Einheit des Verschiedenen ab. Was bürgerlichen Konsumenten aus der Seele spricht (und auch bezahlbar ist), bleibt schon kleinbürgerlichen Nutzern unerreichbar, letztlich auch fremd, trotz Ähnlichkeit im Aussehen der Dinge. Je eingeschränkt-proletarischer die Lebensweise und Daseinsform, umso rücksichtsloser muss über das Dekor hinweggegangen werden, weil der reine Nutzen ausschlaggebend ist. Die Kommode ist hier nicht nur zum Aufbewahren von Habseligkeiten da, eine Schublade dient vielleicht auch als Kinderbett. Je bürgerlicher der erreichbare Komfort des Lebens, umso aufnahmebereiter mag sein Nutznießer für Üppigkeiten der Ausschmückung gewesen sein. Produkt-

Abb. 24: Freischwinger-Uhren. Katalog des Versandhauses August Stukenbrok in Einbeck, 1912

kultur des späten 19. Jahrhunderts heißt nicht für alle dasselbe. Schon im Hinterhaus ist das Buffet nicht mehr der Safe des Familiensilbers (weil man solches nicht besitzt), sondern Behältnis für allerlei Krimskrams neben dem Notwendigen an Wäsche und Geschirr.

Nicht nur Preis, Material, Schönheit und Gebrauchswert – ganze Möbeltypen werden zu Zeugnissen differenzierter Lebensstile, die sich nur oberflächlich gleichen. Die verbohrt-kleinbürgerliche Pflegehaltung (die man im bürgerlichen Haushalt auf Dienstboten abwälzen kann) ist nicht nur Ausdruck neurotischen Verhaltens, sondern auch Antwort auf den Zwang, die teuer erworbenen Güter lange zu schonen. Jede Klasse von Gebrauchern antwortet auf die Bedingungen ihrer Lebensweise mit besonderen Tugenden und Deformationen, mit einer eigenen Qualität des Verhältnisses zum kulturellen Gegenstand. Das heißt, mit Massenproduktion und Massenkonsum kommt nicht nur die Vereinnahmung von oben, es kommt auch die Aneignung von unten, die den Gebrauch auf ihre Weise sozial abgrenzt. Dem Gewähren und Vereinnahmen von oben stehen das Umnutzen und Sich-Behelfen unten entgegen. Fortan muss die Designgeschichtsschreibung mit zwei rezeptionsästhetisch bedeutsamen Kräften rechnen – der Gewalt, mit der das Massenprodukt im Namen der herrschenden Kultur in das Leben eindringt, und mit dem Widerstand der dieser Gewalt Unterworfenen, die, wenn auch mühsam, ihre eigenen Gebrauchskulturen behaupten. Es macht einen wahrnehmbaren Unterschied, wer sich welches Buffet in welche Wohnung stellt – der Werkmeister oder der Regierungsrat. Es ist nicht dasselbe Buffet. Es ist nicht die gleiche Lebens- und Familienwirklichkeit, in der es gebraucht wird. Es sind zweierlei Dinge, von unterscheidbaren sozialen und kulturellen Standpunkten aus wahrgenommen. Lange vor der Jahrhundertwende beginnt, was für uns heute schon selbstverständlich ist: Das Produkt wird aus unterschiedlichen Sozialtraditionen der Nutzung, ja der ganzen Lebensweise bedeutsam gemacht und beurteilt. Als ästhetisches Objekt vermittelt es die epochale Ästhetik einer Gesamtkultur, aber es differenziert sich in jedem Gebrauch sofort aus und wird erst dadurch ein integrierter Gegenstand mit eigenem gebrauchskulturellen Erfahrungshorizont.

So bildet der industrialisierte Historismus der wilhelminischen Ära als soziales und kulturelles Codierungssystem eine kompliziert gegliederte Einheit des Verschiedenen ab, die Strukturen der Klassengesellschaft und Funktionen der modernen Konsumkultur sichtbar werden lässt. Gerade im rezeptionsästhetischen Widerspruch von kultureller Anpassung und sozialem Eigensinn zeigt sich dieses erste dekorativ-industrielle Design in seiner gesellschaftlichen Funktionalität ausgereift, nicht mehr und nicht weniger als das Massenprodukt unserer Gegenwart – und dies vor mehr als hundert Jahren.

2 Die Kunstgewerbe-Reform um 1900

Ausgangslage der Entwurfsarbeit

Grundlegende stilistische Veränderungen im Feld der Produktkulturen beruhen nicht auf Zufall oder bloßem Überdruss am Gewohnten. Sie deuten vielmehr tieferliegende Motive einer Umschichtung alltagsästhetischer Normen an. Neuformulierungen der Kriterien zeitgemäßer Gestaltung und der geschmacklichen Disposition von Konsumenten erweisen sich manchmal als von langer Hand historisch vorbereitet. Als die Kritik am industriellen Historismus und am Massenfabrikat auf eine Erneuerung der Form aus Tradition des Handwerks drängt und junge Künstler die Einheit freier und angewandter Kunst in einer ästhetischen Durchdringung des bürgerlichen Alltagslebens anzustreben beginnen, hat dieser Anlauf schon eine längere Vorgeschichte.

Im Vordergrund stehen seit der Londoner Weltausstellung Klagen um die mangelnde Konkurrenzfähigkeit deutscher Waren auf dem Weltmarkt. Ein zeitgenössischer Beobachter schreibt schon 1851, an die Stelle würdiger Aufmachung der Exponate sei bei den Produkten des Zollvereins »die edle Einfachheit deutscher Jahrmarktsbuden, graues Packleinen und nacktes, kaum gehobeltes Tannenholz« getreten (BUCHER 1851, S. 176). Außer »Regierungsporzellan« aus fürstlichen Manufakturen, Zündnadelgewehren und einer Kanone von Krupp und dessen »kolossalen stählernen Walzen« (BUCHER 1851, S. 198) sei alles »ohne Charakter«. Insgesamt qualifiziert Gottfried Semper die Ausstellung als »verworrenes Formengemisch oder kindische Tändelei« (SEMPER 1852, S. 11). Die Produkte der 34 deutschen Kleinstaaten müssen einen besonders schlechten Eindruck hinterlassen haben.

Auf der Weltausstellung 1867 sei die »ganze deutsche Section, Preußen mit inbegriffen, die uninteressanteste und langweiligste Abtheilung« (FALKE 1868, S. 40) gewesen. Derselbe Autor bezeichnet dort einen Raum mit Schwarzwälder Uhren als »chamber of horrors« mit Stücken im »roheste(n), wildeste(n) Naturalismus« (FALKE 1868, S. 41). Auf der Wiener Weltausstellung 1873 befinde sich das deutsche Kunstgewerbe »in arger Zerfahrenheit« (LESSING 1874); man erkenne, wie »gute Erfindungen heimischer Künstler verstümmelt« worden seien, »um möglichst bequem massenhaft hergestellt werden zu können« (LESSING 1874, S. 232). Schließlich spricht Franz Reuleaux, der offizielle Berichterstatter der Weltausstellung 1876 in Philadelphia von der »schwersten Niederlage« Deutschlands infolge der Devise »billig und schlecht« und der »bataillonweise aufmarschierenden Germanien, Borussen, Kaiser, Kronprinzen, Bismarcke« usw. aus allerlei Materialien, dazu der »killing machines« (der Kruppschen Kanonen). Fazit: »Deutschlands Industrie muß sich von dem Prinzip der bloßen Konkurrenz durch Preis abwenden und entschieden zu demjenigen der Konkurrenz durch Qualität oder Werth übergehen.« (REULEAUX 1877, S. 94) Noch auf der Ausstellung in Chicago 1884 findet Julius Lessing diese Qualität nur bei ausländischen Herstellern; zehn Jahre später verbindet Georg Fuchs Gedanken über eine Reform der Kunstgewerbeschulen mit der mangelnden »Konkurrenz-Fähigkeit unserer künstlerischen Feinbedarfs-Industrie gegenüber der amerikanischen« (FUCHS 1903/04).

Dennoch kann solche Kritik allein kein hinreichender Grund für die ästhetisch-programmatische Umorientierung gewesen sein, die um 1895 spürbar wird. Der Wandel vollzieht sich zunächst nicht an den industriellen Massenprodukten, sondern bei kunsthandwerklichen Einzelerzeugnissen. Industrielles Interesse an einer Formerneuerung kommt erst auf, nachdem sich die kunsthandwerkliche Avantgarde im Elitekonsum durchgesetzt hat und die modernen Formen verkäuflich werden – um die Jahrhundertwende und später. Künstler reagieren, anders als Handwerker oder Unternehmer, seismografisch auf kulturelle Problematiken und den darin angelegten innergesellschaftlichen Bedürfniswandel; ökonomische Argumente kümmern sie wenig. Die Kunstgewerbereform bereitet sich im gesamteuropäischen Rahmen eines kunsthandwerklichen Erneuerungsgedankens mit einer deutlichen Wendung gegen die allesbeherrschende industriekapitalistische Fabrikation und ihre Folgen vor. Von heute aus gesehen wirken die ästhetischen Brüche zu Beginn daher nicht spektakulär, es handelt sich zunächst nicht in erster Linie um eine radikale ästhetische Reform, eher um eine kulturpolitisch-ideologische Orientierung. Was im Umkreis von William Morris in England im Zuge der Wiederbelebung kunsthandwerklicher Traditionen neu gestaltet wird, erscheint wie eine kultiviertere, intimere Variante des Historismus. John Ruskins ästhetische Lehre ist konservativ, modern ist die in England beginnende Bewegung vor allem darin, dass hier zum ersten Mal eine Abkehr vom Industrieprodukt versucht wird – nicht zufällig in dem Land, das als erstes hochindustrialisiert war und in dem aus Gründen des ökonomischen Wettbewerbs früh ein öffentliches Interesse an der Neukultivierung der Warenform besteht. »Präraffaelitische« Interieurs wie der »Green Dining Room« von William Morris (1866) – heute im Victoria & Albert Museum, ursprünglich von Henry Cole für das South Kensington Museum in Auftrag gegeben – künden den Bruch verhalten, aber erkennbar an. Es gibt außerhalb Deutschlands bereits Objektentwürfe und Architekturen, die sich programmatisch auf gestalterische Arbeit unter vorindustriellen Produktionsverhältnissen beziehen. Die sich nach englischem Vorbild ausrichtenden jungen deutschen Entwerfer der 1890er Jahre schließen sich diesen rückwärtsgewandten Utopien an und finden sofort eigene Propagandisten und Auftraggeber, die sich eine neue kulturelle Durchdringung des Produkts mit Kunst erhoffen. Was ab Mitte der neunziger Jahre sichtbar wird, entsteht in Zusammenarbeit mit kleinen Werkstätten, wobei sich die Künstler entweder kunsthandwerkliche Techniken oder zumindest Grundkenntnisse der Bearbeitung aneignen, so dass sie in der Lage sind, material- und verarbeitungsgerechte Entwürfe anzufertigen. Die Umstellung erfolgt überall, wo der historisierende Formgestus von fortschrittlichen bürgerlichen Schichten als veraltendes Ausdrucksprinzip empfunden wird – im viktorianischen England früher als im wilhelminischen Deutschland. Die Wiedergeburt des Kunsthandwerks, verbunden mit einer Neuaufwertung der Rolle des Einzelkünstlers, der wieder zwischen freier und angewandter Kunst vermittelt, wirkt in der Hochindustrialisierungsepoche jedoch auffallend unzeitgemäß. Es muss dafür sozialpsychologische und kulturpolitische Motive gegeben haben, nicht nur ökonomische.

Abb. 25: Henry van de Velde mit Handwerkern seiner Werkstatt in Ixelles, um 1897 (Bibliothèque Royale de Belgique, Brüssel)

Der Verleger Alexander Koch spricht 1905 zwar von den »wirtschaftlichen Segnungen der praktischen Durchsetzung des modernen Stils«, aber er muss als Propagandist der kunsthandwerklichen Erneuerungsbewegung ihren ökonomischen Erfolg betonen. Ebenso wie der hessische Großherzog sein Land durch die Reformbestrebungen der Darmstädter Künstlerkolonie »blühen« sehen will, soll Henry van de Velde in Weimar das heimische Kleingewerbe durch Modellentwürfe beleben. Wirtschafts- und Gewerbepolitik ist im Spiel, auch Hoffnung auf Exportgewinne. Doch als Olbrich auf der Weltausstellung in Paris 1900 einen Grand Prix erringt und das deutsche Kunsthandwerk endlich 1904 in St. Louis den ersehnten internationalen Erfolg hat, ist die Exportindustrie davon noch nicht berührt.

Für den Anfang rückt das Streben nach individualkünstlerischer Durchdringung der kunstgewerblichen Produktion im Sinne kultureller Selbsterneuerung in den Vordergrund, was auch dem besonderen Ausdrucksbedürfnis und den ästhetischen Genusserwartungen wohlhabender Gebildeter und ihrem Verständnis einer verfeinerten deutschen Nationalkultur entspricht. Sie fühlen sich von den alten Formen nicht mehr repräsentiert und beginnen daher, gemäß der ihnen in der wilhelminischen Gesellschaft zuwachsenden Rolle, den politisch und ökonomisch führenden Schichten gleichsam die kulturelle Verantwortung abzunehmen. Schon 1898 regt

Abb. 26: Stuhl aus Eiche mit lederbezogenem Sitz. Entwurf Richard Riemerschmid für die Vereinigten Werkstätten für Kunst im Handwerk in München, 1899 (Museum für Kunsthandwerk, Frankfurt am Main)

Georg Fuchs nicht nur »Wettbewerbe für einfache aber zugleich künstlerisch werthvolle Erzeugnisse unseres nationalen Kunstgewerbes« zur Vorbereitung der Pariser Weltausstellung an, sondern auch zu dem Zweck, »damit (...) unser gebildeter Mittelstand mehr als bisher Gelegenheit findet, wahre Kunst in seinem Heime zu entfalten« (FUCHS 1898, S. 231 ff.).

Ein Doppelfaden der Argumentation durchzieht die Kunstgewerbeliteratur der Zeit: »Individuelle deutsche Kunstsprache« soll mit den Schöpfungen der jungen Stilkünstler etabliert, zugleich soll »dem Auslande Achtung vor der deutschen Kunst« (KOCH 1898) abgerungen werden. Die Zeitschrift *Deutsche Kunst und Dekoration* stellt 1899 die Darmstädter Künstlerkolonie vor und ruft die »Gebildeten aller Stände (...) und die wohlhabenden Kreise« dazu auf, sich ihrer »Pflichten« zu erinnern und der Kolonie Aufträge zu erteilen. Als Gegenleistung wird »gediegene Ausschmückung und individuelle Durchbildung der Wohnräume und Gebrauchsgegenstände« versprochen. Das eigene Heim werde nach dem Bemühen der Künstler »eine gewisse Eigenart und persönliche Poesie, wenn auch in sachlichen Formen« zum Ausdruck bringen (*DKuD* IV, 1899, S. 418 ff.).

Die propagierte Reform verspricht den Künstlern Aufträge und ein neues Selbstverständnis, den gewerblichen Produzenten neue Kunden und Gewinne, der Kunstindustrie Weltmarktanteile, der Nationalkultur Weltgeltung und den Gebildeten eine neue Ästhetik der Innerlichkeit. »Wahre Kunst« im Alltag des Besitz- und Bildungsbürgertums erfordere »wirklich große Künstler für die – Kleinkunst« (KOCH 1898). Diese Feststellung trifft sich mit dem künstlerischen Selbstbefreiungsinteresse aus der Tradition des Historismus und der Abhängigkeit von der Industrie. Noch 1907 glaubt Henry van de Velde, der »Gedanke der Einführung eines neuen Stils« sei »befreiend« (bei CURJEL 1955, S. 146). Sie trifft sich aber auch mit dem Lebens- und Kulturreform-Interesse moderner bürgerlicher Schichten, die als Auftraggeber oder Abnehmer für die neue Kunst des Alltags in Frage kommen. Die ersten deutschen Stilkünstler sehen eine Chance, der industriellen Sinnkrise zu entgehen, die aus der bisher zwangsläufigen Bindung der angewandten Kunst an die Fabrik und die Warenproduktion entstanden ist und für die meisten unabweisbar wäre, sofern sie sich überhaupt am Entwurf von Gebrauchsgegenständen beteiligen wollten. Der Künstler ist auf diesem Gebiet ja längst als »Musterzeichner« industriell vereinnahmt.

Karl Scheffler, einer der zahlreichen kulturkritischen Autoren der Zeit, beschreibt, wie die Mehrheit der Künstler um die Jahrhundertwende ihr Auskommen suchen muss: »Die einen haben in Textilfabriken Entwürfe in allen historischen Stilen bis zum

Die Kunstgewerbe-Reform um 1900 81

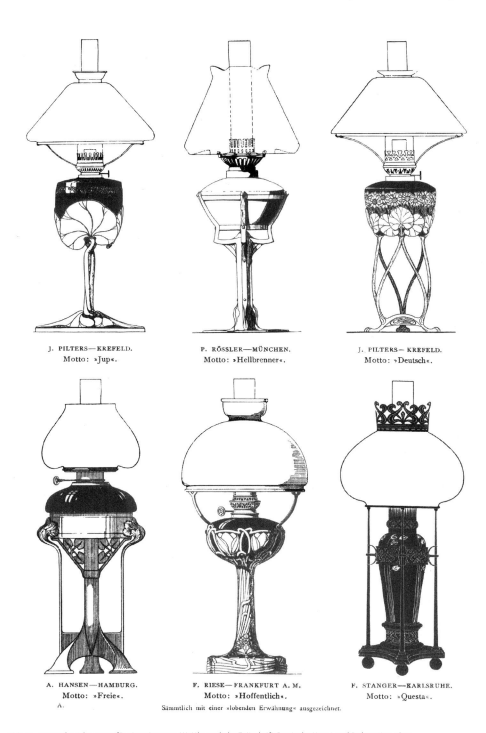

Abb. 27: Entwurfszeichnungen für einen Lampen-Wettbewerb der Zeitschrift *Deutsche Kunst und Dekoration*, 1899

modernen, nach Sammelwerken zusammengepassten Neuheiten anzufertigen. Andere zeichnen ein ganzes langes Leben in lithographischen Anstalten Postkarten mit Ansichten, Adressen, Diplome, Plakate; sie müssen die ganze Welt abkonterfeien können. Noch andere entwerfen nur Etiketten zu Zigarrenkisten oder lernen methodische Gehirnverrenkungen, um konkurrenzfähige Metallverzierungen hervorbringen zu können, oder bemalen die Decken der Wohnhäuser mit Engeln und Blumen im Tagelohn. Die besten und talentvollsten sind Spezialisten für dies und das, für Plakate, Konfektion und Schmiedeeisen zugleich. Das geht Tag für Tag: Kunst, Kunst, immer neue Kunst!« (SCHEFFLER 1902, S. 37f.)

Dieser Zwang scheint endlich aufhebbar. Teile der Künstlerschaft entwickeln daher ein starkes Interesse an Neubestimmungen der eigenen Rolle in der Mitgestaltung der gegenständlichen Kultur. Ihnen kommt die traditionelle Kritik an den industriellen Formen entgegen, die lange vor der Stilkunst-Wende begonnen hat (vgl. FALKE 1888). So gibt es auch für das Künstlerbewusstsein eine Tradition vorbereitenden Denkens: »Die hohe Bedeutung des Kunstgewerbes ergibt sich ganz von selbst zunächst aus dem Wesen desselben. Worin besteht dieses? Die Maschinen unserer Tage können lediglich die zweckmäßige Form und zwar immer nur einen und denselben Typus herstellen (…). Die Maschinen erreichen das Schöne nur insoweit, als sie die Elemente der Ordnung, Regelmäßigkeit, Symmetrie, also die rein formellen Momente des Schönen wiedergeben können; aber sie sind unfähig, den Stoff wirklich zu vergeistigen oder irgendeinem Gebilde das Gepräge des Individuellen, des Ureigenthümlichen, des Unnachahmlichen zu verleihen.« (PORTIG 1883, S. 29f.)

Solche Auffassung bereitet die Wiedereinsetzung des Künstlers als eigenverantwortlichen Formschöpfer vor. Im Grunde ist dies Industriekritik – nur später und weniger radikal formuliert als in England. Freie Entwurfsarbeit in Kooperation mit dem Kunsthandwerk verspricht Entlastung vom industriellen Produktionsverhältnis, zugleich Einlösung jenes Versprechens der Selbstverwirklichung in qualitätsbewusster Gestaltungsarbeit, das man aus den englischen Vereinigungen von Künstlern zu Werkstatt-Gemeinschaften kennt. Der Schritt bedeutet eine bewusste Regression auf frühere Stufen der gesellschaftlichen Produktivität unter Aufwertung der künstlerischen Qualifikation, die schon verfallen schien. Im kulturellen Führungsanspruch, in der Offenheit für eine »moderne« Ästhetik des bürgerlichen Lebens und im Misstrauen gegenüber der industriellen Entwicklung und dem Massenkonsum, stimmen die Künstler mit den Grundhaltungen und Einstellungen ihrer Kunden und Mäzene überein.

Das wilhelminische Bildungsbürgertum ist eine eigenartige, widersprüchlich in Machtverhältnisse eingebundene, sich von der alten Bourgeoisie teilweise abspaltende, neue kulturelle Bedürfnisse entfaltende und Bündnisse schließende Schicht, die Führungsansprüche im Ästhetischen und Kulturellen umso mehr erhebt, je weniger sie an den Entscheidungen in Politik und Wirtschaft partizipiert. Dieses Bildungsbürgertum, ein sehr kleiner Bevölkerungsteil des Kaiserreichs, protegiert die neuen Gestaltungsideen aus Überzeugung und beansprucht die Rolle einer ästhetisch und ethisch normativen Instanz. Hans-Ulrich Wehler bestätigt, dass diese schmale Schicht, »durch ein eigenartiges Sozialprofil und ›Weltbild‹ gekennzeichnet«, eine »Modernisierungselite« dargestellt hat (WEHLER 2003, S. 294). Die Übereinstimmung der Künstler mit Teilen dieser Schicht macht Erfindung und Aufnahme eines modernen Ornaments möglich, das eine eigene Psychologie der Einhüllungen und Abgrenzungen,

Die Kunstgewerbe-Reform um 1900   83

Abb. 28: »Zimmer eines Kunstfreundes«. Entwurf Richard Riemerschmid für die Vereinigten Werkstätten für Kunst im Handwerk in München. Gezeigt auf der Weltausstellung in Paris 1900

84 Kunstindustrie, Massenprodukt und Gebrauchserfahrung

Abb. 29: Tischlampe (Bronze, Glas und Opaleszenzglas). Entwurf Peter Behrens für Großherzog Ernst Ludwig von Hessen und bei Rhein. Unikat 1902 (Hessisches Landesmuseum, Darmstadt)

auch der symbolischen Elitebildung entwickelt.

Ziel der handwerklich realisierten Einzelentwürfe ist die Durchdringung des komfortablen bürgerlichen Daseins mit Kunst auf einer hohen Stufe der Materialbeherrschung, formalen Schlüssigkeit und dekorativen Reife, die zugleich Ausdruck einer neuen, strengen Entwurfs- und Gebrauchsmoral werden soll. Ermutigt durch englische Vorläufer in der Arts & Crafts-Bewegung, begleitet von publizistischem Zuspruch und unterstützt durch teils aristokratische, teils bürgerliche Mäzene, können führende Stilkünstler ihre Tätigkeit als wertschaffend, kulturell bedeutsam und individuell befriedigend begreifen. Ihre Ausdrucksmittel verweisen auf die internationale Moderne, die sich etwa gleichzeitig in Glasgow, London, Brüssel, Paris, München, Darmstadt und Wien entwickelt. Was als Art Nouveau in Frankreich, als Sezessionsstil in Österreich, in Deutschland (angelehnt an die ab 1896 erscheinende Zeitschrift *Jugend*) als Jugendstil bezeichnet wird, umfasst unterschiedliche Erscheinungsweisen der neuen ästhetischen Einheit von Raum, Gegenstand und Mensch. Darin werden die Hüllen, Dinge und die Menschen selber zum Ornament. Anders als im Historismus, als das Dekor dem Produkt industriell aufgeklebt wurde, bringen die Entwürfe nun neue, überraschende, individuelle Wendungen organisch aus der Form hervor: »Auch so eng zweckgebundene Dinge wie Möbel nehmen als Ganzes ornamentale Gestalt an. Ein Stuhl wird etwa im Sinne pflanzlichen Wachstums interpretiert, als bestünde er aus stengel- und knospentreibenden Substanzen.« (SCHMUTZLER 1962, S. 9) Dies gilt nicht nur für die verschlungene Bewegtheit pflanzlicher Motive, sondern sinngemäß auch für die geometrisierend-strengen Varianten der neuen Form, die eher den Knochenbau als die Haut der Dinge betonen. Beide Varianten verweisen auf das Motiv der Naturnähe.

Auch in Deutschland handelt es sich um programmatische Entwürfe einer Ästhetik des Organischen und damit um ein Prinzip, das die Trennung zwischen Mensch und Natur, Aneigner und Gegenstand, auch zwischen Wunschvorstellung und Realität aufhebbar erscheinen lässt. Man lebt in der industriellen Klassengesellschaft, zugleich im blumigen Dekor wallender Naturmystik oder in strenger Feierlichkeit. Die Anfänge der Stilkunst, das »Schlingwerk der Ornamente von 1896« (STERNBERGER 1956), zeigen diesen Widerspruch eindrucksvoll. Eine luxurierende, zwischen raffinierter Einfachheit und überschießender Phantasie wechselnde Gestaltung macht Gegenstände und Räume zu ästhetischen Ereignissen. In der Rückbesinnung auf die Einheit von Kunst und Handwerk steckt daher weit mehr als nur ausgelebte Sensibilität für materiale Wirkungen und die Einmaligkeit der Form. Über allen Selbstbeweis von Genussfähigkeit und geschmacklicher Verfeinerung hinaus, umfasst dieser Vorgang eine Rehabilitation künstlerischer, kultureller und sozialer Werte, die im Industrialisierungsprozess verlorengegangen waren. Die Künstler machen gleichsam den Versuch, der Produktionsgeschichte einen Riegel vorzuschieben und Naturnähe, Ruhe und Schönheit wiederzugewinnen. Das ist ein Kerngedanke der englischen Bewegung, in der die Wiederbelebung des alten Kunsthandwerks mit seinen von Ruskin und Morris in der Gotik vermuteten Wurzeln als Mittel verstanden wurde, »den Ausdruck des menschlichen Glücks und der davon abhängigen Schönheit wieder herzustellen« (LUX 1908a, S. 39).

Dieser Ausdruck wird mit ästhetischem Totalanspruch gesucht: »Vom Hausbau bis zum Buchschmuck, vom Theaterbau bis zum Friseursalon, vom Möbel bis zum Essbesteck, zur Teekanne, zur Gürtelschnalle, vom Wandbehang bis zum Porzellangeschirr, zur Typographie, zur Werbegraphik« wird »schlechterdings alles umkonstruiert, zurechtgeknetet, alles in den Wirbel seiner Erneuerung hineingerissen« (STERNBERGER 1956). Was hier nur van de Veldes Tätigkeit bezeichnen soll, gilt auch für künstlerische Entwürfe, die sich nicht der Freiheit des neuen Ornaments hingeben, sondern »einfacher« bleiben wollen. Auffällig ist die bevorzugte Art des Produzierens fern aller industriellen Tätigkeit. Der Gegenstand, seine Ästhetik und seine Herstellungsweise werden individualisiert, was das Verhältnis der Künstler, der Ausführenden und der Gebraucher zum Gegenstand verändert. Es wird gleichsam entindustrialisiert – letztlich ein illusionäres Unterfangen.

Die spezifisch deutsche Interpretation

Das Organisch-Umhüllende, Umschlingende, Einsaugende und Abgrenzende des Jugendstilornaments ebenso wie die feierlich »konstruktive« Tektonik der Wiener Sezessionisten treten als ästhetische Phänomene inmitten der entwickelten Industriekultur auf. Städtewachstum, Bevölkerungsexplosion (60 Millionen bis 1900) und ein nach dem Fall des Sozialistengesetzes mit der erstarkten Sozialdemokratie politisch legalisiertes, gleichwohl in seiner eigenen Kultur nicht wahrgenommenes Industrieproletariat, dazu Massenproduktion, Technisierung des Alltags, Reklame, Warenhäuser – das ist die gesellschaftliche Wirklichkeit, die bewusst oder unbewusst durch Ästhetisierung und Intimisierung des bürgerlichen Lebens überspielt wird.

Eine der großen Illusionen der Epoche besteht in der Hoffnung, die neue ästhetische Kultur werde helfen, soziale Gegensätze auszugleichen und den Klassenkampf stillzulegen, wenn es nur gelänge, den »kunstsozialen« Gedanken zu verwirklichen, das heißt, möglichst alle an den Segnungen der Reform teilhaben zu lassen. »Den Lehren der Sozialdemokratie den Boden unter den Füßen wegziehen« (LANGE 1893) ist innigster Wunsch vieler durch die politisch-ökonomische und soziale Entwicklung beunruhigter Gebildeter. Schon Portig (1883) hatte erwartet, die »Blüthe des Kunsthandwerks« werde ein »unschätzbarer Beitrag zur Lösung der socialen Frage« sein.

In den 1870er und 1880er Jahren galt trotz herber Kritik am ästhetischen Standard deutscher Industrieprodukte und an der Promiskuität des historisierenden Geschmacks unbestritten das Recht auf freie Aneignung der industriellen Artefakte. Das sollte jetzt ein Ende haben. Erstmals kann man im vollen Wortsinne vom Versuch einer repressiven ästhetischen Erziehung von Konsumentenmassen sprechen. Das Bildungsbürgertum nimmt sich dabei selbst nicht aus, das heißt, wenn man einer These von Elias folgt, wird jeweils jener Bezirk des Verhaltens intensiv durchmodelliert, dessen Funktion für die betreffende Schicht von zentraler Bedeutung ist. Das ist für die Gebildeten unverkennbar der private Wohnbereich, entsprechend ihrer tatsächlich vollzogenen Abtrennung von der unmittelbaren Produktion. An der schon bekannten Grundtendenz des bürgerlichen Rückzugs ins Private ändert sich nichts. Auch das Interieur des Reformbürgers ist mit Fetischobjekten gefüllt wie die Salons der älteren Generation. Häufig bleibt die Grenze fließend, aber man nimmt erwartungsvoll eine neue Erfahrung oder ein Wunschbild vorweg: »Da wird es schön, da wird es heiter und ernst zugleich, da bietet Freude am Schönen die Farbe und Form. Edel und rein stimmt sich der Mensch zu Edlem und Reinem, das ihn umgibt. Viel Glück spinnt dort durch Thür und Fenster, wo einfache Schönheit den nüchternen Zweck adelt.« (OLBRICH 1900, S. 366f.)

Diese private Glückserwartung kann nur in einer eigenartig gestalteten Wohnumwelt eingelöst werden, in der die Form der Dinge und deren Nähe ersetzen, was an historischen Wirklichkeitskontakten verloren geht. Hauptmotiv zahlreicher Einzelentwürfe ist daher die ästhetische Verdichtung genussvollen Für-sich-Seins. Sternberger nennt solche Räume »irreguläre schalen- und muschelhafte Gebilde, deren Wände die Möbel gleichsam fest an sich gesaugt zu haben scheinen und worin die Nutzformen ebenso wie die Zierformen (...) wie Höhlung und Abdruck der Lebewesen wirken, denen sie bestimmt sind«. An anderer Stelle heißt es, »(...) einer elastischen Blase nicht unähnlich, umgibt solches Heim den Menschen ringsum« (STERNBERGER 1956, S. 22).

So entwickelt sich der Jugendstil nicht nur als Ausdruck einer hedonistisch-bürgerlichen Moderne, sondern zugleich als Abdruck ihrer inneren sozialpsychischen Verfassung. Ein hochgespannter Ästhetizismus feiert sich selbst und eine schmale Auftraggeberschicht in Wien, Darmstadt, München und überall, wo die Fusion von Kunst und Handwerk gelingt und ein Markt für künstlerisch durchdrungene Luxusformen entsteht. Die Auftraggeber begnügen sich nicht mehr mit dem repräsentativen Gestus; ihr Reichtum wendet sich mehr nach innen. Das Gemeinsame streng-geometrisierender Varianten und ausschweifend pflanzlicher Formen ist der Wille zur umfassenden Gestaltung einer teils intimen, teils festlichen Atmosphäre. Erst jetzt entsteht die überzeugende Form jener abweisenden Zurückgezogenheit in das bürgerliche Interieur, das Walter Benjamin ein »Universum« und ein »Etui des Privatmannes« (BENJAMIN 1977, S. 178) genannt hat. Die durch die Form symbolisch bekräftigte Innerlichkeit wird Thema eines Gesamtkunstwerks, durch das der Alltag seine Banalität verlieren soll. Dies zu einer Zeit, da draußen der Wilhelminismus, der Weltmachtanspruch, der beginnende Wirtschaftsimperialismus und der Kolonialismus herrschen, von denselben Schichten begrüßt oder hingenommen, die sich in die organische Hülle des kunstvoll gestalteten

Abb. 30: Silbernes Kaffee- und Teeservice. Bruckmann & Söhne, um 1901

Abb. 31: Lederwaren von Hochstädter & Bergmann nach Entwürfen von Patriz Huber, vor 1902

Interieurs zurückziehen. Es privilegiert das Recht auf stille Abgeschiedenheit des ästhetischen Selbstgenusses und den Schutz vor der lauten, industriellen Welt, die als bedrohlich wahrgenommen wird. Es umhüllt und verzaubert auch heute noch den Betrachter solcher Räume und Dinge.

Wenn man Gaston Bachelards phänomenologisch-psychologische Studien über das Haus, das Nest und die Muschel zu Rate zieht (vgl. BACHELARD 1967), ahnt man, was hier geschieht. Die Verwandlung einer Gebrauchsform, zum Beispiel eines Stuhls, in ein organisch anmutendes Gebilde von sichtbarer Anschmiegsamkeit und stützender Tektonik verheißt neue, vertraute Leibnähe zum Gegenstand. Nun werden die Dinge ganz nah herangeholt und in einem Innenraum versammelt, der Objekte und Gebraucher feierlich miteinander verschmelzen lässt. Die Befreiung der Form und des Ornaments aus der Enge bürgerlicher Repräsentationskulturen zu einer neuen Vereinigung des Gebrauchswerts mit der Schönheit ist ein Schritt nach vorn. Doch im gleichen Zuge geraten das alles überwuchernde Ornament oder die allzu steife Feierlichkeit zu Mitteln einer Auflösung der Grenzen von Wirklichkeit und Traum. Zwar ist diese zweite Ästhetisierung des bürgerlichen Privatalltags im Gegensatz zur historisierenden ersten im Sinne gestalterisch-formaler Befreiung geglückt. Dies ist kein Interieur mehr, in dem sich der neureiche Parvenü zuhause fühlt, sondern der zur ästhetischen Sensibilität gelangte »moderne« Teil der Klasse. Die »junge«, zwischen Strenge und Beschwingtheit vermittelnde Gestaltung privater Lebensräume vollzieht aber den Bruch mit dem Design des Historismus nur oberflächlich und bleibt bei aller Neuheit der Einfälle und Muster letztlich der Tradition des Ausschmückens verpflichtet.

Helmut Böhme (1973) bezeichnet jenen Abschnitt um 1900, in den die Ausarbeitung und Vollendung des Stilkunst-Gedankens fällt, abgesehen von kleineren Krisen, als wirtschaftlich »glanzvoll, ungetrübt«. Die Kapitalkonzentration in deutschen Aktienbanken beläuft sich um 1900 auf über 2700 Millionen Mark. Zwischen 1890 und 1900 ist das Nationaleinkommen (vgl. HOFF-

MANN/MÜLLER 1959) im Deutschen Reich von 22 auf 48 Milliarden Mark gewachsen. Die Entwicklung des deutschen Jugendstils fällt in eine nur durch geringe konjunkturelle Schwankungen getrübte Aufschwungphase. Machtexpansion in Wirtschaft und Politik steht der ästhetischen Verinnerlichungs- und Absonderungstendenz der Gebildeten, der »Gesellschaftsschicht im Schatten der Macht« (HOLLWECK 1976) gegenüber, auch die »soziale Frage« bleibt ungelöst: 70 Prozent der preußischen Bevölkerung müssen mit weniger als 900 Mark im Jahr auskommen; 67 Prozent der Erwerbstätigen im Königreich Sachsen zählen zur »unbemittelten Klasse« mit 300 bis 800 Mark Einkommen im Jahr (nach WURM 1892). Eine anständige bürgerliche Familie kann mit etwa 23 000 Mark Zinsen aus Vermögenswerten ein kommodes Leben führen (vgl. LEIXNER 1894). Der gebildete »Staatsdiener« mit etwa 5500 Mark Jahreseinkommen muss sich und seine Familie schon knapp halten. Aber er liegt immer noch unerreichbar über der Lebensführung zum Beispiel eines Gießereiformers mit 1700 Mark Jahreslohn. Eine Enquête zwischen 1907 und 1911 weist durchschnittliche Wochenlöhne für Metallarbeiter zwischen 30 und 40 Mark auf (vgl. KOCKA 1979). Der Markt für Luxusartikel, aber auch der Absatz von Qualitätsprodukten insgesamt ist im Deutschen Reich noch weitgehend auf die wohlhabenden bürgerlichen Schichten beschränkt. Auf diesen Hintergrund muss man die Ansprüche der führenden Stilkünstler und ihrer Auftraggeber projizieren. Sie bewegen sich in einem Sonderbereich handwerklicher Kundenarbeit für Luxusbedürfnisse neben der industriellen Produktion, die unbeeindruckt von den neuen ästhetischen Leitbildern Massenansprüche auf hergebrachte Weise weiter befriedigt oder die neuen Stilmittel verwertet und popularisiert.

Künstler zwischen Mäzenat, Werkstätte und Fabrik

Im ersten Jahrzehnt des 20. Jahrhunderts lösen sich die Organisationsformen der Entwurfsarbeit in rascher Folge ab. Künstler durchlaufen binnen weniger Jahre die produktionsgeschichtliche Spanne vom Mäzenat zur Fabrik. Sie berühren dabei noch einmal alle Produktionsverhältnisse, in die künstlerische Arbeit geraten kann, zum Beispiel in Werkstätten für das Kunstgewerbe. Der Einzelentwurf, nicht selten dem Inhaber einer kleinen Spezialwerkstatt kostenlos überlassen oder manchmal, wie bei Keramik oder Stickerei, selbst ausgeführt, wird abgelöst vom bestellten Entwurf auf Honorarbasis, über den ein Werkstattunternehmer verfügt. Schließlich wird der Künstler als Entwerfer von Produktprogrammen oder -serien herangezogen, sobald aus der Werkstatt ein industriell organisiertes Unternehmen geworden ist, das größere Stückzahlen maschinell fertigen kann.

Richard Riemerschmid, Bruno Paul und Bernhard Pankok erleben so als Individualkünstler den Aufstieg der 1897 gegründeten Münchener Werkstätten für Handwerkskunst mit. Karl Schmidt, der 1898 mit zwei Gehilfen in Dresden eine Möbeltischlerei gründet und 1910 in Hellerau über eine großzügige Fabrikanlage und über ein Vertriebsnetz mit Verkaufsstellen in ganz Deutschland verfügt, stellt seine Produktion schon ab 1906 auf »Typenmöbel« um. Bruno Paul und Richard Riemerschmid, vor kurzem noch Erfinder individueller Formen für eine Werkstatt in München, werden durch solche Aufträge zu Industriedesignern.

Für einzelne Mitglieder der Darmstädter Künstlerkolonie kommt der Wechsel fast ohne Übergang. Nur wenige Jahre nach ihrem Start als Einzelkünstler für die Bau- und Innenausstattung 1899 auf der Mathildenhöhe lösen sich Joseph Maria Olbrich und

Peter Behrens aus ihrem privilegierten Produktionsverhältnis zum Mäzen und werden für Handel und Industrie tätig. Olbrich entwirft 1906 Automobilkarosserien für Opel und baut 1907 kurz vor seinem Tod ein Warenhaus der Tietz AG in Düsseldorf; Behrens nimmt 1907 seine umfassende Tätigkeit als »künstlerischer Beirat«, Designer und Architekt für die AEG in Berlin auf. Gemessen an Art und Volumen dieser Tätigkeit, wirkt seine einzelkünstlerische Werkbiografie in Darmstadt fast wie eine Episode. Der zur Lampe stilisierte bronzene Frauenkörper mit dem wallenden Gewand und dem Baldachin aus Opaleszentglas von 1902 oder die feierlich-stilisierte Bronzetür des eigenen Hauses auf der Mathildenhöhe und die für die AEG entworfenen technischen Objekte sind in Herstellungsweise und Erscheinungsbild nicht mehr vergleichbar. Wie unter dem Brennglas der Produktionsgeschichte werden die Entwerfer in gesellschaftliche Funktionen zurückgeholt, die sie für die kurze Hochblüte des handwerklichen Jugendstils verdrängen konnten. Die Eigendynamik der industriellen Produktion entreißt die Künstler der Idylle und verändert das Bewusstsein der bisher tragenden Auftraggeberschicht.

Mit entwickelten Produktionsstrukturen, mit einer neuen Unterordnung der Künstlerarbeit unter Bedingungen der Großwerkstätten und der technischen Gebrauchsgüterindustrie treten neue Abnehmerschichten der Formen auf. Es ist nicht mehr der reiche Mäzen, sondern der durchschnittlich verdienende Gebildete, der jetzt als Gebraucher in Frage kommt. Er ist kein Auftraggeber mehr, sondern nur noch Käufer von Produkten, die mehr und mehr aus der Industrie stammen. Eine zweite produktkulturelle Reform deutet sich an, nun auf das Massenobjekt bezogen.

Zunächst aber schließen sich Kunstleistung und industrielle Umsetzung aus. Es gibt Stimmen, die vor jedem industriellen Engagement warnen. Die Enttäuschung der Künstler ist offensichtlich, nachdem die Wiederbelebung des Kunsthandwerks zu bedenkenloser Imitation der Formen durch die Kunstindustrie geführt hat. Erste Zeugnisse des Industrie-Jugendstils gibt es schon um 1900; den Künstlern fehlt jeder Gebrauchsmusterschutz. Van de Velde (vgl. CURJEL 1955) klagt, die Schöpfungen der Künstler würden »auf die denkbar niederträchtigste Weise verdorben«, wo sich Fabrikanten die Modellkosten und Entwurfshonorare sparen. Noch 1907 antwortet ein Einsender auf die Frage,»welche Mittel hat der für das Kunstgewerbe entwerfende Künstler, um den Absatz seiner Zeichnungen zu steigern und sich vor wirtschaftlichem Schaden zu bewahren?«: »Studiert wohl die Fabrikation, aber nur die handwerksmäßige, nicht aber die fabriksmäßige! Leistet keine Fabrikware!!« (*DKuD* XIX, 1906/07, S. 473) Die Wiederannäherung von Kunst und Industrie wird vom Ausbeutungscharakter des Verhältnisses überschattet. Mit dem ursprünglich handwerklich-stilkünstlerischen Bemühen enden auch Hoffnungen, die warenförmige Industriekultur unterlaufen zu können.

Schon 1908 stellt Sombart den Verlust der »Intimität« zwischen Künstler und Auftraggeber fest. Sie war Ausdruck des Einverständnisses, das Einzelkünstler und Einzelgebraucher zusammenschloss. Der Verlust, den die Künstler ein knappes Jahrzehnt nach dem Beginn der Kunstgewerbereform empfinden, muss die Enttäuschung vergrößern. Zu den Anfängen hatte Olbrich noch geschrieben: »Endlich eine begeisterte arbeitsfreudige Gesellschaft, in einer Stadt, die so glücklich ist, weder Glaspalast noch Akademie zu besitzen, doppelt glücklich daher, weil damit auch die beengenden Normen und Paragraphen für unsere schöne Kunst fehlen. Das habe ich mir immer gewünscht! Den freien Rasen, das blumige Feld, ein Land, wo nur vom Hören-Sagen das große Wehen einer neuen Kunst gekannt war (…).« (OLBRICH 1900, S. 366)

Die Enttäuschung resultiert letztlich nicht nur aus der Ohnmacht des Einzelkünstlers gegenüber industrieller Ausbeutung und gegenüber dem Verlust an Nähe zum Gebraucher seiner Entwürfe. Es rächt sich jetzt auch ein ideengeschichtliches Versehen oder Missverstehen. Lux betont schon 1908 in seiner Geschichte der Kunstgewerbereform den Gegensatz zwischen dem ästhetischen Akzent des kontinentalen Jugendstils und dem ethischen Grundzug der englischen Vorläuferbewegung. Die deutschen Jugendstilkünstler nehmen die sozialistisch-utopischen Elemente der künstlerischen Selbstbefreiung in England kaum wahr und interessieren sich eher für die Produkte einzelner englischer Kunsthandwerker-Gemeinschaften und für die ästhetische Innovation stärker als für Politik und Kultur in deren Hintergrund. Auch die genossenschaftliche Idee wird in letzter Konsequenz nicht übernommen; in Deutschland sind es Unternehmer, selten Künstler, die Werkstätten gründen. Gildenartige Vereinigungen wie in England gibt es nicht: »Die Werkstättenorganisation ist zwar nicht die Verwirklichung des Morris'schen Ideals, das den Künstler auch zum ausführenden Handwerksmann machen wollte, aber es ist doch die Umsetzung dieser Wünsche in eine kapitalistisch mögliche Form. Der Künstler ist der leitende Geist, der die Herrschaft übt über die Technik, die Materialien und die ausführenden Menschen.« (WESTHEIM 1911, S. 105)

Die Werkstätten-Unternehmen sind privatwirtschaftlich organisiert, die Arbeitsteilung bleibt hierarchisch. In der 1903 von Josef Hoffmann, Koloman Moser und dem Industriellen Fritz Waerndorfer gegründeten Wiener Werkstätte ist es zwar kurze Zeit üblich, dass Künstler-Entwerfer und ausführende Handwerker die Objekte signieren. In der Regel aber bleiben ausführende und entwerfende Tätigkeiten getrennt und privatkapitalistische Organisationsformen der Betriebsführung obligatorisch.

Die englische Reformbewegung hingegen, in der Industrie- und Kapitalismuskritik des utopischen Sozialismus verwurzelt, formuliert die Unvereinbarkeit stumpfsinniger Fabrikarbeit mit kooperativ-kreativer Handarbeit weit radikaler als die Kunstgewerbetheorie in Deutschland. Die englischen Reformer erproben genossenschaftliche Alternativen, Kunst und Arbeit bleiben in Theorie und Praxis als menschliches Grundvermögen zur Einheit – mindestens der Idee nach – verklammert. Die sinnerfüllte Produktion und der schöne Gegenstand verweisen hier aufeinander.

Für John Ruskin (1819–1900) war schon der Londoner Kristallpalast mit seinen für schnelle Montage vorfabrizierten und standardisierten Elementen ein Symbol des Verfalls der Qualität menschlicher Arbeit und Kunstfertigkeit durch die industrielle Organisation: »Den Grad der Erniedrigung des Arbeiters kann man so mit einem Blick feststellen, indem man nur darauf achtet, ob die Teile des Gebäudes gleich ausfallen oder nicht. (…) Entweder du machst aus der Kreatur ein Werkzeug oder einen Menschen. Du kannst nicht beides haben. Den Menschen war es nicht vorbestimmt, mit der Genauigkeit von Werkzeugen zu arbeiten und präzise und perfekt in allen ihren Hantierungen zu sein. Wenn du ihnen diese Präzision abverlangst und ihre Finger wie Zahnräder greifen und ihre Arme abgezirkelte Bewegungen vollziehen lässt, dann mußt du sie entmenschlichen.« (Zit. nach KEMP 1983; S. 175)

Kritisiert wird die unausweichliche Folge im »Übergang von der Handkunst zum Maschinenprinzip« (SCHLESINGER 1917), die später alle Reformideen der industriellen Gestaltung beeinflussen wird. Aus dem Studium gotischer Architektur folgerte Ruskin, nur die freie Arbeit des Handwerkers im tradierten Sinne von Kunstfertigkeit und seine Nähe zum Arbeitsgegenstand könnten zu schönen und überzeugenden Formen führen, in denen eben diese Qualität der Arbeit sich spiegelt.

William Morris (1834–1896), Kunstgewerbe-Theoretiker und radikaler Sozialist, nimmt in seiner Kritik am massenhaft produzierten Schund und an der entfremdeten Arbeit selbst, die nichts anderes zustande zu bringen vermag, Ruskins Wendung gegen die industriell organisierte Warenproduktion auf und verstärkt sie durch kämpferische Absage an die kapitalistische Kultur insgesamt. Obwohl er selbst eine kunstgewerbliche Firma mit Lohnarbeitern betreibt, gilt sein Einsatz über Jahre hinweg politisch revolutionären Zielen von bemerkenswerter Radikalität: Morris kämpft für die Rechte des englischen Industrieproletariats ebenso wie für die Erhaltung alter Gebäude oder Bäume – ein früher, entschieden linker »Grüner«.

In *News from Nowhere*, dem in *The Commonweal* (einer von ihm selbst herausgegebenen sozialistischen Zeitschrift) 1890 veröffentlichten utopischen Roman, beschreibt er, wie auf dem Lande oder in einer Art Gartenstadt-Landschaft in kleinen, assoziierten Produktionsgenossenschaften gearbeitet werden soll: »Die Gegenstände, die wir verfertigen, werden gemacht, weil wir sie brauchen; man macht sie ebenso gut für seinen Nächsten als für sich selbst und nicht für einen unbestimmten Markt, von dem man nichts weiß und über den man keine Kontrolle hat. Und da es kein Kaufen und Verkaufen gibt, würde es reiner Unsinn sein, Güter ins Blaue hinein zu verfertigen, auf die bloße Möglichkeit hin, dass sie vielleicht gebraucht werden; denn jetzt gibt es niemand mehr, der gezwungen werden kann, das Zeug zu kaufen (...). Alle Arbeit, die schwer mit der Hand zu verrichten wäre, wird mit außerordentlich verbesserten Maschinen gemacht, und alle Arbeit, die mit der Hand herzustellen ein Vergnügen ist, wird ohne Maschine angefertigt (...).« (MORRIS 1980, S. 126)

Arbeit als »Vergnügen«, als sinnstiftender Zusammenklang menschlicher Fähigkeiten und Schönheitsempfindungen im Produkt, wird bei Morris der Entfremdung des Produzenten in der Warenproduktion entgegengesetzt. In seiner Vorstellung von menschlicher Arbeit ist die Einheit von Kopf und Hand wiederhergestellt. Deshalb die Orientierung am Handwerklichen, während die Maschine als Produktionsmittel auf planvolle Weise beherrscht wird. Die Arbeit ist selbstbestimmt, auf Lustgewinn und Notwendigkeit, Nutzen und Schönheit ihres Gegenstandes gerichtet; sie wird kooperativ im individuellen und allgemeinen Interesse vollzogen. Produktionskultur und Produktkultur sind darin untrennbar vereint. Das utopische Ziel ist eine Ästhetik der Arbeit und des Genusses ihrer Früchte unter Entfaltung der Fähigkeiten und Bedürfnisse aller. Nie ist der kunstsoziale Gedanke eindringlicher formuliert worden als im Denken dieses frühmarxistisch geprägten, selbst seine Fähigkeiten vielseitig entwickelnden Künstler-Handwerkers.

Für Morris ist Umweltgestaltung ein Ganzes von Arbeit, Miteinander, Gegenstand und Ästhetik, dazu ein Vorgang, der sich in Harmonie mit der äußeren und inneren Natur vollzieht. Sein Roman zeigt deutlicher als die theoretischen Schriften, worauf er hinauswill: Nicht auf ein wiederhergestelltes Mittelalter, nicht auf bloß schöne Handwerksformen für Begüterte und Gebildete, sondern auf einen postindustriellen, schönen Alltag des klassenlosen Miteinanders im Glück gestaltender Arbeit aller für alle. Morris errichtet gleichsam die kulturelle Utopie über dem theoretisch begründeten Marxismus und gestaltet sie aus.

Darin ist er zwischen 1890 und 1918 in

Deutschland gewiss nicht verstanden worden. Rezeptionsgeschichtlich scheint erwiesen, dass seine deutschen Bewunderer von den Entwürfen für Tapetenmuster und Beispielen der Buchkunst beeindruckt waren, das politische Engagement aber ausgeblendet haben (vgl. KIRSCH 1983, S. 279 ff.). Der Wiedergewinn kunstvoller Handfertigkeit wird in Deutschland nicht als kulturpolitisches Programm einer Humanisierung des Lebens aller *in* der Arbeit, sondern als Basis für die Produktion neuer, elitärer Genusswerte, für eine von der gesellschaftlichen Arbeit abgetrennte Produktästhetik verstanden, die man der industriellen entgegensetzen kann. Das ist ein fast programmatisches Missverständnis der englischen Reformbewegung.

Die Sozialutopie der erfüllten Arbeit und des kultivierten Genusses für alle, wie sie ursprünglich in der Lehre von Morris kulminiert, schrumpft in der Stilkunsttheorie und -praxis auf das Ziel einer Veredelung der Produktkultur für Kenner und Privilegierte. Das ist Morris zum eigenen Leidwesen mit den Erzeugnissen seiner Firma in London auch passiert, obwohl deren Gründung 1861 mit den Künstlerfreunden Burne-Jones, Rossetti, Maddox-Brown und Webb als »Versuch einer Kunstkommune« (KIRSCH 1983) angesehen werden kann, der kapitalistischen Produktions- und Produktkultur die eigene Kraft entgegenzusetzen.

In der deutschen Kunstgewerbereform ist dieses Modell der Künstlergemeinschaft während der Gründungsphase der Werkstätten vierzig Jahre später zwar noch spürbar, aber das Ziel der Vermenschlichung der Arbeit für alle in einer neuen Produktionskultur entfällt bereits. Es wird nur noch in der gelungenen Selbstverwirklichung der einzelnen Künstler sichtbar. Bei Morris und seinen Nachfolgern in den in England aufkommenden kunstgewerblichen Gilden und Werkstätten ist die kooperative Produktion ein kulturelles und politisches Programm: »(...) wir nennen derlei Betriebe nicht mehr Fabriken, sondern Vereinigte Werkstätten, das heißt Plätze, an denen Leute zusammenkommen, die gemeinschaftlich miteinander arbeiten wollen« (MORRIS 1980, S. 80).

Ruskin steckte noch Geld in die *Guild of St. George*, die mit Weberei und Landwirtschaft ihr Auskommen suchte. Die später unter dem Einfluss von Morris nach Gesichtspunkten handwerklich-manufakturelller Spezialisierung auf Kunstgewerbe in genossenschaftlicher Selbstorganisation vollzogenen Zusammenschlüsse von Künstlern und Handwerkern zeigen mehr Erfolg. Sie werden über Ausstellungen und Berichte in kunstgewerblichen Zeitschriften auch auf dem Kontinent bekannt. Charles Rennie Mackintosh mit seiner Gruppe *The Four* tritt unmittelbar nach dem Tode von Morris (1896) an die englische Öffentlichkeit, wird 1898 von der Zeitschrift *Deutsche Kunst und Dekoration* vorgestellt und beeinflusst Wiener Künstler. Über einen Bericht von Hermann Muthesius, der sich lange in England zum Studium der Architektur- und Kunstgewerbereform aufhält, wird Charles Robert Ashbee, der 1888 die *Guild and School of Handicrafts* gründet, die zunächst in London, dann auf dem Land unter schwierigen Bedingungen als Produktionsgemeinschaft arbeitet, auch in Deutschland bekannt. Der junge Großherzog von Hessen, mit dem englischen Königshaus verwandt, lässt bereits 1897/98 von Baillie Scott Empfangs- und Frühstückszimmer für das neue Darmstädter Palais entwerfen; das Empfangszimmer wird bei Ashbee in London, das Frühstückszimmer in der Glückertschen Möbelfabrik in Darmstadt angefertigt. So kommt die unmittelbare Verbindung der englischen Reform in einem Zentrum des deutschen Jugendstils zustande, wo 1898 bereits eine Ausstellung mit Stilkünstlern wie Hans Christiansen, Otto

Eckmann, August Endell, Max Läuger, Karl Köpping und Emile Gallé stattfindet.

In Belgien, wo van de Velde arbeitet, im Wien der Secession, an vielen Orten in Deutschland, werden auf Betreiben von Künstlern Werkstätten gegründet, in denen Entwerfer gemeinsam mit Kunsthandwerkern und Spezialarbeitern Einzelobjekte oder ganze Einrichtungen auf Bestellung verwirklichen können. Dabei wird an gewissen produktionsästhetischen Erwartungen festgehalten, die Morris formuliert und die die Arts & Crafts-Bewegung teilweise eingelöst hatte. Das ästhetische Produkt kann und soll auch im deutschen Kunstgewerbe aus der denkend-gestaltenden Hand des Künstlers und der mitdenkend ausführenden Handgeschicklichkeit des Spezialarbeiters kommen. Aber von Wien bis Dresden nennt man »Werkstätten«, was Manufaktur ist und im Einzelfall bald Fabrik sein wird, wie die späteren Deutschen Werkstätten von Karl Schmidt-Hellerau, der schon 1907 – nach einer Fusion unter »starker Kapitalassoziation« (LUX 1908 a) – 300 Facharbeiter beschäftigt und eine Reihe erstklassiger Entwerfer unter Vertrag hat.

Der ehemalige Schreiner Michael Thonet wäre nie auf die Idee gekommen, seinen industriellen Status zu verleugnen, auch seine Söhne nicht, die schon 1876 in ihren Bugholzmöbelfabriken 4500 Arbeiter beschäftigten. Jeder Inhaber einer gutgehenden Dampfmöbelfabrik hätte das noch zu Beginn der Stilkunstepoche als Selbstverleugnung empfunden. Nannte man früher Fabrik, was gerade über eine Werkstatt hinausgedieh, so verkleinert man jetzt Betriebe, die längst maschinell und seriell produzieren, durch die vielversprechende Bezeichnung als Werkstätte. Zu Beginn können die Künstler den Werkstatt-Inhaber, seine Arbeiter und die technischen Einrichtungen als ihr Instrument betrachten, das der Entfaltung und Verwirklichung neuer Gestaltungsideen dienstbar ist. Da die Werkstätten ganze Inneneinrichtungen produzieren, reicht die Palette der kunsthandwerklichen Techniken von der Möbeltischlerei bis zur Polsterei, von der Silberschmiede bis zum Weben und Sticken, von der Herstellung von Gläsern, Keramik, Tapeten und Beleuchtungskörpern bis zu Leder- und Buchbindearbeiten: Das vielseitige Produktionsmittel garantiert die Vielseitigkeit des Künstlerentwurfs. Hinzu kommt die Nähe zu den Ausführenden und zu dem in Handarbeit entstehenden Produkt nach Entwürfen, die während der Arbeit geändert werden können oder in die Vorschläge der Handwerker einfließen. Diese Form der Kooperation ändert sich bald; Arbeitsteilung ist unerlässlich. Die kapitalistische Wirtschaftsform spiegelt sich im Status von Werkstätten als Aktiengesellschaften. Nur in der Bezeichnung bleibt ein schwacher Abglanz von Ruskins Abscheu vor der Industrie und Morris' Kritik der entfremdeten und hässlichen Arbeit erhalten.

Noch stärker unterscheidet sich die Organisationsform der Künstlerkolonie von den vorbildhaften Werkstättenvereinigungen der englischen Arts & Crafts-Bewegung. War dort die genossenschaftliche Form des Lebens, Wirtschaftens und Gestaltens angestrebt, ist hier die vorübergehende Nachbarschaft eigensinniger Einzelkünstler das Ziel. In Darmstadt beruft Großherzog Ernst Ludwig 1899 Peter Behrens, Hans Christiansen und Joseph Maria Olbrich für drei Jahre in die Mitgliedschaft der Kolonie und zieht weitere (Rudolf Bosselt, Paul Bürck, Patriz Huber, Ludwig Habich) nach. In ihren Entwürfen für zum Teil eigene (selbstfinanzierte) Häuser auf der Mathildenhöhe setzen sie Beispiele für eine neue Formeinheit von Architektur und Innenausstattung. Die Ausführung übernehmen ortsansässige Firmen und Werkstätten, die sich wie die Künstler Erfolg auf den in Darmstadt veranstalteten Ausstellungen erhoffen. Während einiger Jahre bleibt diese Künstlerkolonie ein Brennpunkt der Entwicklung, vergleichbar mit den Werkstattzentren München und Dresden, aus denen sich – zukunftsweisender als aus dem Darmstädter Koloniemodell – ein neues Innenraum-Design entwickelt.

Während die englische Reformbewegung in ihren Organisationsformen und Produktionszielen kunstsozialen Vorstellungen verbunden bleibt, wirkt die Durchdringung des Alltags mit Kunst in Darmstadt – trotz mancher gegenteiliger Absichtserklärung – wie eine letzte elitäre Privatisierung des Schönen. Alles Wirkliche und Gesellschaftliche wird durch »ästhetische Kultvorstellungen« (KRUFT 1977) überhöht oder – wie bei der Eröffnung der Ausstellung *Ein Dokument Deutscher Kunst* 1901 – in weihevoller Theatralik aufgelöst. Wer Texte von Behrens aus dieser Zeit liest, sieht sich an einen heiligen Ort versetzt, dem Alltag der Geschichte enthoben.

Der Musterzeichner als Berufsbildprojektion

Die übertriebene Feierlichkeit fordert Zeitgenossen zu Spott und Kritik heraus; auch zeichnen sich früh Vorbehalte gegenüber der wuchernden Gebrauchskunst ab, die nicht für alle die angestrebte Verwirklichung der produktkulturellen Reform bedeutet. Als Muthesius mit dem Jugendstil scharf ins Gericht geht, zielt er teils auf grundsätzlich falsches Beginnen, teils auf die unbeabsichtigte »Popularisierung der neuen Kunst durch die Industrie«. Nach seiner Meinung ist der

Abb. 32: Zeichner und Lithographen bei der Vorbereitung eines Warenkatalogs der WMF. Um 1900

industrielle Jugendstil »die peinlichste Verhöhnung« des ursprünglichen Reformgedankens (MUTHESIUS 1906, S. 5).

Damit bezeichnet er das Dilemma, in das die Reform der Produktkultur durch ein erneuertes Kunsthandwerk geraten ist. Entwürfe von höchster Qualität sind wenigen Auftraggebern zum Gebrauch und Genuss vorbehalten. Sobald sich die Kunstindustrie bemüht, die neuen ästhetischen Errungenschaften massenhaft zu reproduzieren, verflüchtigt sich die vorbildliche Einheit von Form, Material, Verarbeitung und Zweckdienlichkeit: »In allen Industrien ist dieser moderne Schund zu sehen.« (GRAUL 1902)

Muthesius' Urteil zielt auf den »gelenkigen Musterzeichner«, der fremde Entwürfe im Auftrag geschäftstüchtiger Fabrikanten kopiert. Es gibt im manufakturellen und industriellen Jugendstil selten Objekte, die den Vergleich mit handwerklichen Einzelstücken bestehen. Unternehmen, die traditionell Massenartikel herstellen, nehmen die neuen Formen in ihr Programm auf. Dabei arbeitet das »Atelier« (die Designabteilung) anhand der Kunstgewerbeliteratur und nach Vorbildern, die man auf den großen Ausstellungen studieren kann. Der Kunstindustrielle Peter Bruckmann beschreibt diese »Fabrikateliers«: »Dort sitzen die ›Künstler‹ wie sie sich selbst nennen und wie sie mit Stolz von ihren Prinzipalen genannt werden. Die kamen, nachdem sie eine praktische Lehrzeit bestanden, sehr oft aber auch ohne eine solche, als junge Leute auf die Kunstgewerbeschule oder Fachschule (…) und von da an in den Betrieb. Sie sind, wie jeder Kontorangestellte, Angestellte des Betriebs, sie haben den Weisungen des Fabrikanten in technischen und künstlerischen Fragen zu folgen und sie sind ihm

Abb. 33: Angestellte Entwerfer der WMF – das Atelier Albert Mayer. Um 1907

umso mehr wert, je mehr sie in ihren Entwürfen das treffen, was das Publikum will, was der neuesten Mode entspricht. (...) Mit diesen Fabrikateliers und in ihrer intensiven Ausnützung glaubt ein großer Teil der Kunstindustrie gegen alle Anforderungen von Seiten des kaufenden Publikums gewappnet zu sein.« (BRUCKMANN 1908, S. 93 f.) Die ironische Kritik verdeckt, dass die Figur des Musterzeichners das durchschnittliche Berufsbild des Designers der Zukunft vorwegnimmt.

Schon Muthesius' Kritik lässt unberücksichtigt, dass die meisten Künstler als anonyme Musterzeichner, Modelleure oder Grafiker nicht die Privilegien ihrer berühmten Künstlerkollegen genießen und ebenso entfremdet arbeiten wie alle, die an der Maschine die billigen Entwürfe massenhaft produzieren müssen. Das ist der Normalfall der Entwurfs- und Produktionswirklichkeit. Ihr entspricht eine breitgefächerte, ebenfalls von den elitären Stilkunstkriterien abweichende Massenkonsumkultur. Durch Vervielfältigung und Variation gelangen die neuen ästhetischen Leitvorstellungen in den Massengebrauch und werden dort über die alltägliche Wahrnehmung und Aneignung assimiliert. Nicht nur die Sonderentwürfe, auch und gerade ihre Popularisierungs- und Abwandlungsformen sind designgeschichtliche Dokumente, das heißt, sie bilden die ästhetische Kultur der Epoche ab. In den Musterkatalogen zeitgenössischer Unternehmen findet man die zahlreichen Varianten des gewöhnlichen Schönen in der Vermischung von Historismus und Jugendstil. Trotz aller Verwertungs-, Entfremdungs- und Warenkritik muss man daher die anonyme Entwurfsarbeit für Kunstgewerbe und Industrie auch als einen Beitrag zur Vermittlung hochkultureller Normen in die Niederungen des Alltags und als Anreize zur Verwirklichung abgeleiteter Produktkulturen verstehen, in denen es um die Sicherung oder Auflösung von Traditionen und Geschmacksvorlieben, das heißt, um soziale Unterscheidungs- und Identifikationsbedürfnisse geht.

In den 1890er Jahren beginnt mit der wachsenden Teilhabe bisher kaum konsumfähiger Schichten am Reichtum der gesellschaftlichen Produktion ein Ausdifferenzierungsprozess sozialer Kulturen in bisher kaum bekanntem Ausmaß. Der Industrie-Jugendstil ist zum Teil auch Antwort auf die neue konsumsoziologische Situation, in der die unbekannten und geringgeschätzten »Musterzeichner« neue Aufgaben erhalten. In der Regel wird ihre Leistung von Designhistorikern schweigend übergangen, obwohl sich ihre Vorschläge oft lange im Angebot halten. In den Musterkatalogen beispielsweise der WMF Geislingen bilden Haushaltsgeräte und Ziergegenstände über Jahrzehnte hinweg die ästhetische Massennachfrage ab. Formkonstanz ist auch ein Indiz des Widerstands gegen raschen ästhetischen Verschleiß.

Historisierende und »moderne« Elemente erweisen sich im anonymen Massenkonsum als eigener, gegen zudringliche geschmackserzieherische Forderungen resistenter Bestand alltäglicher Schönheiten für viele. Vom Historismus beeinflusste Gegenstände gewähren die Chance der Teilhabe an der bürgerlichen Tradition. Mit der »Erfindung« des Industrie-Jugendstils gelingt die Teilhabe an der Moderne. Hier wird die Herrschaft des Banalen, das eben noch das Erhabene war, etabliert. Kultur von oben und Kultur von unten arbeiten sich im Massenprodukt aneinander ab – so deutlich wie um 1900 hat es das noch nicht gegeben: Die Massenproduktkultur erweist sich als Feld eigenständiger Interpretationen und Wertbeweise im Gebrauch; Banalisierung ist eine Form authentischer Aneignung. Dabei können die Dinge in ihrer Schönheit und ihrem Nutzen oft realistischer definiert werden als in der führenden Hochkultur. Vom Standpunkt neuer Massenkonsumenten aus gesehen, entwickeln sich Sekun-

Abb. 34: Industriell gefertigte Briefkästen aus Eisen- und Messingblech im Berliner Kaufhaus Wertheim, 1905

därgebrauchswerte in der kleinbürgerlichen Übernahme und in der proletarischen Aneignungsgeschichte des Massenschönen. Freilich kann man sich das Gekröse und Geschlinge des industriellen Jugendstilornaments in Arbeiterhaushalten schlecht vorstellen. Hierhin gelangt nie die neueste Mode, eher das vernutzte alte Zeug. Ihr industrielles Ende findet die Stilkunstidee daher bei jenen Schichten, die über die unmittelbare Lebenserhaltung hinaus (pseudo-)bürgerliche Ansprüche unter Beweis stellen müssen und das modische Zeug kaufen können. Modern aber ist weniger die billige Eleganz des industrialisierten Jugendstils, als das neue Verhältnis des Banalen zur künstlerisch vorbildlichen Form, das die eigenartige Spannung zwischen der bürgerlichen Offizial- und Reformkultur und den sozialen »Subkulturen« kennzeichnet.

Die Gesamtheit der Erscheinungsformen wird nun vom Prinzip der Gleichzeitigkeit des Ungleichzeitigen charakterisiert. Altes und Neues, Banales und Besonderes, sozial ausgrenzende, zugleich einbindende Entwürfe existieren seither als Teilabbilder in ständiger Wandlung begriffener Bedürfnisse und Erfahrungen nebeneinander. Diese Gleichzeitigkeit des Verschiedenen unter dem Firnis der »Stile« oder Modeströmungen wird für alle Zukunft den ambivalenten Charakter moderner Produktkulturen begründen.

3 Versachlichung des Entwurfs in der Großindustrie

Peter Behrens bei der AEG
Richard Riemerschmid und die Dresdener Werkstätten für Handwerkskunst

Zwischen 1890 und 1914 wächst die deutsche Gesamtbevölkerung um 34 Prozent – was nicht ohne Folgen für die Massennachfrage bleibt, zumal Konjunktur herrscht. Der wirtschaftliche Strukturwandel führt zu Zusammenschlüssen in Großunternehmen und Konzernen; neue Industrien wie die elektrotechnische erzielen enorme Zuwachsraten. Der erreichte Stand der Produktivität und die sich erweiternden Möglichkeiten des Massenkonsums führen zu neuen Interpretationen des Produkts, das in seiner Erscheinungs- und Handhabungsweise an die technologisch und ökonomisch begründete Effektivität der massenhaften maschinellen Produktion und an ein Leitbild dieser Produktion angepasst wird. Sachlichkeit hat ihr originales Motiv nicht in der subjektiven ästhetischen Entscheidung, sondern in der objektiven neuen Maschinenbeziehung des Entwurfskünstlers, in der und durch die hindurch sich die Produktionswirklichkeit im Produkt einen eigenen ästhetischen Widerschein schafft und im Künstlerbewusstsein eine neue ästhetische Ethik begründen hilft.

In funktional betonten Produktformen kommt scheinbar nur die Überzeugung zum Ausdruck, dass der Stilkunstentwurf veraltet und den Künstlern selbst in der massenhaften Imitation entfremdet ist. Der tiefere Grund des Wechsels liegt aber im Wandel ökonomisch-technologischer Entwurfsvoraussetzungen. Das Geschäftsverhältnis, das die Künstler zu kunstgewerblichen Großproduzenten und zur technischen Konsumgüterindustrie eingehen, versachlicht sich im gleichen Maße wie die Produktionsökonomie, deren Gesetzen die Gestalter sich unterzuordnen haben.

Wenn Theodor Fischer folgert, dass nun »neben der Maschine und durch sie (...) es die Massenproduktion und die Arbeitsteilung (sind), welche die Gestaltung der Produkte beeinflussen« (FISCHER 1908, S. 15), und Friedrich Naumann feststellt: »In aller Maschinentechnik liegt ein Zug zur Präzision, zur formalen Akkuratesse« (NAUMANN 1904, S. 325), klingen theoretische Legitimationsformeln der Sachlichkeit an. Ornamentaler Aufwand, dekorative Vereinzelung – das sind Absichten, die dem effektiv hergestellten Industrieprodukt tendenziell fremd gegenüberstehen. Es sind gleichsam Übergänge einer produktionsgeschichtlich längst überwundenen Ästhetik der Artefakte in ihrer Planung und Fertigung, aber auch ihres Gebrauchs, die es zu beseitigen gilt.

Dank der Bestandssicherung von Materialien zur Geschichte der Allgemeinen Electrizitäts-Gesellschaft (AEG) von Buddensieg/Rogge (1977; 1979; 1981) lässt sich das Entstehen exemplarischer Produkte ebenso wie die Verwandlung des Künstlers in einen Designer modernen Typs auf produktionsgeschichtlicher Grundlage in großem Maßstab verfolgen. Der kleinere Modellfall ist die fabrikmäßige Organisation der Deutschen Werkstätten von Karl Schmidt, wo sich vergleichbare Rationalisierungstendenzen am Produkt und in der Entwurfsarbeit abbilden. Die personifizierten Beispiele heißen Peter Behrens und Richard Riemerschmid – beide aus der Geschichte der handwerklichen Stilkunstproduktion wohlbekannte, profilierte Entwerfer.

Während Riemerschmid der Werkstättenentwicklung auf allen ihren Stufen seit seinen Münchener Anfängen verbunden ist, stellt Behrens' Eintritt als »künstlerischer Beirat« in das Großunternehmen der AEG in Berlin einen dramatischen Bruch mit der Arbeitsweise des früheren Stilkünstlers dar. Behrens übernimmt zwischen 1907 und 1914 die Verantwortung für die Neugestaltung aller Produkte der AEG, der Fabriken, der Werbemittel und des Markenzeichens; er entwirft Ausstellungsbauten, Verkaufslokale, Fabrikgebäude und Arbeiterwohnungen. Er findet veraltete Produktformen vor, im Widerspruch dazu eine höchst moderne Produktionsstruktur, und hat dieses Gefälle auszugleichen, zum einen unter Aspekten innerbetrieblicher Rationalisierung, zum anderen unter Gesichtspunkten des Marketing, schließlich im Sinne eines Corporate Image, das sich im Gesamtbild des Unternehmens manifestieren soll.

Der entwickelte Produktionsapparat der AEG erzwingt äußerste Ökonomie des Einsatzes von Arbeitszeit, Maschinen, Werkzeug und Material für Produkte, die über möglichst viele austauschbare Teile eine rentable Bandbreite der Differenzierungsmöglichkeiten ihrer Funktionen aufweisen müssen. Eine Art Baukastenprinzip der Teile, wie wir es heute aus der Automobilindustrie kennen, ist von Ingenieuren der AEG bereits entwickelt, als Behrens dort seine Arbeit aufnimmt. Er wird also in den Rationalisierungsprozess durch Vorgaben einbezogen, die schon aus der Struktur des Unternehmens und dem technischen und betriebswirtschaftlichen Organisationsdenken entstanden sind. Buddensieg zitiert einen Vortrag, den der Ingenieur M. von Dolivo-Dobrowolsky 1912 über »Die moderne Massenfabrikation in der Apparate-Fabrik der AEG« gehalten hat. Dieser Ingenieur war Direktor eben jenes Betriebes, aus dem auch die von Behrens gestalteten Bogenlampen und Ventilatoren stammen. Im Kern wird eine in der AEG konsequent praktizierte Theorie referiert, nach der die Qualität der Massenprodukte gerade in der präzisen Reproduzierbarkeit durch Maschinen bei genauer Qualitätskontrolle, also in der Ausschaltung aller Zufälle der Handfertigung liegt und das Produktsortiment einer »Normalisierung der Bestandteile« (vgl. bei BUDDENSIEG 1981, S. 39) – später wird man Normierung sagen – unterzogen werden muss. Am Beispiel elektrischer Schalter oder Uhrenzeiger wird deutlich, wie das Prinzip der Austauschbarkeit einzelner Teile innerhalb einer sehr differenzierten Produktpalette gedacht ist. Der Ingenieurbeitrag zur Ökonomie der Teileproduktion und der Lagerhaltung impliziert Forderungen nach einem Design der Sachlichkeit und Vereinheitlichung.

Buddensieg (1981, S. 40) betont als Folge für den Entwurf »die weitgehende Ablösung der Außenform eines Produkts von seiner Mechanik«. Einerseits seien die »gefährlichen interna« des elektrischen Geräts durch eine Hülle vor dem Gebraucher und umgekehrt dieser vor jenen zu schützen. Andererseits werde die gesamte Mechanik der Apparate den Prinzipien funktionaler Ökonomie und der Verantwortlichkeit der Ingenieure unterworfen und dem gestalterischen Zugriff entzogen. Schon der zeitgenössischen Designtheorie scheint bewusst gewesen zu sein: »Nur die Qualität der Form hängt vom Künstler ab. Die Arbeits- und Materialqualität ist von andern Faktoren bestimmt, die nicht in seiner Gewalt sind.« (LUX 1908b, S. 81)

Nicht nur hat der Arbeiter an der Maschine keinerlei Einfluss auf das Produkt, auch dessen Hüllengestalter, der Designer, soll mit der durchrationalisierten Mechanik, die Ingenieurplanung bleibt, nichts zu tun haben.

Genau besehen, wird der Künstler hier aus der Funktionsverantwortlichkeit für den Gegenstand, die er neben der gestalterischen Verantwortung in der handwerklichen Stilkunstproduktion hatte, entlassen. Sein Tätigkeitsfeld wird auf die ästhetische Arbeit an der äußeren Form des Gegenstands, der

Abb. 35: Elektrische Kochgeräte im AEG-Katalog von 1897

ihm technisch ausgereift vorgesetzt wird, begrenzt. Im Prinzip galt diese Arbeitsteilung schon für die Musterzeichner, die vor Behrens die historisierenden Hüllen technischer Geräte entwarfen. Auch hier ging es schon um den Schutz technischer »interna«. An sie hatten die Hüllengestalter nicht zu rühren.

Die Trennung von Funktion und Hülle ist also nicht das Neue an der Arbeit von Behrens, wohl aber, dass der funktionale Korpus – das technische Innenleben der Apparate – und dessen ästhetische Einkleidung oder Haut auf frappante Weise miteinander zu verwachsen scheinen, obwohl sie produktionslogisch voneinander getrennt sind. Die äußere Hülle ist nun nicht mehr dekorativ beliebig geformt, sondern tritt – indem sich das gestalterische Empfinden dem funktionalen Denken des Ingenieurs anschmiegt oder es symbolisch zum Ausdruck bringt – in technoider Schlankheit in Erscheinung. Die exakt geformten, knappen Blechhülsen, die das »Innenleben« der Bogenlampen verdecken, entsprechen einer ästhetisch möglichen und glaubhaften Unterstützung technischer Funktionsprinzipien, die zur Anschauung zu gelangen scheinen, indem Behrens das Gestaltbild der Apparate aus elementar reduzierten, ausgewogen proportionierten Körpern und geometrisch gekurvten Profilen klar konturiert zu einer charakteristisch »technischen« Form aufbaut. Wir finden ähnlich überzeugende ästhetische Analogien zwischen Funktion und Apparateform in den frühen, sachlichen Ingenieurentwürfen des 19. Jahrhunderts. Dort allerdings begründet in der Einheit technischen und künstlerischen Denkens, in jener noch untrennbaren Verantwortung für das Ganze.

Mit Behrens beginnt eine neue Tradition industrieller Sachlichkeit. Doch zeigt sich an den Apparate-Entwürfen, dass die tatsächlichen Funktionen nur vorschlagsweise abbildbar sind – elektrische Energie ist ein ästhetisch schwierig zu vermittelndes physikalisches Phänomen, Hülle bleibt letztlich Hülle – auch bei den Bogenlampen. Zudem zeigt sich eine neue Form der Abhängigkeit des Entwurfs: Diese Nüchternheit kommt nicht aus dem Künstler selbst, schon gar nicht aus der Erfahrung, die Behrens aus der Darmstädter Künstlerkolonie mit ihrem Individualismus und ihrer Formphantasie mitgebracht haben kann. Es ist die versachlichte

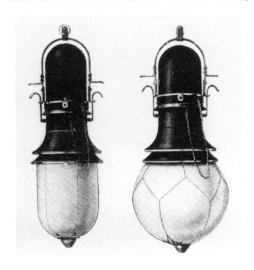

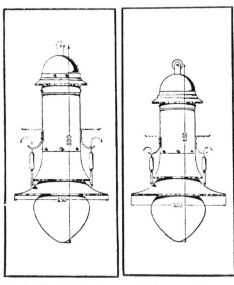

Abb. 36: Differential-Bogenlampen und Zeichnungen zu Sparbogenlampen der AEG. Peter Behrens 1908/09 und 1907

Versachlichung des Entwurfs in der Großindustrie 103

Abb. 37: Flammenbogenlampe der AEG. Entwurf Peter Behrens, 1909. Abbildung zu Werbezwecken in diesem von Peter Behrens gestalteten Layout veröffentlicht.

Entwurfshaltung, die aus dem Charakter des neuen Auftragsverhältnisses und dem Bekenntnis zur Maschinenwelt kommt, ja die dieses geradezu erzwingt.

Für die zeitgenössischen Gebraucher ist das ein Schock, so wie die Nacktheit der »Maschinenmöbel« Riemerschmids, die zur gleichen Zeit entstehen, für ihre Vermarktung wohl eher ein Hindernis als eine Verkaufsempfehlung gewesen sein dürfte. Die zunehmende Bedeutung der Werbung hat daher ihren Ursprung unter anderem auch darin, dass die neuen sachlichen Formen gegenüber Wiederverkäufern und Konsumenten einer überzeugenden Begründung bedürfen. Alle Welt war ja gewohnt, die modernen technischen Artikel in reich dekorierten Hüllen und nicht im kargen Blechkleid wahrzunehmen. Ebenso hatte es kaum ein Möbelstück gegeben, das bloß »funktionierte« wie Riemerschmids einfache Stühle oder Kommoden. Für unser Auge wirken Wasserkessel, Tischventilatoren und Bogenlampen von Behrens nicht kalt, eher ist ihnen ein Rest Stilkunstfeierlichkeit, wie auch formale und farbige Delikatesse abzugewinnen. Auf Zeitgenossen aber mögen diese Formen ernüchternd gewirkt haben. Der Eindruck entsprach ihrem Ursprung in der industriellen Ökonomie als einer fremden, überwältigenden Macht. Neu, vielleicht auch beunruhigend ist nicht die weitgehende »Ablösung der Außenform eines Produkts von seiner Mechanik« (BUDDENSIEG 1981) – danach handeln schon die Musterzeichner des ausgehenden Jahrhunderts –, sondern die strikte Anbindung der Produktform an eine der Maschine und betrieblichen Ökonomie angemessene oder diese zum Ausdruck bringende Ästhetik des Rationellen.

Buddensieg (1981, S. 46) stellt zwar fest, dass selbst die nüchternen Bogenlampen mit gewissen ästhetischen Eigenheiten letztlich »nicht dem Diktat von Zweck und Material« allein folgen. Die Entwürfe weisen über die reine Zweckfunktionalität der Geräte hinaus und etablieren industrielle Symbolfunktionen in ihrer Erscheinungsweise. Wo Behrens sich in Formgebung, Proportionierung und Details von der Ökonomie der Fabrikation löst und wo er ihr – unbewusst oder willentlich – nachgibt, ahnt man Spielräume oder Grenzen der Fertigungstechniken. Blechröhren wie bei den »Hüllen« der Bogenlampe sind schon vor Behrens nicht mehr in der Flaschnerwerkstatt gebogen, genietet oder gelötet und die Wölbungen, Wülste und Kehlungen nicht mehr handwerklich an der Drückbank herausgearbeitet worden, sondern sind in ihrer Präzision und massenhaften Gleichförmigkeit einer sinnreichen, äußerst effektiven Anordnung von Maschinenarbeitsgängen zu verdanken, auf die sich der Entwerfer einstellen muss.

Dolivo-Dobrowolsky geht genau auf diesen Punkt ein: »Der äußere Mantel der Bogenlampe (...) wird meist aus starkem Eisenblech teils in Ziehpressen, teils in Drückmaschinen vorgeformt. Diese Armaturteile werden bei uns weder verlötet, noch verschraubt oder genietet, sondern mittels elektrischer Schweißung miteinander verbunden.« (BUDDENSIEG 1981, S. 318) Behrens muss diesen Vorgang gekannt haben. Tiefziehen oder Drücken als Fertigungstechniken erfordern teures Werkzeug, die Verschweißung der gepressten oder gezogenen Bleche setzt möglichst glatte Anschlüsse voraus.

Ökonomie und Technik des Herstellungsprozesses geben jeder Gestaltung ihre Bedingungen vor. Welche Werkzeugmaschinen und -formen waren zur Herstellung der Röhren- und Schirmteile einer Bogenlampe der AEG erforderlich? Welche Teile wurden gedrückt, welche tiefgezogen, welche Dichte oder Abfolge von Kerben und Wulsten forderten oder erlaubten Werkzeug und Material? Welche Oberflächenbehandlungen mussten eingeplant werden und beeinflussten den Entwurf,

Versachlichung des Entwurfs in der Großindustrie 105

Abb. 38: Produktionsfeld einer Großmaschinen-Fabrikationshalle der AEG 1899

um – wie bei den Wasserkesseln – rentable Produktdifferenzierung zu betreiben? Wo musste Behrens sich den technischen und kalkulatorischen Voraussetzungen beugen, wo nutzte er ihren Rahmen als Spielraum für gestalterische Freiheiten?

Das ist heute kaum rekonstruierbar. Aber nur auf diesem Wege ließe sich abschätzen, wie weit die »mechanisch bedingte Ablösung« der Hülle auf der ästhetischen Ebene als eigene Notwendigkeit der Form vollzogen, die Rationalität des technischen Geräts in die Souveränität einer Komposition übersetzt« (BUDDENSIEG 1981, S. 47) oder wo die Form von einer Maschine diktiert worden ist. Man hätte zu unterscheiden, wer dem Entwerfer letztlich die Hand geführt hat: Die technische Ökonomie als äußerer Zwang oder der künstlerische Antrieb zur freien Entscheidung für eine sachliche Form. Behrens' Leistung würde dabei nicht geschmälert, sondern nur ins rechte Licht gerückt, denn das Problem der Einschränkungen der Freiheit des Entwerfens durch die Produktionsökonomie wird in seinem Beispiel evident und von ihm zugleich beispielhaft auf höchstem gestalterischen Niveau gelöst: »Bei allen Gegenständen, die auf maschinellem Wege hergestellt werden, sollte man nicht eine Berührung von Kunst und Industrie, sondern eine innige Verbindung beider anstreben: Eine solche innige Verbindung wird erreicht werden, wenn jede Imitation, sowohl die der Handwerksformen wie auch der alten Stilformen vermieden, dafür aber das Gegenteil, die exakte Durchführung der maschinellen Herstellungsart, angewandt wird und künstlerisch zum Ausdruck kommt, um so in jeder Beziehung das Echte hervorzuheben und vor allem diejenigen Formen künstlerisch zu verwenden und auszugestalten, die aus der Maschine und der Massenproduktion *gewissermaßen von selbst* hervorgehen und ihnen adäquat sind.« (BEHRENS 1910, in: BUDDENSIEG 1981, S. 284 – Hervorhebung G.S.)

Das zentrale designtheoretische Bekenntnis des Künstlers deutet an, wer die Impulse zur präzisen Ausgestaltung gibt. Die Maschine ist zumindest stille Teilhaberin: Durch ihr Gesetz und ihre Rentabilität gestaltet sie die Form des Produkts mit – zwingender als je ein handgeführtes Werkzeug. Das gestalterische Vermögen wäre ohne die Tiefziehpresse oder die Bördelmaschine und das Wissen um ihren ökonomisch-effizienten Einsatz im industriellen Entwurf dieser Lampen wertlos, ohne Anwendungsbezug. Nun wird der Bruch mit aller handwerklich-manufakturell gebundenen Tradition des Entwerfens vollzogen, indem die techno-ökonomische Rationalität der Maschinen die künstlerischen Freiheiten zu überlagern beginnt. Der Designer wird, ob er will oder nicht, ein Agent der industriellen Effektivität, indem er im Endergebnis den Gebraucher mit Formen konfrontiert, die ein Spiegelbild der Logik oder »Sprache« der entwickelten Produktionsweise sind. Damit übernimmt er indirekt Funktionen des Künstlers früherer Zeiten, über die Zwecke hinaus Ausdrucksformen der Epoche zu gestalten; ihm obliegt die Apotheose der Maschine, das Lob des technischen Fortschritts und einer Rationalität, die es noch in der Gestalt ihres Einzelprodukts in der Masse darzustellen gilt.

Gerade diesen Auftrag erkennen Zeitgenossen im Werk von Behrens. Einem der AEG-Läden in Berlin wird 1911 der »Eindruck einer höheren, geistigen Nacktheit« und die »Kälte einer messerscharfen Rechnung«, der »ungemilderte Rhythmus der Notwendigkeit« bescheinigt. Der Kritiker (wahrscheinlich Robert Breuer) vermeint Anklänge an die spartanische Antike in der technoiden Produktionsästhetik zu spüren: »Man empfindet bewusst die eiserne Gegenwart, man erwartet und sucht die Maschinen.« Breuer spricht von »straffer Reinlichkeit« und »geschliffener Präzision« als der einzig überzeugenden Möglichkeit, »die Kraftgefäße und Werkzeuge der Elektrizität zur Schau zu stellen« (*DKuD* XXVII, 1910–11, S. 492).

An den Produkten fällt auf, dass »die Zwangsjacke der mathematischen Exaktheit auch in unserer Produktion« (TH.FISCHER 1908) unvermeidlich geworden ist. Jeder Zehntelmillimeter Materialstärke zuviel, jeder zusätzliche Arbeitsgang an einer Maschine, jedes zu komplizierte Werkzeug, jeder vermeidbare Aufwand im Fluss der Fertigung und jede Form von Inkompatibilität der Teile bedeutet einen Verstoß gegen die immanente Moral industriekapitalistischen Produzierens insgesamt und gegen die Regeln betriebswirtschaftlicher Berechnung im Einzelfall. Die Knappheit des schlanken Blechkleides der Bogenlampen in regelmäßiger oder rhythmisch abgesetzter Röhrenform ist ein ökonomisch-technologisches Design der Maschine so gut wie ein ästhetisch-philosophischer Entwurf des Künstlers, der zwischen Maschinenkultur und Gebrauchern zu vermitteln hat. Die sachliche Form ist eine Funktion von Produktionsökonomie *und* Produktionsästhetik.

Allerdings ist es der Maschine egal, ob man mit ihr einen glatten oder – mittels entsprechender Werkzeuge – einen dekorierten Blechkörper presst oder tiefzieht, auch dem Arbeiter an dieser Maschine ist das gleichgültig. Vorkalkulation und Marketing befinden darüber, was billiger und rationeller ist nach Erfordernissen von Herstellung und Verkäuflichkeit des Produkts. Wo der Aufwand der gleiche wäre, würde das Argument der Arbeitszeiteinsparung, der Minimierung von Material- und Werkzeugkosten und Maschinenzeit keine Rolle spielen. In diesem Fall müsste nicht ein sachlich glattes Produkt herauskommen. Wenn es doch geschieht, ist die Entscheidung nicht auf der kalkulatorischen, sondern auf der ästhetisch-ideologischen Ebene gefallen. Dann *soll* ein Produkt sach-

Abb. 39–41: Wandlungen des Firmen-Signets: Entwürfe von Franz Schwechten (1896), Otto Eckmann (vor 1900) und Peter Behrens (1907)

lich wirken. In den sachlichen Formen des Massenprodukts soll die Rationalität des industriellen Produzierens und der kapitalistischen Wertschöpfung dingfest werden. Indirekt strahlt diese Eigenschaft auf das Bild des Unternehmens in der Warenöffentlichkeit zurück. Die Entscheidung für eine sachliche Funktionsform kann sich als »Werbemaßnahme« auch ökonomisch auszahlen. Unternehmen wie die AEG ziehen aus ihrer ästhetischen Identität und Präsenz Nutzen. Zugleich zeigt das Auftreten solcher Güter den historischen Riss zwischen alter und neuer Produktionswirklichkeit, zwischen der ersten, von kunsthandwerklichen Kriterien bestimmten und der zweiten, von industriellen Kräften veranlassten Reform der Produktkultur an. Von diesem Augenblick an wirkt unabweisbar rückständig, was sich gegen das funktionsästhetische Prinzip richtet. Freilich lässt sich Blech schneiden, kanten, stanzen, bördeln, prägen, pressen, tiefziehen oder hämmern und dabei maschinell zu Ornamenten verformen, die üppiger ausfallen als die Behrensschen Wülste, Kehlungen und Stauchungen glatten Materials. Behrens liefert aus Gründen warenästhetischer Differenzierung auch dekorative Entwürfe für die Massenfertigung bei der AEG. Aber er bringt es fertig, selbst diese Varianten streng zu »normalisieren«, indem er die Form- und Oberflächenunterschiede auf ein Minimum beschränkt. Sonst aber hat die sachliche Form den Vorrang in Abbildfunktion einer höheren Rationalität. In ihr erfüllt der Designer, anders als zu Zeiten seiner einzelkünstlerischen Verbindlichkeit gegenüber Gebraucherindividuen und Gesellschaft, einen neuen Darstellungsauftrag, angedeutet in Adolf Loos' Aufsatz »Ornament und Verbrechen« von 1908, in dem die Material- und Arbeitsökonomie – über alle Ästhetik hinaus – zu einem ethischen und sozialen Prinzip erhoben wird. Loos stilisiert die Ornamentlosigkeit zu einem kulturgeschichtlich fälligen Entwicklungsergebnis: »evolution der kultur ist gleichbedeutend mit dem entfernen des ornaments aus dem gebrauchsgegenstand.« (LOOS 1962, S. 277) Demnach wäre der AEG-Konzern als kräftiger Arm dieser Evolution zu verstehen.

Die Entwürfe von Behrens sind in ihrer Mehrzahl von der Materialökonomie und der Rationalisierung der Fertigungsprozesse abhängig. Die Investition in die Neugestaltung der AEG-Produkte wird zu einem Zeitpunkt fällig, als die Elektroindustrie expandiert und auf den Weltmarkt drängt. Zusammen mit Siemens & Halske hat die AEG nur die amerikanische General Electric Company als Konkurrentin, mit der es schließlich zu Absprachen kommt. Es entstehen Kartelle auf dem Glühlampenmarkt; es gibt frühe Hinweise auf ein trustartiges Zusammengehen von AEG, Siemens & Halske, Schuckert, Union, Lahmeyer, Helios und Kummer und einer Annäherung an die General Electric, um bei der Teilung des Weltmarktes Konkurrenzverluste zu vermeiden (vgl. KRELLER 1903).

Laut Rogge (1983) erreicht die AEG »durch konsequente Durchsetzung einer neuen Technologie und die offensive Geschäftspolitik, mit der man sich auf alle Bereiche der Elektroindustrie ausweitet«, kurz nach 1900 ihre Monopolstellung. Das Unternehmen produziert zur Zeit von Behrens' Eintritt nahezu alle Arten elektrotechnischer Investitions- und Konsumgüter von der Kraftwerkturbine bis zur Glühlampe. 1907/08 liegt der Gesamtbeschäftigtenbestand aller Fabriken der AEG bei 32 000; das Aktienkapital erreicht schon 1905 den Stand von 100 Millionen Mark.

Umgekehrt wie zur Zeit der Frühindustrialisierung reisen nun ausländische Manager und Techniker an, um die generalstabsmäßige Organisation und die Technologien dieses riesigen deutschen Unternehmens zu studieren. Rogge belegt, wie sich die durchgreifende Rationalisierung auch auf die Planung neuer Fabrikhallen auswirkt, die sich mit dem Einzug des Elektromotors und dem Fortfall der Transmission einer zentralen Kraftquelle auf die Einzelmaschinen größer dimensionieren, zweckmäßiger aufteilen und nach außen wirkungsvoller gestalten lassen.

Die Indienstnahme des Künstlers erfolgt nicht nur unter warenästhetischen Gesichtspunkten der Modernisierung der Form aller Einzelprodukte, sondern auch aus dem Selbstdarstellungsinteresse des Unternehmens, das den Zenit seiner Macht erreicht. Behrens kommt zur AEG, als höhere Form-

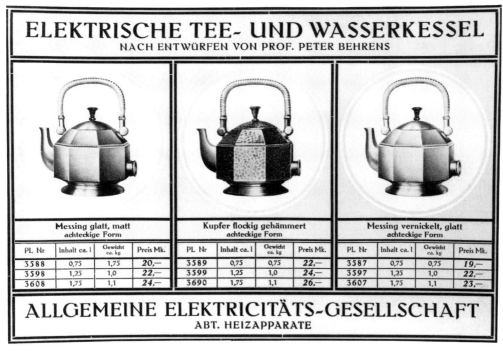

Abb. 42: Werbung für AEG-Wasserkessel. Abgebildete Entwurfsvarianten und Grafik von Peter Behrens, 1908

beherrschtheit und sachlich-heroische Attitüde gefordert sind: »Durch seine künstlerischen Gestaltungen sollten die Produkte und die Werbung einen auf ästhetische Qualität gerichteten Stil erhalten und sich damit gegenüber den Konkurrenzprodukten unverwechselbar abheben. Was als Designauftrag an den damaligen Direktor der Düsseldorfer Kunstgewerbeschule begonnen hatte, um bei dem zu dieser Zeit verwirrend vielfältigen Angebot verschiedenster Bogenlampen die eigenen durch die Qualität ihrer Form gegen die Vielzahl anderer abzuheben, das weitete sich in kürzester Zeit auf die gesamte Erscheinungsform der AEG aus, bis hin zur Gestaltung ihrer Fabriken. Hier trafen sich künstlerische Interessen und Geschäftspolitik. Behrens, der als Autodidakt zum Architekten geworden war und in seinen Kreisen als ›kecker Umstürzler‹ galt, wäre zu dieser Zeit schwerlich an traditionelle Bauaufgaben herangekommen. Bei den Fabriken aber, die der offiziellen Architektur damals als Gegenstand baukünstlerischer Gestaltung kein Thema waren, konnte er sein Konzept, den Versuch einer Synthese von Kunst und Technik, auch architektonisch umsetzen. Gleichermaßen musste für die Firma, über die Wirkung des schönen Produkts hinaus, wie Behrens es in einem Aufsatz mit dem programmatischen Titel »Werbende künstlerische Werte im Fabrikbau« beschrieb, ›der Eindruck der Herstellungsstätte und des ganzen Unternehmens‹ als Wertausdruck und Qualitätsindiz von Bedeutung sein. Nach seinen Gestaltungsprinzipien (…) erreichte die Firma über ihre unbestrittene ökonomische und technische Macht hinaus eine Nobilitierung, die ihr – vor allem durch die Mittlerrolle bürgerlicher Kreise, in denen die Berufung eines Künstlers in die Industrie größte Erwartungen geweckt hatte – zur Selbstdarstellung auch auf kultureller Ebene verhalf.« (ROGGE 1983, S. 32 f.)

Peter Behrens wird zu Recht der erste Industriedesigner genannt, weil in seiner Figur dessen Funktion erstmals voll ausgeleuchtet erscheint. Er ist das perfekte Beispiel der vollzogenen Vereinnahmung des Künstlers unter das Kalkül industrieller Wertproduktion, das alle Planung, Ausführung und Präsentation des Produkts durchdringt, aber auch der Nutzung des verbleibenden Freiraums zur Gestaltung.

Die neue Rationalität des Gestaltens zeigt sich auch in anderen Herstellungsbereichen des sachlich-schönen »modernen« Produkts. Richard Riemerschmid kommt zu seinen kargen »Maschinenmöbeln« aufgrund einer großbetrieblichen Werkstattorganisation, die auf rationelle Fertigung, Kombinierbarkeit der Einzelprodukte und Massenabsatz drängt. Gegenüber dem AEG-Konzern ist die Hellerauer Möbelfabrik unbedeutend. Aber die Organisation von Entwurf und Ausführung folgt den gleichen Prinzipien, die auch dort zur Versachlichung der Produkterscheinung führen. Holzverarbeitung ist schließlich nur eine der Spielarten industriellen Maschinen- und Materialeinsatzes. Auch dabei ist die Produktform nicht bloß Ergebnis einer moralisch-ästhetischen Programmentscheidung, sondern Folge des Primats der Produktionsökonomie und -ästhetik über das künstlerische Gestaltungsinteresse. So geraten die Wohnzimmer-Maschinenstühle Riemerschmids (der einmal ein Meister des Ausgleichs konstruktiv-funktioneller und organisch-dekorativer Formeigenschaften im künstlerischen Einzelentwurf war) zu nüchtern-steifen Prototypen des billigen, seriellen Küchenmöbels schlechthin. Sehr anschmiegsam und wohnlich wirken sie bis heute nicht. Nur ein asketischer Gebrauchertyp, den die biedermeierlichen Anklänge einiger Werkstätten-Möbel mit dem Eindruck allzu großer Schlichtheit versöhnen, wird sich zur Anschaffung der immer noch recht teuren Serienprodukte entschieden haben.

Die Deutschen Werkstätten differenzieren ihr Programm in begrenzten Serien entsprechend der Nachfrage zwischen Dekor und Sachlichkeit unter dem gleichen Rationalisierungszwang wie in der technischen Gebrauchsgüterindustrie. Karl Schmidt, der »schöngesinnte Unternehmer« (LUX 1908a), baut seine 1898 gegründete Dresdner Werkstätten für Handwerkskunst über eine Fusion mit den seit 1902 bestehenden Werkstätten für Wohnungseinrichtung München von Karl Bertsch und eine ebenfalls im Werkbund-Gründungsjahr (1907) vollzogene Verbindung mit den Vereinigten Werkstätten für Kunst im Handwerk in München binnen zehn Jahren zu einem Großbetrieb aus. In Hellerau entstehen unter dem Namen Deutsche Werkstätten eigene neue Fabrikanlagen und eine Wohnsiedlung nach englischem Gartenstadtvorbild. Über firmeneigene Verkaufsstellen im ganzen Reichsgebiet werden schlichte, aber auch anspruchsvollere Gebrauchsmöbel angeboten. Herausragende Entwerfer sind Bruno Paul mit seinen »Typenmöbeln« (ab 1908) und Richard Riemerschmid mit noch einfacheren »Maschinenmöbeln« – beide Serienprogramme sind nach Preis, Material und Ausführungsqualität gestaffelt. Riemerschmid ist auch der für das Erscheinungsbild verantwortliche Architekt, so dass sich Parallelen zu Behrens bei der AEG ziehen lassen.

Die Hellerauer Typen- und Maschinenmöbel entsprechen den Haushaltsgeräten der AEG. Auch ihnen sieht man noch gewisse ästhetische Zugeständnisse an Gebraucher-Erwartungen an. Nur wenige Möbel erscheinen in völliger Nacktheit der rationalisierten Maschinenform. Doch was daran wie individualisierendes Dekor wirkt, muss sich dem Ef-

Versachlichung des Entwurfs in der Großindustrie 111

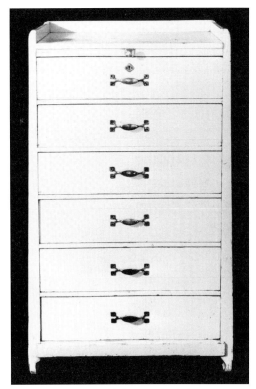

Abb. 43: Kommode aus weiß lackiertem Fichtenholz mit Messingbeschlägen. Entwurf Richard Riemerschmid. Dresdner Werkstätten für Handwerkskunst. Um 1907

fektivitätskriterium der Maschinenarbeit unterwerfen.

Deutlicher als für Behrens mit seinen technischen Geräten stellt sich den Möbelentwerfern das Problem, die Maschinenarbeit in ein noch akzeptables, nicht allzu karges Produkterscheinungsbild umzusetzen. Man erwartet von einem Schrank oder Stuhl zu dieser Zeit mehr als die Funktion eines Behältnisses oder bloß anatomisch zweckmäßigen Sitzens. Trotzdem schlägt der industrielle Zwang vor allem in den billigeren Produkten unverkennbar auf die Gestalt durch. Gerade in den Maschinenstühlen Riemerschmids kommt – im Vergleich etwa zu Schinkels Tafelstuhl von 1825 oder zu Riemerschmids eigenen Jugendstilformen um 1900 – die Verwandtschaft mit den ein halbes Jahrhundert älteren Thonet-Produkten zutage. Nun schrumpft der Stuhl zum zweckdienlichen Gerüst, zum Symbol einer epochal gültigen, typischen Nutzung.

Daneben dient die ökonomisch motivierte Maschinensachlichkeit Zwecken der kulturellen Legitimation des Unternehmens, weil »sich ein sozialer, pädagogischer, organisatorischer, ja sogar städtebaulicher, insgesamt also ein kulturpolitischer Aspekt hinzugesellt« (WICHMANN 1978, S. 14). Die Hellerauer Fabrik macht sich – wie die AEG – nach dem Selbstverständnis des Unternehmens und seiner Interpreten um die Produktkultur der Zeit verdient und versteht sich als sozial- und kulturpolitische Institution. Der Firmenstolz wird durch eine Kette von Ausstellungserfolgen im In- und Ausland schon in der Phase der Vermarktung von Stilkunst-Einzelentwürfen, später durch erfolgreiche Expansion in die Typenproduktion und durch einen »kometenhaften Aufstieg« (WICHMANN 1978) begründet. Nach dem Katalog der Brüsseler Weltausstellung von 1910 ist die Belegschaft auf 500 Mitarbeiter angewachsen. Produziert wird nach Entwürfen namhafter Künstler alles zum gepflegten Mittelschicht-Wohnen Benötigte. Schon 1906 auf der Kunstgewerbeausstellung in Dresden werden die ersten Maschinenmöbel Riemerschmids gezeigt – das Einfachste, was es zu der Zeit gibt. Bei Aufbau und Fusion handelt das Unternehmen gemäß dem Grundsatz: »Durch zweckmäßige Organisation der Arbeit werden sich die allgemeinen Unkosten verringern.« (Zit. nach WICHMANN 1978) Diesem Grundsatz sind letztlich die Maschinenmöbelprogramme zu verdanken, die mit der Umwandlung des Unternehmens 1913 in eine Aktiengesellschaft (Grundkapital 1759000 Goldmark) korrespondieren.

Ein solches Unternehmen muss Arbeitsökonomie, maschinelle Serienfertigung und Marktstrategien zur Übereinstimmung brin-

112 Kunstindustrie, Massenprodukt und Gebrauchserfahrung

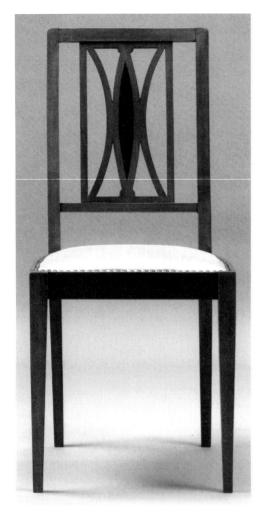

Abb. 44: Salonstuhl der Dresdner Werkstätten für Handwerkskunst. Entwurf Bruno Paul. Vor 1906

Abb. 45: Stuhl aus einem Maschinenmöbelprogramm der Dresdner Werkstätten für Handwerkskunst. Entwurf Richard Riemerschmid, 1906

gen. Die einfachste und billigste Zimmereinrichtung aus lackiertem Fichtenholz gibt es für 250 Mark. So entstehen aus ökonomischem Zwang Möbelformen von minimalästhetischem Reiz, freilich auch von allzu strenger Kargheit für die Masse der Zeitgenossen. Gegenüber den historisierenden Magazinmöbeln und den Wucherungen des industrialisierten Jugendstils ist das zweifellos ein Fortschritt und eine gebrauchskulturelle Alternative. Aber es ist auch die zum Aus-

druck gebrachte Herrschaft der Maschine über den Menschen: »So wird durch den Unternehmer hindurch die Maschine zum Erzieher des Geschmacks«, sagt Friedrich Naumann (zit. bei WICHMANN 1978, S. 61). Vom Entwurfskünstler ist keine Rede mehr, er hat sich selbst unsichtbar gemacht. Seine individuelle Handschrift wird vom konstant reproduzierten Ausdruck des maschinellen Serientyps abgelöst. »Riemerschmids Entwürfe waren maschinengerecht in dem Sinne, dass sie dem Verarbeitungsprozeß des Sägens und Fräsens entgegenkamen.« (Kat. *Richard Riemerschmid*, 1982, S. 194) Aus diesen Techniken geht weitgehend die ganze Erscheinungsform des Produkts hervor; sie wird der Maschine angepaßt – wie in der Großindustrie. Riemerschmid gelingt es zwar ähnlich wie Behrens, in der Rationalität der Maschinenform noch die eigene ästhetische Entscheidung mitsprechen zu lassen. Gleichwohl zielt das Prinzip, dem er sich unterzuordnen hat, über seine Person und die einzelnen Objekte hinaus. Die Industriekultur realisiert sich auch im hölzernen, verschraubten Stuhl, in der glatten Schranktür. An diesen kargen Formen beginnt man zu begreifen, wie brisant die Diskussion pro und contra Sachlichkeit damals gewesen sein muss. Sie wird zwar erst 1914 im Werkbund ausdrücklich geführt, ist aber mit dem ersten Auftreten dieser neuen Formen programmiert. Schon wird der Graben sichtbar, der sich produktionsgeschichtlich durch die Ästhetik der Artefakte und parallel dazu durch die gesellschaftliche Rollendefinition des Entwurfskünstlers zieht.

Rationalisierung am Produkt – ein scheinbar abwegiges Beispiel

Bevor der historische Faden zum Werkbund hin weitergesponnen wird, soll auf ein Beispielobjekt vorgegriffen werden, das, erst in Kriegszeiten entwickelt, als Schulbeispiel der Rationalisierung an einem dafür geeigneten Produkttyp gelten kann. Voraus geht ein Boom der industriewirtschaftlichen Expansion. Aktiengesellschaften und Konzerne beherrschen das Bild der deutschen Wirtschaft vor dem Ersten Weltkrieg. Allein in der Elektroindustrie steigt die Zahl der Beschäftigten von 26 000 (1895) auf 142 000 im Jahr 1907 (nach BORCHARDT 1972). Auch wenn hier keine unmittelbaren Zusammenhänge zwischen Wachstumsraten und Designleistungen nachweisbar sind, ist doch erkennbar, dass der Prozess der Rationalisierung die Produktformung bedingt. In der deutschen Rüstungsindustrie wird es dafür ein spätes, aber prägnantes Beispiel im Entwurf des Stahlhelms geben, der ab 1916 das Erscheinungsbild der kaiserlichen Armee, nach 1918 der Reichswehr und schließlich der Wehrmacht bis 1945 unverwechselbar gemacht hat. Formfindung und Entwicklung demonstrieren hier, dass Sachlichkeit ein Ergebnis der Herrschaft techno-ökonomischer Gesetzmäßigkeit sein kann – unabhängig vom je einzelnen Produkt und seiner Verwendungsfunktion – und dass ein Produkt sowohl im Sinne des Herstellerinteresses an der Wirtschaftlichkeit des Produzierens als auch im Sinne verbesserten Produktnutzens funktionsbetont optimiert werden kann. Der Stahlhelm wirkt nur auf den ersten Blick als abwegiges oder marginales Beispiel.

Schon zu Beginn des Krieges erweisen sich die ledernen Pickelhauben als unzureichender Schutz gegen Kopfverletzungen, die französischen und englischen Helme aus Eisenblech zeigen sich trotz starker Mängel (Weichheit, Verformbarkeit) überlegen. Das ist der Anlass für den Ingenieur Friedrich Schwerd, einen Helm aus einem einzigen Stück gehärteten Chromnickelstahl zu entwickeln. Im Kriegsministerium, das durch die hohen Verluste beunruhigt ist, wird bereits ein Modell diskutiert, das nach Art mittelalterlicher Eisenhauben oder des Kürassierhelms der Vorkriegszeit aus drei Blechteilen besteht – ein aufwendiger, wenig tauglicher, auch »unsachlicher« Entwurf. Die Alternative weiß höhere Beanspruchbarkeit des Produkts und den höheren Effektivitätsgrad der Herstellung auf einen Nenner zu bringen: »Die Gestalt des Helms gleicht im oberen Teil der Gestalt des steifen schwarzen Hutes, an

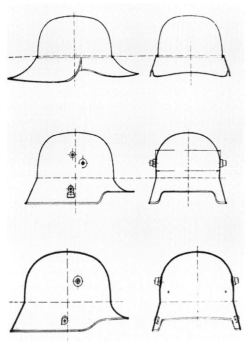

Abb. 46: Zeichnungen des Ingenieurs Friedrich Schwerd zur Entwicklung des deutschen Stahlhelms 1915/16

dem sich vorn ein Augenschirm und seitlich und hinten ein Nackenschutz anschließt, das Ganze aus einem Stück. Im Gegensatz zum englischen Helm war der deutsche Helm am Rande gebördelt, um Verletzungen durch die scharfe Blechkante zu vermeiden, vor allem aber, um eine der wichtigsten Werkstoffproben in die Fertigung selbst zu verlegen. Die Horizontalschnitte des Kopfteiles des Helms sind Ellipsen mit nach dem Scheitel zu abnehmender Exzentrizität, um die Bearbeitung der Presswerkzeuge auf der Ellipsendrehbank zu ermöglichen.« (SCHWERD 1936, S. 474)

Die Form fällt hier noch sachlicher aus als bei den Bogenlampen von Behrens mit ihrem schlanken, funktionalen Blechkleid. Beim Stahlhelm ist aller ästhetischer Überschuss, jeder vermeidbare Aufwand eliminiert; die nackte Funktionsform entsteht aus der Logik des Produzierens und dem Zweck des Produkts. Silizium erhöht die Federeigenschaften des Stahls; Stirnschild und Innenpolsterung werden entwickelt, bis der Helm den »Probeschuss« erfolgreich besteht. Der Entwurf kommt in die Massenproduktion, als der Krieg in das Stadium der Material- und Vernichtungsschlachten eingetreten ist. Anlass, Zweck, technische Formfindung und produktionslogische Verwirklichung verbinden sich zu einer Beispieldemonstration von Rationalität: Der Stahlhelm wird nach den gleichen Prinzipien des Formfindens und Formgebens für die Massenproduktion entwickelt wie irgendein Kochtopf, an dem Gebrauchszweck, Herstellungsverfahren und Kostenkalkulation in Beziehung gesetzt werden: Die hydraulische Presse, der zur Verfügung stehende Spezialstahl, das unter betriebswirtschaftlichen und technisch-rationellen Gesichtspunkten herstellbare Werkzeug und die Akkordarbeit entsprechen den Erfordernissen der Kapitalverwertung und Organisation von Produktivität.

Dieses Stadium ist bei der AEG schon 1908 erreicht. Der Konzern führt seine Privatkriege auf den Schauplätzen des Weltmarktes mit den strategischen Mitteln der Effektivierung des Arbeits- und Kapitaleinsatzes durch innerbetriebliche Rationalisierung und außerbetriebliche Formrepräsentanz im Namen einer Sachlichkeit, zu der Ingenieure wie Designer beitragen müssen. Die späte Erfindung des Stahlhelms ist nur ein weiteres Beispiel, wie wertfreie Sachlichkeit der Form entsteht. Es spiegelt die gleichen Vorgaben, die gleichen Planungsprozesse, die gleichen Argumente der Effektivierung. Und wie die Lampen und Apparateformen der AEG vor 1914 einen höheren Symbolwert des technoimperialistischen Bewusstseins verkörpern, gerät der Stahlhelm zum Markenzeichen für die militärische Leistungsfähigkeit der Nation, wie andere Industrieprodukte in Friedenszeiten zu Markenzeichen moderner Unternehmen werden.

Bündelung der Interessen im Deutschen Werkbund 1907 – 1914

Ihren theoretischen und propagandistischen Rückhalt findet die epochale Versachlichungstendenz im Deutschen Werkbund. Dieser Interessenverband, dem Industrielle, mittelständische Unternehmer, Werkstattinhaber, Künstler, Publizisten, Politiker und Pädagogen angehören, wirkt wie eine Klammer widersprüchlicher Standpunkte und Erwartungen. Der Bund wird 1907 ausdrücklich unter dem Motto der »Veredelung der gewerblichen Arbeit im Zusammenwirken von Kunst, Industrie und Handwerk, durch Erziehung, Propaganda und geschlossene Stellungnahme«, wie die Satzung fordert, gegründet.

Kunstsoziale, ästhetisch-kulturelle und erzieherische Fragen der Zeit werden vor dem Hintergrund einer industriellen Entwicklung diskutiert, die so unlösbare Widersprüche hervorgetrieben hat wie die ausgebeutete menschliche Fabrikarbeitskraft und den Wunsch nach einem sinnerfüllten Leben. Es gehe dem Werkbund unter anderem darum, »die Menschen dazu zu bringen, dass sie im Großbetriebe doch wieder Menschen sind und zwar Menschen, die an ihrer Arbeit ein eigenes Vergnügen haben und mit in die Höhe kommen«, bekräftigt Friedrich Naumann (1908, S. 69). Dass dies kaum gelingen kann, wissen Kunstindustrielle genau: »Die Arbeiter an der Maschine führen mechanisch aus, was ihnen zugestellt wird.« (BRUCKMANN 1908, S. 92) Zwischen Mehrwertschöpfung und Arbeitsfreude klafft ein unüberwindbarer Graben.

Besser als jede andere Institution versteht es der Werkbund, die neue Produktionsästhetik und die versachlichten Produkte ethisch abzusichern. Dass »zweck- und materialgerechte Gestaltung eine Tat der Wahrhaftigkeit, eine sittliche Leistung« darstellen, wie Ferdinand Avenarius 1910 als Herausgeber des *Kunstwart* im Sinne führender Werkbund-Theoretiker formuliert, ist letztlich nur die ideologische Bestätigung von Designtendenzen, die sich aus der Ökonomie des industriellen Produzierens zwangsläufig ergeben. Durch sie wird auch die Möglichkeit greifbar, billige Gebrauchswerte für alle, und zwar solche, die ihre eigene Schönheit entwickeln, massenhaft zu produzieren. Auf die Qualität der Produkte richtet sich die Hoffnung im Werkbund: Zweckmäßigkeit, Langlebigkeit und Gediegenheit gelten als verpflichtende Norm. Hebung der Arbeitsfreude wird als Voraussetzung für »Qualitätsarbeit« – ein Schlüsselbegriff des Werkbunddenkens – angesehen. Er bezieht sich auf das Produkt, nicht auf die Arbeit. In dieser Akzentverschiebung ist die Entfernung vom Ideal der Aufhebung entfremdeter Arbeit durch kunsthandwerkliche Qualifikation, wie sie Morris einst gefordert hatte, leicht zu erkennen. Denn gerade die stumpfsinnig-reproduzierende Arbeit an Maschinen ist Voraussetzung der neuen, vielversprechenden Produkte für alle. Es wird zwar darüber nachgedacht, unter welchen Bedingungen die eigentlichen Produzenten für die geforderte »Qualitätsarbeit« befähigt und beflügelt werden könnten. Waentig (1909) spricht von der »technischen und geistigen Ausbildung eines veredelten Arbeiterstandes« beispielsweise in den Hellerauer Werkstätten. Doch schimmert durch jede zeitgenössische Diskussion um die Verbesserung der Arbeitsbedingungen in der Kunstindustrie deren eigenes Interesse allzu deutlich durch.

Georg Kerschensteiner, der als Reformpädagoge staatsbürgerliche Erziehungsziele und Industrieinteressen verbindet, versucht, das Auseinanderfallende unter ein Programm zu bringen: »Wenn wir die Arbeiter an die Interessen unseres Gewerbes und unserer Industrie fesseln wollen, so werden wir auch ihre Lebenserwartungen ins Auge fassen müssen. Wir können nicht tüchtige Menschen in Gewerbe und Industrie festhalten, wenn wir nichts geben, als ein Menschenalter hindurch mechanische Arbeit vom frühen Morgen, bis zum späten Abend (…) Wir müssen auch der Freude am Leben und zwar am gesunden Leben gewisse Konzessionen machen. (…) Es wird und muß möglich sein, die Arbeitszeiten und die allgemeine Bildung des Arbeiters so zu gestalten, dass, wie hart und gleichförmig auch die Tagesarbeit sei, die darauf folgende Mußezeit den Menschen im Arbeiter wieder auftauchen lässt (…).« (KERSCHENSTEINER 1908, S. 14)

Schon in der Ausbildung soll der Lehrling zur »Arbeitsfreude« hingeführt werden. Aber wie sie in der lebenslänglichen Fabrikarbeit erzeugt oder erhalten werden könnte, spart Kerschensteiner aus. Dafür entwirft er ein Musterbeispiel staatsbürgerlicher Haltung, »wie wir unseren Lehrlingen zum Verständnis bringen, dass die Wahrung der Interessen der Arbeitgeber in gewissen Fällen zugleich die beste Wahrung der Interessen des Arbeitnehmers ist« (ebd., S. 142).

Die »Wirtschaft zur Kultur emporbilden« (WAENTIG 1909) kann nur in der Ästhetik ihrer Produkte gelingen, so wie der Werkbund es fordert – nicht in der Form der Arbeit, durch die das geschieht. Als Institution zu schwach, um in den industriellen Organisationsprozess einzugreifen und den kunstsozialen Gedanken dort zu verwirklichen, wo er hätte verwirklicht werden müssen – in der Kultur der Arbeit –, reiht sich der Werkbund daher den reformerischen Bemühungen ein, die an Folgeerscheinungen laborieren: am »unkultivierten« Massenkonsum, am »schlechten« Geschmack, an den mühsam angeeigneten Sozialtraditionen des alltagsästhetischen Verhaltens, die zum Ärgernis für Gebildete und zum Hindernis für den Absatz der reformierten Produkte werden.

Erziehung zu einer neuen materiellen Kultur war vereinzelt schon vor der Stilkunstreform und vor dem Werkbund angesagt. Mit einem erneuerten Kunstgewerbe könne »auch der schlichte Bürger geistig so verwachsen, dass er allmählich zur Beurtheilung auch höherer künstlerischer Leistungen fähig« werde, und »auch das Auge des armen Mannes soll fortwährend auf einfachen, aber irgendwie schönen Gebilden ruhen; auch sein Geschmack soll gebildet werden, damit er eine Art von aesthetischem Gewissen oder Takt sich aneigne« – so heißt es schon bei Portig 1883 (S. 32f.). Im Ergebnis werden spätere Auffassungen förmlich vorweggenommen: »Endlich aber würde die Blüthe des Kunsthandwerks ein nicht zu unterschätzender Beitrag zur Lösung der socialen Frage sein«, weil das »Können des Einzelnen« und die »Menschenwürde im Arbeiten« neue Anerkennung fänden (vgl. PORTIG 1883, S. 36). An diese Tradition des Denkens knüpft der Werkbund an.

Aber die Veränderung der Arbeitsverhältnisse und des Charakters der Arbeit bleibt ein Wunsch, den die Werbung für das qualitätsvolle Produkt übertönt. Mit seinen geschmackserzieherischen Postulaten dringt der Werkbund ohne Rücksicht in den Wirkungsbereich des Massengeschmacks ein. Konsumenten des Industrie-Historismus und des Industrie-Jugendstils müssen sich sagen lassen, dass ihre Aneignungserfahrung und ihr gegenständlicher Besitz schlecht, billig, wertlos, ohne Geschmack und Kultur sind – möglichst umgehend durch anderes zu ersetzen: durch die neue sachliche Industrieform, die aus dem Strukturwandel und der ökonomischen Rationalität des Produktionssystems kommt.

Es ist eine andere Sachlichkeit als jene der »verborgenen Vernunft«, die über Jahrzehnte hinweg in einigen alltäglichen Lebenswerkzeugen durch stilles Vorhandensein und

Versachlichung des Entwurfs in der Großindustrie 117

Abb. 47: Vorbildliche Produkte. Deutsches Warenbuch der Werkbund/Dürerbund-Gemeinschaft, 1916

selbstverständlichen Gebrauch vertraut war. Die neue Sachlichkeit wird zelebriert und postuliert, für die alte bedurfte es keiner Propaganda. Die neue ist traditionslos, eine industrielle Innovation, die alte war die Fortsetzung einer Tradition zweckgebundener Formen im Alltag. In der Werkbund-Ära soll es keine Naivität des Gebrauches mehr geben. Ältere Formen fallen der Kritik anheim, die »moderne« und zweckmäßige Form verlangt volle Aufmerksamkeit. Dabei unterschlägt das Werkbunddenken nahezu alle ästhetischen Sozialtraditionen in ihrem Eigenwert. Die neuen Produkte sollen auf ein gereinigtes Bewusstsein treffen und einen neuen kulturellen Zusammenhang stiften. Aber am Versuch, Kunst, Industrie, Kultur und Geschäft zu versöhnen, zerbricht der Werkbund beinahe. Weder gelingt es, diese eine Kategorie von Gestaltung durchzusetzen, noch die Interessengegensätze in den eigenen Reihen dauerhaft zu verklammern, obwohl der Versuch dazu gemacht wird, Industrie und Handwerk gleichermaßen gerecht zu werden: »In künstlerischer Auffassung kann die Industrie fruchtbar, veredelnd und schöpferisch wirken, eine Fülle von neuen Formideen mit der größten Raschheit und auch in verhältnismäßig guter Ausführung in die Welt setzen, den kleinsten Haushalt mit sachgerechten, anständigen Dingen versehen, das Leben der Arbeiter (...) auf eine ungeahnte Höhe bringen, gleichsam die Armut in ihrer drückenden und peinigenden Form abschaffen, aber sie wird niemals den künstlerischen Geist der beseelten Handarbeit ersetzen. Und wir werden, je vollkommener, geschmackvoller und kulturreicher die Industrieerzeugnisse werden, mit ebenso großer Sehnsucht nach den künstlerischen Leistungen der Handarbeit verlangen.« (LUX 1908, S. 133)

»Meisterkleinwerkstätten« sollen neben der großen Kunstindustrie besondere Aufgaben wahrnehmen. Doch schon 1914 bricht die Illusion einer kulturellen Verklammerung von Kunst, Handwerk und Industrie zusammen. Es gibt zwar noch immer handwerkliche Kleinproduzenten und Künstler-Entwerfer, aber die Spannung zwischen den Befürwortern einer Reform der Maschinenarbeit durch Typisierung und den Anhängern der künstlerischen Individuation der Form wächst mit den Fortschritten der Rationalisierung in der Industrie und in den Großwerkstätten bis zum Konflikt im berühmten Thesenstreit zwischen van de Velde und Muthesius auf der Werkbund-Tagung 1914 in Köln. Die Exponenten stehen nicht nur für Parteiungen im Werkbund, sondern spiegeln in ihren Überzeugungen die Standpunkte einer veralteten und einer modernen Form des Produzierens.

Muthesius: »Nur mit der Typisierung, die als das Ergebnis einer heilsamen Konzentration aufzufassen ist, kann wieder ein allgemein geltender, sicherer Geschmack Eingang finden.« Van de Velde: »Solange es noch Künstler im Werkbund geben wird, und solange diese noch einen Einfluß auf dessen Geschicke haben werden, werden sie gegen jeden Vorschlag eines Kanons oder einer Typisierung protestieren.« (Vgl. Leitsätze in: *Zwischen Kunst und Industrie*, 1975, S. 96 f.)

Der Künstler prallt auf den Industriefunktionär, der als Architekt eher konservativ baut. Zugleich wird die Unvereinbarkeit der beiden Auffassungen sichtbar. Die »van-de-Velde-Leute« überzeugen die Mehrheit (vgl. POSENER 1970); aber damit werden fällige Entscheidungen nur in die Zukunft – bis in das Bauhaus – verlagert. Historisch soll Muthesius recht behalten. Er argumentiert auf der Höhe der Zeit, das heißt nach Maßgabe des entwickelten Standes der materiellen und ästhetischen Produktivkräfte. Teilhabe für alle an der Kultur der Gebrauchswerte kann nur aus der rationell produzierenden Industrie kommen; doch so rückständig wirken die Argumente der Künstlerfraktion im Werkbund heute nicht mehr. Sie verteidigt nicht nur die eigene Position, sondern bestreitet der industriellen Rationalität indirekt das Recht der Alleinherrschaft. Heute ahnt man die Tragweite dieser nie zu Ende gebrachten Diskussion. Van de Velde war kein Feind der Maschine, er wollte ihr etwas Menschliches entgegensetzen, sich und seine Arbeit ihr nicht völlig unterordnen. Der Thesenstreit von 1914 macht Grundwidersprüche sichtbar, die über Designfragen hinaus bis in unsere Gegenwart reichen. Damals zeichnen sich erstmals die Konturen des modernen technischen Alltags ab. Aeroplane, Zeppeline, Schnellzuglokomotiven, große Passagierdampfer werden zu Symbolen des Zeitalters. Automobil und Fahrrad leiten die individuelle Beweglichkeit ein, die Wohnung wird zum Feld technischer Installationen, die Arbeitsumwelt ist in der Maschinenhalle und im Großraumbüro weitgehend durchrationalisiert. Designer gestalten neben den Ingenieuren die kleinsten und die größten Dinge, Ozeanriesen, Straßenlaternen oder mechanisch-elektrische Küchenhilfen. Das Werkbunddenken kulminiert in der Ausrufung einer Ästhetik der Moderne, die Kultur des 19. Jahrhunderts scheint durch eine befreite und schönere abgelöst. Doch schon trifft darauf eine Diagnose zu, die erst späteren Stadien gilt: »Wir haben es (...) mit einer überorganisierten, übermechanisierten, überreglementierten und überbestimmten Kultur zu tun.« (MUMFORD 1974, S. 746)

Das Vorspiel dieser Einsicht kulminiert im Werkbundstreit um die Typisierung, der nicht von Designern, sondern von der Produktionsgeschichte entschieden wird. Die Verdienste des Werkbunds konzentrieren sich vor allem auf den Rückhalt, den gebrauchswertbewusste Entwerfer durch berufsständische Organisation und Anerkennung ihrer Leistungen erfahren. Sie konzentrieren sich auf die epochale Einsicht, dass Maschinenarbeit, Massenfabrikat und hohe Gebrauchswertqualität sich nicht ausschließen, sondern dass gerade das industrielle Produkt zum überzeugenden Ausdruck einer neuen Formkultur gelangen kann. Darin ist das Werkbunddenken zukunftsgerichtet.

Trotz der Herrschaft der Produktionsbedingungen über Gestaltung jeglicher Art erreicht die moderne Designgeschichte in diesem zweiten produktkulturellen Reformversuch um 1908 ihren ersten Scheitelpunkt. Bei aller Zuspitzung der Widersprüche scheint die Möglichkeit einer Gebrauchskultur für alle, wie sie im Bauhaus weitergeträumt werden soll, schon einmal kurz auf. Dann gehen Kapitalinteresse und Produktionsrationalität zur Tagesordnung über, bis die Konsequenzen der imperialistischen Politik jeden Reformversuch Lügen strafen. Rückfälle ins Ornamentale oder in die neoklassizistische Erstarrung untermalen das chauvinistische Pathos der Jahre vor dem Ersten Weltkrieg. Vom kunstsozialen Standpunkt ist kaum noch die Rede. Der Qualitätsgedanke entpuppt sich als Instrument kapitalistischen Wettbewerbs und als sozialer Besitzstand jener Klassen, die ihn immer als erste für sich beanspruchen konnten. Letztlich scheitert der Werkbund nicht nur an den Widersprüchen seines Programms, sondern auch an der politischen und ökonomischen Interessenspaltung seiner Mitglieder. Monopolkapital und Mittelstand sind nicht auf einen Nenner zu bringen. Als von der »Weltmachtstellung des deutschen Geschmacks« (JESSEN 1912) die Rede ist, haben Kulturanspruch und Imperialismus gleichgezogen. »Tatsächlich war der Werkbund im Jahr 1914 – in ästhetischer Hinsicht klassizistisch, in wirtschaftlicher und soziologischer Hinsicht verbürgerlicht und nationalistisch – nur noch die Verzerrung seiner Gründungsimpulse«, stellt Sebastian Müller (1969, S. 124) fest.

Neoklassizistische Formen sind schon auf der Dritten Deutschen Kunstgewerbeausstellung 1906 in Dresden zu sehen. Dass sie sich später gegen alles Sachlichkeitsdenken in Kunstgewerbe und Innenarchitektur, auch im Bauen für Industrie, Handel und Gewerbe durchsetzen können, kennzeichnet das gewandelte Selbstverständnis so hervorragender Werkbundmitglieder wie Bruno Paul oder Peter Behrens. Aus dem kulturkritischen Elan der zweiten produktkulturellen Reform werden Strategien der ästhetischen Organisation wirtschaftlicher Interessen. Verkaufsförderung ist von Kulturpolitik nicht mehr zu unterscheiden; der Werkbund wird zum Fürsprecher des deutschen Markenprodukts im Zeitalter der Großkonzerne und ersten Warenhausketten (vgl. FRIEMERT 1975).

Abb. 48: Zeppelin-Luftschiff, Rumpler-Taube und Maffei-Schnellzuglokomotive. Abgebildet in den Jahrbüchern des deutschen Werkbundes 1912–14

Bildungsbürgertum und zweite Kunstgewerbe-Reform

Weshalb haben die in der Gründungsphase des Werkbundes vertretenen Ideale der »Qualitätsarbeit« dennoch traditionsbildend gewirkt? Auf welcher soziologischen Basis entwickelt sich die Akzeptanz der Sachlichkeit? Diese Fragen muss man stellen, um spätere Entwicklungen zu verstehen.

Im Werkbund formiert sich eine der Spitzen bildungsbürgerlichen Bemühens, im zweiten Anlauf nach dem gescheiterten Stilkunst-Experiment in einer Kultur der Form neue Identität und Überzeugungskraft zu gewinnen.

Das Anspruchsniveau passt sich den neuen Bedingungen an – künstlerische Kulturerneuerung ist immer noch Hoffnung und Ziel, aber sie darf auf dem Wege der Typenmöbel oder industrieller Produkte ins bescheidene Haus oder in die Mietwohnung einziehen. Breitenwirkung ist angesagt und aussichtsreich. Denn der soziokulturelle Hintergrund der zweiten Reform schließt zwar noch die Träger der ersten ein, füllt sich aber durch jene Teile des Bildungsbürgertums auf, die an der elitären Stilkunstbewegung praktisch noch keinen Anteil nehmen konnten. Die gebildeten Mittelschichten stellen einerseits mit ihrer Kaufkraft einen ökonomischen Zielgruppenhintergrund dar, andererseits sind sie das ideologisch-pädagogische Potenzial der angestrebten Kulturreform. Ihnen wird die neue Schlichtheit der Form auf den Leib geschneidert, mit einer ideologischen Beimischung von regressiver Innerlichkeit, völkisch-nationalistischem Pathos und dem Glauben an den Wert neudeutscher Form. Alfred Lichtwark hatte schon für die erste kunsthandwerkliche Reform einen besonderen Vermittler in der Kombination des deutschen Lehrers mit dem deutschen Offizier vorgesehen (vgl. LICHTWARK 1962). Dem Schlichtheitsideal der Werkbund-Ära ist daher mit ideologiekritischer Vorsicht zu begegnen. Allzu leicht überwuchern fragwürdige Deutungsversuche die Idee der Läuterung des Gebrauchswerts. Kampagnen für den besseren Geschmack verbinden sich mit der starken »Identifizierung von Bildungsbürgern mit der deutschen Imperialität« (HAMPE 1976), mit teilweise rassistischen Vorstellungen und einer chauvinistischen Rechthaberei, die in ästhetischen Fragen geradezu einmalig genannt werden kann. Am Ende gipfelt die Wahrnehmung der neudeutschen Industrieform weniger in den schlichten Kochtöpfen, die das von der Dürerbund-Werkbund-Genossenschaft herausgegebene *Deutsche Warenbuch* (1916) abbildet, als in den Torpedobooten und Schlachtschiffen des Flottenbauprogramms. Es sind zwar oft dieselben Autoren wie in der Stilkunstära, die die Ästhetik-Diskussion bestimmen. Aber nun tritt der bisher stumm gebliebene Teil des Bildungs-(Klein-)Bürgertums mit in Erscheinung, dessen Lebensökonomie den bescheidenen Konsum verlangt und die ästhetische Askese fordert. Seine Konsumerwartungen richten sich auf das im *Kunstwart* propagierte pseudobiedermeierliche Heim. Dort gibt es lauter Gegenstände mit symbolischem Charakter: das schlichte Mobiliar (Werkstättenfabrikat), das Dürer-Bild in einer guten Reproduktion, im Bücherschrank Nietzsche, Langbehn und Schultze-Naumburgs *Kulturarbeiten*. Das Zentrum des Lebens bildet die Kleinfamilie. In das, was sie an Verhalten, Emotionen und geschmacklicher Kultur produziert, reden zwar immer mehr Professoren, Publizisten und Vereine hinein. Aber es ist die eigene Verhaltensnorm, die Identität mit sich, die hier zum Ausdruck kommt. Äußere Beschränktheit wird durch inneren Reichtum ausgeglichen. Mehr sein als scheinen, heißt die das Selbstwertgefühl und die geistigen Führungsansprüche stützende Devise. Feldzüge gegen Schmutz und Schund, gegen den Kitsch und die Auswüchse der kapitalistischen Warenkultur werden mit sektiererischem Eifer geführt. Geschmackserziehung bezieht sich auf nahezu jeden Gegenstand und Alltagsbereich, den Wandschmuck zu Hause und in der Schule, die Wohnungseinrichtung, auf Unterhaltungsliteratur, Spielzeug, Hausmusik, Fotografie usw.

Der Sinn dieser zweiten bildungsbürgerlichen Kulturreform liegt in der Hoffnung auf die Macht der Form. Julius Langbehn hatte das Programm vorformuliert: »Bescheidenheit, Einsamkeit, Ruhe, Individualismus, Aristokratismus, Kunst – das sind die Heilmittel, welche der Deutsche auf sich anwenden muß.« (LANGBEHN 1903, S. 356) Es ist ein Programm, mit dem der deutsche Bildungsbürger sich voll identifizieren kann. »Der beamtete Bildungsbürger war (...) ohnmächtig und mächtig zugleich. Als Bürger angesehen, seinen Einfluß und seine Einflußmöglichkeiten in seinem ›Wirkungskreis‹ (d.h. am Arbeitsplatz) wohl spürend, konnte er sich als ›Arm der Gerechtigkeit‹ (...) oder die Weisheit in Erziehung und Wissenschaft überhaupt fühlen. Da er sozusagen gar nicht zum kapitalistischen System gehörte, konnte er in besonders unbefangener Weise seine Identität wahren.« (CLAESSENS 1973, S. 220)

Die »Wiedereroberung einer harmonischen Kultur« (F. SCHUMACHER 1907 vor dem Werkbund) wird ein Ziel der Gebildeten-Reformbewegung. Sie hat die zerstörte Natur und die gestörte Kultur des Hochkapitalismus vor Augen, spürt die soziale Verunsicherung. Paul Schultze-Naumburgs vielbändiges Werk *Kulturarbeiten* (1901–17) ruft zur Wachsamkeit gegenüber den zerstörerischen Folgen der Industrialisierung und der Kulturbarbarei in Baukunst und Landschaftsgestaltung auf. In der schillernden Figur Schultze-Naumburgs treten die Erfahrungen und Ängste einer ganzen Klasse, ihre richtigen Beobachtungen und ihre falschen, ideologieverstellten Antworten in aller Widersprüchlichkeit zutage. Der Künstler, Architekt und einflussreiche Kulturkritiker, der auf seinem Wohnsitz Burg Saaleck als mittelständischer Kunstunternehmer mit 70 Angestellten (um 1910) die Saalecker Werkstätten für Architektur, Gartengestaltung und Inneneinrichtung betreibt, versucht in seiner Praxis, auf die ästhetische Grundlinie der Zeit um 1800 zurückzufinden (vgl. BORRMANN 1989), um Natur und Kultur gleichermaßen vom Stigma der Industrialisierungsgeschichte zu befreien. In seiner publizistischen Tätigkeit beweist er einerseits hohe, heute immer noch oder wieder aktuelle Sensibilität für ökologische und umweltästhetische Fragen, andererseits sucht er die Ursachen des kulturellen Niedergangs in einer »Entartung« des deutschen Volkes; er verkörpert früh den Typ des Rassisten und später überzeugten Nationalsozialisten, so dass er auch darin eine Mentalitätsvariante des Bildungsbürgertums spiegelt. Was die Verlustgefühle betrifft, steht er schon zu Beginn seines Wirkens nicht allein.

Man beklagt das »Verschwinden der Traulichkeit des deutschen Hauses«, die »Verunstaltung der Straßenbilder durch Reklameschilder«, das »Aussterben alter Waldbestände«, die »Schädigung der Landschaft durch Eisenbahnen«, die »Zerstörung natürlicher Wasserläufe durch Elektrizitäts-Anlagen« und fordert sogar die »Einschränkung fabrikmäßiger Betriebe« (RUDORFF 1901). Trotzdem wird der geschmackspädagogisch aktive Bildungsbürger zum Agenten industrieller Sachlichkeit, deren Niederschlag in einfachen Gestaltungen der alltäglichen Dinge er nicht nur als Ausdruck deutscher »Qualitätsarbeit«, sondern als kulturellen Wertbeweis schlechthin begreifen kann. Er unterdrückt gleichsam die regressiven Tendenzen der Selbstverteidigung gegenüber der Industriekultur durch deren Aneignung und Beförderung im Sinne einer Identifikation mit dem Aggressor. So wird die Sachlichkeit adaptiert, zur eigenen Sache gemacht und für andere pädagogisiert – und zwar, wie sich noch erweisen wird, auf einer Traditionslinie bis lange nach dem Zweiten Weltkrieg. (Vgl. den Exkurs über das designpädagogische Profil des Deutschen Werkbundes (S. 363).

Arbeiterwohnung und Arbeitermobiliar

Aus Unkenntnis der Gesetze des Kapitals, der Bedingungen industrieller Massenproduktion und aus der Erfahrungsferne der Gebildeten zu allen Sozialkulturen des Gegenstandsgebrauchs außer der eigenen, wird die Schlichtheit der Form vom Werkbund auch zum Maß für alle anderen Konsumenten erklärt. Dieser Ein-Kulturen-Standpunkt verengt nicht nur die pädagogische Perspektive oder blendet die Wahrnehmung anderer Kulturen des gegenständlichen Umgangs aus. Er legt nach Maßgabe der Erfahrung des eigenen »vergeistigten« Umgangs mit schönen Dingen nahe, dass darin auch das Glück für andere liegen müsse und dass diese Haltung allgemein als Gegenmittel zur industriekapitalistischen Verelendung empfohlen werden könne. Im Grunde ist die zweite bildungsbürgerliche Kunstgewerbereform nur eine Fortsetzung der ersten mit anderen Adressaten und Mitteln. Sie wird nicht mehr nur von »führenden« Künstlern und Publizisten getragen, sondern von Managern, Werkbund-Funktionären und Lehrern. Dennoch bleibt der Anspruch, »das Bedürfnis, zu veredeln, um das Leben innerlicher und es geistig reicher zu machen« (MUTHESIUS 1912, S. 26), bestehen. Indem Muthesius die »höhere, durchgeistigte Form« den niederen Bedürfnissen und Zwecken voranstellt, ist er dem bildungsbürgerlichen Selbstverständnis sehr nahe, zugleich kennt er aber auch den von diesem Selbstverständnis nicht durchschauten Außenzwang: »In der modernen sozialen und wirtschaftlichen Organisation ist eine scharfe Tendenz der Unterordnung unter leitende Gesichtspunkte, der straffen Einordnung jedes Einzelelements, der Zurückstellung des Nebensächlichen gegen das Hauptsächliche vorhanden. Diese soziale und wirtschaftliche Organisationstendenz hat aber eine geistige Verwandtschaft mit der formalen Organisationstendenz unserer künstlerischen Bewegung.« (MUTHESIUS 1912, S. 25)

Die Herrschaft der Form ist zugleich die Herrschaft der Produktionsweise über die Menschen. Diese nüchterne Erkenntnis hätte der Gebildeten-Reformbewegung den Boden unter den Füßen wegziehen müssen. Aber Friedrich Naumann hatte erklärt, es sei das »deutsche Zukunftsideal«, ein »künstlerisch durchgebildetes Maschinenvolk« zu werden, und dazu den »neuen deutschen Stil« gefordert. Dieser verdanke sich der Industrie, denn »die Maschinen sind die ersten und tiefest wirkenden Erzeugnisse des neuen deutschen Geistes« (NAUMANN 1904, S. 231).

Naumann war es auch, der im Jahr der »geräuschvollen Einweihung« des Kaiser-Wilhelm-Kanals 1895 (CONZE 1964), einer symbolischen Selbstdarstellung des in die Weltmachtpolitik strebenden Reichs und der innenpolitischen Selbstbekräftigung, den Nationalsozialen Verein gründete, der erheblichen Einfluss auf das bildungsbürgerliche Denken gewann, wie schon der 1891 gegründete Alldeutsche Verband: »Mit seinem überspannten Nationalismus, der sich alsbald mit Darwinismus und Rassenideologie verband, war er (...) ein Spiegelbild des optimistisch expandierenden Kapitalismus.« (CONZE 1964, S. 29) Dies wird auch die zweite Kunstgewerbereform; in ihr treten die schon im ersten Reformansatz der Stilkunst-Ära programmatisch angelegten Allianzen deutlicher hervor, zum Beispiel die Verbindung des national-kulturellen Sendungsbewusstseins mit den Weltmarktinteressen der Großindustrie. In diesem Sinne sollen »die Deutschen tonangebend werden, weil, wenn sie der Welt ihre Form aufprägen, sie auf Jahrhunderte hinaus Kunden gewinnen können« (NAUMANN 1908, S. 65).

An der deutschen Form, der »Formkultur der spätbürgerlichen Sachlichkeit« (POLLAK 1971), will man selbst, ja soll die Welt genesen. Die Verbindung von Nationalismus und Kultur, Geist und Geschäft, Führerattitüde und Kollektivtherapie prägt in den Köpfen Gebildeter erstaunliche Denkstrukturen aus; dies alles in Übereinkunft mit einer Warenproduktion, die ihre eigenen Interpreten findet. Karl Ernst Osthaus ruft 1913 den »Ladenbesitzer als Volkserzieher« aus. Nach Auffassung des Werkbunds sind die industriellen Unternehmer, die aufgeklärten Geschäftsleute und die Reformpädagogen und -publizisten dazu berufen, eine Art Kulturdiktatur auszuüben: »Die Massen künstlerisch zu machen, ist ein aussichtsloses Geschäft (…). Die Masse kann nur erträglich gemacht werden, wenn ihr schlechte Produkte vorenthalten und schließlich Gutes gereicht wird. Sie darf nicht befragt werden, denn sie hat kein Urteil.« (LUX 1908a, S. 109)

Der wirksamste Hebel dieser ästhetischen Sozialfürsorge für Ungebildete und Benachteiligte verspricht die Wohnungsversorgung zu werden, die schon lange zu einem sozial-

Abb. 49: Küchen-Einrichtungsvorschlag von H.E. Mieritz für ein Preisausschreiben der Krupp AG Essen und des Rheinischen Vereins zur Förderung des Arbeiterwohnungswesens, 1901

politischen Problem geworden war. Das Wohnungselend in den Ballungsgebieten und die Bindung von Arbeitskräften veranlassen schon vor 1900 große Unternehmen, in den Arbeiterwohnungsbau zu investieren. Private und institutionelle Bemühungen um beispielhafte Formen von Hausbau und Einrichtung für Minderbemittelte sowie Wettbewerbe und Ausstellungen eröffnen die Möglichkeit geschmacklicher Einflussnahme. Musterhäuser, Werksiedlungen, Billigmöbelformen eignen sich, das reformiert-sachliche Design in vorbildlichen Ensembles auch Arbeitern bekannt zu machen. Gemeinsamer Nenner ist Gediegenheit der Form; das bildungsbürgerliche Schlichtheitsideal beherrscht die Szene. Doch was heute an den 1911–12 im Berliner Gewerkschaftshaus gezeigten Entwürfen namhafter Künstler als schön und sauber verarbeitet gefällt, würde Konsumenten mit anderer Bildungsgeschichte und traditionellem Geschmack vielleicht immer noch irritieren. Damals kollidierten die gutgemeinten Angebote mit dem Massengeschmack und mangelnder Kaufkraft: 1908 verdiente ein Buchhalter selbst in Berlin kaum über 2000 Mark im Jahr, ein Facharbeiter meist weniger. Da blieb neben dem dringendsten Lebensunterhalt kaum etwas übrig, was in Einrichtungsgegenstände investiert werden konnte. Möbel waren im Verhältnis zu den Löhnen auch in der Prosperitätsperiode vor 1914 sehr teuer, im Krieg ging aller Konsum auf ein Minimum zurück, ein Zustand, der nach 1918 bis in die Stabilisierungsphase der Weimarer Republik anhalten sollte.

Außerdem blieben Gewohnheit und Bedürfnis immer noch auf die traditionellen Imitate der pseudobürgerlichen Üppigkeit, auf das »Muschelmöbeldreckzeug der Ramschbasare« (HEUSS 1963) gerichtet. Gebildete Sozialdemokraten mochten sich vorgestellt haben,

Abb. 50: Küche einer Berliner Arbeiterfamilie. Foto aus einer Wohnungsenquête der AOK Berlin, 1911/12

Abb. 51: Schrank für eine Arbeiterwohnung. Entwurf Hermann Münchhausen, 1911 (Hessisches Landesmuseum Darmstadt)

dass mit den modernen, sachlichen Möbeln die Befreiung vom kleinbürgerlichen Denken im Sinne eines ästhetisch geläuterten Klassenbewusstseins gelingen würde. Die Troddelsofas und Vertikos sollten deshalb klaren und einfachen Formen weichen. Dabei übersah man, dass das Schlichtheitsideal ganz und gar bürgerlichen Ursprungs war. Seine Quelle liegt im frühindustriellen Kapitalismus, als der Erwerbsbürger sparsam lebte und seine Moral in schlichten Formen wiedererkannte. Die Biedermeiermöbel-Zitate im Berliner Gewerkschaftshaus wirken deshalb deplaziert. Es gibt keinen Beweis dafür, dass Arbeiter jemals, außer unter dem Diktat der Not, sich freiwillig für einen kulturellen Code der Kargheit entschieden hätten. Dies ist eine bildungsbürgerliche Attitüde, so wie die Maschinenmöbel oder das gediegen verarbeitete Serienfabrikat 1912 zwar in die Lehrer- oder Pfarrerwohnung, kaum jedoch in Arbeiterhaushalte gelangten. Solche Formen mussten als symbolische Zurückweisung verstanden werden: Einfach und sparsam lebten Arbeiter ohnehin bis zum Überdruss.

Trotz materieller Einschränkung und imitativer Haltung ist das Arbeiterwohnen vor 1914 bereits Teil einer ausdifferenzierten Massenproduktkultur, in der alle Objektkategorien spezifisch soziale Darstellungsabsichten und kulturelle Erfahrungen abbilden. Jedes Ensemble spiegelt eine Sozialgeschichte des Gebrauchs, ist sozial signifikant für den gelebten gesellschaftlichen Augenblick. Mit dem Bekenntnis zur Sachlichkeit findet das Bildungsbürgertum nur eine neue Ausdrucksform des eigenen kulturellen Führungsanspruchs. Dieser löst ältere Modelle der »legitimen Kultur« (BOURDIEU 1982) weitgehend ab. Aber in seiner Projektion nach unten wird das Spektrum traditioneller Verhaltensmöglichkeiten für Unterschichten-Konsumenten eingeengt. Dort stößt der Reformversuch auf Widerstand; die vorbildlichen Produkte werden nicht verstanden, ja abgelehnt. Den Bevormundungsversuchen antwortet ein für die wohlmeinenden Reformer unverständlicher Trotz des Festhaltens am Billigimitat (vgl. GÜNTHER 1976b).

Naumanns Wort von der Maschine, durch die der Unternehmer den Massengeschmack erzieht, hat also nur eingeschränkte Gültigkeit. Letztlich bleiben die sozialen Grenzen über 1914 hinaus auch ästhetisch scharf gezogen: Die Propagandisten der neudeutschen Sachlichkeit erreichen weder die Angleichung der »Subkulturen« an die als führend ausgewiesene bürgerliche Produktkultur, noch gelingt es, die »vom kapitalistischen Geiste bewirkte Zerspaltung der nationalen Gemeinschaft« (KRATZSCH 1969) durch eine ästhetische Reform zu überbrücken.

III ENTWURF DER MODERNE ZWISCHEN DEN WELTKRIEGEN

1 Das produktkulturelle Profil der ersten Republik

Kunst, Architektur und Design im revolutionären Umbruch

Adolf Behne schreibt im August 1918 von der »Wiederkehr der Kunst« wie von einer Vision: »Die Kunstform, vor unserem menschlichen Dasein aufgerichtet, kann immer nur die eine, gleiche sein. Was verschieden ist in der Erscheinung der Gestaltungen nach Ort und Zeit, ist nicht in der Vollkommenheit des Ideals gelegen, sondern in den unzureichenden Mitteln, es zu erfüllen. Das Ideal, eben die Form, ist unveränderlich, und deshalb kann die Kunst sich nicht ›entwickeln‹, sie kann nur *wiederkehren*. Und sie kehrt wieder dort, wo eine große Gemeinschaft schöpferisch-lebendig wird, über den Zustand eines zufälligen, sinnlosen und daher hässlichen Massenbetriebes hinausarbeitet, sich die Ruhe eines in sicheren Bahnen schwingenden Kosmos-Abbildes verschafft. Ist dieser seltene und schöne Ruhezustand erreicht, in welchem der Lärm und die Ziellosigkeit des ›Funktionierens‹ kleiner und kleiner werden, bis endlich die so lange verschüttete, stille und gleichmäßige Arbeit des Herzens – fast wie ein Wunder! – sich aus dem verstummenden Chaos an unser Ohr hebt, leise und doch gewaltig und anschwellend ein neues Leben einführend, indes das alte, das alles einst mit Unruhe erfüllte, versinkt, dann ist die Kunst zugegen. Dann blüht sie auf. Dann kehrt sie wieder. Weil dann die Form gefüllt wird.« (BEHNE 1973, S. 36) Damit ist die Aufbruchstimmung beschrieben.

Das Bauhaus-Gründungsmanifest (1919) wird von einem Holzschnitt Lyonel Feiningers illustriert, der mit ikonografischer Unzweifelhaftigkeit eine Kathedrale unter einem Sternenhimmel darstellt. Das Motiv setzt in der splittrig-spätexpressionistischen Ausdrucksgebärde die Assoziation des »Gotisierens« frei. So wirkt das Blatt wie ein programmatischer Versuch, durch einen Griff, ein einziges Symbol, die Mittelaltersehnsucht Ruskins mit der verstörten Sprache der Moderne für einen Augenblick der vorausgestalteten Zukunft auf ein Drittes, Neues zu verpflichten.

Am Ende der Weltkriegskatastrophe herrscht nicht nur die politische Revolution; es geht auch um geistige Anstrengung für den Aufbau einer neuen Gesellschaft, in dem Künstler-Utopien wieder eine Rolle spielen sollen. Gestaltung kann für den Augenblick als ein von ökonomischen Zwängen und politischer Enge befreiter Entwurf besserer Welten verstanden werden und sich in idealen Bildern menschlichen Zusammenlebens äußern. Kunst, Architektur und Design treten ideell zum Bau eines revolutionären Gesamtkunstwerks der befreiten Menschheit zusammen. Wie tiefgreifend verändernd, widersprüchlich lebendig und ästhetisch umwälzend das neue Denken im Sinne kulturrevolutionärer Gesamtentwürfe, die mit aller bisherigen ästhetisch-kulturellen Erfahrung brechen, sich in einem Land entwickeln kann, dessen Gesellschaft tatsächlich von einer Revolution erfasst wird, zeigt das Beispiel der russischen

Abb. 52: Holzschnitt von Lyonel Feininger für das Bauhaus-Manifest von 1919 (Bauhaus-Archiv, Museum für Gestaltung, Berlin)

Avantgarde seit 1917 (vgl. Kat. *Die große Utopie*, 1992). Während die künstlerische Arbeit in der jungen Sowjetunion bis Anfang der dreißiger Jahre auf das gesellschaftliche Leben bezogen bleibt und Neudefinitionen ihrer gestalterischen und ideologischen Rolle auch aus sich heraus produziert, ist den Künstlern in Deutschland entsprechend der politischen Entwicklung nur eine kurze Aufbruchphase des revolutionären Denkens und Planens gewährt. Ökonomische, politische und gesellschaftliche Strukturen binden die gestalterische Phantasie an eine Realität des Entwerfens, die Kompromisse fordern, aber auch konkrete Realisierungsmöglichkeiten öffnen wird. Doch ehe die deutschen Künstler wieder auf dem Boden der Wirklichkeit stehen, nutzen sie ihre vorübergehende Freiheit zu expressiv-fiktiven Entwürfen.

Die Zeit nach Kriegsende ist voll Aufbruchstimmung und Hoffnung. Architekten und Künstler, die man dem Expressionismus zurechnen kann (vgl. PEHNT 1973), sammeln sich zu einer geistigen Gemeinschaft, die ihren Zusammenhalt in Friedensvisionen, im Entwurf neuer Lebensformen und in einer ausgeprägten Neigung zur utopischen Umweltgestaltung findet. Der »Arbeitsrat für Kunst« organisiert 1919 eine *Ausstellung für unbekannte Architekten*; Bruno Taut regt den enthusiastischen Briefwechsel der »Gläsernen Kette« an, deren Mitglieder, ähnlich jenen des Arbeitsrates oder der »Novembergruppe«, an die gesellschaftsformende Kraft zukünftigen Bauens glauben und dessen Entwürfe als Fantasy-Architekturen frei von realen Zwängen zeichnerisch und literarisch imaginieren. In der von Taut herausgegebenen Zeitschrift *Frühlicht* werden diese Vorschläge publiziert (vgl. TAUT 1921/22). Die monumental-transparenten Glasarchitekturen, die auf die Ebene oder ins Hochgebirge projizierten Landschaftsbebauungsentwürfe oder die Ausrichtung des Baugedankens auf organisch-umhüllende Funktionen verfolgen als gemeinsames Ziel eine ästhetisch-utopisch imaginierte Form des Zusammenlebens von Menschen im Einklang mit der Natur. Damit tauchen die fiktiven Gartenstädte und sozialistischen Lebens- und Produktionsgemeinschaften wieder auf, die William Morris 1890 in *News from Nowhere* sich an die Stelle des hochindustrialisierten, natur- und menschenausbeutenden Kapitalismus geträumt hatte. Überall beleben sich Beziehungen zum Sozialismus und seiner umfassend-utopischen Dimension der Ästhetik des Lebens.

So wird Heinrich Vogeler, der einst seiner feinsinnigen Jugendstil-Interieurs und seiner Märchen-Malerei wegen vom Großbürgertum gefeierte Künstler, Mitglied des örtlichen Arbeiter- und Soldatenrats und gründet auf seinem Worpsweder Barkenhoff eine landwirtschaftliche Produktionskommune und sozialistische Arbeitsschule. In radikalisierter Form lebt der alte Werkstätten- und Genossenschaftsgedanke wieder auf. Mit dem Konkurs aller bürgerlichen Werte, im Bewusstsein der Kriegskatastrophe, die man soeben durchlitten hat, und mit der revolutionären Situation vor Augen, gelingen Öffnungen des künstlerischen und entwerferischen Denkens und Wollens, die historisch lange vorbereitet sind.

Dabei sind die Ausgangspositionen so revolutionär-utopisch wie phantastisch-offen. Während Leberecht Migge in direkter Nachbarschaft zu den »Barkenhoff-Kommunisten« eine Siedlerschule mit eigenem Gartenbau betreibt, zeichnet andernorts Hermann Finsterlin visionär-organische Architekturen, die sich zu Naturformen aufzulösen scheinen. Utopisches Denken existiert neben handfester Praxis des Überlebens. Es gibt zu dieser Zeit der Not und des Aufbruchs keine Aufträge an Künstler außer ihren eigenen, keine Bauaufgaben, keinerlei Nachfrage nach Design. Noch ist nicht abzusehen, dass die Republik mit dem ökonomischen, sozialen und kulturellen Erbe des Kaiserreichs nicht brechen wird. Wie während eines Moratoriums kann die Produktivkraft Kunst sich frei fühlen, neue Bindungen und Aufgaben einzugehen, beweglicher als jemals zuvor oder danach in Deutschland. Eine Atempause erlaubt Neudispositionen des Künstlerbewusstseins von der Wurzel her. So entstehen radikalutopische Programme zwischen links-grünen Einstiegsversuchen in die projektierte neue Gesellschaft und theoretischen Gemeinschaftsentwürfen einer Integration zukünftiger Künstlerarbeit in diese Gesellschaft im Werden.

In Bruno Tauts Idee einer »Auflösung der Städte oder die Erde eine gute Wohnung« (vgl. TAUT 1920) stellt Architektur eine Synthese zwischen Arbeit und Kunst durch Bauen zu einer Kultur des Zusammenlebens schlechthin dar. In den Vorstellungen, wie sie sich im Arbeitsrat für Kunst zwischen 1918 und 1921 vereinigt zeigen, ist ein hochgespanntes Pathos der Versöhnung von Menschheit, Natur und Kosmos zu spüren, die sich in einer Kultur der klassenlosen Gesellschaft vollziehen soll. Der Arbeitsrat versteht sich als vorbereitende Gruppe für eine Art »Kulturparlament«, das spirituell-religiöse, politisch-kulturelle und ästhetisch-künstlerische Bemühungen unter Aspekten des sozialistischen Lebens- und Gesellschaftsentwurfs zusammenfassen und das künstlerische Schaffen sowie die Ausbildung dazu regulieren soll. Das Programm geht von einer genossenschaftlichen Kooperation aller Kulturschaffenden, einem Orden oder einer »Bruderschaft auf Leben und Tod« (ALLWOHN, in: Kat. *Arbeitsrat für Kunst*, 1980) aus, in die jeder Neuaufgenommene zunächst als »Arbeiter« eintritt. Die Ziele sind anarchisch-utopisch. Eine aus der Anstrengung aller erwachsende Gemeinschaft des neuen Geistes und der sozialistischen Kunst soll entstehen, deren »Beratungsräume« – von »absolutester Einfachheit und Schlichtheit« – so gebaut sein sollen, »als wäre gar kein Staat da« (BEHNE, ebd. S. 20). Behne deutet die alltägliche Aufgabe des Gestaltens auch darin an, dass Künstler zum Tagelohn von Arbeitern im Auftrag von Arbeiterräten und Gewerkschaften Ausstattungsaufträge und das Ausmalen von Arbeiterwohnungen übernehmen sollen.

In den *Stimmen des Arbeitsrates für Kunst* (1919) liegt ein Zeitdokument vor, das den Vergleich mit parallelen Neubestimmungsversuchen der Künstlerarbeit in der Sowjetunion nahelegt, wo mit der revolutionären Definition des »Produktionskünstlers« und in der Proletkult-Bewegung ähnlich hohe Erwartungen an die gesellschaftsintegrierte und -integrierende Funktion der Kunst entwickelt werden. In der Sowjetunion geht es,

Abb. 53: Modell des Monuments für die III. Internationale nach Entwurfszeichnungen von Wladimir Tatlin, 1919 (Nachbau für die Wladimir Tatlin Retrospektive 1991). Städtische Kunsthalle Düsseldorf 1993

und programmatische Ähnlichkeiten auf. Zunächst geht es in Deutschland um eine spätexpressionistische Strömung, während in der Sowjetunion bereits der Konstruktivismus als emphatischer Versuch, mit der Tradition von Kunst und Gestaltung radikal zu brechen, begonnen hat. Das wird an zwei symbolträchtigen Bildformeln erkennbar: Wladimir Tatlins Turmentwurf für ein Denkmal der III. Internationale von 1920 setzt das Kathedralenmotiv in einer gleichsam säkularisierten, industriell-dynamisierten Variante ebenso um wie der gotisierende Holzschnitt Feiningers zum Bauhaus-Manifest oder die gläsernen Türme Bruno Tauts. Allerdings wirkt Tatlins Entwurf »moderner«, weisen doch die ästhetischen Mittel auf eine andere Bewusstseinslage und Pragmatik des Gestaltens hin: Feiningers Holzschnitt bezeichnet eindeutig die regressive, historisierende Variante; das Motiv ist Ausdruck einer Sehnsucht, nicht einer Revolution, Tatlins Turm hingegen stellt eher eine Ingenieurform dar, keine Kathedrale.

der historischen Rückständigkeit der industriellen Produktivkräfte entsprechend, vor allem um den Anschluss der Künste an die Industrialisierung oder um die Avantgardefunktion des Künstlers beim Aufbruch in die sozialistische Industriegesellschaft (vgl. ERLER 1978; GASSNER 1977; GASSNER/GILLEN 1979; GASSNER 1992).

Dank des materialreichen Katalogs und der Frankfurter Ausstellung *Die Große Utopie* (1992) sind die Parallelen und Unterschiede sichtbar geworden. Zwar gibt es in Deutschland keine über ein Jahrzehnt anhaltende politisch-revolutionäre Diskussion um die Rolle des Künstlers in der Gesellschaft, wie in der Sowjetunion, aber im Vergleich der beiden in Fragen der Umweltgestaltung führenden Ausbildungsstätten Bauhaus und Wchutemas treten doch frappierende Parallelen

Die Bauhaus-Entwicklung

Die »Kathedrale des Sozialismus« (Oskar Schlemmer) ist als ein die Gemeinschaft aller Schaffenden umfassendes Werk zu verstehen, dessen Wurzeln weit zurückreichen sollen: über das Handwerk als Prinzip wertbildender Kooperation bis zurück auf die Dombauhütte, in der dieses Prinzip erstmals – der Transzendenz verpflichtet – verwirklicht worden ist. Das Gründungsmanifest von Walter Gropius spricht daher von einer »Wiedervereinigung aller werkkünstlerischen Disziplinen« in einer Baukunst von sozialer Bedeutung für alle Beteiligten, die aus einer »neue(n) Zunft der Handwerker ohne die klassentrennende Anmaßung« einer besonderen Rolle des Künstlers entstehen soll. Die religiöse Färbung des Gedankens einer Einheit aller Handwerke und Künste am Bau, der ein »kristallenes Sinnbild eines neuen kommenden Glaubens« werden soll (vgl. WINGLER 1962, S. 39), berührt gerade bei Gropius merkwürdig, hatte er doch vor dem Krieg mit dem Bau der Fagus-Werke (1911) ein überzeugendes Frühdenkmal der industriellen Funktionsmoderne gesetzt, obwohl er im Werkbund die Position van de Veldes vertrat. Aber die religiös-utopische Wendung ist so authentisch wie das Bekenntnis zum Handwerk, in dem die Wurzeln der Kunst und der nützlichen Produktion für alle gesucht werden. Nach Gropius muss die »nur zeichnende und malende Welt der Musterzeichner und Kunstgewerbler (...) endlich wieder eine bauende werden«, indem der handwerkliche Grund allen Gestaltens wiedergefunden wird: »Architekten, Bildhauer, Maler, wir alle müssen zum Handwerk zurück.« (In: Kat. *Arbeitsrat für Kunst*, 1980, S. 31)

Neben der epochalen Neudefinition der Künstlerrolle fließen Tendenzen in das Bauhausprogramm ein, die aus der deutschen Kunstschulreform vor 1914 und dem Werkbunddenken stammen. Das Studienprogramm (vgl. WINGLER 1962, S. 41) scheint sich in seinem dualen Konzept auf ein im Werkbund lange vor dem Krieg diskutiertes Modell zu beziehen, das Rudolf Bosselt 1908 erarbeitet hatte. Damals handelte es sich um einen Ausbildungsvorschlag für Designer und Facharbeiter für die (Kunst-)Industrie, der die Entwerfer technik- und verarbeitungskundig, die Ausführenden ästhetisch mitempfindungsfähig machen sollte. In Lehrwerkstätten unter Leitung eines Werkmeisters und eines Künstlers sollte eine durch Unterricht im Zeichnen und Modellieren ergänzte Handwerkslehre durchlaufen werden, ehe der Übertritt in Klassen nach Art der alten Kunstgewerbeschule erfolgen könnte. Schon Bosselt spricht der Architekturausbildung die dominierende Rolle zu, weil alle Einzelentwürfe letztlich am Bau oder Innenraum ihre Anwendung finden. Er nimmt das Bauhauskonzept auch darin vorweg, dass dieser Schule mit ihren Lehrwerkstätten Klassen für die »hohe Kunst« angegliedert sein sollen, die es den handwerklich-technisch und kunstgewerblich-praktisch ausgebildeten Schülern ersparen, eine Kunstakademie zur weiteren Vervollkommnung ihrer Entwurfsfähigkeiten besuchen zu müssen (vgl. BOSSELT 1908).

Bosselt fasst damit Reformgedanken zusammen, die – nicht nur im Werkbund – schon mit Beginn der kunstgewerblichen Bewegungen verstärkt diskutiert wurden (vgl. z. B. die Übersicht bei WICK 1982a, S. 54 ff.). Eine Entakademisierung künstlerischer Ausbildungsgänge, die Betonung handwerklicher Komponenten und die Berücksichtigung kunstindustrieller Interessen deuten sich tendenziell lange vor der Bauhausgründung an.

Doch während das ältere Programm von 1908 auf die Industrietätigkeit des Designers zielt, greift Gropius 1919 bis in die Diskussionsphase der kunsthandwerklichen Reformbewegung zurück, auf den »großen Bau, das Einheitskunstwerk« im Sinne der Bauhütte, deren Bild handwerklicher Produktions- und Kooperationsformen seit Ruskin und Morris die Kritik am Kapitalismus, an der industriellen Arbeitsteilung und Entfremdung wie eine utopische Konstante begleitet hatte.

So beginnt das Bauhaus seine Arbeit an den Wurzeln einer Tradition, die es in seiner kurzen Geschichte zwangsläufig überwinden lernen muss. Thema ist und bleibt – besonders in den Jahren des Weges zu einer Schule der Industriekultur schlechthin – der Widerspruch zwischen den notwendigen und fälligen Integrationsversuchen menschlicher Bedürfnisse und Fähigkeiten in die sich »versachlichende« industrielle Moderne und deren eigenmächtig-gewaltförmige Dynamik

Abb. 54a und b: Erstes Bauhaus-Signet nach Entwurf von Peter Röhl (1919) und das 1922 von Oskar Schlemmer entworfene Siegel (Bauhaus Archiv, Museum für Gestaltung, Berlin und Sammlung U. Jaïna Schlemmer)

über alles menschliche Maß hinaus. Das Bauhaus wird damit die erste Institution, die sich dieser Herausforderung praktisch stellt und den visionären Aufbruch von 1919 in einen permanenten Umbruch nachrevolutionärer Machbarkeitskonzepte verwandelt. Dabei scheint heute weniger die Rekonstruktion aller Einzelleistungen wichtig, als der Nachvollzug der Ansätze und Brüche in der Entwicklung, die von einer einzigen großen Frage beherrscht wird: Ist das Industriezeitalter mit künstlerischen Mitteln kultivierbar? Lässt sich ein symbolisch-ästhetisches Ausdrucksmuster für diesen Zweck erarbeiten?

Die Bauhauskonzepte zwischen Weimar ab 1919 und der Schließung der Schule in Berlin 1933 sind daher jenseits kunsthistorischer und designpädagogischer Analysen nach ihrem Problembewusstsein abzufragen. Es hat seine historischen Spuren hinterlassen. Das erste Signet oder Siegel, von 1919 bis 1921 in Gebrauch, ist ein grafisches Zeichen voller Anspielungen auf den handwerklichen Bau, getragen von einer stilisierten Figur, teils Menschenwesen, teils als Balkenwerk deutbar, umgeben und überzeichnet von zünftischen Symbolen; auch der Stern als kosmisches Zeichen in der Kreisform der Schrift fehlt nicht. Von der bauhaustypischen Geometrisierung zeigen sich erste Vorboten (das dreieckige »Dach«, die Schwarzweiß-Verwerfung beider Hälften des »Kopfes«, die Senkrechte, die Gerade, die Winkel); dennoch überwiegt der Eindruck des Organischen bis hin zu einer typografisch noch nicht durchgearbeiteten »Handschrift« im Text. So versammeln sich im Signet der Gründungs- und Frühzeit die Elemente tektonischer Ordnung und organischen Wachstums nicht feindlich, aber auch nicht harmonisiert, sondern im gebundenen, halbgeklärten Chaos des Anfangs, in dem schon alle Widersprüche sichtbar angelegt sind. Man könnte dieses erste Siegel als Schülerarbeit und Zeugnis einer noch nicht artikulierten Typografie betrachten. Aber es bringt das anfängliche Selbstverständnis der Einheit der Künste und der schaffenden Menschen unter der Leitvorstellung des Bauens zum Ausdruck, zugleich den ungeklärten Zustand des Lehr- und Gestaltungsbewusstseins der frühen Weimarer Jahre, als Johannes Itten noch eine tragende Rolle als Meister spielen konnte. Er schreibt, Ziel seines Unterrichts im Vorkurs sei »der mensch selbst, als ein aufzubauendes, entwicklungsfähiges wesen«, dessen »möglichkeiten, anlagen, denkweisen, empfindungsarten und schöpferische kräfte« im Mittelpunkt gestanden hätten (ITTEN 1930, S. 141).

Das zweite, von Oskar Schlemmer entworfene, ab 1922 gültige Signet zeigt die Kreisform exakt, eine konstruierte Schrift umfassend, die abgetreppte, spannungsreich rhythmisierte Senkrechte des »Profils« – das Zeichen für den Menschen, immer noch eine Mitte bedeutend machend, aber nun als »Kopf« mit quadratischem »Auge«. Das konstruktivistische Formrepertoire klingt erstmalig an, der Gestus des Zeichens ist modern, das Bezeichnete wirkt geschichtslos – keine Andeutung von Mittelalter mehr, das Ganze ist schon eine Einheit mit klaren Bezügen; die Reduktion signalisiert Konsequenz, Entscheidung. Das Geometrisierte hat das Organische abgelöst, aber das Zeichen kann immer noch als »kosmisch« verstanden werden, sei es als Sonnenscheibe, sei es als Medaillon oder Tondo mit dem Menschen in der Mitte: Nicht mehr aufbauende Tätigkeit, sondern ein ruhender Zustand, Ordnung wird symbolisiert.

Kein Siegel, aber ein in größerem Maßstab vergleichbares, zu einem komplexen Zeichen zusammengerafftes Ausstellungsplakat von Joost Schmidt zeigt 1923 die schon ausdifferenzierte Geometrisierungstendenz der diagonal dynamisierten Komposition aus roten und schwarzen Flächen: Kreis, Rechteck, Quadrat, jeweils in idealer Linie auf der Grundfläche vervollständigt weiterzudenken. Das Zeichen des Kopfes ist hier in eine maschinenhafte Abstraktion eingebunden, aus dem Zentrum herausgerückt, dazu eine montierte, kompositionsintegrierte Schrift, das Ganze spannungsgeladen wie ein konstruktivistisches Bild (Lissitzky und van Doesburg sind 1923 in Weimar; Kandinsky ist schon 1922 aus dem Umkreis der russischen Avantgarde-Diskussion an das Bauhaus ge-

Abb. 55: Plakat zur Bauhaus-Ausstellung 1923. Entwurf Joost Schmidt (Bauhaus-Archiv, Museum für Gestaltung, Berlin)

kommen): Räderwerkassoziation, Dynamik, die Auflösung des Widerspruchs von Mensch und Technik in der verdichteten hypersymbolischen Form – zwischen dem ersten Signet und dieser Plakatgrafik klaffen Welten und liegen doch bloß vier Jahre Bauhausentwicklung.

Der »Versuch der Synchronisierung der Künste mit der Modernisierung« (LETHEN 1986) muss zunächst am entgegengesetzten Ende des Wissens und Könnens der Hand aus der Kunst begonnen und auf der Suche nach einem neuen Standpunkt in der Geschichte der Produktion in der Gegenwart eingelöst werden. Das Bauhaus erlebt dabei eher Abtrennungen als die Synthese, die es sich nach anfänglichen Klärungen noch in Weimar versprochen haben mag.

Ittens Fortgang 1923 signalisiert eine erste Krise, zugleich eine beschleunigte Entwicklung, die vom Handwerksprinzip zur industriellen Orientierung drängt. Gropius notiert 1922 (vgl. WINGLER 1962, S. 62), er suche »die Einheit in der Verbindung, nicht in der Trennung dieser Lebensformen«. Später, vermutlich 1924, schreibt er von einer »neuen Einheit« von Kunst und Technik (WINGLER ebd., S. 90). Aber die Kunst eines Kandinsky oder Klee lässt sich auch in Dessau nicht in ein Architekturstudenten-Kollektiv hinein vermitteln, von den Vorübungen eines Itten sind Auswirkungen auf Design und Bauen nicht belegt; seine Nachfolger Albers und Moholy-Nagy mögen sich manchmal darin wiedergefunden haben. Bei zunehmender Annäherung der Lehre an die industrielle Produktionswirklichkeit werden die individuellen Kunstleistungen zugunsten einer Tendenz zur formalen Strenge, zur Reduktion der Mittel, zur Entsinnlichung der Form ins Abseits gedrängt.

Rykwert (1982) bezeichnet gerade diesen Weg als die »dunkle Seite« der Institution, weil die Spiegelung der industriellen Moderne im Bauhausdenken so glatt gelingt. Der ursprüngliche Gedanke einer Besinnung auf die Handarbeit, auch der von Gropius ins Auge gefasste Ausgleich in der Einheit handwerklicher und industrieller Prinzipien und Ziele der Gestaltung tritt immer mehr zurück. Wenn Johannes Itten seinen praktischen Einführungen in die Gestaltungslehre nach eigener Erinnerung noch das Motiv unterlegte, »dass unserem nach außen gerichteten wissenschaftlichen Forschen und Technisieren ein nach innen orientiertes Denken und die Seelenkräfte das Gegengewicht halten müssen« (ITTEN 1963, S. 11), so befindet Hannes Meyer als Lehrer am Bauhaus 1929: »kunst ist keine affektleistung, kunst ist nur ordnung.« (MEYER 1980, S. 51)

Die kühle Nacktheit der Stahlrohrmöbel Marcel Breuers und das funktionsorientierte Prinzip einer Baulehre als »Mittel objektiver Ordnungen der Gesellschaft« oder »Lehre von den Ordnungsprozessen« (MEYER 1979) zeugen nicht nur von fortgeschrittenem Entwurfsbewusstsein, sondern auch von freiwilliger Unterordnung unter eine Rationalität, die unverdächtig, ja willkommen erscheint, obwohl sie Wahrnehmungen und Erfahrungen verdrängt, die ursprünglich zur Lehre im Bauhaus zählten. Dabei sollen die neuen Formen allen Menschen dienen, sie sollen in ihnen wohnen, von ihnen zu leben lernen. Dies zunächst als Vorgriff auf die Problemgeschichte der Bauhauslehre.

Annäherungen an die Entwicklungsgeschichte des Bauhauses haben immer wieder zu einer Einteilung in »Phasen« geführt. Wick (1982) fasst sie zusammen, um sich dann für jene von Kröll (1974) zu entscheiden, die von einer Gründungsphase 1919–1923, von einer Konsolidierungsphase 1923–1928 und von einer Desintegrationsphase 1928–1933 spricht. Eine mehr formale Bezeichnung stellt die Einteilung nach Standorten (Weimar 1919–1925, Dessau 1925–1932, Berlin 1932–1933) oder nach direktorialen Perioden (Gropius 1919–1928, Hannes Meyer 1928–1930, Mies van der Rohe 1930–1933) dar.

Das Modell von Herzogenrath (1978) unterscheidet nach kunsthistorischen Gesichtspunkten insgesamt fünf Phasen und gibt ein differenziertes Bild. Herzogenrath benennt eine erste Phase 1919–1921, die vom handwerklich bestimmten Künstler-Individualismus eines Itten oder Schreyer bestimmt ist, dann eine zweite formalästhetisch-elementarisierende unter dem Einfluss der *Stijl*-Bewegung und der Lehre van Doesburgs 1922–1924; eine dritte Phase der Entwicklung funktionaler Prototypen für die industrielle Fertigung 1924–1928 mit besonderen Beiträgen von Moholy-Nagy und Breuer, schließlich eine vierte Phase der Versachlichung des Entwurfsdenkens 1928–1930 unter Hannes Meyer, und eine Schlussphase unter Mies van der Rohe bis 1933, in der formalästhetische Momente wieder stärker hervortreten.

Dieses Fünf-Phasen-Modell lässt sich in ein inhaltliches, das heißt Theorie und Praxis aus dem gesellschaftsgeschichtlichen Hintergrund interpretierendes Entwicklungsmodell umsetzen. Demnach beginnt das Bauhaus seine Lehre unter regressiven Zielen eines handwerklich-künstlerischen Wiederanknüpfens an reformutopische Traditionen der Industrie- und Kapitalismuskritik, was dem Diskussionsstand im Arbeitsrat für Kunst 1919 entspricht. Zu dieser Zeit ist die Entwicklung der Schule noch so offen wie das Schicksal der ersten Republik. Es ist die Phase des »ganzheitlichen« Elementar-Unterrichts von Itten mit seinem idealistisch-humanistischen Glauben an das ästhetisch sensibilisierte Subjekt, die Zeit der handwerklichen Möbel mit Schnitzwerk, der Ausstattung des Hauses Sommerfeld und der Schmuckformen aus der Metallwerkstatt, bevor Moholy-Nagy deren Leiter wird. Praktisch ist es die Phase der Wiederaufnahme kunsthandwerklicher Traditionen und der Suche nach einer neuen Formensprache zwischen Anleihen bei »primitiven« Kulturen, Monumentalisierung der Handwerksform und beginnender Vereinfachung im Sinne transparenter Funktionen.

Solange das Weimarer Bauhaus sich mit dem eigenen Aufbau beschäftigt und die Wirtschaftslage der Republik labil bleibt, kann es sich in einer zweiten Phase mit forcierten formalästhetischen Experimenten ohne Rücksicht auf die Erfordernisse industrieller Fertigung profilieren. Was nun als neue Form entsteht, immer als kunsthandwerkliches Unikat, ist im Grunde noch »expressionistisch«, freilich mit neuen stilistischen Mitteln. Auch im sowjetischen und niederländischen Konstruktivismus werden künstlerische Überholmanöver der gesellschaftlichen Tatsachen, Projektionen einer Kultur, die es im Alltag nie geben wird, entworfen.

Die besondere Nähe zur Stijl-Bewegung (vgl. WIESE 1981) erklärt sich aus Gründen unmittelbarer Berührung wie im Fall van Doesburg; zur revolutionären Kunstdebatte in der Sowjetunion entstehen Beziehungen über Briefwechsel (Gropius-Lunatscharski), Ausstellungen russischer Konstruktivisten (z. B. in Berlin), über den Dadaisten- und Konstruktivisten-Kongress 1922 in Weimar, über Künstler wie El Lissitzky, Moholy-Nagy und Kandinsky, oder auch Malewitsch. In Theorie und Praxis des Stijl lassen sich gesamtkünstlerische Ansprüche wiedererkennen, wie sie die deutsche Kunstgewerbe-Bewegung seit 1900 entwickelt hatte. Auch de Stijl ist Entwurf einer Lebens- und Kulturreform durch das Gesamtkunstwerk einer ästhetisch vorweggenommenen Moderne. Vom abstrakten Bild bis zum kubisch vereinfachten Haus und zu geometrisch hochstilisierten Möbelformen kann das Bekenntnis zur Maschinen-Moderne zum Ausdruck kommen. Die Stijl-Mitglieder verhalten sich dieser Idee entsprechend konsequent. Basis ihrer Entwürfe ist eine strenge Elementarästhetik der Grundformen und Grundfarben, die alle künstlerischen und alltäglichen Traditionsreste überwinden soll. Schon 1917 erscheint die erste Nummer der programmatischen Zeitschrift *De Stijl*. Gründungsmitglieder der Gruppe sind Theo van Doesburg, Piet Mondrian, Vilmos Huszar, J.J.P. Oud, Antony Kok, Gino Severini, Jan Wils, Bart van der Leck, Robert van't Hoff, Georges Vantongerloo: Maler, Bildhauer, Architekten, Schriftsteller, die sich mit dem Ziel vereinigen, eine Beziehung zwischen Kunst und moderner Gesellschaft zu schaffen (vgl. JAFFÉ 1965; BÄCHLER/LETSCH/SCHARF 1984). Der Tendenz zur radikalen Geometrisierung der Formen in der ästhetischen Praxis der Stijl-Mitglieder entspricht eine ausgedehnte Theorieproduktion, die in

Abb. 56: Holzrelief mit vernickeltem Türgriff und Schloss. Lehrlingsarbeit am Bauhaus (Metallteile Naum Slutzky), 1921 (Bauhaus-Archiv, Museum für Gestaltung, Berlin)

den von Subjektivität gereinigten strengen Formprinzipien eine Antwort auf die Rationalität der industriellen Welt sieht.

Die von künstlerischem Sendungsbewusstsein, intellektueller Unduldsamkeit und Technikpathos erfüllte Lehre van Doesburgs findet im Bauhaus 1921 und 1922/23 fruchtbaren Boden. Obwohl van Doesburg nicht die erhoffte Berufung in ein Lehramt erhält und neben dem Bauhaus eine Art private Gegenschule betreibt, erscheinen in der Reihe der Bauhausbücher grundlegende Veröffentlichungen der Stijl-Mitglieder Mondrian, van Doesburg und Oud. Die Zeitschrift *De Stijl* redigiert van Doesburg von 1921 bis 1923 in Weimar. Faszinierend mag vor allem das Versprechen der Stijl-Theorie gewesen sein, dass der Künstler an der Spitze der gesellschaftlichen Produktion stehen könne. In dieser Hoffnung sieht das Bauhaus seine Gründungserwartungen bestätigt. In einer Erklärung des Stijl schreiben die Unterzeichner van Doesburg, Lissitzky und Hans Richter 1922: »Die Kunst ist ebenso wie Wissenschaft und Technik eine Organisationsmethode des allgemeinen Lebens (...) Die Kunst ist allgemeiner und realer Ausdruck der schöpferischen Energie, die den Fortschritt der Menschheit organisiert, das heißt, sie ist Werkzeug des allgemeinen Arbeitsprozesses.« (In: *De Stijl* 1984, S. 57f.)

Hier zeigt sich die Stijl-Theorie den Integrationsvorstellungen künstlerischer Arbeit in den gesellschaftlichen Produktionsprozess bei den sowjetischen Konstruktivisten verbunden. Für die Lehre im Bauhaus bedeutet die Aufwertung der Kunst zu einer »Organisationsmethode« des Lebens die Bestätigung des mit künstlerischen Mitteln eingeschlagenen Weges zur Überformung der Dinge des Alltags nach strengen ästhetischen Prinzipien. Die Lehren des Stijl verlangen geradezu nach Unterwerfung der banalen Zwecke unter Gesichtspunkte künstlerischer Ordnung, die den alten handwerkskünstlerischen Individualismus zugunsten einer neuen, kollektiv verbindenden Formkunst der modernen technischen Welt aufhebt. Aber dem Formalismus der zweiten Weimarer Phase fehlt praktisch jede produktionslogische und gebrauchsgeschichtliche Basis außerhalb der Mauern der Institution. Hannes Meyer kann sich später leicht über die »konstruktivistelnden« Künstlerentwürfe dieser Jahre mokieren, über das rote Quadrat, den blauen Kreis und den Würfel in den Grundfarben mit Schwarz, Weiß und Grau für den verspielten »Bauhaus-Snob« (MEYER 1965b). Was van Doesburg als Ablösung von der »expressionistischen Verwilderung« der Eingangsphase betrachten kann, ist für die

Abb. 57: Holzlattenstuhl mit Stoffbespannung. Entwurf Marcel Breuer, 1922 (Bauhaus-Archiv, Museum für Gestaltung, Berlin)

später gewonnenen Standpunkte schon wieder überholt, weil nun klar wird, dass es in dieser zweiten Phase allenfalls um künstlerische Interpretationsversuche des technischen Zeitalters, nicht um Anbindungen an die gesellschaftliche Produktionswirklichkeit gegangen ist. Die Dinge sehen in ihrer übertriebenen Geformtheit und konstruktivistischen Stilisierung bloß so aus, *als ob* sie dem industriellen Zeitalter entsprungen wären. Tatsächlich sind sie konstruktivistische Kunstwerke, die sich als Designobjekte ausgeben, als ideale Prototypen einer gedachten Durchformung der Welt. Der Einfluss der Stijl-Ästhetik gipfelt in der verabsolutierten Geometrisierung: Kreis, Quadrat, Rechteck beherrschen die Fläche; Kugel, Würfel, Zylinder den Raum; die Farbigkeit wird elementar reduziert wie in Farkas Molnárs »rotem Würfel«, einem Stijl-verbundenen Einzelhausentwurf; das Gebrauchsmöbel gebärdet sich konstruktivistisch wie in Breuers an Rietveld erinnerndem Holzstuhlmodell von 1922.

Auch in der Sowjetunion eilt die Sprache der Künste der Technik voraus, die ihre Materialisation im Produktionsprozess erst finden muss. Gassner (1974) spricht von einer »Laboratoriumsphase des russischen Konstruktivismus« zwischen 1915 und 1921, in der eine neue formale Grammatik und deren philosophische Begründung (vgl. z. B. MALEWITSCH 1980) gelingt. Im Übergang von den Mitteln der Flächenkunst zu räumlich-konstruktiven Gebilden vergegenständlicht sich zwar die Idee des Konstruktivismus als Bruch mit aller darstellenden Tradition von Kunst und als Entwurf einer neuen Raum- und Gegenstandserfahrung, die Arbeit des Künstlers bleibt aber vom Alltagsleben der Massen ebenso abgetrennt wie in der Praxis der Stijl-Bewegung. Erst das Ende der theoretischen und praktischen Laboratoriumsphase bringt eine Annäherung an die industrielle Produktion mit dem Einsatz von Künstlerarbeit für die unmittelbare, materielle Gebrauchswertproduktion. Was an Entwürfen für Gebrauchsgegenstände vor diesem Umbruch entsteht, ist nicht minder formalistisch wie mancher Entwurf am Bauhaus um 1922/23, nur dass die »suprematistischen« Vorschläge sowjetischer Künstler bereits modelliert sind, als das Bauhaus noch den Anschluss an die Stijl-Ästhetik sucht.

Neu und in einem nicht mehr nur ästhetischen Sinne avantgardistischer als jede Position im Bauhaus ist in der Sowjetunion schließlich die vereinzelt in die Tat umgesetzte Forderung nach Integration des Künstlers in den Produktionsablauf der Fabrik, um »nicht nur auf die Gestalt des Produkts Einfluß zu nehmen, sondern auch auf die Tätigkeit der Arbeit selbst« (GASSNER 1977, S. 60).

Die Gründung der Wchutemas, der höheren künstlerisch-technischen Werkstätten, einer für Design und neue Architektur in der Sowjetunion wegweisenden Institution, erfolgt 1920 im Zusammenhang mit der Entwicklungsgeschichte des revolutionären Konstruktivismus. Erst Bestandteile des Entwurfsdenkens und der Praxis der vierten Bauhaus-Phase unter Hannes Meyer wird man mit Theorie und Praxis der Wchutemas, wo Rodtschenko, Lissitzky und Tatlin lehren, vergleichen können. (Über mögliche frühe Einflüsse der sowjetischen Kunstdiskussion auf Gründungsgedanken des Bauhauses und über vergleichbare Entwicklungen im Bauhaus und bei den Wchutemas vgl. WICK 1982a, S. 59 ff.; zu Parallelitäten im Lehrprogramm vgl. SCHÄDLICH 1976 und 1980; CHAN-MAGOMEDOW 1980; GRÖNWALD 1981; SHADOWA 1981; STEPANOW 1983.)

Bauhaus und Wchutemas weisen im institutionellen Aufbau, im Lehrprogramm und im inneren Widerspruch zwischen freier Kunstproduktion (Staffeleibilder, plastische Objekte) und »Produktionskunst« (in die gegenständliche Alltagsproduktion eingreifende Arbeit) Parallelitäten auf (vgl. ADASKINA 1992, S. 84 f.). Vorkurs, Werkstättenprinzip, der Bruch mit jeder akademischen Vermittlungsroutine künstlerischer Professionalität und die Hinwendung des Studiums zu experimentellen Fragen der Annäherung an Grundlagen des Wahrnehmens und Gestaltens legen in ihrer Gleichzeitigkeit an beiden Institutionen den Eindruck nahe, dass sich ein strukturelles Moment der Moderne in zwei unterschiedlichen politischen Systemen durchgesetzt hat. Technik und industrielle Arbeit sind ja die Fundamente der Reproduktion beider Gesellschaftssysteme.

Letztlich ist das Leitbild der Epoche im ungebrochenen Glauben an den technischen Fortschritt, der die Lebensbedingungen der Massen positiv verändern soll, begründet. Darin sind Henry Ford und Lenin sich vermutlich im Grunde einig gewesen, es ist das verbindende, mentalitätsgeschichtliche Programm, das ungeachtet der unterschiedlichen politischen Formen der beiden großen Industrialisierungsökonomien einem epochalen Muster mit kulturprägender Wirkung zu entsprechen scheint.

In der zweiten Weimarer Bauhaus-Phase ist man vom politischen und ästhetischen Programm einer »Produktionskunst« weit entfernt. Die Bemühungen gelten einer formalen Grammatik, von industrieller Formgebung ist noch nichts zu sehen. Dieser Schritt der Annäherung wird erst in der dritten, wohl wichtigsten Phase durch funktionsästhetische Abklärung der Entwurfslehre und -praxis vollzogen. Dann gelingt die tatsächliche Bezugnahme auf Bedingungen industriellen Produzierens, freilich ohne direkten Kontakt der Entwerfer mit Arbeitern in der Fabrik.

In den Ballettfiguren Schlemmers mit ihrer zur Planimetrie und Stereometrie exakt bewegter Körper geschrumpften Choreografie wird dieser dritte Schritt 1923 ahnungsvoll vorweggenommen, während er sich in Prototypen für Gebrauchsformen aus den Metallwerkstätten vorbereitet. Von der ausziehbaren Wandlampe von Carl. J. Jucker mit ihren direkten Fabrikzitaten von absichtsvoller technischer Rohheit bis zu der von Wilhelm Wa-

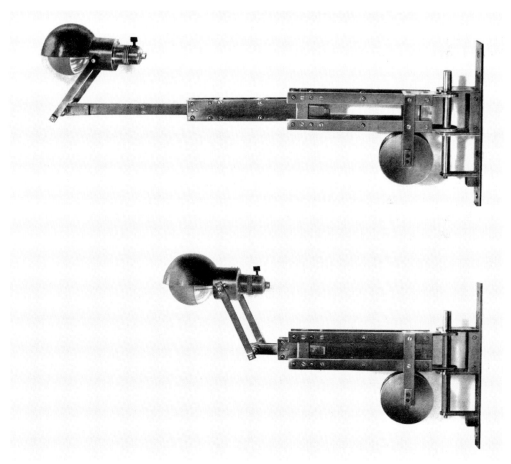

Abb. 58: Ausziehbare Wandlampe. Eisen, Messing vernickelt. Lehrlingsarbeit von Carl Jakob Jucker, 1923 (Bauhaus-Archiv, Museum für Gestaltung, Berlin)

genfeld vollendeten Tischlampe von 1923/24 ist noch ein Schritt der Vermittlung zwischen Technik und Design zu vollziehen. Diese berühmte Lampe wird in Varianten und kleiner Stückzahl manuell produziert, aber sie ist schon ein »industrieller« Entwurf.

Eine Lampe aus dem Bauhaus

Als Carl Jakob Jucker sich 1923 vom Bauhaus verabschiedete, hinterließ er in der Metallwerkstatt sechs Prototypen-Varianten einer Tischlampe mit kreisrunder Bodenplatte aus durchsichtigem dicken Glas und einem gläsernen Schaft, durch den das Kabel sichtbar bis zur Glühbirnenfassung nach oben geführt wurde. Es fehlte nur das charakteristische Form-Merkmal, die weiße Opalglaskuppel. Als Wilhelm Wagenfeld in die Werkstatt eintrat, muss er diese Entwürfe vorgefunden haben, obwohl er sich im Verlauf späterer Urheberstreitigkeiten an die Vorarbeiten Juckers nicht zu erinnern vermochte: Er allein habe von seinem Meister Moholy-Nagy den Auftrag zum Entwurf dieser Lampe erhalten (vgl. MANSKE/SCHOLZ 1987, S. 27). Gyula Pap, ehemaliger Student in der Metallwerkstatt, komplettiert die Verwirrung: Er sei es gewesen, der Jucker angeregt habe, aus nicht verwendeten Teilen einer Tee-Maschine eine Tischlampe zu machen (vgl. HEYDEN 1992, S. 14 f.). Pap bietet eine Lösung des Urheberproblems an, indem er von einem kollektiven Entwurf spricht. Es ist wohl nicht falsch, das im Bild vor Augen stehende Modell mit der Bodenplatte und dem Schaft aus Glas (bei verdeckter Kabelführung) samt Opalglaskuppel Jucker *und* Wagenfeld zuzuschreiben und auf 1923/24 zu datieren.

Heute ist es weniger aufregend, wer wann zu welchen ersten Ergebnissen kam. Designhistorisch interessanter ist die Tatsache, dass innerhalb kürzester Zeit das Alphabet einer neuen Produktsprache, beispielhaft ausgearbeitet an einem industriell reproduzierbaren Objekt, entstehen konnte. In der programmatischen Diskussion und der Berufung neuer Lehrer zeichnet sich am Bauhaus der Paradigmenwechsel zur industriell orientierten Entwurfslehre hin ab. Er scheint in der Lampe von Jucker/Wagenfeld bereits ästhetisch überzeugend vollzogen. Und es grenzt an ein designhistorisches Wunder, dass ein solcher Entwurf so früh und gleich so perfekt gelang. Noch in ihrer Ausbildung befindliche Jung-Entwerfer nutzten die einmalige Chance, an einem Formkanon mitzuarbeiten, ja ihn quasi in statu nascendi sofort auf ein Produkt anzuwenden, das man als Leitform verstehen kann, die am Ende nur einiger Korrekturen bedurfte, von Wagenfeld vollzogen. Als die Glashaube aufgesetzt war, stand eine dieser Lampen auf dem Direktorenschreibtisch von Gropius, der sich des demonstrativen Gestus des Objekts bewusst gewesen sein dürfte.

Inzwischen scheint die Urheberrechtsfrage kunsthistorisch und juristisch zu Wagenfelds Gunsten gelöst (vgl. MANSKE 2000, S. 24 ff.), als sei das kreative Chaos, das 1923 am Bauhaus herrschte, heute transparent. Die ästhetischen Quellen, die der Entwurf am Ende hinter sich lässt, liegen in der Konstruktivismusrezeption und der Formstrenge der de Stijl-Bewegung, wie schon bei den Vorläufern der Lampe ohne Glaskuppel aus der Hand von Jucker. Die Lampe mit Opalglaskuppel behauptet sich als historisches Beispiel einprägsamer Objektarchitektur und materialer Bestimmtheit bis heute.

Ursprünglich ging das Modell in wenigen handgefertigten Stücken aus der Metallwerkstatt hervor und wurde ab 1925 über die Bauhaus GmbH vertrieben. Wie Thomas Heyden schildert, gelangten Modellvarianten in die Hand verschiedener Produzenten und Verteilerfirmen, ehe 1928 die industrielle Serien-

Das produktkulturelle Profil der ersten Republik 143

Abb. 59: Tischlampe mit Glasfuß, im Glasschaft verdeckt geführtem Kabel und weißer Opalglaskuppel. Wilhelm Wagenfeld (1924) zugeschrieben. Ursprünglich Carl Jakob Jucker und Wilhelm Wagenfeld 1923/24 (Bauhaus-Archiv, Museum für Gestaltung, Berlin)

produktion begann. So taucht die Glasversion der Urfassung von Jucker/Wagenfeld um 1928 im Katalog von Schwintzer & Gräff (Berlin) in zwei Größenvarianten auf.

Im Rückblick wirkt die frühe Produktionsgeschichte dieses Modells, ähnlich wie die Geschichte seines Entwurfs, etwas verworren, zumal das spätere Urheberzerwürfnis dazu geführt hat, dass zeitweilig eine Wagenfeld-Lampe und eine Jucker-Lampe angeboten wurden, bis die Bremer Firma Tecnolumen 1980 Wagenfeld hinzuzog, um zu einer detailgetreuen Reproduktion der Konstruktion von 1924 zu kommen.

Heyden hat den Aufbau analysiert und vor allem auf das Proportionsschema hingewiesen, dem die Gesamtform unterliegt (vgl. HEYDEN 1992, S. 24 f.). Die Höhe der Lampe entspricht dem doppelten Durchmesser der Opalglasglocke, die Fußplatte und der Lagerring für die Glocke sind Kreisformen von gleichem Durchmesser. Das Verhältnis von Höhe und Breite empfindet man in der Tat als angenehm. Aber auch das Verhältnis zwischen getragenen, plastisch in den Raum ausgreifenden und tragenden bzw. stützenden Elementen (zwischen Glasfuß, Schaftsäule und ausladender Kuppel) wirkt ausgewogen. Selbst Details wie die Gliederung des Schaftes in durchsichtige und metallverkleidete Zylinderabschnitte ordnen sich stimmig ein, ebenso die Kordel des Zugschalters, ursprünglich mit einer kleinen Kugel. Die konsequente Kombination von Kugel bzw. Halbkugel mit Zylinderformen und der Materialkontraste (große weiße Opalglaskuppel, silbrig poliertes, vernickeltes Messingblech am Schaft unten und im Übergang zur unsichtbaren Birnenfassung oben) führen zu einer entschiedenen Strukturierung des Gesamterscheinungsbildes, unterstützt von wohlkalkulierten materialästhetischen Effekten: Mattglanz der undurchsichtigen Kuppel, reflektierender Metallglanz der vernickelten Teile um den Schaft und den schmalen Ring um den Rand der Kuppel, Transparenz der gläsernen Schaftsäule und der Bodenplatte.

Die Glühbirne mit Fassung bleibt unsichtbar, auch wenn die Lampe eingeschaltet ist. Dann streut sie, wie es sich für eine Tischlampe gehört, blendfreies Licht und illuminiert sich dabei selbst. Im Licht kommen ihre durchsichtigen Unterbauteile ebenso zur Geltung wie die Glanzeffekte auf Glas und Metall, ohne dass man das Gefühl hätte, die Lampe verlöre optisch ihre Statik.

Heyden spricht vom »Pathos der reinen stereometrischen Form« (HEYDEN 1992, S. 25), das keine formalen Übergänge erlaubt habe. Das stimmt nicht ganz. Denn der gestufte, in seiner Mitte ringförmig reliefierte zylindrische Metallaufsatz des Schaftes oben ist eine Übergangsform ins Innere der Kuppel. Er wirkt wie das Kapitell einer Säule unter dem schwerelos erscheinenden Dach aus Opalglas. Es gibt keine harten Brüche im Gesamtbild, nur entschiedene Formwechsel in der klar erkennbaren Dreiteilung des Objekts, das man auch als eine Ein-Säulen-Architektur wahrnehmen kann: Der wie immateriell wirkende Leuchtkörper der Kuppel wird von der tragenden Säule in konstanter Höhe schwebend gehalten, während der Säulenschaft an der Basis in einer Plinthe (der dicken Kreisscheibe aus Glas) verankert ist, die für Standfestigkeit sorgt.

So wirkt die Lampe stabil und luzide, skulptural kompakt und konstruktiv bestimmt zugleich. Sie veranstaltet eine permanente Demonstration der elektrifizierten Technomoderne. Zum Effekt der feierlichen Inauguration dieser Moderne tragen der Eindruck des Schwebens der Lichtquelle und die Assoziation des antiken Architekturelements der Säule beeindruckend bei.

Die schlüssige Logik des stereometrisch klar gegliederten Körpers, der materialästhetischen Reize, der funktionalen Transparenz (nicht die Glühbirne, sondern das von ihr erzeugte Licht wird sichtbar), auch das Gleichgewicht von Materialität und Immaterialität dieser Skulptur machen den Entwurf unvergleichlich. Die Lampe steht wie eine elegante Beleuchtungsmaschine oder ein physikalisches Gerät vor Augen und erfüllt ihre Funktion, wo immer man sie aufstellt. Der relativ häufige Produzentenwechsel und die Überarbeitungen der Form sind Indizien dafür, dass dieses avantgardistische Stück aus dem Bauhaus, der ästhetischen Hexenküche der Moderne, wenig Anklang bei Käufern gefunden hat. Das lag auch am Preis. Die 1924 in der Metallwerkstatt hergestellten Stücke wurden für 18 Reichsmark abgegeben, was moderat erscheint für ein echtes Manufactum, aber nicht einmal die Herstellungskosten gedeckt haben dürfte. Um 1928 kostete eine dieser Lampen (laut Katalog von Schwintzer & Gräff) in der kleinen Version bereits 55, in der größeren 60 Reichsmark. Das war teuer angesichts sehr niedriger Durchschnittslöhne und -gehälter.

Daran hat sich nichts geändert. Teuer ist auch die von Wagenfeld autorisierte Version von Tecnolumen seit 1980, während Nachbauten der Jucker-Lampe zwar weniger kosten, aber ästhetische Mängel aufweisen. So lebt das gute Stück in verschiedenwertigen Fassungen weiter und vollendet seine Geschichte als elitäres Produkt. Einzeln numeriert (bei Tecnolumen), besteht es darauf, als Hochpreis-Manufactum ein Werkzeug kultureller Distinktion zu sein. Denn nur, wer das »richtige« Modell besitzt, darf sich für designhistorisch gebildet halten und auf die Käufer der »falschen« Lampen herabsehen, obwohl deren Funktion als Beleuchtungskörper praktisch die gleiche ist.

Tatsächlich ist diese Lampe ein der Nostalgie anheimgefallenes Produkt, das an einen Aufbruch erinnert, der 1933 gewaltsam beendet wurde. Das Bauhaus ist inzwischen zu einer nationalen Institution, zur imaginären Gedenkstätte aufgestiegen, die nicht nur der Erinnerung an abgebrochene Gestaltungsversuche, sondern auch dem Gedächtnis der ersten Republik gewidmet ist.

»Stahlclubsessel« B3

Ein weiterer Bauhausentwurf Mitte der zwanziger Jahre markiert den Aufbruch in die Technomoderne noch entschiedener. Mit der Tischlampe von Jucker/Wagenfeld hat er gemeinsam, dass auch er auf einen traditionell vertrauten Produkttyp Bezug nimmt. Die Lampe geht auf das Muster der Petroleumleuchte zurück, die, auf der Basis ihres Tanks ruhend, den Dochtzylinder durch eine Milchglashaube schob, um ein mildes Licht zu streuen.

B3, der »Stahlclubsessel« von Marcel Breuer, hebt zwei Jahre später den Typ des bequem gepolsterten Clubsessels praktisch auf, indem er ihn abstrahiert und zu einem technischen Objekt macht. Als Marcel Breuer 1927 verwundert feststellt, sein Stahlrohrsessel sei »in seiner äußeren Erscheinung sowie im Materialausdruck am extremsten«, am »wenigsten wohnlich, am meisten maschinenmäßig« (BAUHAUS-ARCHIV 1981, S. 96), ahnt er selbst, was ihm gelungen ist. Das Objekt besteht aus gebogenen Stahlrohrelementen, die verschraubt und mit vorgefertigten Bahnen aus festem Textilmaterial verspannt sind. Die Stahlrohrteile sind dem industriellen Fundus an Halbfertigfabrikaten entnommen, Rohrmaterial in Durchmesser und Wandstärke etwa wie ein Fahrradlenker und auch so bearbeitet, das heißt auf Maß gesägt, gebogen, gerichtet, die Schraubenlöcher vorgebohrt, schließlich vernickelt (bei späteren Varianten verchromt). Die mechanischen Bearbeitungsvorgänge sind in Akkordarbeit denkbar, auch

Entwurf der Moderne zwischen den Weltkriegen

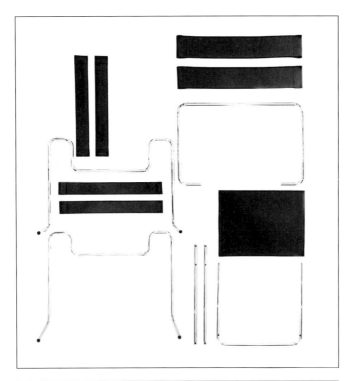

Abb. 60–63:
Ansichten des von Knoll International in leicht veränderter Fassung reproduzierten Originalentwurfs von B3 (Marcel Breuer 1925). Ab 1926 von Standard Lengyel & Co. in Berlin, später von Thonet und ab 1965 von Gavina in Bologna hergestellt

Das produktkulturelle Profil der ersten Republik 147

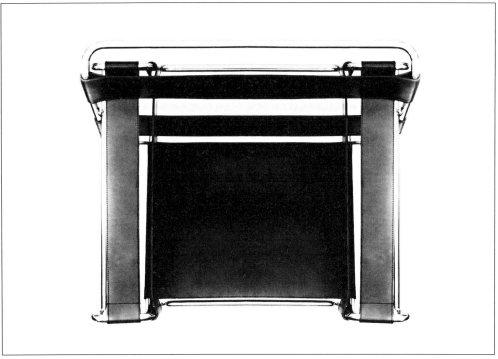

das Nähen der Bespannungen; die Montage der Teile könnte am Fließband vorgenommen worden sein. Im Prototyp hat sich Handarbeit an das industriereife Produkt herangetastet. Breuers Entwurf tilgt in der Idee alle Erinnerung an die ältere Produktionsweise. Unauffällig bemächtigt sich die Logik der Produktionsbedingungen des Gegenstands auch der Logik seiner Funktionen und der Gebrauchsvollzüge.

Da ist zunächst die Wahl des Materials. Thonet arbeitete noch mit Holz. Wenngleich er es großindustriell wie jedes beliebige Zeug behandelte und verbog, behielt das Material noch etwas von seiner organischen Eigenspannung. Holz »arbeitet«, ist feuchtigkeitsempfindlich, enthält Verwachsungen, kann reißen, austrocknen, sich verändern. Dazu entwickelt das gebogene Buchenholz den Assoziationshorizont des immer noch natürlichen Rohstoffs, der weit über das Zweckmöbel hinausreicht. Gewiss ist auch Eisen ein natürlicher Stoff. Doch ist das verchromte Stahlrohr ein Material, das die ganze Industriegeschichte bis zu diesem Zeitpunkt seiner überraschenden Verwendung für ein Möbel in sich zusammenfasst. Kein Gedanke an die abgeholzten Rotbuchenwälder wie bei einem Thonet-Stuhl; das Gestänge erinnert eher an ein Muster der logischen Führung eines Materials, das aufgrund seiner Eigenschaften im technischen Zeitalter beliebig verwendbar ist, von der Gasleitung bis zum Flugzeugbau. Nahtlos gezogenes Stahlrohr ist elastisch und fest, ein gleichmäßiges Halbfertigfabrikat, vollkommen berechenbar, geeignet für gleichmäßige Endlosführung in exakten Biegungen. Die Nickel- oder Chromschicht macht es noch glatter, kühler als Eisen. Auge und Hand realisieren an seiner konstruktiven Verbindung die Erfahrung des Technischen: kalkuliertes Schwingen und Federn, versteifende Krümmungen, fixierende Schraubungen usw., die zu einem Gerüst konstruktiver Logik, zu einem inneren Gestaltbild vom Gegenstand gerinnen, der darin transparent, das heißt visuell und rational einsichtig wird wie der Konstruktionsplan einer Maschine.

Abgesehen von ornamental verwendeten Gusseisen für Sitzmöbel früherer Epochen, ist die Wahl nackten Metalls für körper- und sinnennahen Gebrauch mit Ausnahme weniger Vorläufer ein Novum. Moholy-Nagy hat es in kinetischen Plastiken und Lichtobjekten quasi entmaterialisiert verwendet, bis hin zur Auflösung in transparenten Rastern. Das Blitzende, Stählerne, Harte, Chromglänzende, Reflektierende charakterisiert diese schon angedeutete dritte Phase der Bauhausentwicklung vielleicht am deutlichsten als ein Moment des symbolischen Aufbruchs in die industrielle Moderne.

Breuer ist als »Jungmeister« aus dieser Lehre hervorgegangen, nicht ohne sich mehrfach als Lehrling am traditionellen Holz versucht zu haben. Mit dem Stahlrohr gelangt er zur gültigen Formulierung, obwohl oder weil sich damit notwendig ein Verlust an materieller Wärme, Dingnähe und Objektindividualität ergibt. Das Rohr fasst sich überall gleich kühl, rund, schwer und glatt an, will nicht gestreichelt, nicht beschwichtigt und geglättet sein wie Holz. Es wird in der fühlenden Hand zu einem Material des distanziert messenden Auges, das den Biegewinkel prüft oder die Abweichung von der Schablone. Am Ende spiegelt das Objekt wie entmaterialisiert in seinem Glanz eine neue Art der Unantastbarkeit, verchromt noch stärker als im etwas weicheren Reflektieren der ursprünglichen Nickelschicht (vgl. SCHULDT, in: GEEST/MÁCĚL 1980, S. 22 f.).

Überhaupt findet eine Verschiebung zur visuellen Logik des abstrahierenden Fernsinnes statt. Letztlich sieht das Ding zwar wie ein Sitzmöbel aus, was nicht heißt, dass man darin besonders gut sitzen würde. Sein Volumen

Das produktkulturelle Profil der ersten Republik 149

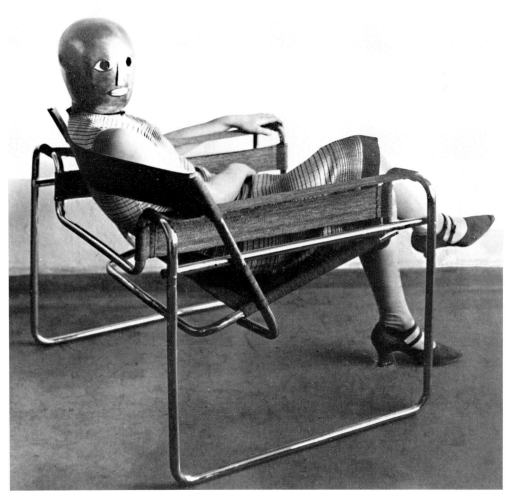

Abb. 64: Stahlrohrsessel B3 von Marcel Breuer (noch ohne das durchgehend geführte Rückenlehnenrohr). Metallmaske von Oskar Schlemmer. Zeitgenössisches Foto Erich Consemüller (Bauhaus-Archiv, Museum für Gestaltung, Berlin)

ist geschrumpft, sein Körper durchsichtig geworden. Der Sessel ist auf ein industriell gefertigtes Funktionsskelett für das Sitzen reduziert; das sinnliche Sitzen wird gleichsam auf seinen mageren Kern gebracht, auf die Idee der Funktion oder auf das, was in der fortgeschrittenen Produktionsgeschichte für den sitzenden Leib des industriellen Menschen noch als schicklich gilt. Elastizität ist die neue, die Funktion des Sitzmöbels übergreifende Eigenschaft. Die Vorstellung eines Ruhens, aus dem man wie aus einer Bereitschaftshaltung sofort gespannt herausschnellen kann, ist darin angelegt. Sie wird auch an späteren »hinterbeinlosen«, federnden Stuhlmodellen, zum Beispiel bei Mies van der Rohe 1927 und bei weiteren Entwürfen von Breuer, deutlich. Voraussetzung ist ein entwickeltes Materialverständnis für das *kalt* gebogene Stahlrohr, das im Gegensatz zum erwärmten an den Krümmungen seine federnde Spannung behält.

An Breuers Modell, wie es ab 1926 erstmals von Standard Möbel Lengyel & Co. produziert wurde und sich bis heute auf dem Markt gehalten hat, wird die Katapult-Assoziation teils über das Erscheinungsbild des Objekts suggeriert, teils ist sie im Sitzen durch die federnde Aufhängung des Körpers in der Stoffbespannung und in der Konstruktion des Ganzen sinnlich nachvollziehbar.

Knappheit, Sachlichkeit, Elastizität, Gespanntheit sind die neuen industriellen Leitbegriffe, die sich im funktionalistischen Design versammeln. Für dessen geheime menschenbildende Wirkung gilt, was Oskar Schlemmer 1922 zunächst nur zum Tanz als Ausdrucks- und Erziehungsmodell sagte:

Abb. 65: Fließband bei Opel, 1927. Zeitgenössisches Foto (Museum der Stadt Rüsselsheim)

»(...) prädestiniert, das Neue auf sachte Weise in die Sinne zu senken: maskiert und vor allem verschwiegen« (BAUHAUS-ARCHIV 1981, S. 180).

Es gibt, um die These der leiblichen Zurichtung durch das neue Design zu stützen, einen merkwürdigen »Film«, eine Montage von Stuhlfotos, von Breuer kommentiert, die von einem gotisierenden, schweren Stuhl mit Schnitzwerk von 1921 über Stijl-formalistische, immer knapper werdende Holzstuhl-Varianten zu eben diesem Sessel aus Stahlrohr führen, wobei danach, in letzter Position der Fotos, eine auf dem Nichts sitzende Figur abgebildet ist. Wenn man die Stahlrohrgerippe-Sitzidee weiterdenkt, gelangt man jedoch nicht bei jener »elastischen Luftsäule« (Breuer) an, die jeden Stuhl in Zukunft ersetzen soll, sondern beim gehorsamen Leib, der die Funktion des modernen elastischen Sitzens übernommen hat, indem er selber zum Stuhl wird.

Das Maschinenhafte in Idee und Erscheinung des Entwurfs von Breuer ist das ästhetisch Überwältigende, zugleich Erschreckende. Rietveld zerlegte die Möbelform noch in das konstruktivistische Vokabular des Stijl, das eher ein ästhetisches Programm als eine Funktion des Sitzens abbildete. Rodtschenko und seine Schüler an den Wchutemas versuchten sich am »dynamisch organisierten Gegenstand« (STEPANOWA 1926, zit. nach GASSNER 1992) in Form von transformierbaren Leichtmöbeln mit Mehrfachfunktionen für den neuen sowjetischen Menschen. (Ein Beispiel dieser Komplexmöbel in Gestalt eines Leseraums für Arbeiter wurde auf der Internationalen Ausstellung für Dekorative Kunst 1925 in Paris gezeigt.) Doch bleibt Breuers Stahlrohrform die markanteste Lösung des Problems, den industriellen Geist in die Gestalt von Objekten zu bannen. Ihm gelingt der Entwurf eines Epochensymbols.

Funktion als Paradigma

Auch wenn Stahlrohrmöbel kaum Einfluss auf die Gebrauchskultur der zwanziger Jahre haben, ist der neue Produkttyp zeitgemäß. Er entsteht in der Aufschwungphase der Republik, mit den Kapitalzuflüssen im Gefolge des Dawes-Plans vor der großen Wirtschaftskrise: »Nach amerikanischem Muster wurde nun die Produktion rationalisiert, den Erfordernissen eines hochorganisierten kapitalistischen Wirtschaftsprozesses angepasst, und mit Hilfe ausländischen Kapitals, das nach der Stabilisierung eine Anlage suchte, konnten Neu- und Ersatzinvestitionen aus eigener Kapitalschöpfung im großen Umfange vorgenommen werden. Auch an der wirtschaftlichen Auswertung technischer Fortschritte (Auto- und Flugzeugbau, Film, Radio, Kunstseide) konnte Deutschland sich beteiligen; die elektrotechnische, chemische und optische Industrie eroberte sich wieder eine führende Position auf dem Weltmarkt. Im Maschinenbau, in der Textilindustrie, im Bergbau und in der Stahlindustrie stieg die Produktion (...), nun nicht mehr durch inflationäre Scheinvorteile angetrieben, beträchtlich und konstant. Löhne und Gehälter erreichten den Vorkriegsstand, und bereits 1927 übertraf die republikanische Industrieproduktion die der Kaiserzeit.« (HELMUT BÖHME 1973, S. 117 f.)

Die Einführung des REFA-Systems (abgeleitet von Reichsausschuss für Arbeitszeit-Ermittlung, 1924) erlaubt eine genaue Kalkulation aller industriellen Arbeitsgänge, soweit menschliche Arbeitskraft darin verbraucht wird; das Fließband (1924 bei Opel installiert) verschafft der mechanischen Teilarbeit Effektivität. Nun taucht die Stoppuhr des »Zeitnehmers« auf.

Mit dem Fließband ist eine Dressur der Bewegung nach mechanischen Gesetzen vorgegeben, die sich bis in die Freizeit- und Vergnügungsindustrie der Epoche fortsetzt: Die

Girls der Revuen tanzen wie Maschinen als ein funktionierendes, vibrierendes Ganzes. Sie sind »gedrillte, nach bestimmten einfachen Techniken geübte Tanzkörper, Bewegungsmaschinen« (GIESE 1925), »deren Bewegungen mathematische Demonstrationen sind« (KRACAUER 1963). Damit ist die Geometrisierungs-, Anpassungs- und Anonymisierungstendenz auf die Spitze getrieben; ihr Ziel ist die Angleichung des Menschen an die Erfordernisse industriellen Produzierens: »Den Beinen der Tiller-Girls entsprechen die Hände in der Fabrik.« (KRACAUER 1963, S. 54)

Kracauer stellt schließlich fest, dass »das Massenornament (...) der ästhetische Reflex der von dem herrschenden Wirtschaftssystem erstrebten Rationalität« sei. Im Film treten die standardisierten Erscheinungstypen in Gestalt austauschbarer, jugendlich-elastischer Vorbilder auf, so dass die »Kultur der Motorik im Film« (GIESE 1925) und das im Alltag wahrnehmbare Körperideal einander entsprechen.

Taylorisierung der Arbeit und des Vergnügens, der sportliche, großstädtische Menschentyp der 1920er Jahre, alles passt zum Stahlrohrsessel oder umgekehrt: Dieser passt als Erscheinungstyp in den Prozess der Effektivierung und Mechanisierung industrieller Arbeit als deren Widerspiegelung im Produkt. So entspricht der ästhetische Funktionsbegriff der Produktform dem ökonomischen Funktionsbegriff der Arbeitsform und dem anthropologischen Funktionsbegriff vom industriellen Menschen. Wird der Mensch als Maschine betrachtet und angestellt, gewähren ihm die funktionierenden Dinge das Bewusstsein physiologischer und auch mentaler Übereinstimmung. Tendenziell zielt der kulturgenetische Typ der Zeit auf Elastizität, Wachheit, Spannung, Brauchbarkeit im industriellen Prozess, woraus sich ein sportives Verständnis der Konkurrenz, das Bewusstsein von Fitness, eine Verlagerung der sinnlichen Akzente der gesamten Selbstwahrnehmung ergeben.

Helmut Lethen (1986) hat den großstädtischen Sozialtyp der Neuen Sachlichkeit am Beispiel der Metropole Berlin in allen Facetten des Arbeitslebens, des Einkaufens, der Freizeitgewohnheiten und des Auftretens in der Öffentlichkeit als bereits durch die sich versachlichende moderne Kulturindustrie geformt beschrieben. »An die Stelle des

Abb. 66: Die Tillergirls im Berliner Admiralspalast

Schreckens vor der Standardisierung tritt die Entdeckung der Schönheit des industriellen Serienprodukts.« (LETHEN 1986, S. 197)

In Breuers Sessel aus Stahlrohr kann man nicht lümmeln, man kann sich nicht quersetzen, aber man glaubt, leicht aus ihm emporschnellen zu können wie aus einem Katapult für nur vorübergehend stillgelegte Aktivität. Das ist der höhere Sinn dieses Objekts, sein symbolischer Horizont. Der »Geist der Zeit« wird darin sichtbar. Das neugeformte Artefakt beginnt, in unauffälliger Verstärkung an den Verwandlungen des Menschen mitzuwirken. Breuer bringt das Kunststück fertig, die Erscheinung des Objekts zum Sinnbild industriell reduzierter Wahrnehmung zu machen und es zugleich mit soviel sinnlicher Anmutung aufzuladen, dass das Ding den Gebraucher einlädt, sich seiner knappen Gestik und kühlen industriellen Eleganz in Haltung und Selbstwahrnehmung anzupassen. Diese Gegenstände sind allgegenwärtig und polyfunktional gedacht. Breuer selbst betont die Austauschbarkeit seiner Metallmöbel für alle Zwecke des Sitzens vom Hörsaal bis zur Wohnzimmereinrichtung: »sämtliche typen sind aus denselben normierten, elementar gehaltenen, jederzeit zerleg- und auswechselbaren teilen konstruiert. diese metallmöbel sollen nichts anderes als notwendige apparate heutigen lebens sein.« (BREUER 1928, S. 210)

So wird, was sich in Thonets Modell Nr. 14 schon angedeutet hat, von Breuers Stahlrohr-Entwürfen zu einem konsequenten Ende geführt. Die anthropologische Komponente dieses funktionalen Denkens ist der vom Design mitvollzogene Versuch, das Modell Mensch dem Modell der Maschine anzugleichen. Dies ist eines der selten diskutierten, verdeckten Themen der Entwurfsarbeit am Bauhaus während seiner dritten, techno-ästhetischen Phase. Endlich ist die von Adolf Loos 1908 prophezeite kulturelle Evolution der Ornamentlosigkeit vollzogen. Die Form ist nackt, selbst ein Super-Ornament der industriellen Sachlichkeit, bloß noch Ausdruck von Gespanntheit und Leistung, der Ästhetik des Apparats. So entsteht zugleich ein Design der Reduktion von Bedürfnis und Wahrnehmungsfähigkeit. Der Transparenz des Objekts entsprechen reduziert beschäftigte Sinne und ein düpierter Assoziationshintergrund: Das soll ein »Clubsessel« sein? So möchte man eigentlich nicht sitzen, aber man muss! Die Hände greifen die kühle Gespanntheit des glatten Rohrs und die körperlose Stoffbespannung mit ihren harten Nähten und träumen sich in eine Pilotenkanzel oder auf einen Maschinensitz.

Breuers Stahlrohrsessel ist als Prototyp einer Sitzmaschine zu verstehen, die als industrieller Ausdrucksträger zu sich selbst gekommen ist, zugleich austauschbares Massenfabrikat als Produkt von Maschinen, die nichts mehr zum Produkt hinzutun: »Die Maschine kennt keine Veredelung des Stoffes; sie dringt nur auf abstrakte Reinheit.« (SCHLESINGER 1917, S. 24) Ihre eingeschränkte Sinnlichkeit beeinflusst die Wahrnehmung des Gebrauchers und verweigert sich Bedürfnissen, die darüber hinausgehen wollen. Einen Ohrensessel oder einen weichen Pfühl zu besitzen, das konnte man dem industriellen Typ der Neuen Sachlichkeit Mitte der zwanziger Jahre theoretisch nicht gestatten: »Der technische Mensch kennt diese Behaglichkeit des Ausdrucks nicht.« (WICHERT 1928b)

Die Stahlrohrmöbel von Breuer, Mart Stam, Le Corbusier, Charlotte Perriand und Mies van der Rohe markieren, kaum entstanden, schon den Übergang der europäischen Avantgarde in die Selbstverständlichkeit des gehobenen Konsums der dreißiger Jahre. Ab 1928 beginnt in Holland und Deutschland die Serienproduktion solcher Objekte (vgl. MOOS 1981). Sie überträgt die ästhetische Ausdrucksgeste industrieller Rationalität aus der Fabrik in die private Sphäre. Sie bildet damit ein neues ge-

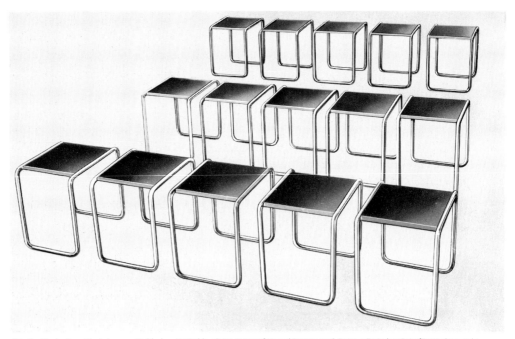

Abb. 67: Hocker bzw. Tischchen aus Stahlrohr mit Tischlerplatte. Entwurf Marcel Breuer, 1926. Zeitgenössisches Foto für Werbezwecke (Bauhaus-Archiv, Museum für Gestaltung, Berlin)

sellschaftliches Selbstwahrnehmungs- und Verhaltensmuster der ungebunden-modernen, leichten Eleganz, eine neue Erfahrung des »Sich-Fühlens« in der Form der Dinge ab, bevor die wertneutrale allgemeine Techno-Ästhetik der dreißiger Jahre beginnt.

Neudefinition der Rolle des Entwerfers

Stahlrohrmöbel und Lampen sind das industrielle Reifezeugnis der Bauhaus-Entwerfer. Sie sind das Modernste, was es damals überhaupt an Design gab. Aber sie sind auch eine zweischneidige Errungenschaft mit einer ideologischen Botschaft. Einerseits muss das Bauhaus diese Stufe der ästhetischen und praktischen Rationalität erreichen, andererseits verlässt das Entwurfsdenken damit die sozialphilosophische Basis, die es ursprünglich in der utopisch-regressiven Eingangsphase, ja noch im Streit zwischen Gropius und Itten 1922/23 um eine Verbindung von Kunst und Technik hatte. Die Gewichte beginnen sich bereits in den experimentellen Aufgaben der Vorlehre von Moholy-Nagy mit Material, Farbe, Raum und Licht zu verschieben.

Moholy hatte ursprünglich als Nachfolger von Itten seiner Lehre das Ziel gesetzt, »mit einer selbst-auseinandersetzung des menschen zu beginnen«. Nicht »ein beruf, nicht ein herzustellendes objekt«, dürfe im Vordergrund stehen, sondern vielmehr müssten »seine organischen funktionen« erkannt werden, »von seiner funktionsbereitschaft kann man dann zur aktion, zu einem von innen her begründeten leben übergehen« (MOHOLY-NAGY 1968, S. 14).

Dieser Definition entspricht die von Itten begonnene, von Moholy systematisch fortgesetzte Schule der Sinne in der Vorlehre des Entwerfens. Aber das Entwerfen endet

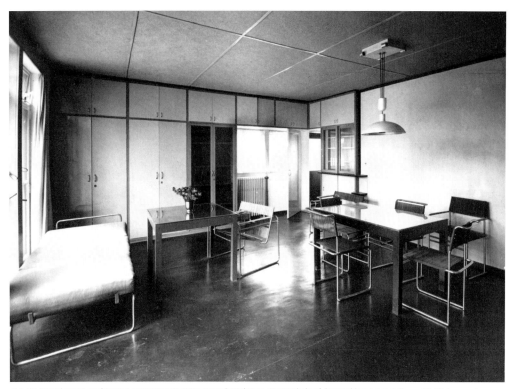

Abb. 68: Sessel von Marcel Breuer, Lampe von Marianne Brandt und Hans Przyrembel auf der Werkbund-Ausstellung »Die Wohnung« in Stuttgart 1927. Zeitgenössisches Foto (Bauhaus-Archiv, Museum für Gestaltung, Berlin)

bei Objekten, die Menschen über ihren Gebrauch bloß noch industriell zivilisieren. Die Reinigung der Entwürfe von allen Schlacken individueller Arbeitsgeschichte ist eine Voraussetzung für die Reinheit angemessener Lösungen der industrienationalen Form, Basis modernen Gestaltungsvermögens schlechthin. Damit ist das Dilemma nicht beseitigt, in dem schon der Werkbund vor 1914 steckte. Noch dreißig Jahre später wird die Streitfrage an der Hochschule für Gestaltung Ulm wiederaufleben, ob künstlerische Einfühlungs- und Formprinzipien oder »wissenschaftliche« Gestaltung den Vorrang haben sollen. Es ist offenbar eine mit der Kultur des technischen Zeitalters verbundene fundamentale Frage.

Auffallend ist auch, dass die eigentlichen Produzenten der Entwürfe, die Arbeiter in der Fabrik, im Denken der Entwerfer am Bauhaus nicht mehr vorkommen. Der Werkbund hatte von Arbeitsfreude immerhin noch geredet; das Bauhaus ist nur noch daran interessiert, Entwürfe zu verkaufen. Wer sie umsetzt, unter welchen Opfern die industrielle Ästhetik durch Fabrikarbeit in die Dinge kommt, ist keine Frage mehr, die Entwerfer berührt. Im produktionsästhetischen Sinne ist der kunstsoziale Gedanke im Bauhaus stillgelegt, als wären die ausführenden Arbeiter selber schon Maschinen. Alle Aufmerksamkeit gilt der Ästhetik des Produkts, in sie wird alle Phantasie des Entwurfs gesteckt. Seine Hersteller werden nicht einbezogen, als existierten sie nicht.

Dieser Ausblendungseffekt deutet auf einen unerkannten Mangel und auf die akzeptierte Trennung von Entwurf und Produktion hin. Gropius spricht zwar von den »besten Studenten«, die das Bauhaus während ihrer Ausbildung »in die Fabriken« (GROPIUS 1956, S. 21) geschickt habe. Ein obligatorisches Betriebspraktikum ist aber nicht belegt. Es muss Studierende am Bauhaus gegeben haben, die nie einen Arbeiter in der Fabrik gesehen haben. Insofern erzeugt die Abkehr von kunsthandwerklichen Prinzipien nicht einen neuen Produktionsrealismus, sondern einen Abstraktions-, Rationalitäts- und Methodologieschub, sobald das Bauhaus den Anschluss an die Industrie findet.

Die Negation lebendiger Arbeit wird nur dort gemildert, wo in neuen Formen des kollektiven Bemühens, wie in den Gruppen, mit denen Hannes Meyer das soziale Bauen in der Praxis übt, auch Arbeit im eigenen Erleben als ein konstituierendes Element von Gestaltung begriffen wird: »Sachliche kollektive Arbeit – unter diesem Stichwort wird ein neuer Sinnzusammenhang gesucht.« (H. HIRDINA 1981, S. 171) Darin wird die Künstlerrolle durch eine prinzipiell andere Haltung der kooperativen, auf soziale Funktionen gerichteten Entwurfsarbeit abgelöst, die für die vierte Phase der Schule bezeichnend ist.

Die industrierationale Bauhausform unterscheidet sich in ihrer ästhetischen und funktionalen Knappheit von der international verbreiteten, zeitgenössischen Dekorationsform des Art Déco und allem traditionsgebundenen Design. Sie wird zum Inbegriff moderner Sachlichkeit, je mehr Entwürfe in die Produktion gehen: Das Bauhaus Dessau verfügt über eine eigene Vertriebsorganisation in Form einer GmbH, und Hannes Meyer kann bei seinem Amtsantritt 1927 feststellen, dass die Integration der Entwurfslehre in das gesuchte industrielle Profil weitgehend geglückt ist: Tapeten, Lampen, Arbeitsstühle, Leichtmöbel, Vorhangstoffe finden ihren Weg über die industrielle Fertigung auf den Markt. An der Stuttgarter Werkbund-Ausstellung 1927 mit den ca. 60 Häusern des Weißenhof-Siedlungsprojekts, entworfen und eingerichtet von in- und ausländischen Architekten des Neuen Bauens, ist das Bauhaus mit zwei Häusern von Gropius und mit Lampen und Möbeln beteiligt.

Mit der im gleichen Jahr eröffneten eigenen Bauabteilung verdichten sich die Bemühungen, an den Bauaufgaben der Zeit maßgeblich mitzuwirken. Hannes Meyer legt seine Auffassung vom Bauen in der Bauhaus-Zeitschrift dar. Nicht seine sozialen und politischen Überzeugungen, die ihn auf den Massenbedarf und eine egalitär-proletarische Kultur der Lebensfunktionen verpflichten, sondern die rationalistischen Verkürzungen des Architekturbegriffs, der hier zur Anwendung kommt, sind bedenklich. Schon die Eingangsbehauptung seines Aufsatzes »bauen« (1928), »alle dinge dieser welt sind ein produkt der formel: funktion mal ökonomie«, ist eine Vereinfachung, in deren Folge die »funktionell-biologische auffassung des bauens als einer gestaltung des lebensprozesses« zur »reinen konstruktion« führt – man könnte auch sagen, in der die bloße Zwecksetzung sich in einer vollständig versachlichten Form des Bauens verdinglicht. Meyer hat – wie alle anderen Sozialarchitekten seiner Zeit – keinen Spielraum, über das Allernotwendigste an Wohnfläche und Ausstattung hinauszugehen. Die Versorgungsformel der Epoche ist schon auf das Funktionsminimum geschrumpft, Entwerfer müssen diese Planvorgabe akzeptieren. Meyer aber geht darüber hinaus: »elementar gestaltet wird das neue wohnhaus nicht nur eine wohnmaschine, sondern ein biologischer apparat für seelische und körperliche bedürfnisse.« (Zit. in SCHNAIDT 1965, S. 47)

Die Künste werden nun endgültig vor die Tür gewiesen, sie haben mit dem Bauen nichts mehr zu tun, so wenig wie mit der Produktgestaltung. Es beginnt das Planen nach

Funktionsdiagrammen mit möglichst billigen, neuen technischen Materialien und vorgefertigten Elementen wie an anderen Orten der Republik. Am Bauhaus wird die Aufgabe organisationslogisch und ideologisch-programmatisch unter vorausgesetzten Durchschnittsbedürfnisprofilen des Massenwohnens und einer Auffassung von Baugestaltung zugespitzt, die nur den Ausdruck »soziale(r), technische(r), ökonomische(r), psychische(r) Organisation« (MEYER) zulassen will. Diese sozialtechnologische und funktionalistische Definition des Bauens korrespondiert mit der Definition des industriellen Produkts, das – wie der Stahlrohrsessel – funktional und ästhetisch auf ein vorgestelltes, gleichsam normiertes Durchschnittsprofil der Gebraucherhaltung zugeschnitten ist. Aber Meyers Baulehre übertrifft den Funktionalismus der Stahlrohrmöbel durch eine Formel, die man kritisch auch als Durchbruch der Taylorisierung ins Privatleben betrachten kann (vgl. TAYLOR 1913; FRIEDMANN 1952; im Zusammenhang mit Gestaltungsfragen H. HIRDINA 1981; NERDINGER 1985). Jedes Bedürfnis erscheint berechenbar, jedes Verhalten kalkulierbar – eine Einstellung zum Bauen und zur Gestaltung, die zum inneren, unerkannten Zwang der Räume und Dinge noch die funktionalistische Überzeugung und »Didaktik« des Baumeisters hinzufügt. Andererseits trägt Hannes Meyer wesentlich dazu bei, dass die Bauhauslehre nach ihrer Versachlichung nicht bei der wertneutralen Ausformulierung einer neuen Techno-Ästhetik stehenbleibt, sondern sich auf die sozialen Aufgaben der Zeit besinnt: »Hannes Meyer gibt dem neuen baubegriff einen sozial-humanistischen sinn, betrachtet bauen als dienst am volke und entwickelt von solchen voraussetzungen aus auch für die erziehung am bauhaus neue wesentliche gedanken. (…) die neuen ergebnisse der werkarbeit am bauhaus sind vielleicht weniger augenfällig, formal-ästhetisch weniger hervorstechend wie die früheren, doch gerade in dieser zurückhaltung äußert sich der wille zur einfachen menschlichen zweckdienlichkeit des gebrauchsgegenstandes, zur wahrhaft sozialen nutzbarmachung auch der industrietechnischen produktionsmethoden. (…) das bauhaus hat nicht dem luxus, einerlei ob handwerklicher oder maschineller art, sondern den bedürfnissen der breitesten volksgemeinschaft zu dienen.« (KALLAI 1929, o. S.)

Meyer selbst berichtet: »Mein Privatauftrag zur Errichtung der Bundesschule des Allgemeinen Deutschen Gewerkschaftsbundes in Bernau bei Berlin beschäftigte unmittelbar die Bauhäusler und zeitweise auch das Bauhaus. Je eine Studienzelle arbeitete am Generalbebauungsplan Dessau, an vier Versuchshäusern, und eine führte 90 Volkswohnungen aus. Zwei Gruppen begannen die Umwelt des Kindes und des alleinstehenden Menschen mit neuem Mobiliar zu versehen. Das Volk schien in unser vornehmes Glashaus einzubrechen. Bedarfswirtschaft ward Leitmotiv, und die letzten Kunstjünger gingen Tapetenfarben mischen.« (Zit. in: SCHNAIDT 1965, S. 102)

In dieser (vierten) Bauhausperiode stehen polytechnisch-wissenschaftliche Ausbildung, kollektive Professionalisierung in der Praxis und die Radikalität des Bekenntnisses zur unmittelbaren Dienstleistung des Entwurfs gegenüber Teilen der Bevölkerung, die schon wieder Not und Arbeitslosigkeit vor Augen haben, im Vordergrund. Nur scheinen die Mittel aus heutiger Sicht nicht mehr unwiderleglich und widerspruchsfrei. Das sozialpolitische Engagement verbindet sich – notgedrungen – mit der Rationalisierung nicht nur der knappen Ressourcen, sondern auch mit einer ästhetischen Bevormundung des Gebrauchers: Typenmöbel für den Volksgebrauch und ästhetische Standardisierung – das eine schließt das andere ein. Dazu kommt die funktionale Reglementierung des Alltagslebens durch den Raumentwurf. Aber es gelingt der Bauabteilung, eine radikale Wende zur sozialen Verpflichtung einzuleiten, ohne dass der »forcierte Technikoptimismus der Epoche« (H. HIRDINA 1981) aufgegeben wird.

Für die erst 1927 eingerichtete Bauabteilung und die ihr zuarbeitenden Werkstätten bricht die Zeit des sozialästhetischen Engagements an, nachdem der Bau der Versuchssiedlung Dessau-Törten bereits 1926 unter der Leitung von Gropius begonnen wurde. Eine der dringendsten sozialen Versorgungsaufgaben der Weimarer Republik bestimmt nun die Ziele so stark, dass man von einer radikalen Umschichtung der inhaltlichen Akzente sprechen muss. Die Entdeckung der sozialen und politischen Verantwortung des Architekten und Designers gibt dem Bauhaus in der Ära Meyer neuen Aufschwung und Bedeutung. Ohne diese Bindung hätte sich die Lehre wahrscheinlich im Ausdifferenzieren von Entwürfen für die Industrie erschöpft.

Unter Hannes Meyer herrscht der Realismus der Zeit; es muss billig und so viel wie möglich gebaut werden – in Dessau wie in anderen Städten der Republik; und es wird am Bauhaus nach eigenen Methoden der Funktionsanalyse entworfen und gebaut, die einerseits auf ein verändertes Bild vom Menschen Bezug nehmen, andererseits dieses schon veränderte Bild vorausgesetzter Bedürfnisse den Bedingungen der Zeit anverwandeln. Denn nun verschärfen sich die Widersprüche zwischen typisierendem Entwurf und gelebtem Alltag in der Gleichsetzung physiologischer und psychologischer »Funk-

Abb. 69: Reihenwohnhäuser (Typ 1927) in Dessau-Törten. Architekt Walter Gropius. Zeitgenössisches Foto, um 1928. (Bauhaus-Archiv, Museum für Gestaltung, Berlin)

tionen« des Lebens mit Ablaufdiagrammen, architektonischen Bedarfsrastern, funktional bereinigten Raumstrukturen und geometrisierten Wahrnehmungsmustern. Die unumgängliche Rationalisierung industrialisierten Bauens und der Massenversorgung findet in einer Entwurfstheorie ihren Niederschlag, die Anspruch erhebt, kollektive Bedürfnisse gerade in ästhetischer Kargheit und reiner Zwecksetzung zu erfüllen und zu gestalten.

Die politische und soziale Funktionsbestimmung der Entwurfsarbeit für den Volksbedarf findet jedoch ihr vorzeitiges Ende in der Krise der Republik, als Massenarbeitslosigkeit herrscht, mit Notverordnungen regiert wird, der Druck von rechts zunimmt (der letztlich auch zur »Säuberung« des Bauhauses von erklärten Marxisten wie Hannes Meyer führt) und die Kommunen in Finanznot geraten, so dass Projekte zur Wohnungsversorgung schon ab 1930 Einbußen erleiden. (Eine Übersicht der Ereignisse im Zusammenhang mit der Entlassung von Hannes Meyer 1930 und der Schließung des zuletzt nach Berlin verlagerten Bauhauses unter Mies van der Rohe geben MEURER/VINÇON 1985, S. 144 f. und HAHN 1985.)

Diese fünfte und letzte Phase spiegelt die Rücknahme sozial- und kulturpolitischer Ziele, aber auch Besinnungen und Sicherungsbedürfnisse am Bauhaus, das unter Mies van der Rohe zu einer beruhigten Entwerfer- und Architektenschule wird, eher angepasst und schon ein wenig konventionell denn avantgardistisch im ästhetischen und sozialpolitischen Sinne. So wirkt schon Mies van der Rohes nobler Pavillon von 1928/29 für die Weltausstellung in Barcelona durch seine Materialästhetik und ausgewogene Proportionierung wie eine Tempelarchitektur der künstlerisch beherrschten Produktivkraft der Moderne. Der Entwurf ist eine Zusammenfassung, fast ein Schlussstrich unter ein Bemühen, den am Bauhaus seit dessen Gründungsprogramm ideell vorgestellten »Bau« wieder als Zentrum einer Lehre ahnbar zu machen, die sich von der allzu restriktiv-funktionalistischen Architekturgebärde abwendet und einen Ausgleich von Funktion und Ästhetik auf anderer Ebene sucht. Freilich wird nun die Politik aus dem Schulbetrieb, notfalls mit autoritären Maßnahmen des neuen Direktors (vgl. HAHN 1985) herausgehalten und flacht das soziale Engagement ab.

Ein Fazit

Auch wenn man die früh (schon in Weimar) beginnenden Angriffe von rechts und die Anträge der Nationalsozialisten in Dessau, dem Bauhaus die Mittel zu streichen und es buchstäblich abzureißen, nicht verdrängen darf (laut Grete Dexel gehörte das Bauhaus »zu den bestgehassten Institutionen des neuen Deutschland«), so ist die innere und äußere Entwicklungsgeschichte auch ein Spiegel der politischen und kulturellen Verhältnisse in der Republik zwischen dem Ende des Weltkrieges, der utopischen Hoffnung, der vorübergehenden Stabilisierung und dem Übergang in den Faschismus. Erstes Anzeichen des Übergreifens nicht beherrschbarer gesellschaftlicher Entwicklungen auf den symbolisch-ästhetischen Bereich, den das Bauhaus, die Moderne deutend, besetzt, ist die Trennung des Prinzips der Sachlichkeit von sozialpolitischen und sozialkulturellen Programmen des Entwerfens. Diese Trennung deutet sich schon in der technoästhetischen (dritten) Phase an, ehe sie nach der Entlassung von Hannes Meyer endgültig vollzogen wird. Mit der Selbstauflösung des inzwischen zur Privatschule umgewandelten Bauhauses in Berlin, das 1933 den Pressionen der neuen Machthaber nicht mehr standhalten kann, ist in gewisser Weise auch historisch das Ende einer Entwicklungsgeschichte erreicht, die den Gang der Industriegesellschaft in der Republik pädagogisch und politisch mit allen Chancen und Gefährdungen mitvollzogen hat.

Allein diese wie in einem Brennspiegel zusammengefasste Parallelität würde das Bauhaus als kulturelle Einrichtung zu einem unvergleichlichen Studienobjekt der Institutionengeschichte der Weimarer Republik machen. Aus der Distanz betrachtet und bezogen auf seine Auswirkungen auf die Geschichte des Entwurfs alltäglicher Gegenstände, hat das Bauhaus mit seiner dritten Phase bereits den Höhepunkt erreicht. Im Durchbruch zur Techno-Ästhetik der Moderne lässt die Schule den künstlerischen Formalismus hinter sich und dringt in Entwürfen von materialer, funktionaler und ästhetischer Radikalität zu einem Gestus des industriellen Produkts vor, der als Ausdruck der modernen Industriekultur schlechthin begriffen werden kann und entsprechend weitergewirkt hat. In den Produktformen, im Bauen und in der Werbegrafik gelingen die anschaulichsten Formulierungen eines Funktionsbegriffs, der ästhetisch und entwicklungsgeschichtlich deutlich über das Werkbundprogramm von 1907 und die erste Sachlichkeitsperiode der Produktgestaltung in Deutschland hinausgeht. Was der Werkbund unter der Devise *Die Form* 1924 in Stuttgart zeigt, wirkt dagegen, mit Ausnahme der Entwürfe von Ferdinand Kramer, eher matt und veraltet. In den Lampen und Stahlrohrmöbeln, die in Dessau entstehen, ist die Ausdruckseinheit von Funktion und Form radikaler gelungen als bei den frühen industriellen Entwürfen von Peter Behrens. Es wird eine von allem Individualismus gereinigte, verallgemeinerbare Produktsprache der Zweckbindung in technischer Schönheit gefunden, die zu dieser Zeit nicht mehr weiter präzisiert werden kann. Die Dinge wirken, als wären Technologie und Zweck unmittelbar Form geworden. Das Problem der Funktion und ihrer Hülle, bei Behrens noch eine letzte Diskrepanz, ist in der Synthese von Schönheit und Funktionalität endgültig gelöst. Dies ist die eigentliche Leistung der Bauhauslehre um 1925. Darin hat diese Institution unvergleichlich Designgeschichte gemacht.

Sozialdesign: Das Beispiel Ferdinand Kramer

Der kunst-, design- und architekturpädagogische Modellkomplex der Bauhauslehre (vgl. WICK 1982a) mit seiner ebenso fruchtbaren wie widersprüchlichen Entwicklungsgeschichte des Theorie- und Praxisbezugs, der ideologischen Konzepte und der ästhetischen Realisationen, hat kaum mehr als ein Dutzend Jahre Bestand, entfaltet aber mit der Zerstreuung von Schülern und Lehrern in alle Welt seine internationale Wirkungsgeschichte, von der pädagogischen und ästhetischen Traditionsbildung in Deutschland nach dem Zweiten Weltkrieg ganz abgesehen (vgl. z. B. GROHN 1991). Die Fülle von Forschungsarbeiten, Symposien und Ausstellungen zur Bauhausgeschichte lässt jedoch andere Anstrengungen des sozialfunktionalen Gestaltens in den Hintergrund treten.

Ein historisches Musterbeispiel gemeinsamen Bemühens von Architektur und Design, neue Lebensformen im Zusammenhang bebauter und bewohnter Umwelt zu entwickeln, gibt die Stadt Frankfurt am Main. Ab 1925 arbeitet unter der Leitung von Ernst May ein Planungsstab von Architekten und Designern, der für sämtliche städtischen Neubauten und für den sozialen Wohnungsbau zuständig ist. Ihm verdankt die erste Republik eine ihrer bleibenden Kulturleistungen (vgl. *Ernst May und das Neue Frankfurt*, 1986). In unglaublich kurzer Zeit – von 1925 bis

1930 – werden für elf Prozent der Frankfurter Bevölkerung moderne Wohnungen vor allem in neuen Stadtrandsiedlungen gebaut und technische und ästhetische Normen für die Wohnungsausstattung entwickelt.

Zum Gelingen dieser heftig diskutierten und schon vor 1933 politisch diffamierten Projekte trägt ein Entwerfertyp bei, der sich am Bauhaus erst noch definieren muss. Es ist ein sozial-praktisch denkender Generalist, der Planungs-, Bau-, Ausbau- und Einrichtungsprobleme gleichzeitig lösen muss, der kooperativ arbeitet und der es versteht, eine produktionstechnische Infrastruktur für das industrialisierte Bauen mit vorgefertigten Elementen und genormten Teilen mitzuorganisieren, der mit knappen Mitteln kalkulieren, mit Technologien umgehen und ein funktionales Ganzes gestalten kann. Dabei sind sich die beteiligten Entwerfer der Tatsache bewusst, dass sie in traditionelle Sozial- und Alltagskulturen eingreifen und ein neues Selbstwahrnehmungsverhalten der Nutzer ihrer Bauten und Einrichtungen erwarten. Sie werben für ihre Vorhaben daher regelmäßig in der Zeitschrift *Das neue Frankfurt*.

Eine der zentralen Figuren dieser neuen sozialen Praxisnähe des Entwerfens ist Ferdinand Kramer. Er hatte, aus dem Krieg zurückgekehrt, ein Architekturstudium bei Theodor Fischer in München begonnen und 1919 den Wechsel an das Weimarer Bauhaus versucht. Dort gab es noch keine Bauabteilung: Auf den Tischen im Atelier von Gropius und Adolf Meyer sah er »Entwürfe für Lehmstampfhäuser« (Kramer) liegen; die Design-Debatte am Bauhaus wird noch über handwerkliche Einzelstücke geführt. Kramer kehrt dem Bauhaus den Rücken und beendet sein Studium an der Münchener Technischen Hochschule: »Nach der vierjährigen Kriegskatastrophe kamen die Jahre der Inflation, der Arbeitslosigkeit und der Wohnungsnot. Der Aluminium-Kochtopf wurde dringend gebraucht – nicht die ornamentierte Vase. Praktische, preiswerte Geräte für den Haushalt, Sperrholzmöbel für die kleineren Räume der Wohnungen für eine *Neue Gesellschaft* war die Forderung. Das Symptom ›Kunstgewerbe‹ wurde zum Schimpfwort«, so erinnert sich Kramer 1976 in einem Brief.

Er lässt in einer Schlosserei Schwarzblechöfen, Töpfe, Kannen und Kessel aus Kupfer und Messing anfertigen. Sie werden 1924 auf der Stuttgarter Werkbund-Ausstellung *Form* gezeigt und von Siegfried Kracauer in der *Frankfurter Zeitung* besprochen. Kramer pflegt wie die Bauhäusler dieser Jahre Kontakte zur Stijl-Bewegung, doch nutzt er sie nicht zu formalästhetischen Experimenten. Sein 1924 im Frankfurter Hauptbahnhof ausgebautes Reisebüro der HAPAG ist schon ganz der Neuen Sachlichkeit bis hin zur zifferlosen Uhr verpflichtet. Mit dem Beginn der kommunalen Planungsprojekte 1925 übernimmt Kramer Aufgaben in der Abteilung für Typisierung im städtischen Hochbauamt, zum Beispiel für Tür- und Fensterbeschläge, Sperrholztüren, Stahlzargen, Lampen (vgl. JOURDAN 1983). Die Standardformen werden in das »Frankfurter Register«, eine Sammlung vorbildlicher Typen für die kommunalen Projekte, aufgenommen und sofort in die

Abb. 70: Kochtopf aus Kupferblech, hergestellt von der Werkstatt Emil Graf in Frankfurt. Entwurf Ferdinand Kramer, 1924

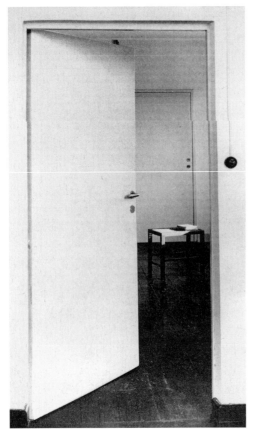

Abb. 71: Standard-Tür aus Sperrholz. Entwurf Ferdinand Kramer, 1925

Bauvorhaben integriert. Während der Messe 1926/27 zeigt die Stadt unter anderem einen nach dem unter May entwickelten Montageverfahren in 26 Tagen errichteten Musterhaus-Typ, der normierte Teile von der Tür bis zum Ofen enthält (vgl. NOSBISCH 1930).

Das Design ist hier ganz und gar eingebunden in die Programme sozialer Versorgung. Der Entwerfer tritt als Kommunaldesigner in Aktion, nicht als ein mit anderen konkurrierender Einzelkünstler, der seine Entwürfe an die Industrie verkaufen muss. Gleichwohl erfolgt deren serielle Fertigung bei privaten Firmen oder durch eigens gegründete Produktionsgesellschaften. Entwurfsziel ist die »Wohnung für das Existenzminimum« (vgl. MAY 1929; KRAMER 1929), die so billig wie möglich erstellt werden muss. Alles Design bleibt hier der planerischen und architektonischen Standardisierung für die industrielle Bauweise verbunden. Trotz Verwandtschaft zur Formgebung am Bauhaus entsteht eine andere Qualität von Sachlichkeit. Die praktischen Rahmenbedingungen des Entwerfers und die Produktionsformen sind denen der Ära Hannes Meyer ähnlich. Vergleicht man aber die Situation in Frankfurt 1925/26 mit der am Bauhaus, so scheinen Breuers Stahlrohrmöbel die wertfreie Funktionsästhetik des konsolidierten Industriekapitalismus zu verkörpern, während Ferdinand Kramer, unmittelbarer Bedarfsnot und praktischer Sozialpolitik verpflichtet, Vorlagen für einen komplizierten Realisationsprozess ersinnen muss, in dem Gebrauchswertbezug, Billigkeit, Integrationsfähigkeit in ein soziales Bauprogramm und Eignung für besondere Produktionsformen zusammengefasst werden. Das Design Kramers entsteht im Spannungsfeld von Wohnungsversorgung, Billigfertigung und Kampf gegen die Arbeitslosigkeit. Kramer und Franz Schuster entwerfen einfache Möbelformen, die im Auftrag der Gemeinnützigen Hausrat GmbH von arbeitslosen Schreinern in der städtischen Erwerbslosenzentrale am Schönhof hergestellt werden. Diese Einrichtung mit ihrem Maschinenpark in einer ehemaligen Kaserne ermöglicht eine halb-alternative Produktionsform. Die Gemeinnützige Hausrat GmbH garantiert eine halb-alternative Verteilungsform der Billigmöbel, die in Herstellungsweise, Preis und Gebrauchswert aus dem Rahmen der Profitwirtschaft fallen.

Dass hier ein faszinierendes Design im Verbund mit einer besonderen Produktionsweise entsteht, liegt an der entschieden sozialen Bindung des Entwurfs. Noch einmal taucht der alte Gedanke der Werkstatt wieder auf, umformuliert für eine gesellschaftliche Realität, die ihn noch nicht ganz und gar abwegig, ja sogar wieder notwendig erscheinen lässt, weil Opfer der Rationalisierung in der Kooperation an einem sinnvollen Produkt, das Handwerksform und Reproduzierbarkeit auf sich vereint, vorübergehend sozial abgesichert werden können. In der Werkstatt am Schönhof wird eine Mischform von handwerklicher und industriell-rationalisierter Arbeitstätigkeit gepflegt. Die Entwürfe Kramers gehen durch die Hände qualifizierter Handwerker und durch die Maschine, die Material und Form anonymisiert. Die Arbeitslosen erleiden dabei keine Dequalifikation ihres Könnens; dieses wird gebraucht und gleichzeitig auf sanfte Weise über den Entwurf mit industriellen Zielen vermittelt.

Kramer verwendet Holz, wenn auch meist in der technischen Materialvariante als Sperrholz, das man aus dem Flugzeugbau oder als Tischlerplatte kennt. Dabei hat er nichts gegen Metall, das er in Baubeschlägen, Zargen, im Ofenbau verwendet – der gusseiserne »Kramerofen« von 1926, bei Buderus hergestellt, gilt als Wunder an Energieausnutzung und ist ein klar industriell definiertes Serienprodukt. Mit der Wahl des Materials Holz für seine Möbel kommt Kramer brachliegenden handwerklichen Fähigkeiten entgegen, zugleich bleiben die Formen maschinengerecht. Es sind noch Möbel im Sinne kulturgeschichtlich vertrauter Grundtypen. Der Stuhl, der Tisch, der Kasten, der Hocker, der Küchenschrank, der Arbeitstisch gebärden sich nicht industrieller als sie müssen. Sie stellen reife, gleichsam endgültige Formulierungen reproduzierbarer Robustheit, Zuverlässigkeit und Brauchbarkeit dar – Werte, die in schlechten Zeiten etwas gelten. Die Dinge strahlen die Würde des Brauchbaren aus; Michael Müller (1983) spricht von der »sinnlichen Erscheinung des Gebrauchswerts«.

Niedriger Preis und hoher Gebrauchswert begründen jedoch nicht allein die Nutzer-

Abb. 72: Küchenanrichte, hergestellt in der Städtischen Erwerbslosenzentrale für die Hausrat GmbH, Frankfurt. Entwurf Ferdinand Kramer, 1925

freundlichkeit und -nähe dieser Entwürfe, die in der Vereinfachung und im Grad ihrer skulpturalen Proportionalität über die Typen-Möbel von Richard Riemerschmid von 1906–08 hinausgehen. Es sind die klarsten und modernsten Holzmöbel ihrer Zeit. Sie stellen die vertrauten Erscheinungsbilder der Funktionen auf eine bis in vorindustrielle Gebrauchserinnerung zurückreichende Tradition der Erfahrung. Kramers Stühle, Tische, Hocker, Küchenschränke aus dem Billighausrat-Programm erzielen durch ihren ästhetischen Minimalismus, auf den vertrauten historischen Gegenstandstyp angewendet, den Eindruck des Gegenstands an sich als Gebrauchsform. Darin geht Kramer sensibler zu einer ästhetischen Erziehung der Gebraucher über als alle aufklärenden Werbekampagnen mit ihrer verbalen Überzeugungsgewalt. Kramer bietet das Vertraute als Grundform an und präzisiert das Existierende (vgl. Kat. *Ferdinand Kramer* 1991) zur Perfektion der Form, ohne dass die ästhetische Leistung sich, wie am Bauhaus, vordrängt. Er entwickelt eine Poetik des Raumes und der Dinge unter der Tarnkappe sozialer Funktion, ökonomischer Begrenztheit und Handlichkeit. Bei diesen Entwürfen tritt Schönheit nicht als Programm einer Lehre auf, denn Kramer findet zur Form ohne jede Künstlerattitüde. Ein Zeitgenosse stellt fest: »Sein Kopf ist frei von Mondrian. (...) Kramers Möbel sind der denkbar beste Hausrat in den einfachen, kubischen, relieflosen Räumen des neuen Hauses, mit den glatten Sperrholzplatten seiner Türen; sie sind von dem modernen Stilgefühl beseelt, mit dem die Bewohner dieser Häuser ihre trainierten Körper kleiden.« (RENNER 1927, S. 322)

Ein Hocker, ein Küchentisch, ein Schrank aus der Hand Kramers und der Schreiner der Erwerbslosenzentrale stehen auf der Grenzlinie zwischen Handwerk und Industrie, Gebrauchstradition und neuer Formkultur. Sie bilden eine *Verbindung* der Produktionskulturen, keine Trennung oder Auslöschung ab. Es sind die vielleicht reifsten Formen einer Versöhnung von Hand und Maschine, lebendiger Arbeit und Massenprodukt, sozialem Sinn in der Produktion und reinem Nutzen im Gebrauch, die das Design der Weimarer Republik überhaupt hervorgebracht hat. Für einen Augenblick nimmt die Utopie der Sozialbindung allen Gestaltens greifbare Form an. Bei schonender Ökonomie der Ressourcen entstehen aus der Mitte der Not dieser Jahre die schönsten und würdigsten Dinge für den alltäglichen Gebrauch, hergestellt von denen, die für die Produktionsmaschinerie schon unbrauchbar sind. Dabei wird das entwertete Kapital lebendiger Arbeit in die Hände derer zurückgegeben, die etwas damit anfangen können.

Besinnung auf den menschlichen Grund der Produktivität – das ist keineswegs die Devise am Bauhaus, das den Anschluss an die Industrie in Genie-Entwürfen feiert. Manche Bauhausform wirkt aufwendiger, materiell und ästhetisch kostbarer und raffinierter, auch moderner als das Kramersche Design. Die Bauhausform trägt den Keim zum »Stil um 1930« und dessen schillernde Ambivalenz schon in sich. Gerade deshalb scheinen Kramers Entwürfe heute so bedeutsam. Allein durch das Umfeld ihres Entstehens sind sie nicht so unverbindlich wie irgendein industrielles Massenprodukt. Kramer stand immer in unmittelbarer Nähe zum Bauen des Neuen Frankfurt, zu den großkommunalen Projekten der Wohnungsversorgung, zu den Zwängen des rationellen und billigen Produzierens, zu den Arbeitsbeschaffungsmaßnahmen, das heißt zur Sozialpolitik. Freilich war das Bauhaus eine Schule, keine Institution für die Sozialpraxis des Gestaltens wie das Frankfurter Hochbauamt unter Ernst May mit seinem Stab von Praktikern. Das Bauhaus musste aufgrund seiner Situation vor allem ästhetische Ambitionen und ideologische Führungsansprüche entwickeln. Manche Meister zeigten deshalb kaum soziales Engagement.

Zwar hat auch Kramer es nicht vermocht, die Grenze der Akzeptanz der Neuen Sachlichkeit für größere Wohnbevölkerungsgruppen zu verschieben. Der minimalästhetische Reiz seiner Entwürfe ist auch heute eher nur Kennern verständlich. Doch verkörpern diese Objekte eine eigene Wertgeschichte. Bei Kramers Entwürfen erinnert man ein Stück Hand-Werk, unmittelbares menschliches Vermögen am Artefakt. Man konnotiert zu der Erscheinung eine qualitativ andere, »wärmere« Herkunft als die aus der Maschine

Abb. 73: Stuhl- und Tischtyp für Kindergärten des Neuen Frankfurt. Entwurf Ferdinand Kramer

allein. Dazu tritt der Verwendungszusammenhang in der Praxis der Frankfurter Sozialprojekte.

Insofern ist hier der Vorwurf der Enthistorisierung und ästhetischen Entwurzelung, einer »Vergesellschaftung der Form nach« (MEURER/VINÇON 1983), die der Funktionalismus bewirkt haben soll, nicht berechtigt. Für die Frankfurter Sozialplaner stellen sich zwar die gleichen Fragen der Bevormundung der Gebraucher, des Bruchs mit soziokulturellen Traditionen und historischen Bedürfnisstrukturen wie für alle »Funktionalisten« der Zeit. Aber das Beispiel Ferdinand Kramer zeigt, wie ein Entwerfer und Architekt in einem Netz produktionsgeschichtlicher Bezüge und sozialer Ziele zu Lösungen gelangen kann, die eben nicht von der alles überwältigenden Rationalisierungs-, Geometrisierungs- und Anonymisierungstendenz durchdrungen sind wie beispielsweise schon die Städtebauvisionen Ludwig Hilberseimers um 1930 am Bauhaus.

In Frankfurt ist, »was die Maschine in die Welt gebracht hat, das Gradlinige, Kantige, Zielstrebige, Eilige, das Geometrisch-Reguläre, das Konstruierte, Abstrakte« (WICHERT 1928) noch eingebunden in kleinere Einheiten für den sozialen Gebrauch; es ist ein gemäßigter Funktionalismus, der gelebt werden kann. Bis lange nach 1945 galt es als Privileg, in einer Siedlung des Neuen Frankfurt wohnen zu dürfen. Trotz aller Normierung bilden die Bauten und das Innendesign eine historische Möglichkeit, einen Moment auf der Kippe des Gelingens einer Utopie des Gestaltens ab, der sich nie wiederholt hat: »Die offensichtliche Reduzierung der Gestaltungsarbeit auf die Ausdifferenzierung einer gebrauchswertorientierten Umwelt umgeht ganz bewusst nicht die damaligen Rationalisierungsmöglichkeiten des Kapitals. Sie verschließt sich nicht dem Gedanken einer vernunftsmäßig begründeten Ausformung der Lebenswirklichkeit, und sie hält fest an der fortschreitenden Entfaltung der Produktivkräfte, auch und gerade in der Architektur und Produktgestaltung. Zugleich ging die Avantgarde von der Wirkung einer gebrauchswertverpflichtenden Gestaltung des Lebens auf das Bewusstsein und die Lebensweise des Menschen aus. Dort erst hätte sich der Gestaltungsprozeß bewahrheiten, er hätte praktisch werden sollen in den Handlungen der Menschen.« (M. MÜLLER 1983, S. 21)

Das Problem der kulturellen Standardisierung

Doch die Homogenisierung kultureller Standards gelingt nicht in der erhofften Breite und Tiefe des Rezeptionsbewusstseins. Das Problem der Akzeptanz, das neben der ästhetischen und funktionalen Standardisierung notwendigerweise hätte gelöst werden müssen, bleibt bis zum Ende der Republik, das zugleich auch ein Ende des aufklärerischen, sachlichen Gebrauchswertbezugs darstellt, eine Irritation. Die zeitgenössische Designliteratur fordert immer wieder das Umlernen der Gebraucher und Nutzer oder ihre Belehrung. Sie sollen erkennen, dass die funktionsästhetischen Lösungen auf der Höhe des Zeitbewusstseins und der entwickelten Produktivkräfte ihr eigener Ausdruck sind – der Beitrag, den sie als Vollziehende und Gebrauchende zur demokratischen Massenkultur leisten. Sie sollen begreifen lernen, dass die innere Formierung einer »klassenlosen« Industriegesellschaft neue Formen einer kollektiven Sprache in Produkten und Bauten findet. So jedenfalls verstehen die Sozialarchitekten und Sozialdesigner der Weimarer Republik ihre Arbeit des Vorausgestaltens – sei es in Bruno Tauts »Hufeisensiedlung« Britz in Berlin als zusammenfassende, große Architekturgeste, sei es in Gestalt einfacher Kindergartenstühle Ferdinand Kramers in Frankfurt, die eine kleine Gruppe Gleichaltriger im Spielen und Lernen um den gemeinsamen Tisch versammeln.

»Zeitschriften der Arbeiterbewegung, der SPD und der KPD, machten diese neue Kultur zu ihrer Sache, die Arbeiterschaft selbst aber stand ihr eher ablehnend gegenüber.« (PROJEKTGRUPPE ARBEITERKULTUR 1982, S. 74) Das im Typus ausgedrückte Gleichheitsprinzip, die Wendung gegen die bürgerliche Ästhetik-Tradition und gegen die konservativen Kräfte der Republik, der Gebrauchswertbezug, die relative Billigkeit der Produkte, ihre Sachlichkeit und »Ehrlichkeit«, der Ausdruck moderner Produktivkraft in ihnen – dies alles mochte linke Intellektuelle oder Funktionäre der Arbeiterbewegung überzeugen. Jüngere, bildungsbeflissene Aufsteiger aus Arbeiterfamilien konnten sich damit anfreunden, die ästhetisch konservative Mehrheit dagegen musste – wie schon vor 1914 – die Sachlichkeit als Zumutung empfinden: »Es war außer dem Zweck-Design des Einzelmöbels anscheinend die veränderte Gesamtatmosphäre der neuen Räume, die abgelehnt wurde. Die luftig-leeren Zimmer, die durch die relativ kleinen Möbel entstanden, wurden als ›nackend und arm‹, als ›zu kahl und zu kalt‹ empfunden. Fülle war auch ein Zeichen von Wohlstand.« (Ebd., S. 86) Auch Vorschläge, die übernommenen alten Formen wenigstens vom Dekor zu befreien, gingen fehl. Wegwerfen kam ohnehin nicht in Frage, das hätte aller proletarischen Ökonomie und Erfahrung widersprochen. Die Sachen zu »modernisieren«, hat wohl nur selten jemand für sinnvoll gehalten, sie taten ja auch so ihren Dienst, das Dekor garantierte dazu den Anschein von Reichtum.

In dieser Hinsicht waren die sozial orientierten Entwerfer der zwanziger Jahre von einer grenzenlosen kulturpädagogischen Naivität. Sie wunderten sich über »den Hang der Massen zum Kitsch« (HARTIG 1930) und die Zählebigkeit der alten Kulturformen, denen man generell allen Wert und alle Funktion absprach: »Oft werden die fortschrittlichen Tendenzen moderner Architekten, die nach reiflicher Planung gesunde, schöne neue Wohnungen gebaut haben, durch die Unwissenheit und Zurückgebliebenheit der Mieter auf eine beklagenswerte Weise durchkreuzt. Der Architekt denkt und der Mieter lenkt. Das ergibt in manchen Neubauwohnungen einen geradezu schreienden Widerspruch. Hier ist noch sehr viel Aufklärung nötig. Man glaubt gar nicht, wie fest die alten Traditionen sitzen.« (HARTIG 1930, S. 384)

Während die Akzeptanz zweifelhafter Errungenschaften, zum Beispiel der Symbole des »Tempos« der Zeit, der Formen der modernen Zerstreuung und der glitzernden Warenwelt, welche die Krisen des Kapitalismus unsichtbar machen, massenhaft gelingt, verweigern die gleichen Massen das von Ausbeutung und Vorspiegelung befreite Kulturelement der »vernünftigen« Form. Wie nachhaltig und zäh sie das tun, kommt den fortschrittlichen Entwerfern nur deshalb nicht voll zu Bewusstsein, weil der Bruch mit Idee und Werk durch politische Gewalt 1933 vollzogen wird. Aber schon in den späten zwanziger Jahren zeichnen sich unabweisbare Gründe für das Scheitern der neuen Sachlichkeit am Massengeschmack ab. Die Entwürfe verpflichten die Wahrnehmung auf die bloße Zweckfunktion des Gegenstands, sie trennen die Menschen von ihren sozialgeschichtlich verankerten Gebrauchstraditionen und Schönheitsempfindungen, und sie rufen eine unbewusste Abwehrhaltung gegen die ästhetische Industrialisierungstendenz hervor, die mit den neuen Dingen und

Abb. 74: Blick vom Wohnzimmer in das Esszimmer des Hauses von Ernst May. Zeitgenössisches Foto 1926

Funktionen in die private Lebenssphäre eindringt. Dazu kommt, dass die Entwerfer unbeirrt am bürgerlichen Ein-Kulturen-Standpunkt festhalten, der das Aufklärungs- und Erziehungsrecht privilegiert – auch dort, wo es angeblich zur Verstärkung proletarischen Bewusstseins dienen soll und wo die Entwerfer sich als politisch-ästhetische Avantgarde und Anwälte der Arbeiterbewegung verstehen. »In Deutschland bestanden günstige Voraussetzungen einer kontinuierlichen Entfaltung des Funktionalismus, und das heißt notwendig auch, der Konkretisierung seiner Beziehungen zur Arbeiterklasse.« (KÜHNE 1985, S. 184) Diese Behauptung ist sozialgeschichtlich nicht haltbar. Sie verlängert den Irrtum der funktionalistischen Botschaft bis in die siebziger Jahre hinein und entwirft ein Wunschbild von Geschichte, auf das sich nur neue Wunschbilder, aber keine Realkonzepte ästhetisch-kultureller Selbsterfahrung aufbauen lassen. Die neue Kultur der Sachlichkeit wird von anderen Klassen mit anderen Zielen und Erfahrungen gelebt. Für sie ist das teure Produkt aus Stahlrohr und Glas auf der Pariser Werkbund-Ausstellung von 1930 bestimmt, wo eben nicht Kramer, sondern Gropius, Breuer und Moholy-Nagy internationale Anerkennung suchen. Diese Formen in ihrer sozialen Bindungslosigkeit bei höchster technischer und gestalterischer Perfektion beunruhigen die Kritik schon damals. Julius Posener spricht hellsichtig vom »Manierismus des angeblich ganz und gar Unmanieristischen« (zit. bei NERDINGER 1985, S. 142); aus dem Abstand der Gegenwart erkennt man, wie weit der Gestus solcher Produkte und Räume über jede soziale Massenverbindlichkeit hinausgeht, ja dass diese gar nicht gesucht wird. Als künstlerische Avantgarde-Produkte hätten sie im Massengebrauch verschwinden und diesen selbst zum Ausdruck avantgardistischer Kultur machen müssen.

Beide Varianten des Funktionalismus der späten zwanziger Jahre – das sachliche Sozialdesign und die elegante Moderne – können als Formen der Selbstfunktionalisierung im höheren industrierationalen Interesse verstanden werden. Sie sind Ausdruck von Gewalten, die von den Designern nicht erkannt, geschweige aufgefangen werden. Ob der Mensch ein industriedefiniertes Wesen wird, eine Maschine nach dem tayloristischen Prinzip, oder ob er Herr seiner Werkzeuge und Produktionsziele und damit Herr seiner selbst bleibt, ist eine die ganze Gesellschaft berührende Frage. Die Folgen treffen die Klassen- und Lebenswirklichkeiten unterschiedlich.

So könnte man es auch als Glücksfall der Sozialgeschichte verstehen, dass das proletarische Wohnen vom ästhetischen Prinzip des Funktionalismus nicht erfasst, dass die Sachlichkeit dort abgelehnt worden ist. Für den durchschnittlichen Arbeiter und Angestellten zwischen Inflation und Massenarbeitslosigkeit hat es die Neue Sachlichkeit in einem definierten, kämpferischen Sinne nie gegeben; seine alltagskulturellen Handlungsmuster bleiben bei aller Not ohne Beziehung zur »Form ohne Ornament«. In die Siedlungen des Neuen Frankfurt ziehen vor allem Angestellte und Beamte ein, kaum Arbeiter. Selbst wo die Miete für eine der neuen Sozialwohnungen aufgebracht werden kann (May ging von einem Wochenlohn für die Monatsmiete aus), ist es kein Beweis kultureller Entscheidungsfähigkeit, dort einzuziehen. Viel wichtiger ist es, trocken und warm zu wohnen und dass die alten Möbel beim Umzug durch die genormten Türen passen. Wahrscheinlich sind die kleinen Badezimmer oder die schmalen Gärten hinter den Reihen- oder Laubenganghäusern attraktiv gewesen, nicht das Flachdach, nicht die Proportion der Fassaden, nicht das kalkulierte Gestaltbild der Siedlungen. Der Aufstieg zu einem zivilisatorischen Standard, die Teilhabe am Komfort, das Versorgtsein mit Wohnraum überhaupt, mögen Anreize zur Nutzung des neuen Bauangebots gewesen sein, weniger der in Aussicht gestellte Wechsel zu einem anderen ästhetischen Selbstausdruck. Um sich der kulturellen Standardisierung unterwerfen zu können, hätten die sozialen Adressaten ihre in der kollektiven Aneignungsgeschichte tief verankerten Erfahrungen aufgeben und zugleich ihre Neigung zu den zwielichtigen Warenschönheiten der modernen Gegenwart ausblenden müssen. Im Festhalten an den früheren und in der Aneignung der neuen Formen der Gewöhnlichkeit lag Anstrengung und Selbstbeweis genug.

»Die einzige, bisher manifeste, sichtbare sinnliche Form des besseren Lebens hatte die herrschende Klasse vorgelebt, eigene Lebens- und Kulturformen hatte das Proletariat außer in der Subkultur und in tradierten Volkskunstelementen noch nicht entwickeln können. Es konnte sich folgerichtig auch nicht die avantgardistischen Kunstelemente aneignen, die nicht aus ihm selbst hervorgegangen waren.« (STAHL 1977, S. 100) Gerade die Gebraucherschichten, die als Klasse kulturell eine »explosive Entfaltungsdynamik« (KÜHNE 1985) hätten freisetzen müssen, verweigern sich der Sachlichkeit oder brechen ihr durch beiläufige Aneignung oder geringschätzigen Gebrauch die revolutionäre Spitze ab. Sie wehren damit unbewusst einen Angriff ab, der allen gilt, nicht nur den schwer erziehbaren Unterschichten.

Die Frankfurter Küche

Die Versachlichung des Lebens schreitet im Vordringen industrieller Haltungen und in entsprechend organisierten Alltagsvollzügen mehr als bloß symbolisch über die Ästhetik der neuen Gegenstandsformen voran. Funktionalität wird auch bei den neuen sozialen Wohnungsbauprojekten zu einem verinnerlichten Fundamentalbegriff der Epoche, von dem nicht nur die Adressaten des sozialen Design, sondern auch die sich im Industrialisierungsprozess wandelnden Mittelschichten erfasst werden. Die Umstellungen von Handhabung und Bewusstsein beginnen unauffällig im Praktischen, zum Beispiel in der von Grete Schütte-Lihotzky und ihrem Team entwickelten »Frankfurter Küche«, die für 238,50 Reichsmark (die auf die Miete umgelegt eine Erhöhung um eine Mark bedeuten) fertig eingebaut angeboten wird. Sie ist eines der Urmodelle aller späteren Funktions- und Einbauküchen: »Ohne Zweifel war diese Küche sehr praktisch. Vor allem konnte sie mit technischen Apparaturen aufwarten. Man kochte mit Gas und nur selten auf Elektroherden, wie in der Siedlung Römerstadt, der wohl ersten vollelektrifizierten Siedlung Deutschlands. Behälter für Grundnahrungsmittel, wie Mehl, Salz oder Gewürze, waren in Griffnähe des Herdes angebracht. Es gab einen Speiseschrank mit Außenbelüftung, vor dem Fenster den Arbeitstisch mit einem Drehstuhl, und ein Bügelbrett, das man von der Wand herunterklappen konnte. Sogar an eine in der Arbeitsplatte des Tisches eingebaute Abfallrinne hatte man gedacht. Gespült wurde von rechts nach links, wobei das Geschirr auf einem Gestell zum Abtropfen abgestellt wurde.« (MOHR/MÜLLER 1984, S. 124) Auch an kurze Wege zum Esstisch im Wohnraum und an die Möglichkeit, dort spielende Kinder während der Küchenarbeit zu beaufsichtigen, war gedacht.

Kein Zweifel, ein großer Fortschritt in der Erleichterung der Hausarbeit, die nach wie vor zu den unveränderten Pflichten der Frau gehörte. Mohr/Müller sehen darin den Ausdruck einer »Professionalisierung der Hausarbeit«. Der Entwurf beeinflusst aber die soziale Mikrostruktur der Standardfamilie, für die diese Wohnungen und Küchen gedacht sind. Das Ideal ist die Kleinfamilie mit bis zu zwei Kindern, über diese Norm hinaus werden die Wohnungen zu eng.

Doch das Design dieser Küche greift nicht nur in das Sozialgefüge der Familie ein. Gisela Stahl (1977, S. 100 ff.) hebt ihre Nähe zur Arbeitswelt hervor, in der zunehmend neue Methoden der wissenschaftlichen Betriebsführung, der Effektivierung und Berechenbarkeit von Arbeitsabläufen und des rationellen Einsatzes von Maschinen und Menschen entwickelt und angewendet werden. Verrichtungen im Haushalt werden untersucht, Bewegungsabläufe der Hausarbeit koordiniert und optimiert, als ginge es um betriebliche Maßnahmen zur Steigerung der Effektivität industrieller Arbeit, wie sie das Ehepaar Gilbreth mit seinen fotografischen *Motion Studies* in den USA schon vor dem Ersten Weltkrieg eingeleitet hatte (vgl. GILBRETH 1921). Diese Studien beruhen auf dem Grundsatz, dass »sich die effektivsten Bewegungen auf abstrakten Linien erkennen lassen« (BURRICHTER 1983, S. 66). Das funktionsbetonte, nach schematischen Abläufen geregelte Wohnen auf Grundrissen und mit Einrichtungen, die nach ergonomischen Gesichtspunkten, also nach einem vordefinierten Mensch-Werkzeug-Verhältnis gestaltet und angeordnet sind, nicht nach historischen, emotionalen und ästhetischen Bezügen des Gebrauchs, entspricht dem Denken in Kategorien der neuen Arbeitswissenschaften. In ihrem Rahmen entwickeln sich Psychotechniken (vgl. FRIEDMANN 1952), die dazu dienen, die Natur des Menschen gegenüber der Rationalisierung fügsam zu machen. Als eine solche Psychotechnik könnte man auch die private Arbeit in einer Küche bezeichnen, die mit dem guten Argument der Zweckmäßigkeit und Arbeitserleichterung überzeugen kann. Der Werkbund stellt 1927 im Rahmen seiner Ausstellung *Die Wohnung* ein Modell der *Mitropa*-Reisezug-Küche aus und preist sie, wie *Das ideale Heim* berichtet, als »Schule der Hausfrau«, weil diese Küche so klein und praktisch sei. Sie ist ein Verhaltensmodell, ein Erziehungsinstrument, nicht nur eine Küche.

Wieder einmal erweisen sich vorbildliche und verdienstvolle Designleistungen als doppeldeutig, verstrickt in einen Grundwiderspruch zwischen der organischen und kulturellen Verfasstheit der menschlichen Natur und der Produktionsgeschichte in ihrer Dynamik, die sich anschickt, diese Natur umzugestalten. Funktionsbetonte Standardisierung von Gegenstand und Raum, von Werkzeug und Bewegung im Sinne betrieblichen Effektivitätsdenkens greift auf den Menschen als Organismus, der sich den funktionalen Strukturen anzupassen hat, auf dessen Tätigkeit des Wahrnehmens und Vollziehens über. Ganz abgesehen davon, dass soziohistorisch verankerte Verhaltensmuster (zum Beispiel im Typus der Wohnküche) abgelöst werden, also ein Geschichts- und Identitätsverlust eintritt, entwickeln die Dinge und Räume ihre eigene faktische und symbolische Gewalt. Sie unterwerfen sich ihre Gebraucher zunächst leiblich durch die (angeblich nur vom praktischen Zweck bestimmten) Führung der Hand, durch Ablaufsteuerung der Bewegungen des Körpers, durch die Wege, die man in derartigen Räumen geht. Aber sie üben damit auch neue Wahrnehmungsweisen und Haltungen gegenüber Dingen und Räumen und den Mitmenschen ein. Räume und Werkzeuge des Lebens geben sich vernünftig, aber sie folgen dabei dem Plan einer vorgegebenen industriellen Vernunft, die sich auf die Gebraucher habituell übertragen soll: »Manche Bilder und Gegenstände stehen wie Anekdoten für bestimmte geschichtliche Tatsachen. Sie weisen dann auch ironisch auf das hin, wofür sie an ihrer Stelle typisch sind.« (LIPPE 1983, S. 2)

Das produktkulturelle Profil der ersten Republik 171

Abb. 75: Die »Frankfurter Küche«. Entwurf Grete Schütte-Lihotzky und Mitarbeiter. Blick vom Flur in den Raum nach einem zeitgenössischen Foto von 1926

So verhält es sich auch mit dem Entwurf der »Frankfurter Küche« und vielen anderen Küchenmodellen der Zeit – von der Bauhaus- bis zur Werkbundküche und Küchen der Architektenvereinigung *Der Ring* oder der Reichsforschungsgesellschaft für Wirtschaftlichkeit im Bau- und Wohnungswesen. Sie vertreten alle beispielhaft ein Design, das in den späten zwanziger Jahren den Stand der Produktionsgeschichte und deren Anspruch reflektiert. So erfasst der Taylorisierungsprozess industrieller Arbeit in der Küche und im »praktischen« Haushalt auch Frauen aus den Mittelschichten, die die Produktion am Fließband oder das Großraumbüro nur vom Hörensagen kennen. Indem beispielsweise die Küche zur »Matrix der Ökonomie der insgesamt durchrationalisierten neuen Wohnungen« oder zur »Wirtschaftszentrale des Hauses« (vgl. MOHR/MÜLLER 1984, S. 122) wird, machen die Tätigkeiten darin auch die Rationalitätsprinzipien des Wirtschaftens draußen zu einer in das ganze Leben eingebundenen Selbstverständlichkeit. Das geht bis zu Vorschlägen der minutiösen Tageseinteilung der Hausfrau (vgl. STAHL 1977, S. 101) – *home management* (Christine Frederick) überträgt betriebswirtschaftliches Denken aus der Fabrik auf Küche und Haushaltsführung und macht es damit allgemeinverbindlich.

Die Herkunft des Typs durchdachter, nach ergonomischen Prinzipien entworfener kleiner Kompaktküchen aus den USA verweist auf soziologische Strukturveränderungen und neue soziale Lebensformen und -bedürfnisse im Zeitalter einer sich demokratisierenden Produktkultur (vgl. SCHEID 1992). Ein gewisser technisch-funktionaler Komfort erscheint nun allen zugänglich. Natürlich ist ein Entwurf wie die Frankfurter Küche eine noch heute beeindruckende Leistung an gestalterischem Scharfsinn und praktischer Einfühlungsfähigkeit in die täglichen Arbeitsgänge und tausendfach wiederholten Griffe. Eine neuere Studie (KRAUSSE 1992) belegt dies sehr anschaulich und detailgerecht.

Für eine einzeln arbeitende Person kann man sich kaum einen besser organisierten Küchenraum denken – bis hin zu den Vorratsbehältern aus Aluminium für Mehl, Zucker, Grieß usw., die – am Griff aus dem Kompakttisch gezogen – Eigenschaften des hygienischen Behälters und der Gießkanne vereinen, oder zum herabklappbaren Bügelbrett. Diese Küche ist ein Triumph des Praktischen, doch auch ein mentales Erziehungsinstrument: Rationalisierung, Funktionalität, sachliche Knappheit, Effektivität des Gebrauchs sind Fortschrittsmetaphern der Epoche, die entweder allgemeine Zustimmung fordern, propagandistischen Zwecken dienen oder etwas verdecken, das als Mangel nicht mehr gesehen werden soll.

So sind die rationalistischen Überformungen und Reduktionen des Küchenraumes, in dem immerhin die ältesten Reproduktionsmittel des Menschen zu Hause sind – Feuer und Nahrung –, nicht nur Errungenschaften, sondern auch Verweise auf eine Grundtendenz der Menschenformung im Industriezeitalter. Gerade mit den modernen Küchen, die das *home management* ästhetisch und funktional realisieren, setzt ein neuer Schub epochaler Gestaltentwürfe des Lebens ein. Dem scheinen sich ganz besonders von der Rationalisierung überzeugte Designerinnen und Designer am wenigsten zu widersetzen, weil sie von dieser Tendenz als Gestaltende beeindruckt sind. Ihrer historischen Leistung tut diese Feststellung keinen Abbruch; es relativiert sie nur. Rückverwohnlichungen des Küchenraumes in jüngerer Zeit korrigieren den Irrtum – Menschen sind nicht praktisch konstruiert.

Rudolf zur Lippe nennt als zwei Prinzipien der vor Jahrhunderten einsetzenden Geometrisierungstendenz »das Zusammensetzen im Quadratnetz und die Zerlegung des

Körperganzen in Teile bzw. Teilbewegungen« (LIPPE 1983, S. 38). Dies geschieht in den zwanziger Jahren durch ein Raster funktionaler Strukturen in Arbeitsumwelt und Arbeitsorganisation so gut wie im sachlichen Wohnen, das heißt im Anordnen und Gliedern dessen, was in den gerasterten Räumen des privaten Lebens geschieht. Die Organisation des modernen Alltags durch Architektur und Design ist also nicht bloß sachlich; sie berührt – am Ende weniger human, als Hannes Meyer und andere sich das dachten – Selbstbild und Bewusstsein der Gebraucher. Dieses Design ist auch mehr als bloß ein ironischer Verweis auf den Einbruch der höheren Zweckmäßigkeit in den Lebenszusammenhang. Mit dem Durchsetzungsinteresse der Sachlichkeit kommt die gesamtindustrielle Rationalisierungstendenz ins Haus. Designgeschichte tritt in diesem Moment unmissverständlich als Funktion der fortgeschrittenen Produktionsökonomie in Erscheinung – wirkungsvoll in einem weiten, das Schöne übersteigenden, kulturhistorischen Sinne.

Auf die Frankfurter Küche bezogen gibt es ein Dokument von entwaffnender Klarheit: Ein Werbefilm des Frankfurter Hochbauamtes zeigt eine junge Frau im typisch schlanken Outfit der Zeit, die mit Gängen, Gesten und Griffen vorführt, wie dieser Küchenraum von einer Person allein in Gebrauch zu nehmen ist. Gerade die Stills aus dem Film (vgl. KRAUSSE 1992, S. 96 ff.) machen die Disziplinierung aller Tätigkeiten und deren Vereinzelung deutlich. Die Darstellerin agiert nach einer Choreografie, die keine falsche oder überflüssige Bewegung zulässt. Und sie tanzt solo alle Figuren durch, die von Grete Schütte-Lihotzky, der Architektin, und ihrem Team nach wohlüberlegtem Plan vorgegeben und dem Raum eingeschrieben sind. Der Eindruck von Erleichterung der Küchenarbeit durch ein sinnvolles Design der Rationalisierung bestätigt sich, sobald man sich

Abb. 76: Arbeitsabläufe in der »Frankfurter Küche«. Stills aus dem Werbefilm »Arbeitssparende Haushaltsführung durch Neues Bauen«, 1927 im Auftrag des Hochbauamtes der Stadt Frankfurt am Main von Paul Wolff gedreht (1992 von Joachim Krausse publiziert)

selber in einer der erhaltenen oder nachgebauten Frankfurter Küchen bewegt. Alles ist auf wenige Schritte und Griffe reduziert. So stellt dieses Küchenmodell der zwanziger Jahre manches teure von heute in den Schatten.

Auf der anderen Seite täuscht der Eindruck der Filmstills nicht darüber hinweg, dass hier der vielleicht unbeabsichtigte Versuch gemacht worden ist, Küchenarbeit mit Fabrikarbeit gleichzusetzen und diesen Vorgang in einem Tanz aufzulösen. Küchenarbeit gleich Fabrikarbeit – das bedeutet die Übertragung der Rationalisierung in den Raum privaten Handelns. Einerseits besteht der Charme der Frankfurter Küche darin, dass sie ein wohlfunktionierendes, aufgeräumtes Ein-Personen-Labor für die tägliche Versorgung der Kleinfamilie bereitstellt. Auf der anderen Seite transportiert sie die allgemeine Rationalisierungstendenz an einen Ort, an den sie noch nicht vorgedrungen war. Sie löst ein älteres Modell täglicher Reproduktion und Kommunikation ab – die Wohnküche. Anstelle unrentabler Werte, wie soziale Nähe und Wärme, importiert sie das technische und ökonomische Effektivitätsdenken der Epoche in die private Sphäre. Dennoch überzeugt dieses Küchenmodell. Auf engem Raum steht alles handlich zur Verfügung, was man (Mann oder Frau) zum Kochen braucht. Darin beschämt dieser Entwurf den ganzen nachfolgenden Küchenkult bis heute, der in geradezu lächerlichen Luxus ausgeartet ist.

2 Die produktmoralische Indifferenz

Angestelltenkultur – zentraler Umschlagplatz der Moden

Designgeschichte umfasst nicht nur die Geschichte der Entwürfe, der Produktion und der Verteilung geformter Dinge, sondern auch die Rezeption der Artefakte als Teile eines symbolischen Systems. Zu jeder Zeit und in allen Gesellschaftsformationen werden die Gegenstände und Werkzeuge der Reproduktion nicht nur gestaltet, sondern von ihren Gebrauchern in einem zielgerichteten Interesse und emotionaler Erwartung mit Bedeutungen besetzt, die abschwächen oder verstärken, was durch den Entwurf oder die Absicht des Herstellers an Inhalten mitgegeben ist. Produkte im Gebrauch sind vergegenständlichtes Bewusstsein einer Epoche und binden das individuelle Verhalten in den Rahmen der Alltagskulturen ein.

Was durch Wahrnehmung des Gebrauchers hinzutritt, verbindet das Sosein der gestalteten Dinge mit den in der gesellschaftlichen und individuellen Lebenswirklichkeit angelegten Deutungsmöglichkeiten. Design existiert erst wirklich und spezifisch im Bewusstsein durch die Interpretationsmuster, die es im Augenblick auf sich versammelt. Im Blick auf die Dinge ist der Blick des Menschen auf sich selbst gerichtet. Erscheinen sie attraktiv, reizen sie ein Begehren oder werden gerade durch dieses Begehren attraktiv. Wie man sich in den Dingen wiedererkennen will, so deutet man sie. Zugleich bestärken sie durch ihr gestalthaft vorgedeutetes Sosein die Art, wie man leben und sich fühlen möchte. Das ist wohl ein Grund, weshalb das Design des demokratischen Funktionalismus der späten zwanziger Jahre ins Leere läuft, überholt von der indifferenten »Form um 1930«, und weshalb die warenästhetischen Banalitäten der Epoche, die an das Art Déco-Kunstgewerbe oder später an die amerikanischen Stromlinien-Phantasien anknüpfen und so leicht in das Auge und die Hand des Massengebrauchers fallen, umstandslos über alle Sachlichkeit triumphieren.

Sachlichkeit als das in der Tat moderne Prinzip ästhetischer Vergesellschaftung entspricht nicht den Sehnsüchten der Gebrauchermassen. Die ökonomische und politische Labilität der Republik begünstigt genussversprechende Produktkulturen. In den Moden, im vorgetäuschten Luxus, in den verdinglichten Träumen vom endlich gesicherten Glück, aber auch in der Vorwegnahme einer Ästhetik der Macht spiegeln sich Erwartungen dieses Glücks ebenso wie im Film, in den Formen der Zerstreuung, im Sport, im Weekend-Genuss, im beginnenden Massentourismus, in der Technikfaszination. Überall, wo die »Ästhetik des laufenden Bandes« (BALÁSZ 1928) in Andeutungen immer gleicher Wiederholungen aufscheint, kann man von einem neuen Sozialisationstyp der Wahrnehmung und des Verhaltens sprechen.

Eine der folgenreichsten Umschichtungen der Nachkriegszeit zeigt sich in der raschen Auflösung des »alten Mittelstandes« (vgl. LEDERER/MARSCHAK 1926). Nachdem In-

Abb. 77: Verkaufstischchen in einem Modesalon. Entwurf Paul Laszlo, 1930

dustrie und Handel mit Beginn der Stabilisierungsphase – nach amerikanischen Organisationsmethoden rationalisiert und im Wachstum begriffen – neue Formen und Inhalte der Arbeit neben den traditionellen immer deutlicher hervortreten lassen, kann sich ein moderner Angestelltentyp mit besonderem Funktionsprofil, Bedürfnishaushalt und Lebensstil entwickeln. Auf jeden fünften Arbeiter kommt bereits ein Angestellter. Laut Kracauer bilden diese 3,5 Millionen Angestellten (darunter 1,2 Millionen Frauen) 1929 den Kern einer »Angestelltenkultur«, die sich auf fremdbestimmte Verhaltensmuster ausrichtet. Der in dieser Angestelltenkultur repräsentierte Sozialisationstyp wird zwischen und in den Krisen der Republik zum Hauptadressaten eines Design, das sich gar keine Mühe geben muss, als soziale Klammer zu wirken. Gleichheit stellt sich wie von selbst durch die genormten Vergnügungen und nivellierenden Moden her. Bubikopf, Seidenstrümpfe, das Kino, mondäne Attitüden prägen Erscheinungsbild und Wunschdenken der massenhaft verfügbaren, neuen industriellen Arbeitskraft, die stets aufmerksam und gespannt auf der Höhe der Zeit sein muss. Medial unterstützte Schönheitsideale, die gerade in der »Deklassierung und kollektiven Ich-Schwäche« (vgl. LEPPERT-FÖGEN 1974) des neuen Kleinbürgertums, zu dem man die modernen Angestellten rechnen kann, ihren Rückhalt finden, erzeugen eine Selbstwahrnehmung und Erwartungshaltung, der sich ein entsprechendes Warendesign nur noch einschmiegen muss. Der Erscheinungs- und Deutungskreislauf ist perfekt: Kracauer spricht vom »Normaltypus von Verkäuferinnen, Konfektionären, Stenotypistinnen (...), die in den Magazinen und den Kinos dargestellt und zugleich gezüchtet werden« (KRACAUER 1984, S. 65). Ihre »Sprache, Kleider, Gebärden und Physiognomien gleichen sich an, und das Ergebnis des Prozesses ist eben je-

Abb. 78: Deckeldose aus Messingblech, dekoriert in Ikora-Technik. Katalog der WMF Geislingen 1933

nes angenehme Aussehen, das mit Hilfe von Photographien wiedergegeben werden kann« (ebd., S. 25).

Es sind die einer schleichenden Proletarisierung ausgesetzten Angestellten, deren ökonomische Existenz sich auf das karge Monatsgehalt und eine von strukturellen Wandlungen betroffene, austauschbare Arbeitsposition gründet, wobei sie an mittelständischen Lebensstilen festzuhalten und sich ideologisch und habituell nach unten abzugrenzen suchen. Orientierung bietet weniger die schon nicht mehr erreichbare bürgerliche Norm, sondern alles, was sich an modernen Dekorationen und Lebensgenüssen als erstrebenswert darstellt. »Mittelstand« definiert sich ästhetisch und sozialökonomisch neu: »Als ›Mittelstand‹ gilt uns die Volksschicht, die zwar dank beruflicher und allgemeiner Bildung schon über die Beschränktheit der einfachsten dienenden Arbeit hinausgewachsen ist, doch weder nach öffentlichem Ansehen und Einfluß, geschweige denn nach dem Wohlstand in den engen Kreis der Bevorzugten und Führenden gehört. (...) Von den früher ziemlich zuverlässigen Kennzeichen mittelständischer Lebenshaltung versagen heute mindestens zwei: das eine, weil es an Verbreitung verloren, das andere, weil es an Verbreitung zugenommen hat. Nicht jede mittelständische Haushaltung hat heute eine *Haushaltshilfe*, die bei ihr wohnt; nicht jede Wohnung mit *Badeeinrichtung* ist mittelständisch. Auf eine scharfe Abgrenzung gegen die eigentliche Kleinwohnung sei also hier verzichtet, doch können wir die *Wohnküche* als außerhalb der Mittelstands-Wohnform liegend betrachten. Klarer löst sich die gehobene Wohnform von der mittleren ab; wenn außer Haushaltshilfen Koch oder Diener, Wagenführer und Gärtner zur Familie hinzutreten, oder gar mit ihrer Familie den Lebensrahmen der Herrschaftsfamilie erweitern, und wenn Gastlichkeit schon einen eigenen Bezirk entwickelt.« (WOLF 1936, S. 6)

Der Begrenzungsversuch zeigt, wo die Angestelltenkultur mit besonderem ästhetischen Privatambiente ihre Heimstatt hat, in der kleinen städtischen Mietwohnung, deren Angebot immer zu knapp und zu teuer bleiben wird, und in der Freizeitöffentlichkeit normierter Genüsse. Angestellte und Arbeiter konkurrieren um billige Wohnungen, sie gleichen sich in Ausstattung, Kleidung, Freizeitgewohnheiten immer mehr einander an. In den dreißiger Jahren liegen die Angestellten noch vorn im Konsumwettbewerb; sie unterliegen, obwohl sie kaum besser verdienen, dem Anpassungsdruck an die Versprechen der Warenkultur notwendigerweise früher, bedürftiger und süchtiger als der klassen- und traditionsbewusste Proletarier mit eher nüchternem Sinn. In die Ästhetik der Angestelltenkultur ist eingeschlossen, was Aldous Huxley in *Brave New World* (1932) an Standardisierung, Austauschbarkeit und Anfälligkeit dieser Masse menschlichen Arbeitsmaterials für die Kapitalismus-Moderne ironisch beschrieben hat. So wenig dies eine homogene Schicht ist – man muss den Bogen vom Buchhalter zum Prokuristen, vom Verkäufer zum Warenhaus-Abteilungsleiter spannen (Tucholsky hat den Typ in manchen Figuren verewigt, Fallada seine gefährdete Existenz am unteren Rand der Schicht beschrieben) –, so wenig sind die Lebensstile einheitlich und ist das im Gebrauch befindliche Design überall gleich billig.

Was sich ein soziologisch gefächerter »neuer Mittelstand« (vgl. LEDERER/MARSCHAK 1926) zwischen Inflation und Weltwirtschaftskrise teils mühselig, teils mit leichter Hand an ästhetischen Gütern aneignen kann, sind die Derivate der modischen Moderne zwischen amerikanisiertem Art Déco und einer allmählich aus der Kantigkeit der in stromlinienförmige Anschmiegsamkeit übergehenden Warengestalt. Ihr kultureller Funktionstyp entspricht der Haltung, die Kracauer mit »Vergnügungssachlichkeit« bezeichnet hat. Sie überschichtet allmählich die Altbestände im historisierenden, vom Jugendstil gestriften Geschmack der Vorkriegszeit.

Wer um 1928/30 Geld hat, um sich neu einzurichten, kann zwischen konservativen Werkstätten-Serienprodukten und reich differenzierten Warenhausangeboten wählen. Das Schlafzimmer im Zickzack-Art Déco könnte schon veraltet wirken, es kommen die klobig abgerundeten Möbelformen Anfang der dreißiger Jahre. Irgendwelche Art-Déco-Reminiszenzen sind immer dabei, verbinden die zwanziger mit den dreißiger Jahren; sie überlagern sogar die technoide »Form um 1930« und verschmelzen sich mit diesen eleganten Elaboraten der Waren-Moderne zu neuen, schwellend-glänzenden Oberflächenereignissen. Bestände und Gebrauchsprofile dieser Allerweltskonsumkulturen sind weder museal gesichert noch kultursoziologisch erforscht. Sie zeigen in ihrer Massenhaftigkeit und Uniformität aber einen kollektiv verbindlichen Lebensstil an, der auf grundlegende

Veränderungen gegenüber dem Konsumverhalten der Zeit vor dem Ersten Weltkrieg schließen lässt.

Nicht nur innerhalb der »Angestelltenkultur«, auch im Alltag der alten Schichten- und Klassenkulturen ändert sich das Verhältnis der Menschen zu den Dingen und über die Dinge zu sich selbst durch veränderte Haltungen und Erwartungen gegenüber ihrem Wertinhalt und Genussversprechen. In der Stabilisierungsphase der Republik gewinnt die amerikanische Lebensweise eine Bedeutung, die über ein bloßes Modevorbild hinausreicht. Lethen spricht von der nachinflationären »Flucht in die Ware« und vom Ritual des »Amerikanismus«, das sich auf der Grundlage eines idealisierten Kapitalismusbildes entwickelt, wie es Henry Ford (vgl. FORD 1923; 1927) dargestellt hat. Das Bild der amerikanischen Konsumgesellschaft zeuge von einem Zustand der »konfliktlosen Einhelligkeit von politischer Herrschaft und technologischem Potential« (LETHEN 1970, S. 29). Doch der »Traum von der kapitalistischen Gleichzeitigkeit«, verbunden mit einem erweiterten, egalisierenden Konsum, steht im Kontrast zur verdrängten Lebensunsicherheit in der krisengefährdeten Republik, die weder in der Stabilität der politischen Strukturen, noch im Lebensstandard jemals an das amerikanische Vorbild herankommt. Die schillernde Warenwelt und das ästhetisierte Lebensgefühl der Epoche sind Teilhabeversprechen am scheinbar widerspruchsfreien Fortschritt der Kultur zum Nutzen aller. Doch: »Staubsauger, Radioapparat, automatischer Kocher, geschweige denn ein Fordautomobil« sind in Deutschland noch lange nicht Allgemeingut; die Massen, die der Mode des »Amerikanismus« verfallen, bleiben vielmehr gezwungen, »die selbständige Aneignung der exklusiven Waren zu *simulieren*, um ihre reale Ohnmacht zu kompensieren« (ebd. 1970, S. 30).

Abb. 79: Tischlampe mit Phenoplastfuß, Kartonschirm und Textilfransen. Anonym, um 1930 (Sammlung Kölsch)

Letztlich besagt diese sozialpsychologische These, dass die Ideologie des Konsumierens den Habitus formt und Gebraucher zum »Funktionieren« bringt, ohne dass sie die Waren besitzen, rein durch Allgegenwart der verlockenden, bedeutend gemachten Dinge, die man sieht.

Man kleidet, bewegt und vergnügt sich nach den warenförmig vorgegebenen Normen, man betrachtet das Verlockende aus der Distanz, als Inbegriff einer Lebensweise, die den Genuss legalisiert und egalisiert, ohne ihn real zu gewähren. Die Abrichtung des Habitus durch die Warenöffentlichkeit ist Erziehung zur kapitalistischen Lebenstüchtigkeit so gut wie der Massensport, die Freizeitvergnügen, die anstrengende Konkurrenz am Arbeitsplatz. In diesem Rahmen spielen die Artefakte eine bedeutende Rolle. Teilhabe am Konsum vermittelt das Gefühl des Dabeiseins und Dazugehörens. Aus diesem und

180 Entwurf der Moderne zwischen den Weltkriegen

keinem anderen Grund fasst Pinneberg, der kleine Konfektionsangestellte aus Falladas Roman *Kleiner Mann, was nun?* den Kauf einer Frisierkommode ins Auge. Der Konsumwunsch offenbart seinen Zusammenhang mit der Ausbeutungskultur des modernen Kapitalismus: Wird der »kleine Mann« genügend Hosen verkaufen, wird er seinen Job behalten und kann er vielleicht das überflüssige Möbelstück erwerben, an dem sein Herz hängt.

Insoweit hat sich die kulturelle Wirklichkeit, in der die Gebrauchswerte ihre Ausstattung mit gesellschaftlichen Hoffnungen und Bedeutungen erhalten, gegenüber dem Kaiserreich verändert. Es ist eine Dimension des stilisierten Massenkonsums hinzugekommen, die das Leben auf zweideutige Weise gegenüber neuen Anforderungen stabilisiert.

An der Oberfläche verschwimmen die alten Klassengrenzen. Design hebt zwar immer noch die Machteliten und die bürgerliche Kulturavantgarde distinktiv in den Formen ihres Konsums von allen anderen Schichten ab. Aber der große Rest scheint sich bei der gleichförmigen Vielgestaltigkeit der Massenwaren und Massenvergnügungen in seinen sozialen und kulturellen Konturen aufzulösen und ist nur noch aus der Nähe differenzierbar. Was der demokratisch verstandenen sozialen Sachlichkeit des politisch definierten *Neuen Bauens* nicht gelingt, das schafft dem Anschein nach ein Design, das ganz und gar Ausdruck promiskuitiver, angepasster Konsummoral ist: Es verbindet Massen. Die Bauhausform wird hier ebenso wenig wahrgenommen wie das elitäre Kunstgewerbe, das sich an den internationalen Ausstellungen orientiert und nirgends unvermittelt, das heißt ohne Banalisierung, in den Massenalltag kommt. Art Déco (die Bezeichnung ist erst gebräuchlich, seit die Retrospektive *Les*

Abb. 80: Deckeldose, versilbert, und Puderdose, dekoriert in Ikora-Technik. Katalog der WMF Geislingen von 1933/34

années 25 im Pariser Museum für Dekorative Kunst 1966 an die *Exposition des Arts décoratifs* von 1925 erinnert hatte) ist ein neobourgeoiser Dekorationsstil, der besonders in Frankreich eine Vorliebe für kostbar gearbeitetes Kunsthandwerk anzeigt (vgl. BRUNHAMMER 1983; SCARLETT/TOWNLEY 1975; *The World of Art Deco*, 1971). Art Déco steht »im Gegensatz zu den Bestrebungen der Moderne« und zeichnet sich durch »elegant stilisiertes Dekor« bis zum »extremen Individualismus« (Kat. *Die zwanziger Jahre*, 1973) aus. Formale Charakteristik und ästhetischer Anspruch weisen bis auf die Tradition der Wiener Werkstätte zurück. Der Krieg scheint hier nur eine Unterbrechung bewirkt zu haben. Es gibt Verweise auf de Stijl-Formen, auch Verbindungen zur Bauhaus-Elementarplastizität. Einerseits Ausdruck entwickelter Genussfähigkeit auf der Basis einer hochverdichteten künstlerisch-kunsthandwerklichen Luxustradition wie in Frankreich, andererseits oft bloß modischer Abklatsch, ist »Art Deco in both its Bauhaus and kitsch aspects« (HILLIER 1983) ein ambivalentes ästhetisches Phänomen zwischen den Weltkriegen, hinter dessen glänzender Fassade sich die Widersprüche von Kunst und Industrie, Avantgardeanspruch und Massengewöhnlichkeit verschärfen.

Während im Bauhaus am neuen, produktionsgeschichtlich angemessenen Form- und Gestaltungstyp gearbeitet wird, gewährt die Welt des internationalen Art Déco dem Ein-

Abb. 81: Gesellschaftsraum und Kaffeebar eines Wohnhochhauses. Deutsche Abteilung der »Exposition de la société des artistes décorateurs« 1930 in Paris. Entwurf Walter Gropius. Zeitgenössisches Foto (Bauhaus-Archiv, Museum für Gestaltung, Berlin)

zelkünstler und Genie-Entwerfer noch einmal Zuflucht und Bestätigung. Es ist kein Zufall, dass die Postmoderne der achtziger Jahre, in der sich viele Designer wieder als Künstler verstehen werden, auch am ästhetischen Vokabular dieser Epoche der Dekorationen ansetzt. In den zwanziger und dreißiger Jahren wird ein schon veralteter Individualismus ausgelebt – von den Künstlern mit dem Anspruch einer elitären Avantgarde, von den Trendsettern des Luxus und der Moden im Bewusstsein, einer Klasse vom Massenalltag scheinbar abgehobener Individuen anzugehören. In den modischen Imitaten steigert sich der kubisch-geometrisierende Charakter der Vorbilder zur ägyptisierenden oder spätexpressionistisch angehauchten Exotik der Form, in der Literatur gelegentlich ironisch als »Aztec Airways«-Stil bezeichnet (vgl. HILLIER 1983), die sich schließlich mit den weicheren amerikanischen Formvarianten der beginnenden »streamlined decade« (BUSH 1975) zu einem üppigen Allerweltsdesign aufmischt.

Diese globale Warenästhetik existiert neben dem beginnenden Internationalismus der Funktionsmoderne als ein allgemeines Selbstzitat positiv wahrgenommener Konsumgegenwart; sie vollzieht gleichsam deren Monumentalisierung in eckiger oder weich abgestufter, schwerer Plastizität, in glänzenden Oberflächen und betonten Materialeffekten. Polierte Hölzer, spiegelnde Metalle, Kunststoffe, farbiges Glas, Lackschichten, geometrisierende Textilmuster entwickeln ihren eigenartigen Reiz. Dinge betonen ihre Künstlichkeit, gebärden sich bisweilen bizarr, zeigen sich wie elektrisiert oder schwellen im Volumen.

Anfang der dreißiger Jahre treten schlanke Formen aus Stahl, Glas, Kunststoffen, Leder hinzu; es kommt zu Überschichtungen des Konglomerats älterer Warenmoden und -stile durch die technoide Eleganz der »Form um 1930«, die Leitbildcharakter für den Avantgardekonsum gewinnt. Diese Sonderformen und ihr sozial selektierender Gebrauch deuten eine Epoche des Übergangs auch im politisch-ästhetischen Sinne an.

»Form um 1930« – ein Übergangsphänomen?

Dass sich ein tendenzieller Wandel der Formkultur vollzieht, lässt sich im Aufkommen des schlank-eleganten, auf knappe Oberflächen und zeichenhaft verdichtete Funktionsskelette zurückgenommenen Formtypus erkennen, der sich bereits in Marcel Breuers Stahlrohrobjekten im Bauhaus angekündigt hatte. Diese neuen technoiden Formen konkurrieren mit der Üppigkeit der Warenwelt und lösen sie bei trendbildenden, auf ihren Modernitätsausweis achtenden Konsumentenschichten ab. Wichmann stellt daher Art Déco und »Design« (womit er die »Form um 1930« meint) als unversöhnlich auseinanderstrebend gegenüber – eine etwas gewaltsame Konstruktion, die nicht nur viele Mischformen unbeachtet lässt, sondern auch vergessen macht, dass die artistisch hochverfeinerten Art Déco-Leitbilder französischer Provenienz längst von der weltweit gültigen Ästhetik der Massengüterproduktion adaptiert und popularisiert worden sind, als die »Form um 1930« als neues Distinktionsmerkmal einer technikverbundenen Elite wahrnehmbar wird. Um Design handelt es sich schließlich in beiden Fällen.

Dennoch deutet sich in der Gegenüberstellung zutreffend an, welche Art des Gestaltens die zeitgemäßere ist: »Die essentielle Aufgabe übernahm das Design (die ›Form um 1930‹, Anm. G.S.). Ihm oblag auf der einen Seite die Aufgabe, Technik auf unsere Gestalt und unsere Umwelt hin zurückzukoppeln, das heißt sie formal, gemäß ihren Gesetzen zu kultivieren, andererseits Produkte für große, oft Millionen von Exemplaren umfassende Stückzahlen zu entwickeln, die so geartet waren, dass sie unterschiedlichen Benutzern zu entsprechen vermochten.« (WICHMANN 1993, S. 17 f.)

Es ist dies genau jene Doppelaufgabe, die schon Peter Behrens einst mustergültig für die AEG gelöst hatte, freilich mit einer Akzentverschiebung: Der technische Gestus wird nun ganz in die Anonymität des Produkts und damit in die Hand des Gebrauchers verlagert; es geht nicht mehr um die Nobilitierung des Unternehmens, das die Formen produziert. Die Quellen der Herkunft werden unkenntlich; sie liegen gleichsam im allgemeinen Gelände des technologisch und industriekulturell definierten Fortschritts. Das Grundmuster der ökonomischen und technischen Rationalisierung ist nicht mehr Markenzeichen eines einzelnen Unternehmens, sondern Charakteristikum einer Epoche. Darauf reagiert das Design, so dass der neue Phänotyp »verhaltener, kühler, distanzierter« (Wichmann) erscheint als die zuvor oder noch gleichzeitig stilistisch-künstlerisch geprägte Art Déco-Form. Er beginnt, den semantischen Raum perfekt modernisierter Funktionstüchtigkeit mit der emotionslosen Präsenz des neuen Gestaltleitbildes anzufüllen, das als unmittelbarer Ausdruck zeitgenössischer Ökonomie und Technik (oder als deren Spiegelung im Zeitgeist einer besonderen Zwischenepoche der Industriekultur in Deutschland) interpretiert werden kann. Eine weltweite Technikeuphorie, im gleichen Sinne bewusstseinsformend und für das Design paradigmatisch verpflichtend, wird durch Fortschritte in der Kunststoffproduktion, im Fahrzeug-, Flugzeug- und Apparatebau, in der Ausdehnung von Kommunikationstechniken und Massenmedien (vgl. BERNINGER, in: WICHMANN 1993) ausgelöst.

Die technologisch-ökonomische Entwicklungsdynamik scheint durch die Weltwirtschaftskrise nicht gebremst; es entwickelt sich vielmehr in diesen Jahren zur Reife, was bis heute unter Design als Referenz-Symbol des technischen Zeitalters verstanden werden kann. Und es ergibt sich – historisch brisant und aktuell – ein kultureller Vorschein auf das unmittelbar Bevorstehende: die Anverwandlung des Gestus der Form von Produkten an das politische Klima.

Zur Vorgeschichte der gegenständlichen Kultur des Faschismus in Deutschland wäre eine Verständigung auf frühe Anfänge nicht schwer. Man würde in der Vorstellungswelt der Kunstgewerbe-Reformen zwischen Stilkunst- und Werkbund-Ideologie fündig und könnte eindrucksvolle Phänomene wie den Industrieklassizismus eines Peter Behrens oder die Veröffentlichungen Paul Schultze-Naumburgs analysieren.

Stattdessen ist hier nach den unmittelbaren Übergängen in scheinbar unverdächtigen Formen zu fragen, die sich zu Beginn

Abb. 82: Toilettentisch mit Spiegel und Hocker. Deutsche Werkstätten. Entwurf Hans Hartl, 1931

der dreißiger Jahre von sozialfunktionalen Produktdefinitionen des Bauhauses und politischen Zielen des Neuen Bauens abkoppeln, um wenig später ohne erkennbaren Bruch in die Alltagskultur der nationalsozialistischen Ära überzugehen. Es sind Formen, denen niemand etwas Böses zutraut. Sie sind ihrer Sachlichkeit und formalen Reife wegen von »Schuld« gleichsam freigesprochen. Doch gerade in der scheinbaren Normalität und Neutralität vieler moderner Artefakte dieser Übergangsepoche sind bereits Attitüden spürbar, die später in den unverhüllten Inszenierungen der Macht wirkungsvoll aufgenommen und verstärkt werden können. Die Vermutung liegt nahe, dass in der Reaktion auf die Ausdrucksgeste kleiner, unauffälliger Produkte Erfahrungen und Erwartungshaltungen im Alltag mit vorbereitet werden, auf die später in der blendenden Lichtregie bei politischen Veranstaltungen und in der Großartigkeit nationalsozialistischer Techno-Ästhetik insgesamt Bezug genommen werden kann.

»Logik der Vernunft, Prägnanz der Form, Eleganz der Werkstoffe« sind nach Paul Maenz charakterisierende Attribute dieser Sonderform der frühen dreißiger Jahre. Sie erwecke den Eindruck einer Klassizität, die sich aus dem »Versuch einer ordnenden Harmonisierung« erkläre, »welche im Verlauf des neuen Jahrzehnts in regelnden Zwang und stilistischen Historismus faschistischer Prägung umschlagen sollte« (MAENZ 1974, S. 197).

Lässt man die Epoche ab 1919 Revue passieren, so zeichnet sich eine auffällig gebrochene Entwicklung ab. Bis etwa 1928 finden die utopischen, ästhetischen und soziokulturellen Erneuerungsversuche und experimentellen Anläufe statt. Dann folgt mit Beginn ökonomischer und politischer Erschütterungen der Republik der Übergang zu einer neutralen Ästhetik industriell ausgereifter Produkte, die keiner sozialfunktionalen Interpretation unterliegen und ihr auch gar nicht mehr zugänglich sind, so wenig wie die Art Déco-Elemente in der Warenwelt von Anfang an. Der Bruch mit den sozialen Designutopien findet nicht erst 1933, sondern allmählich und zunächst unauffällig Ende der zwanziger, Anfang der dreißiger Jahre im zunehmenden Angebot betont moderner Produkte statt, die nicht mehr im Zusammenhang sozialer Versorgungsprogramme, sondern in der Regie der Marktwirtschaft entstehen, und die ihre industrielle Herkunft quasi objektiv zur Darstellung bringen, in der Erscheinung bestechend kühl, elegant und glatt, als hätten sie alle Erwartungen der funktionalistischen Avantgarde eingelöst, aber mit einem ästhetischen Überschuss, der nicht mehr programmatisch gebunden ist. Zum Teil sind es Formen aus der Hand von Entwerfern, die man der Bauhaustradition zurechnen kann. Plötzlich nimmt man ihre Arbeit als industriell funktionalisiert, von sozialpolitischen Wirkungsfeldern abgetrennt wahr. Sie trägt nun zu einer leitbildhaften Wirkung technomoderner Objekte des Alltags bei, die als Symbole unaufhaltsam fortschreitender Produktivität das Wahrnehmen, Fühlen und Denken zu beeindrucken beginnen. Modernes Design kommt zunehmend an Massenprodukten zur Geltung, deren Einbindung in revolutionäre Kulturprogramme und demokratische Gestaltungskonzepte nicht mehr diskutiert wird. So gelangen gerade die reifsten Formen industrieller Sachlichkeit in die Hand eines neuen Konsumententyps, der sich mit ihrer Ästhetik identifiziert.

Kulturgeschichtlich entsteht eine paradoxe Situation. Die Republik wird von Krisen geschüttelt. Arbeitslosigkeit, politische Instabilität und desolate wirtschaftliche Lage steuern auf den Zusammenbruch hin, zugleich kommen immer mehr schöne, wohlfunktionierende, mit hohem professionellen Können durchgestaltete Produkte auf den Markt.

Abb. 83/84: Elektrische Haartrockner. Bakelit bzw. Metall. Anonym 1928, 1930

Sembach bescheinigt dieser »Form um 1930« besondere »Eleganz, Weltläufigkeit, Urbanität, ja sogar einen Anhauch von Klassik«, dazu Vorliebe für »luft- und atmosphärelose Präzision, für kühl-diskrete Farben, für harten metallischen Glanz und für elegant gezogene Konturen« (SEMBACH 1984) – Hinweise auf einen ästhetischen Überschuss besonderer Art, der weit über die Zweckbestimmung funktionaler Objekte in eine Art Aura der Funktionalität hinein reicht, die vom Gebrauchswert abstrahiert und sich auf einen politisch bedeutsamen Bereich des Bewusstseins ihrer Adressaten erstreckt. Wie die Kleidung dem modernen Typus knapp am sportlich trainierten Leib zu sitzen hat, der den Reizen der Epoche, ihrem Tempo, ihrer Maschinenfaszination offen zugewandt ist, so soll dieser bereits industriell überformte Typ sich wie selbstverständlich zwischen den exakten Formen einer symbolisch aufgeladenen technischen Welt bewegen, deren Handhabung schon in unbewussten Griffen und Reflexen angelegt ist. Das sinnlich trainierte industrielle Bewusstsein und die Schönheit schlanker, kühler Gebrauchsformen ergänzen sich auf ideale Weise, wo der neue Formtyp auf einen entsprechenden Sozialisationstyp trifft.

Die Ästhetik der Maschine in schneller Bewegung – nicht zuletzt der Rennwagen – ist das faszinierendste Motiv der Epoche. Reflektierende, »unangreifbare« Materialien wie Stahl, Glas, Chrom, Porzellan, Kunstharze finden bevorzugt Verwendung – nicht nur wegen ihrer Zweckmäßigkeit, sondern vor allem wegen ihrer besonderen Ausdrucksqualität und der damit erzielbaren Effekte. Wenn es neben der Abkoppelung von sozialpolitischen Zielen und neben der warenästhetischen Funktion dieser Dinge ein verbindendes, untergründiges Motiv gibt, dann ist es die technoide Sinnlichkeit schlechthin, die durch Wahrnehmung der Automobile, Stahlrohrmöbel, D-Zug-Abteile, Dampferaufbauten und Cocktailshaker so gut wie durch die schlanke Form elektrischer Haushaltsgeräte gezüchtet wird.

Die Form alltäglicher Dinge, ihre Materialität, Oberfläche und ästhetische Wirkung erwecken den Eindruck einer eleganten, unangreifbaren, ja aggressiven Modernität. Man wird nicht nur an ästhetische Identifikationsleistungen italienischer Futuristen erinnert; auf die Faszination des Technischen konnten sich ein Marinetti, ein D'Annunzio und ein Mussolini über alle Unterschiede hinweg verständigen (vgl. BENTON 1983). In Deutschland gibt es keine futuristische Tradition, aber die urbane Bejahung der kalten Moderne seit den zwanziger Jahren. Technikfaszination mag auch hier in Tiefenschichten der Lust an gewaltförmiger Naturbeherrschung und rauschhaft-aggressiver Identifikation mit der Leistungsfähigkeit der Apparate verankert sein.

Deutlich erkennbar ist, dass um 1930 nicht nur ein ausgereiftes industrielles Design, sondern damit verbunden auch die entwickelte Technomoderne auf besondere Weise in Erscheinung tritt. Es musste nicht immer ein Auto sein – jenes bis heute unvermindert mythisch wirksame Objekt, oder ein Flugzeug, wie bei den Futuristen oder dem Duce. Eine der historischen Identifikationen mit Hitler läuft zwar immer noch über die Schiene der Reichs-(heute Bundes-)Autobahn. Seine Vorliebe für Mercedes-Kompressor-Kabriolets könnte der Führer immer noch mit Massen von Fans und Freaks teilen, deren Hingerissenheit vor dem technischen Objekt wohl auch eine politisch-ästhetische Komponente hat. Identifikationsobjekte können aber auch kleine, alltägliche Dinge, teure oder billige Sachen gewesen sein, die zum Outfit für Haushalt und Freizeit zählten.

Sie treten heute in Museen, Ausstellungen oder Sammlungskatalogen (vgl. z.B. *Kunststoff-Objekte*, 1983) in Gestalt von Accessoires, auch von Haushaltsgeräten, Radiogehäusen usw. vor Augen – als das billig-elegante Design einer Epoche, die den Aufbruch in die Moderne auf ihre, von heute gesehen oft liebenswürdig-harmlos erscheinende Weise übt. Dass hier einst eine Gewöhnung an den glatten, irisierend farbigen Leib der Ware stattgefunden hat, nimmt das Auge des Liebhabers nicht wahr. Der Siegeszug der Kunststofftechnologie mit ihren Oberflächeneffekten verläuft parallel zur Linie der elitären Prägnanz der »Form um 1930«.

Das neue Techno-Design setzt seine Glanzlichter auf die Verheißungen des Konsums. Es sind Einsprengsel der Moderne in die oben schon beschriebene ästhetisch promiskuitive Warenwelt, in der das Dekor überwiegt und die wechselnden Moden jedes eben noch gültige Design schon wieder stumpf und alt erscheinen lassen. Gerade vor diesem Hintergrund massenhaft produzierter und gelebter Warenphantasien, die sich nach 1933 gegen Ansätze eines »völkischen« Design behaupten werden, wirken manche technomodernen Produkte einzigartig, eher traumhaft-utopisch als durch den Zweck des Gebrauchs bestimmt. Man kann das heute kaum nachvollziehen. Die geradezu unantastbar modernen Dinge waren »frei von Ausdruck irgendwelcher Emotionen« (SEMBACH 1984).

Aneignungsgeschichtlich dienen sie zur Selbstidentifikation vor allem solcher Gebraucher, die sich – ihrer kulturellen Führungsposition, nicht aber ihrer Austauschbarkeit, geheimen Wünsche und Ängste bewusst – zum Elitekonsum drängen. Solange der Alltag den Glanz des Modernen behält und man selber im Strom des Fortschritts mitschwimmt, fühlt man sich anderen überlegen, ja führend. In Illustrierten wie *Die Dame* oder *Das schöne Heim* zwischen 1928 und 1933 wird das Bild eines Typus propagiert, der sich durch nichts als Erfolg, Schönheit und Kaufkraft profiliert. Für ihn existiert – neben traditionellen und veralteten Formen der industriellen Produktkultur, den wechselnden Moden des Dekorativen und neben der Armut – ein avantgardistisches Design, das, gegen beharrende Sozialtraditionen des Gebrauchs gewendet, zur freien Verfügung steht. Es ist, was man fortan unter Design überhaupt verstehen soll, das Glänzend-Neue, umstandslos zu Genießende, der in immer neuen Varianten in seiner leicht wandelbaren Gestalt sachlich auftretende, technische und ästhetische Komfort. Durch Art und Umfang des Gebrauchs dieser neuen Objekte können sich gleichsam auserwählte Konsumenten zu erkennen geben.

Dieses Design tritt in zwei Varianten der Sachlichkeit auf. Eine findet man in der rationalisierten Arbeitsumwelt. Dort breitet sich auch in den von der unmittelbaren Produktion abgehobenen Sektoren ein anonymes Design der Zweckbindungen aus, das nicht mehr sein will als bloße Funktionsgestalt. Die Erscheinung des Gebrauchswerts wird ganz in die Unauffälligkeit alltäglicher Zweckrepräsentanzen zurückgenommen – da gibt es nichts Auffälliges, wenig Glanz. Die Lampen, Telefone und Stühle in den modernen Großraumbüros sind Werkzeuge für rasches, effektives Hantieren – Instrumente industrieller Arbeit in untergeordneter bis mittlerer Position. Die Zweckformen tragen ihren Benutzern nichts weiter als die reine Sachlichkeit des Umgangs an und sind der nackte Ausdruck der Unterwerfung abhängiger Arbeit unter die rationalisierte Ökonomie, die den modernen Angestellten und Arbeiter erzeugt hat.

Die andere Variante von Sachlichkeit fällt in der Konsumöffentlichkeit dafür umso mehr auf. Sie soll wirksam werden, wozu ihr das Design verhilft. Augenfälliger Schimmer spiegelnder Oberflächen und schnittigschlanke Konturen tragen zur Steigerung ästhetischer Funktionsversprechen bei. Diese Formen sollen wahrgenommen und genossen werden. Deshalb wirken sie im Vergleich mit den schlichten Arbeitshilfen hypermodern. Ihr Objektleib von höchster technoider Eleganz steht im Kontrast zur sozialen Wirklichkeit der Republik und allen Dingen, die darin

Abb. 85: Schreibtischlampe aus schwarz lackiertem Blech. Entwurf Christian Dell, 1930

massenhaft im Gebrauch sind. Nicht nur die über sechs Millionen Arbeitslosen 1932, auch große Teile der noch in Arbeit stehenden Bevölkerung nehmen diese Formen, wenn überhaupt, nur von Ferne wahr. Sie können der formalen Perfektion der Technomoderne um 1930 nur eine gewisse Festigkeit sozialästhetischer Traditionen entgegenstellen – es gibt ja vor und nach 1933 eine kleinbürgerliche Massenproduktkultur ohne jeden Bezug zur führenden Ästhetik der Moderne.

Man fragt sich unwillkürlich, für wen das reife Design der frühen dreißiger Jahre bestimmt war und auf welche sozialen Ausgliederungen es verweist. Adressaten und Gebraucher können nur die in besonderen Dienstleistungsbereichen, zum Beispiel in den Medien und der Werbung, oder die im mittleren Management neuer Industrien aufstiegsbewusst Tätigen gewesen sein, Trendsetter der modernisierten »Angestelltenkultur«, die – durch berufliche und soziale Position

Abb. 86: Telefonapparat W28 von Siemens & Halske: Hörer aus Bakelit, Gabel und Wählscheibe aus Aluguss, Geräteunterteil aus Feinblech. 1927

bedingt – entsprechende Selbstdarstellungs- und Distinktionsansprüche geltend machen. Das durchgestylte, beinahe schon postfunktionalistische Design kann nur für sie bestimmt gewesen sein. Den Anspruch darauf erhebt ein Sozialisationstyp, der in Verlängerung der Bedingungen, die ihn historisch hervorbringen, selber entsprechend der strukturellen Gewalt des Produktions- und Verteilungssystems zu funktionieren gelernt hat. Er findet im Genuss und Gebrauch dieser Dinge wieder, was seinem Bewusstsein der Konkurrenzfähigkeit und persönlichen Effektivität entspricht. Ihm vor allem muss die Selbstidentifizierung mit Technik und mit der Macht, die sie repräsentiert, gelingen. Man könnte anders den Verschmelzungsprozess nicht erklären, der in der Zustimmung des Gebrauchs, im Sehen, Fühlen und Genießen dieser Dinge, die »etwas Erschreckendes« (Sembach) hatten, sich andeutet. Es könnte ein der Rationalität und Effektivität des Produzierens angepasster, diese verkörpernder, präfaschistischer Habitus gewesen sein, der sich über ein derart kühles, neutral wirkendes Elitedesign früh auszugrenzen be-

ginnt. Schließlich findet man technoide Eleganz im Umkreis führender Funktionäre nach 1933 wieder. Speer und Goebbels waren alles andere als Anhänger einer dumpfen Blut- und Boden-Ästhetik. Was im »Dritten Reich« auf die »Form um 1930« folgt, bedeutet keine Steigerung; das völkische Spardesign aus dem Amt Schönheit der Arbeit zeigt eher einen Rückfall in die Werkbundbiederkeit oder passt sich an das gewohnte Billige an. Auf der Linie der Technomoderne wird die Kontinuität des Vorbereiteten zwar gewahrt, aber nicht überboten. Keine der eleganten technischen Formen wird nach 1933 verworfen. Sie sind ja einem nun erst recht zu seiner politischen Entfaltung kommenden Lebensgefühl verbunden. Die ästhetisierte, in absoluter Reinheit formgewordene Technik bildet in aller Doppeldeutigkeit, mit der »Schönheit der äußere, brillante Reflex von Gewalt« sein kann, »die Menschen sich antun oder anderen« (LIPPE 1986), eine innere Nähe zum Faschismus ab. So könnte die »Form um 1930« ein Vorgriff auf die Identifikation mit einer Ästhetik der Macht gewesen sein. Der scheinbar nur der vollendet schönen Technikform zuschreibbare Bann ist jener erotischen Faszination verwandt, die von der Schönheit nackter Leiber ausging, in der sich das faschistische Körperideal früh manifestiert hat (vgl. z.B. SCHULTZE-NAUMBURG 1928). Zwischen den gegenständlich-ästhetischen, den leiblich-psychosexuellen und den ideologisch-normativen Vorbereitungen auf den Faschismus gab es vermutlich Korrespondenzen: Auch Faszination ist »Fesselung«, die von »inneren Zwangsmitteln« (Sombart) ausgeht. Aber das eigentlich Beunruhigende ist das Hinüberschillern der äußeren in die inneren Zwangsmittel, ist die »Fesselung im Doppelsinn von Gewalt und innerer Bindung« (HAUG 1986, S. 162).

In der Metapher des Hinüberschillerns ist die Funktion dieser schönen, kalten Formen

Abb. 87: Stahlrohrmöbel nach Entwurf der Brüder Luckhardt. Einrichtungsdetail des von der Deutschen Stahlmöbel GmbH im Rahmen der Ausstellung »Die Wohnung unserer Zeit« (Deutsche Bauausstellung in Berlin 1931) gezeigten Desta-Hauses

nachzuempfinden, im Begriff der »inneren Bindung« die psychologische Vorbereitung auf das Kommende. Man erkennt die ekelhafte Eleganz der Macht an den Dingen durch den Filter der erinnerten Geschichte heute freilich leichter als damals im Augenblick ihrer überraschenden Wirkung. Sie zu durchschauen, hätte die Gabe der Ahnung vorausgesetzt, oder ein kritisches Gespür, über das die wenigsten Zeitgenossen verfügten. Mit dem Blick von heute kann man von der historischen Erfahrung des Nachfolgenden nicht mehr abstrahieren. Sie verwächst gleichsam mit dem hermeneutischen Gewissen, das nun auch an scheinbar unverdächtigen Produkten der Epoche sonderbare Einfärbungen und Nebenbedeutungen entdeckt. Im Nachhinein wird man empfindlich für das Politische im Ästhetischen jener Zeit. Dass auch in der Produktästhetik einer Epoche Vorzeichen gesellschaftlicher Entwicklungen spürbar werden können, ist im Nachhinein leichter erkennbar als zu ihrer Zeit. Im Glanz der Dinge den Nimbus der Macht wahrzunehmen, hätte es visionärer Kompetenz bedurft.

Doch wer noch heute von der Schönheit dieser Formen geblendet ist, sieht sie als Interpret unscharf. Dem »Chaos« der Zeit um 1930 die bessere Welt der Dinge als ästhetisch-moralisches Versprechen gegenübergestellt zu sehen (vgl. SEMBACH 1984), ist eine denkbare Interpretationsmöglichkeit. Eine andere ist, die verdeckten Korrespondenzen des Ästhetischen mit dem Politischen freizulegen – sie führt wesentlich weiter und ist die realistischere.

Nicht, dass die ausgereifte »Form um 1930« ein Bündnis mit dem Faschismus eingegangen wäre. Aber es ist eine merkwürdige Koinzidenz, dass, als die Nazibarbarei sich abzeichnet, als sie konkret wird und schließlich unbezweifelbar ist, das technomoderne De-

Abb. 88: Deutscher Tisch (2. Preis) beim »Tisch der Nationen« 1937 in Warschau. Tafelservice »Urbino« mit Platinrand. Staatliche Porzellanmanufaktur Berlin, Entwurf Trude Petri, 1930/34. Bestecke der Silberwarenfabrik P. Bruckmann, Heilbronn, Entwurf Emil Lettré, 1931. Silberschale und Leuchter aus der Werkstatt Emil Lettré, 1931. Gläser der Lausitzer Glaswerke AG, Entwurf Wilhelm Wagenfeld, 1935

sign einen Höhepunkt erlebt und umstandslos vereinnahmt werden kann, anders als das Neue Bauen mit seinen in der demokratischen Gesinnung verankerten sozialen Zielen.

Produktkultur kann nur als gemeinsame Kultur der Menschen in Produktion und Rezeption verstanden werden, wobei nach Georg Simmel – »wir uns ausbilden, indem wir die Dinge ausbilden«; oder wo Menschen (im Sinne von Marx) nicht nur Gegenstände produzieren, sondern sich selbst an ihnen. Die Konstitutionsgeschichte eines historischen Bewusstseins, einer »Lage« mit allen ihren kulturellen und politischen Einschlüssen, ist auch Teil der Konstitutionsgeschichte ästhetischer Gegenstandsentwürfe und ihrer Rezeption und umgekehrt. Schließlich sind Entwurf, Produktion und Gebrauch gesellschaftliche Vorgänge, die auch abbilden, was im Augenblick tendenziell an Mentalitäten zum Ausdruck drängt.

Den »unschuldigen« Gegenstand gibt es so wenig, wie Entwurfsgeschichte und gesellschaftlicher Gebrauch »gegenstandslos« sind. Mit der »Form um 1930« verbinden sich Inhalte wie Schatten. So könnte dieses in seiner Knappheit und Perfektion unübertroffene Techno-Design in Deutschland politisch gewirkt haben, ohne jemals politische Absicht zu bekunden. Es nimmt im Ästhetischen ein Stück des nachfolgend Politisch-Psychologischen vorweg. In der absoluten Reinheit der Form schimmert ein Stück des realen Rassismus und des führenden Bewusstseins durch – gerade in der Selbstverständlichkeit, mit der sie Reinheit zelebriert, das Exklusive verallgemeinert, die blendende Form zur vorbildlichen Norm erklärt wird. Die kalte Erotik des Technoiden weist im symbolischen Horizont der Form auf die Faschismusnähe hin. Diese unerbittliche Ästhetik ist schon Ausdruck und Verheißung widerstandslosen, einverständlichen Funktionierens. Die Gestalt der Dinge erwartet, ja fordert die Unterwerfung unter die ästhetisierte Funktion, die verlangt, dass man ihr im Genuss schlackenloser Schönheit huldigt. Zum ersten Mal wird die dunkle Seite industrieller Gestaltungsfähigkeit gerade im strahlenden Glanz der Dinge, in der perfekten ästhetischen Überhöhung sichtbar. Die Dinge werden Teil eines Mythos, gewinnen Macht über Menschen. In ihrem Glanz wird die Unterwerfung unter den Mythos der Technik ästhetisch zelebriert und die politische Blendung vorbereitet.

Im gegebenen Fall ist es kein neutrales Design, das bloß als Sonderform neben anderen Produkten existiert. Es ist ein präfaschistisches Design – effizient, undurchsichtig, faszinierend und erschreckend wie der politische Irrationalismus, der an die Macht gelangt.

3 Verteilungspolitik und Entwurf im »Dritten Reich«

Alltag nach 1933

Hitlers »Machtergreifung« bedeutet designhistorisch keinen Einschnitt, weder einen Anfang, noch ein Ende. Sie rückt nur bestimmte Bedeutungen an bestimmten Gegenständen in ein schärferes Licht. Schönheitsideale, Formtypen, Gebrauchserfahrungen, die produktkulturellen Orientierungsmuster der Bevölkerungsmehrheit ändern sich nach 1933 kaum. Sie sind wie das politische Bewusstsein breiter Konsumentenschichten in einer weiter zurückreichenden Geschichte präformiert, wie die NSDAP auch nicht plötzlich 1933 auf der Schwelle zur Macht erscheint, sondern schon 1930 bei der Reichstagswahl 107 Mandate erringt und die Harzburger Front sich 1931 aus dem Stahlhelm, den Deutschnationalen und den Nationalsozialisten bildet. Veränderungen finden zunächst außerhalb der Konsumsphäre statt: Für alles, was in Kundgebungen, Massenaufmärschen, Wochenschauen als öffentliche Inszenierung selbst zum Design einer einzigen, gehorsamen Masse, zur Matrix kollektiven Verhaltens werden soll, entsteht ein monumental gestalteter Architektur- oder Freilichtbühnenraum. Albert Speer und Benno von Arent beherrschen dieses Metier so meisterhaft wie Leni Riefenstahl die ästhetisch-funktionalen Mittel des propagandistischen Films.

Beflaggung des Straßenbildes zu jeder Gelegenheit, Dienst in Uniform in irgendeiner der vielen Organisationen des Regimes, die Sammelbüchsen für das Winterhilfswerk, der Hitlergruß, das Parteiabzeichen am Revers, die Führerrede aus dem Volksempfänger, der Eintopf-Tag – dies alles sind Indizien für das Eindringen einer Politik, die sich nicht ästhetisch tarnen muss, in den Alltag. Mit der Zerschlagung der Gewerkschaften und Parteien der historischen Arbeiterbewegung, mit dem Verlust der Tarifautonomie und des Streikrechts und mit dem Machtzuwachs des Unternehmers als »Betriebsführer« sichert sich das Regime Anpassung und Gehorsam in der Arbeitswelt.

Es ist daher abwegig zu bestreiten, dass es eine faschistische Alltagskultur gegeben habe, weil die Blut- und Bodenideologie zu schwach gewesen sei, eine solche auszubilden (vgl. ECKSTEIN 1985, S. 109). Verschiebungen des normativen Wahrnehmungswinkels durch Propaganda und zahlreiche reale Umorientierungen des Verhaltens lassen genau das Gegenteil vermuten. Was sonst war dieser Alltag als faschistisch infiltriert? (Vgl. dazu die Rekonstruktion der verdeckten und offenen politischen Durchdringung der Freizeit- und Privatsphäre bei SCHÄFER 1981.)

Alltagskultur ist wahrnehmbare, auf das Bewusstsein einwirkende soziale Lebenstätigkeit. Sie ändert sich unter der Diktatur des Nationalsozialismus, indem sie in die Klimazone der Unfreiheit gerät, wobei auch einzelne Produkte trotz zunächst unverdächtiger Zweckgestalt Schaden nehmen.

Man kann Volksempfänger und Volkswagen nur unbefangen wahrnehmen, wenn man vergessen oder verdrängt hat, wie sie

Verteilungspolitik und Entwurf im »Dritten Reich« 193

Abb. 89: Fenster der Neuen Reichskanzlei, darunter Kartentisch des Führers mit schwerer Marmorplatte und einer Kleinplastik (Friedrich der Große zu Pferde). Architektur und Ausstattungsentwurf Albert Speer, 1938/39

politisch missbraucht und gedeutet wurden. Es gibt auch im Ästhetischen keine Befreiung vom Ballast der Geschichte. Bei aller Distanz kann die Betrachtung der Dinge von heute aus nur befangen sein. Am Ende kommt es darauf an, wie und von wem die Dinge gebraucht worden sind und welche Konnotationen sie transportierten. Ein überzeugtes NSDAP-Mitglied oder ein stiller, ehemaliger Sozialdemokrat konnten mit den gleichen Sachen und Räumen leben. Man erinnert sich an kleinbürgerliche Interieurs der Nazizeit, in denen die Enge sozialgeschichtlicher Beschränkung zum Ausdruck kommt und die dennoch wie Bollwerke gegen die totale Entfremdung in Arbeit und politischer Öffentlichkeit wirken – unerschütterlich in ihrem konservativen Bestand als Rahmen alltäglicher Notwendigkeiten, Rituale und Kulturerfahrungen. In ihnen war die Möglichkeit verstockten Festhaltens am Gewohnten wie eine unbewusste Geste des Widerstands angelegt. Produkte in ihrer zeitgebundenen Schönheit gaben aber auch Anlass, sich mit dem Geist der Zeit zu identifizieren: Es war eine Frage der persönlichen Haltung und der Sozialbiografie.

So findet im deutschen Wohnzimmer 1933 gewiss keine Revolution statt. Auch richtet die sonst so aggressive nationalsozialistische Kulturpolitik sich nur verhalten gegen das Warenschöne, wo es in den gebräuchlichen Mischkulturen des Banalen auftritt. Die führenden Nazis, sofern sie nicht Anspruch auf technische Eleganz oder klassizistische Postmoderne erheben, gefallen sich in einer bombastischen Variante dieser Banalkulturen, zu deren Bezeichnung sich der Hilfsbegriff »Dampferstil« (vgl. GÜNTHER 1984, S. 124f.) anbietet. Die Art, wie Paul Ludwig Troost, Star-Architekt und Möbeldesigner für Repräsentationsbauten, 1929 die Salons des Lloyd-Dampfers »Europa« mit dem aufwendigen Flair schwimmender Lobbies für Manager, Aufsichtsräte und reiche Touristen ausgestattet hat, reizt hohe Nazifunktionäre, sich in einem Stilkonglomerat einzurichten, das klassizistische Elemente, barocke Details und Art Déco-Reminiszenzen im repräsentativen Gestus vereint.

Im Führer-Arbeitszimmer der neuen Reichskanzlei tritt ein politisch gewollter, auch medienwirksamer, das heißt für Film- und Fotoaufnahmen geeigneter Neoklassizismus in Erscheinung, der an Schinkel und die heroische Geschichte Preußens erinnern soll. Staats- und Parteibauten und ihre Einrichtung beeindrucken durch den »Stil einer äußerlich geleckten Nüchternheit« (RAVE 1949). Im halbprivaten Salonbereich der Nazigrößen herrscht die »hypertrophe Vorstellung eines großbürgerlichen Wohnzimmers bzw. Herrenzimmers« (SCHÖNBERGER 1981a), wie in den Räumen der »Führerwohnung« in der alten Reichskanzlei, die Hitler sich 1933 von Troost einrichten lässt (vgl. GÜNTHER 1992b, S. 20ff.). Immer wieder kippt die Monumentalität ins Kleinliche, Pseudobürgerliche um; man spürt die Unsicherheit im Auftrumpfen. Solchen Pomp hatte die Republik nicht gekannt. Nun geniert sich die Ästhetik der Macht nicht einen Augenblick, so dass zusammen kommt, was schon lange zueinander will: »Technizismus und Klassizismus sind einander keine Feinde, im Gegenteil, sie sind zusammengehörig. Der Technizismus ist die geistige Verfassung, der Klassizismus ist sein künstlerischer Ausdruck.« (BEHNE 1919, S. 73)

So durchziehen drei Programmlinien das Bild des Alltags nach 1933: Der politisch resistente Massenkonsum des Allerweltsschönen bleibt unangetastet. Die Demonstration technischer Leistungsfähigkeit wird forciert. Und der geborgte Staatsklassizismus zeugt von der Macht der Diktatur.

So weit der Arm der weltanschaulich-ideologischen Kontrollorgane des Regimes reicht, wird das Potenzial an gestalterischer Phanta-

Abb. 90: »Wohnraum-Lichtträger«. Mattmessing und Kartonschirme. Spinn GmbH Berlin, 1937

sie »gleichgeschaltet«; die große Säuberung beginnt. Endlich wird – durchaus im Sinne »völkischer« Mehrheiten – mit dem »Kulturbolschewismus« der Republik Schluss gemacht. Betroffen sind vor allem profilierte Architekten des Neuen Bauens, die für untragbar erklärt werden. Sie bezahlen ihr politisches und ästhetisches Engagement mit Berufsverbot und Diffamierung. Eine zweite Emigrationswelle folgt, nun in Richtung USA, nachdem eine Reihe von Sozialarchitekten bereits um 1930 in die Sowjetunion gegangen war. Tendenziell sind alle Kulturschaffenden von den einschneidenden Maßnahmen betroffen. Die Minderung des gestalterischen Potenzials trifft allerdings kaum den engeren Designbereich. Der Industrieformgestalter hat noch kein fest umrissenes Berufsbild und keine eigene Standesorganisation, auf die der politische Zugriff sich richten kann. Auch besteht die unternehmerische Freiheit weiter, das heißt »die Natur des kapitalistischen Eigentums an den Produktionsmitteln« wird nicht angetastet (vgl. BETTELHEIM 1974). Daher werden Entwerfer im Dienst von Unternehmen weniger behelligt als bekannte freie Künstler oder Architekten. Entwurfstätigkeit kann noch im Ingenieurprofil aufgehen oder sich mit Unternehmensinteressen eng verbünden: »Die künstlerische Leitung in den Glaswerken bot mir Möglichkeiten und Freiheiten, die mich sehr verpflichteten. Denn als größtes Unternehmen der deutschen Glasindustrie war die Vereinigte Lausitzer Glaswerke A.G. bedeutend und gewichtig auf dem internationalen Markt. Damit wurden mir in diesem industriellen Bereich weittragende Wirkungen offengehalten. Die Werkbundarbeit ließ sich fortsetzen, Bauhausgedanken und eigene Vorstellungen um sinnvolle Fabrikarbeit konnten verwirklicht werden.« (WAGENFELD 1948, S. 57)

Doch alle »arischen« Entwurfsschaffenden werden 1933 der Reichskammer für Bildende Künste unterstellt (vgl. SCHEERER 1975a). Berufsausübung, Korporationsrecht und weltanschauliche Ausrichtung folgen im Prinzip den gleichen Vorschriften, die bei Architekten, Malern, Grafikern und Kunsthandwerkern angewendet werden. Der Einfluss der Reichskulturkammer oder des Amtes zur Überwachung der gesamten geistigen und weltanschaulichen Schulung und Erziehung der NSDAP soll sich auf jede gestaltende Tätigkeit erstrecken. Die Kaffeetasse, das Radiogehäuse, die Autokarosserie entwickeln sich jedoch mit einer gewissen Folgerichtigkeit aus ihren Zwecken und Traditionen weiter. Entwürfe bekannter Designer wie Hermann Gretsch oder Wolfgang von Wersin verletzen kein verordnetes Schönheitsempfinden: Das Gestaltete existiert unauffällig im Alltag, entspricht einer Norm, an der niemand Anstoß nimmt.

Bewegender ist die Verteilungsfrage. »Hitler selbst gab 1938 das Signal zur Herstellung zusätzlicher Konsumgüter, die Einbeziehung aller Deutschen in den nationalen Produktionsprozess sei abgeschlossen, es komme jetzt auf die fortgesetzte Verbesserung der Methoden an, um Arbeitskräfte für zusätzliche Produkte freizusetzen. Obgleich Hitler vermutlich auch an die Erhöhung des Rüstungsausstoßes dachte, sprach er ausschließlich vom ›gesteigerten Volkseinkommen‹, das eine entsprechend höhere Auswertung in Waren- und Gebrauchsgütern zur Folge habe. Schon in der ersten Hälfte der Rüstungskonjunktur hatte die ›Gemeinschaft für Arbeitsbeschaffung im Elektrogewerbe‹ einen ›Elektro-Angriff‹ auf die Hausfrau unternommen und den Wunsch nach einem Elektroherd zu wecken versucht; nunmehr produzierte Siemens in großem Umfang elektrische Kaffeemaschinen, Grillgeräte, Küchenmotoren, Warmwasserspeicher, Wasch- und Bohnermaschinen. In einer Schriftenreihe für die Hausfrau wurde die nationalsozialistische Parole ›Sei deutsch‹ in *Sei praktisch* umgewandelt, denn es gelte ›in den Tagen der fortschrittlichen Technik, des Sportes und der Körper- und Geisteskultur‹ der deutschen Frau die ›Aufgaben und Pflichten der Haushaltsführung zu vereinfachen‹. Während Geschirrspülmaschinen nur einen kleinen Abnehmerkreis fanden (...), konnte die Industrie in einer Anzeigen-Reihe stolz darauf hinweisen, dass allein im ersten Halbjahr 1938 500 000 Elektro-Kühlschränke abgesetzt werden konnten. (...) Ab Oktober 1938 wurde der Fernseh-Rundfunk vom Reichspostminister für die Allgemeinheit freigegeben; erste Geräte ermöglichten es, nicht mehr in Gemeinschaftsräumen, sondern zu Hause das Programm zu empfangen. (...) In Parallele zum Volkswagenprojekt kündigte das Regime im Sommer 1939 die Produktion von 10 000 Einheits-Fernsehern an, die Herstellung wurde jedoch durch den Krieg verzögert und – in geänderter Ausführung – erst 1952 wieder aufgenommen. In erstaunlichem Maß expandierte in den letzten Friedensjahren die Freizeitindustrie. Die ›schußbereite Leica‹ gehörte bald zu jedem (besser gestellten, Anm. G.S.) Haushalt; man produzierte Faltboote mit und ohne Außenbordmotor, Wohnwagen, Zelte und Campingzubehör bis zum praktischen Picknick-Koffer mit übersichtlicher Einteilung, unzerbrechlichem Geschirr und rostfreien Bestecken.« (SCHÄFER 1981, S. 122 f.)

Hitlers Popularität beruhte nicht zuletzt auf dem infolge öffentlicher Projekte und Rüstungsaufträge eintretenden Beschäftigungszuwachs und dem Versprechen eines sozial gerechten Konsums nach der langen Periode des notgedrungenen Verzichts. »Der Anspruch der Nationalsozialisten, eine ›neue soziale Volkskultur‹ zu verwirklichen, die Forderung nach mehr ›Qualität‹ in Kunst und Design macht ihre Ideologie schnell für breite Schichten des Bürgertums und der Arbeiterschaft attraktiv. ›Kulturell wertvolle‹, ›für das Volk erschwingliche‹ Produkte zu erzeugen, war wohl die wichtigste Forderung einer ›sozialen Theorie‹ des Design in der nationalsozialistischen Ideologie – zugleich Grundla-

Abb. 91: Blick in einen der Gesellschaftsräume des KdF-Dampfers »Wilhelm Gustloff«. Ausstattungsentwurf Woldemar Brinkmann, 1937

ge für nahezu alle kulturellen Projekte, die nun in Angriff genommen werden. Allen Bestrebungen zu einer ›klaren Linie‹ in der Produktkultur ist eines gemeinsam: die unmittelbare Ausrichtung der Gestaltung an einer ›völkischen Weltanschauung‹. Man orientiert sich dabei an ähnlichen Prinzipien wie in der Architektur: Man kämpft für eine Wiedererstarkung des ›Geistes‹ gegenüber der ›technischen Intelligenz‹, der ›verstandesmäßigen Berechnung‹. Der ›mathematisch abstrakten‹ Gestaltung der Neuen Sachlichkeit stellt man das ›gesunde, bodenständige Formgefühl des Volkes‹ entgegen, die erneute Orientierung am ›unbekannten Handwerksgut‹.« (SCHEERER 1975a, S. 24)

Zwar denkt die neue Reichsregierung nicht daran, die noch auf Notverordnungen des Kabinetts Brüning zurückgehende »restriktive Lohnpolitik« (BROSZAT 1969) zu lockern. Das überproportionale Wachstum der Rüstungsproduktion (2 000 Prozent bis 1938) lässt kaum Spielräume für ein erweitertes Konsumangebot; hinzu kommt die Autarkiepolitik Hitlers, die deutsche Wirtschaft von fremden Rohstoffquellen möglichst unabhängig zu machen. Aber es gelingt mit Hilfe besonderer Einrichtungen und propagandistischem Aufwand, den Eindruck zu erwecken, dass die hart arbeitende Bevölkerung mit einem Ausgleich in der Befriedigung ihrer Grundbedürfnisse und Teilhabeansprüche rechnen kann, dazu in einer ästhetisch angemessenen Form der Schlichtheit, die eine Aufhebung der Klassengrenzen signalisieren soll. Das »Amt Schönheit der Arbeit« unter Albert Speer wirbt für die »künstlerische Betriebsgestaltung«:

»Wir ließen ein einfaches, gut geformtes Essgeschirr standardisieren, entwarfen schlichte Möbel, die normiert in größeren Stückzahlen aufgelegt wurden, und sorgten dafür, dass die Unternehmen in Fragen der künstlichen Beleuchtung und Belüftung des Arbeitsplatzes durch Spezialisten und aufklärende Filme beraten wurden. Als Mitarbeiter bei diesen Projekten gewann ich ehemalige Funktionäre der Gewerkschaften sowie einige Angehörige des aufgelösten Werkbundes.« (SPEER 1971, S. 70) Tatsächlich überdauert der Deutsche Werkbund einige Jahre in der Kontinuität seiner Tradition aufgrund der Anpassungsfähigkeit eines Teils seiner Mitgliedschaft (vgl. WEISSLER 1990, S. 122 ff.).

Das Reichsheimstättenamt der Deutschen Arbeitsfront (DAF) propagiert 1937/38 einfache Wohnzimmer- und Wohnküchenmöbel, die auch zu Hause die Schlichtheit betonen sollen. Solche Entwürfe lehnen sich an den sozialen Funktionalismus der zwanziger Jahre an oder nehmen auf bäuerlich-handwerkliche Traditionen Bezug. Über die Betriebskantine, das Freizeitheim, die Kaserne oder die Arbeitsdienstbaracke wird dem Volk ein Schlichtdesign nahegebracht, das demonstrativ den guten Willen mit der Ehrlichkeit paart, aber in schreiendem Kontrast zu den bombastischen Repräsentationsformen der Nazigrößen steht (vgl. GÜNTHER 1984). Auf den KdF-(Kraft durch Freude-)Schiffen erhaschen privilegierte Touristen der Arbeit ein wenig vom Glanz der Welt durch eine ausgeklügelte Mischung von Caféhaus-Eleganz mit technoiden Elementen. In anderen Einrichtungen der DAF herrscht pseudobäuerlich-hölzerne Hüttenmentalität. Hitlers private, weniger repräsentativen Zwecken gewidmeten Räume im »Berghof« auf dem Obersalzberg folgen dieser Linie kleinbürgerlicher Ausstattungskultur (vgl. GÜNTHER 1992b, S. 39 ff.).

Die Aktivitäten des Amtes Schönheit der Arbeit beziehen sich auf Musterentwürfe, Ausstellungen und Publikationen. Ihr Thema sind Betriebseinrichtungen, Heime, auch Siedlungsprojekte. Im Konsumgüterbereich werden unabhängig davon einzelne Produkte mit einer kunstvoll hergestellten Aura des sozialen Nutzens ausgestattet, die kaschiert, wessen Nutzen damit betrieben werden soll. Der politische Zweck des Versprechens gerechter Teilhabe an den technischen Errungenschaften tritt vor allem bei zwei Produkten zu Tage – dem Volksempfänger und dem Volkswagen. Das Schlichtradio wird tatsächlich produziert und massenhaft unter die Leute gebracht. Das Billigauto existiert bis zum Ende des Krieges nur als anhaltende Verlockung oder in wenigen Vorzeigeexemplaren. Beide Produkte erweisen sich heute wie tätowiert von ihrer einstigen Bestimmung. Das eine ist in museale Vergessenheit geraten, das andere hat sich in einer langen Gebrauchsgeschichte nach dem Krieg endgültig in ein mythisches Objekt verwandelt, dessen ursprünglich politische Funktion kollektiv verdrängt worden ist. Beide Produkte verdienen besondere Aufmerksamkeit.

Verteilungspolitik und Entwurf im »Dritten Reich« 199

Abb. 92: Kantineneinrichtung. (Vom Reichsamt Schönheit der Arbeit 1940 veröffentlicht)

Da sie an anderer Stelle ausführlich behandelt werden (vgl. SELLE 2007), geschieht dies nur kurz.

Der Volksempfänger

Sobald Goebbels als »Reichsminister für Volksaufklärung und Propaganda« 1933 über alle Rundfunkanstalten verfügt, kann das nationalsozialistische Regime mit dem Medium machen, was es will. Das ist die Stunde des »Volksempfängers«. Die Idee eines Billig-Radios ist zwar älteren Datums und wie der Volkswagen kein ursprünglicher Einfall der Nationalsozialisten. Aber nun geht es um das Instrument zur propagandistischen Gleichschaltung aller »Volksgenossen« als Rundfunkhörer. Auf staatlichen Druck bildet sich ein Konsortium von 28 Herstellern und 59 Zulieferfirmen, um das Produkt gemeinsam zu realisieren. Industrie und Handel zeigen sich zunächst reserviert, weil ein Rückgang im Absatz teurerer Geräte befürchtet wird. Doch zerstreut der Erfolg des Einheitsempfängers alle Bedenken. Der »Volksempfänger« wird zum Verkaufsschlager, zumal Finanzierung über Kredite (sog. Ehestandsdarlehen) und Ratenzahlung bei örtlichen Elektrizitätswerken möglich ist. Das Gerät kostet im Laden 75 Reichsmark, über Kredit 79,20 RM, bei monatlicher Tilgung von 4,40 RM. Binnen Kurzem sind die ersten 100 000 Stück verkauft, bis November 1933 schon 500 000.

Joachim Krausse interpretiert die Geschichte des Volksempfängers als »Beitrag zu einer Kulturgeschichte der Monopolware« und spricht von staatsmonopolistischer Förderung des Produkts, die den regulären Kapitalverwertungsprozess begünstigt habe (KRAUSSE 1984, S. 85). Das Industriekartell, das an diesem Gerät verdient, und der totalitäre Staat, der den Rundfunk usurpiert und monopolisiert, arbeiten Hand in Hand beim Aufbau jenes flächendeckenden Indoktrinationsmediums, dessen sichtbare Verkörperung ein schlichtes Einheitsprodukt der Radioindustrie ist. Es stand häufig wie ein Altar auf einer Wandkonsole, zu der man hochsehen musste, wenn der Führer sprach, oder auf einem Tischchen, um das man sich versammeln konnte.

Sein Erscheinungsbild verdankt der Volksempfänger Walter Maria Kersting, der schon 1932 Radiogehäuse-Modelle entwickelt hatte und sich am Preisausschreiben für das geplante Einheitsgerät beteiligte. Dass sein Entwurf aus dem Jahr 1928 stammen soll, hat sich als Irrtum erwiesen. Die korrekte Datierung dürfte 1933 sein: »Als die deutsche Elektroindustrie 1933 für den Bau des Volksempfängers zusammengetrommelt wurde, um verschiedene Entwürfe für die preiswerte Technik und das ansprechende Design vorzulegen, reichte neben anderen – laut Aussage seiner Söhne – auch Walter Maria Kersting Pläne für die Gehäusegestaltung ein. Kerstings Entwurf stimmte in den Hauptmerkmalen mit dem bekannten Erscheinungsbild des ersten Volksempfängers Typus VE 301 W überein – kubusförmiges schwarzes Gehäuse, kreisförmige Lautsprecheröffnung, Bogenportal mit oben eingelassener Skalenscheibe und drei darunterliegenden Knöpfen –, unterschied sich jedoch in bestimmten Details davon. So fehlte im Kersting-Entwurf zum Beispiel die Rundwulst an den Gehäuserändern. Weiterhin war der Lautsprecherrand nicht glatt, sondern nach innen konisch gerieffelt. Die Knöpfe im Entwurf waren weiß und das Emblem des ›rufenden Adlers‹, einem allgemeinen Symbol des Rundfunks, im Rundportal an der Vorderfront schräggestellt.« (LATTERMANN 2004, S. 940)

Verärgerung wegen der Eingriffe in seinen Entwurf und politische Abstandnahme mögen die Gründe für Kerstings Rückzug gewesen sein. Als Gegner der Nazis erntete er keinen Ruhm, als der Volksempfänger auf den Markt kam. Stattdessen wurde der Ingenieur Otto Grießing, SA-Mann und Parteigenosse, gefeiert. Verkleinerungsvarianten des Modells, darunter die »Goebbelsschnauze« (ein Gerät mit unverhältnismäßig groß dimensionierter Lautsprecheröffnung), sind nicht Kersting zuzuschreiben. Für das Standardgehäuse des Typs VE 301 W hat er jedoch den grundlegenden Vorentwurf zur rationellen Herstellung geliefert: »Die Rohform des Vollkunststoffgehäuses wird in einem einzigen Arbeitsgang gefertigt. Materialaufwand und Abmessungen werden minimalisiert. Das Produkt ist für die Serienproduktion in höchstem Maße typisiert und standardisiert.« (MEURER/VINÇON 1983, S. 149)

Die Gehäuse werden aus Phenoplastpulver bei verschiedenen Herstellern hydraulisch gepreßt, Röhren, Lautsprecher etc. von Zulieferern gefertigt. Die Vielzahl beteiligter Firmen lässt ahnen, wie konsequent arbeitsteilig und logistisch durchorganisiert bis zur Endmontage produziert worden ist.

Als das neue Gerät in die Schaufenster kommt und reißenden Absatz findet, wächst die Hörerzahl der Rundfunkanstalten sprunghaft. Der Volksempfänger kann zwar nicht mit den teuren Luxusgeräten seiner Zeit konkurrieren, aber er funktioniert einwandfrei. Die Beteiligung der chemischen Industrie kommt der Rohstoffpolitik des Nazi-Regimes entgegen, das die deutsche Wirtschaft von Importen unabhängig machen will. Um 1939 erreicht die deutsche Kunststoffproduktion fast den Stand der USA. So hat Kersting mit der Wahl von Bakelit für das Gehäuse den richtigen Griff getan, billiger und rationeller ließ sich das Gehäuse nicht massenhaft reproduzieren.

Trotz der Veränderungen ohne Kerstings Zustimmung blieb der ursprüngliche Entwurf in seiner Geschlossenheit erhalten – eine

Abb. 93: Volksempfänger VE 301 W. Gehäuse aus Phenoplast (Bakelit) nach Vorentwurf von Walter Maria Kersting, 1933

ästhetisch befriedigende und funktional übersichtliche Produktform mit einer Spur Art Déco (dem Doppelbogen) und in Gestalt der vereinfachten Hülle (Kastenform, Kunststoff) mit einer Prise Bauhaus-Sachlichkeit. Man darf annehmen, dass dieses Gerät, auf der Deutschen Funkausstellung 1933 gezeigt, auch Beifall im Amt Schönheit der Arbeit gefunden hat, jener Institution, die das Erbe der sachlichen Design-Moderne in die Alltagsästhetik des Naziregimes zu integrieren wusste. Mit dem VE 301 W (die Typennummer soll an den 30.1.1933, den Tag der Machtübernahme, erinnern) kommt eine ansehnlich gestaltete technische Gebrauchsform zur Wahrnehmung der »Volksgenossen«. Als solche steht der Apparat in besagter Funkausstellung, Goebbels sitzt davor, dreht am mittleren Knopf zur Senderwahl, während Uniformierte und ein Techniker im weißen Kittel ihm zuschauen und »zufällig« ein Pressefotograf anwesend ist, der die Szene festhält. Das Foto zeigt: Es ist alles gelaufen. Der Propagandaminister spielt mit seinem Gerät, genauer: an der Schnittstelle »seines« Mediums mit den Massen. Bis 1933 waren 12,5 Millionen Volksempfänger verkauft. Das reichte für flächendeckende Streuung, zumal gemeinschaftliches Hören zur Pflicht gemacht werden konnte.

Man kann sich die Berauschtheit versammelter Hörerinnen und Hörer heute nicht mehr vorstellen, sobald die Stimme des Führers in Wohnzimmern, Küchen, Kantinen, Gemeinschaftsräumen ertönte; es war ein pseudoreligiöser Event. So muss man hier von einem Objekt sprechen, das seinen Charakter durch ein vom Entwerfer nicht gewolltes, politisches Design erhalten hat. Ursprünglich sollte es durch Schlichtheit und Zweckmäßigkeit der Form überzeugen und hätte es ein Radio für alle werden können. Geworden ist es ein Radio gegen alle. An seine Gebrauchsgeschichte sollte sich jeder erinnern, der diese skulptural einprägsame Form im Museum oder auf Abbildungen zu Gesicht bekommt. Sie ist mit den zwölf finstersten Jahren deutscher Geschichte unlösbar verbunden.

Der politische Missbrauch des Mediums hat den Entwurf des Geräts, das ihn praktisch ermöglichte, beschädigt – für alle Zeit. Auch auf den zunächst gutgläubigen Entwerfer des Gehäuses fällt ein Schatten: Obwohl Kersting am Projekt des Einheitsempfängers schon früh nicht mehr beteiligt ist und auch nicht in der Gunst der Nazis aufsteigt wie ein Ferdinand Porsche, ist der ominöse Radioapparat heute als einziger seiner Entwürfe in der kollektiven Erinnerung verankert, während sein Lebenswerk, dem anderer bekannter Designer seiner Generation durchaus vergleichbar, schon vergessen ist. Der zweifelhafte Ruhm des Volksempfängers überstrahlt alle anderen Leistungen Kerstings und rückt ihn persönlich in die Nähe der Machthaber, die er abgelehnt hat.

Ein Auto für alle

Der Volkswagen, frühes Beispiel einer Globalisierung von Technik und Design, ist das bekannteste Automodell der Welt. Über kein Automobil ist so viel geschrieben worden wie über dieses deutsche Leitsymbol. Leider bleibt die überwiegende Menge des Geschriebenen beschönigend, so dass, wer sich diesem Produkt analytisch nähern will, den Mythos dekonstruieren muss, unter dessen Schutz das Objekt steht. Er beginnt mit dessen kollektiv verdrängter Geschichte. »Der Volkswagen wurde (...) als nationalsozialistische Kulturtat propagiert. Das Versprechen eines Wagens für die seit Jahrzehnten unter Konsumverzicht lebende Bevölkerung und die ständige Wiederholung und Bestätigung dieses Versprechens in den kultischen Feiern des KdF-Wagens machten den Volkswagen zu einem wesentlichen Objekt der ›braunen Kultur‹.« (HICKETHIER 1984, S. 17)

Ein Markenartikel wurde durch staatliche Propaganda eingeführt und gleichzeitig zum politischen Instrument gemacht. Zwei Versprechen wurden abgegeben und begründeten das Volkswagen-Projekt: Dass jeder »Volksgenosse« in den Besitz eines Autos

Abb. 94: Reichsminister Goebbels »testet« den Volksempfänger auf der deutschen Funkausstellung 1933

gelangen werde, und dass endlich – ganz im Sinne der großen Täuschungsmanöver der Nazi-Propaganda – die sozialen Differenzen in gemeinsamer, klassenloser Teilhabe am automobilen Fortschritt aufgehoben würden. Noch 1972 behauptet die Volkswagen-Werbung: »Der Käfer kennt keine Klassenunterschiede.«

Als der Volkswagen ab Mitte der 1950er Jahre das Straßenbild zu prägen begann, schien er sauber wie durch eine Geschichtswaschanlage gefahren. Die Herkunft dieses Autos wurde nicht als Belastung empfunden. Von einer gestörten Wahrnehmung zu sprechen, wäre daher nicht falsch, zumal das Produkt zum Markenzeichen deutscher Tüchtigkeit und zur kollektiven Identitäts-Ikone aufgestiegen ist. Die weltweite Anerkennung des Produkts hat die narzisstische Kränkung durch die ungeheuerlichen Naziverbrechen und den verlorenen Krieg zwar nicht ungeschehen machen können, aber es war offenbar ein Trost, dass es dieses überall beliebte Auto gab. An dem in alle Welt exportierten, am Ende meistverkauften Modell aller Zeiten, dem »Käfer«, konnte nichts Schlechtes sein. Heute ist der VW weniger ein Auto als eine Legende. Sie beginnt mit dem Versprechen des Führers in seiner Eröffnungsrede zur Internationalen Automobilausstellung 1935 in Berlin: »Es muß möglich sein, dem deutschen Volk einen Kraftwagen zu schenken, der im Preis nicht mehr kostet als früher ein mittleres Motorrad.« (*Völkischer Beobachter* Nr. 46/1935, S. 2) Hitler, Autoliebhaber schon in seinen Münchner Jahren, wusste, was er da versprach, und kümmerte sich selbst um das Projekt. Aus politischen Gründen hielt er unbeirrt am Niedrigpreis fest, obwohl der in Aussicht gestellte Verkaufserlös die Herstellungskosten nicht

Abb. 95: Titelgrafik einer KdF-Werbebroschüre, 1939

decken konnte. Offenbar sah er sein Motorisierungsprogramm in Gestalt des Volkswagens in greifbare Nähe rücken und die leeren Reichsautobahnen sich beleben.

Das Volkswagenprojekt war »führernah«, seine Verwirklichung ohne Hitler nicht denkbar. Die populäre »Käfer«-Literatur neigt dazu, dies zu verschweigen und sieht das Projekt durch seine technische Entwicklungsgeschichte definiert. Die spielt im Gesamtdesign des Produkts aber eine untergeordnete Rolle. Schon mit der Namensgebung (Volkswagen, KdF-Wagen) beginnt in diesem Fall der Mythos und gewinnt das noch nicht realisierte Produkt sein Charisma im Vorab. »Das NS-Regime instrumentalisierte die Volkswagenträume als sozialutopisches Staatsprojekt, das sich indes auf propagandistische Übertreibungen beschränkte«, heißt es in einem Text der Volkswagen AG aus dem Jahr 2003. So beschwichtigend lässt sich darstellen, was reichsweit mit dem KdF-Wagen veranstaltet wurde. An gleicher Stelle liest man: »Der Käfer war ein Weltmeistertyp (...). Seine automobile Leistung schien schlicht nicht mehr steigerbar. Schon lange besitzt der Käfer einen Stammplatz auf dem Fahrzeugolymp; manchem Liebhaber mag er wirklich als Geschenk der Götter vorkommen.« (Volkswagen AG 2003, S. 10, 13)

Gedacht war er »als Geschenk des Führers« an sein Volk. Die Ersteinführung sprengte alle Maßstäbe. Von Anfang an war der Volkswagen ein Kultobjekt. Das Auto wurde 1938/39 mit uniformierten SS-Fahrern in die 42 Gaue des Reichs geschickt, um umjubelt zu werden und Volkswagen-Sparer zu gewinnen. Dabei durften Interessenten nicht einmal probefahren. Die wenigen zu Dauertests eingesetzten Exemplare (eine kleine Vorserie, noch in Porsches Fabrikwerkstatt und bei Reutter & Co. in Stuttgart gefertigt) hätten nicht ausgereicht oder Schaden genommen. Kein Automobil hat je eine derart raffinierte, politisch wohlkalkulierte *sales promotion* erlebt wie der Volkswagen. Das Wunderauto, feierlich ausgestellt, wurde bestaunt. Wo immer es unter Hakenkreuzbeflaggung, von uniformierten Posten bewacht, vorgeführt wurde, war es von Neugierigen umringt. Bei der kultisch inszenierten Grundsteinlegung zum Volkswagenwerk im Mai 1938 hatte der Führer den Volkswagen zur Überraschung aller in KdF-Wagen umgetauft. Endlich gab es dieses Auto zum Anschauen, nur nicht zum Fahren.

Als der Volkswagen auf den Nachkriegsmarkt kam, war er weder ein harmloses Krabbeltierchen noch ein neutrales Konsumgut. Er war aufgeladen mit der Aura eines Massenautomobils als Symbol der nationalsozialistischen Volksgemeinschaft. Lange angefachtes Begehren im Vorfeld seines Erscheinens, Verschleierung seiner ursprünglich politischen Bestimmung, endgültige Stilisierung zum Identifikationsobjekt in der Zeit des »Wirtschaftswunders« haben den VW ebenso zum Jahrhundertprodukt prädestiniert wie seine legendäre Gebrauchstüchtigkeit, Langlebigkeit und unverwechselbare Gestalt. Er steigt vor den Augen des alten und neuen Publikums wie ein Phoenix aus der Asche seiner Ursprungsgeschichte als Massenprodukt im doppelten Sinne empor – in der Stückzahl (am Ende über 20 Millionen) und durch die Mitarbeit Unzähliger an seiner Legende.

Sein technischer Entwurf ist an das Ingenieurbüro Porsche gebunden, auch das Design der Karosserie. Ferdinand Porsche ist oft als genialer Schöpfer des Volkswagens gefeiert worden. Aber er hatte hochqualifizierte Mitarbeiter – vor allem bei der Motorenentwicklung – und in Erwin Komenda einen erfahrenen Karosseriespezialisten. Kleinwagen-Ideen lagen damals in der Luft; sie mussten nur aufgegriffen und, mit etwas Glück, tatkräftig verwirklicht werden. Porsche war der dafür geeignete Mann. Hitler, erster »Autokanzler« der Deutschen, war an einem vollwertigen, autobahntauglichen Fahrzeug interessiert. Er kam damit der Neigung Porsches entgegen, ein technisch solides Auto zu entwickeln. Als hinderlich erwies sich nur die Preisvorgabe von unter 1000 Reichsmark. Im Büro Porsche müssen die Ingenieure wie die Weltmeister gerechnet haben, um die Kalkulation mit den technischen Anforderungen des Produkts und der Herstellung in Einklang zu bringen. Heraus kam bestenfalls ein No-profit-Produkt. Das passte in die politische Landschaft, entsprach aber nicht den Erwartungen des RDA (Reichsverband der deutschen Automobilindustrie).

Man fragt sich heute, weshalb das Versprechen eines Autos für alle bei der Bevölkerung so große Resonanz gefunden hat. Da offenkundig war, dass viele, ja die meisten Normalverdiener, sich auch dieses preiswerte Auto nicht würden leisten können, war es nicht nur ein Konsumversprechen. Man muss das Projekt vielmehr auch vor dem Hintergrund der allgemeinen Automobilbegeisterung der dreißiger Jahre sehen. Autos waren faszinierende Objekte, der Kult um sie zeitgeistbedingter »Ausdruck der wachsenden Anziehung, die mechanische, nichtlebendige Artefakte auf den Menschen der Industriegesellschaft ausüben« (SCHÄFER 1981, S. 119).

Faszination durch Technik – das betraf den Mann auf der Straße und hochrangige Nazi-Funktionäre gleichermaßen bis hinauf zum Führer, der Auto und Flugzeug ausgiebig nutzte und damit seine Einstellung zur Technomoderne demonstrierte. Das Auto war Symbol technischer Kraft und Schönheit schlechthin. Den Nazis gelang es daher leicht, den Autokult zu organisieren: Wagenbesitzer, Fahrer und Fans wurden im Nationalsozialistischen Kraftfahrerkorps (NSKK), einer paramilitärischen Vereinigung zur wehrhaften Volksertüchtigung, zusammengefasst. Und der Automobilsport genoss staatliche Förderung, als würde heute der Formel 1-Zirkus aus Steuergeldern bezahlt. Deutsche Rennfahrer sollten der Welt die Überlegenheit deutscher Technik und den Kampfgeist deutscher Siegernaturen vor Augen führen. Hitlers Volksmotorisierungsprogramm bezog die Identifikation mit dem Schlüsselobjekt des technischen Fortschritts ein. Mit dem Versprechen, ein Auto für alle zu schaffen, konnte er sich der Zustimmung aller gewiss sein. Sie war so einhellig, dass man auf die Einlösung des Versprechens geduldig wartete.

Denn trotz Erwartungsdruck der politischen Führung und des RDA geriet das Büro Porsche in Verzug; erst mussten alle Verbilligungsmöglichkeiten ausgeschöpft werden. Schließlich entstanden 1936 drei Exemplare eines Prototypen, bis Daimler-Benz, Reuter & Co. und die Porsche GmbH eine Vorserie von 30 Stück bauen konnten. Porsche besorgte sich über den Reichsführer SS Heinrich Himmler Männer der SS als Testfahrer, um die noch etwas plump wirkenden Versuchswagen mit Schlitzen zur Motorentlüftung an Stelle des Heckfensters einer Dauererprobung zu unterziehen. Als endlich 1938 Typ 60 der Öffentlichkeit als KdF-Wagen präsentiert werden konnte, sollte das »Geschenk« des Führers 990 Reichsmark kosten, ansparbar in wöchentlichen Raten von 5,00 Reichsmark. Die Sparverträge wurden über die Unterorganisation »Kraft durch Freude« (KdF) der Deutschen Arbeitsfront (DAF), Nachfolgerin der zerschlagenen Gewerkschaften, abgeschlossen. Aber der Wagen kam nicht auf den Markt, obwohl in einem Kraftakt über eine Vorbereitungsgesellschaft die Volkswagen GmbH gegründet und Porsche nach Studienreisen in die USA mit der Planung einer großen modernen Automobilfabrik, dem Volkswagenwerk, beauftragt wurde, das am Rande von Fallersleben als »Stadt des KdF-Wagens« entstehen sollte. Hitler erklärte den Start der Produktion des KdF-Wagens ohne ökonomische Bedenken zum Politikum. Die hohen Investitionskosten in das neue Werk, bald auch die Materialbewirtschaftung infolge der Aufrüstung sowie der Mangel an Arbeitskräften verzögerten das Projekt.

Aber die Sparer ließen sich vertrösten: »In der vom Führer angeregten und von Dr. Porsche entwickelten meisterlichen Konstruktion erfüllt sich ein Wunschtraum für Millionen«, hieß es in der *Kölnischen Illustrierten* im November 1938 verfrüht. Das Volkswagenwerk, noch im Rohbau auf Rüstungsproduktion umgestellt, produzierte zunächst Rüstungshilfsgüter, dann Kübel- und Schwimmwagen (bis 1945 50000 Stück vom Typ 62 und 82) für die Wehrmacht. Die Produktion lief erst richtig an, nachdem Hitler 1942 entschieden hatte, die Wehrmacht mit den Kübelwagen-Typen nachzurüsten und das Volkswagenwerk, das bis zu diesem Zeitpunkt vor allem der Luftwaffe zur Verfügung gestanden hatte, per Führerbefehl das Privileg zur PKW- bzw. Kübelwagenproduktion erhielt. Die zivile Version der Limousine lief erstmals 1941 in geringer Stückzahl vom Band und wurde ausschließlich an Nazi-Institutionen und höhere Funktionäre verteilt.

Wer bei Porsche die Vorläufer der Karosserie des Typ 60 und deren endgültige Version entwickelt und durchgezeichnet hat, ist nicht überliefert; vermutlich Erwin Komenda, wobei Porsche die letzte Entscheidung selbst getroffen haben wird – wie bei Motor und Fahrgestell. Das Design eines Autos umfasst alle Komponenten und bildet im geglückten Fall ein untrennbares, kooperativ erstelltes Ganzes. Diese Leistung muss dem Team Porsches gutgeschrieben werden. Indes darf man Hitler als politischen Chefdesigner des Volkswagenprojekts bezeichnen. Ohne sein beständiges Interesse am Produkt und ohne den Einsatz von Spitzenfunktionären wie Robert Ley, dem Leiter der DAF, hätte es keinen Volkswagen gegeben. Der Verband der deutschen Automobilindustrie war letztlich froh, aus dem absehbaren Verlustgeschäft aussteigen zu können. Der Führer scherte sich nicht um Finanzierungsprobleme. Hans Momm-

Abb. 96: KdF-Limousine. Entwurf Ferdinand Porsche und Mitarbeiter, 1937/38

sen und Manfred Grieger gehen daher so weit, den Volkswagen als »Luxusspielzeug des nationalsozialistischen Diktators« zu bezeichnen (Mommsen/Grieger 1996, S. 43).

Porsche, bis zur politisch-moralischen Blindheit von seinen Konstruktionsideen besessen, war nicht nur ein leidenschaftlicher Kraftfahrzeugingenieur, der sich gleichermaßen an Rennwagen und schwere Kampfpanzer verausgabte, sondern auch ein umtriebiger Manager, der sich in den Machtstrukturen des Regimes zu bewegen wusste und allerhöchste Protektion genoss. Er hatte Zugang zu Hitler, wurde Mitglied von Partei und SS, erhielt hohe Auszeichnungen und verlor nie das Ziel der Verwirklichung des Volkswagens aus den Augen, selbst als das Werk voll in die Rüstungsproduktion eingebunden war. Für anderes scheint er blind gewesen zu sein: 1943 erklärte Anton Piëch, einer der drei Hauptgeschäftsführer der Volkswagen GmbH, er müsse »billige Ostarbeiter einsetzen, um nach dem Willen des Führers den Volkswagen für 990 RM zu produzieren« (Mommsen/Grieger 1996, S. 756). Schon ab 1942 wurden zahlreiche Lager für Kriegsgefangene, deportierte Zwangsarbeiterinnen und Zwangsarbeiter sowie KZ-Häftlinge errichtet, um den Anforderungen der Rüstungsproduktion nachzukommen. Um das Volkswagenwerk und seine Zweigbetriebe erstreckten sich große Barackendörfer. Porsche hatte das Elend der Zwangsarbeiter täglich vor Augen, deren oft unglaublich menschenverachtende Behandlung inzwischen dokumentiert ist (ebd. S. 503ff.; 538–543; 562ff.; 780–799).

So viel zum deutschesten aller deutschen Produkte, das, weltweit verbreitet, unvergleichlichen Erfolg haben sollte. Sein Name »Käfer« scheint der Beliebtheit angemessen, die dieses Automobil sich erworben hat und bei Nostalgikern immer noch genießt. Er stammt aus dem Munde des Führers. Der Verdacht kam in den siebziger Jahren auf, als der VW mit seiner Vorgeschichte erstmals in das Visier von Kulturhistorikern geriet und man auch der Herkunft des Namens nachging. Ein Hitlerzitat wurde mehrfach kolportiert, dessen Quelle am Ende nicht mehr rekonstruierbar war. Sie findet sich jedoch im Typoskript der Autobiografie des Filmregisseurs Veit Harlan, wohlverwahrt in der Bayerischen Staatsbibliothek München. Darin steht die Geschichte vom Maikäfer, mit dem Hitler seinen Volkswagen verglichen hat (Harlan ca. 1960, S. 90). So verengt sich der denkbare Kreis der Namensgeber auf die Person des »Führers« (dazu ausführlich Selle 2007).

Nationalsozialistische Design-Adaptionen

Rohstoffknappheit, Billigkeit und Zweckbindung legen bei Produkten wie dem Volksempfänger und dem Volkswagen das Festhalten an der Funktionsform nahe. Im Bereich technischer Massengüter oder industrieller Zweckbauten ist der Funktionalismus keineswegs verboten, im Gegenteil, Sachlichkeit wird aus ökonomischen Gründen akzeptiert; eine Art Nackt-Design der Zwecke bildet daher eine der formalen und ideologischen Konstanten des Entwurfs: »Das technische Design im Dritten Reich reflektiert somit weit weniger die neuen ›völkischen‹ Bedeutungsinhalte, wie sie die Architektur und Werkkunst beeinflussten.« (Scheerer 1975c, S. 30)

Das Design wird nur dort in die Monumentalität mitüberführt, wo Partei- oder Verwaltungsbauten und Schulungsstätten nach einem beeindruckenden Gesamtbild mit entsprechender Detaillierung der Formen verlangen. In allen Bereichen der industriellen Produktion sind einfache, genormte Zweckformen auch die wirtschaftlichsten: »Keiner würde auf den Gedanken kommen, beispielsweise einen Motor aus formalen Gründen mit mehr Materialaufwand zu erstellen, als für die Erzielung der gewollten Leistung unbedingt notwendig wäre; denn die Maschine ist wie das reine Industriebauwerk in allererster Linie zweckbedingt und bei der stetig weitergehenden technischen Entwicklung kurzlebig. (...) Hier kann es dem Ingenieur nur darauf ankommen, die Konstruktionen so klein und sparsam und so sauber und unaufdringlich wie eben möglich zu gestalten. Er hat vom Formalen gesehen nur die Pflicht, eine zweckmäßige und möglichst geordnete Werkstättenlandschaft zu schaffen und in ihr dafür zu sorgen, dass Willkür und Reklame in engsten Grenzen bleiben.« (WOLTERS 1943, S. 153 ff.)

Dem Anschein nach wird einer Moral des technischen Gestaltens das Wort geredet und das Weiterleben des Sachlichkeitsprinzips garantiert, was so manches Werkbundmitglied hoffen lässt, die Zeit der Unterdrückung ohne Schaden zu überstehen, oder den Anschluss an das politische System zu suchen veranlasst. Der Deutsche Werkbund, vor 1933 noch eine ernstzunehmende Institution, sinkt mit der Gleichschaltung in angepasste Bedeutungslosigkeit herab: »Um 1935 war nichts vom Werkbund geblieben als eine kleine Unterabteilung innerhalb des RdbK« (CAMPBELL 1989, S. 346), das heißt, er wird von der Reichskammer der Bildenden Kunst kontrolliert.

Abb. 97: Messinstrumente von Siemens, 1939

Trotz bombastischer Offizialästhetik und deutschtümelnder Kunsthandwerksideale der Nazis bleibt die funktionalistische Argumentationsweise aufgrund des technisch-ökonomischen Effektivitätsdenkens nationalsozialistischer Technokraten und »Wirtschaftsführer« (die ja in gewisser Hinsicht dessen Produkte sind) erhalten. Dieses Formideal wird sogar auf eine stilistisch modernere Ebene angehoben, als der Werkbund sie je vertreten hat: In Begriff, Bild und Begründung der sogenannten Stromlinienform, die als internationale Errungenschaft der Epoche so auch gleich mit angeeignet werden kann, beginnt eine Neuinterpretation funktionalistischer Prinzipien. Die Stromlinienform wird als technoästhetische Errungenschaft deutscher Ingenieure und Gestalter im Namen einer eigens dafür erfundenen Grundlagenwissenschaft ausgewiesen. Nachdem die Biologie zur wichtigsten Legitimationswissenschaft der nationalsozialistischen Rassentheorie aufgestiegen ist, stellt die vom Prinzip darwinistischer Zuchtauswahl abgeleitete Lehre der »Biotechnik« die überragenden Eigenschaften aerodynamisch geformter Produkte heraus. Design hat an dieser Stelle gleichsam auszumerzen, was nicht leistungsfähig ist. Der »Käfer« ist quasi ein natürlicher Sieger-Typ.

Der Auftrag zur Züchtung technischer Bestlösungen (vgl. SCHEERER 1975) eröffnet den auf diesen Gebieten tätigen Entwerfern Wege zu Neuentwicklungen auch in formalen Experimenten. Was den sichtbaren Standard deutscher Technik hebt und auch im Ausland Anerkennung gewinnt, ist den Machthabern allemal recht. Mit der biotechnischen Argumentation wird verschleiert, woher die Stromlinienform wirklich kommt: Aus der weichen, überaus gefälligen Form moderner Technikverpackung, die im Gefolge der Kapitalzuflüsse und Konsumversprechen aus den USA importiert worden ist, mit weit zurückreichenden Vorläufern bei Alfa Romeo (1914)

Abb. 98: Mercedes-Benz Spezial Roadster 540 K (Kompressor), 1936

in Italien und dem ungarischen Ingenieur Paul Jaray (1921). Bei Norman Bel Geddes tauchen 1931 tropfenförmige Autokarosserien auf, Buckminster Fuller experimentiert 1933 am ersten »Dymaxion Car« (vgl. BUSCH 1975), und Raymond Loewy wird zum Spezialisten des stromlinienförmigen Styling nicht nur bei Autokarosserien.

Zwar lässt sich eine Quelle der international in Gebrauch befindlichen Stromlinienform tatsächlich in Deutschland orten; Paul Jaray hatte 1921 bei der Luftschiffbau Zeppelin GmbH in Friedrichshafen erstmals systematische Windkanalexperimente an Luftschiffrumpfmodellen durchgeführt und fotografisch dokumentiert (vgl. LICHTENSTEIN 1992, S. 26 f.). Er war dabei auf die »Frage nach dem idealen Stromlinienkörper in Bodennähe« (ebd.) gestoßen, so dass ihm möglicherweise Priorität zukommt, die Bedeutung der neuen technischen Form für den Automobilbau erkannt zu haben. Aber es ist dennoch abwegig, die Stromlinienform als eine deutsche Errungenschaft zu reklamieren. Die Inanspruchnahme dieser Fortschrittsmetapher durch die Nationalsozialisten beweist nur, wie stark sie selbst dem Prinzip des Ökonomischen unterliegen, das weltweit in allen Industriestaaten gleichzeitig seinen Effektivitätsdruck in kulturelle Ausdrucksformen umsetzt. Dieser Druck schlägt einerseits auf die Rationalisierung der Arbeit (Taylorisierung), andererseits auf die Gestalt technischer Produkte durch, die eine Sprache der Effektivität, Homogenität, Glätte und Schönheit finden, die überall verstanden wird.

Niemand außerhalb Deutschlands wäre um 1938 auf den Gedanken gekommen, die Stromlinienform als Erkennungsmerkmal nationalsozialistischer Techno-Ästhetik wahrzunehmen. Es ist gerade der Internationalismus dieser Form, der sich bis in die fünfziger Jahre als Warenstil fortsetzen wird, durch den die Macht der ökonomischen Rationalität in die Sprache vereinnahmender Schönheit umsetzbar ist. »Fortschrittlich« denkende Nazi-Technokraten und Ästhetik-Propagandisten klinken sich in diesen Trend ein. Es ist der Zeitgeist dieser Industriekultur, der sich seine eigene, globale Metapher geschaffen hat (vgl. BIGNENS 1992). Das Zentrum ihrer Gültigkeit lag damals in den USA, wo sie in Gestalt transkontinentaler Verkehrsmittel während der dreißiger Jahre zu einer Art nationaler Pathosformel wird. Lokomotiven von Norman Bel Geddes, Henry Dreyfuss, Norman Zapf und Otto Kuhler wirken heute wie kinetische Monumentalskulpturen der kraftvoll-maschinellen Geradeausbewegung; sie werden in den weiten Ebenen des Landes auch als solche wahrgenommen (vgl. MEIKLE 1992, S. 80).

»Streamlined« bezeichnet nicht nur die moderne Form der Dinge, sondern auch ein

Abb. 99: Krupp-Lokomotive 1939 (mit 140 km/h derzeit schnellste Dampflokomotive in Europa). Zeitgenössisches Foto (Historisches Archiv der Friedrich Krupp GmbH)

Lebensgefühl, das als typisch amerikanisch gilt: maschinengläubig, vereint durch ein kulturelles Bewusstsein, in der Moderne zu leben, die sich bruchlos in eine positive Zukunft fortsetzt. Dieses stromlinienförmige Weltbild oder Selbstbild der amerikanischen Gesellschaft ist gleichzeitig ihr nationalkultureller Identitätsausweis unmittelbar nach der großen Depression von 1930 (vgl. WILSON/PILGRIM/TASHJIAN 1986, S. 303 ff.).

Was in den USA zwischen den beiden Weltkriegen vom Automobildesign bis zu kleinen Lifestyle-Accessoires, von der Form der Aeroplane bis zu den Ozeandampfern, von der technischen Ästhetik bis zu Architekturentwürfen an elegant-plastischen Erscheinungstypen produziert wird, ist eine weltweit verständliche Sprache des technischen Fortschritts, die sich mit den Idiomen von Art Déco und »Form um 1930« vielfach überschneidet oder verbindet. Das Design ist auf dem Weg zu globaler Akzeptanz und kann nur noch unter spezifisch ideologischer Interpretation zur nationalen Ausdrucksform deklariert werden. Das darunter verborgene Lebensgefühl, die kulturelle Erwartung einer von allen Schlacken der vortechnischen Vergangenheit befreiten Expressivität der Gegenstandsgestalt sind international, auch wenn man sich auf Amerika als Ursprungs- und Verdichtungsort dieses Gefühls einigen kann. Daher handelt es sich bei der nationalsozialistischen Aneignung der Stromlinienform nur um eine unverfrorene Übernahme.

Der deutschen Automobil-, Eisenbahn- und Flugzeugindustrie gelingen auf der Traditionslinie der »Form um 1930« und der internationalen Stromlinienästhetik mit aerodynamisch durchgestalteten Formen beeindruckende Leistungen. Sie überragen bei weitem alle Beispiele eines bodenständig-handwerksorientierten Design, in dem sich

Abb. 100: Foto aus »Das Deutschland Adolf Hitlers«, 1937

althergebrachte Deutschtümelei mit großgermanischen Wunschprojektionen verbindet. Das ideologisierte Kunsthandwerk erfährt zwar öffentliche Würdigung, ist aber im Verhältnis zur Pflege einfacher Massenprodukte und im Vergleich zur eindrucksvollen Stromlinienform eine marginale Erscheinung. Man könnte sich einen Kreis um den Reichsführer SS denken, der sich den eroberten »Ostraum« mit Siedlern besetzt vorstellt, die mit diesen Dingen einwandern sollen – oder den Geschmackserzieher aus der quengelig-kleinbürgerlichen Gebildetenschicht, die immer und überall zu kurz kommt, weil sie hinter dem Mond der Industriegeschichte lebt. Pseudovolkskunst gegen Warenhausdekor war hier schon immer die Devise. In der nationalsozialistischen Handwerksideologie laufen die anti-industriellen Traditionen zusammen: »Ein verflachtes Bedürfnis ist (...) das Gefälle, über das sich der Strom der Einheitsware zum Einheitsmenschen marxistischer Prägung bewegt«, heißt es 1936 in einer Schriftenreihe des Deutschen Handwerksinstituts.

Unser Heim, ein Musterbuch des Mittelschichten-Wohn- und Wohlverhaltens von Heinrich und Marga Lützeler, bringt Hermann Gretsch, Wilhelm Wagenfeld und Wolfgang von Wersin auf den Nenner des guten bürgerlichen Geschmacks und stellt sie unter das völkische Qualitätsprinzip: »Instinktsicheren Völkern und Zeiten ist die gute Form ihres Wohnens eine Selbstverständlichkeit.« (LÜTZELER 1939, S. 8) Im gleichen Buch wird der »Säuberung des Architektenstandes« ausdrücklich zugestimmt. Gretsch selbst folgert andernorts: »Erst wenn weite Kreise wieder zu Möbeln von schlichter Schönheit und guter Werkmannsarbeit zurückgefunden haben, wird auch die politische Umstellung in der deutschen Wohnung einen sinnfälligen Ausdruck gefunden haben.« Der Aufsatz schließt mit einem entsprechenden Führerzitat (GRETSCH 1938, S. 759).

Hausrat soll »zweckbestimmt, haltbar, ohne täuschenden Prunk, künstlerisch und mit Liebe geformt, gemütlich und erbfähig« sein (POLLMANN 1938). Einfachheit ist Trumpf in der Designtheorie des »Dritten Reichs«, so dass es wie Hohn auf die üppige Ausstattungskultur der Mächtigen klingt, wenn Karl Eichhorn (1938) vom Reichsheimstättenamt der DAF in Berlin von der »Ausmerzung aller überholten und fremden Stilornamente«, vom »Weglassen aller schwülstigen Effekte« und von »Einfachheit und Wahrhaftigkeit« schreibt.

Doch nicht das schlichte Kantinengeschirr oder das völkisch biedere Kunsthandwerk wird zum Gegenstand geheimer Massensehnsucht. Große Unternehmen der Konsumgüterindustrie entwickeln bis zum Beginn der totalen Kriegswirtschaft die gefälligen und üppigen Warenformen weiter, für die es immer noch genügend zahlende Abnehmer gibt und zukünftig geben wird: »Während die Diktatur die Arbeiterschaft vor allem durch Sicherheit und Aufstiegschancen überzeugte,

Abb. 101: »Sippenschrein«. Nussbaumholz mit Handschnitzerei. Entwurf Klara Ege, um 1940

band sie mittlere und gehobenere Schichten außerdem mit einer breiten Konsumgüterproduktion an sich. In der Rüstungskonjunktur wurden mit Eigenheimen, Auto/Wohnwagen, Rundfunk/Fernsehen, Fotoapparat, Küchengerät, Waschmittel, Hygiene/Kosmetik usw. jene Werte propagiert, die unser Bewußtsein fast ausschließlich den zwanziger Jahren oder der Adenauer-Zeit zuordnet.« (SCHÄFER 1981, S. 117)

Siemens erwägt 1937 die Herstellung eines »Volkskühlschranks« im Rahmen einer Kampagne gegen den Verderb wertvoller Lebensmittel, realisiert diese Idee aber nicht (vgl. RUMMEL, in: WETCKE 2006, S. 130). Um diese Zeit war der Begriff »Volk« von den Nazis bereits total ideologisiert, eine kollektiv-soziale Bindung des Massenprodukts, wie in der Weimarer Republik angedacht (Volkswohnung, Volkswagen, Volksempfänger waren Vorstellungen lange vor der Machtübernahme Hitlers), gibt es nach 1933 nur noch in fassadenhafter Form. Aber langfristige Investitionen in technische und ästhetische Entwicklungsplanung sind zukunftsorientiert; überschüssiges Produktivitätspotenzial ist trotz Rohstoffknappheit und Kriegsvorbereitungen vorhanden: »Es besteht kein Zweifel, dass der Ausbau einer nationalen Rohstoff- oder Ersatzindustrie den Eisen- und Stahlindustrien, den Maschinenbau- und chemischen Industrien Deutschlands neue und bedeutende Märkte eröffnete.« (BETTELHEIM 1974, S. 224)

Von technologischen Weiterentwicklungen profitieren vor allem konzernförmig organisierte Konsumgüterproduzenten, die längst auch mit Firmengruppen und Kapital im Ausland verflochten sind. So werden keineswegs alle Produktionszweige ausschließlich auf die Rüstung oder auf die Herstellung billiger Standard-Konsumgüter orientiert. Automobilhersteller und die elektrotechnische Gebrauchsgüterindustrie zielen auf den gehobenen Konsum. Aufmachung und Qualität

Abb. 102: Anzeige, 1939

vieler Produkte liegen weit über den Normen des »völkischen« Spardesign; die Unternehmen halten den Anschluss an das Weltmarktniveau und bereiten sich auf den Friedensfall vor. Technologisch und ästhetisch bleibt die Konkurrenzfähigkeit auf Abruf erhalten. So kann die westdeutsche Konsumgüterindustrie in der Zeit des »Wirtschaftswunders« nicht nur mit zunächst konkurrenzlosen Standardprodukten wie dem VW aufwarten, sondern auch überraschend schnell für den gehobenen Bedarf produzieren.

Erst als sichtbar wird, dass der Krieg alle Kräfte fordert, folgt die zwangsweise Umstellung auf Rüstungsproduktion. Laut Speer (1971) ist die optische Industrie 1943 zu einem Drittel mit der Produktion von Zielgeräten für die Flak ausgelastet. Etwa die Hälfte der elektrotechnischen Industrie wird mit der Herstellung von Funkmess- und Nachrichtenanlagen für die Flugabwehr beschäftigt.

Abb. 103: Selbsttragende, elektrisch geschweißte Stahlblechkarosserie des Opel »Kapitän«, gezeigt auf der Internationalen Automobilschau 1939 in Berlin

Doch schon seit 1939 lösen Hitlers Angriffskriege bei gleichzeitigem Mangelkonsum der hart arbeitenden Bevölkerung das Phänomen eines besonderen ästhetischen Kollektivgenusses aus. Nach wie vor werden Produkte gestaltet, wahrgenommen und ästhetisch bewertet, aber nun sind dies vor allem die Destruktionsgüter des Krieges als Symbole der Macht. Nicht nur die Machthaber berauschen sich daran. Durch Illustrierte, Kinowochenschau und Spielfilm wird das deutsche Waffenarsenal in das ästhetische Bewusstsein der »Volksgenossen« integriert: »In einer phantastischen Schau wird der neue Mythos der Technik beschworen – die Militärtechnik, die Kriegsflugzeuge, Kriegsschiffe und Truppenaufmärsche.« (SCHEERER 1975c, S. 32)

Zusammenfassend gilt auch für das Design der Epoche von 1933 bis 1945, was für das Bauen festzustellen ist: »Die stilistische Heterogenität der NS-Bauten vom Regionalismus der HJ-Heime über die funktionsgerechte Industriearchitektur bis zur großen Allüre der Nürnberger Parteitagsanlagen brachte es mit sich, dass die Nationalsozialisten die verschiedenartigsten Vorbilder für sich in Anspruch nehmen konnten.« (PEHNT 1973, S. 205) Der Provinzialismus pseudobäuerlicher Selbstversorger-Siedlungshäuschen und die falschen Bauernmöbel nach Vorschlag des Reichsheimstättenwerks korrespondieren mit Schultze-Naumburgs rassistisch besetzten Idealen »heimatverbundener« Bautradition, die bis auf die Zeit vor dem Ersten Weltkrieg zurückreichen. Der Fabrikbau und mit ihm die schlichte technische Funktionsform der Massenprodukte zur Volksversorgung, versehen mit dem Gütesiegel des Amtes Schönheit der Arbeit, verweisen auf die Neue Sachlichkeit der Republik. Der monumentale Klassizismus der Parteibauten und Repräsentationsräume führt bis in die neo-klassizistische Ära der Botschafts- und Verwaltungsarchitekturen von Peter Behrens um 1912 zurück. Für den »Dampferstil« gibt es das Vorbild luxuriöser Schiffsbauten vor 1933 und was bekannte Werkstätten an gediegenem bürgerlichen Dekor produzieren. Die Starausstatter der NS-Größen entstammen dieser Tradition (vgl. GÜNTHER 1984).

Nichts ist wirklich neu, selbst der für soziale Versorgungszwecke akzeptierte Spar-Funktionalismus nicht. Enteignungen, Übernahmen, Uminterpretationen werden als originale Designleistungen ausgewiesen. Gestalter, die nie etwas mit jenem sozialen und ästhetischen Programm im Sinn hatten, das in der Republik kulturgeschichtliche Bedeutung erlangte, können nach 1933 mit neoklassizistischen oder volkstümelnden Alternativen reüssieren. Andere arbeiten still an ihren industriellen Aufträgen weiter. Warenästhetische Übertreibungen, neutrale Formschöpfungen und schlichte Zweckformen behalten ihre Gültigkeit. Die einzig selbständige Leistung der nationalsozialistischen Politik im Designbereich besteht in der Umformulierung des Vorgefundenen in kollektive Aneignungsfiktionen, die sich von der Herkunft der Dinge, von den ursprünglichen Zwecksetzungen und Gebrauchserwartungen möglichst weit entfernen und die Gebrauchsweise selbst als Produkt und Symbol des faschistischen Fortschritts erscheinen lassen. Aus dem einfachen Betrug der Warenästhetik wird ein doppelter: In der sie durchdringenden, von ihr durchdrungenen Politik der einverständlichen Stilllegung der Massenbedürfnisse und -widerstände in einem kollektiven Genuss, der die Menschen willfährig zu halten verspricht, gelingt das Kunststück, harmlose Gebrauchswerte zu Identifikationsobjekten mit der totalen Herrschaft zu machen. Die Leistung besteht in der Gestaltung des Wahns zum Sinn, der in bestimmten Produktbildern eine für alle vereinbarte, feste Gestalt annimmt. Plötzlich stimmen einzelne Produkte mit dem kollektiv phantasierten Mythos überein – siehe Volkswagen.

Die Designgeschichte der nationalsozialistischen Ära ist aber nicht nur die einer einfachen Vereinnahmung, sondern spiegelt politische, gesellschaftliche und kulturelle Mechanismen im Schnittpunkt multipler Interessen: »Die Adler-Automobilwerke in Frankfurt am Main vermittelten nach 1933 in ihrer Werbung das Bild einer reibungslos funktionierenden ›Sozialmaschine‹, in der sich futuristische Motoreneuphorie, Kriegspropaganda, fordistische Massenproduktion, tayloristische Disziplin, Blut- und Boden-Mythos und Stromlinienform zu einer nationalen ›Corporate Identity‹ vereinen.« (BIGNENS 1992, S. 75)

Am Ende ist ein Resümee dieser zwölf Jahre zu ziehen: Nicht die Dumpfheit, das Pompöse und Falsche oder die Widersprüche der nationalsozialistisch geprägten Produktkultur sind zu beklagen. Das hat es alles in Ansätzen und Abwandlungen vorher und nachher gegeben. Vielmehr sind es drei manipulativ-pragmatische Ausweitungen des Begriffs von Gestaltung, die hier Geschichte gemacht haben. Erstens die Verbindung einer pseudo-sozialistischen Design- und Verteilungspolitik mit dem Entwurf und der Durchsetzung produktgebundener Mythen. Dabei tritt kollektive Irrationalität an die Stelle nüchterner Kritikfähigkeit gegenüber dem Produkt und seiner politischen Bestimmung.

Zweitens die Überführung der Macht in das Schauspiel der Schönheit für alle, in dem Politik ihre ästhetische Öffentlichkeit, zugleich ihre Legitimation findet. In den Aufmärschen und Fackelzügen, multipliziert durch ihre mediale Verstärkung, gelingt erstmals die Stilisierung des Massenrituals als quasi-religiöser Akt der Identifikation mit der Macht. Dabei spielt auch die Schönheit technischer Objekte eine Rolle, siehe die siegreichen »Silberpfeile«.

Drittens die Vollendung jener Überformung des Menschen als industrieller Typus, die mit der Rationalisierungstendenz der zwanziger Jahre beginnt, nun aber nicht mehr zum Bewusstsein einer demokratischen Moderne gelangt. Die totale Unterwerfung unter Funktionen des Staates, den der Führer repräsentiert, ergänzt die Unterwerfung unter industrielle Funktionen. Der Hebel ist ein »Design«, das am Menschen ansetzt, ihm über die leiblich-sinnliche Selbstgestaltung nach dem Vorbild eines rassistisch-kämpferischen Leistungsideals gleichsam das Bewusstsein und den Habitus implantiert. Es hat eben nicht nur die verheißungsvollen Dinge und die schwülstigen Rituale gegeben, sondern unbestreitbar auch jenen Menschentypus, dem Schönheit und Gewalt nicht als Widersprüche begegneten. Er konnte die Verkörperung des Wahns genießen, aber nicht mehr erkennen, wie weit er selbst zum austauschbaren Produkt wurde, das nur zu »funktionieren« hatte.

IV Der Weg in die Automation und den Massenkomfort

1 Institutionalisierung des Design

Wiederaufbau im geteilten Deutschland

Die Rekonstruktionsperiode beginnt 1945 unter gleichen und ungleichen Voraussetzungen. Der Krieg hat Werte vernichtet, die dem Bruttosozialprodukt der Jahre 1928/29 entsprechen (vgl. FISCHER 1968). Von Gestaltung kann kaum die Rede sein; Improvisation, Tauschhandel und Schwarzmarkt ersetzen die geregelte Versorgung (vgl. GLASER 1985), während Grundstoffindustrien und Verkehrswege wiederaufgebaut werden müssen. Aus Kriegsgerümpel müssen Dinge für den notwendigsten Bedarf hergestellt werden. Das Problem ist, wie man aus Stahlhelmen brauchbare Kochtöpfe macht, nicht, wie sie aussehen. Wo die Fabriken noch stehen, wird die Produktion von Konsumgütern nach vorhandenen Modellen wiederaufgenommen. In den westlichen Teilen und in der »SBZ« herrscht – bis über die Zeit der Währungsreform hinaus – die Sachlichkeit der Not. Ausgebombte und Flüchtlinge müssen versorgt werden; der allgemeine Nachholbedarf ist enorm. Fahrzeuge, Werkzeuge, Büromaschinen sind ebenso gefragt wie Suppenteller oder Bügeleisen. Form ist sekundär, Gebrauchswert alles. Die Materialfrage entscheidet mit – ein Stuhl aus den ehemaligen Deutschen Werkstätten Hellerau soll (laut H. HIRDINA 1981) Sperrholzlehnen aus dem Fundus von V2-Raketen-Materialien bekommen haben.

Bewirtschaftungsvorschriften und Demontageauflagen, Ersatzteil- und Rohstoffmangel, der drohende Zusammenbruch der Infrastruktur behindern die Produktion in den vier Besatzungszonen, die eigene Wirtschaftseinheiten bilden. Besonders hart ist die spätere DDR betroffen; auf ihrem Gebiet werden bis Ende 1946 über 1000 Betriebe (Maschinenbau, optische und chemische Industrien) und fast überall das zweite Gleis der Reichsbahn abgebaut (vgl. WEBER 1985). Im Westen werden die Demontagen weniger rigoros durchgeführt (vgl. HAMEL 1983). Betriebe wie Bosch, Daimler-Benz oder das Volkswagenwerk können relativ früh produzieren; noch während im Inland Mangel herrscht, kommt der Export in den westlichen Besatzungszonen in Gang. Bosch beschäftigt Ende 1946 bereits 8000 Arbeiter und Angestellte (1951 werden es über 18 000 sein); die erste Exportmusterschau der Daimler-Benz AG und anderer württembergischer Maschinen- und Fahrzeughersteller findet 1946 mit frisch aufgelegten Modellen nach Entwürfen aus der Vorkriegszeit statt (vgl. SAUER 1978). Am Tag der Währungsreform im Juni 1948 erweist sich der Mangel an Konsumgütern im Westen als unbegründet, es gibt plötzlich fast alles gegen gutes Geld. Das Exportgeschäft mit veredelten Industrieprodukten (Maschinen, Elektrotechnik, Feinmechanik, Optik, Metallwaren und Chemieerzeugnisse) läuft bereits. Bis 1952 werden 1,5 Milliarden Dollar aus Marshallplan-Mitteln in die westdeutsche Wirtschaft gepumpt. Schon 1950 erreicht die Bundesrepublik den Vorkriegsstand der Produktivität des ehemaligen Deutschen Reiches. Die ungleichen Voraussetzungen werden durch den Währungsschnitt verschärft, der »das letzte, wenn auch fragwürdige Bindeglied für die Wirtschaft der vier Zonen – nämlich die Währungseinheit« (HELMUT BÖHME 1973) zerstört. Hinzu kommt – fast wie zu Beginn der Hochindustrialisierungsepoche im 19. Jahrhundert – eine Ost-West-Wanderung von Arbeitskräften bis zum Bau der Mauer 1961. Der Weg in die Normalisierung wird der späteren DDR anhaltend durch Benachteiligungen erschwert: »(…) ein armes Land, mit einer mangelhaft ausgestatteten industriellen Infrastruktur (viel Landwirtschaft und verarbeitende Industrie, wenig Rohstoffe und Grundstoffindustrien), das seine Industrie unter erschwerten Bedingungen aufbauen und modernisieren musste« (GRUNENBERG 1986).

Schon als die 1949 gegründeten Republiken sich ökonomisch, politisch und gesellschaftlich auseinanderentwickeln, werden Orientierungslinien für das Designverständnis vorgezeichnet. Während die Bundesrepublik in den Sog einer amerikanischen Konsumkultur gerät und damit an Vorkriegserinnerung und Verheißungen der nationalsozialistischen Ära anknüpfen kann, steht einer vergleichbaren Designentwicklung in der DDR zunächst die geringe Produktivität, schließlich die Unvertretbarkeit des kapitalistischen Vorbilds entgegen, mit dem man mindestens ideologisch brechen muss. Lange bleibt im DDR-Design der karge Charme bemühter Anständigkeit spürbar, der immer ein bisschen antiquiert wirkt, während es der Westen längst bunt und üppig-modern treibt. Langfristig gesehen nehmen die politischen Systeme eben doch Einfluss auf das Design-Produkt: »Amerikanisierung und Sowjetisierung stehen auch für ein unterschiedliches Verständnis von Modernisierung.« (SCHROEDER 2006, S. 87)

Abb. 104: Erste Ausstellung neuer Möbel des WK-Verbandes auf simuliertem Wohnungsgrundriss im Freien, 1949

Aber zu einer die Erscheinungsweise der Produkte grundsätzlich verändernden Neudeutung alltäglicher Gebrauchswerte kommt es weder hier noch dort. Die Unterschiede liegen mehr auf der Ebene der Legitimationsstrategien und der Erfahrung von Reichtum oder Knappheit in den beiden Wirtschaftsformen.

Der ökonomische Vorsprung der Bundesrepublik ist uneinholbar, nachdem infolge früher Exportgewinne investiert und die Produktionsstruktur modernisiert werden kann, wie während des Koreakrieges, als westdeutsche Unternehmen nahezu kampflos Weltmarktpositionen erringen. Frühzeitig abgeschlossener Wiederaufbau hochproduktiver Industrien, technologische Weiterentwicklung und Effektivität der Kapitalorganisation unter Beibehaltung alter Formen der Mehrwertabschöpfung verschaffen der Bundesrepublik rasch wachsendes ökonomisches Gewicht. Vollbeschäftigung und Kaufkraft versetzen viele Arbeitnehmer in die Lage, endlich in den Genuss schon vor dem Kriege ersehnter Dinge zu kommen. Kofferradio, Motorroller oder gar das kleine Auto werden greifbare Massengüter, während der Lebens-

Abb. 105: Trinkglas-Garnitur. WMF Geislingen. Entwurf Wilhelm Wagenfeld, 1950

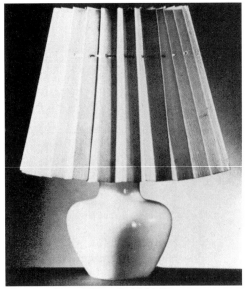

Abb. 106: Tischlampe. VEB Porzellanfabrik Lettin. Entwurf Horst Michel, 1950

standard in der DDR zurückbleibt. Ein Hauptziel des Siebenjahresplans von 1959 ist daher die »Anpassung der Verbrauchsgüterversorgung an das westdeutsche Niveau« (vgl. Deutsches Institut für Wirtschaftsforschung 1974) – ein Vorhaben, das in den folgenden sieben Jahren nicht annähernd eingelöst werden kann. Erst allmählich kann die Planwirtschaft der DDR die Grundbedürfnisse sichern und darüber hinaus die Versorgung der Bevölkerung mit zunehmend modern gestalteten Industriegütern verbessern, die als Exportartikel dem westlichen Standard angeglichen werden müssen. In der DDR ist eine »Formalismusdebatte« (vgl. H. HIRDINA 1988, S. 40 ff.) durchzustehen – wohl ein Grund für die lange hinausgeschobene, am Ende peinlich verspätete Wiederentdeckung der Bauhausgeschichte, deren ästhetisches Erbe den meisten Kultur- und Parteifunktionären fremd bleibt.

Zwei Unterschiede zeichnen sich früh ab: die (bis zum Ende der DDR hoffnungslose) Konkurrenz einer Mangelkultur mit dem Reichtum im Westen, und die politische Legitimationsdifferenz in der Design-Anwendung auf der Basis liberalistisch-marktwirtschaftlicher oder sozialistisch-planwirtschaftlicher Argumentation. Dennoch kommt es zu vergleichbaren Definitionen gestalterischer Leistung, die sich in vergleichbaren Strategien der Institutionalisierung des Design niederschlagen.

Staatliche Designförderung

Während der Deutsche Werkbund nur im Westen neu entsteht, um eine designpolitische, später eine kulturkritische Rolle zu übernehmen, wird fast parallel eine Reihe von staatlichen und wirtschaftsverbundenen Einrichtungen in beiden Ländern geschaffen, denen es obliegt, Design entweder als ökonomisch-funktionales und ideologisch-integratives Element marktwirtschaftlichen Produzierens darzustellen oder die sozialistisch interpretierte Organisation der Praxis und Theorie des Gestaltens in der Planwirtschaft sicherzustellen. Staatliche Eingriffe in das, was Design darstellen und bewirken soll, hat es in der Weimarer Republik nicht, allenfalls in Ansätzen nach 1933 gegeben. Design scheint nun – unabhängig vom politisch-gesellschaftlichen Hintergrund – für die Wirtschaftsentwicklung unentbehrlich. Statt utopisch-ästhetischer Innovation und kulturrevolutionärer Experimente wie nach dem Ersten Weltkrieg, gibt es nach der zweiten Kriegskatastrophe nur die pragmatische Förderung oder technokratische Verwaltung von Design. Wiederaufnahme und Ausbau einer markt- und massenbedarfsbezogenen Industrieproduktgestaltung knüpfen weder in der kapitalistischen noch in der sozialistischen Variante an die Tradition der Sozialutopien der ersten Republik an. Ökonomisches Zweckdenken in verschiedener ideologischer Auslegung und kulturelle Legitimation durch traditionelle ästhetische Normensysteme stehen im Mittelpunkt der Institutionalisierung von Design als Wirtschafts- und Kulturfaktor.

1951 wird auf Beschluss des Bundestages der Rat für Formgebung gegründet. Diese »Stiftung zur Förderung der Formgestaltung« untersteht dem Wirtschaftsminister, womit ihre Funktionen zur Sicherung der Wettbewerbsfähigkeit der westdeutschen Investitions- und Konsumgüterindustrie umrissen sind. Nach Beschluss des Bundestages wird die Bundesregierung ersucht, »im Interesse der Wettbewerbsfähigkeit der deutschen Industrie und des Handwerks und im Interesse der Verbraucher alle Bestrebungen zu fördern, die geeignet erscheinen, die bestmögliche Form deutscher Erzeugnisse sicherzustellen« (zit. in: MEURER/VINÇON 1983, S. 173).

Weitere Stationen der Institutionalisierung in der Bundesrepublik: »1951 wird auch der Arbeitskreis für industrielle Formgebung beim Bundesverband der Deutschen Industrie (Köln) ins Leben gerufen, der 1955 in ›Gestaltkreis beim BDI e.V. Köln‹ umbenannt wird. Bereits 1952 versucht der Bundesverband der Deutschen Industrie in einer Denkschrift den Kultusministerien der Länder darzustellen, wie wichtig die Ausbildung von gestaltenden Kräften für die deutsche Industrie sei, wenn die Konkurrenzfähigkeit ihrer Erzeugnisse auf dem Weltmarkt erhalten und gesteigert werden soll. Durch den BDI angeregt, wird seit 1953 auf der Hannover Messe die Sonderausstellung ›Die gute Industrieform‹ gezeigt. 1952 etabliert sich in Darmstadt das ›Institut für neue technische Form‹, das im Auftrag der Frankfurter Messeleitung für die Frankfurter Messe die Regie der ›Sonderschauen gut geformter Industrieerzeugnisse‹ übernimmt. Seit 1952 bietet die Gesellschaft Werbeagenturen Frankfurt (GWA) ihre Dienste an. Ebenfalls 1952 beginnt die Monatsschrift *Werk und Zeit* des Deutschen Werkbunds e.V. zu erscheinen. 1952/53 wird der VDI-VDMA-Gemeinschaftsausschuss ›Technische Formgebung‹ gebildet. Werbefachleute schließen sich 1953 in Essen zum Bund Deutscher Werbeberater e.V. (BDW) zusammen. Ebenfalls 1953 wird die Zentralstelle zur Förderung deutscher Wertarbeit e.V. eingerichtet. Eine ständige Ausstellung ›Industrieform‹ wird am 21. Oktober im Kleinen Haus der Villa Hügel eröffnet. 1954 konstituiert sich die ›Industrieform e.V.‹ in Essen. 1957 wird der ICSID (International Council of Societies of Industrial Design) gegründet, dem in der Folge der Rat für Formgebung und der 1959 entstehende Verband Deutscher Industriedesigner (VDID) beitritt.« (MEURER/VINÇON 1983, S. 173)

Das Internationale Design Zentrum (IDZ) Berlin setzt 1969/70 den vorläufigen Schlusspunkt unter die Gründungsgeschichte der Design-Institutionen, zu denen auch das Designcenter Stuttgart im Anschluss an das Landesgewerbeamt zählt.

Noch bei den »Darmstädter Gesprächen« 1952 über *Mensch und Technik* wenden Werkbundmitglieder wie Hans Schwippert sich gegen jede Bürokratisierung »vorhandener praktischer Ansätze«; doch sind die Weichen der Interessenbindung längst gestellt: »Wir konnten die Zusammenarbeit und Freundschaft mit dem Bundesverband der Deutschen Industrie gewinnen, nachdem die ersten Jahre des schwierigen Wiederaufbaus der Industrie vorüber waren« (*Darmstädter Gespräche* 1952, Bd. 3, 1952, S. 47).

Das Wirken solcher Institutionen bleibt den unternehmerischen Gesamtinteressen eng verbunden, wenn auch auf veraltende designtheoretische und ästhetisch-normative Fundamente gestützt. Das IDZ Berlin wird in den siebziger Jahren versuchen, Design als industriekulturelles und soziales Phänomen zu

Abb. 107: Kaffee- und Teekannen aus Porzellan mit Heizpatrone oder Kochuntersatz. Entwurf Rudolf Kaiser, 1950

diskutieren. Die meisten regionalen Designzentren, auch der Rat für Formgebung, werden ihrer wirtschaftsnahen Zielsetzung verpflichtet bleiben.

Eine interessante Position vertritt der Rat für Formgebung 1958 in Forderungen zur Errichtung von »Lehrstühlen für Technische Formgestaltung« an Technischen Hochschulen in Bundesländern mit »wirtschaftlichen Schwerpunkten« (vgl. *Empfehlungen des Rates für Formgebung* 1963, S. 9 ff.), als erkennbar wird, dass zwischen herkömmlichen handwerks- und kunstgewerbeorientierten Ausbildungsgängen für Gestalter und den Aufgabenprofilen des Industriedesigners erhebliche Unterschiede bestehen.

Die Ausbildung erfolgt gestreut an Werkkunstschulen (den Nachfahren ehemaliger Kunstgewerbeschulen oder Meisterschulen für das gestaltende Handwerk); die Professionalisierung von Designern bleibt der Berufspraxis vorbehalten. In der DDR wird die Designerausbildung auf wenige Hochschulen konzentriert; ab 1953 verfügt die Hochschule für bildende und angewandte Kunst in Berlin-Weißensee über eine Abteilung für Formgebung in der Industrie; Burg Giebichenstein (Halle) wird 1958 Hochschule für industrielle Formgestaltung.

Als Ziel der Institutionalisierung des Design wird in der DDR die effektivere Anwendung des Designprinzips in der Produktion angegeben (vgl. KELM 1971; LAUX 1974). Dass dies wirklich Folgen hat, lässt sich später in einer gewissen Eigenständigkeit realsozialistischer Designleistungen, vor allem im Investitionsgüterbereich und bei Entwürfen für die Arbeitsplatzgestaltung nachweisen. In der DDR entstehen wenige, dafür umso einflussreicher zu zentralen Instanzen zusam-

Abb. 108: Rosenthal-Vasen. Entwurf Fritz Heidenreich, um 1950

Abb. 109: UKW-Klein-Super SK1 von Braun. Entwurf Arthur Braun und Fritz Eichler, 1955

mengefasste Institutionen, die auf politische Definition und gesellschaftliche Anwendung von Design im Rahmen der mittel- und langfristigen sozialistischen Wirtschaftsplanung einwirken. So gibt es seit 1950 ein Institut für Industrielle Gestaltung (als Forschungsinstitut der Hochschule für Bildende Kunst in Berlin-Weißensee), das 1952 in das Institut für angewandte Kunst, angebunden an die Staatliche Kommission für Kunstangelegenheiten, umgewandelt wird. Daraus entsteht 1963 das Zentralinstitut für Formgestaltung, aus dem 1965 im Zuge einer für Außenstehende kaum transparenten Umorganisation das Zentralinstitut für Gestaltung wird, aus dem schließlich 1972 das Amt für industrielle Formgestaltung (AiF) hervorgeht.

Das AiF ist eine direkt dem Ministerrat der DDR unterstellte Behörde mit einem Staatssekretär an der Spitze und zeitweilig bis zu 200 MitarbeiterInnen, die mit zentraler Richtlinienkompetenz in das Designgeschehen eingreifen kann – im Gegensatz zum westlichen Rat für Formgebung, dessen öffentlich wahrnehmbare Aufgabe sich auf Beratung und die Abwicklung des Bundespreises für Gute Form begrenzt zeigt.

Die Richtlinienkompetenz des AiF spricht für eine forcierte Durchsetzungspolitik von Gestaltungszielen in Produktion und Verteilung, behindert aber die individuelle Innovationskraft des Designerpotenzials. Entwurfsarbeit ist in der DDR kaum ohne administrative Direktiven und bürokratische Überwachung möglich, so wie den Betrieben planwirtschaftlich vorgeschrieben wird, was sie zu produzieren haben. Im Westen haben Designinstitutionen grundsätzlich nur beratende und publizierende, quasi allgemein-propagandistische Funktionen; Einmischung in Entscheidungen von Unternehmen und in die Entwurfsarbeit freiberuflicher Designer ist in der Marktwirtschaft unvorstellbar.

Schon bei Gründung des Zentralinstituts für Formgestaltung werden Beschlüsse des 6. Parteitages der SED (1963), die Funktionen der Produktgestaltung für aktuelle Ziele betreffend, wirksam, die mit den für den Rat für Formgebung geltenden Grundsätzen kultureller Legitimation von Wirtschaftsgütern vergleichbar sind. In einer frühen Selbstdarstellung des Rates für Formgebung heißt es: »Die gute Form industrieller und handwerklicher Erzeugnisse stellt nicht einen Selbstzweck oder Selbstwert dar, sondern sie ist Erscheinungsform und Ausdruck der durch Material, Verarbeitung und Funktionstüchtigkeit bestimmten Qualität eines Produkts: die gute Form ist das Signum der Qualität. Da

Abb. 110: Rundfunkempfänger »Undine II«. VEB Elektro-Apparate-Werke Treptow, Berlin. Entwurf Erich John (Betreuer Rudi Högner), 1955

es Menschen sind, die mit den Dingen und Geräten umgehen, mit ihnen leben und arbeiten, besitzt die gute Form bildende und prägende Kraft im humanen, sozialen, kulturellen Bereich. Ihre wirtschaftliche Bedeutung resultiert aus ihrem Vermögen, die Vollkommenheit und den Wert eines Produktes sichtbar zu repräsentieren.« (RAT FÜR FORMGEBUNG 1960)

Abb. 111: Tonbandgerät KB 100. VEB Fernmeldewerk Leipzig. Entwurf Albert Buske, 1957

Die Wirtschaftskonferenz des ZK der SED und des Ministerrates fordert 1963, »dass für die Befriedigung der Bedürfnisse der Bevölkerung und für die Erhöhung des Exports solche Erzeugnisse produziert werden, die zweckmäßig, modern, haltbar und schön sind« (KUHIRT 1983). »Zweckmäßig, modern, haltbar und schön« – diese Kennzeichnung könnte wörtlich aus der Werkbund-Literatur stammen. Die Forderung nach Einheit von Formqualität und Gebrauchswert wird dadurch unterstrichen, dass die für die Gestaltung verantwortlichen Institutionen dem Deutschen Amt für Messwesen und Warenprüfung (DAMW), das über die technische Qualität zu wachen hat, beigeordnet werden: »Das Zentralinstitut für Formgestaltung wurde aus der Unterstellung unter das Ministerium für Kultur herausgelöst und Anfang des Jahres 1965 als Zentralinstitut für Gestaltung dem DAMW zugeordnet. Gleichzeitig wurde der ehemalige Rat für Industrieform als Rat für Gestaltung beim DAMW neu gebildet. Diese Maßnahmen schufen die Voraussetzungen für eine weitaus wirksamere Durchsetzung der Produktionsgestaltung in der Industrie. In wichtigen Industriezweigen konnten rasch gute Fortschritte in der Erhöhung des gestalterischen Niveaus der Erzeugnisse gemacht werden. Bei Datenverarbeitungsanlagen und Büromaschinen, im wissenschaftlichen Gerätebau und auch bei Konsumgütern erreichten einzelne DDR-Erzeugnisse bald so hohes Niveau, dass sie sich mit den international am besten gestalteten Erzeugnissen messen konnten.« (KUHIRT 1983, S. 271) Solche Äußerungen sind auch Ausdruck von Wunschdenken und Propaganda, denn der ersehnte Anschluss wird nur mühsam gefunden oder gehalten. Aber sie sind berechtigt, wo mit dem Westen vergleichbare Leistungen erbracht wurden.

Erfolgreiches Abschneiden im internationalen Wettbewerb ist das Hauptziel der Designpolitik in der Bundesrepublik und in der DDR. Beide Länder werden Mitglieder des ICSID (International Council of Societies of Industrial Design). In der DDR ist die Insitutionalisierung 1972 durch Gründung des Amtes für Industrielle Formgestaltung (AiF) vorläufig abgeschlossen. Das AiF wird Instrument der »zentralen Auftragslenkung für die industrielle Formgestaltung« (LAUX 1974). Eine derart zentralistische Organisationsform industriewirtschaftlicher Interessen und kultureller Definitionen im Designbereich gibt es in der Bundesrepublik nicht. Aber auch hier ist in der Verbindung staatlicher und industrieller Interessen deutlich der Versuch zu erkennen, Produktgestaltung als ein gleichzeitig profitables und kulturell bedeutsames Mittel darzustellen und zu verallgemeinern. Gerade in der Ideologie der Guten Form erfährt die Eigendynamik kapitalistischen Produzierens ihre kulturelle Legitimation: Das Produzierte muss nur im Sinne der tradi-

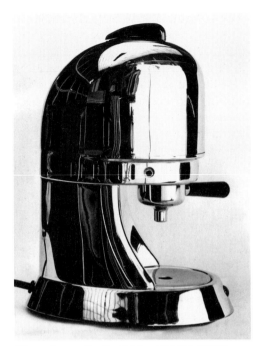

Abb. 112: Espresso-Maschine. Metallwarenfabrik Karl Fischer, um 1955

tionsverbundenen Offizialkultur schön und brauchbar sein, dann beweist auch das Produktionssystem seine kulturelle Reife und zeigt Verantwortung für das soziale Ganze.

Die Geschichte der Institutionalisierung des Design in beiden deutschen Staaten, hier skizzenhaft nachvollzogen, weist auf strukturelle Zwänge in beiden Systemen, das Entwurfspotenzial unter Kontrolle zu nehmen, es als Wirtschaftsfaktor zu effektivieren und es politisch als Darstellungsmittel zu integrieren. Institutionalisierung heißt auch Anerkennung und Einbettung des Design in das erwünschte Bild von Gesellschaft und Kultur. Dieser langfristige, nicht unbedingt planbare Prozess spiegelt sich im Westen in der Adaption besonderer Gestaltungsweisen durch herausragende, »designbewusste« Firmen und deren Förderung zum Beispiel durch Designpreise, die noch heute vergeben werden: Bundespreis für Gute Form (Rat für Formgebung), Red Dot (Roter Punkt des Designzentrums Nordrhein-Westfalen), iF-Preis (International Design Award des Internationalen Design Forum Hannover).

So hat sich im Westen aus den Anfängen der Institutionalisierung eine Tradition der Designförderung entwickelt, die bis in die Gegenwart reicht. Auch im Osten hat es eine vergleichbare staatliche Designförderung gegeben, wobei man hier nicht von einer informellen kulturellen Implementation des Vorbildlichen durch Marktpräsenz sprechen kann. Dazu gelangte zu wenig ausgezeichnetes Design auf den Binnenmarkt. Und noch ein Unterschied fällt auf: Während im Westen der Designbetrieb sich infolge Professionalisierung und Institutionalisierung vom Kunstbereich trennt und auch in der DDR die Designtätigkeit zur eigenständigen technoästhetischen Disziplin des Gestaltens von Massenprodukten, Investitionsgütern und Umweltsegmenten wird, findet sie hier ihr Forum bis 1989 vorzugsweise bei den zentralen Kunstausstellungen der DDR, wo Besucher die fortschrittlichen Produkte bestaunen dürfen, nach denen sie in den Regalen des sozialistischen Handels meist vergeblich fahnden.

Das Produktbild der fünfziger Jahre

In der Vereinnahmung des Ästhetischen für politische und ideologische Zwecke stehen sich die Institutionen beider Seiten kaum nach. Aber die angestrengte Institutionalisierung ist keine Garantie für das Entstehen politikkonformer Gebrauchskulturen oder auch bloß einer normativ geregelten Nachfrage. Weder hier noch dort setzen sich die empfohlenen Gütekriterien für die Gestaltung in Produktion und Konsum durch, so dass man jeweils von mehreren Teil-Produktkulturen neben einer offiziell legitimierten Kultur sprechen muss oder von einem Widerspruch zwischen Designtheorie und Entwurfspraxis.

Der normative Begriff der Guten Form bezieht sich auf zunächst handwerksorientierte Produktbewertungen aus der bürgerlichen Deutungs- und Gebrauchstradition. Die Wurzeln des unerschütterlichen Wissens um die Qualität der Form sind in der historischen Kunstgewerbetheorie und in der Gebildeten-Reformbewegung vor dem Ersten Weltkrieg zu suchen. Dieser tradierte und weitergepflegte Normenkomplex ist eine deutsch-deutsche Gemeinsamkeit. Die leicht modischen Differenzierungen, die ein Produkt auch unter dem Gütesiegel Gute Form erfahren darf, werden auf das erlaubte Maß von Anständigkeit begrenzt. Das Prinzip (vgl. Kat. *Seit langem bewährt*, 1968), das später noch die Auswahlkriterien der opulenten Selbstdarstellung des Münchener Museums *Die Neue Sammlung* (vgl. WICHMANN 1985) bestimmen soll, steht der promiskuitiven, in wechselnden Erscheinungsformen schillernden Dingwelt des Massenalltags gegenüber, den auch das repräsentative Designgeschichtswerk der DDR (H. HIRDINA 1988) noch negiert, als hätte es das Gewöhnlich-Schöne im Osten nie gegeben. Als Kriterium für die staatliche Förderung von Design, für Ausbildung und ästhetische Erziehung bleibt die Gute Form zählebiges Leitprinzip hier wie dort. Naturgemäß dient der historische Funktionalismus als Basis: Die »Form ohne Ornament«, das Bauhaus, alles, was aus der Geschichte von Kunstgewerbe und Kunstindustrie als Beispiel für die Moral der Sachlichkeit bekannt ist. Die Kette der historischen Normreferenzen reicht bis auf das frühbürgerliche Schlichtheitspathos zurück. Idealistische, konsumkritische, antikapitalistische und pragmatisch-ökonomische Argumente unterstützen die selektierende Haltung gegenüber den gewöhnlichen Produkt- und Gebrauchskulturen im Osten wie im Westen.

Nur so ist ein Ausblendungseffekt auf beiden Seiten zu erklären: Gegenüber dem Trivialdesign verhalten sich Institutionen und Geschichtsschreibung im geteilten Deutschland blind. In den Beständen deutscher Museen wird man daher kaum Objekte und Ensembles finden, die aus dem »schlechten« Fundus industrieller Allerweltsformen der Nachkriegszeit stammen. Das Massendesign der fünfziger Jahre wird von Privatsammlern überliefert oder von Kulturkritikern als abschreckendes oder belustigendes Beispiel zitiert. Bemühungen, die tatsächlichen Gegenstandskulturen zu sichern und zu zeigen, sind selten, weil Designgeschichte auf der stillschweigend vorausgesetzten Leitlinie der Guten Form fortgeschrieben worden ist. In der Praxis des Gebrauchs hat es wohl selten (oder nur bei sehr begrenzten Konsumentenschichten) die reinliche Trennung von Guter Form und Trivialdesign gegeben; die Zeit des Wegwerfens beginnt im Westen zwar früh, aber in der Hand des Normalgebrauchers müssen die unterschiedlichen Formen des Alten und Neuen sich noch lange ergänzen. Das besondere, vielleicht zufällig erworbene »gute« Design vermischt sich unauffällig mit dem »schlechten«.

Die westdeutsche Produktlandschaft signalisiert eine neue Freiheit zum dekorativ aufbereiteten, inszenierten Konsum, als wäre ein Damm gebrochen. Eine gewisse Beschwingtheit des Erscheinungsbildes verbindet alle Produkte der Zeit: »Fast alle Neuanschaffungen geben von nun an das Gefühl des ›ersten Mals‹. Während im Siegerland Großbritannien Lebensmittel noch auf Marken ausgegeben werden, gibt sich das besiegte Westdeutschland zunächst eher verblüfft als stolz dem Durchgang verschiedener Wellen hin (…); nach der Fresswelle die Möbelwelle, dann die Reise- und die Autowelle. Das neue Konsumniveau war auch politisch ein hochkarätiger Identitätsersatz. Nach rückwärts

230   Der Weg in die Automation und den Massenkomfort

Abb. 113:   Braun-»Multimix«. Überarbeitete Fassung 1958. Entwurf Gerd Alfred Müller

gewandt, half es die dumpfe Scham über den Nationalsozialismus zu überdecken; nach ›drüben‹ gewandt, stand es für westliche Überlegenheit. Den Krieg hatte fortan nur noch ›die Zone‹ verloren, Westdeutschland verdiente bereits wieder.« (ZIEHE 1986, S. 254)

Von heute aus gesehen, scheint in dieser Epoche ein lang ersehnter Genuss ohne Reue und Angst möglich gewesen zu sein. Die Vorkriegserinnerungen sind noch virulent, auch die damals nicht stillbaren Sehnsüchte. Nun werden sie greifbar. In nur abgewandelter Gestalt, neu und zugänglicher denn je, erscheinen die Gebrauchswerte auf der Bühne der Alltäglichkeiten. Die Bundesrepublik wird zum Dorado der Erneuerung alter Teilhabeversprechen im Gewand amerikanisch-fülliger Anschmiegsamkeit, die bruchlos mit der gebrauchskulturellen Vergangenheit verbindet und zugleich das im Konsum aufgemöbelte Bewusstsein verschafft, nicht nur den Wiederaufbau bewältigt, sondern Zugang zum Reichtum einer scheinbar befriedeten Welt gefunden zu haben, die jedem Tüchtigen offensteht. Dabei sind die fünfziger Jahre schon von allen Problemen umschattet, die später unabweisbar werden. Atombombenversuche, Wiederaufrüstung, Kalter Krieg, erste Vorläufer politischer Protestbewegungen, der irrationale Antikommunismus, die vollkommen unter den Teppich des Schweigens gekehrte Vergangenheit lassen den Konsumrausch und die Ästhetisierung des Alltags dieser Zeit in einem zweifelhaften Licht erscheinen. Die scheinbar distanzierte und zugleich faszinierte Wiederentdeckung dieser Designperiode signalisiert in den achtziger Jahren ein neues Interesse an der Phantastik des Übertriebenen, das damals von der Mehrheit der Konsumenten emphatisch begrüßt und in den eigenen kulturellen Erfahrungsbestand ganz ohne Ironie integriert worden ist: »Freigeformte Möbel, die an Plastiken von Moore und Arp erinnern, charakterisie-

Abb. 114: Reisebus von Henschel, zweifarbig lackiert, mit Profilleisten. Entwurf C.O. Offelsmeyer, um 1953

ren diese Nachkriegsperiode. In ihr wird das Spiel mit den freien Formen wichtiger als ein Beharren auf funktionaler Gestaltung, Verzicht auf Symmetrie und den rechten Winkel kennzeichnen diese Zeit. Gebogenes Holz, geschwungene Polster und spitzes Stahlrohr (...). Stilnovo soll diese Periode heißen, diese unverwechselbare Vielfalt in der Einheit der optischen Sensationen.« (BORNGRÄBER 1981, S. 223)

Dieses üppige Design markiert noch den Stand eines scheinbar unentschiedenen Wettbewerbs zwischen den vehement in Erziehung und Propaganda vorgetragenen Normen der Guten Form und dem wuchernden Styling, das amerikanisches, italienisches oder skandinavisches Design zitiert. Auf den Mailänder Triennalen 1951 und 1954 erscheinen beschwingte Gebilde mit einem kräftigen Vorschuss auf die Postmoderne, während sich in den sechziger Jahren das Design vorerst beruhigt und mindestens die technischen Konsumgüter anonymer und verwechselbar wirken. In der Vermarktung der neugeweckten Luxusbedürfnisse feiert die Warenästhetik ihre Triumphe; sie erweist sich als genießbarer Segen für alle, die der Kriegskatastrophe entronnen sind. Vielleicht ist die Mode- und Konsumseligkeit der Ära Ludwig Erhards deshalb in guter Erinnerung, weil es in Deutschland kaum jemals zuvor Vollbeschäftigung, Frieden und einen derartigen Warenreichtum auf einmal gegeben hat. In der DDR muss man auf diesen Reichtum weitere zwanzig Jahre und länger warten; deshalb kann hier auch nicht von einem Design-Boom oder einer warenästhetischen Explosion die Rede sein, eher von entsprechenden Gelüsten und kulturpolitischen Abwehrreaktionen.

Die Phänomenologie, wenn auch nicht die Psychologie der Formen der fünfziger Jahre, ist heute ausreichend präsent – von der Tütenlampe mit Plastikschirm bis zum oft mit

Abb. 115: Karosseriedetail des Mercedes 300 SL Roadster. Daimler-Benz AG, 1956/57

dem Nierentisch verwechselten Palettentisch auf drei abgespreizten kurzen Beinen, ausgelegt mit abstraktem Resopaldekor (vgl. JUNGWIRTH/KROMSCHRÖDER 1978; BORNGRÄBER 1979, 1983; BANGERT 1983a u. b; MAENZ 1985). In diesen Formen etabliert sich das Nachkriegsmassenprodukt für einen Gebraucher, der anfällig ist für das Neue, das endlich den ersehnten Genuss verheißt, auch Selbstvergessenheit möglich macht. Wer an dieser künstlerisch garnierten Genusskultur teilhat, scheint immun gegen Aufklärung über die eigene Vergangenheit.

Eine Voraussetzung für die wuchernde Phantastik der Formen ist der endgültige Durchbruch des Plastikmaterials. Kunststoffe neuer Art dringen unaufhaltsam in das tägliche Leben ein, massenhafter als je zuvor. Sie bilden in ihrer Formbarkeit, Widerstandsfähigkeit und Billigkeit die Grundlage einer neuen ästhetischen Freiheit für Entwerfer, die sich nicht mehr den Gütekriterien einer Werk- und Materialgerechtigkeit verpflichtet fühlen. Plastik ist gerade in seiner beinahe eigenschaftslos wirkenden Künstlichkeit ein Material, das der Entstofflichung des Gestalteten und damit einer sowohl desillusionierenden wie illusionären Wirkung Vorschub leistet. Bei zunehmender Quantität und Komplexität alltäglicher Gebrauchs- und Dekorationsformen beginnt die quasi immaterielle, neutrale Struktur der Kunststoffe im Alltag wahrnehmungsbestimmend zu werden. Plastik ist ein Material, an dem der an stoffliche Qualitäten gewöhnte Tastsinn zunächst abgleitet und das dem Auge jede Form vorführt, weil es vielseitiger als jeder andere Werkstoff industriell verarbeitet werden kann. Wie variantenreich, zeigen schon die Art Déco-verbundenen Warenformen der zwanziger und dreißiger Jahre, die ohne massenhafte Verwendung synthetischer Materialien wie Bakelit, Celluloid, Phenoplast, Melamin usw. nicht hätten billig hergestellt werden können (vgl. Kat. *Alles Plastik*, 1985; *Kunststoffobjekte 1860–1960*, 1983; *Plastikwelten*, 1985).

Jungwirth und Kromschröder (1978) haben anhand eines gestellten Fotos mit Einrichtungsgegenständen einer Kleinfamilie der fünfziger Jahre ca. 30 Objekte nachgewiesen, die alle schon aus Kunststoff sind: Von den Acella-Gardinen über das Brotkörbchen aus Lupolen, dem Eimer aus Hostalen, der Kehrschaufel aus Polystrol bis zu den »Cocktailsesseln«, deren Schaumstoffunterlage mit beschwingt gemusterten Stoffen bezogen war.

In der DDR wird man das neue Material Plaste und Elaste nennen, worin recht gut zum Ausdruck kommt, was Gestalter damit machen können. Bald rollt auch hier die Plastikwelle über das Land (vgl. PETRUSCHAT 1991 a), wobei das Material bis an die Grenze seiner Möglichkeiten beansprucht wird.

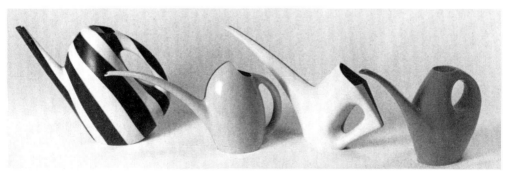

Abb. 116: Gießkännchen aus Polyamid, 1956 (unter dem Motto »Wasser für den Gummibaum« abgebildet in: *Plastikwelten*, 1985)

Abb. 117: Grundig-Kleinradio, 1958

Im Osten wie im Westen unterläuft die Massennachfrage nach den opulenten Billig- oder Banalprodukten das institutionell verankerte Leitbild der Gediegenheit und etabliert sich eine Kultur des Entwerfens, Produzierens, Kaufens und Gebrauchens, die weder durch vorbildliche Entwürfe noch durch Erziehung zu verändern ist. Das von bescheidenem Anspruch und ästhetischer Kargheit bestimmte Flair privater Interieurs und öffentlicher Bauten der DDR, das sich im Ambiente der neuen Bundesländer gelegentlich erhalten hat, erkennt man als kulturspezifisch wieder. Eine merkwürdige Mischung von Armutsbehelfen und trotzigem Beharren auf sozialistischer Dennoch-Schönheit kennzeichnet das Bild der DDR-Alltagskultur, nachdem der größte Mangel behoben ist.

Im Westen entwickelt sich Design zum sozialen Distinktionsmittel schlechthin. Automarke und Mobiliar werden zu Demonstrationsobjekten einer Gesellschaft von Konsumenten, deren Wohlhabenheitsfassade nur zu oft täuscht und deren Wirklichkeit so wenig von demokratisch-egalitären Grundsätzen durchdrungen ist, wie die tatsächlich herrschenden Besitz- und Einkommensunterschiede aufgehoben sind. So werden die Bekenntnisse zur Bauhaus-Klassizität, zur skandinavischen oder italienischen Moderne oder zum Stilmöbel-Imitat zu Zeichen soziokultureller Zugehörigkeit. Zwar ist die Not noch nicht vergessen, aber mit dem Ausdifferenzieren ästhetischer Produktkategorien werden alte und neue Sozialstrukturen sichtbar. In der DDR klassifiziert der Zugang zu Westwaren im Sinne einer Stufung von Privilegien ähnlich wie die später zugeteilte Bewegungsfreiheit linientreuer »Reisekader«. Die Gebildeten sammeln Antiquitäten; so unterscheiden sie sich wie ihre Brüder und Schwestern im Westen vom Volk, das die Billigmoderne aus Plastik goutiert.

Ab Mitte der fünfziger Jahre bewegt sich das kollektive Selbst- und Kulturverständnis der Bundesrepublik zwischen Nachholbedarf, ungezügelter Konsumlust, Festhalten am Bewährten, Neugier auf ästhetische Innovationen und Modernisierung (vgl. SCHILD/SYWOTTEK 1993). Das konservative Klima der Adenauer-Ära täuscht über die Dynamik des wirtschaftlichen Aufschwungs, in dessen Gefolge nicht nur eine ästhetisch ausschweifende Warenkultur entsteht, sondern auch erste Gegenentwürfe auftauchen.

Unternehmerische Entscheidungen zum grundlegenden Wechsel von Firmen- und Produkterscheinungsbildern werden zwar vom ökonomischen und psychologischen Kalkül des Marketing bestimmt. Sie können aber auch als Reaktion auf Rationalisierungen im

Abb. 118: Sessel »Bernburg«. VEB Sitzmöbelindustrie Waldheim. Entwurf Horst Heyder, 1958

Produktionsfeld gedeutet werden. Wo nicht auf eine Kultur der Emotionalität des Herkömmlichen und Dekorativen, sondern auf eine Kultur der Rationalität des Funktionalen und Aufgeräumten gesetzt wird, erweist sich Design als symbolische Materialisation neu begriffener Modernität und entschiedener Abwendung von der Vergangenheit. Dass die Geste nicht ohne Irritation gelingt, zeigt ein herausragender Entwurf.

Schneewittchensarg

Der Name eines Produkts wird in aller Regel sorgsam gewählt und gezielt eingesetzt. Wie die technische Entwicklung und die Formgebung, ist der Produktname integraler Bestandteil des Designprozesses. In großen Unternehmen suchen sogenannte Kreative nach Bezeichnungen, die zu einem geplanten Produkt passen, um es identifizierbar zu machen. Wer dabei nicht Acht gibt, fährt sein Produkt symbolisch gegen die Wand wie die Volkswagen AG ihren »Phaeton«, dessen antikes Vorbild ein unrühmliches Ende fand. Kein Hersteller hätte je sein Produkt freiwillig »Schneewittchensarg« genannt.

Das Gerät hatte bei Braun die neutrale Typenbezeichnung SK 4. Ein nicht eindeutig belegter Verdacht, die Konkurrenz habe den Spottnamen gestreut, um den SK 4 schon bei seiner Markteinführung zu erledigen, lenkt von der Tatsache ab, dass der Name »Schneewittchensarg«, vom Publikum adaptiert und den Medien kolportiert, das Produkt eher geadelt als herabgesetzt hat. Die Taufe, von wem auch immer ursprünglich vollzogen, erweist sich im Rückblick als rezeptionsgeschichtlich weitreichender Akt jenseits aller Marketingstrategien oder Blockaden. Man möchte behaupten, dass weder den am Entwurf Beteiligten noch den Gebrauchern des Geräts bewusst war, worin das Geheimnis des Märchennamens eigentlich bestand. Womöglich ist der Schneewittchensarg ein psychologisches Schlüsselobjekt seiner Epoche.

Sobald Produkte Spitznamen tragen, sind sie bei ihren Gebrauchern angekommen. Dem Ruf schadet der Spott nicht, im Gegenteil, er ist Beweis kollektiver Wertschätzung. Außer beim VW »Käfer«, dem historischen Sonderfall, bei dem der Namensvorschlag von höchster Stelle kam, ist die Erfindung von Produktnamen eine authentische Nutzerleistung: Der Konsument rundet das vorgefundene Design auf eigene, manchmal hinterlistige, auch ihm selbst unbewusste Weise ab und verändert so die historische Wahrnehmung des Gegenstands. Bei Braun mag man mit gemischten Gefühlen beobachtet haben, wie der »Phonosuper SK 4«, ein Leitprodukt aus der Reihe neuer Geräte, unter die Märchenfreunde geriet. Schneewittchensarg – das war eine Frechheit. Die Firmenleitung hatte sich gerade für ein grundlegendes Lifting des Erscheinungsbildes ihrer Produkte entschieden. Der SK 4 war einer der Pilotentwürfe, die sich an für das aktualisierte Experiment mit moderner Sachlichkeit aufgeschlossene Käuferschichten wandten, von denen man annehmen konnte, dass sie solche Vorschläge ernstnehmen würden. Die neu gestalteten Phonogeräte und Haushaltshilfen von Braun fanden rasch Anerkennung in Fachkreisen und bei Design-Institutionen. Umso ärgerlicher muss es gewesen sein, dass Schaufensterkunden das hehre Objekt anders wahrnahmen: als Sarg mit durchsichtigem Deckel. Das hätte üble Folgen für den Absatz haben können, aber der Schneewittchensarg hat seine Taufe gut überstanden.

Vermutlich war der Name primär Ausdruck einer Irritation. So etwas hatte man noch nie gesehen. Das sollte ein Radio mit Plattenspieler sein? Eher lag da das bleiche Schneewittchen in seinem gläsernen Sarg: die Bahre ein

Quader mit Blech- bzw. Holzwänden, darauf die Leiche mit dem Gesicht des Plattentellers und dem quergelegten Tonarm. Darüber der durchsichtige Deckel. Die Überraschung war wohl weniger, dass eine vertraute Märchenfigur in Gestalt eines technischen Produkts assoziativ wiederkehrte, als dass da plötzlich ein ungewohnt kantiges Produkt, eine abgemagerte Kiste von klinischer Sterilität im Schaufenster stand. Kein Gerätetyp irgend eines anderen Herstellers hatte jemals so ausgesehen wie dieser SK 4 von Braun. Das war die Zumutung, ja ein Schock.

Man kann sich heute kaum vorstellen, dass sich einst Schaulustige versammelten, um die ungewohnte Makellosigkeit des neuen Produkts zu bestaunen – wie die sieben Zwerge hinter den sieben Bergen, die ihr Schneewittchen nur mit Blicken berühren durften. Im Märchen wird das Objekt auf einen Sockel der Unerreichbarkeit gestellt. Verkaufspsychologisch gesehen ist das ein bewährter Trick, in diesem Fall freilich weder von Braun noch von irgendeiner Agentur geplant. Dennoch konnte der SK 4 nicht besser in das Marktgeschehen eingeführt werden als durch seinen geheimnisumwitterten Namen. Er profitierte durch Anleihe bei der mythischen Märchenfigur und durch Positionierung in einem Raum von Erwartungen, die über die Warenwelt hinausgingen, zum Beispiel im Motiv der Reinheit oder Unschuld.

Als Hans Gugelot, Dieter Rams und andere das Gerät entwickelten, konnten sie nicht ahnen, dass Unberufene sich in die Präsentation des neuen Produkts einmischen würden. Den Entwerfern war es gewiss ernst mit ihrem Vorschlag, Konsumenten den strengen Anforderungen einer neuen Produktästhetik auszusetzen. Sie konnten die Gunst der Stun-

Abb. 119: Radio-Phono-Kombination SK 4 von Braun. Entwurf Hans Gugelot, Dieter Rams u.a., 1956. Foto H. A. M. Hölzinger

de nutzen: Das Familienunternehmen Braun, Radiohersteller schon vor dem Krieg, hatte seinen Wiederaufbau erfolgreich abgeschlossen und plante einen radikalen Wechsel im Design. Und in der prosperierenden Bundesrepublik gab es einen entwicklungsfähigen Markt für anspruchsvoll gestaltete elektrotechnische Geräte. Nicht zuletzt hatte sich die staatliche Designförderung mit Ausstellungen und Preisvergaben etabliert. Kompromisslos geformte Elite-Produkte hatten nun eine Chance. Eine nichtkalkulierbare Größe blieb die Reaktion von Konsumenten, die mehrheitlich an dekorativ in den Raum ausgreifende Möbel- und Geräteformen gewöhnt waren und sich plötzlich einer nackten Kiste konfrontiert sahen.

Es war das erste Produkt der wieder aufgebauten deutschen Radio- und Phonoindustrie, das den Erfahrungen und Sehnsüchten des Gebraucherkollektivs mit derart konsequenter Formstrenge gegenübertrat. Dies in einer rezeptionsgeschichtlich einmaligen Situation, in der die von verdrängten Schuldgefühlen belastete Nachkriegsgesellschaft ihren von ersten ökonomischen Erfolgen belohnten Aufbruch in die Zukunft probte. Könnte die Projektion des Schneewittchenmotivs auf den SK 4 ihren Ursprung im kollektiven Unbewussten jener Zeit haben? Produkte aktivieren manchmal verdeckte Motive. Diese lassen sich nur hypothetisch rekonstruieren. In unserem Fall ist die Benennung ambivalent: Das Symbol der Reinheit bleibt mit der Sargmetapher unlösbar verbunden. Am Entwurf Beteiligte wie Fritz Eichler sprechen im Nachhinein von »unserem Schneewittchen« und lassen den Sarg weg. Aber so hieß das Ding eben nicht. Die Sarg-Assoziation gehört dazu und damit das Motiv verdrängter Trauer. Freud spricht von »Witzbildung im Unbewußten«. Vom unsichtbaren Bindungspotenzial eines Designobjekts in den Augen seiner Betrachter oder Händen seiner Gebraucher sind die unbewussten Reaktionen nicht nur die verborgensten, sondern vermutlich auch die effektivsten. Das Geheimnis des Erfolgs, den der SK 4 letztlich hatte, könnte auch darin begründet sein, dass diese an sich neutrale weiße Kiste als Schneewittchensarg zu einer *camera obscura* mutierte, die sich als Projektionsraum für kollektiv Unverarbeitetes eignete. Sigmund Freud 1905: »Witzbildung im Unbewußten ist anzunehmen, wenn es sich um Witze im Dienste unbewußter oder durchs Unbewußte verstärkte Tendenzen handelt.« (FREUD 1983, S. 143) Der Name Schneewittchensarg mag dem Produkt aus reaktiver Gewitztheit derer zugeflogen sein, die es als Erste im Schaufenster sahen, so spontan, wie ein Witzwort aus der Gemengelage von Neugier und Erschrecken, Faszination und Abwehr, Erinnerung und Verdrängung plötzlich auftauchen kann. Sollte der Spottname tatsächlich von der Konkurrenz in Umlauf gebracht worden sein, hätte sie dem kollektiven Unbewussten nicht besser zuarbeiten können. Heute steht das Objekt als Design-Ikone im Museum, nicht als Kiste mit Geheimfächern für Projektionen wie einst, als dieses Produkt die Öffentlichkeit überraschte.

Aus Sicht der Firmengeschichte wird das Gerät natürlich anders interpretiert. Hier gilt es als »Meilenstein« (POLSTER/MEYER 2005, S. 76 f.). Dieser Titel wird ihm nicht wegen seiner Doppelbödigkeit verliehen, sondern um das Produkt im Nachhinein zu einem Eckpfeiler der Designpolitik des Unternehmens zu erklären. Auch so wird Designgeschichte geschrieben.

Der SK 4 legt ein entschiedenes Bekenntnis zur Guten Form ab. Damit dürfte er die meisten Konsumenten von Phonogeräten überfordert haben – vor allem solche einst proletarischer oder kleinbürgerlicher Herkunft, aber auch neureiche Aufsteiger und Bürgerlich-Konservative der Adenauer-Ära. Außer bei einer schmalen Schicht ästhetisch Gebildeter, die sich an Werkbundschlichtheit und Bauhausform orientieren konnten, erschien dieses Gerät als ein mehr oder weniger exotisches Objekt. Da es nur die Differenz zwischen ästhetischem Gebildetsein und kultureller Ignoranz anzuerkennen schien, war seine Strenge eine Zumutung für »Otto Normalverbraucher«.

Knapp ein Jahrzehnt nach dem Erscheinen des SK 4 und vergleichbarer Produkte hat der Rat für Formgebung noch einmal die ehernen Gesetzestafeln für gute Gestaltung aufgerichtet: »Die Form muß aus dem Zweck entwickelt sein. Der Gegenstand muß aus einem seinem Zweck entsprechenden Werkstoff materialgerecht hergestellt sein. Die Form des Gegenstandes muß der Eigenart des Materials und des Herstellungsverfahrens entsprechen. Der Gegenstand darf als Ganzes keinen Ausdruck haben, der nicht seinem Zweck entspricht.« (RAT FÜR FORMGEBUNG 1965)

Aber was ist am SK 4 so eindrücklich »Form«? Im Gegensatz zu den damals marktüblichen Musikschränken oder -truhen handelt es sich um ein leichtes Gerät, das auf einem Beistelltisch oder im Bücherregal unterzubringen war. Der seitlich zwischen den zwei Wangen aus hellem Ulmen- bzw. Rüsterholz gefasste quaderförmige, weißlackierte Blechkorpus wirkt streng und abweisend, inklusive Plexiglasdeckel in geschlossenem Zustand. Die Front des Quaders ist ausgewogen unterteilt durch die beiden Lautsprecheröffnungen – ein Rechteck links, ein gleich hohes Quadrat rechts, strukturiert durch ein Raster gerader, paralleler Schlitze. Das Plattendeck mit dem Bedienungsteil erhält seine Ordnung durch das rechteckige Feld mit dem eingelassenen Kreis des Tellers, daneben der Tonabnehmer-Arm und die in die restliche quadratische Fläche eingepasste rechtwinklige Anordnung der Bedienungsknöpfe und Tasten mit dem Fenster der Skala. Beide Teile des Decks stehen im Verhältnis von zwei Dritteln zu einem Drittel der Gesamtoberfläche. Durch die beiden Holzwangen wird der Korpus um zwei Zentimeter vom Boden gehoben und wirkt dadurch leichter als er ist. Die so entstehende dunkle Schattenfuge steht im Kontrast zur weißen Front. Die Rückseite des Geräts ist so sauber durchgestaltet wie seine Vorderseite und das Deck. Wie eine wohlgegliederte Skulptur oder das Modell eines damals modernen Bungalows steht der SK 4 vor Augen, staub- und keimfrei, von allem Überflüssigen befreit, von allen Seiten betrachtbar.

Die perfekte formale Einheit des SK 4 wirkt noch heute schlüssig. Dabei waren viele Hände am Entwurf beteiligt. Zunächst machte die Gehäusekonstruktion Probleme, wie Fritz Eichler, der erste Leiter der Braun-Produktgestaltung, sich erinnert. Claus C. Cobarg, Leiter des zentralen technischen Entwicklungslabors seit 1958, berichtet, dass Dieter Rams (später lange Zeit für das gesamte Braun-Design verantwortlich) zunächst ein Holzgehäuse, Oberseite und Front mit weiß lackiertem Blech abgedeckt, mit einer Klapphaube aus Holz über dem Plattenspielerteil entworfen hatte. So ging das Musterexemplar an Hans Gugelot in Ulm, der schon 1955 Rundfunkgeräte für Braun im neuen Design gestaltet hatte. Gugelot ersetzte das Holzgehäuse durch einen tragenden Blechkorpus mit abgesetzten Seitenwänden aus Holz. Auch die Abdeckhaube sollte nun aus Blech mit Holz-Seitenteilen bestehen und über das ganze Gerät reichen. Sie löste, vielleicht weil sie das Gerät einem Brotkasten ähnlich sehen ließ (wie Ram sich erinnert), eine Diskussion aus, die Gugelot mit dem Vorschlag zu beenden trachtete, den Deckel ganz wegzulassen. Erwin Braun, der führende Kopf im Unternehmen, war aber entschieden dafür, das Gerät durch einen Deckel zu schützen. Laut Cobarg (in einem Brief an den Autor im September 2006) hatte dann

Rams die ebenso zündende wie erlösende Idee, die Haube aus transparentem Kunststoff herzustellen. Der Einkaufsleiter Hagen Groß wusste ein solches Teil aus Plexiglas rasch herbeizuschaffen. Schließlich war der SK 4 mit dem Segen von Gugelot perfekt.

Die sparsame Typografie der Skala wurde bei Braun nach Otl Aichers Ulmer Grundprinzipien entwickelt und sogar auf der unsichtbaren Unterseite des Geräts eingehalten. Der Tonarm, von Ralph Michel schon für ein älteres Gerät, den Braun-Combi-Plattenspieler von 1954/55 modelliert, stammte aus dem Atelier Wagenfeld, dessen Leiter Heinz Pfaender den Plattenteller mit zunächst drei Auflagepunkten beigesteuert hat (vgl. KLATT 1989/90, S. 9). Doch der SK 4 steht da wie aus einer Hand geformt. In technischer und funktionaler Weiterentwicklung hat das Ursprungsmodell unter sechs verschiedenen Typenbezeichnungen eine Reihe von Veränderungen im Detail erfahren, die sich im formal unauffälligen Rahmen halten, so dass man sie als Laie kaum bemerkt. Sie sind eher für Sammler interessant – für andere bleibt der Schneewittchensarg, was er ist: eine ästhetische Wunderkiste. Ihre skulpturalen und architektonischen Reize wirken nicht verbraucht. Das ist bemerkenswert, weil inzwischen jede formale Spielerei als Design firmiert und der SK 4 als Uralt-Ikone betrachtet wird.

Vor allem besticht die Übersichtlichkeit des Bedienungsdecks in der Gliederung der prekären rechten Hälfte mit den drei Drehknöpfen (Höhen, Tiefen, Lautstärke), den vier Tasten (An/Aus, Phono, MW, UKW) und dem Senderwahl-Drehknopf unterhalb der Skala. So einfach wünscht man sich heute die Benutzung eines Hightech-Geräts, statt sich in einem Verhau von Sensorflächen oder Tastaturen zu verirren. Der SK 4 ist beispielhaft in seiner Klarheit und Benutzungsfreundlichkeit. Er denunziert still jede spätere funktionale Überzüchtung und hat seine Gebraucher wenigstens praktisch nicht überfordert. Trotzdem war eine Hemmschwelle zu überwinden: An sich sind Geräte zur Benutzung da und tragen irgendwann deren Spuren. Beim SK 4 ist das nicht selbstverständlich. Eine Aura der Unantastbarkeit schützt ihn bei geschlossener Haube vor respektlosem Zugriff. Das Gerät musste vor Gebrauch gleichsam auratisch entriegelt werden. Die frechen Namensgeber hatten Recht: Das ist ein Schrein mit Sichtfenster wie bei einem Reliquiar. Der Gestus des Zeigens von etwas, das zwar sichtbar sein, aber geschützt bleiben soll, ist unverkennbar. Jazz oder Klassik, das war hier die Frage. Mit beiden Varianten anspruchsvollen Musikkonsums wurden spezifische Stimmungslagen erzeugt. Das Wohnzimmer mutierte so nicht nur zeitweilig zum Konzertsaal, es wurde auch zu einem Identifikationsraum zwischen zwei Möglichkeiten musikalischen Genießens. Was mit dem SK 4 inszeniert wurde, galt der Idealisierung jenes Kulturguts, für dessen Feier und Genuss nur ein Schrein geeignet war.

Der SK 4 fand sich vorzugsweise in Wohnzimmern der Nachfahren des als Klasse untergegangenen Bildungsbürgertums, bei Musikliebhabern aus dem Mittelschichtenmilieu, die sich ein teures, großes Gerät wie eine Musiktruhe nicht leisten konnten oder keinen Platz dafür hatten. Der Schneewittchensarg stand im Ambiente wie ein Tabernakel, zugleich Ausweis guten Wohngeschmacks. Kaum eine Geräteform war derzeit ein so zuverlässiger Indikator für die wieder aufgenommene soziokulturelle Ausdifferenzierung. Pierre Bourdieu, Soziologe der feinen Unterschiede, hätte seine helle Freude an diesem Vorzeigeprodukt der bundesdeutschen Gesellschaft haben können. Man erkannte beim ersten Betreten einer fremden Wohnung nicht zuletzt am SK 4, mit wem man es zu tun hatte. Er wurde ausgestellt, nicht versteckt. Nur lag darin keine schöne Scheintote, sondern eine schwarze Platte, die, mit wenigen Griffen in Rotation versetzt, den ersehnten Zustand musikalischer Ergriffenheit oder Animiertheit hervorrufen konnte. Das Ding hatte letztlich auch transzendentale, nicht nur praktische oder einrichtungsästhetische Funktionen.

Ulmer Hocker

Zwei Jahre vor dem Schneewittchensarg ist eines der merkwürdigsten Produkte jener Zeit entstanden. Wie die Gründung der Hochschule für Gestaltung Ulm, signalisiert dieses erste dort entwickelte Designobjekt einen programmatischen Wechsel des Entwurfsdenkens zur Rationalität der Funktionen und zu einer äußerst verknappten Form. In seiner Kargheit entstand es gleichsam in Anverwandlung an einen systemischen Funktionalismus, der sich aus der Nüchternheit moderner Produktionsgesetze ergab, obwohl das Objekt vor Ort für den Eigengebrauch der Schule handwerklich hergestellt worden ist. Der Gedanke war, dass derartig sparsame Formen in Zukunft aus rationalisierten Herstellungsprozessen quasi von selbst entstehen müssten: »Es kam auch der Moment, wo die Industrie die in Ulm entwickelten Neuerungen nicht mehr nötig hatte«, stellt ein Mitglied der Hochschule nach ihrer Schließung fest (SCHNAIDT 1975, S. 7).

Das Möbel, bezeichnet als »Hocker für zwei Sitzhöhen«, wurde 1954 von Max Bill, Hans Gugelot und dem Werkstattmeister Paul Hildinger für die Inneneinrichtung des neuen Gebäudes der Ulmer Hochschule für Gestaltung geschaffen. Seine Entwerfer haben in calvinistischer Strenge tabula rasa gemacht, um ein Zeichen des Neuanfangs zu setzen. Vor dem Hintergrund der üppigen Produktlandschaft jener Jahre wirkt der Hocker wie verloren, aber schließlich handelt es sich um die formgewordene Willenserklärung einer jungen Institution, die lange vor 1968 den Aufbruch in eine Gegenkultur probte.

Der Hocker ist 45 cm hoch, 40 cm breit und 30 cm tief. Sitzfläche und stützende Seitenteile bestehen aus maschinengehobeltem Fichtenholz. Ein Rundstab verbindet die Wangen im unteren Viertel. Oben sind diese mit der Sitzfläche in maschinell exakter Zinkung verbunden. Eine Buchenholzkufe verhindert das Splittern und Schürfen der Wangen am Boden. Die bestechend saubere Schreinerkonstruktion wird bewusst gezeigt. Das Möbel ist streng orthogonal als zweiseitig offener Quader aufgebaut und wechselt, je nach Betrachterstandpunkt, zwischen Transparenz und Geschlossenheit. Seine Architektur entwickelt sinnfällig das Prinzip des Tragens und Lastens. Es gibt nichts Überflüssiges an dem Ding, aber es ist deutlich auf Wirkung berechnet: Ein minimalistisches Werkstück, das zu situativ wechselndem Gebrauch auffordert, aber auch ein Programm beinhaltet.

Zwei Sitzhöhen sind möglich, je nachdem ob man den Hocker hochkant oder quer benutzen will, wobei man sich den Arbeits- oder Vielzwecktisch in geeigneter Höhe dazudenken muss. Zu welchem Zweck auch immer, man kann auf diesem Hocker nicht lange ohne Kissen sitzen. Egal, ob am Tisch, im Gegenüber zur Unterhaltung, in der Sitzgruppe oder in Hörer- oder Zuschauerhaltung auf ein Ereignis ausgerichtet – immer ist entlastender Wechsel der Sitzposition angesagt. Gewichtverlagerung, Sich-Aufrichten, Strecken, während die Hände sich am Rand abstützen – auf diesem Hocker ist das Sitzen eine unablässige körperliche Aktivität.

Geistige Arbeit findet im Sitzen statt – das zeichnet sie vor der körperlichen aus. Dieser Hocker aber ist ein Mobilisierungs- und Arbeitsgerät, das Gegenteil eines bequemen

Abb. 120: Ulmer Hocker. Fichtenholz mit Kufen aus Buche. Entwurf Max Bill, Hans Gugelot, Paul Hildinger 1954. Foto H.A.M. Hölzinger

Stuhls, und keineswegs zum Ausruhen entworfen. Man möchte möglichst oft aufstehen, sich umdrehen, mit dem Ding etwas machen, es wegtragen, stapeln, sich draufstellen. Wie ein Melkschemel, nur nicht unter den Hintern gebunden, ist er als bewegliches Sitzgerät für im Raum hin und her Wandernde und an wechselnden Stellen Arbeitende konzipiert, als ein Garant für geistige und körperliche Beweglichkeit. Säße man länger darauf, würde man mit Beschwerden an Muskulatur, Gelenken und Skelett bestraft. Es muss für Studierende anstrengend gewesen sein, Vorlesungen darauf konzentriert abzusitzen, zumal an der Ulmer Hochschule viel vorgetragen und diskutiert wurde. Der harte Sitz mochte daher auch zur Probe dienen, wie lange man das Duell zwischen Körper und Geist aushielt, ohne es als Qual zu empfinden. Aber: »Die Ulmer Studierenden und die Dozenten nahmen die Unbequemlichkeit in Kauf. Der Nutzen des Stuhles war wesentlich ein metaphysischer.« (SECKENDORFF 1989, S. 126)

Einerseits wie ein minimalistisches Kunstwerk zur auffallenden Unauffälligkeit durchgeformt, andererseits zum umstandslosen einhändigen Transport als Sitzgerät konzipiert, zeigt sich dieser Hocker als ein brauchbares Ding, das nicht bemerkt werden will, weshalb es in einer Zeit, in der alle Produkte im Bemerktwerdenwollen konkurrieren, eben doch sofort bemerkt wird. Kein Ding kann Mitte der fünfziger Jahre in der Ansammlung schwellender Üppigkeiten fremder und abweisender gewirkt haben als dieser Hocker.

Der Hintergrund dieses Hockers gegen das Hockenbleiben beansprucht mehr Raum als das bescheidene reale Objekt. Ideell geht eine seiner Wurzeln bis in die erste Aufarbeitungsphase des Widerstands von Hans und Sophie Scholl gegen das Nazi-Regime zurück, die 1947 in Ulm zur Diskussion um die Einrichtung einer Schule mit explizit gesellschaftspolitischem Auftrag für den geistigen, moralischen und politischen Wiederaufbau Deutschlands führte. Auf Initiative von Inge Scholl, Otl Aicher und anderen Mitbegründern der Ulmer Volkshochschule wurde das Modell einer Tages-Volkshochschule unter dem Namen »Geschwister-Scholl-Hochschule« entwickelt, die eine universal bildende, politisch orientierende und praktisch qualifizierende Lehre betreiben sollte.

Aus diesem ersten Denkmodell entstand die Hochschule für Gestaltung, nachdem es Inge Aicher-Scholl gelungen war, dem Vorhaben ein juristisches und ökonomisches Fundament in Gestalt einer Stiftung zu unterlegen und sie mit dem Hochkommissar McCloy, der an deutschen Aktivitäten zur politischen Bildung interessiert war, ein Abkommen getroffen hatte, das der Geschwister-Scholl-Stiftung den Zufluss amerikanischer Entwicklungshilfe-Mittel sicherte. Der Lehrbetrieb konnte 1953 aufgenommen, der Neubau von Max Bill 1955 eingeweiht werden.

Schon im Programm von 1951 hieß es von dieser neuen Hochschule für Gestaltung: »Ihr Aufgabenkreis umfaßt jene Gestaltungsgebiete, welche die Lebensform unseres technischen und industriellen Zeitalters bestimmen. Die Form der Geräte, mit denen wir umgehen, die Wohnung, die Anlage einer Siedlungseinheit, einer Stadt, einer Region, das gedruckte und gesprochene Wort in Presse und Rundfunk, die Wirkung des Bildes in Publikationen, in der Werbung, in Ausstellungen und im Film, bilden für die geistige Mentalität der Gesellschaft entscheidende Grundlagen.« (SECKENDORFF, S. 42)

In einem Nachruf von Claude Schnaidt (1975) wird die Hochschule für Gestaltung Ulm als »Weiterführung des Bauhauses und als Erbin der Widerstandsbewegung von Hans und Sophie Scholl« charakterisiert. Sie sollte »auf die Gestaltung der Sozialprodukte Einfluss nehmen und der Industrie helfen, Form und Qualität in Einklang zu bringen«, mit dem generellen Ziel, »den Gebrauchswert zu erhöhen, dauerhafte Güter zu konzipieren, die Verschwendung zu reduzieren« (SCHNAIDT 1975, S. 5).

Bill hatte eine leichte, funktional gegliederte, klösterliche Architektur wie eine kleine Campus-Universität weithin sichtbar an einen Hügel über der Stadt gesetzt. In der *Stuttgarter Zeitung* hieß es: »Die Prinzipien der Schule werden klar. Sie empfiehlt in ihrer Gesinnung den Puritanismus. Sie erhebt die Sparsamkeit zum Stil, sieht im Verzicht einen Gewinn und setzt neureichem Wohlstand eine freiwillige Armut entgegen.« (BIEDRZYNSKI in: SECKENDORFF, S. 82)

Als ein Zeichen dieser Gesinnung entstand der Ulmer Hocker, und zwar im Rahmen eines Gründungskonzepts, das der ökonomischen, technologischen und gesellschaftspolitischen Neuorientierung aller gestalterischen Tätigkeiten verpflichtet war und implizit kontrovers zum politischen und kulturellen Klima der Bundesrepublik jener Zeit argumentierte. Der Ulmer Hocker ist eine stille Kampfansage, ein Gegen-Objekt. Das sieht man ihm heute nicht mehr sofort an.

Dass er nicht aus einem modernen Kunststoff oder aus Metall gefertigt, sondern aus Holz handwerklich in Kleinserie für den Hausgebrauch realisiert wurde, hat mit seinem zunächst kleinen Einsatzfeld und mit den eingeschränkten Produktionsmitteln der Schule zu tun, vielleicht aber auch mit der Funktion des Objekts als Manifestation einer Gesinnung. Wahrscheinlich hätte sich damals kein Hersteller gefunden, das Risiko einer erwartungsgemäß geringen Nachfrage nach diesem kargen Produkt auf sich zu nehmen.

Bill, längst nicht mehr in Ulm, lässt den Hocker schließlich, mit einer Schublade zum Nachtkästchen umgerüstet, über die »Wohnhilfe Zürich« vertreiben. Später wird das Original, als Bill-Entwurf von Zanotta in Mailand serienmäßig reproduziert, teuer verkauft. Aus dem ersten greifbaren Designprodukt der Ulmer Hochschule, das in seiner Bescheidenheit das Startsignal des Aufbruchs in eine demokratische Kultur der Werte geben wollte, wird somit ein Lifestyle-Objekt oder ein nostalgisches Produkt, das an den »Stil« der Ulmer HfG in ihrer Frühzeit erinnern soll. Dass ihr Gesinnungsdesign zu einem Statusdesign mutieren würde, hatten die Entwerfer des Ulmer Hockers gewiss weder beabsichtigt, noch vorausgesehen.

Der originale Ulmer Hocker ist die Inkunabel eines hoffnungsvollen Anfangs. In seiner spartanischen Schlichtheit verkörpert er ein Programm der Zurückhaltung mit dem anspruchsvollsten Design, das man sich denken kann, nämlich mit so wenig wie möglich. Ein Objekt von geradezu obszöner Magerkeit votiert still gegen die Üppigkeit der Warenwelt.

Ein neuer Funktionalismus

Otl Aicher, Rektor in Ulm von 1962 bis 1964 als Nachfolger von Max Bill, erinnert den Weg, den die Entwicklung des Lehrprogramms der Hochschule für Gestaltung gegangen ist. Nach frühen Abgrenzungen gegenüber künstlerischer Entwurfsarbeit (»design-irritierend«) setzen sich jüngere Dozenten wie Maldonado, Gugelot und Zeischegg dafür ein, dass grundlagenwissenschaftliche Fächer und eine entsprechend modernisierte Vorlehre eingeführt werden, um die Eigenständigkeit der Designausbildung zu sichern: »es entsteht das ulmer modell: ein auf technik und wissenschaft abgestütztes modell des design. der designer nicht mehr übergeordneter künstler, sondern gleichwertiger partner im entscheidungsprozess der industriellen produktion. die letzten relikte eines werkbundkunstgewerbes werden preisgegeben. werkstoffkunde und fertigungstechnik ersetzen globalbegriffe wie materialgerechtigkeit und werktreue.« Und weiter: »maldonado entwickelt eine grundlehre mit einem hohen mass quantifizierbarer entwurfsschritte, gugelot erweitert das baukasten- und systemdesign. praktische erfolge. bense ändert programm der abteilung information. informationstheoretische analysen. weniger praxisorientiert. schwierigkeiten, dozenten für textierung zu finden, anfragen an walser, andersch, arno schmidt. eine zeitlang unterrichtet enzensberger.

Die abteilung bauen mit ohl beschäftigt sich ausschließlich mit vorfabriziertem bauen. gasttätigkeit von konrad wachsmann mit extrem technik-orientiertem programm, die herkömmliche architektur, dokumentiert auch noch durch le corbusier, wird bewusst im lehrprogramm negiert, konzentration auf elementbauweise, verbindungstechnik und fertigungsorganisation. modularanordnungen. ohl legt die grundlage zu einem institut für industrialisiertes bauen, auch typografie als regelwerk und systemtechnik. mehr syntaktische als semantische probleme. betonung der informationssysteme anstelle von einzelaussagen.«

Schließlich schildert Aicher eine letzte Phase: »kybernetisches design und positivismus, methodologische probleme treten in den vordergrund: analysen, bestimmung von faktoren, matrix und diagramme. die entwurfsschritte verselbständigen sich und treten mehr in den vordergrund als das resultat und seine auswirkung.« (AICHER 1975, S. 16)

Natur- und Ingenieurwissenschaften, Informationstheorie, gestaltungstheoretische Grundlagenvermittlung, systematische Formgebungsexperimente und speziell entwickelte Designmethodologien treten in Ulm an die Stelle der andernorts verbreitet theorielosen Ausbildung. Etwa die Hälfte des Lehrprogramms ist schließlich der Entwurfstheorie und ihren wissenschaftlichen Grundlagen vorbehalten.

Aus heutiger Sicht erstrecken sich die Einflüsse der HfG Ulm nicht nur auf die sachliche Erscheinungsform bestimmter Produktgattungen wie Maschinen, Instrumente, Büroeinrichtungen, öffentliche Verkehrssysteme usw., sondern vor allem auf die Art des Entwerfens: »Besonders der Bereich der Designmethodologie ist ohne die Arbeiten der HfG Ulm überhaupt nicht denkbar. Das systematische Nachdenken über Problemstellungen, Methoden der Analyse und Synthese, die Begründung und Auswahl von Entwurfsalternativen – all dies ist heute gemeinsames Repertoire der Profession Design geworden.« (BÜRDEK 1991, S. 46)

Mit einer exemplarischen Entwurfspraxis wird nicht nur der klassische Funktionalismus revitalisiert; es werden vielmehr dem

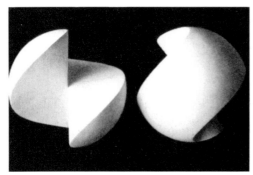 

Abb. 121:   Studienarbeiten aus der Grundlehre der HfG Ulm, abgebildet in einem Prospekt der Hochschule (links Entwurf Eduardo Vargas. Dozent: Tomás Maldonado), 1957/58

technisch-ökonomischen Fortschritt angepasste, neue Standards gesucht, die eine Weiterentwicklung der Bauhaustradition und des Neuen Bauens bedeuten. Heute gilt die HfG Ulm unbestritten als Ort, an dem erkannt wurde, dass technische Ästhetik derzeit als Medium kultureller Kommunikation und Ausdruck industriellen Lebens schlechthin aufzufassen war. Herbert Lindinger hat die sich zwischen 1955 und 1960 historisch anbahnende Weiterentwicklung im Designbereich ohne Anspielung auf den Sonderfall Ulm als allgemein notwendig und fällig beschrieben: »Die gestalterische Aktivität beginnt sich mehr und mehr von der nachträglichen Korrektur einer vorgegebenen industriellen Produktwelt auf ein neues Durchdenken und Planen unserer Welt zu verlagern. Merkmale dieser Veränderung sind: die Ausbreitung der Designtätigkeit auf alle Produkte der Zivilisation; die organische Integrierung des Industrial Design im Wirtschafts- und Produktionsprozeß; eine deutliche Abkehr von der nur auf das Einzelprodukt gerichteten Aktivität zugunsten struktureller Beziehungen zwischen den Produkten (Organisation, Baukastensysteme, flexible Systeme), eine Abkehr vom Redesign zu einer Gestaltung, die bei der Struktur des Objekts beginnt; Entdeckung der Produktplanung als ein der Gestaltung vorgeschalteter Prozeß; Verwissenschaftlichung der Grundlagen zumindest zur theoretischen Erfassung der Probleme; Ansätze zur Systematisierung der Entwurfsarbeit im Hinblick auf die Komplexität der Forderungen; Entwicklung einer Pädagogik, die diesen vielschichtigen Problemen Rechnung trägt.« (LINDINGER 1965, S. 44)

Als sich die HfG Ulm mit ihrem wissenschaftlich-technischen Reformprogramm etabliert, ist die Deutsche Mark eine der

Abb. 122: Kompaktgeschirr Thomas C 100. Diplomarbeit Hans (Nick) Roericht, 1959

härtesten Währungen der Welt. Exportüberschüsse in Milliardenhöhe werden investiert. Seit der Währungsreform ist die industrielle Produktion der Bundesrepublik um 150 Prozent gestiegen. Siemens ist Ende der fünfziger Jahre mit 200 000 Mitarbeitern der größte private Arbeitgeber Europas (vgl. STOLZE 1962). Der ursprünglich auf Betreiben der Alliierten entflochtene IG-Farben-Konzern macht mit jeder seiner drei Nachfolgegesellschaften mehr Umsatz als der alte Gesamtkonzern. 1961 läuft der fünfmillionste VW vom Band. Das Versandhaus Quelle hat 1950 einen Umsatz von 40 Millionen D-Mark (was dem Stand von 1938 entspricht), erzielt 1952 schon 103 Millionen; 1958 liegt der Jahresumsatz bei 403 Millionen, 1961 wird die Milliardengrenze überschritten. Schon 1955 besteht ein Drittel des umgesetzten Warensortiments aus technischen Konsumgütern (vgl. *Eine Firmendokumentation*, 1977).

Durch neue Technologien im Kunststoff- und Chemiefaserbereich, Modernisierung veralteter Anlagen, Entwicklung neuer Werkzeuge und Maschinen, Teilautomatisierung, Rationalisierung mittels Typisierung und Baukastenprinzip und durch Zusammenballung wirtschaftlicher Macht in Konzernen und Großbanken wird eine Entwicklung dynamisiert, die das Produktionssystem selber »funktionalistischer« erscheinen lässt als jemals zuvor. Mit dem Ende der Rekonstruktionsperiode sind daher Neubestimmungen allgemeiner Designfunktionen zu erwarten, die unmittelbar auf der Linie einer sich verselbständigenden Rationalität der ökonomischen Struktur liegen. Kargheit der Zweckform und Reichtum der warenästhetischen Differenzierung bilden unter diesem Aspekt keinen absoluten Widerspruch.

Was praktisch an der HfG entsteht, ist ein sachliches, in Einzelobjekten oder Produktreihen oder -systemen übersichtliches, die Funktion des Zusammenhangs betonendes Design. Seither ist der Begriff »Systemdesign« gebräuchlich, auch wenn es sich nur um Stapel-Geschirr handelt, bei dem alle Teile aufeinander bezogen sind. Genormte Teile innerhalb von Serien tragen die Logik der rationalisierten Fertigung in die ästhetische Erscheinung der Produktwelt. Viele der zweckmäßig-einfachen, dabei oft bestechend knapp mathematisch definierten, klar konturierten und gegliederten Gegenstands- und Werkzeugformen haben für eine spätfunktionalistische Unterströmung im anonymen Massendesign der sechziger und siebziger Jahre gesorgt. Aber die an der HfG in der Grundlehre und in der Entwurfspraxis entwickelten formalen Ordnungsprinzipien repräsentieren auch die Objektivität und Kälte übergeordneten Funktionierens, wie sie sich in der Stadt- und Verkehrsplanung, im sozialen Wohnungsbau, im Großraumbüro oder am Schaltpult einer Fertigungsstraße zu manifestieren beginnen. Der Anspruch auf Lösbarkeit aller Planungs-, Integrations- und Kommunikationsprobleme durch wissenschafts- und methodologiefundierte Gestaltung wird einem Design übertragen, das über ästhetische Orientierungssysteme ein glattes Funktionieren suggeriert. Unter dem Sichtbaren steckt eine Handlungsanweisung für die Gewöhnung an eine Welt der Zwecke. Für Maldonado ist industrielles Design »eine Tätigkeit, deren letztliches Ziel die Bestimmung der formalen Eigenschaften der von der Industrie hergestellten Produkte sein muß. Mit ›formalen‹ Eigenschaften sind nicht nur die äußeren Merkmale gemeint, sondern eher die strukturellen und funktionellen Beziehungen, die einen Gegenstand in eine verständliche Einheit umwandeln, welche vom Hersteller und Verbraucher gleichermaßen als solche angesehen wird.« (Zit. nach FRAMPTON 1975, S. 33)

Wiederaufbau im geteilten Deutschland 247

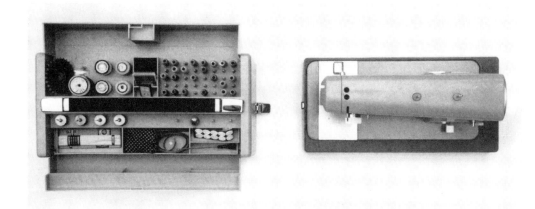

Abb. 123: Pfaff-Nähmaschine 80. Entwurf Hans Gugelot, Herbert Lindinger, Helmut Müller-Kühn, 1960 (Koffer 1962)

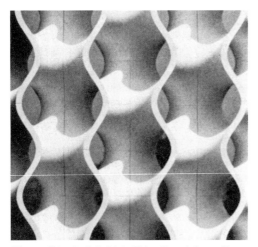

Abb. 124: Gitterorientierte Schalenflächen. Versuchsformen für Beton-Bauelemente. Entwurf Walter Zeischegg, 1963/65

Eben die strukturell-funktionalen Elemente der Übereinstimmung von Produktion, Gegenstand und kollektivem Gebrauch sind es, die die vergegenständlichten formalen Ordnungen über ihre Brauchbarkeit hinaus wirksam machen – einerseits als Zeichensystem zur Orientierung, andererseits als Anpassungsinstrumente an ein Ordnungssystem. Waren die Stahlrohrmöbel von Marcel Breuer und Mart Stam noch vorbereitende Objekte und Zeichen der technischen Kultur, sind die Produktreihen und Systeme der HfG Ulm in gleichförmiger Ausrichtung der Wahrnehmung und Handhabung schon ein Ausdruck des fortgeschrittenen Anspruchs der Rationalisierung. Das Maß der Strenge wird absolut. Das Design erhebt den Anspruch objektiver Endgültigkeit und entindividualisierter Gesetzmäßigkeit auf einer möglichst mathematisch-exakten Berechnungsgrundlage in emotionsloser Nüchternheit. In Programmtheorie und Lehrpraxis wird die Tendenz zur Reduktion des Ästhetischen auf eine Semantik der Rationalität (auf die sich letztlich eine abstrakt-elementare, »technische« Syntax des Gestaltens beruft) unterstrichen. Die Tendenz heißt Ausschaltung aller unberechenbaren Faktoren aus dem Planungs- und Gestaltungsprozess, aber auch aus der Aneignungs- und Rezeptionsgeschichte des Gestalteten. Eine exakte »Informationsästhetik« (vgl. BENSE 1971) verdrängt mit quantifizierenden Vereinfachungen die Komplexität der einst philosophisch-anthropologischen Disziplin Ästhetik. Formalisierte Planungsmodelle schränken den Vorgang des Gestaltens »auf die Problematik der Konstruktion von Gittern und Netzen, der mathematischen Behandlung von Übergängen und Transformationen, der Entwicklung von Baukastensystem bzw. der Konstruktion von regulären, halbregulären und irregulären Körpern« (KELLNER/POESSNECKER 1978, S. 74) ein. Produktionsökonomisch geforderte Abstraktionsleistungen und das Fremdwerden ganzer Umweltsegmente durch bloße Planberechnung gehen Hand in Hand.

Es muss Programmphasen in Ulm gegeben haben, in denen die dort praktizierte Organisationslogik, die bei Hannes Meyer am Bauhaus schon einmal kurz aufscheint, jede historische, sozialkulturelle und psychologische Relativierung der Form verweigert hat. So drückt sich in der praktizierten Rationalität verinnerlichte Zustimmung zu den Lebens- und Entwurfsbedingungen aus, die in Ulm ursprünglich im Sinne eines humanen Umweltentwurfs überwunden werden sollten. Dieser Versuch verfällt dem Widerspruch zwischen funktionaler Optimierung und Entsinnlichung der Systeme. Design wird als umfassende Methode zur Einrichtung und Abstimmung industriell produzierter Umweltzusammenhänge verstanden, die als zeichenhaft reduzierte Orientierungsraster auf Wahrnehmung und Verhalten einwirken sollen. Das Prinzip Rationalisierung greift damit unabweisbar auf das Ästhetische über. Es bleibt als schlackenloser Rest das Objektivierbare einer scheinbar in allen ihren Wirkungen kalkulierten Funktionsform, die zum Superzeichen für das Funktionieren in der industriellen Welt schlechthin aufgebaut wird.

Der Grund des Scheiterns der Ulmer Lehre liegt vermutlich weniger in den politischen Umständen der Schließung der Institution als in der philosophischen und praktischen Unüberwindlichkeit dessen, was zu überwinden gewesen wäre: »Einst figurierte das Aesthetische als Antizipation des Zustandes, der die Befreiung vom Zwang der Notwendigkeit beinhaltete. Dem Aesthetischen widerfuhr jedoch ein nicht vorhersehbares Geschick. Es zeigte sich, dass es sehr wohl repressiven Zwecken aufgesetzt werden kann. Die Formen der Herrschaft haben sich sublimiert. Im Zuge dieser Sublimierung wurde das Aesthetische – einst und immer noch ein Versprechen der Befreiung des Menschen – in Regie genommen von Herrschaftsinteressen und eben damit zur Gewinnung und Erhaltung von Herrschaft benutzt.« (BONSIEPE, zit. nach FRAMPTON 1975, S. 36)

Gedacht war an »Produkte der Umwelt, die offene Systeme bilden für den reifenden und sich entwickelnden Menschen« (SCHAER 1981), produziert wurden wiederum ästhetische und praktische Zwänge. Auch darin ist die HfG Erbin des Bauhauses, dem dieses Scheitern an den eigenen inneren Widersprüchen erspart geblieben ist. Doch trotz aller »Wissenschaftsgläubigkeit« und »rücksichtslosen Vernunft« (OHL 1975) sind viele Ulmer Produkte sichtbare Beweise eines realutopischen Versuchs, der konjunkturverwöhnten Wachstums- und Überflussgesellschaft und ihrer Gedanken- und Bedenkenlosigkeit die Kraft einer ästhetischen und ökonomischen Sachlichkeit entgegenzusetzen: »Nostalgie, planned obsolescence, Pop-Art, Werbung als geheime Versuchung oder Wegwerf-Produkte haben keinen Platz in der Ulmer Aussage gefunden.« (OHL 1975, S. 22)

In der Tat: Der warenästhetischen Hemmungslosigkeit, die auch dem Goggomobil

Abb. 125: »Unidata-Programm« (Zusatzeinrichtung für datenverarbeitende Anlagen). Alex Linder GmbH Nürtingen. Entwurf Tomás Maldonado mit Rudolf Scharfenberg und Gui Bonsiepe, 1964

Abb. 126: Grundig-Fernsehgerät »Zauberspiegel«. Funkausstellung Berlin 1963

noch die Heckflossen des Straßenkreuzers applizieren möchte und die jedes Gebrauchsding anspruchsvoll und voluminös erscheinen lässt, setzt die Ulmer Sachlichkeit entschiedenen Widerstand entgegen. Sie stellt zu der Zeit die einzige Alternative zu einem bloß profitorientierten Design für den Massenverschleiß dar.

Design-Interpretationen in Ost und West

In der DDR werden relativ früh Reflexe auf Ulm wahrnehmbar. Mit der Wendung gegen warenästhetische Hemmungslosigkeit, der Betonung des Gebrauchswerts und der Nähe zu Organisation und Technologie der Fertigungsverfahren kann der Ulmer Neo-Funktionalismus auch für ein Wirtschaftssystem zum Modellfall werden, das auf Planbarkeit der Produktion, Haushaltung mit knappen Ressourcen, Modernisierung und Effektivität zu achten hat, und das im Exportfall den Gesetzen eines scharfen internationalen Marktwettbewerbs unterliegt. Ähnlichkeiten des offiziell geförderten und propagierten DDR-Design mit der betonten Sachlichkeit aus dem Westen sind daher nicht zu übersehen. Auch wird die spätere Funktionalismusdebatte in der DDR von den einst in Ulm ausformulierten Standpunkten nicht unberührt bleiben. Heinz Hirdina (1988, S. 128) spricht vom »wissenschaftlichen Jahrzehnt der Formgestaltung« in der DDR und von Einbeziehung des Design in Prozesse der Rationalisierung.

Die Wahrnehmung der in Ulm erarbeiteten Prinzipien erfolgt zunächst von unten, an der Basis der DDR-Designpraxis. Mitte der sechziger Jahre endet die Formalismusdebatte, wird allmählich die Bauhauslehre rehabilitiert und findet ein Modernisierungsschub im Designdenken statt, der auch praktische Konsequenzen für das DDR-Produktbild hat. Die »ungesteuerte aber intensive Rezeption der Ideen der HfG in Ulm durch die Designer in der DDR« (OEHLKE 1991) zeugt von einem Modernisierungsdruck und -interesse jenseits politischer Kontrolle.

Inzwischen ist die ostdeutsche Ulm-Rezeption aufgearbeitet (vgl. SUCKOW 1991, S. 85 f.), mit dem Ergebnis, dass die HfG Ulm »sechs Jahre Entwicklungsvorsprung und den Vorteil eines unblockierten Erbezugangs« (zur Bauhaus-Tradition) genossen habe. Man weiß im Osten wie im Westen nicht nur das Einzelprodukt, sondern ganze Ausschnitte der industriellen Welt sachlich zu gestalten. Systemdesign und produktions- und gebrauchslogisches Erfassen immer größerer Funktionszusammenhänge, für die genormte Einzelbausteine entstehen, entsprechen der neuen Auffassung von Brauchbarkeit, Austauschbarkeit, Übersichtlichkeit, Kombinierbarkeit und Differenzierung der Produktwelt. Integrierbare, in Zweckbindung und Erscheinungsbild zueinander passende Gegenstands- und Werkzeugformen bestimmen in den sechziger und frühen siebziger Jahren das Design ganzer Produktfamilien im Konsumgüter- und Investitionsgüterbereich, von der Phonoanlage über die Kücheneinrichtung bis zur Ausstattung von Büros und zur Modernisierung von Werkzeugmaschinen auch in der DDR.

Und was in der Produktionssphäre und in der Neuorganisation der Arbeit, den technischen Abläufen sich darzustellen beginnt, greift auf die Gestaltung der Produktionsinstrumente und Produktionsumwelten über: Zunehmend wird Arbeitsplatzgestaltung zur

Abb. 127: Anschliffmaschine »Neosupan«, VEB Rathenower Optische Werke. Entwurf Erich John, 1962

Design-Aufgabe, vor allem in der DDR. Trotz magerer Ressourcen muss hier schon aus politischen Gründen über Kultur der Arbeit eher nachgedacht werden als im Westen. Aber die Entwicklung ist auch ökonomiegeschichtlich programmiert. Denn Systemdesign am Gebrauchsobjekt und Funktionsoptimierung am Arbeitsplatz sind einander zugewandte Ausdrucksformen fortschreitender Rationalisierung. Die Menschen werden als Gebraucher wie als Produzenten davon erfasst – in helfender, erleichternder Absicht ebenso wie im Zuge einer Anpassung ihrer Leistungsfähigkeit an neue Anforderungen. Verrichtungen werden auf den widerspruchsvollen Nenner eines glatteren Verlaufs und einer sinnfälligeren Vermittlung dieses Verlaufs in der Erscheinungsform des einzelnen Bausteins und des Systemganzen gebracht. Arbeitserleichterung, Übersichtlichkeit, Brauchbarkeit sind die Leitprinzipien funktionaler Entwürfe. Aber gleichzeitig dringen – wie schon einmal in den zwanziger Jahren – die industriellen Haltungs- und Wahrnehmungszwänge ein Stück tiefer in die Lebenswirklichkeit ein. Die HfG Ulm steht im Kontext dieser langen Funktionalisierungsgeschichte der Entwurfsarbeit ebenso wie das, was in der DDR an Investitionsgütern entsteht. Der an den Ulmer Vorbildern auftauchende Widerspruch, dass Design ein Mittel der kulturellen Zähmung der Produktivkräfte und gleichzeitig ein Anpassungsinstrument, ja sogar eine unbewusste Methode der Unterwerfung von Menschen unter die herrschende Produktionslogik sein kann, transzendiert die kapitalistische und die sozialistische Inanspruchnahme des Mittels.

Aus historischer Distanz gesehen, handelt es sich um ein unfreiwilliges designgeschichtliches Versuchsmodell, wie zwei unterschiedlich organisierte Nachkriegsindustriegesellschaften in einen produktgestalterischen Wettbewerb eintreten. Systematisch vergleichende Studien zum Design der Konsolidierungsphase der ersten zwanzig Jahre Parallelexistenz beider Republiken fehlen. Vermutlich würden sie zu dem Ergebnis kommen, dass sich die beiden Gesellschaftsformationen zwar als politisch unversöhnliche Lager gegenüberstehen, aber doch, in einer gemeinsamen produktions-, entwurfs- und konsumgeschichtlichen Tradition und ästhetischen Mentalitätsgeschichte verankert, ihre spezifischen Gestaltvorstellungen nicht weit voneinander entfernt entwickeln. Der eklatanteste Unterschied besteht zwischen dem

Abb. 128: Hotelgeschirr »Rationell«. Kannen mit Dekorvarianten. VEB Porzellankombinat Colditz 1973. Entwurf Margarete Jahny, Erich Müller, Paul Krauß, Reinhard Richter, Hartmut Schattat, 1970

Warenüberfluss des kapitalistischen Westens und der anhaltenden Mangelsituation im sozialistischen Osten und den dort fehlenden unmittelbaren Orientierungsmöglichkeiten. Der große Bruder Sowjetunion liefert zwar die politischen Rahmenrichtlinien der Profilierung gegenüber dem Westen, aber keine Vorbilder für Design. Die bleiben der Kultur des Westens und der gemeinsamen deutschen Geschichte verpflichtet. Dennoch entsteht eine eigenständige »sozialistische« Produktkultur. Die legendäre, für das westliche Auge heute noch exotische Plaste- und Elaste-Welt der DDR wird von der planwirtschaftlich organisierten Chemie-Offensive zur Verwertung des aus der UdSSR angelieferten Rohöls initiiert. »Chemie bringt Schönheit« heißt eine leicht ironisch gemeinte Kapitelüberschrift im letzten offiziellen Überblick zur Geschichte des Design in der DDR (H. HIRDINA 1988).

Auf beiden Seiten zeigen sich Abhängigkeiten des Entwurfs vom ökonomisch-technologischen Entwicklungsstand der wiederaufgebauten, aber nur im Westen entscheidend modernisierten industriellen Infrastruktur und von den Ressourcen an Energie, Rohstoffen und Investitionsreserven. Es ist klar, dass die DDR-Wirtschaft nur mit Verzögerung auf Entwicklungen im Westen reagieren kann und der Abstand durch ideologische Argumentation klein gehalten werden muss.

Obwohl auf der Ebene des Offizialdesign (Gute Form) sehr wohl vergleichbar, wird das Ostprodukt dauerhaft vom Glanz des Westprodukts überstrahlt. Daneben existieren im Osten wie im Westen unerschütterliche Banalkulturen des Dekorativen, gelten klein-

Abb. 129: Teekanne »drop« für Rosenthal. Entwurf Luigi Colani, 1971

bürgerliche Schönheitsideale im Alltag, dessen Ambiente umso ähnlicher erscheint, je mehr DDR-Produkte anonym in das westdeutsche Billigangebot kommen.

Auf der anspruchsvollen Ebene der Guten Form ist die Herkunft, vom Preis abgesehen, kaum erkennbar: Wilhelm Wagenfeld (1900–1990) und Horst Michel (1904–1989) arbeiten zeitgleich, der eine im Westen, der andere im Osten, wobei sich ihre Werkprofile kaum unterscheiden: Keramik, Porzellan, Glas, Besteck, Möbel, Textilien bei Michel, Porzellan, Glas in allen Materialvarianten und Besteck bei Wagenfeld, bei dem einzelne Entwürfe den Status von Design-Klassikern errungen haben, wie die Pfeffer- und Salzstreuer für die WMF von 1952/53, die Butterdose mit Plexiglasdeckel aus der gleichen Zeit oder die Eierbecher aus Cromargan von 1953/54.

Produktionsgeschichtlich werden beide Werkläufe durch Verbindung mit bestimmten Industriezweigen geprägt, die vor allem Güter für den privaten Gebrauch produzieren. Im Westen sind es Unternehmen wie die WMF, die mit verhalten modernisierten Objekten ihre Marktposition ausbauen. Wagenfeld sorgt als freiberuflicher Entwurfsspezialist für eine Formsicherheit, die das geschäftliche Risiko mindert. Michel bleibt in das staatliche Lenkungssystem der Konsumgüterproduktion der DDR eingebunden und arbeitet im Rahmen des Weimarer Instituts für Innengestaltung an der Verbesserung der Produktpalette diverser Hersteller von Sitzmöbeln, Bau- und Möbelbeschlägen, Teppichen, Fliesen, Öfen und Kochgeräten.

Beide Designer haben es verstanden, ihre lange aufgebaute Wertauffassung am Produkt zu realisieren. Beide zeigen sich als überzeugungsvermittelnde Protagonisten eines nahezu austauschbaren Ideals der Verbindung von Funktionstreue, Wirtschaftlichkeit, Materialgerechtheit und Formgebundenheit. Manche ihrer Entwürfe ähneln sich zum Verwechseln, manche differieren typisch. Leider bleibt eine Ungerechtigkeit bis heute: Wagenfelds Lebenswerk ist publiziert und musealisiert, sein Name in der *hall of fame* der Designgeschichte verewigt. Horst Michel findet man dort nicht eingraviert, vermutlich weil er auf der »falschen Seite« gearbeitet hat. Wäre er in den Westen gegangen, hätte man dort einen zweiten Wagenfeld gehabt. Wollte man heute eine vergleichende Ausstellung mit Arbeiten der beiden prominenten Vertreter der Institutionalisierung des Design in der Nachkriegszeit bis in die sechziger Jahre hinein arrangieren, würde ihre Stellvertreterrolle sichtbar, desgleichen die Tatsache, dass west- und ostdeutsche Formauffassungen sich auf eine gemeinsame Geschichte der für das Offizialdesign verbindlichen ästhetischen Norm der Guten Form berufen konnten.

2 Über Theorie und Praxis des Design 1968–1989

Warendesign und Funktionalismuskritik

Als die HfG Ulm 1968 geschlossen wird und Grundfragen industrieller Formbeherrschung im Westen entweder nicht mehr diskutiert oder den Institutionen und Berufsverbänden überlassen werden, beginnt eine schon in Ulm aufgenommene theoretische und politische Auseinandersetzung mit der Lebenswirklichkeit im Kapitalismus, gegen die auch Designkritik als Analyse eines Symptoms ihre argumentativen Strategien entwickelt.

Die Rekonstruktionsperiode ist im Westen endgültig abgeschlossen. Die Rezession 1966/67, erste Zweifel am bisher ungebremsten Wachstum sowie ökonomie- und gesellschaftskritische Analysen lösen die Unbedenklichkeit auf, mit der Design bis dahin eingesetzt und wahrgenommen worden ist. Die Anstöße der Studentenbewegung 1967/68 kommen zwar aus dem konservativen Klima der Bundesrepublik und aus dem Protest gegen den amerikanischen Imperialismus. Die Warenkultur aber ist Symbol und Spiegel der Verhältnisse, Zweig jener »Kulturindustrie«, über die Horkheimer und Adorno bereits in den vierziger Jahren in den USA nachgedacht hatten. Theoretisch kann Design in diesem Zusammenhang nur zur Entmündigung der Massen beitragen, weil sich darin ökonomische Interessen und kulturelle Entfremdungsmotive spiegeln. In Westdeutschland verfällt Design daher einer radikalen Kritik, die mit bisher ungekannter Schärfe gegen herrschende Auffassungen und Praktiken von Gestaltung vorgeht. Arbeit, Freizeit und Konsum waren schon unter Gesichtspunkten des Verwertungszusammenhangs (vgl. J. HABERMAS 1954; 1956) als fremdbestimmte Lebensbereiche dargestellt. Massenkonsum und die Mechanismen der Beeinflussung rücken zum Forschungsgegenstand auf (vgl. PACKARD 1958; 1961; DICHTER 1964; KATONA 1965; HANSEN 1969; MÖLLER 1970 usw.). Eine Umfrage des IDZ Berlin erhebt 1970 kritische Expertisen zur Praxis des Gestaltens. Vor allem W. F. Haugs *Kritik der Warenästhetik* (1971), gegründet auf die Marxsche Definition des Doppelcharakters der Ware, wird in ihrer theoretisch schlüssigen Ableitungslogik zum Instrument der Analyse von Bewegkräften und Wirkungen der Produktgestaltung.

Für die industrieverbundenen Designinstitutionen und die auftrags- oder lohnabhängigen Entwerfer ist die Unwiderlegbarkeit der Tauschwertdominanz über den Gebrauchswert, letztlich auch die politisch-moralische Fundamentalkritik am Produzieren, Gestalten, Werben, Verkaufen und Konsumieren im Gefolge der Studentenbewegung, die auch die Designerausbildungsstätten erfasst, unannehmbar. Denn Warengestaltung bleibt notwendig dem »Prinzip der Diskontinuität« (MÜLLER-KRAUSPE 1969) unterworfen, erkennbar an den Formen des Styling, die den Warenkörper verlockend machen und einander in immer neuem Wechsel ablösen. *Planned obsolescence*, die künstlich beschleunigte Alterung des Produkts durch frühzeitigen funktionalen Verschleiß oder ästhetisches Altern ist der zentrale Reizbegriff einer Kritik, die auch Grundlagen der Planung und Gestaltung im Spätkapitalismus diskutiert (MALDONADO 1970).

Die Theoriediskussion koppelt sich daher von der herrschenden Entwurfspraxis ab und leistet ideologiekritische Erkenntnisarbeit (vgl. z.B. KLAR 1968; KUBY 1970; FRIEMERT 1971; BÜRDEK 1971; SELLE 1973; HOLZINGER 1973; REXROTH 1974; HAUG 1975 usw.). Doch gibt es keine Alternative außer der Verweigerung von Praxis oder dem Engagement für Aufgaben der Gestaltung in der Dritten Welt (BONSIEPE 1972; PAPANEK 1972) oder für das nichtkommerzielle »kommunale Design« (MEURER/SELLE 1973). Der designkritische Komplex hinterlässt ein Defizit an praktischen Orientierungsperspektiven, obwohl gerade nach solchen lange Zeit theoretisch bemüht gesucht wird (vgl. noch MEURER/VINÇON 1983). Ausweitungen des Designbegriffs ins Sozialplanerische oder in die Empirie des Verhaltens wie bei der Theorie des »Sozio-Design« (BROCK 1977) bleiben für ein Leben in der Produktkultur oder deren materiellen Entwurf praktisch folgenlos.

In der DDR ist Industrieformgestaltung theoretisch und ideologisch in den Rahmen der Direktiven sozialistischer Planwirtschaft und Kulturpolitik fest eingebunden. Die Unruhe im Westen bestärkt hier eher die politische Standpunktfestigkeit, die sich in immer neuen Wendungen am marxistisch definierten Fortschritt der Vergesellschaftung von Produktion, Konsum und Kultur orientiert. Selbstkritik ist hier nicht angesagt, weder in der Designtheorie, noch gegenüber dem Konsum. Auftragslenkung und -kontrolle durch staatliche Organe wie das AiF (Amt für industrielle Formgebung) nehmen den Betrieben die Verantwortung für die Form des Produkts ab; die Designpublizistik unterliegt politisch-ideologischer Kontrolle.

Zum designkritischen Komplex im Westen zählt aber nicht nur Aufklärung über Warenästhetik und Konsum, sondern auch eine neue Sensibilität gegenüber anhaltend negativen Erfahrungen mit dem gewaltförmigen Funktionalismus, der das Alltagsleben prägt. Zu unterscheiden ist hier die philosophische, soziologische und politische Kritik einer vom menschlichen Bedürfnis abgekoppelten Planungs- und Gestaltungsrationalität von der pragmatisch-ästhetischen Kritik an der Schlichtheit der Formen. »Verdoppelung der eiskalten Automatenwelt« (BLOCH 1955), »Subordination unter die Nützlichkeit« (ADORNO 1967) und die asoziale Rasterumwelt der neuen Städte, die das Individuum zum »wohnungsheischenden Abstraktum« (MITSCHERLICH 1965) stempelt, machen funktionalistisches Denken im Prinzip suspekt.

Die pragmatische Designdiskussion (vgl. NEHLS 1968; H. SEEGER 1968; MÜLLER-KRAUSPE 1969a) interpretiert die »Krise des Funktionalismus« (MOLES 1968) auf der Oberfläche: An die Stelle der politisch-ökonomischen, ökologischen und psychologischen Kritik am Gebauten und Produzierten tritt die Forderung nach Anreicherung des Entwurfs mit emotionalisierenden ästhetischen Komponenten. Das geschieht nicht unbeeinflusst von deren warenästhetischer Vereinnahmbarkeit. Es ist eine Funktionalismusdebatte der Praktiker, die den Paradigmenwechsel vom Sachlichkeitsstandpunkt zu neuen Formen der verkäuflichen Anschmiegsamkeit legitimiert. Zugleich wird damit eine Antwort auf das Scheitern spätfunktionalistischer Entwürfe an den Bedürfnissen und Erwartungen gegeben, die sich zunehmend nicht nur in Wohnsilos stillgelegt, sondern auch im Supermarkt oder im Freizeit-Center mit der Anonymität immer ähnlicher werdender technischer Produkte, Einrichtungen und Beschäftigungen konfrontiert sehen.

Die »Krise des Funktionalismus« ist eine

Krise des Design, die die westdeutsche Praxis durch Strategien des ästhetischen Differenzierens löst. Nur in Italien reagiert ein Avantgarde-Design, frei von ideologischen Bindungen an den Funktionalismus und staatlich-institutioneller Abhängigkeit, auf die neue Situation entschiedener. Im sogenannten Radical Design oder Conter Design (vgl. RAGGI 1973) bricht Mitte der sechziger, Anfang der siebziger Jahre der Hang zur spielerisch-ironischen Befreiung der Form von der Pflicht zur reinen Brauchbarkeit durch. Vor allem in Möbelentwürfen wird die Form programmatisch von der Bindung an den Zweck befreit; ein neuer, bewusst provozierender Symbolismus leitet – von heute aus gesehen – in Italien eine Art Proto-Postmoderne ein, in der sich vordefiniert, was in den achtziger Jahren als Bruch mit der Tradition der Moderne in Erscheinung treten wird.

Programmatische Absagen an die Norm des Nützlichen und das Vokabular des Funktionalismus sind in der Bundesrepublik der siebziger Jahre undenkbar, erst recht für die DDR. Sogar bei Konsumgütern gibt es eine Tendenz zur bewusst inszenierten Härte für Techno-Freaks, eine Art funktionalistisches Styling. Die Idee eines »erweiterten Funktionalismus« (GROS 1973) spricht für die Übernahme ästhetisch-emotionaler Momente in das Gefüge der Zwecke, ein Vorgang, im Massendesign alltäglich, der nun darstellbar und kalkulierbar werden soll. In der DDR können weder die fundamentale, noch die pragmatische Kritik am Funktionalismus, noch dessen Auflösungserscheinungen unmittelbar nachvollzogen werden. Schließlich muss hier das Erbe der Bauhauslehre erst angenommen und verarbeitet werden und spricht die politische, weltanschauliche und moralische Selbstabgrenzung gegenüber den Kapriolen der kapitalistischen Produktkultur für ein Festhalten an gesicherten Werten. Zudem verpflichtet die historische Verbundenheit des klassischen Funktionalismus mit sozialistischem Denken auf das bewährte und für eine effektive Industrieformgestaltung geeignete Prinzip. Was unter dieser Devise im Spektrum staatlich geförderter Investitions- und Konsumgütergestaltung der DDR entsteht, kann nicht nur mit der im Westen propagierten Guten Form und dem Ulmer Funktionalismus konkurrieren, sondern als sozialistische Errungenschaft interpretiert und fortgeschrieben werden (vgl. KELM 1971; KUHIRT 1983).

»Tatsächlich bedeutet der Funktionalismus – als Programm und Methode, nicht als Stil gefasst – utopische Vorwegnahme einer nichtkapitalistischen Ordnung der Beziehung zwischen Mensch und gegenständlicher Umwelt. Richtig verstanden, geht der Funktionalismus nicht auf im kapitalistischen System, bestätigt dieses nicht, sondern überschreitet es. Bei Banham, Nehls und anderen wird es deutlich: Adäquate ästhetische Gestaltungsmethode im staatsmonopolistischen Kapitalismus – zumindest in seinen relativ stabilen Phasen – ist die Vermodung der gegenständlichen Umwelt, ist

Abb. 130: Braun-Tuner T 301. Entwurf Dieter Rams und Peter Hartwein, 1978

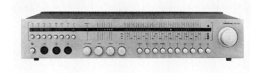

Abb. 131: Stereo-Steuergerät RS 5001 HiFi. VEB Kombinat Robotron, Büromaschinenwerk Sömmerda. Entwurf Lutz Freudenberg, 1979

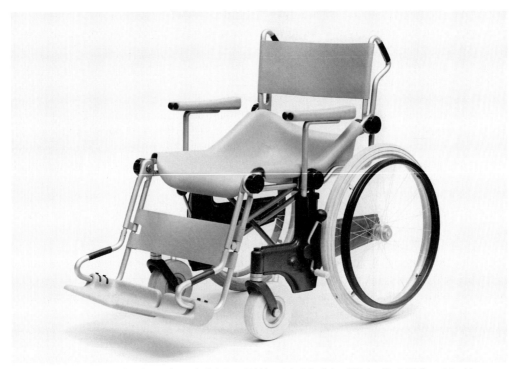

Abb. 132: Rollstuhl-Modell. Studienarbeit an der Hochschule Burg Giebichenstein, Halle. Entwurf Ekkehard Punk, Wolfgang Schneider (Betreuer Winfried Baumberger), 1972. Foto Karl August Harnisch

Styling, nicht aber funktionale Gestaltung.« (K. HIRDINA 1975, S. 12)

Dennoch beginnt eine vorsichtig geführte Diskussion über Möglichkeiten ästhetischer Produktdifferenzierung auch in der DDR (vgl. z. B. *form + zweck* 1/1974). Modische Aspekte und die damit verbundene ästhetische Kurzlebigkeit von Konsumgütern widersprechen der Knappheit der Ressourcen und dem Prinzip sozialistischer Standfestigkeit gegenüber den Verlockungen des Westens, bis die Bedenken gegenüber einer Aufweichung strenger Gestaltungskriterien zurücktreten. Nach dem Programmentwurf des IX. Parteitags der SED – unter Hinweisen auf die von Marx als Ausdruck der Gesellschaftlichkeit der Bedürfnisse definierten Bedeutung individueller Konsumtion – wird schließlich für die »volle Breite ästhetischer Ausdrucksmöglichkeiten« plädiert (H. HIRDINA 1976). Der programmatischen Erklärung schließt sich eine Übersicht dekorativer und funktionaler Entwürfe von der Tapete bis zum Moped an. Modischer Bedarf wird als legitim anerkannt. Ab Mitte der siebziger Jahre werden Einrichtungsgegenstände und Möbelprogramme in der DDR zur Neugestaltung gewissermaßen freigegeben. Das Wohnungsbauprogramm sorgt für anhaltenden Inneneinrichtungsbedarf und lässt eine realsozialistische Variante des westlichen Schöner-Wohnens entstehen. Die Plattenbauweise, das wohnökologisch-ästhetische Architekturprinzip der DDR, ist ein Erbe der Weimarer Republik unter bauökonomischen und ästhetisch-ordnungspolitischen Gesichtspunkten. Schon die Siedlungen des Neuen Frankfurt waren in einer Frühform der Plattenbauweise errichtet worden. Die »Platte« als nüchtern-ökonomische Einschalung des privaten Lebens stellt ein funktionalistisches Ambiente zur Verfügung, dessen Innenräume hinter der Wohnungstür im Prinzip jedoch ebenso kleinbürgerlich dekoriert werden dürfen wie im sozialen Wohnungsbau des Westens, wobei das abgeschottete private Innere als heimeliger Zufluchtsort in der DDR eine noch größere Rolle spielt.

Von der wilhelminischen Klassengesellschaft bis in die Privatsphäre der »klassenlosen« sozialistischen und der entgegen anderslautenden Behauptungen immer noch sozial klassifizierten Gesellschaft der Bundesrepublik, in der lohnabhängige Massen nur einen größeren Anteil am Bruttosozialprodukt des reichhaltig Gestalteten beanspruchen dürfen, spannt sich eine Konstante: Im Wohnen feiert der unbelehrbare Massengeschmack am Billig-Schönen hüben wie drüben seine stillen Triumphe über die normative Bevormundung durch ein besseres Design bzw. dessen Apologien. Es ist das Mehrheitenvotum der kollektiv-privaten Identifikation mit einer Formenwelt, die neben dem Offizialdesign ihre eigene Modernisierungsgeschichte durchläuft. So gibt es eine nie geschriebene zweite Designgeschichte hinter jener ersten, von deren Höhepunkten in der Literatur immer die Rede ist. In den gelebten Nutzergeschichten des Allerweltschönen ist eine Doppelfallstudie historisch angelegt, die noch zu den unerledigten Forschungsaufgaben zur deutsch-deutschen Gemeinsamkeit oder Verschiedenheit bis 1989 zählt.

Wer sich in die Geschichte der Design-Subkulturen beider Seiten vertieft, darf sich nicht ängstigen, dabei im Nachhinein das Fürchten zu lernen. Er hätte die Pflicht zum genauen Hinsehen: Die beiden teils konkurrierenden, teils übereinstimmenden Massenprodukt-

Abb. 133: Sitzgruppe aus dem Neckermann-Katalog 1982/83

Gebrauchskulturen spiegeln Lebensweisen unter realkapitalistischen und realsozialistischen Verhältnissen – ein einmaliges historisches Experiment der Gleichzeitigkeit auf deutschem Boden.

Frei flottierende Warenästhetik im Westen, die Wünsche weckt und kanalisiert, Breite des ästhetischen Ausdrucks als Forderung für den sozialistischen Entfaltungsanspruch in der DDR – es steckt hinter der marktwirtschaftlichen Programmlosigkeit wie hinter der planwirtschaftlichen Einführung des ästhetischen Differenzierens letztlich auch ein populistisches Motiv. Das vielgescholtene Massenschöne bildet hier wie dort in aller Fragwürdigkeit lebensweltliche Bezugssysteme aus, die sich mit Alltagshandeln und Erfahrungsgeschichte füllen. In diesen gelebten Kulturen der gewöhnlichen Gemütlichkeit, in denen die Warenästhetik ihre Kolonialisierung der Bedürfnisse oder der Mangel das Wünschen betreiben, verschwindet nicht nur alles »gute« Design. Vor allem das ganz »schlechte« erscheint hier integriert. Es findet plötzlich in aller Widersprüchlichkeit seinen rechten Platz, im Westen so gut wie im Osten.

Mit der Normalisierung des Konsums lehrt die soziale Aneignungsgeschichte des Massenschönen, wo in beiden Republiken populäre Designgeschichte gemacht worden ist: Im Gebrauch gerade nicht von den theoretischen und institutionellen Gestalterwartungen geprägter Produkte werden Beziehungen ausgelebt und findet soziale Kommunikation statt. Üppigkeit, Dekor, anonymes, doch immer reiches Design bestimmen das private Ambiente. Der Stahlwerker in Oberhausen und der Chemiearbeiter in Bitterfeld können sich über das Repräsentativ-Praktische einer plastikfurnierten Schrankwand oder über die Schönheit einer Polstergarnitur leicht

Abb. 134: Lampen-Angebot bei Karstadt, 1986

verständigen. Oft stammen die im Westen angeschafften Stücke aus einem volkseigenen Möbelkombinat. Auch auf das Automobil könnte man sich einigen: Das wäre allerdings ein im Westen hergestelltes. In wichtigen Teilbereichen der technoästhetischen Konsumkultur erweist sich das sozialistische Produkt im Gebraucherurteil als unterlegen.

In beiden Gesellschaften wird ein Massenanspruch unabweisbar, dem sich auch die Designinstitutionen, nicht nur die Marketingstrategen oder die Wirtschaftsplaner beugen müssen. In der Bundesrepublik sehen sich Designer zunehmend vom Druck der Kritik entlastet, wenn sie *nicht* nach den Normen der Offizialkultur entwerfen. Auch eine zunächst ausgegrenzte Figur wie Luigi Colani rückt Ende der siebziger Jahre in ein anderes Licht. Plötzlich findet man seine praktischen Verbesserungsvorschläge in schwungvoller Linienführung durchaus erwägenswert. Colani begeht später sogar den bewussten Fauxpas, mit Entwürfen für dekorative Lampen im Massengeschmack dem anonymen, von jedem besseren Wissen verschonten Banaldesign Raum zu geben. Im Übrigen scheint das berüchtigte »Großmaul« der Designerzunft vor keiner Um- oder Überstaltung irgendeiner Produktgattung zurückzuschrecken, was zu exotisch gestylten Entwurfsblüten, aber auch zu überraschend praktischen Einfällen der Funktionsoptimierung (vgl. DUNAS 1993) führt.

Der designpolitischen Norm gemäß gibt es in der DDR keinen Colani. Genialisch-extrovertierte Gestalter bleiben Produkte des liberalistischen Westens mit seinem Bedarf an Individuation, Differenz und Prominenz, angeheizt vom Designbetrieb und von den Medien. Was Spießigkeit, Phantastik und Verbreitung des Banaldesign im Westen wie im Osten betrifft, hat es keinen Sieger gegeben. Exotisch

Abb. 135: Lampen-Angebot in einem Laden der DDR, 1985. Foto Ulrich Rödiger

Abb. 136: Sprelacart-beschichtete Blumentische. Ausgestellt in einem Möbelgeschäft in Halle, 1986

wirkende Subkulturen des Banalen werden im privaten Konsum auf beiden Seiten breit ausgelebt. In beiden Teilen Deutschlands muss es dafür genügend einfallsreiche Entwerfer und absatzorientierte Produzenten gegeben haben. Bis heute bleibt unerfindlich, weshalb es keine geschriebene Geschichte dieser allseits beliebten, massenhaft produzierten und verbrauchten Formen des Gewöhnlichen gibt. Sie lagen, solange die beiden Staaten nebeneinander existierten, sichtbar an der Oberfläche zweier Kulturlandschaften des Alltagslebens.

Das ökologische Intermezzo

Während der Konsum in der DDR noch politisch gefördert wird, gibt es in der Bundesrepublik erste zaghafte Versuche einer theoretischen Neubestimmung der Designziele im gesellschaftlichen Gesamtinteresse und erste Aussteiger aus der warenästhetischen Professionalität. Man entdeckt den Mangel an Design im Bereich öffentlicher Investitionen, vergleicht die Situation mit der »Diskrepanz zwischen privatem Wohlstand und öffentlicher Armut«, fordert »Bedürfnisforschung« im Sinne neuer soziologischer Aufmerksamkeit gegenüber dem realen Konsumverhalten und plädiert für eine »Förderung und Auszeichnung von umweltfreundlichen Produkten und Produktionsmethoden« (vgl. ANDRITZKY/BURKHARDT/LINDINGER 1975).

Die Ökologieproblematik beginnt, die Designtheorie zu durchdringen und die primäre Kapitalismuskritik zu überlagern. Die Ölkrise Mitte der siebziger Jahre macht neue Abhängigkeiten des Produktionssystems deutlich, die schockartig das Bewusstsein gegenüber der Verschleißgestaltung schärfen. Das Hauptinteresse der Kritik gilt nun nicht mehr der unauflöslichen Bindung von Unternehmensinteressen, Warengestaltung und Werbung, wofür es eindringliche Beispiele gibt (vgl. z. B. ROST 1971), sondern der Umweltfreundlichkeit des Produzierens und Gebrauchens, der Schonung der Ressourcen und der sozialen Handhabe des Gestalteten beziehungsweise der Nichtbeachtung dieser neuen gesellschaftlichen Wertkriterien. Design erscheint nun in einem anderen Licht als Problemlösungsmöglichkeit, weniger als Problem.

Lucius Burckhardts 1977 erhobene Forderungen an ein demokratisch-zivilisiertes Massenprodukt sind programmatische Verweise auf die ökonomische, soziale und ökologische Vernunft: »Besteht es aus Rohstoffen, die ohne Unterdrückung gewonnen werden? Ist es in sinnvollen, unzerstückelten Arbeitsgängen hergestellt? Ist es vielfach verwendbar? Ist es langlebig? In welchem Zustand wirft man es fort, und was wird dann daraus? Lässt es Benützer von zentralen Versorgungen oder Services abhängig werden, oder kann es dezentralisiert gebraucht werden? Privilegiert es den Benützer, oder regt es zur Gemeinsamkeit an? Ist es frei wählbar, oder zwingt es zu weiteren Käufen?« (BURCKHARDT 1985, S. 55)

Mit der Verbreitung subkultureller Lebensformen sogenannter Aussteiger und dem erwachenden Umweltbewusstsein werden auch Praktiken des Selbermachens in bewusster Entgegensetzung zur herrschenden Konsumkultur und zum perfektionistischen Fertigdesign akut. Eine neue ökoästhetische Kreativität schafft sich ihr eigenes Design – vom Hochbett bis zum Hüttendorf. Vor diesem

Abb. 137: Sofa aus Altreifen. Entwurf Jochen Gros in Zusammenarbeit mit der Des-In-Gruppe Offenbach 1974

Hintergrund entwickelt beispielsweise die Offenbacher DES-IN-Gruppe ab 1974 Vorschläge, aus Industrieabfällen brauchbare und schöne Dinge zu machen. Es ist eine leise Praxis des Protests, ein Schattendesign in den Nischen der Industriegesellschaft, keine Alternative fürs Ganze. Aber vom Sofa aus alten Autoreifen, von den Teekisten-Möbeln und Lampen aus gebrauchten Blechen (vgl. L. MÜLLER 1977) geht eine zeichenhafte Wirkung aus.

Für Aussteiger ist die Idee eines Recycling-Design nach Kompetenz und Vorstellung des Gebrauchers konsensfähig. Nicht nur der professionellen Glätte der Waren und der Verschwendung, auch der Arroganz des Designers gegenüber dem Gebraucher wird eine Absage erteilt. Das Prinzip ist in der sich ab Mitte der siebziger Jahre entfaltenden alternativen Produktionsszene verankert. Bernd Löbach wird später Beispiele vor allem aus der Dritten Welt in einer Sammlung von *Alternativen zur fremdbestimmten Massenproduktkultur* publizieren (LÖBACH 1983).

Auch im Feld traditioneller Freizeitnutzung entwickeln sich Verhaltensweisen, die sich gegen das professionelle Fertigdesign richten. Was mit dem Anschwellen der Do-it-yourself-Bewegung und dem Boom der Baumärkte aus privater Gestaltungslust entsteht, ist selten dargestellt und ernstgenommen worden (vgl. OSTERWOLD 1981). Im Westen mag diese Alternative sozialproduktiven Verhaltens durch das reiche Angebot von Heimwerkermaschinen, Rohstoffen und Halbfertigfabrikaten, in der DDR eher durch Findigkeit, wo man so etwas herbekommt, bestimmt sein. Es ist eine zweite Ökonomie in erkennbar ästhetischer Ausformung, die nicht nur von vielen Industriezweigen ausgebeutet wird, sondern auch volkswirtschaftliche und kulturelle Werte schafft. Im West- wie im Ostalltag handelt es sich um produktive Tätigkeiten, in denen

Abb. 138: Hüttendorf bei Gorleben, 1979

Abb. 139: Automatische Transferstraße im Volkswagenwerk, 1979

das Gestalten mitgelernt wird. Mit eigenem Werkzeug wird eine Produktion betrieben, die ästhetische Qualitäten freisetzt, auch wenn die fremdbestimmten Leitbilder des Schönen dabei nicht aufgebrochen werden. Es werden Kompetenzen zurückerobert, auch wenn dieses Eigen-Design wenig ökonomisch und oft nicht gerade umweltfreundlich ist. Es bildet, zusammen mit den professionellen Design-Alternativen, sichtbare Ansätze zu einer anderen Produktkultur auf symbolischer Ebene. Eine wirklich tragfähige Alternative in Konkurrenz zur herrschenden Produktions-

wirklichkeit und zum Massenkonsum entsteht so aber nicht – weder auf der Ebene der Bastler noch auf der Basis des Recycling-Design junger Protestierer gegen den Betrieb. Beide Produktionsformen sind zeitgenössische »Szenen«, die sich abspalten, wobei die Gesetze der allgemeinen Warenproduktion nur umgangen, aber nicht außer Kraft gesetzt werden. Im Osten verhindert die anhaltende Mangelbewirtschaftung öffentliches Nachdenken über ein sanfteres Produzieren und Verbrauchen. Immerhin zwingt die Rohstoffknappheit zur Verwertung von Ge-

Abb. 140: Hi-Fi-Anlage. Entwurf Peter Hartwein/Braun-Produktgestaltung, 1983

brauchtmaterialien. Im Westen bildet die auf Gewinnmaximierung ausgelegte Marktwirtschaft ein unüberwindliches Hindernis für das Prinzip der ökologischen Vernunft.

Die Ökologiedebatte, so notwendig und berechtigt sie ist, muss vor diesem Hintergrund ins Leere laufen. In der DDR kann man sie sich nicht leisten. In Westdeutschland wird sie theoretisch, das heißt ohne nennenswerte Folgen geführt, wie auch die *Kritik der Warenästhetik* (HAUG 1971) keinen Einfluss auf das Design und die Produktkultur gewinnt. An keiner Stelle ist der ökonomische Funktionalismus zu brechen, der in der Modernisierung des gesamten Produktionsbereichs, dem das Design zuzuarbeiten hat, seine eigene Gestaltungskraft entfaltet. CNC-gesteuerte Werkzeugmaschinen, programmierte Produktionsabfolgen, Computerhilfe bei Konstruktionsaufgaben werden in der zweiten Hälfte des Jahrzehnts zu Errungenschaften vieler Unternehmen. So klafft ein unüberwindlicher Graben zwischen den tatsächlichen Bedingungen der Fabrikation und den Alternativen einer anderen Gestaltungspraxis, während Robotersysteme die lebendige Arbeit aus den Werkshallen verdrängen und ein neuer Schub der Rationalisierung einsetzt. Zwar flackert die Ökologiedebatte gelegentlich wieder auf wie in einer Initiative des IDZ Berlin (*Produkt und Umwelt*, 1974), aber trotz anhaltender Notwendigkeit, umwelt- und ressourcenschonend zu produzieren, wird sich auch das Gesamtgestaltprodukt des wiedervereinigten Deutschland nach 1989 davon wenig beeindruckt zeigen.

Heute gelten »Kriterien wie materialsparende und demontagefähige Konstruktion, Reparaturfähigkeit, ästhetische Langlebigkeit (...) als notwendige Voraussetzungen bei der Entwicklung umweltverträglicher Produkte« (STEFFEN 2000, S. 59), aber die müssen sich rechnen. Vor allem müsste das ökologische Prinzip auf ein überbordendes Angebot luxuriös ausgestatteter Produkte angewendet werden, denen der Verschleiß einprogrammiert ist. Im westdeutschen Design der siebziger Jahre hat demnach kein folgenreicher ökologischer Aufbruch stattgefunden. Die Diskussion blieb randständig und wurde von Formereignissen der Designszene und unbeeinflussbaren Gewohnheiten im Alltag überlagert. Erst im Zeitalter der Energieverteuerung und des Klimawandels ist sie wieder aufgelebt.

In das Designmanagement und die professionelle Entwurfsarbeit drangen ökologische Vorbehalte jedoch kaum ein. Die Warengestaltung erfolgte weiter nach gesicherten marktwirtschaftlichen Prinzipien und entwickelten Designmethodologien. Wer sich als Designer von ökologischen Skrupeln hätte behindern lassen, wäre bald brotlos geworden. Hightech-Produkte in perfektionierter Glätte und ein breitgestreutes Banaldesign zwischen spätfunktionalistischer Stilisierung und traditioneller Dekoration beherrschen das Bild am Ende der siebziger Jahre, ehe diese gleichmäßige Landschaft durch Impulse von außen und Brüche im überlieferten Entwurfsbewusstsein belebt wird.

Die neue gestalterische Freiheit

»Postmoderne« bezeichnet als unscharfer Hilfsbegriff eine Situation des philosophischen und ästhetischen Denkens (vgl. z. B. WELSCH 1988) und ein neues Erscheinungsbild zeitgenössischer Architektur, das zum Beispiel in Formen der »Micro-Architektur« (vgl. FISCHER 1990), einer Spielart des internationalen Avantgarde-Design, sein verkleinertes Echo findet. Zunächst lässt sich der Begriff zur Sammelbezeichnung zweier Designphänomene ab der ersten Hälfte der achtziger Jahre nutzen, ohne damit etwas zu erklären.

Auf der einen Seite taucht im Bild industrieller Serien oder sie vorbereitender experimenteller Produktformen ein Erscheinungstyp auf, dessen Charakter durch Stilzitate, Materialakzentuierung, spielerisch montierte oder collagierte Formvielfalt, üppige Plastizität und freizügige Farbgebung bestimmt ist. Er tritt mit einem ästhetischen Gestus auf, der alles, was bisher als Ausdruck zeitgenössischen Designdenkens galt, in den Schatten stellt, das heißt, der moderner als die Moderne wirken will. Auf der anderen Seite werden handwerklich produzierte Einzelentwürfe veröffentlicht, deren rücksichtslos antifunktionale, expressive Ästhetik mit allen Normen bricht, die bisher für eine ernstzunehmende Entwurfspraxis, auch für eine elitäre oder kunsthandwerkliche, galten.

Während die neuen industriellen Pilot- oder auch Serienentwürfe dem internationalen Standard technisch-funktionaler Perfektion, gestalterischer Glätte und semantischer Zeitgeistgebundenheit entsprechen, zeugen die ungebärdigen künstlerischen Unikat-Entwürfe von einer Sonderentwicklung in der Bundesrepublik und Westberlin (vgl. BORNGRÄBER 1989). Designpraxis und -theorie in der DDR verhalten sich abwartend bis ablehnend; man spielt bei dieser Entwicklung nicht mit; sie ist, vom Osten aus gesehen, auch zu exotisch.

Der von der internationalen Avantgarde-Architektur und ihrem Hang zur Übernahme von Formen aus der Geschichte und von der Tradition techno-ästhetizistischer Haltungen beeinflusste industrielle Entwurfstyp setzt im Prinzip – unter Berücksichtigung neuer soziologischer, ästhetischer und technologischer Vorgaben – jene differenzierende Warengestaltung fort, die dem Design durch Marktdaten und Erwartungshaltungen der entwickelten Erlebnis-, Genuss- und Lifestyle-Gesellschaft, mit entsprechenden Spielräumen und Einschränkungen, vorgeschrieben ist. Hingegen wird in der betont antiprofessionellen, das heißt künstlerischen Realisation subjektiver Entwurfsvorstellungen radikal mit dem Mechanismus der Marktrücksichten, dem sogenannten guten Geschmack und mit Gebraucherbezügen gebrochen, wobei sich eine Palette produktsprachlicher Formulierungen aufsummiert, die in ihrem abenteuerlichen Wildwuchs bisher nicht vorstellbar war. Nicht nur, dass der Individualismus binnen weniger Jahre ungeahnte Triumphe feiern kann und plötzlich exotische Einzelstücke auftreten; vielmehr geht es um eine neue Konkurrenz von Kunst und Design. Letztlich stellt sich in diesem Subjektivismus des Gestaltens die Sinnfrage nach dem industriellen Produzieren und allen Anpassungen an den Designprozess, dem sich das Serienprodukt verdankt. Die Rolle des Designers scheint neu bestimmbar.

Eine Auslöserfunktion für die Formbefreiung ist dem neuen italienischen Möbeldesign zuzuschreiben, das in Westdeutschland, anders als in der DDR, seit Beginn der achtziger Jahre direkt rezipiert werden kann. Italien verfügt zu der Zeit bereits über eine Tradition der Entwicklung abweichend-freier Formen, die bis in die fünfziger Jahre zurückreicht, und weist seit Mitte der sechziger Jahre eine Geschichte belegbarer Ausbrüche auf. Diese Vorgeschichte mit ihrer Verbindung zur Pop-Art wird bei Fischer (1986) übersichtlich dargestellt. Zu erinnern ist ein frühes italienisches »Anti-Design« oder »Radical Design«, in dem sich Verweigerungshaltung, Anleihen bei der zeitgenössischen Kunst, Suche nach unverbrauchten Formen und ironische Verstöße gegen die Gesetze guter Gestaltung vermischten. Vor diesem Traditionshintergrund (vgl. SPARKE 1989, S. 186 ff.) entwickelt sich die ästhetische provokante Entwurfsgrammatik von Gruppen wie *Studio Alchimia* (seit 1976) oder *Memphis* (seit 1981), deren Produktverfremdungen und virtuose Collagen als Ideenimport in Westdeutschland rezipiert werden.

Vor allem die Memphis-Entwürfe von Ettore Sottsass (vgl. RADICE 1985) und die Theorie des »Banal-Design« (MENDINI 1981) machen Furore. Wie ein Echo auf die italienischen Impulse (vgl. z. B. die Ausstellung *Provokationen. Design aus Italien*, 1982) werden Aktivitäten freigesetzt, die sich unverzüglich in Gruppen- oder Galeriegründungen und einer medienwirksamen Ausstellungstätigkeit (vgl. Kat. *Möbel perdu*, 1982; *Gefühlscollagen – Wohnen von Sinnen*, 1986; *Design Dasein*, 1987) niederschlagen (vgl. ALBUS/BORNGRÄBER 1992).

Anders als in Italien (mit vorbereitenden Schüben über Jahrzehnte hinweg, die man als eine Art Proto-Postmoderne bezeichnen kann), gelingt hierzulande der Ausbruch aus der industriellen Gleichförmigkeit in die künstlerische Befreiung in einem Übersprungeffekt. Mit Beginn der achtziger Jahre gelangen spektakuläre Einzel- und Gruppenleistungen deutscher Design-Künstler in die Öffentlichkeit – es beginnt überhaupt das Medienereignis Design. Das Aufsehenerregende, immer Neue schiebt sich in den Vordergrund dessen, was als Design wahrnehmbar wird. Doch sind berufssoziologische und ästhetisch-ideologische Unterschiede gegenüber Italien zu beachten. Dort handelt es sich um arrivierte, in die übliche Entwurfspraxis integrierte Industriedesigner, die sich früh auf formale Experimente mit heterogenen Materialien und auf ein ironisches Spiel mit den Klassikern der Moderne einlassen. Ihre Provokation liegt im scheinbar konsequenten Bruch mit der Funktionsmoderne, die experimentellen Entwürfe wirken intellektualisiert und souverän in ihrer Professionalität. Bei vielen deutschen Designkünstlern spricht dagegen der existentielle Hintergrund der Arbeits- und Auftragslosigkeit mit; er schafft künstlerisch-individuelle Freiheitsräume, trennt aber nachhaltig von Mitgestaltungsmöglichkeiten der Industriekultur (vgl. *Schöner Wohnen* 9/1986). Die Hoffnung auf persönliche Erfolge zwingt zur ästhetischen Auffälligkeit und Unverwechselbarkeit. Andererseits schwingt in den heftigen Verfremdungen die Erwartung mit, dass das Absurde in eine neue Qualität der Dinge umschlagen und sich so die eigene Arbeit mit Sinn füllen werde. Als »Kritik am konventionellen Industrie-Design« (EISELE 2000) müssen diese Entwürfe durchweg gelten.

Mit Nachahmern der italienischen Formerfindungen haben die expressiven Sinnsucher nur gemeinsam, dass auch sie in den industriellen Material- und Trivialkulturen einen bislang unentdeckten Reichtum von Ausdrucksmöglichkeiten entdecken. Auch sie bemächtigen sich vorfindlicher Formen oder des Fundus von Halbfertigfabrikaten nach der Methode der Collage, der verfremdenden Montage und des Zitats, um das »Ende des Funktionalismus« (vgl. WICK 1983), das um 1968/70 schon einmal ausgerufen worden war, in knallig-bunten, romantisch-verspielten, rau-entzweckten oder punkigen Formen zu besiegeln. Sie stoßen in einen Leerraum und mischen das von massenhaft verbreitetem Trivialdesign, Guter Form und High-Tech-Entwürfen beherrschte Feld vorfindlicher Produktkulturen in unerwarteter Frechheit und Frische auf – auch wenn der Impuls binnen weniger Jahre verebbt, vom Kulturbetrieb aufgesogen, kommerziell verwertet oder einfach ausgelebt (vgl. EISELE 2000).

Während das Design der kühlen internationalen Postmoderne Nähe zur Architektur hält, durch die »eine neue Ära des prachtvollen Pluralismus und des befreiten (oder liberalen) Eklektizismus« (COLLINS 1990) für die westliche Welt begonnen hat, wirkt der sperrige Subjektivismus im neuen westdeut-

Abb. 141: Stuhl aus geschweißtem Stahlblech. Peter Schmitz, 1984 (Unikat)

schen Interior-Design solitär. Das Phänomen lässt sich in den gewohnten produktkulturellen Strukturschemata nicht unterbringen. Handelt es sich um ein Anti-Design, eine Variante von Kunst, eine Lebensstil-Produktion von Aussteigern oder um eine warenästhetisch konsumierbare Mutante inmitten eintönig trivial-technoider Produktlandschaften? Es gibt nun erst recht keine einheitliche, linear beschreibbare ästhetische Entwicklung mehr, wie sie sich in der Geschichte der Formgebung angeblich immer abgebildet haben soll (vgl. z. B. den von Erlhoff 1990 für den Rat für Formgebung zusammengestellten Band *Deutsches Design 1950–1990*). Mit Einsetzen des individuellen künstlerischen Protests zerfällt der produktkulturelle Komplex in das Massenschöne (das nie für vorzeigbar oder designhistorisch für beachtenswert gehaltene Trivialdesign), in das Offizialdesign (das wirtschafts- und kulturpolitisch geförderte Produkt designorientierter Firmen) und in das neue wilde Künstler-Design (die Kultszene provokativer Attitüden).

In der DDR existieren praktisch nur die beiden erstgenannten Varianten – das zurückhaltend-anständige Vorzeigeprodukt und das mit traditionellen Dekorelementen angereicherte Massenschöne. Mit Verwunderung und Ablehnung werden die westlichen Vorstöße registriert. Denn bisher galt im Westen wie im Osten die Übereinkunft, dass Kunst im Design, das als eigene Disziplin industriebedingter Gestaltung aufgefasst wurde, nichts zu suchen habe.

Westdeutsche und westberliner Gruppen oder einzelne »Gesamtkunstgewerbler« (SCHNEIDER-ESLEBEN 1986) schert das nicht; sie sparen sich alle Übergänge, die es im italienischen Möbeldesign von 1965 bis 1981 gegeben hatte, um sich an die Spitze des Protests gegen gültige Designnormen zu setzen. Plötzlich gibt es eine kunstgewerbliche Avantgarde, allerdings nur für einen Bereich des Design, der immer schon dem individuellen Einfall offener stand als andere Entwurfsfelder des Alltags. Möbeldesigner kann nun jeder werden, dessen Entwürfe sich von anderen unterscheiden und in einer Designgalerie wie Kunstwerke präsentieren lassen. So befreien die Produzenten dieser »Zwitter aus Kunst und Gewerbe« (LECATSA 1986) sich von allen traditionellen Wertvorstellungen des modernen Design, um die Protestgebärde zu stilisieren. Das Memphis-Syndrom grassiert und setzt eine neue »Bruch-Ästhetik« (FISCHER 1984) frei, der überraschend ausdrucksstarke oder ironisierende Formen gelingen.

Gruppen mit vielversprechenden Namen setzen sich im Ausstellungsbetrieb durch, aber auch Einzelkünstlerinnen und -künstler drängt es in die Designgalerien, die in den Metropolen entstehen. Der hohe Grad an Publizität macht zweierlei sichtbar: Wie aus spielerischen Entwürfen Kunst- und Kult-

Über Theorie und Praxis des Design 1968–1989 271

Abb. 142: Schrank aus Kellerfenstergittern, Beton und Buchenholz. Ulrike Holthöfer und Axel Kufus, 1985 (Unikat)

objekte werden (vgl. *Kunstforum* 82/1986), und wie ein schrilles Design zum Medienereignis aufsteigen kann, was vorher keinem seriösen Entwurf gelang (vgl. *Gefühlscollagen – Wohnen von Sinnen*, 1986 im Düsseldorfer Kunstmuseum). Auf der documenta 8 erhält der Aufbruch in den künstlerischen Subjektivismus die höheren Weihen kultureller Anerkennung (vgl. ERLHOFF 1987).

Gleichzeitig irritiert der Einbruch der kühlen Postmoderne in Gestalt einer neuen Zitatkultur im leitbildhaften Entwurf besonderer Produktreihen oder avantgardistischer Ensembles aus der Hand international renommierter Architekten und Designer. Die Traditionalisten des Funktionalismus zeigen sich ratlos. Denn die ästhetische Ausstattung sowohl von Eliteprodukten als auch banaler Serienprodukte unterliegt zunehmend einer Stilisierung, die auf die veränderte gesellschaftliche Bedürfnislage in der Freizeit- und Kulturgesellschaft Bezug nimmt. Es gibt bald, neben den expressiven Kultobjekten für die Klasse lifestylebewusster Gebraucher, neue produktsprachliche Mittel der Unterscheidung sowohl zur unmittelbar vergangenen Alltäglichkeit als auch innerhalb des soziokulturellen Gefüges demonstrativen Gebrauchens in der Gegenwart – ungeachtet einer latent mitgelieferten Uniformität, die zwangsläufig aus modischen Überformungen des Serienprodukts folgen muss.

Vor diesem Hintergrund homogener Vielfalt behauptet die künstlerische Unikatkultur ihre unverwechselbare Kontur. Sie hebt auf Sammler, Freaks und distinktionsbedürftige Einzelkonsumenten ab; zugleich sprengt sie den Konsens auf Design als industrielles Medium. Dabei wechseln die neuen kunsthandwerklichen Produzenten-Entwerfer aus einer Abhängigkeit in die andere. Sie treten von der Rolle des Lieferanten für den Massenproduktmarkt zum Kunstmarkt über.

Betont intellektualisierte und spielerische Formvarianten lassen sich von expressiven, rohen Materialcollagen unterscheiden. Das Gemeinsame ist, dass die Einzelstücke ihre je eigene Interpretation als Kunstentwürfe, nicht als Gebrauchsobjekte fordern. Im Gegensatz zu den meisten zeitgenössischen Serienprodukten setzen sie auf Sensibilität der Rezeption. Betrachter, Benutzer oder Sammler geraten in ein Spiel zwischen Provokation und ästhetischer Erfindung, Kunst und Design, das oft absichtlich auf ein Unentschieden angelegt ist: Die Objekte markieren einen Zwischenraum der Entscheidungsfreiheit, insofern sind sie in der Tat postmodern. Der genialische Habitus der Herstellung wird ebenso bedeutsam wie die phantastische Form des Produkts. Trotzdem scheint hinter vielen Einfällen mehr als der Hang zur Selbstdarstellung von Produzenten und Rezipienten oder der Zwang zur Durchsetzung auf dem Design-Kunstmarkt zu stehen.

Für den industriellen Normalfall ist Design längst zu einer subsidiären, hochspezialisierten Technik des Marketing geworden, mit einem entsprechend selektiven Arbeitsmarkt. Vielen Jung-Designern und -Designerinnen bleibt oft nichts anderes übrig, als sich frei experimentell zu bewegen oder den Beruf zu wechseln. Der Ausstieg in das handwerklich gefertigte Unikat erlaubt dagegen greifbare Realisationen. So entstehen auf der Scheidelinie von Design und Kunst gelegentlich Formen von besonderer Reflexivität und hoher semantischer Faszination. Was professionelle Designer sich im Entwurf von Serienprodukten nicht leisten können, wird in den Hinterhofateliers der Bricoleure auf ebenso überraschende wie überzeugende Weise möglich: Im Entwurf eine Antwort auf die kulturelle Situation zu geben, etwas sichtbar zu machen, was im üblichen Design sich derart intellektualisiert oder sensibel nicht äußern kann oder darf.

»Consumer's Rest«

Ein inzwischen klassisches Beispiel ist *Consumer's Rest* von Stiletto (Pseudonym für Frank Schreiner) – ein Objekt, bei dem das Prinzip des Zitats und der Dekonstruktion des Zitierten zum Zuge kommt. Zitiert wird nicht nur das Ding, der Supermarkt-Einkaufswagen, von dem Millionen im Einsatz sind (vgl. *Gefühlscollagen – Wohnen von Sinnen*, 1986), sondern auch sein Gebrauch, beides in der Verfremdung. Der Korb ist vorn aufgeschnitten, das Gitter gerundet nach unten weggebogen, damit man darin sitzen kann – aber vielleicht ist es mehr ein Objekt zum Betrachten. Denn nun ist der Supermarkt im Wohnzimmer präsent – das Unikat macht »salonfähig«, was massenhaft jeden Tag zwischen musikberieselten Endlos-Regalen hin- und hergeschoben wird. Es arbeitet mit dem Widerspruch von Individualisierung und Massenhaftigkeit. *Consumer's Rest* ist aber auch Symbol einer gebrochenen Beziehung zur Designgeschichte: Die erste industrielle Revolution verarbeitete den natürlichen Rohstoff (Thonet), die zweite brachte das Halbfertigfabrikat aufs Montageband (Breuer), die dritte dreht das Automatenprodukt handwerklich zum Künstler-Unikat um. Vormoderne, Moderne und Postmoderne sind in den drei Schritten identifizierbar.

Aus dem vergesellschafteten Gebrauchsobjekt (alle besitzen – der Idee nach – ein einfaches Ding zum täglichen Gebrauch) ist ein elitär-individueller Gegenstand geworden, der den gesellschaftlichen Originalgebrauch reflektiert. Der eigentliche Zweck des Objekts wird aufgelöst zugunsten eines entsozialisierten, scheinbar auch entindustrialisierten Genusses. Wer in *Consumer's Rest* sitzt (oder auf irgendeinem anderen Stuhl der künstlerischen Design-Avantgarde), meint »über den Dingen« zu schweben, das heißt, der Produktionsgeschichte und dem Massenkonsum entkommen zu sein, oder aber er genießt ironisch die Unaufrichtigkeit seiner Haltung.

Stiletto spricht von »Gestaltungsschäden«, die er Produkten zufügt, als stoße ihnen durch seinen Eingriff ein Unfall zu. Der Designer als Beschädiger der Dinge? Durch seine Eingriffe verändert Stiletto Funktion und Bedeutung von Ursprungsobjekten so, dass zwei Funktions- und Bedeutungsebenen sich untrennbar überlagern. Objekte, denen er »Gestaltungsschäden« zufügt, als hätten sie noch nicht genug Schaden durch Design erlitten, werden plötzlich wieder wahrgenommen, nachdem die Gewöhnung sie ins Abseits der Nichtbeachtung befördert hatte. Ein Einkaufswagen ist das banalste Produkt, das man sich denken kann. Es gibt ihn in Massen, jeder gleicht dem anderen. Nur manchmal fallen sie im Missbrauch oder in der Vereinzelung auf: Wenn ein Obdachloser den mit seiner Habe vollgepackten Karren schiebt, wenn Kinder Wagenrennen spielen, oder wenn ein solches Gefährt, leer, leicht ramponiert und verlassen in der Ecke einer Tiefgarage oder am Straßenrand steht, von aller Zweckbindung befreit, aber beunruhigend einsam. Doch Stiletto interessiert sich nicht für das moderne Vanitas-Motiv. Er demontiert oder schneidet ein, um ein Ding zu verwandeln und es dadurch mehrdeutig zu machen. Er arbeitet als Handwerker, Umgestalter und Künstler.

Vermutlich waren bei den ersten Versuchen am Einkaufswagen Seitenschneider, Stahlsäge oder Flex zur Hand. Zum Biegen der aufgetrennten Korbwanne wurden Schraubstock, schwerer Hammer und behandschuhte Hände gebraucht. Der Eingriff ist radikal und hätte, auf dem Abstellplatz eines Supermarktes verübt, strafrechtliche Verfolgung wegen grober Sachbeschädigung nach sich gezogen. Stiletto vergeht sich gezielt an Serienprodukten, den heiligen Kühen der Konsumgesellschaft. Er beschädigt das Design-Endprodukt, den Warenkörper schlechthin, vor dem er kei-

Abb. 143: Lounge Chair »Consumer's Rest«. Frank Schreiner (Stiletto Studios). Prototyp 1983

nen Respekt zeigt. Man darf dieses Vorgehen eine hintersinnige Designmethode nennen. Denn der Schaden, den er der Sache zufügt, erweist sich als neuer Nutzen, wenn auch nicht als sonderlich ernst gemeinter. Welcher Sinn soll darin bestehen, dass man statt eines Einkaufswagens einen Einkaufsstuhl von fragwürdiger Brauchbarkeit vorgeführt bekommt?

Consumer's Rest, anfangs in Handarbeit gefertigt, später in kleinen Serien fabrikmäßig reproduziert, hat rasch Kultcharakter gewonnen, wurde häufig ausgestellt und in der Designliteratur zitiert oder analysiert. Alles weist darauf hin, dass es hier nicht um praktischen Gebrauchswert, sondern um Wahrnehmungs- und Erkenntniswert geht. Der Entwurf fällt in eine Zeit des Aufbegehrens und der Verweigerung junger Gestalter, die sich zu einer alternativen Szene gruppierten, was wiederum eine Gründungswelle schräger Design-Galerien nach sich zog – mit Westberlin als Hauptstadt der Bewegung. Im wesentlichen handelt es sich um kuriose oder schrille Sammlerstücke im Kontrast zu den eher langweiligen Highlights des Designbetriebs. Auch *Consumer's Rest* ist ein Schaustück, das seinen Weg zu Sammlern fand, die sich mit solchen Objekten in der Wohnung profilierten. Diese Aneignungsweise hat die Spitze des Entwurfs ein wenig abgestumpft, so wie seine Aufstellung im Museum von einer längst beruhigten Protestkultur erzählt. Man muss *Consumer's Rest* daher am historischen Ort seines Entstehens und Erscheinens im gleichsam handwarmen Zustand imaginieren, um zu verstehen, weshalb er schockartig erhellende Wirkung erzielte und immer noch erzielt, wenn man ihn anschaut, um über den Eingriff und sein Ergebnis nachzudenken: »Mit wenigen und einfachen handwerklichen Eingriffen machte Stiletto aus einem bekannten einen neuen Gegenstand mit entsprechend neuen Bedeutungsebenen: Er trennte die Frontseite des Einkaufswagens auf, verbog die Seitenteile nach außen und schuf mit diesen vergleichsweise minimalen Eingriffen aus dem bekannten Einkaufskorb auf Rädern eine ungewöhnliche Sitzgelegenheit, einen Einkaufswagenstuhl (...). Durch wenige handwerkliche Eingriffe überführt er den Gegenstand also nicht nur in eine neue Form, sondern auch in eine neue Funktion, die jenseits der ursprünglichen liegt (...). Mit der Namensgebung ist wie beim Objekt selbst ›ein Ding gedreht‹ worden, denn in diesem einen Gegenstand werden zwei Gegenstände gleichzeitig wahrgenommen: Der Sessel ebenso wie der Einkaufswagen.« (EISELE 2000, S. 149 f.)

Damit ist der Sachverhalt rekonstruiert, nicht aber die Provokation. Sie könnte das Resultat von Entwurfskomponenten gewesen sein, die insofern anstößig waren, als kein industrieabhängiger Entwerfer sich getraut hätte, diese Prinzipien anzuwenden: eine ironische Variante von Design- und Gesellschaftskritik und das unbekümmerte Basteln mit und an Readymades. Man darf Stiletto einen einfallsreichen und frechen Bricoleur nennen oder einen Design-Piraten oder einen seine Distanz zum Design definierenden Künstler. Produktstörung, Displacement von Funktionen, Gebraucher-Irritation, Designbezweiflung sind seine Strategien.

Consumer's Rest ist mehr als nur ein Paradebeispiel freien Entwerfens in den achtziger Jahren, veranstaltet von kunsthandwerklichen Ich-AGs, die das kulturbeherrschende Industriedesign konterkarieren wollten. Stilettos Entwurf ist auch keine simple Anti-Geste, sondern versetzt das Massenprodukt in einen anderen Zustand von Banalität, wobei eine Spannung zwischen zwei banalen Zuständen entsteht. Ob es sich um eine künstlerische Stellungnahme zur Warenkultur, oder, ohne dass der Entwurf deren Terrain verlässt, um eine maskierte Kritik handelt, bleibt offen. Vielleicht ist *Consumer's Rest* ein sokratisches Objekt, das den Benutzer nach dem Sinn seines Wollens und Tuns fragt.

Es gibt diesen Entwurf in einigen Varianten: mit oder ohne Rollen, farbig lackiert oder pseudo-vergoldet oder in einer kleinen Version für Kinder. Alles zunächst Prototypen oder Kleinstserien in handwerklicher Fertigung. Stiletto hat abermals für Verwirrung gesorgt, als er die Brüder Siegel in Leipheim, Produzenten des Ausgangsobjekts, veranlasste, *Consumer's Rest* in kleinen Serien zu fertigen. Auf den ersten Blick erscheint die industrielle Auflagen-Reproduktion des ursprünglich kunsthandwerklichen Unikats inkonsequent. Wir haben erneut ein Massenprodukt, nun mit reproduzierter Beschädigung, vor Augen, wie ein Stück Konzeptkunst oder ein Anti-Design. Zurück bleibt die Irritation, dass Design wie ein Kunstkonzept zu denken geben kann, als ein Entwurf, der auf Produktions- und Rezeptionsmöglichkeiten im Zeitalter der Reproduzierbarkeit aller Akte und Objekte Bezug nimmt. Und dass es Designer gibt, die über ihre Profession, nützliche Produkte zu gestalten, spielerisch hinausgehen, um Betrachtern und Gebrauchern Fallen zu stellen – perfide und erheiternd. Wo immer Design auftritt und sich plakativ definiert, behauptet es, eine Ent-Störung zu bewirken, Fehler zu beseitigen, etwas funktional oder ästhetisch Verbessertes in die Welt zu setzen. Stiletto macht mit dem *lounge chair* (wie *Consumer's Rest* auch bezeichnet wird) und anderen Produkten seiner Werkstatt das Gegenteil.

Der Kult mit Artefakten

Wie Stiletto mischen sich andere Künstler-Entwerfer mit ihren Objekten teils erhellend, teils verwirrend in die Designdiskussion ein. Auch Einzelwerke wie der zyklopenhaft zusammengeschweißte Eisenstuhl von Peter Schmitz oder der Kellerfenster-Schrank aus Eisengitter und Beton auf Buchenholzstämmen von Holthöfer/Kufus leben vom gebrochenen Bezug zur industriellen Welt, der sie noch im Distanzierungsversuch verbunden bleiben. Mitte der achtziger Jahre möchten junge Gestalter sich selbst in ihren Entwürfen wiederfinden. Damit kehrt ein künstlerisches Verhalten zur Welt der Dinge, von jeder Funktionalismustheorie als unprofessionell und antiquiert ausgeschlossen, in eine Sonderpraxis des Entwerfens zurück. Schon die »Ästhetik des Anti-Funktionalismus« in Italien enthielt den Versuch, vor etwas zu fliehen (vgl. RAGGI 1973). Es war die Einsicht in die Begrenztheit der Fortschrittsparallelität von Technik und Ästhetik oder die Erkenntnis, dass die Sinnproblematik der Industriekultur das Design überholt hat. Darauf reagieren die »jungen Wilden« in Deutschland mit individualistischer Geste und Anti-Design. Professionelle, an postmodernen Formdifferenzierungen interessierte Designer antworten jedoch auf eine neue Bedarfslage ihrer Klientel, indem sie deren Lifestyle-Orientierung entsprechen. Im Grunde weichen beide Strategien der Sachlichkeit der Automation und der Effizienz des Computers als lebensbestimmende Gewalten aus. Nur dass im zweiten Fall der Anschluss an internationale Trends postmoderner Ästhetisierung gesucht wird. Dabei kann individuelle Entwurfslust nicht ausschlaggebend sein, aber sie erweist sich als nützlich, um in der Erweiterung der Palette ästhetischer Formulierungsmöglichkeiten Produkte neu zu profilieren. So beginnt sogar das Traditionsunternehmen WMF, neben gängigen Produktlinien Sonderprogramme aufzulegen. Darin werden ungewohnte ästhetische Realisationen erprobt, unter anderem mit dem Ziel, sie in das Serienprogramm zu integrieren. Matteo Thun, Jo Laubner und andere werden für den Entwurf von Kleinserien verpflichtet – ungewöhnlich bei einem Unternehmen, das lange unauffällig-zweckgebundenes oder traditionell-dekoratives Gerät für Küche und Tischkultur geliefert hatte. Es gibt einen ausbaufähigen Markt für Lifestyle-Produkte in der Absonderung von der Masse. Stil wird zum Ausdruck des kulturellen Spiels der Unterscheidung, so dass in der Folge auch der kunsthistorische Blick in die Designpublizistik zurückkehrt und der Stilvergleich zum Mittel der Beschreibung wird. Von den Flaschenkühlern, Tabletts, Tafelaufsätzen und Eisbehältern für die Edition La Galleria von WMF heißt es: »Alle Objekte bestehen aus Silber oder Messing, Acryl oder Marmor. Sie halten stilistisch die Balance zwischen dem Architekturdesign der coolen Neo-Moderne amerikanischer Ostküsten-Provenienz und der norditalienischen narrativ-symbolischen Memphis-Linie.« (FISCHER 1990, S. 273) Kunstwissenschaftliche Deskription

Über Theorie und Praxis des Design 1968–1989 277

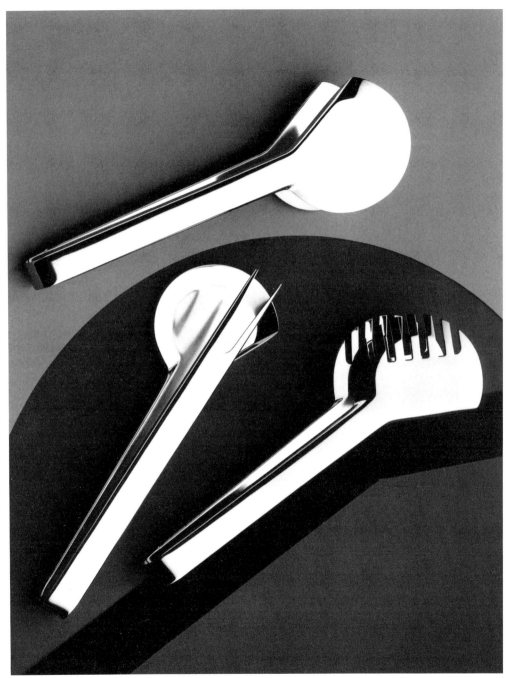

Abb. 144: Servierzangen »Gourmet«. WMF Geislingen. Entwurf Idea-Produkt-Design, 1988

löst Fragen nach ökonomischer Effizienz, Gebraucherfreundlichkeit, Funktionsnähe usw. ab, die bisher auch an ein Design von geringem Komplexitätsgrad zu stellen waren.

Volker Fischer (1990, S. 269 ff.) spricht jedoch auch von einer »Kulturisierung der Alltagsprodukte«. Kaufkraft und neue Konsumentenprofile erfordern aufwendig Durchgestaltetes. Innerhalb des von der Marktwirtschaft schon reichlich bedienten, von Marketing- und Designstrategen abgetasteten Bedarfs bekommen neue Konsumentengruppen angemessene Genussobjekte gleichsam in die Hand entworfen wie den (ab Seite 315 behandelten) Wasserkessel für Alessi von Richard Sapper.

Abweichend vom Begriff Kultivierung, der die Eingliederung von Produkten und Nutzern in einen epochalen Kontext von Ästhetik und Gewöhnung beschreibt, kann man unter Kulturisierung das In-den-Vordergrund-Treten von Artefakten und den Kult, der mit ihnen getrieben wird, verstehen. Plötzlich erscheint Gestaltetes als besonders reizvoll und schätzenswert.

Formen der Kultivierung, aber auch der Kulturisierung sind in der Designgeschichte zu beobachten, sobald eine prosperierende Gesellschaft von Konsumenten ihren Kult mit Dingen treibt. Jugendstil und Art Déco eigneten sich hervorragend für eine Kulturisierung, auch die sachliche »Form um 1930« stellte Proto-Hightech-Kultobjekte zur Verfügung. Zugleich gab es eine Kulturisierung des Banalen als Abglanz der Hochkultur der Artefakte. Im Laufe der achtziger Jahre zeigt sich der Aufstieg von Design zum prominenten Ausdrucksmittel der Kulturgesellschaft und damit ein Höhepunkt der Kulturisierung.

Etwas Schönes, Herausgehobenes zu besitzen und damit im Trend zu liegen, ist ein Bedürfnis, das durch Design gereizt und befriedigt werden kann. Der Kult um international bekannte Entwerfer-Stars und postmoderne Leitobjekte entspricht dem Druck von Darstellungs- und Teilhabebedürfnissen, die sich, wie in den Objekten der obskuren Begierde selbst, in den Medien gespiegelt und bestärkt sehen. Design wird zum Ereignis. Selbst schlichte Haushaltsgeräte wie ein Bügeleisen gebärden sich als dekorative Skulpturen und werden schon in der Entwurfszeichnung eventhaft inszeniert.

Mittlere und große Unternehmen bringen immer mehr durchgestylte Produkte auf den Markt, veröffentlichen »Designstudien«, das heißt Aufmerksamkeit heischende Entwürfe oder visionäre Prototypen und sprechen von einer neuen »Produktphilosophie«. Mit den Designstrategien verbindet sich, was in Gestalt der Corporate Identity (vgl. OLINS 1990) besondere Bedeutung gewinnt – der Gesamteindruck, zu dem ein Unternehmen und seine Produktlinien verschmelzen. So entsteht unter dem Druck der Markendifferenzierung ein unübersichtliches, relativ gleichförmiges Feld miteinander konkurrierender Firmen-

Abb. 145: Espressomaschine »King«. WMF Geislingen. Entwurf Matteo Thun, 1989

stile und Designer-Handschriften, das in der Summe zwar einen ästhetischen Pluralismus dokumentiert, aber auch das Auge ermüdet, weil es sich letztlich um die Uniformität des gewollt Nicht-Uniformen handelt.

Die Kulturisierung der industriellen Artefaktenwelt ist ein globales Phänomen. Das Entwerferpotenzial organisiert sich nicht mehr nur im kleinen Entwurfsbüro oder in der Designabteilung eines Unternehmens, sondern zunehmend in Dienstleistungsfirmen, die – als professionelles Gegenüber zu den kunstgewerblichen Gruppierungen – aufgrund ihrer Ausstattung mit technischem Know-how und hochqualifizierten Spezialisten beliebige Entwurfsaufgaben lösen und wie zum Beispiel frogdesign, Kunden in aller Welt betreuen können. Möglicherweise ist das eine Antwort auf die Nachfrage nach komplexen Designstrategien. Der einzelne Entwerfer wirkt überfordert, wird zur historischen Figur. Hartmut Esslinger, ein traditionell ausgebildeter schwäbischer Designer, verfügt zehn Jahre nach der Gründung von frogdesign (1982) über Niederlassungen in Deutschland, Kalifornien, Singapur und Taipeh. Das Leistungsangebot ist total, Präsenz am Ort der Produktion inbegriffen; es reicht vom Entwurf von Firmennamen und der Corporate Identity über Werbemaßnahmen bis zum durchgestalteten Produkt (vgl. BRANDES 1992). Design beginnt, Weltkulturprodukt zu werden, zugleich kultische Inszenierung aller Artefakte.

»German Design« (vgl. den Versuch zur Identifizierung bei SCHÖNWANDT 1991) wird als Markenzeichen von einem variablen Produkterscheinungstyp oder einer konvertiblen Warenform, deren Sprache ebenso gut aus USA oder Japan importiert sein könnte, abgelöst. Die postmoderne internationale Designerelite arbeitet ohnehin grenzüberschreitend; sowohl in Leitprodukten als auch im anonymen Massenprodukt sind nationale Eigenheiten kaum noch zu identifizieren, so dass ein Beharren auf nationalkulturellen Standards unsinnig wird. Design züchtet das weltweit gültige Esperanto technisch hochentwickelter Produktkulturen heran. Vor diesem Hintergrund ist nun zu sehen, was sich in Deutschland ereignet.

Ab Mitte der achtziger Jahre stehen in der Bundesrepublik spielerische, barbarisch-expressive oder gebrochen-reflektierende Designkunst-Entwürfe dem Komplex plastisch und farbig perfekt durchgestalteter industrieller Serien gegenüber. Das bedeutet eine andere Art der Konfrontation als die historisch bekannte Gegenüberstellung von Avantgarde-Entwurf und Trivialdesign. Es handelt sich um eine neue Qualität der Spaltung: Künstlerische Form und hochprofessionalisiertes internationales Design sind Ausdrucksvarianten einer luxurierenden Industriegesellschaft, deren Reproduktionsmechanismen den Reiz von Schrottmaterialien und provokativen Gesten ebenso rasch verbrauchen wie die glatten, wechselnden Warenstile.

Mit der Erschütterung des bisher im Begriff Design aufrechterhaltenen Glaubens, man könne die Welt durch Gestaltung ordnen, geht ein Verlust an Eindeutigkeit einher – ein durchgehendes zeitgeschichtliches Moment, das auch auf Wissenschaft, Technik, Ökonomie und Ökologie zutrifft (vgl. WELLMER 1985, S. 127f.): Nichts erscheint mehr widerspruchsfrei. Denn unter dem Begriff Postmoderne versammeln sich einerseits die weiterführenden philosophischen, politischen, ästhetischen, sozialen und praktischen Vorschläge zur Überwindung einer bloßen Kritik an der »technokratisch pervertierten Moderne« (WELLMER 1985), andererseits verdichten sich regressive Tendenzen der Ausflucht in den Kultraum privatisierter Lebensstile und Bewusstseinsmoden. Design wird zur Klammer von Widersprüchen und spiegelt die Mentalitäten, Lebensstile, Teil-

280   Der Weg in die Automation und den Massenkomfort

Abb. 146: Studie für ein kabelloses Bügeleisen im Rahmen einer Ausstellung »Design für alte Menschen«. frogdesign (Hartmut Esslinger), 1986

Abb. 147: Telefonstudie von Luitpold Hecht/Siemens Design Studio, 1986

kulturen, in denen das Ästhetische sichtbar an Boden gewinnt.

Insofern erfüllen die Dinge stärker als jemals zuvor vieldeutige Sekundärfunktionen und entsteht eine Gebrauch und Genuss transzendierende Wirkungsweise schöner Formen, in denen sich die scheinbare Leichtigkeit konfliktlosen Lebens in der Kulturgesellschaft spiegelt. Das Elend in der Dritten Welt, die ökologische Katastrophe und die Archaik grausamer neuer Kriege existieren in dieser Wirklichkeit nicht.

Unübersichtliches Gelände

Die »Moral der Gegenstände« (LINDINGER 1987) gibt es nicht mehr, seit der klassische Funktionalismus abgelöst ist, der traditionell als Ausdruck der Moderne, als Garant einer linear entwickelten Lebensrationalität im Industriezeitalter schlechthin, wie an der HfG Ulm, verstanden werden konnte. In der DDR wird Funktionalismus mit dem »Pathos der Sachlichkeit« (H. HIRDINA 1981) identifiziert, in dem am Ende die Ästhetik der Rationalisierung und der Taylorismus aufgehen. Doch nun löst sich im Westen diese lange für selbstverständlich gehaltene Verankerung des Prinzips Design.

Nach dem Abbau der Überzeugung von der evolutionären Kraft der rationalen Technomoderne gilt das Wort von der »Neuen Unübersichtlichkeit« (J. HABERMAS 1985) auch für ein Design, dessen sicher geglaubte Grundlagen sich auflösen, und für eine erfahrbare Produktkultur, die in viele generations- und sozialspezifische Teilkulturen, die in ständiger Bewegung sind, zerfällt (vgl. BOURDIEU 1982; BURCKHARDT 1986).

Damit geht ein langer designhistorischer Abschnitt zu Ende. Die seit de Stijl, der sowjetischen Produktionskunstbewegung und dem Bauhaus beschworene Identität von Zweck und Form (die allerdings immer eher eine Behauptung im Ästhetischen und darin eine Wirklichkeit des Symbolischen war) wird aufgegeben; künstlerische Ausgestaltung und technische Form entkoppeln sich im Erscheinungsbild einer Postmoderne, in der sich ein neuer Avantgarde-Begriff formuliert. Für die Theorie der klassischen Moderne war das Ineinssetzen der Praxis des Gestaltens mit dem Bewusstsein, die einzige und wirkliche Avantgarde zu sein, die nahezu ohne Traditionshintergrund in Neuland vorstößt, integraler Bestandteil des Denkens und treibendes Motiv des Handelns. Das entsprach der historischen Situation, in der sich Stijl-Theoretiker wie van Doesburg, Konstruktivisten wie Malewitsch oder Tatlin und die Jungmeister am Dessauer Bauhaus befanden. Diese Avantgarde konnte praktisch nur auf sich selbst verweisen, quasi als Speerspitze der Moderne.

Die Postmoderne hingegen verdankt sich einer Avantgarde des Zitierens. Vor allem das unerschöpfliche Art Déco, die urbane Konsumkultur der dreißiger, aber auch industrielle Massenprodukte der fünfziger bis sechziger Jahre und – ins Ironische gewendet – die klassische Moderne als Irrtum (vgl. z. B. *Kunstflug* 1983; *Kaufhaus des Ostens*, 1985; BORNGRÄBER 1986; HAREITER 1983; RADICE 1985; *Gefühlscollagen – Wohnen von Sinnen*, 1986) dienen als Material. Die neue Avantgarde nimmt sogar den Massenkonsumenten ihre abgeleitete, aber zur Brauchbarkeit verarbeitete Banal-Ästhetik weg; ein Trick, mit dem das einstmals als schlecht geltende zum Guten erklärt und den Unbelehrbaren als neue Kultur von oben verkauft werden kann. So wird das realverstandene Gewöhnliche zur Kunst stilisiert. Auf das Unikat beschränkt, beschäftigt dieses Sonder-Design die Öffentlichkeit zunächst als mediale Fiktion. Fernsehen und Illustrierte erweisen sich neben dem Ausstellungsbetrieb als Betreiber einer Sache, die es im Original noch kaum anzufassen gibt (vgl. *stern* 49/1983; 27/1986 oder *Der Spiegel* 51/1982; 2/1985). Ein »Medien-Design« ersetzt den greifbaren Gebrauchswert der Anschauung – ein neues Phänomen oder ein altes, das jetzt voll sichtbar wird: Design vom Hörengenauer Bildersagen, dessen Abklatsch man im Kaufhaus oder bei IKEA oder schön fotografiert in Magazinen findet.

Der Bruch äußert sich zunächst in der Subjektivität einer Gestaltungsgeste, die weder auf aneignungsgeschichtliche Erfahrung, noch auf die Herstellungsbedingungen des Massenprodukts Rücksicht nimmt. Damit ist der Grundkonsens über die gesellschaftliche Arbeit des Designers gekündigt; sie entkoppelt sich vom industriellen System in regressiven Akten der individuellen Stilisierung durch eine neue Design-Avantgarde.

In der DDR kann das nicht funktionieren. Im Westen gibt es Mitte der achtziger Jahre Design-Künstler wie noch nie. Ähnlich wie manche postmodernen Architekten weniger an der Ausführung ihrer Bauvisionen als an deren Aufnahme in die Medienberichterstattung oder ins Museum interessiert sind, entwerfen sie Einzelstücke oder Kleinserien-Modelle. Für deren Aura wird gesorgt: Noch nie ist so rasch »historisiert« worden wie Mitte der achtziger Jahre; die Apologeten der künstlerischen Avantgarde feiern schon, wenn der Lack auf den bizarren Formen noch nicht trocken ist (vgl. BORNGRÄBER 1986). Das ist aber nur die eine Seite der Entwurfswirklichkeit.

Bei den ästhetisch und marktstrategisch kühl kalkulierten Varianten des nachmodernen industriellen Entwurfs von Konsumgütern fehlt jeder bohèmehaft-verweigernde Grundzug des Künstler-Protests, wie er in den handwerklichen Entwürfen zu beobachten ist. Im professionellen Serienentwurf, zuvor in den elitären Sonder-Editionen, werden die produktsprachlichen Vokabulare und ikonografischen Potenziale durchgespielt, solange der Zitatenschatz reicht und die Kombinations-, Montage- und Umdeutungsmöglichkeiten zur Formdifferenzierung unerschöpflich scheinen. Das Phänomen der postmodernen Öffnung zur Beliebigkeit zeigt sich nicht nur in der ästhetisch-stilistischen Variation, sondern spiegelt sich auch in der Entgrenzung des Verhältnisses zwischen den Disziplinen Architektur und Design: Immer mehr Architekten entwerfen Produkte, immer mehr Designer gestalten Architekturen (vgl. FISCHER 1992) – wie um 1900, als der Aufbruch in die Moderne begann. Doch unabhängig von den zwischen Raumentwürfen und Objektgestaltung fluktuierenden Impulsen gleicht sich die produktkulturelle Landschaft im Konsumgüterbereich dem uniformen Bild schnittiger Sportartikel und bunter Freizeitausrüstungen an. Das breitgefächerte Banaldesign wirkt wie ein pointillistisches Muster zeittypischer Warenpräsenz: Vom Jogginganzug zum Filzschreiber, vom Mountainbike zum elektronischen Spielzeug, vom Bügeleisen zur Swatch-Uhr hebt der ästhetische Aufwand an den Dingen die Banalität der Objektwelt auf und bestätigt sie im gleichen Akt als unaufhebbar – eine Entwicklung, die im Investitionsgüterdesign nicht in gleicher Form mitvollzogen werden kann.

Gestaltung des Produktionswerkzeugs

Neben der Konsumsphäre mit ihrem immensen warenästhetischen Aufwand existieren Entwurfsbereiche, die immer noch primär von der Rationalität techno-ökonomischer Funktionen bestimmt, ein eigenes Design beanspruchen: Jegliches Produktionswerkzeug, von der komplizierten Maschine bis zum einfachen Arbeitsgerät, die Transportsysteme (Eisenbahnen, Trucks, Schiffe, Flugzeuge), die eher unauffällige Bestückung des öffentlichen Raumes (vgl. HAFFNER 1997), die apparative Ausstattung des Medizinsektors und nicht zuletzt das Arsenal der Waffensysteme.

Alle diese Realisationen technologischer und ästhetischer Kompetenz lassen sich unter den Begriff Investitionsgüterdesign subsumieren. Es klingt seltsam, aber Waffen sind Investitionsgüter, wenn auch destruktive. Die Rüstungsindustrie verbraucht Design in weit stärkerem Maße, als dies bewusst wahrgenommen wird. Man kann sie sogar als einen der Hauptanwender von Design bezeichnen. Vom Kampfanzug mit helmintegriertem Nachtsicht-Zielgerät bis zur mit Elektronik vollgestopften Fregatte handelt es sich um Technodesign, das auf funktionale Effizienz ausgelegt ist wie alle friedlichen Zwecken dienenden Produktions- und Investitionsgüter. Dass Schlachtschiffe oder Kampfpanzer ästhetisch beeindrucken, weiß jeder, der sie anschaut. Dahinter mag eine Psychologie der Faszination durch technische Gewalt wirksam sein. Ähnlich beeindrucken industrielle Produktionswerkzeuge im Großformat wie Hochofenanlagen in Betrieb oder Raffinerien des Nachts auf freiem Feld, die wie rätsel-

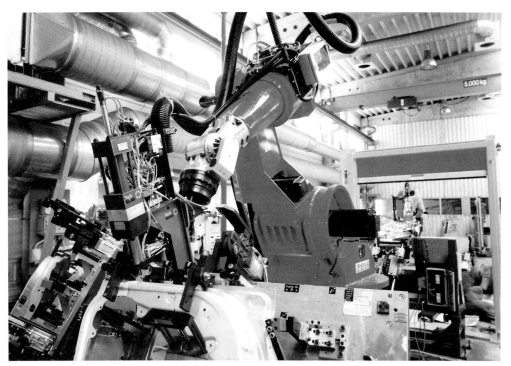

Abb. 148: Stanznietautomat (6-Achs-Knickarmroboter REIS RV 16) für die Jaguar-Tür bei Wagon, Waldaschaff. Reis Robotics (Reis GmbH & Co. KG Maschinenfabrik Obernburg). Ingenieurentwurf, installiert 2001

hafte, außerirdisch erhabene Installationen wirken.

Nahezu jedes Produktionswerkzeug oder Verkehrsmittel hat über seine Zweckbindung hinaus eine Form, die sich ästhetisch mitteilt und beeindrucken kann. Als technische Artefakte sind sie einem höheren symbolischen Ausdruck verpflichtete Formen, die nicht nur auf sich selbst verweisen. Es wäre naiv anzunehmen, man träfe hier auf lupenrein zweckrationale Problemlösungsmodelle. Nach Auffassung des Philosophen Slavoj Žižek folgen Designer immer einer unausgesprochenen Vordefinition von Funktion: »And even when they try to design a purely functional product, there is already a reflexivity of meaning at work.« (ZIZEK 2003, S. 36) Das gilt auch für Ingenieure.

Mit REIS RV 16, dem als Beispiel hier abgebildeten, gegenwartsnahen (2001 installierten) Robotersystem, begegnet man einer komplizierten Konstruktion für einen relativ einfachen Vorgang in der metallverarbeitenden Industrie, dem Stanzen und Nieten von Blechteilen. Menschliche Arbeit ist wegrationalisiert. Als rein technischer Entwurf ist dieses Werkzeug ohne Beteiligung von Designern entstanden. Die Anlage braucht keine Interface für Benutzer; deshalb darf sie sich so unübersichtlich darstellen wie sie ist. Jedes vermittelnd-erklärende Design fehlt. Als es noch um Arbeitsplatzgestaltung und Humanisierung der Arbeit im Produktionsfeld ging, war das eine Aufgabe für Investitionsgüterdesigner. Die Abschaffung der Arbeit hat das Problem gelöst: Das Maschinelle muss nicht mehr vermittelt oder abgemildert werden, es konfrontiert sich dem Betrachter/Benutzer unmittelbar als ein Design der Übertragung eines Bedeutungs- und Erfahrungsmusters von Technik.

Um auf Žižeks Hinweis zurückzukommen: Wer als Ingenieur irgendeinen Automaten konstruiert oder als Designer eine Maschine bedienungsfreundlich gestaltet, unterliegt selbst einem Design höherer Ordnung. Dass es die Automation als Prinzip gibt und dass sie sich als effektiv und profitabel erwiesen hat, macht sie praktisch unersetzlich. Aber ihre Existenz gewinnt auch im philosophischen Sinne Macht über das Bewusstsein der Beteiligten. Es ist wie beim Bau von Großflugzeugen. Scheinbar handelt es sich beim Airbus A 380 bloß um eine besonders effektive Lösung des Problems, Massenflüge auf ein Mammutgerät zu konzentrieren. Gleichzeitig bedeutet dieser Riesenvogel, der überall bestaunt wird, wo er probestartet oder -landet, weit mehr als nur eine technoökonomische Glanzleistung. Er bringt eine Ideologie der Machbarkeit, einen nicht ausgesprochenen Sinn zum Ausdruck, der die Rationalität des Entwurfs transzendiert.

Heute gibt es auf Investitionsgüterdesign spezialisierte Entwurfs-Unternehmen wie Neumeister & Partner, die sich damit einen Namen gemacht haben. Der Ulm-Absolvent Alexander Neumeister zeichnet für das Erscheinungsbild und funktionale Abläufe im Innenraum des ICE, des Transrapid, des japanischen Hochgeschwindigkeitszuges Shinkansen sowie einiger deutscher und europäischer Stadtbahnsysteme verantwortlich. Im Ergebnis beeindrucken die Arbeiten seines Teams durch zurückhaltende Eleganz. Aber auch ein derart dem Spektrum verkehrstechnischer Zwecksetzungen verpflichtetes Design unterliegt einer Vordefinition im Rahmen des Technikverständnisses, in dem es entsteht: Wer mit Transrapidvisionen spielt, um wenige Minuten Fahrzeit einzusparen, handelt mitnichten nur zweckgerichtet und funktionsoptimierend. Im Gegenteil: Er liefert eine Identifikation mit technischen Potenzen und Optionen ab. Das Produkt kommt zwangsläufig mit einer spezifischen Bedeutung ausgestattet in die Welt. Das ist zu berücksichtigen, sobald man von Investitionsgütern spricht. Denn diese Potenzen und Optionen unterliegen gesellschaftlicher und politischer Interpretation.

Das führt uns zurück in die Geschichte: Wir befinden uns immer noch auf dem Boden zweier historischer Welten: West- und ostdeutsche Investitionsgüter mögen einander in ihrer Form oft ähnlich gewesen sein. Sie sind jedoch im Umfeld verschiedener gesellschaftlicher und politisch-ideologischer Interpretationen des Wertes der Arbeit und damit verschiedener Auslegungen der Arbeitsumwelt- und Arbeitsplatzgestaltung entstanden. Die signifikanten Unterschiede sind hier wenigstens zu streifen.

Arbeitsplatzgestaltung erwies sich im Osten wie im Westen (vgl. *Kursbuch* 43/1986) infolge fortschreitender Modernisierung und Rationalisierung der gesamten Arbeitswelt nach Abschluss der jeweiligen Rekonstruktionsphasen beider Wirtschaftssysteme als notwendig. In zunehmendem Maße musste mit den technischen und ökonomischen Veränderungen auch die industrielle Arbeit selbst zu einem Gegenstand gestalterischer Problemlösungsversuche werden; denn mit dem steigenden Grad der Arbeitsintensität, der Einführung neuer Produktionstechnologien und höherer Komplexität der Produktionsabläufe wuchs auch die Notwendigkeit arbeitsmedizinischer, ergonomischer, psychologischer und ästhetischer Pflege der industriellen Arbeitssphäre. In der Bundesrepublik mussten Maßnahmen in einem Widerspruchsfeld zwischen Unternehmensinteressen, gewerkschaftlichen Zielen und dem Engagement von Designergruppen (vgl. z.B. RAT FÜR FORMGEBUNG 1975; das *Kleine Glossar* zu REFA und MTM in *Kursbuch* 43/1976; KLITZKE u.a. 1974; 1981) ausgehan-

Abb. 149: Wälzlagerinnenrundschleifautomat SIW 55. VEB Werkzeugmaschinenkombinat »7. Oktober«. Entwurf Gerhard Reimer, 1974

delt werden. Arbeitsplatzgestaltung hatte eine Chance, wo sich Design-Investitionen, die zusätzlich zu den technischen Modernisierungsmaßnahmen anfielen, durch höhere Arbeitseffektivität, weniger Ausfälle und ein verbessertes Firmenimage auszahlten; es gab keine Verpflichtung der Unternehmen, etwas für die Arbeitsumwelt zu tun.

In der DDR waren Effektivierung der Gesamtproduktion und Verflüssigung einzelner Arbeitsprozesse vorrangig ökonomiebedingte Planziele, die zu Anstrengungen in der Arbeitsplatzgestaltung führten (vgl. ARNDT 1976). Aber Arbeit wurde hier gesellschaftlich definiert – und mit ihr die Rolle des einzelnen Produzenten. In der Bundesrepublik gab es keine verbindliche Theorie der gesellschaftlichen Arbeit, auch nicht für Beiträge zur Gestaltung von Arbeitsplätzen. »Der Appell zur Humanisierung der Arbeit gibt dem Design gute Gelegenheit, sich in das Aufgabenfeld der Produktionsbetriebe hineinzuengagieren.« (BURANDT 1975, S. 17) Dies zu unterlassen oder zu tun, war freigestellt.

Dagegen wurde Arbeitsumweltgestaltung in der DDR zur gesellschaftlichen Aufgabe erklärt und gesetzlich durch Beschluss des Ministerrates (1984) verankert, um »Arbeitsbedingungen zu schaffen, die den sozialistischen Charakter der Arbeit zum Ausdruck bringen (...), eine Umwelt, die den Menschen stimuliert, seine Arbeitsfreude und Arbeitsleistung anregt (...), in der sich der werktätige Mensch gern aufhält« (KELM 1984) – so die offizielle Version. Das war nicht nur ein ideologisches Programm, das auf Zwänge zur Produktivitätssteigerung reagierte. Vielmehr wurde die Aufgabe unbeschadet ökonomischer Leitmotive und Planvorgaben, eingebunden in die politische Argumentation, mit philosophischem Eifer begründet und in Entwürfe umgesetzt (vgl. z. B. LUCKNER 1982; 1984; AiF 1985).

Lebendige und in den Produktionsinstrumenten und -einrichtungen vergegenständlichte Arbeit galt der Theorie der Arbeitsplatzgestaltung als zentrales Ereignis einer zur Anschauung gelangenden sozialistischen Produktions- und Vergesellschaftungsweise. Die »Entwicklung der Produzentenpersönlichkeit« in der »Strukturierung der Elemente der Arbeitsumwelt zu einem Erlebnisganzen« (LUCKNER) ließ sich als Teilziel der Entfaltung sozialistischer Produktivkräfte durch eine bewusste Ästhetik der Arbeit und der Arbeitsmittel verstehen und in die Ausbildung von Designern durch Praxis des Arbeitsplatzentwurfs in Zusammenarbeit mit Betrieben, die praktische Aufgaben stellten, integrieren. Aus westdeutscher Sicht mochte sich darin nur der Versuch abbilden, Einrichtungen einem anderswo längst erreichten Standard anzupassen. Man mag es heute falschen Idealismus nennen, mitten im maroden Produktionsfeld veralteter Technologien einem sozialistischen Traum von Produzentenkultur nachzuhängen. Aber selbst wenn vieles Entwurf blieb – es genügt nicht festzustellen, dass es sich um zwei verschiedene Wirtschafts- und Politiksysteme gehandelt hat. Es waren auf jeder Ebene zwei Kulturen, die sich verschieden definierten und die für unterschiedliche Sinnprojektionen auf das Gestaltbare sorgten.

Zwei deutsche Parallelkulturen

Leserin oder Leser mögen sich fragen, weshalb auf die Designkultur der untergegangenen DDR so ausführlich eingegangen wird. Doch man möge sich daran erinnern, dass Designgeschichte in Deutschland über 40 Jahre parallel produziert und gelebt worden ist. Es gibt keinen Grund, den Anteil der DDR an der Definition industrieller Produkte nicht zu würdigen, zumal dort angestrengter über die gesellschaftliche Bestimmung des Produkts und seiner Form nachgedacht worden ist als

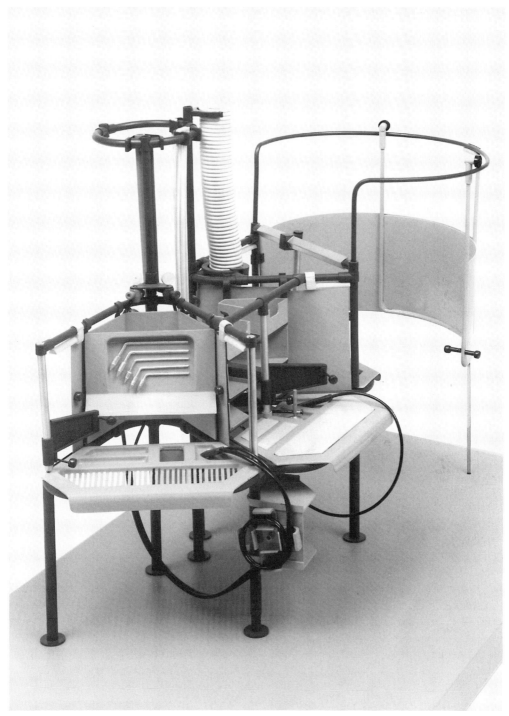

Abb. 150: Modell eines Arbeitsplatzes für Schweißer. Peter Luckner, 1985/86

im Westen. Im Rückblick handelt es sich um zwei Kulturen mit in Arbeit, Freizeit und Konsum unterschiedlich sozialisierten Menschen, die 1989 plötzlich aufeinandertreffen und sich verständigen müssen. Differenzen und Gemeinsamkeiten beider Kulturen sind hier wenigstens anzudeuten.

Der Prozess der Globalisierung und die Wiedervereinigung Deutschlands verlaufen historisch parallel. Das heißt, es setzen zur gleichen Zeit eine Modernisierung der westlich-kapitalistischen Wirtschaftsstruktur, die Sanierung der maroden, einst sozialistischen Produktionsgrundlagen, die Gleichstellung der Lebensbedingungen in Ost- und Westdeutschland und die Annäherung der beiden lange getrennt entwickelten kulturellen Sphären ein. Wahrscheinlich ist die Übernahme westdeutscher Konsumstandards die am reibungslosesten vollzogene Anpassungsleistung der Ostdeutschen gewesen, freilich um den Preis der Aufgabe eigener produktkultureller Identität: Die DDR-Alltagskultur in ihrer materialisierten Form wird 1989 schlagartig Abfall oder museal. Denn mit der Öffnung der Mauer strömt, sehnlichst erwartet, die schöne westliche Ware und mit ihr ein Glücksversprechen in den Kulturraum der ehemaligen DDR ein. Eine Ethnokultur des Gewohnten, kaum sozialistisch zu nennen, dennoch eigenwüchsig, wenn auch ein wenig verschroben, verflüchtigt sich bis auf den Grund der Lebenshaltung, nicht aber aus der Erinnerung. Obwohl das einst realsozialistische Design in allen Varianten rasch von der Bildfläche verschwindet, lässt sich ein abschließendes Urteil über den einmaligen Vorgang, in dem die eine Kultur von der anderen geschluckt worden ist, noch nicht fällen. Die Ansichten gehen hier auseinander (vgl. RECK 1991; SELLE 1991).

Inzwischen haben Designerinnen und Designer aus der ehemaligen DDR Auskunft über die Bedingungen ihrer Arbeit unter dem SED-Regime erteilt (vgl. BERTSCH 1991). Von Behinderungen durch Technologierückstand, Materialmangel, planwirtschaftlichen Bürokratismus und ideologische Bevormundung wusste man schon. Nicht abschätzbar war der tatsächliche Verrottungsgrad der Produktionsanlagen, das Ausmaß ökologischer Schäden und das Innovationsdefizit der realsozialistischen Wirtschaft. Doch unbestreitbare Tatsache ist: Trotz aller Erschwernisse hat es im ehemaligen SED-Staat eine industriell geprägte Alltags- und Produktkultur mit privaten Nischen und Differenzierungsmöglichkeiten gegeben. Obwohl der Mangel nie ganz behoben wurde und die »schizophrene Spaltung der Produktion in Waren für den Export einerseits und für den Inlandsbedarf andererseits« (OEHLKE 1991) Zugangsmöglichkeiten sperrte, einzelne Industrieprodukte wie der Trabi ihr Echo in der Witzliteratur fanden oder bei Öffnung der Grenze einer staunenden Weltöffentlichkeit die sprichwörtliche Exotik jenseits des eisernen Vorhangs vor Augen führten, lebte die Mehrzahl der DDR-Bürger Ende der achtziger Jahre auf ihre Weise versorgt, im Vergleich mit ihren Ostblocknachbarn fast wie in einem Paradies.

Zwar bleiben die Meinungen über eine dem westlichen Durchschnittsprodukt vergleichbare Qualität des Konsumgüterentwurfs aus der DDR geteilt, zumal ihm das aggressive Marketing fehlte und der Geruch planwirtschaftlicher Umständlichkeit anhing. Unzweifelhaft hat es aber ein professionell durchgearbeitetes Konsumgüterdesign gegeben, das zeitgemäßen Anforderungen an Funktionalität und Ansehnlichkeit standhielt und das auf dem westlichen Markt konkurrenzfähig war, wo es die No-name-Produktpalette westdeutscher Warenhausketten zu bereichern vermochte.

Ostdeutsches Vorzeigedesign hielt den Vergleich mit der Guten Form im Westen aus, wie sich im Nachhinein erwiesen hat. So entsprachen Entwürfe aus der Hochschule für Gestaltung Weißensee dem Standard des in Ulm entwickelten Funktionalismus (vgl. HÜCKLER, in: WETCKE 1997, S. 58 ff.), obwohl retrospektive Ausstellungen (z.B. *Vom Bauhaus bis Bitterfeld*, 1991) oder Publikationen (vgl. z.B. BERTSCH/HEDLER 1990) ein Bild ästhetischer Rückständigkeit im Konsumgüterbereich überliefert haben. Auch brauchte das Investitionsgüterdesign (Maschinen und Apparatebau) den Vergleich mit westlichen Produkten nicht zu scheuen (vgl. z.B. *Deutsches Design 1950–1990*, 1990). Offensichtlich verfügte die DDR in diesem Bereich, der spezialisierte Anwendung von Design als Methode fordert, um Bedienungs- und Arbeitsabläufe effektiv und benutzerfreundlich zu gestalten, über besondere Qualifikationsressourcen (vgl. HÖHNE 1992).

Auch zur Arbeitsplatz- und Arbeitsumweltgestaltung, die unter sozialistischen Zielsetzungen naturgemäß besonderes Gewicht erhalten musste, wurden respektable Anstrengungen auf Entwurfsebene unternommen, obwohl solche Bemühungen in den Betrieben oft kaum umsetzbar waren. Es gab in der DDR nirgendwo derart üppig ausgestaltete Arbeitsumwelten wie in westdeutschen Versicherungs- und Bankpalästen, auch nicht jene hochrationalisierten Fertigungsfelder in Fabriken, in denen kaum noch Arbeitende zu sehen waren. Die alte Produktionsstruktur wurde in der DDR bis an die Grenze der Belastbarkeit ohne durchgreifende Modernisierungsinvestitionen vernutzt, so dass Bestrebungen zur Arbeitsplatz- und Arbeitsumweltgestaltung einerseits umso notwendiger, andererseits umso hoffnungsloser erscheinen mussten. Die Design-Konkurrenz, hier eher auf einer politischen Legitimationsbasis ausgetragen, spielte sich vor allem im Konsumgüterbereich ab.

Über den spektakulären westdeutschen Phänomenen (Stichworte Unikat-Expressionismus, postmoderne Vielfalt, glatte Warenstile, Globalisierung der Entwurfsarbeit) in den achtziger Jahren, die von Designern und Theoretikern in der DDR sehr wohl wahrgenommen wurden, darf man nicht vergessen, dass in beiden Teilen Deutschlands eine anonyme Gestaltungspraxis weiterlief, um Konsumgüter im Rahmen akzeptierter Normen des Dekors zu modernisieren. Im Osten gab es gestandene Kunsthandwerker, aber keine Künstler-Designer wie im Westen. Der »Gestalt-Ingenieur« (siehe Dieter Rams), im Westen immer wieder gebraucht, um vor allem ergonomisch-funktionale Probleme zu lösen, ist genau besehen eine Figur, die gut darstellt, worauf die Ausbildung von Designerinnen und Designern in der DDR angelegt war. Aber natürlich fand dort auch das gewöhnlich Schöne oder Überdekorierte seine Entwurfslieferanten: die DDR-spezifischen Materialien, Dekore, Geräte und Möbelformen, wie sie in Wohnungen der Plattenbauten anzutreffen waren, sind in ostdeutschen Museen für Alltagskultur gesichert.

Gegenüber dem westlichen »Postmodernismus« hegte die Kritik in der DDR den Verdacht, er sei ein »Reproduktionsmuster von Entfremdung« (KÜHNE 1982). Hier verbot die mühevolle Anstrengung des Aufholens ökonomischer und technologischer Entwicklungsrückstände jede Spielerei. Materialmangel zwang zu grotesken Improvisationen, das Trivialdesign blieb im Vorgestern. Die Ökologiedebatte konnte man sich nicht leisten. Für beide konkurrierenden Systeme galt die Devise: mehr Wachstum, mehr Konsum, mehr Export. In der DDR galt es vor allem, sich vom Westen ideologisch abzugrenzen. So wurde der Funktionalismus als Ausdruck der »technisch-instrumentellen und der ökonomischen Rationalität des industriellen Fertigungsprozesses« und einer damit verbundenen sozialistisch interpretierten Arbeitskultur, die »über die Grenzen kapitalistischer Produktion« hinausweisen sollte (BÄCHLER/LETSCH/SCHARF 1982), beschworen und die im Kapitalismus entfremdete Schönheit des tauschwertbezogenen Objekts, hinter der die »Gestaltqualität Technik« verschwindet, oder die »Verkunstung der Technik und der Gebrauchsdinge« kritisiert. Noch einmal sollte ästhetische Lehre durch Gewöhnung an vorbildliche Produkte und als »Erziehung zur sozialistisch-kommunistischen Einstellung gegenüber den Dingen« (ebd.) funktionieren. Man fühlt sich an einen Vorschlag des Designers Horst Michel von 1947 erinnert, der über ein Gesetz die »Ausbeutung des Volkes durch Kitsch« (vgl. H. HIRDINA 1981, S. 147f.) verhindern wollte. Die »Durchschaubarkeit des Zusammenhangs von gesellschaftlichen Lebensprozessen, konkreter alltäglicher Lebenstätigkeit und geistig-kommunikativem Gebrauch gegenständlicher Umwelt« müsse »im Bewusstsein der Menschen gehoben werden« (BÄCHLER/LETSCH/SCHARF 1982, S. 101). Offenbar war sie im Osten so wenig gegeben wie im Westen.

Als das westdeutsche Vorzeige-Design erstmals kompakt in der DDR präsentiert wurde (*Design. Vorausdenken für den Menschen*, 1984), handelte es sich um eine Zusammenstellung glanzvoller Selbstdarstellungsprodukte, ausgelegt auf techno-ästhetisch gestützte Lebensqualität und effizienten Genuss. Keine Anspielung auf eine »Sehnsucht nach den leisen Dingen« (ACHLEITNER 1981), sondern eine überwältigende Leistungsschau, mit der die Wirklichkeit der DDR konfrontiert wurde. Hier sollten zwar bei erhöhter Effektivität des Rohstoff-, Material- und Energieeinsatzes in der Erfüllung des Fünfjahresplans von 1981/85 und darüber hinaus immer mehr qualitativ hochwertige Konsumgüter hergestellt werden. Aber da die Formgestaltung in den politisch legitimierten Planungszusammenhang der sozialistischen Produktions- und Lebenskultur integriert war und von dort Ziele gesetzt bekam, die so wenig anzweifelbar waren wie die Legitimation der gesamten Politik, konnte das Design in der DDR nur wenig Eigendynamik entfalten. Freilich war es ein Vorteil, sich als Entwerfer von gesellschaftlichen Zielen und Planvorgaben getragen zu sehen und auf die Festigkeit des ideologischen Standpunkts vertrauen zu können. Es gab in der DDR, im Gegensatz zum Stillstand sozialer Entwurfstheorien im Westen, eine ausgearbeitete Designtheorie, die den Zusammenhang von Produktions- und Aneignungsgeschichte, Ökonomie und Kultur, gesellschaftlicher Notwendigkeit und individuellem Bedürfnis herzustellen suchte (vgl. z. B. OEHLKE 1982).

Entwurfsfähigkeit konnte in der DDR auf ein Design der Geschichte bezogen oder daraus abgeleitet werden, so falsch der gescheiterte realsozialistische Gesellschaftsentwurf heute erscheinen mag: Er war der Bezugspunkt, dem auf der anderen Seite das Ideal der freien Marktwirtschaft gegenüberstand. Durch das Entwurfsbewusstsein west- und ostdeutscher Entwerfer zog sich daher eine ideologische Trennungslinie, die heute schon vergessen ist. Für Konsumenten war sie weniger deutlich wahrnehmbar, aber auch hier gab es verschiedene Perspektiven im Blick auf das ähnliche Produkt. Einerseits glichen sich die Reaktionsschemata auf Rationalisierungsschübe in den Arbeits- und Lebensumwelten weitgehend, wie man als Beobachter beider Kulturen feststellen konnte: Rückzug in die private Welt, in die Wärme der Eigenproduktion und die Selbsthilfe; Konsumgenüsse hinter dem Schutzschild sozialgeschichtlich verankerter (unter Gestaltgebungsgesichtspunkten beider Lager veralteter) Verhaltens- und Schönheitsnormen, Verkleinbürgerlichung als Zeichen von Widerstand oder Unvermögen, Festhalten an der Verdinglichung der Wünsche, ein blindes Handgemeinwerden mit den schönen oder hässlichen Dingen usw. – all dies wurde auf beiden Seiten, wenn auch nicht mit gleichen Schlussfolgerungen gesehen (vgl. z. B. ENZENSBERGER 1976; BÄCHLER u. a. 1982; LETSCH 1983; SELLE/BOEHE 1986). Andererseits vollzogen sich die Wahrnehmungs- und Verarbeitungsprozesse in unterschiedlichen ökonomischen, politischen, sozialen und kulturellen Umfeldern. Trotz der langen, gemeinsamen deutschen Vorgeschichte mussten sich im Rahmen der beiden Gesellschaftsformationen daher zwangsläufig andere Realansichten des Gestalteten und Brauchbaren herausbilden, verbunden mit eigenen Formen des Selbstbewusstseins. Es waren nicht nur die tatsächlichen ästhetischen oder produktqualitativen Unterschiede, es waren auch die in den vielen individuellen Sozialisationsgeschichten angelegten Deutungsmuster und psychisch verankerten Erfahrungen aus verschiedenen Lebenswelten, die in Wahrnehmung und Gebrauch ähnlicher Dinge zu verschiedenen Bewertungen führten: Beide Gesellschaftssysteme vermittelten sich über das sinnlich-soziale Umfeld, das sie ausdifferenzierten. Darin hatten auch die Dinge ihren Platz. Der geschärften Erfahrung des Vergleichs (»Zwar vom Westen, aber nicht vom Besten«) oder dem selbstgefälligen Auftreten westdeutscher Besucher in der DDR entsprachen Sicherheiten des Verwurzeltseins im eigenen Herkunfts- und Kulturhintergrund. Darin waren auch jeweils verschiedene Ansichten von Design angelegt.

Es sind die Konnotationen gesellschaftlicher Erfahrung am Gegenstand des täglichen Gebrauchs oder der Arbeit, die zur Außenansicht der Dinge eine Innenansicht bilden. Diese Konnotationen waren signifikant verschieden wie die beiden deutschen Produktions-, Politik- und Gesellschaftssysteme. Dazu gehörte auch die unterschiedliche ideologische Auslegung des Produzierten und Geformten.

Freilich ließen Nutzer sich davon nicht täuschen; sie verwechselten Ideologieproduktion für Design nicht mit Realproduktion von Erfahrung durch Ingebrauchnahme von Produkten. Für Konsumenten hier wie dort ging es um Teilhabe am gesellschaftlich produzierten Reichtum. Der Bestand an Produkten und Gewohnheiten, die Wirkung des Realen, bestimmte die Erfahrungsgeschichten.

Die deutsch-deutsche Gesamtkultur des Gegenstandsentwurfs (die ja nur Teil größerer Entwürfe der Lebensweise und Vergesellschaftung sein konnte) zerfiel in zwei verschiedene ideologische Aggregatzustände und bildete eigene Sozialkulturen gegenstandsgebundener Identität. Ein Grundzug der Unübersichtlichkeit und der Gleichzeitigkeit des Ungleichzeitigen hielt dieses Auseinanderfallende wiederum zusammen: Schwelgerische Phantastik des gewöhnlich Schönen, pseudobürgerlicher Historismus, verheißungsvolle Jugendlichkeit und gebrauchswertbetonte Sachlichkeit im Nebeneinander, dazu Steifheit in Dingen staatlichen Repräsentierens, Wildwuchs der Subkulturen; Ohnmacht des Offizialdesign – das gab es in beiden Wirklichkeiten – die eine farbiger und reicher, die andere grauer und ärmer. Heinz Hirdinas Vorschlag, das deutsch-deutsche Design über die Kategorien der »offenen« bzw. »geschlossenen« Form vergleichbar zu machen (vgl. HIRDINA 2004, S. 170 ff.), bleibt als systematisierender Ansatz zwar auf das Teilphänomen der Guten Form beschränkt, ist aber in der angedeuteten Erweiterung des Bezugs auf offene oder geschlossene Gesellschaften interessant und müsste im historischen Vergleich der beiden Parallelgesellschaften deutlicher herausgearbeitet werden.

»Offen« und »geschlossen« wären brauchbare Metaphern zur Kennzeichnung der beiden realen Alltagskulturen und der sie tragenden Ideologeme – die eine trotz Appetit auf die Errungenschaften des Westens in Verteidigungshaltung, die andere expansiv nach innen und außen wirksam. Die »geschlossene« endet 1989. Plötzlich sollen alle Deutschen gemeinsam im »Offenen« daheim sein. Wir wissen, dass das bei vielen im Osten Irritationen ausgelöst hat. Die Geschichte der deutsch-deutschen Ungleichheit ist auf dem Weg der Kolonialisierung der Lebenswelt der einen durch die ökonomische Übermacht der anderen Seite verlängert worden, der Identitätsverlust noch spürbar.

V Design im Zeitalter der Mikroelektronik

1 Produktform am Ende des 20. Jahrhunderts

Aufbruch in eine Weltproduktkultur

Nun kann nicht einfach weitererzählt werden. Drei Ereigniskomponenten stehen dem entgegen und brechen den bisherigen Verlauf von Designgeschichte. Die Digitalisierung großer Anteile der Lebenswelten fordert eine andere Betrachtungsweise als die analog strukturierte Objektwelt. Die Globalisierung des Prinzips Design reißt Ländergrenzen und Kulturschranken nieder. Und die sogenannte Postmoderne verläuft sprunghaft unübersichtlich: Wir erleben ihre ununterbrochene Regeneration anders als jene Phasen der Moderne, für die Design einst passgenauer Ausdruck gewesen ist.

Die globale technoökonomische Entwicklung zeigt sich vor allem auf dem Elektroniksektor hoch dynamisch und unberechenbar. Nichts ist mehr so wie früher. Materiell und immateriell ist Design in der Postmoderne angekommen. Dieser Begriff wird hier nicht zur Kennzeichnung einer Stil-Epoche verwendet, sondern im Sinne jenes Philosophen, der ihn erfunden und damit »nicht das Ende des Modernismus, sondern dessen Geburt, dessen permanente Geburt« gemeint hat (LYOTARD 1987 und 1990).

Für ein tiefer gehendes Verständnis der jüngeren Designgeschichte ist es ratsam, den Begriff Postmoderne nicht in der Klassifizierung ästhetischer Oberflächenphänomene zu verbrauchen, sondern ihn auf Fortsetzungsformen der Moderne und neue Anforderungen an die Arbeit des Designers zu beziehen. Von Anfang an war Designgeschichte ein Spiegelbild der jeweiligen Modernen und blieb die Entwurfsarbeit in die Produktionsgeschichte zwischen den industriellen Revolutionen eingebunden. Ihren ersten Umbruch erfährt sie bei der Ablösung der Dampfmaschine durch den Elektromotor. Ließ schon die Elektrifizierung Produktionsanlagen und Produkte schrumpfen und das Gestaltbare sich von unsichtbaren technischen Vorgängen emanzipieren, macht die Digitalisierung Schluss mit jeglicher Transparenz von Technik.

Man kann den Bruch zwischen der Epoche der mechanischen Moderne und der digitalen Postmoderne nicht genug betonen, denn es handelt sich dabei nicht nur um einen oberflächenästhetischen, sondern um einen technologisch-strukturellen, designspezifisch wirksamen und kulturell folgenreichen Paradigmenwechsel, bei dem die Erfahrung des Handfesten durch immaterielle Systeme und Produkte tendenziell abgelöst wird. Formgebung wird zu einer globalen Strategie des Handhabbarmachens zweier Produktkulturen in einer, bestehend aus realen und virtuellen Gestaltbarkeiten.

Das ist die neue, eben postmoderne Situation: Produkte können in traditionell sinnlich erfahrbarer Realgestalt oder in immaterieller, imaginativ-virtueller Form oder in einer Mischung von Hardware und Software auftreten.

So wird die jüngere Designgeschichte, wiederum von Technologieschüben geprägt,

296 Design im Zeitalter der Mikroelektronik

Abb. 151: Telefon-Modell »book«. Michael Lanz/Siemens Design und Messe GmbH, 1998

zum Abbild einer permanent sich erneuernden Postmoderne oder deren Geburtswehen. Der Aufbruch in die Dimension der Immaterialität und das Anwachsen der Arsenale technologischer Möglichkeiten und ihrer ästhetischen Zähmung hat die Produktlandschaften der letzten Jahrzehnte des zwanzigsten Jahrhunderts verändert. Es wird auch immer schwieriger, weiterhin von einer typisch deutschen Entwicklung zu sprechen. Was auf der Gestaltebene materieller und immaterieller Produkte zu beobachten ist, spiegelt ein weltweites Geschehen, wobei Globalisierung hierzulande auf Designebene nie ein Problem war: »Deutsches Design hat sich (…) von Anfang an perfekt internationalisieren lassen (…). Das globalisierte Produkt war bereits Realität, bevor die Diskussion, wie ein solches auszusehen hätte (…), an Dynamik gewann.« (KUPETZ 2004, S. 132) Als Exportschlager war der »Käfer« ein globales Produkt, ehe man den Begriff kannte. Und schon lange tummeln sich deutsche Designer im Ausland oder engagieren deutsche Firmen ausländische Designer. Luigi Colani (kein Italiener, gebürtiger Berliner) hat für Auftraggeber in aller Welt gearbeitet (vgl. DUNAS 1993), Richard Sapper den italienischen Hersteller Alessi beliefert, frogdesign (Hartmut Esslinger) sich weltweit zwischen neotechnoider Sachlichkeit und futuristischem Fun-Barock (vgl. *frogart* 1988) profiliert.

Esslinger bediente Unternehmen wie AEG, Villeroy & Boch, Siemens und WEGA, aber auch Sony, Samsung, Sharp, Olympus, Panasonic, Microsoft, Apple, Philips, SAP und andere. Der Gehäuse-Entwurf für den Apple IIc (1984) und der Entwurf zum NeXT-Computer-System (1986) stammen von frogdesign. Um 1990 arbeitet diese Firma für hundert Kunden in 16 Ländern. Ihre etwa siebzig Beschäftigten, rekrutiert aus elf Nationalitäten, sorgen 1991 für mehr als zehn Millionen US-Dollar Umsatz. Von frogdesign entworfene Produkte verkaufen sich weltweit für Milliarden Dollar (vgl. BRANDES 1992, S. 41).

Man darf Esslinger einen Entwurfsunternehmer und einen deutschen Großdesigner von globalem Format nennen. Es spielt keine Rolle mehr, ob ein Produktentwurf aus der EU oder Fernost stammt. Neue Technologien und Produkte kennen so wenig Grenzen wie das Shareholder-Kapital, das ihre Verbreitung ermöglicht. Jeder Automobilhersteller beschäftigt heute in seinen von der Öffentlichkeit streng abgeschirmten Entwicklungsateliers ausländische Spitzendesigner und international zusammengesetzte Teams. Kein Käufer irgendeines Daimler-Chrysler-, Ford-, Opel- oder Porsche-Modells weiß, welches Formdetail noch aus deutscher Hand stammt. Die Behauptung, es gebe noch ein unverwechselbares nationales Designprofil, beruht auf einer Wunschvorstellung. Anlässlich der Ausstellung »*Weltmeister – Design Deutschland im Haus der Gegenwart*«, 2006 vom Rat für Formgebung in München veranstaltet, stellte ein Experte im Magazin der *Süddeutschen Zeitung* erfreut fest: »Deutsches Design schreit selten laut. Es drängt sich nicht auf, es will hochwertig und praktisch sein«. (HUFNAGL 2006, S. 6) Das klang verheißungsvoll. Aber der Mann kannte keinen Möbeldiscounter von innen und hat auch die Panzerarmee überschwerer Limousinen und Geländewagen, die den Stadtverkehr beherrscht, nicht wahrgenommen.

Die deutsche Designöffentlichkeit ist alles andere als still und praktisch. Und die in der Ausstellung gezeigten ca. 150 Alltagsobjekte als »typisch deutsch« (Kurator Andrej Kupetz) zu bezeichnen, war eine Behauptung pro domo. Gewiss gibt es auf dem Markt Produkte, denen man ihre Herkunft aus deutscher, italienischer oder anderer Herkunft noch ansieht. Doch werden nationale Profile zunehmend verschliffen und verliert sich die Spur unterscheidbarer produktsprachlicher

Idiome im Dschungel multinationaler Konzernverflechtungen. Selbst mittelgroße Unternehmen wie die deutsche Resopal GmbH, seit 1998 Eigentum des Laminatherstellers Wilsonart International, der in fünfundvierzig Ländern operiert, sind heute Global Players. Resopal ist überall gleich anwendbar. Wo die Dekor-Designer am Computer sitzen, ist egal, ebenso wer wo einen Mikrochip entwickelt und produziert, oder einen Kartoffelchip, der auch ein weltweit gültiges Design verkörpert.

Eine Geschichte der Globalisierung des Design müsste noch geschrieben werden. Sie vollzieht sich nicht nur an Produktformen, sondern verläuft in deren strukturellem Hintergrund als Folgeerscheinung weltweit ökonomischer Öffnungen und Verbindungen, die den Entwurfsmarkt ebenso wie das Produktangebot entgrenzen. Das geschieht auf der Grundlage oft undurchsichtiger Kapitalflüsse und Unternehmensverflechtungen, die man als Design-Konsument kaum wahrnimmt. Nicht nur, dass deutsche Designer Hersteller im Ausland beliefern oder umgekehrt ausländische Designbüros Produkte gestalten, die in Deutschland hergestellt oder vertrieben werden. Vielmehr wird das von wem auch immer gestaltete und hergestellte Produkt gleichsam ortlos und ubiquitär. Über die produktkulturellen Folgen dieses Prozesses müsste nachgedacht werden – was es heißt, dass jedes Produkt tendenziell Weltgültigkeit beanspruchen könnte wie die Marke Coca-Cola.

Die Firma Braun, einst ein deutsches, speziell designorientiertes mittleres Familienunternehmen, das später von Gilette über-

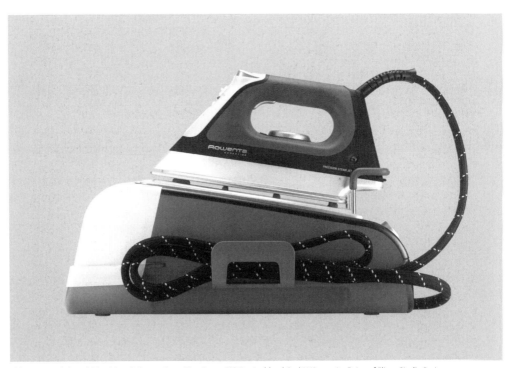

Abb. 152: Druckdampf-Bügeleisen DG 9000 Expertise. Group SEB Deutschland GmbH/Rowenta. Entwurf Elium Studio Paris 2004 (Bügeleisen und Kabel werden im Werk Erbach/Odenwald, der Dampfgenerator bei Calor SAS in Pont-L' Évêque hergestellt. Dort erfolgt die Gesamtmontage.)

Produktform am Ende des 20. Jahrhunderts   299

nommen, seine Produktpalette erweitert und diversifiziert hat, ist seit 2005 im Besitz von Procter & Gamble, einem Weltkonzern. Kein Käufer irgendeines Massenprodukts der Gegenwart weiß, wo und von wem es hergestellt wurde und wer für seine Form letztlich verantwortlich ist. TV-Geräte und Unterhaltungselektronikprodukte darf man vor allem als aus Fernost angeliefert betrachten. Nur wenige herausragende Produktinnovationen wie der iPod von Apple zeigen eine signifikant andere Herkunft. Eine Folge der Globalisierung ist die weitgehende Anonymität und Ununterscheidbarkeit designrelevanter Produkte, weshalb man von einer tendenziell vereinheitlichten Weltproduktkultur sprechen kann.

Ein Wesenszug postmoderner Produktkulturen ist – bei aller Vielfalt der Formen – die Vereinheitlichung ihres Bildes und ihrer Spra-

Abb. 153: Werbefoto für einen Backofen (»edition 150« in Edelstahl) Siemens AG, um 1996

che. Entwürfe lassen sich per E-Mail an jeden Ort der Erde übermitteln, produziert wird, wo Arbeit am billigsten ist. Siemens (1847 als kleine elektrotechnische Werkstatt gegründet) beschäftigt anderthalb Jahrhunderte später ca. 475 000 Menschen in aller Welt. (vgl. HOESCH 2006, S. 13). Einer derart globalen Ausdehnung von Wirtschaftsmacht entspricht die extreme Verdichtung technologischer Potenziale auf wenige Weltkonzerne, die über ebenso geballte Designpotenziale verfügen. Ein Mobiltelefon muss sich in Fernost, USA und Europa gleich gut verkaufen: Weshalb Siemens und BenQ dabei gescheitert sind, ist für Außenstehende unverständlich. Jedenfalls ist die Verbindung von Kapital, Technologie und Produktästhetik im globalen Rahmen ein designhistorisch bestimmendes Element der Gegenwart, weitreichender als jeder kunsthistorische Befund, der sich auf eine Periodisierung des stilistischen Wandels von Produkterscheinungsbildern beschränkt.

Volker Fischer hat die achtziger Jahre in »High-Tech«, »Trans-High-Tech«, »Alchimia/Memphis«, »Postmoderne«, »Minimalismus« und »Archetypen« eingeteilt (FISCHER 1988), Dagmar Steffen den »stilistischen Dschungel« der neunziger Jahre in »Autoren-Design«, »Neue Einfachheit«, »Retro-Design«, »inFUNtiles Design« und »Neue Dekore« (STEFFEN 2000, S. 53 ff.) gegliedert.

Solche Labels werden gern kolportiert (vgl. SCHNEIDER 2005). Sie bieten sich wie Stelzen an, mit deren Hilfe man das sumpfige Gebiet der Modetrends überqueren zu können glaubt, um das rettende Ufer einer scheinbar im Ablauf geordneten Entwicklungsgeschichte zu erreichen. Die strukturellen Gesetzmäßigkeiten und die Veränderungen des Designbegriffs bleiben währenddessen unbeachtet, beispielsweise dass im Zuge der Digitalisierung immer mehr Design unsichtbar wird und eine untergründige Anästhetisierung des Produkts stattfindet, obwohl augenscheinlich das Gegenteil der Fall ist und eine Welle der Ästhetisierung nach der anderen über die Sachkulturen hinweggeht. Das noch sichtbare objektbezogene Design gebärdet sich umso lauter, auffälliger und anspruchsvoller, je mehr es an Terrain und Gewicht verliert, wo neue Technologien in die Produkte eindringen und die täglichen Gebrauchs- und Lebensvollzüge verändern.

Das immaterielle, unsichtbare Design der Digitalisierung muss in seiner Reichweite und seinem Gestaltreichtum erst definiert werden: Was in den künstlichen Welten einer zweiten, virtuellen Realität geschieht, wie sie ausgestaltet werden und wie dieses unsichtbare Design Verhalten und Bewusstsein seiner Nutzer prägt, ist Designgeschichte der Gegenwart im unmittelbaren Vollzug. Gefragt werden muss nach den unsichtbaren Strategien des Entwurfs virtueller Handlungsräume und den Folgen des Aufenthalts darin. Damit verändert sich die Perspektive gegenwartsbezogener designhistorischer Studien, die sich nicht mehr auf materielle Kultur allein beschränken können.

Neuorientierung der designhistorischen Analyse

Heute reift unabweisbar die Erkenntnis, dass man mit kunsthistorischem Besteck keine Anatomie der Form mehr betreiben kann. Trotz aller ästhetischen Reize postmoderner Produkte sind zu viele Formanteile in den Untergrund abgetaucht. Neue Produkte verstecken sich unter weitgehend belanglosen Oberflächen. Eine Beschreibung ihrer »inneren« Form läge jenseits einer Morphologie sichtbarer Phänomene. Bei Werkzeugen, die mit dem Körper ihrer Nutzer in Beziehung stehen, konnte man über eine Phänomenologie der Gesten (vgl. FLUSSER 1994) auf die Spur der ihnen innewohnenden unsichtbaren Formtendenz kommen. Doch gibt die Art, wie jemand heute mit der Hand die Maus seines PC führt, keinen Aufschluss mehr über den Formierungsprozess der Nutzererfahrung durch ein Betriebsprogramm des Unsichtbaren.

Zwar hat der digitale Gerätepark in Gestalt seiner Hardware noch greifbar-materielle Konturen. Sie werden aber unerheblich im Vergleich zur Form, die sich durch seine Inbetriebnahme herstellt. Das materielle Rest-Design der Maus, der Tastatur oder eines Bildschirms wird marginal. Das heißt, dass man bei der Suche nach der essenziellen Form eines Entwurfs von der Erscheinungs- zur Wirkungsebene wechseln muss. Praktisch wird man mit einem Zweikomponenten-Formbegriff arbeiten müssen – mit einem, der sich auf den verbleibenden Bestand greifbarer Produktkörper bezieht, und einem, der den zur Immaterialität aufgelösten Produkteigenschaften gerecht wird.

Handyfetischisten ist es vielleicht nicht so wichtig, aus welchem Material das Gehäuse ihres Hightech-Spielgefährten besteht, Hauptsache, dieser kann alles, was derartige Geräte heute können sollen, und er meldet sich akustisch originell. Das Restdesign für die Hand ist beliebig wählbar. Was »Form« an diesem Objekt und an seiner massenhaften Nutzung ist, bleibt weitgehend unsichtbar. Trotzdem wird irgendjemand eine Geschichte der sichtbaren Mobiltelefon-Formen schreiben. Das Vergnügen sei ihm unbenommen. Wer aber an einer Kulturgeschichte der inneren, unsichtbaren Form interessiert ist, wird sich entscheiden müssen, welche Definition von Form einem Produkttyp der Techno-Postmoderne angemessen sein könnte. Während die Digitalisierung das Notwendig-Brauchbare so unaufhaltsam unterwandert wie das Überflüssig-Schöne, wird die Standpunktentscheidung unumgänglich: Worauf soll man sein Hauptaugenmerk richten? Welche Rolle spielt das materialisierte Gestaltprodukt in greifbarer Form, während das immaterielle Design neuer technoökonomischer Strukturen und Funktionsprogramme in den Raum kollektiver Erfahrung eindringt? Handelt es sich noch um ein gleichgewichtiges Neben- oder Miteinander oder schon um eine für Gegenwart und Zukunft entschiedene Konkurrenz, deren Ergebnis nur hinter der forcierten Performance warenästhetischer Inszenierungen verborgen bleibt?

Hochelegant inszenierte, kühl-abweisende oder glatt-anschmiegsame Produktfassaden als Zeugnisse professionellen Könnens und der Beifall, der ihnen gezollt wird, legen den Schluss nahe, dass es sich beim gegenwärtigen Design-Boom um einen Reflex oder eine Überreaktion auf den Wechsel von der mechanischen zur digitalen Kultur handeln könnte: Je mehr die Unsichtbarkeit an Boden gewinnt, umso perfekter wirken die wahrnehmbaren Formen.

Der Begriff Design bezieht sich heute zwar noch auf greifbare Objekte, vor allem aber auf unsichtbare Systeme. Unzähligen Produkten sieht man nicht an, wie stark sie elektronisch aufgerüstet sind. Darüber hinaus gibt es rein digitale Produkte mit systemisch definiertem Design jenseits aller Sichtbarkeit, wie Computerprogramme, Spiele, Suchmaschinen usw. Die Gewöhnung an ein Leben mit den neuen Technologien, zum Beispiel der tägliche Aufenthalt im Internet, wirft die Frage auf, welcher Entwurf von Kultur dabei entsteht. Lange Strecken der Formierung von Verhaltensweisen und Erfahrungsbeständen finden heute vor Bildschirmen und auf Benutzeroberflächen statt.

Objekte und Systeme wirken immer über den Zweck hinaus, für den sie geschaffen sind. Sie gestalten Handlungsvollzüge und prägen eigene Formen der kulturellen Erfahrung und Identität. Wo immer also heute immaterielle Systeme über objekthafte Anschlüsse oder Ausstülpungen im Alltag mit Nutzern in Beziehung treten, realisiert sich unsichtbares Design und zugleich ein sichtbares. Das bedeutet: Im Übergang zu einer Entwurfsgeschichte der Postmoderne muss die Suche nach Motiven und Strukturen neu aufgenommen und ein Netzwerk von Begriffen für erkennbar angewandte Designstrategien entwickelt werden, aus denen »Form« entsteht. Das wird hier unter den Stichworten Miniaturisierung, Simulation, Animation, Symbolisierung, Interface, Digitalisierung, Multifunktionalität und Sensualisierung vorgeschlagen.

Damit sind Vorgehensweisen gemeint, die unter der breiten Spur der »Kulturisierung des Banalen« (FISCHER 1990) durch Design erst sichtbar gemacht werden müssen. Was die Stichworte bedeuten, wird in nachfolgenden Einzelanalysen exemplarischer Entwürfe erläutert. Hier zunächst eine Einstimmung auf das Gemeinte: Die Beschränkung auf ein Klassifizierungsraster gegenwärtiger Designstrategien mit nur acht Positionen heißt, Akzente zu setzen. Dabei zeichnen sich einzelne Vorgehensweisen prägnant in exemplarischen Entwürfen ab oder sie mischen sich im Crossover von Geschichte und Gegenwart in einem Produkt. So wird auch erkennbar, wie weit einzelne Zielsetzungen historisch verankert sind und wo es Übergänge zwischen den alten materiellen und den neuen immateriellen Designbeständen gibt.

Das Prinzip Miniaturisierung, am Beispiel Minox (auf S. 305 ff.) verifiziert, bezeichnet eine schon im mechanischen Zeitalter beginnende, sich durch Digitalisierung am Ende dramatisch beschleunigende Schrumpfung des Körpers von Produkten, die sich zur Verkleinerung anboten, wie die einst klobige Taschenuhr, die zur zierlichen Armbanduhr mutierte, als es unvermeidlich wurde, die Zeit am Arm ablesbar zu tragen. Voraussetzungen der ursprünglichen Miniaturisierung sind ein hoher Entwicklungsstand feinmechanischer Kunstfertigkeit und das Bedürfnis, die technischen Möglichkeiten voll auszuschöpfen, wobei am Ende nur noch die ergonomische Grenze der Handhabung des Produkts der Tendenz zur Verkleinerung Einhalt gebietet.

Simulation ist eine alte Strategie der Anmutungsbereicherung von Objekten durch ein Design, das mit Täuschungseffekten arbeitet und imitative Ziele verfolgt, wie am Beispiel der Resopalplatte (auf S. 309 ff.) ersichtlich. Frühmoderne und Postmoderne begegnen sich in dieser Vorgehensweise: Wo einst das elektrisch zum Anschein des Glühens gebrachte imitierte Holzscheit im falschen Kamin ohne Rauchabzug anheimelnden Wohnkomfort suggerierte, darf heute ein Feuerchen in Form einer Videoschleife auf dem Bildschirm flackern, der an richtiger Stelle montiert ist. Simulation ist mit Entmaterialisierung verschwistert: Etwas erscheint, das real nicht da ist, aber realer wirkt als die Realität.

Dieses Als-ob hat Gestalter aller Zeiten fasziniert. Inzwischen verfügen sie über hochentwickelte Technologien, um Täuschungseffekte zu erzeugen.

Animation bezeichnet das weit in die Geschichte dekorativer Formen zurückreichende Grundprinzip der Verwandlung des Produzierten in unterhaltsame Gegenstände, unter deren Oberflächen sich schon im Jahrhundert des industriell ausgebeuteten Historismus die nackten Zweckbestimmungen der Handhabung verbergen durften. Das Prinzip, Zweck und Funktion hinter erheiternden oder absurden Spielzeugfassaden zu verstecken und Produkten auf diese Weise Aufmerksamkeitswert zu verschaffen, ist bis heute ungebrochen. Große Anteile der materiellen Kultur fallen in den Bereich dieser Entwurfsstrategie – so auch der (auf S. 317) als Beispiel analysierte Wasserkessel von Alessi, der die Gattung repräsentiert. Letztlich macht das Animationsdesign der Gegenwart aus jedem Produkt ein Spielzeug, vom billigen Geschenkartikel bis zum Porsche, den der Fahrer auch nur als sehr teures und ökologisch fragwürdiges Spaßgerät nutzen kann. Man darf daher von einer Gadgetisierung der Artefaktenwelt mit Hilfe von Design sprechen.

Symbolisierung fasst alle zeichenhaften Aufladungen von Designprodukten mit Bedeutung über ihren nüchternen Zweck hinaus zusammen. Bernhard E. Bürdek unterscheidet Symbol- und Anzeichenfunktion: »Sind die Anzeichenfunktionen primär am Produkt selbst orientiert (und verweisen auf dessen Gebrauch), so wirken die Symbolfunktionen quasi als Hintergrundberichte, das heißt, sie repräsentieren die jeweils unterschiedlichen Kontexte der Produkte.« (BÜRDEK 2005, S. 323) Man kann diese Trennung aber nicht immer als klar vollzogen betrachten. Hatte ein Ventilator, von Peter Behrens für das AEG-Geräte-Programm entworfen, die Funktion einer Selbstanzeige des Zwecks, oder repräsentierte er symbolisch die Modernität des ganzen Unternehmens, oder erreichte das Produkt beide Effekte gleichzeitig?

Unser Beispiel (auf S. 320f.), der Ausziehtisch für zwei oder viele, ist das in edles Design übersetzte Zitat einer banalen Gebrauchsform. Dieser teure Biergartentisch für das Wohn- oder Speisezimmer postmoderner Designliebhaber verweist weniger auf einen praktischen Zweck als auf ideelle Gehalte bzw. kommunikative Situationen und ist daher geeignet, die Strategie der Symbolisierung zu erläutern.

Interface ist das englische Wort für Schnittstelle im Computerzeitalter und bezeichnet eine Methode der Vermittlung zwischen Nutzern und einer Maschinerie, die sich hinter diesem Interface verbirgt bzw. deren Funktion nicht einsichtig ist. Scheinbar nur dem Design der Epoche der Digitalisierung entsprungen, hat auch diese heute unumgängliche Gestaltungsstrategie ihre Vorläufer in der Geschichte. Das Problem, dessen Lösung die Erfindung des Interface verspricht, taucht erstmals bei der »Eingehäusung elektrischer Aggregate und Prozesse« (HOESCH 2006, S. 31f.) auf und fordert eine visuelle Vermittlung zwischen Apparatefunktion und Nutzer. So bilden die ersten Schalttafeln aus Marmor, mit Messgeräten und Hebeln bestückt, das Interface zwischen unsichtbaren Energieströmen und dem, der sie zu lenken wusste.

Unser Beispiel (auf S. 324) ist der Entwurf eines Fahrkarten-Automaten, welcher auf seiner Oberfläche zu einem virtuellen Schalterbeamten »vermenschlicht« ist, der angesprochen werden kann. Fremdheit und Abstraktionsgrad der digitalen Installation sollen dadurch kompensiert werden.

Digitalisierung bezeichnet eine viele Produkttypen der Gegenwart erfassende, grundlegende Umgestaltungstendenz. In ihr ist das Ende des Zeitalters der Mechanik angedeutet. Der mit der Digitalisierung der Apparatewelt verbundene Kulturbruch wird vom Mikrochip eingeleitet, der nach klassischem Verständnis nicht unter den Begriff Design fällt. Seine Einführung und Verbreitung zwingt aber, ganz neu an Produktentwürfe heranzugehen. Es gibt Geräte, die nur noch einen solchen Winzling enthalten, der ein eigenes unsichtbares Design, ein verborgenes Funktionsprogramm, umhüllt. Da mit dem Handy ein Anwendungsbeispiel folgt, darf man dem Mikrochip, diesem technischen und ästhetischen Abstraktum (auf S. 326ff.), einige Überlegungen widmen. Wahrscheinlich ist dieses winzige Ding der Auslöser einer fundamental neuen Designepoche, in der, was man einst unter Design verstanden hat, randständig zu werden droht.

Multifunktionalität ist ein Stichwort der aktuellen Design-Gegenwart: Ein Grundzug zur kompakten Schichtung möglichst vieler Funktionen in einem Gerät bzw. zur Verdichtung einer kaum noch handhabbaren Menge von Einzelfunktionen, ausgelöst durch fortschreitende Digitalisierung und Miniaturisierung, führt heute zu Entwürfen, die sich in ihren technischen Leistungsprofilen gegenseitig übertreffen, so dass Gebraucher gelegentlich das Bedürfnis nach Vereinfachung und Übersichtlichkeit artikulieren. Das Handy (auf S. 329 ff.) als Beispiel der Versammlung aller denkbaren Funktionen zu wählen, liegt nahe. Es ist die alltägliche Kombinationsmaschine des digitalen Zeitalters schlechthin – in ihrer Funktionsdichte wie in ihrer weltweiten Verbreitung. Wer hätte gedacht, dass ein Konzept der Multifunktionalität, einst vom Schweizer Offiziersmesser mit seinen Sägen, Zangen, Ahlen und Feilen neben der Taschenmesserfunktion für das mechanische Zeitalter verkörpert, erst in der digitalen Kultur richtig zum Tragen kommen würde – in Gestalt des *portable* wörtlich genommen, überreich mit abrufbaren Zauberkräften bestückt?

Den vorläufigen Endpunkt bildet das Ziel der Sensualisierung. Hier geht es um die unvermeidliche Rückgewinnung verlorengegangener sinnlicher Produkteigenschaften und damit um eine Dimension der Erfahrung des Greifbaren, Hörbaren, Riechbaren usw. – vom »Klang der Dinge« und vom »Stoff der Dinge« (LANGENMAIER 1993, 1994 und weitere Publikationen des Design Zentrum München) oder vom »multisensuellen Design« (LUCKNER 2002) ist die Rede, um der materiellen Kultur neuen Rückhalt durch ein Design zu verschaffen, das gegen Abstraktheit und Erlebnisarmut gerichtet ist. In der alten Kultur der Realien und in den neuen virtuellen Welten werden Sinnesreize vermisst, die künstlich restituiert werden müssen. »Multisensuelles Design« bezieht sich auf einen aktuellen Mangel und bezeichnet Strategien der Anreicherung von Produkten mit sinnlich erfahrbaren Eigenschaften.

Dass dieses Thema hier an Spiralnudel und Gummibärchen (auf S. 334 ff.) abgehandelt wird, mögen Leserinnen und Leser verzeihen: Nachdenken über Design, so lästig und umständlich es manchmal erscheinen mag, darf auch erheitern.

2 Exemplarische Entwurfsstrategien

Die folgenden Beispielanalysen stehen an Stelle eines aussichtslosen Versuchs, Designgeschichte in Deutschland am Ende des 20. und Beginn des 21. Jahrhunderts auch nur ansatzweise so zu erzählen, als ließe sich eine lineare, aus der jeweiligen Tagesvergangenheit in die Zukunft verlaufende Fortschrittsgeschichte der Produktgestaltung konstruieren. Ein solcher Versuch würde zwangsläufig im Neben- und Durcheinander gegenwärtig veraltender oder sich erneuernder Designanstrengungen enden, Probleme bei der Systematisierung bescheren und aus einer zu geringen Distanz zum gegenwärtigen Geschehen erfolgen.

Es erscheint daher zweckmäßig, nur die wichtigsten Grundlinien des Gestaltens in der unmittelbaren Vergangenheit und Gegenwart an griffigen Einzelbeispielen aufzuzeigen und dabei eine gewisse Grobkörnigkeit des Rasters in Kauf zu nehmen.

Miniaturisierung: Die Minox

Noch einmal zurück in die dreißiger Jahre. Damals beginnt kaum spürbar eine Entwicklung, die erst gut ein halbes Jahrhundert später in ihrer Tragweite einzuschätzen sein wird – die Verzwergung technischer Geräte. Die Minox geht 1938 als erste echte Schrumpfkamera in Serienproduktion. Das in ihr keimhaft angelegte Miniaturisierungsprogramm, das später die Apparatewelt revolutionieren wird, kann zwar erst mit voller Kraft einsetzen, sobald Chips und Nanotechnologien an die Stelle grober Mechanik treten. Die Minox gibt aber ein Startzeichen in diese Zukunft. Sie schaut schon wie ein Spielzeug aus; denn sie ist eine Ultraleicht- und Kleinstkamera im Vergleich zu damals handelsüblichen Formaten wie Leica oder Contax, in denen die einst voluminöse Kameratechnik bereits auf handliches Format gebracht ist. Die Minox aber übertrumpft alle durch ihr Minimalmaß, nicht unbedingt durch Handlichkeit; ihre Bedienung ist eher schwierig. Sie verschwindet fast zwischen den Händen, so dass die Geste des Fotografierens auffälliger wird als die Apparatur, die sie erzeugt. Ihre Winzigkeit provoziert eine Übertreibung – eine prägnant zeichenhaft ausformulierte Handhabung, die zu einer Art Taubstummensprache des fotografischen Akts wird. Sie verweist auf das eigentliche Design des Objekts, das sich seine Gebraucher untertan macht. Wer mit der Minox fotografiert, wird ihr Zögling in einer bestimmten, von der Handhabung anderer Kameraformate unterscheidbaren Weise.

Die Minox ist vor allem in ihren frühen Typen aufschlussreich. Sie war immer ein besonderes, ja ausgefallenes Gerät. Minox-Fotografen zählten sich nicht zum Heer der Amateure, sondern verstanden sich als eigene Zunft. Das Fotografieren mit dieser ersten Minikamera setzte hohe Fingerfertigkeit, ja Körperbeherrschung voraus. Wer diesem Anspruch nicht genügte, machte schlechte oder gar keine Fotos. Man darf die frühen Minox-

Modelle daher auch als pädagogische Instrumente der Erziehung zur Bildarbeit unter erschwerten Bedingungen betrachten: Je kompakter der Apparat, umso anspruchsvoller seine Bedienung, wobei der Fotograf, der die Minox »beherrschte«, zugleich von dieser beherrscht wurde, weil er ihren strikten Bedienungsvorschriften unterlag.

Auf den ersten Blick wirkt sie wie ein Feuerzeug in Gestalt eines kurzen Vierkantstabes mit sanft gerundeten Kanten und Ecken. Die Edelstahl- (später Leichtmetall-)hülle kann auseinander gezogen werden, um die seitlich eingeschnittenen Fenster für Objektiv und Sucher freizulegen. Schon visuell, erst recht haptisch im Zugriff erweist sich das Ding als Handschmeichler, den in der Hosentasche mit sich zu führen vermutlich ein Vergnügen war. Das durfte aber nur im zusammengeschobenen Zustand geschehen. Ein einziger Fingerabdruck auf dem ungeschützten Objektiv hätte sie erblinden lassen. Und wer mit dem Teleskop-Mechanismus spielte, hätte durch die Hin- und Herbewegung einzelne Bilder des Films verdorben: Verschlussspannung und Filmtransport sind gekoppelt. Noli me tangere! Keine falsche Berührung, aber befasse dich sehr aufmerksam und intensiv mit mir! Das ist die erste strikt einzuhaltende Regel.

Die Form der Minox wirkt modern-sachlich und plastisch gerundet wohlgelungen. Ihr Erfinder Walter Zapp hat es verstanden, wie ein gelernter Designer Gewicht, Größe, Proportion, Griffigkeit und das Oberflächenrelief mit den Bedienungselementen so aufeinander abzustimmen, dass man schon bei der Riga-Minox und ihren unmittelbaren Nachfolgemodellen von perfekten Lösungen sprechen kann. Technisch waren sie das ohnehin, nachdem Zapp noch die Einweg-Filmdoppelkassette erfunden hatte.

Das Bedienungsdeck der Modelle A und B zeigt jeweils zwei noppenförmige Rädchen oder Scheibchen mit einer Mulde in deren Mitte, auf die eine Fingerkuppe passt, sowie einen gut tastbaren Auslöserknopf. Ein kleines nierenförmiges Skalen-Fenster schmiegt sich um eine der beiden Scheiben. Das ist die gan-

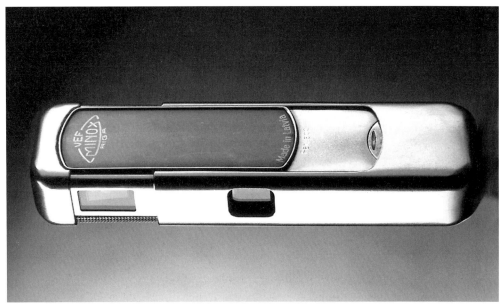

Abb. 154: Riga-Minox. Konstruktion und Design Walter Zapp, 1938

ze Installation auf der Benutzeroberfläche. Bei Modell B finden sich außerhalb des Mittelfeldes noch die Skala des Belichtungsmessers und ein Druckknopf für die Belichtungsautomatik. Die Kamera war demnach mit allem ausgestattet, was man brauchte, jedoch so dimensioniert, dass der Fotograf geübt sein und mit Tricks arbeiten musste wie beim Drehen der hemdknopfgroßen, konisch abgeflachten Skalen-Scheibchen. Da ist eine Daumenkuppe auf die muldenförmige Vertiefung zu setzen und mit einem Finger hinter der Kamera Gegendruck zu erzeugen, um nicht das derart fixierte Scheibchen, sondern mit der anderen Hand die ganze Kamera zu drehen, bis die gewünschte Einstellung der Skala gelingt. So die Empfehlung eines kleinen Handbuchs zum Gebrauch der Minox (KASEMEIER 1974).

Diese historische Anleitung ist eine Fundgrube, nicht nur, weil sie verständlich und idiotensicher ist (was man heute von keiner Gebrauchsanweisung mehr erwartet), sondern weil Texte und Bilder als Material zur kulturhistorischen Analyse des Fotografierens mit der Minox denkbar geeignet sind. Das Handbuch liefert nicht nur detaillierte Anleitungen zum Gebrauch, sondern auch eine Definition dessen, was das unsichtbare Design an diesem Instrument ist. Man weiß nach der Lektüre, was man mit dieser Minikamera alles machen kann und was man besser unterlässt. Man erfährt aber auch, was dieser Apparat mit seinen Benutzern macht, wozu er sie erzieht. Das Handbuch kann man als direkte Gebrauchsanweisung mit genauen Vorschriften, aber auch als einen Subtext lesen, der die Auswirkungen der Handhabung auf den Fotografen exakt beschreibt. Praktisch lässt sich mit der Minox nur nach dieser Anleitung fotografieren, andernfalls fällt das Ergebnis enttäuschend aus. Ihr Gebrauch setzt ein ausgefeiltes Trainingsprogramm für beide Hände und jeden einzelnen Finger voraus, ja bezieht die Aktivität des ganzen Körpers im Sinne einer leiblichen und mentalen Disziplinierung wie in Vorbereitung eines Geschicklichkeitswettbewerbs ein. Der Text liest sich wie ein Exerzier-Reglement, dessen erzieherische Funktion mindestens so ausgeprägt ist wie sein praktischer Gebrauchswert zur sicheren Bedienung des Geräts. So darf man die Minox keineswegs halten, wie man will. Korrekt ist nur der »Flötengriff«, seitlich das Gerät mit beiden Händen fassend, Daumen unten, die anderen Finger oben, bei Hochformat das Ganze um 90 Grad geschwenkt. Zeichnungen und Fotos zeigen die genaue Position der Hände und der Finger. Selbst das gymnastische Training des Zeigefingers, der den Auslöser nur »rollend« berühren darf, wird nicht ausgelassen. Die Arbeit mit der Minox unterliegt einer strengen Choreografie exakter Einzelfiguren der Bedienung.

Unvorstellbar wäre ein sorgloser Schlenker oder Reißschwenk, wie man ihn heutigen Kamerafabrikaten zumuten kann, die längst auch die Gesten des fotografischen Akts verschliffen und für eine andere Ästhetik des fotografischen Produkts gesorgt haben. Bei der historischen Minox mussten die Bilder möglichst scharf sein, sonst galten sie als misslungen. Der Akt des Fotografierens wird daher bis in die Körperhaltung hinein vollständig verregelt. Als ideal gilt die »Sportschützenstellung«: Kamera beidhändig mit dem Sucher vor ein Auge gehalten, um das Motiv anzuvisieren; Oberkörper zurückgelehnt, das Kreuz versteift, die Beine leicht gegrätscht. Dann erst darf »geschossen« werden.

Miniaturisierung ist nicht nur Spiel mit technischen Verkleinerungsmöglichkeiten der Apparatur. Sie ist eine unerbittliche Lehrmeisterin in der Handhabungsweise. Darüberhinaus zwingt die Minox im Zeitalter der Sachlichkeit zu einer Theatralik der Gesten und Posen, die den Benutzer gleichsam ausgestellt zeigt, während das Motiv ungerührt verharrt. Irgendwie animiert ihn die winzige Kamera zur übertriebenen Darstellung seines Tuns. Im Umgang mit ihr nach Vorschrift kommt es zu einer Überdeutlichkeit der Geste des Fotografierens. Der Fotograf erstarrt zu einer Skulptur oder zu einem lebenden Bild des Fotografierens. Würde man zwei nebeneinander agierende Minox-Fotografen beobachten, müsste man an die *living sculptures* des Künstler-Duos Gilbert & George denken.

Aber was geschieht da ernsthaft? Der Apparat wächst in den Körper ein, fordert Haltung, zugleich innere Anspannung: Der Fotograf wird selbst zur Kamera, in Habachtstellung hinter sein Objektiv gebannt, durch das er sein Motiv fixiert – wie »von der Maschine bei der Hand genommen« (Botho Strauß) – einer Maschine, die der Beobachter nicht wahrnimmt, weil sie kaum zu sehen ist.

Wer eine Kamera normaler Größe handhabt, reproduziert zwar auch die Geste des Fotografierens. Aber man schaut kaum hin, es gibt nichts Langweiligeres als kamerabestückte Touristen in Aktion, während man bei einem Minox-Fotografen stutzt: Was macht er da? Was will er zeigen?

Dass die Minox in den fünfziger Jahren ihre Vorkriegs-Erfolgsgeschichte fortsetzen konnte, bestätigt, dass es sich um ein Produkt gehandelt hat, durch dessen Besitz man sich von gewöhnlichen Hobbyfotografen unterschied. Der Krieg hatte die Massenpraxis des Fotografierens nur unterbrochen, und das Wiederauftauchen der Miniaturkamera kam Liebhabern entgegen, die das Besondere suchten und gewillt waren, sich einer Disziplin zu unterwerfen, von der andere Kamerabesitzer sich dank zunehmender technischer Bequemlichkeiten befreit sahen. Minox-Fotografen konnten stolz sein auf ihre Fähigkeit, das kleine, bis an die ergonomische *Grenze der Handhabbarkeit* abgeschmolzene Ding sachgemäß zu führen. Was den Trend zur Miniaturisierung betrifft, ist die Minox auf ihrem Weg ein Schlüsselobjekt. Sie zeigt zunächst durch radikales Schrumpfen ihres Körpers und der darin verborgenen Mechanik, später durch den Einsatz elektronischer Rechner und Speicher, wie ein Gerät abmagern und dennoch nicht nur seine Funktionen erfüllen, sondern sie effektivieren und vervielfältigen kann.

Gemessen an heutigen Schrumpfungsszenarien der Artefaktenwelt wirkt die historische Minox wie ein Gerät aus der Steinzeit der Mechanik. Aber sie bezeichnet einen Übergang: Ihr Design der Miniaturisierung deutet die zukünftige Liquidation materialisierter mechanischer Artefakte an. Die Überleitung aus dem Bereich des Sichtbaren und Greifbaren in die Immaterialität beginnt unauffällig, wobei die Minox noch ganz der materiellen Kultur angehört und ihr Erfinder getan hat, was Gestalter heute auch tun müssen, um Kleines handhabbar zu machen. Walter Zapp stieß dabei schon an die ergonomische Grenze der Verzwergung des Produkts. Man darf diesen feinmechanisch-optischen Bastler als einen Wegbereiter des Schwindens materieller Artefakte, lange bevor ihnen die Immaterialität den Rest des Körpers raubt, bezeichnen.

Dass die Miniaturisierung, hier auf einen frühen Beginn im mechanischen Zeitalter festgelegt, zum Stammkapital gegenwärtig angewandter Designprinzipien zählt, erfährt jeder, der sich mit den Folgen der Digitalisierung auseinandersetzt. Hier tendiert die Dimensionierung des Produkts gegen null. Vom »Verschwinden der Dinge« (LANGENMAIER 1993) war in der Designtheorie schon die Rede. Die Welt der Artefakte hat sich jedoch weder aufgelöst, noch ist sie ausschließlich der Miniaturisierung verfallen. Manchmal beobachtet man sogar das Gegenteil, wenn um einen winzigen Rechnerkern und ein wenig Mechanik herum ein großes Designtheater skulpturaler oder flächig-zeichenhafter Aufblähung getrieben wird. Den Aufwand darf man als einen künstlich errichteten Schutzwall gegen die Verkleinerungstendenz verstehen. Sie geht der Immaterialisierung voraus, die Verlustängste schürt.

Simulation: Ereignisfeld Resopal

Eine kompensatorische Antwort auf den Verlust plastischer Form und reizvoller Materialität ist Simulation: Etwas, das es nicht (mehr) gibt, wird vorgetäuscht. Die Resopalplatte darf als historisches Paradebeispiel der Verwandlung griffig-plastischen Materials zu einer bildtragenden Oberfläche gelten, die etwas Nichtvorhandenes in Erscheinung treten lässt.

In den Alltag integriert, begleitet dieses Produkt die jüngere Kulturgeschichte des Industriezeitalters als ein stiller Indikator fortschreitender Immaterialisierung. Undurchdringlich bedeckt es Flächen wie eine isolierende Schicht, ja möchte als Oberfläche an sich verstanden sein. Im Anwendungsfall verschwindet sein (bei Standard-Resopal) 0,8 Millimeter dünner Körper ganz und wird zur Fläche. Es ist ein Zwitter in mehrfacher Hinsicht. Man weiß nicht, ob man es der Architektur- oder Designgeschichte zuordnen soll. Darüber entscheidet erst die spezielle Nutzung. Resopal ist ein duroplastisches Halbzeug, das zur Wirkung kommt, sobald es anderen Flächen aufgebracht wird, die genau so eben sein müssen wie es selbst. Zur Bekleidung von Möbeloberflächen, Wänden und Hausfassaden gedacht, soll es dem zu Bedeckenden bzw. dessen Oberfläche Eigenschaften verleihen, zum Beispiel Härte, Makellosigkeit, Unempfindlichkeit, Homogenität, Glätte usw. Das Plattenprodukt entsteht aus phenolharz-imprägnierten Kernpapieren, darüber ein bedrucktes Dekor-Papier mit einem ebenfalls melaminharz-imprägnierten durchsichtigen Overlay, dies alles unter Hitze und starkem Druck zusammengebacken. Es handelt sich also um eine Verbindung von Kunststoff und Naturmaterial. Die Herstellung bewegt sich zwischen Manufaktur (»Bogenlegerinnen« stapeln per Hand die Bögen und legen als letzte Schicht das Dekorpapier auf) und automatisierten Fertigungsstrecken.

Man hatte sich an die neutralen Flächenbeschichtungen daheim, am Arbeitsplatz, in öffentlichen Räumen oder Verkehrsmitteln wie an eine Hygienemaßnahme gewöhnt. Die Versiegelung entzog sich der Aufmerksamkeit, weil man immer irgendwo mit ihr konfrontiert war. Bemerkt wurde der glatte Pressstoffbelag eigentlich nur bei Einführung der Küchenhängeschränke mit ihren pastellfarbenen Schiebetüren oder auf den legendären Nieren- und Palettentischen der fünfziger Jahre. Sein Eroberungszug über die Fläche folgte in aller Stille. Heute tritt die Resopalplatte aus dem Schatten ihrer Unauffälligkeit heraus und macht neue Wahrnehmungsangebote.

Geschichtlich laufen beim Hersteller zunächst zwei Produkttypen parallel: betont körperhaft-plastisch ausgeformte Gebrauchsgegenstände aus Bakelit bzw. dem Nachfolgewerkstoff Aminoplast als dreidimensionale Objekte, und die Hartpapier-Pressstoffplatte als flächig formatiertes Halbzeug, das später, unter der Markenbezeichnung Resopal (in der DDR Sprelacart) perfektioniert und diversifiziert, jene kulturflächendeckende Bedeutung erlangen wird, die ihr attestiert werden muss. Wer heute Resopal sagt, meint die Platte. Dass es anfangs zwei Phänotypen der Werkstoffverarbeitung gegeben hat, ja sogar noch einmal nach dem Krieg, als das Unternehmen, im Westen neu aufgestellt, im Osten rekonstruiert, wieder produzierte, hat man schon vergessen. Die Linie der skulpturalen

Objekte wurde vom zweidimensionalen Flächendeckungsprodukt abgelöst, weil sich andernorts plastische Objektformen aus neuen Kunststoffen leichter und billiger herstellen ließen und es in der Möbelindustrie und beim Innenausbau zunehmend Bedarf für das vielseitig verwendbare Plattenmaterial gab. Freilich entspricht die Entscheidung des Unternehmens, nur das Plattenprodukt weiterzuentwickeln und die Herstellung dreidimensionaler Objekte zu beenden, einem historischen Trend, den man als langfristigen Prozess der Auflösung des Produktkörpers zugunsten von Benutzeroberflächen beschreiben kann. Wurde bei den Bakelit-Objekten der frühen dreißiger Jahre Phenoplastpulver unter Druck und Hitze zu einer festen Masse verdichtet, wobei zuvor das Formwerkzeug nach einem vollplastischen Modell hergestellt werden musste, wird die Kunstharz-Pressstoffplatte in ihrer Flächenschichtung lediglich unter Druck und Hitze zwischen planen Stahlblechen erzeugt; anderes Formwerkzeug entfällt – es geht ja nicht mehr um Körper.

Im ersten Fall waren Designer als plastizierende Künstler gefragt. Man erinnere sich an die von Christian Dell entworfenen farbigen Picknickgeschirre aus dem 1930 zum Patent angemeldeten Resopal. Bei den Objekten wird die plastische Präsenz im Raum betont. Die Platte hingegen verliert ihren Körper in der Anwendung. Die Resopal-Massivplatte, die bis 42 mm Dicke aufbaubar ist und beispielsweise als freitragende Tischplatte dienen kann, scheint eine Ausnahme; sie ist aber auch nur eine Fläche, die ihren Träger gleich mitbringt. Das normale Plattenprodukt verfügt über keine Masse, die plastisch modelliert werden kann. Das sogenannte Postforming stößt beim Versuch der Verformung der Platte an enge Grenzen. Das Material lässt sich nur warm abkanten oder biegen, solange es noch keinem Träger aufgebracht ist. Eine Ummantelung sphärisch gekrümmter Körper ist nicht möglich. Die Platte zwingt demnach die Verarbeitungsphantasie in die Ebene, glatte Wände oder die Seiten eines Kubus bieten sich zur Bedeckung an. Grundcharakteristikum des Materials ist sein flächiger Einsatz; er prägt das Wahrnehmungsbild. Wir sehen und tasten Resopal als plane Oberfläche, nicht als Körper.

Davon konnte bei den ursprünglich von der Römmler AG in Spremberg (Niederlausitz) gefertigten Staubsauger- und Radiogehäusen (unter anderem für den »Volksempfänger«) aus Bakelit noch keine Rede sein. Hier durften sich Designer als plastische Formgeber profilieren und den Gerätebenutzern handgreiflich-körperliche Erfahrungen vermitteln. Heute finden sie sich als Dekor-Entwerfer an Computern wieder, um Oberflächengestaltung zu betreiben, weil das Produkt ihnen anderes nicht mehr abverlangt. Oder es gibt sie gar nicht mehr, weil die Dekorpapier-Drucker selbst natürliche Materialien digital abtasten, um die Daten ihren Maschinen einzugeben.

Bei der Resopalplatte sieht sich die haptische Erfahrung real stillgelegt, sie wird aber durch visuelle Reize aktiviert oder durch gelegentlich der Oberfläche aufgepresste synthetische Materialstrukturen animiert. Alles Körperlich-Greifbare verlagert sich als Fake auf die Oberfläche, die zum Bild von etwas wird, das gar nicht da ist. So geht es in den gegenwärtigen Resopal-Kollektionen um virtuelle Überbietung des Realen durch visuellen Hyperrealismus, während die einst plastisch ausgeformten Haushaltsgeräte und elektrotechnischen Fabrikate als Zeugnisse einer vergangenen skulpturalen Produktkultur zu begehrten Sammlerstücken aufgestiegen sind.

Heute ist die Produktion von Simulakren auf der Fläche angesagt. Man hätte nicht erwartet, dass die im Alltag lange kaum mehr beachtete Resopalplatte noch einmal Aufmerksamkeit erregen würde. Hinter ihr liegt eine Durststrecke der Reizarmut. Vor allem in Gestalt der weiß beschichteten Pressspanplatte hat sie sich selbst ein Denkmal der Eintönigkeit gesetzt. Sie hat ihren Rückhalt folgerichtig in der Ideologie des Funktionalismus gefunden, es ist aber auch kein Wunder, dass sie Aufwertungsversuchen ihrer Wahrnehmbarkeit nicht widerstanden hat. Ihrer materialästhetischen Sterilität war nur durch Farbgebung und Oberflächendekor beizukommen. Inzwischen kann das Unternehmen seinem Produkt exorbitante Wahrnehmungsqualitäten bescheinigen.

Lange bestanden daran begründete Zweifel. Auf der Grundlage einer empirischen Studie zur Erlebnisqualität von Resopalmöbeln, die der Psychologe Friedrich Heubach 1977 durchgeführt hat, ergab sich zunächst ein schlüssiges Negativprofil des Materials (vgl. HEUBACH 1996, S. 129f.). Man erinnert sich noch an weiße, hellgraue oder leicht getönte Flächen oder solche mit zarten abstrakten Gittermustern als Beispiele ästhetischer Ereignislosigkeit. Die heute angebotene Palette der »Plain Colours« thematisiert farbige Belebungseffekte jedoch neu und liefert sicherheitshalber deren Interpretation mit: »Reines Weiß ist immateriell und gewissermaßen unsichtbar. (...) Wir haben deshalb schon immer nicht nur Weiß, sondern eine ausgedehnte Reihe von Off-Whites, von farbigen Weißnuancen in unserer Kollektion, aus denen pudrige leichte Materialität aufscheint, ebenso schemenhaft transparent wie neblig beschlagen. Unser neues *Grau 0120 Transition* vermittelt reine Transparenz. Ein reines, unverfärbtes, lichtdurchdrungenes Grau, moderne materielle Leichtigkeit.« (RESOPAL GmbH 2003, S. 16)

Liest man den Subtext dieser Beschreibung, geht es um die Beseitigung eines Mangels: Die Homogenisierung von Oberflächen durch immer gleiche Konsistenz der Beschichtung und deren Einfarbigkeit hatte nicht nur den Tastsinn enttäuscht, sondern auch dem Auge keinen Anlass gegeben, aktiv zu werden. Der muss geschaffen werden, notfalls auf dem Wege verbaler Suggestion. Man darf den Text daher als Gebrauchsanweisung verstehen: Der Nutzer und Betrachter soll bis ins Feinstofflich-Atmosphärische führende Farbsensationen erleben und das langweilige Material vergessen, aus dem die wahrgenommene Oberfläche tatsächlich besteht.

Nun ist Resopal, Inbegriff der Nüchternheit, gewiss keine halluzinogene Substanz. Im experimentellen Design der achtziger Jahre war dieser Werkstoff gerade wegen seiner spröden Künstlichkeit bei Entwerfern beliebt. Entweder darf man beim Versuch, das Material mit sinnlichen Eigenschaften ausgestattet zu beschreiben, von einer Variante des Märchens von des Kaisers neuen Kleidern oder von einer wahrnehmungspsychologischen Verlagerung des Problems der Oberflächenbelebung auf den Nutzer sprechen. Er ist aufgefordert, seine Einbildungskraft zu bemühen. Das Farbdesign der »Plain Colours« wird daher mit einer suggestiven Strategie verbunden: »Wir bringen immer mehr Sinnlichkeit auf die Oberfläche.« (RESOPAL GmbH 2003, S. 16)

Neue Materialoberflächen, die durch ihre Echtheitsanmutung überraschen, perfektionieren die Reizung des visuellen und des haptischen Wahrnehmungs- bzw. Vorstellungsvermögens. Ziel ist »gesteigertes Materialerleben an Stelle bloßer Imitation«. Der Nutzer sieht sich darüber hinaus mit einer Apotheose konfrontiert: »Resopal avanciert zum übernatürlichen Material, das über das Naturvorbild hinaus sinnliches Erleben steigert.« (RESOPAL GmbH 2005, S. 42) In Praxis übersetzt heißt das: Man soll eine imitierte Materialoberfläche »mit Augen greifen« und sie als natürlicher als das Ausgangsmaterial empfinden. Dass das Folgen für die Wahrnehmung des Referenzmaterials hat, ist klar – es wird einerseits entwertet, um nur noch eine

Rolle als das im Vergleich Übertroffene zu spielen. Andererseits wird es im perfekten Imitat aufgewertet, das ihm seinen »Sinn« rückerstattet: »Unsere edelmatte Oberfläche EM gibt Holz seine Natürlichkeit zurück, die sonst unter gelackten, gewachsten oder geölten Finishes verschwindet.« (RESOPAL GmbH 2005, S. 6)

An die Stelle der bei den »Plain Colours« noch geforderten halluzinativen Vergegenwärtigung sinnlich aktivierender Farbvaleurs treten nun veritable Sinnestäuschungen durch Verbildlichung eines dem Anschein nach greifbaren Naturmaterials, das in Wahrheit aus bedrucktem Papier unter einer transparenten Kunstharzschicht, dem Overlay, besteht. Inzwischen gibt es Resopal-Küchenarbeitsplatten in täuschend »echtem« Buchenholzanschliff, Marmor oder Granit, von einem hochabriebfesten Finish geschützt, wahrscheinlich widerstandsfähiger als jede natürliche Holz- oder Steinplatte, mindestens säurefest und vor allem: ähnlicher als das Naturmaterial sich selbst sein könnte. Es wird visuell, teils auch mit haptischen Effekten von künstlicher Echtheit oder echter Künstlichkeit überboten. Während das Auge beschäftigt ist, gleitet der Tastsinn, weil weniger täuschbar, leicht befremdet an den künstlichen Oberflächen ab und wird nur vom Sehen »mitgenommen«.

Die Resopal-Oberfläche bleibt aber nicht auf den reinen Imitationseffekt beschränkt. 2006 tritt ein Unschärfe-Effekt hinzu, der Immaterialität suggeriert: »Soft Wear löst Flächen auf. Die Oberfläche verliert ihre optische Härte und Sterilität. Ja, die Platte löst sich selber auf.« (SOFT WEAR 2006, S. 7) In dem vom verantwortlichen Design-Manager des Unternehmens, Gerd Ohlhauser, verfassten Text für das neue Produkt wird das Motiv des Verschwindens jeglicher Materialität des Produktkörpers erstmals als Ziel benannt. Resopal ist auf der Höhe der Zeit angekommen: Die Auflösung der Realität in ein Simulakrum, zugleich in die reine Immaterialität, zeigt an, dass dieses Design mit der Wahrnehmung spielt.

Das Design dieser Oberflächen vertraut auf die Abrufbarkeit einer einst mit allen Sinnen am Naturmaterial erworbenen Realerfahrung, einer Erinnerung. Unwillkürlich stellt sich die Frage, was geschehen wird, wenn eines Tages nur noch die Erfahrung von Simulakren und deren Erinnerung möglich ist. Heute weiß man noch, dass da keine wirkliche Holz- oder Steinplatte vor Augen liegt. Sobald aber das Imitat nur noch sich selber zitiert, saugt es alle Wirklichkeit in sich auf. Jean Baudrillard, Theoretiker der Indifferenz, hat schon vor geraumer Zeit festgestellt, dass es zwischen Simulakrum und Realität keinen Unterschied mehr gibt. Er spricht von der »Ordnung des Hyperrealen und der Simulation«, die kaschiert, »dass das Reale nicht mehr das Reale ist« (BAUDRILLARD 1978, S. 25).

Eben dies scheint sich auf den neu gestalteten Benutzeroberflächen von Resopal abzubilden. Nicht dass man auf der Marmorimitatplatte real arbeiten kann, macht sie zur Benutzeroberfläche, sondern dass auf ihr die Austauschbarkeit des »Echten« und des »Falschen« unter Beteiligung des Benutzers zelebriert wird, der die Platte als solche gar nicht mehr wahrnehmen soll. Der vergisst, dass Resopal teilweise aus Naturmaterial (Papier) und die Trägerplatte auch aus einem solchen (Holz, Hanf usw.) besteht. Er folgt den visuellen Vorschlägen der Erfahrungsspur, die das Imitat eines anderen Materials legt.

Es sei hier erinnert, dass das Simulationsprinzip historische Vorläufer hat. Inneneinrichter des Barock kamen nicht ohne täuschende Nachahmung von Marmoroberflächen aus, handgemalt auf Holz. Der Celluloidkamm aus den Anfängen des Kunststoffzeitalters musste unbedingt wie aus

Schildpatt gesägt aussehen. Die Ersatzfunktionen blieben jedoch erkennbar. Heute ist die Imitatkultur auf dem Höchststand ihrer technischen Virtuosität und Reproduzierbarkeit angelangt. Einfärben, Unterlegen, Aufdampfen, Beschichten, Lüstereffekte, Unschärfe, Transparenz – alles kein Problem. War früher die Echtheitsprobe über Auge und Hand jederzeit möglich, werden die Resopal-Oberflächen zum Schauplatz der endgültigen Verabschiedung des Wunsches, eine solche Probe zu versuchen. Resopal erweist sich erneut als moderner Werkstoff, weil auf seiner Oberfläche das Verwirrspiel mit der Wahrnehmung inszeniert werden kann.

Resopal ist eine Fläche. Nur dass die Fläche sich nicht mehr selbst darstellt wie bei der monochromen Platte, sondern etwas anderes. Am Anfang war das Opak-Undurchdringliche der Fläche – die neutrale Platte. Dann folgt die verbale Initiation imaginierten sinnlichen Erlebens auf farbigen Flächen. Schließlich treten die Materialimitate mit ihren überzeugenden Täuschungseffekten auf. Die Nichtunterscheidbarkeit bzw. die Oberflächenidentität von Imitat und Vorbild ist das Ergebnis. Weitere Schritte sind schon unauffällig vorbereitet. So gibt es Resopal-Dekoroberflächen, die Einblick in eine simulierte Materialtiefe geben, etwa in die mineralische Struktur einer Steinplatte – durch »tiefgründige Optik von Schärfe und Unschärfe, gepaart mit einer wachsglatten, handschmeichelnden Haptik« (Resopal GmbH, 2003, S. 140).

Die Drucktechnik erlaubt illusionistische Auflösungen von Oberflächen zugunsten scheinräumlicher Effekte: »Der Digitaldruck ermöglicht rapportlose Oberflächen in zeitgemäßer Immaterialität. Unschärfe ist die dritte Dimension der Oberfläche. Sie lässt Raum entstehen, dort wo Raum sonst nur abgebildet wäre.« (Ebd., S. 5)

Inzwischen ist das künstlerische Reflexionspotenzial der Plattenoberfläche entdeckt worden. Sozusagen außer Konkurrenz zur industriellen Serienfertigung von Resopal-Plattenmaterial, das sich schon im ästhetischen Spannungsfeld zwischen Simulation und anwendungsbezogener Benutzeroberfläche bewegt, operiert der Designer und Künstler Tom Stark mit digital inszenierten Verräumlichungseffekten auf Oberflächen, deren Benutzer als differenziert wahrnehmender Kunstbetrachter in Frage kommt: »Tom Stark untersucht Flächen unter digitalen Bedingungen. Die Herstellung dieser Flächen wird von ihm als eine produktkulturell-ästhetische Strategie ähnlich moderiert, wie dies in der Musik durch Remix, Sampling und Scratchen bzw. in der digitalen Bildbearbeitung als Morphing bekannt ist. Sein Projekt beschreibt und relativiert damit einen Entmaterialisierungsprozeß, einen von der digitalen Technologie auf allen Ebenen forcierten Übergang vom Materiellen ins Immaterielle, kaum noch Sichtbare. Die Pole von Original und Kopie, Bild und Objekt, Oberfläche und Form verschmelzen und changieren in einer Strategie der Interferenz.« (V. Fischer 2006)

Digitale Kopien der Kopie einer Oberfläche, sogenannte Vectogramme, die über CNC-Fräsmaschinen in Gestalt dreidimensional-reliefartiger Strukturen dem Plattenmaterial aufgebracht werden, regen zum Nachdenken über das Verhältnis von Original und Nachahmung, Fläche und Räumlichkeitsillusion an. Die künstlerischen Umsetzungen sind hochkomplex und so elaboriert-anspruchsvoll, dass als Rezipient wohl kaum ein Plattenprodukt-Kunde in Frage kommt, der seine Küche mit Resopal verschönern will. Kurz gesagt: Die Resopalplatte, das historische Banalprodukt schlechthin, erfährt heute ihre künstlerische Nobilitierung als Bildträgeroberfläche, auf der das digital-immaterialisierende Prinzip hochartifiziell reflektiert wird. Die Resopalplatte als Kunstwerk an der Wand – wer hätte das noch vor wenigen Jahren gedacht?

Die Verwandlung der schlichten Kunstharz-Pressstoffplatte in eine Illusionsmaschine hat früh begonnen. Einer immanenten Gesetzmäßigkeit der kulturellen Entwicklung folgend, ist sie den Weg vom materiell bestimmten, aber schon tendenziell entsinnlichten Duroplast-Halbzeug über immaterialisierte, mit imaginativen Reizen ausgestattete Oberflächen zur Öffnung in die Raumillusion und damit zur virtuellen Selbstauflösung gegangen.

Die Oberfläche der Platte, einst die Kargheit des weißen oder hellgrauen Nichts repräsentierend, hat sich mit Bildern überzogen, die etwas nur im Zitat Anwesendes so zwingend darstellen, dass es als real wahrgenommen werden kann. Der Sog des Immateriellen und der Simulation, untrügliche Anzeichen einer

Abb. 155: Resopalbekleidete Außenwand des Centre régional d'Escalade (Kletterhalle) in Massy, 2003. Die Fläche ist aus digital bedruckten Resoplan-Platten nach dem segmentierten Foto einer realen Felswand zusammengesetzt. Foto Jean Marie Monthiers

kulturellen Umorientierung, hat die Harzpapier-Pressstoffplatte erfasst, um sie von der Last ihrer materialen Geschichte zu befreien. Würden die Bilder auf ihrer Oberfläche in Bewegung geraten und sich hinter ihnen imaginäre Räume erschließen, schiene ihre Festigkeit momentan aufgehoben. Real bliebe die Platte, was sie war und immer noch ist – eine harte Schicht, die etwas verdeckt. Sie durchlässig zu machen für Raumereignisse »hinter« ihr, wäre die konsequente Fortsetzung des Spiels mit der Wahrnehmung, zu dem die Materialbildplatte heute schon animiert.

So hat sich die Resopalplatte als modernisierungsfähiger Entwurf bis hin zu ersten Produktvarianten mit scheinbar »geöffneter« Oberfläche entwickeln können. Real ist die Dialektik zwischen Absperrfunktion und tiefenräumlicher Illusion jedoch nicht aufhebbar. Das Produkt bleibt einerseits seiner Geschichte verbunden, andererseits ist es bis zur raumöffnenden All-over-Tapete gediehen. Darüber hinaus könnten innovative Bildeinlagerungstechnologien des telematisch-digitalen Zeitalters, die mit der traditionellen Hartpapierpresstechnik kompatibel sind, zu neuen illusionären Oberflächenreizen führen. Eine bildraumillusorische Beschichtung erscheint ebenso machbar wie die filmisch bewegte und die geräuschaktive Oberfläche. Reale Enge würde so in virtuelle Weite aufgelöst, das totale Als-ob zur alltagskulturellen Norm erklärt, die Illusion des Immateriellen verwirklicht. Dennoch bliebe die Platte, was sie immer war – eine befestigte Grenze, die nur der Einbildung oder den getäuschten Sinnen offen erscheint.

Simulation ist zum seriösen Entwurfsprinzip aufgestiegen, nachdem es heute nicht mehr bloß um Nachahmung wertvoller Werkstoffe oder stilistischer Merkmale wie im Industriehistorismus und Industriejugendstil geht. Man darf Simulation als ein Wesensmerkmal bestimmter Design-Anwendungen verstehen, wo sich in der Form eines Produkts Inhalte versammeln sollen, die es auf banaler Funktionsebene nicht verkörpert. So kann ein Produkt Kraft simulieren oder eine andere Eigenschaft, über die es real nicht verfügt.

Simulation, in der Praxis auf eine Produktform angewendet, ist nicht selten eine absichtsvoll inszenierte Täuschung des Gebrauchers. Und doch ist sie nicht prinzipiell ein Hinweis auf Unehrlichkeit oder Täuschungsbereitschaft. Auf den Reiz des Imaginären bezogen, ist diese Strategie auch ein Mittel, das Vorstellungsvermögen zu animieren. Etwas, das objektiv nicht verkörpert ist, wird antizipierbare Wirklichkeit – oder virtuelle Realität. Insoweit ist Simulation ein doppeldeutiges Prinzip ästhetischer Qualifizierung von Produkten: Mal empfindet man sie als Erweiterung des Wahrnehmungshorizonts, mal als Betrug.

Animation: Ein Wasserkessel

Gadgets sind technische Spielereien oder hübsche Dinge mit dem Charme des Witzigen, Überraschenden oder Überflüssigen. Wer zu einer ironischen Betrachtung der Designszene neigt, sieht das zeitgenössische Gesamtgestaltprodukt so, als gehörten große Anteile dieser Produktfamilie an und als sei die Zunft der Designer vor allem auf den Entwurf von Gadgets spezialisiert. Ob Staubsauger oder iPod – die Verwandlung der Artefaktewelt in unterhaltsame Formen ist nicht zu übersehen. Wir haben es mit einem Strukturmerkmal aktueller Produktgestaltung zu tun. Gadgetisierung ist eine Strategie der allgemeinen Animation durch Design, die wie ein breiter Strom den Alltag mit entsprechenden Formen überschwemmt.

Es gibt zahlreiche Produkte der materiellen Kultur, deren Aufgabe darin besteht, jeden praktischen Zweck zu transzendieren. Ihr Sinn ist es, als Phänotyp zu existieren und aus der unübersichtlichen Landschaft zeitgenössischer Designleistungen herauszuragen. Ihre Notwendigkeit (sofern diese Eigenschaft im postmodernen Design noch eine Rolle spielt) beziehen sie aus der Eigenart ihres Erscheinungsbildes, das andere in den Schatten stellen soll. So ist es mehr oder weniger Zufall, dass es sich im Beispielfall um einen Wasserkessel handelt. Nichts wäre abwegiger als die Annahme, der Bollitore von Alessi, 1983 von Richard Sapper entworfen, sei ernsthaft als Wasserkessel gemeint. Diese profane Zuweisung würde dem Objekt nicht gerecht. Es empfiehlt sich daher eine Annäherung unter anderen Kriterien als denen der Praktikabilität. Ein postmoderner Designer hat unermüdlich öffentliche Kunststücke der Produktinnovation vorzuführen. Der Bollitore ist ein solches Kunststück. Er soll nicht im Gebrauch unter der Hand verschwinden, sondern auffallen und als artistische Leistung anerkannt werden. Dazu sucht und findet er die Nähe der Medien.

Für Fotografen ist dieses Objekt ein gefundenes Fressen. Aufgrund seiner skulpturalen Kompaktheit lässt es sich bildbeherrschend in Szene setzen, und wegen seiner spiegelndgekrümmten Oberfläche sind überraschende Effekte unvermeidlich. Ist der Bollitore vielleicht überhaupt nur für das Fotografieren entworfen? »Durch die Verbindung von traditionellem Küchengerät und aggressiv-moderner Form wurde der Kessel zu einem Kultobjekt, das mehr betrachtet und photographiert wurde, als tatsächlich verwendet.« (SPARKE 1989, S. 225)

Das Objekt provoziert geradezu fotografische Brillanz, womit praktisch eine Verdoppelung seiner Wirkung erreicht wird: Zwei Oberflächenkünste – Design und Fotografie – vereinen sich, um ein Objekt hinter seinen Inszenierungen verschwinden zu lassen. Beim Bollitore handelt es sich eben nicht um einen Kochtopf, in diese Falle darf man nicht tappen. Vielmehr ist er ein medial aufheizbares Unterhaltungsgerät mit unterschiedlichen Anregungen zum Zeitvertreib. So ist das Motiv der Aggressivität in dem abweisenden Edelstahl-Korpus mit seiner gespannten Glanzhaut manifest. Die exakt gewölbte, spiegelnde Halbkugel geht nach unten in einen exakten, spiegelnden Zylinder über, der mit einer schmalen Bördelkante am Boden endet. Der Kessel steht in seiner Grundform da wie ein kleiner Atommeiler oder eine Bunker-Architektur und lässt sich vor neutralem Hintergrund entsprechend monumental fotografieren, je nach Lichteinfall mit scharfen Reflexen und harten Hell-Dunkel-Kontrasten. Das Spiel mit der Imaginationsfähigkeit des Betrachters funktioniert aber auch am Objekt selbst: Die Messingpfeife mit ihrem Doppelrohr ist wie ein stummelartiges Geschütz im Winkel von 45 Grad an die Kugelkappe gesetzt, wobei der Öffnungshebel wie ein Gewehrabzug durch die vordere Halterung des hahnenkammförmigen Handgriffs aus Kunststoff geführt ist. Betätigt man diesen Abzug, kippt die Kanone nach hinten und gibt den Kesselausguss frei. Lässt man den Bügel los, klappt der coltähnliche Aufsatz wieder herunter und verschließt die Öffnung. Der Hebel unterbricht den melodischen Heulton, der kochendes Wasser im Kessel anzeigt und die aggressive Visualität durch stimmungsvolle Akustik mildert.

Der raffinierte Vorschlag, sich zwischen Gewaltphantasien und musikalischer Träumerei zu bewegen, lässt jede praktische Zweckbindung in Vergessenheit geraten. Ob Mini-AKW mit Fliegerabwehrkanone, Musikinstrument, aufklappbarer Colt mit Abzugshebel, wassergefüllte Gewicht-Hantel oder dekorative Küchenskulptur – Sappers Kessel ist ein Vexierbild möglichen Gebrauchs zwischen allen Motiven, Deutungen und Verwendbarkeiten.

Exemplarische Entwurfsstrategien 317

Abb. 156: Flötenkessel 9091 »Bollitore«. Alessi, Omegna (Italien). Entwurf Richard Sapper, 1983. Foto H.A.M. Hölzinger

Jeden Augenblick bleibt er ein verheißungsvolles ästhetisches Objekt, das die Unerschöpflichkeit seines Sinns wie ein Kunstwerk vor sich herträgt. Damit geraten wir nicht nur an die Grenze zwischen Kunst und Design, sondern auch an einen Punkt, von dem aus evident wird, wie postmodernes Design sich definiert: in der Reduktion der Gebrauchswerte auf das Versprechen ästhetischer Vielseitigkeit, die man als Erweiterung des Genusshorizonts und als eine Bereicherung des Sinngehalts verstehen soll. Die Sache selbst ist nicht mehr zu fassen, so als ginge es nicht mehr um sie.

Hersteller wie Alessi machen Umsatz mit Formerfindungen wie dem Bollitore. Ganze Segmente der Ausstattungskultur erscheinen von modischer Coolness wie mit einer metallischen Haut überzogen. Irritierte Beobachter wie Botho Strauß (vgl. 1994, S. 191) beklagen den Verlust von Nähe und Vertrautheit der alltäglichen Dinge und geraten hoffnungslos gegenüber denjenigen ins Hintertreffen, die sich nicht aus der Produktumwelt ausgeschlossen oder von ihr abgewiesen sehen, weil sie mit ihr spielen wollen und gerade nicht nach Eindeutigkeit suchen. Postmodernes Design zieht postmodernen Gebrauch nach sich oder setzt ihn voraus – die Unverbindlichkeit ist das Verbindende. Sie bezeichnet eine Genusskultur, die den Benutzer gegen jede Verlusterfahrung anästhesiert. Die Objekte ziehen sich hinter die Maske bedeutungsvoll schillernder Oberflächen zurück und hinterlassen nur bei einigen ihrer Gebraucher Ratlosigkeit, was man mit ihnen, die weder alt noch neu, sondern nur inszeniert sind, im ernsthaften Miteinander anfangen soll. Das Mit-den-Dingen-Leben besteht nun aus Spielen und Rätseln. Es ist nicht mehr auf existenzielle Notwendigkeiten gegründet.

Die Gadgetisierung großer Teile der Artefaktewelt läuft auf hemmungslose Vermehrung des Verspielten und Überflüssigen hinaus und deutet doch auch eine Erweiterung des Funktionsbegriffs an. Der Flötenkessel zeigt, wie sekundäre Zwecke den primären Gebrauchswert überwuchern, aber eben auch objektbereichernd wirken können. Dass es sich letztlich weniger um eine Werkzeugform als um eine Spielzeugform handelt, muss man als Ergebnis gelungener Animation akzeptieren. Ihr verdanken wir eine Kultur der schönen und unterhaltsamen Dinge. Sie werden heute von einer Gesellschaft, die sich über Unterhaltung und Konsumfreude definiert, stärker nachgefragt denn je. Wie man sieht, darf das Schöne, Unterhaltsame und Witzige durchaus teuer sein. Es dient ja der ästhetischen Profilierung seines Nutzers und zu einem demonstrativen Konsum, hinter dem das Spielerische zurücktreten kann.

Symbolisierung: Tabula rasa

Aus der Menge der unter dem Label »Neues deutsches Design« in der Literatur geführten individuell-expressiven, oft kunsthandwerklich in Einzelexemplaren oder kleinen Serien produzierten Möbelformen der achtziger Jahre ragen betont konzeptuell wirkende, an die klassische Moderne erinnernde, manchmal kompliziert konstruierte und formal streng stilisierte Entwürfe heraus. Sie beanspruchen einen Wahrnehmungs- und Denkraum für sich allein. Eines dieser Objekte ist die Tisch/Bank-Kombination *tabula rasa* der Gruppe GINBANDE (Uwe Fischer und Klaus-Achim Heine) von 1987.

Die ausziehbare Konstruktion, basierend auf einem »aufwendigen Scherenprinzip aus Stahlrohr und Schichtholzlamellen« (EISELE 2000, S. 172), wobei das Scherengitter der Unterkonstruktion in Abstimmung mit den Lamellenteilen von Tischplatte und Bänken den Auszug bis zu fünf Meter Länge und das stufenlose Zusammenschieben bis zur Unterbringung in einem quaderförmigen Kastenmöbel erlaubt, hat unter Designhistorikern Furore gemacht.

Die stufenlose Einstellmöglichkeit von Tisch- und Banklängen erlaubt flexible Nutzung von zwei oder mehr Personen im Gegenübersitzen. Sich allein daran niederzulassen, erscheint wenig sinnvoll. Das gute Stück ist für Innenräume gedacht, weil die Ausführung teilweise in witterungsempfindlichen Materialien (Presspan, schwarz lasiert; Sperrholz, farblos lackiert; Stahl, glanzverzinkt) das nahe legt. Heute für knapp 15 000 Euro angeboten, widerlegte *tabula rasa* sofort jeden Gedanken an Massengebrauch und sorglose Vernutzung. An deren Stelle scheint die Vision von einem Design eingelöst, welches »das unsichtbare Gesamtsystem, bestehend aus Objekten und zwischenmenschlichen Beziehungen, bewusst zu berücksichtigen imstande ist« (L. BURCKHARDT 1981, S. 20).

Man hat jedoch bald praktische Einwände: Wirkt das Ensemble bei aller linearen Beweglichkeit nicht etwas starr? Lassen sich einzelne lange Tische und Bänke nicht leichter verrücken und zusammenstellen? Wird man hier gleich im Sitzen mitgerastert? Als zitathafte Anspielung auf die karge Sachlichkeit der klassischen Moderne wiederholt *tabula rasa* auch deren autoritäre Forderung: Du musst so sitzen, wie die Entwerfer sich das sozialkommunikative Sitzen vorgestellt haben.

Es irritiert daher, wenn kompetente Designinterpreten bei diesem Objekt von Befreiung reden, außer man nimmt die angemutete Zwangspositionierung beim Sitzen nicht ernst und erklärt das Möbel für betrachtens- aber nicht besitzenswert. So ist es wohl auch gemeint. Sein Gebrauchswert liegt im Wohlgefallen, das man an der filigranen Konstruktion des Objekts hat, im Anschauungswert der Idee oder in einer pädagogisch animierten Erleuchtung über die Möglichkeiten des Zusammensitzens. Man wird auf Kommunikations-Konstellationen und ein mögliches Beziehungsgefüge aufmerksam gemacht. Die gängigen Beurteilungen laufen alle darauf hinaus, dass *tabula rasa* ein Entwurf zur Darstellung von Möglichkeiten, weniger zur praktischen Benutzung ist (vgl. EISELE S. 173). Seine Funktion ist eine symbolische.

Im Grunde handelt es sich um ein ideales Ausstellungs- oder Museumsstück. Natürlich geraten wir auch hier wie bei den schrägen neuen Wilden der Szene (siehe Stiletto) oder skulpturalen Archaikern (wie Peter Schmitz) in die Nähe von Kunst, deren genuine Aufgabe es ist, Wahrnehmungsfähigkeit und geistige Beweglichkeit zu stimulieren. Die Entfernung dieses Entwurfs zur Masse alltäglich verbrauchbarer Designobjekte ist enorm und gewiss gewollt. Das aristokratische Objekt hebt sich vom plebejischen Hintergrund ab, auf den es dennoch Bezug nimmt, indem es die Verwandlung des banalen Biertisch-Bank-Ensembles in eine künstlerische oder philosophische Installation zelebriert.

Von der Konzeption her handelt es sich um ein zwischen vorgestellten gemeinsamen Nutzern Beziehungen stiftendes Objekt. Die Assoziation an Biergartentische und -bänke unter Kastanienbäumen sollte man aber rasch vergessen, es sei denn, man bevorzugt das Real-Profane. Volker Albus und Christan Borngräber gehen sicher nicht fehl, wenn sie bei diesem Objekt der Verfeinerung und symbolischen Überhöhung »die reale Nichtverbreitung durch Medienresonanz kompensiert« sehen (ALBUS/BORNGRÄBER 1992, S. 161). *Tabula rasa* ist nicht nur ein Beispiel der Medialisierung von Design, sondern hat auch sein vielfaches Echo in der Designliteratur gefunden, immer wieder, ebenso schön fotografiert wie es technisch realisiert ist, abgebildet wie eine Ikone. Heute zitiert Design sich gern selbst einschließlich seiner Vorgeschichte – hier erinnert ein postmoderner

Gestus an seine modernen Vorläufer. Das Objekt erscheint wie eine exemplarisch materialisierte platonische Idee. Aber warum soll eine reiche Industrie- und Kulturgesellschaft sich kein ideales Produkt jenseits praktischer Ingebrauchnahme leisten?

Vielleicht ist *tabula rasa* nur ein Möglichkeitsdesign: Gewiss könnte man zu zweit im Tête-à-tête oder zu mehreren im gastlichen Miteinander daran sitzen oder eine große Einladung zum Essen veranstalten und sich an dieser Projektion realer Nutzung erfreuen. Es bleibt die Frage, weshalb es dazu dieses ästhetischen und konstruktiven Aufwandes bedarf. Schließlich mischt sich auch noch das imaginäre Museum im Kopf mit Abendmahlsdarstellungen aus der europäischen Hochkunstgeschichte ein. Alles ideelle Bezüglichkeiten. Doch der Käufer muss ein intellektueller Snob mit Geld sein, um sich diese »Sitzgruppe« in sein Loft zu stellen.

Tabula rasa könnte aber noch eine andere fundamentale Bedeutung haben und damit stellvertretend für eine Gattung von Objekten stehen: Der Entwurf erscheint in einem Moment des Übergangs auf der Bühne des Design-Diskurses, als Teile der materiellen Kultur sich in entgegenständlichte Dienstleistungsfunktionen verwandeln. Im Rückblick auf die Anfänge der digitalen Kultur erweist sich dieser anspruchsvolle, von exemplarisch-komplexer Einfachheit grundierte Entwurf als eine souveräne Geste der Behauptung gestalteter Dinglichkeit. Dies ist wirklich ein Objekt, etwas anspruchsvoll Gegenüberstehendes, das noch einmal die Macht der Materialisierung einer Idee wie in einer Skulptur vorführt. Zwei junge Entwerfer beweisen der Welt noch einmal, was die Zunft, hochprofessionell mit realen Materialien und harten technischen Konstruktionen arbeitend, zu leisten im Stande ist, und wie ein materielles Realisat in seiner Präsenz und symbolischen Komplexität auf wache Betrachter wirken kann: als Superzeichen der Verdichtung einer Idee oder Vorstellung,

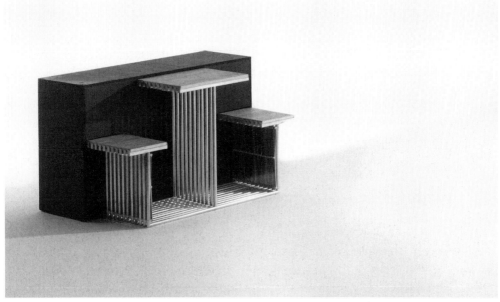

Abb. 157/158: Tisch-Bank-Kombination *tabula rasa*, ausziehbar von 0,5 auf 5 Meter. Pressspan, schwarz lackiert; Sperrholz, farblos lackiert; Stahl, glanzverzinkt. Entwurf Uwe Fischer und Klaus Achim Heine (GINBANDE Design) für Vitra, 1987

Exemplarische Entwurfsstrategien   321

die das Produkt im Betrachter evoziert. *Tabula rasa* ist kein nüchterner Gebrauchsgegenstand, sondern ein rares Kunststück, eine reflektiert durchgeformte, Möglichkeiten ihrer Nutzung zitierende Stellage, die noch fest auf dem Boden von Materialien wie Stahl und Holz zu stehen scheint. Noch einmal wird mit einer konstruktiv durchdachten Form ein realer Raum besetzt. Dennoch ist die glaubhafteste Eigenschaft des Objekts seine Künstlichkeit: Auf Fotos sieht es schon aus wie virtualisiert oder wie in die leere Unendlichkeit projiziert. Eben wie ein Übergangsobjekt, das der Erinnerung dient, ehe andere, immaterielle Künstlichkeiten an seine Stelle treten.

Das Prinzip Symbolisierung durchdringt unterschiedliche Gegenstandswelten. Jedes Objekt, ob Designprodukt oder nicht, ist ein potenzieller Symbolträger, das heißt, es steht für ein Bedeutungsprofil, das der Benutzer oder Betrachter an ihm realisiert. Bei Symbolisierung als Designstrategie geht es um den zunächst einseitigen Vorschlag, ein Produkt so zu sehen und zu verstehen, wie der Entwerfer oder der Hersteller sich das wünschen. Hat der Gebraucher den Vorschlag akzeptiert und ist er in der Übernahme des Gemeinten selbst wahrnehmend und deutend aktiv geworden, nimmt die Sache ihren Lauf. Denn grundsätzlich funktioniert Symbolisierung im Einvernehmen von Objekt und Gebraucher nach Art einer Kumpanei: Irgendein Objekt wird auf das vermutete Bedürfnis- oder Sehnsuchtsprofil einer Gebraucherzielgruppe maßgeschneidert, die, wenn das Ergebnis sie überzeugt, ihrerseits im Zuge dankbarer Akzeptanz die weitere Arbeit der Symbolentwicklung und -erhaltung übernimmt. So entstehen Identifikationsobjekte und grenzen sich Gebrauchergruppen von anderen ab – wie die BMW-Fahrer von der Masse der Automobilisten.

Letztlich gibt es keinen im produktkulturellen Umlauf befindlichen Gegenstand, der

nicht geeignet wäre, symbolische Funktionen zu übernehmen. Symbolisierung ist ein uraltes Prinzip der kulturellen Bindung durch und an Artefakte. Auf der Grundlage der Beobachtung von Symbolisierungsprozessen ließe sich eine komplette Designgeschichte erzählen. Oder auch eine Psycho- und Sozioanalyse produktkultureller Felder anstreben, wie von Pierre Bourdieu vorgeschlagen und exemplarisch realisiert (vgl. BOURDIEU 1982).

Interface: Ein Entwurf der Gruppe Kunstflug

In der Designliteratur gilt der Begriff Postmoderne als Sammelbezeichnung für ästhetische Oberflächendifferenzierung bei Gebrauchskulturgütern der letzten Jahrzehnte des 20. Jahrhunderts. Er sollte jedoch zutreffender zur Bezeichnung des grundlegend Anderen dienen, das die permanente Weiterentwicklung der Moderne garantiert – den Zugewinn an unsichtbaren Eigenschaften und digitalen Funktionen, der die Produktkulturen der mechanischen Epoche so alt aussehen lässt wie sie sind. In dieser durch den Einsatz neuer Technologien definierten Postmoderne wachsen der Produktgestaltung neue Aufgaben keineswegs nur auf der Ebene der Inszenierungen des Warenkörpers oder seiner Oberflächen zu. Das Immaterialisierte bedarf der Vermittlung in den Raum alltagspraktischer Handlungsvollzüge, andernfalls ist reibungslose oder effektive Nutzung digitalisierter Produkte nicht garantiert. Im Design entfallen zunächst alle Rücksichten auf den in seinen Abmessungen erheblich geschrumpften, in seiner Effektivität jedoch optimierten Funktionskern, so dass das Äußere der Geräte sich vollständig von ihrem Inneren emanzipieren kann. So entsteht eine neue Freiheit zur ästhetischen Hüllengestaltung. Andererseits nehmen Funktionsdichte und Abstraktionsgrad derart zu, dass oft die Zumutungsgrenze überschritten wird: Der Gebraucher versteht die Apparate nicht mehr und kann sie nicht bedienen. Das Design muss Vermittlungsaufgaben übernehmen und ein Interface zur Verständigung aufbauen.

An sich ist die symbolisch–zeichenhafte Vermittlung von Funktionen über die Form der Geräte ein historischer Auftrag an das Design. Schon Peter Behrens, der erste »richtige« Industriedesigner, sah sich vor die fast unlösbare Aufgabe gestellt, etwas Unsichtbares, elektrische Energie, in den von ihr abhängigen Gerätetypen wenn nicht sichtbar, so doch wenigstens ahnbar zu machen. Er erfand die schlanken Blech-Hüllen der AEG-Bogenlampen, um auf dem Umweg einer technoiden Form auf den physikalischen Vorgang andeutungsweise aufmerksam zu machen. Was sich ihm und vielen seiner Nachfolger im Bereich der Formgebung mechanischer Geräte als ein Übersetzungsauftrag technischer Vorgänge in eine angemessene Symbolsprache der Produkte erwies, wird bei hochkomplexen digitalen Dienstleistungssystemen und schrumpfenden Produktoberflächen zu einem echten Verständigungsproblem: Wo ein Bargeldautomat den Bankangestellten ersetzt, verschwindet nicht nur ein vertrautes Gesicht, sondern entsteht Bedienungsunsicherheit. Sie muss überbrückt werden, etwa durch eine Grafik auf dem Bildschirm, die zwischen Nutzer und unsichtbaren Funktionsabläufen vermittelt. Hinter der künstlich aufbereiteten Benutzeroberfläche verbirgt sich aber nicht nur der bargeldgefüllte Container mit der Zählmechanik, sondern, weiter entfernt und völlig unsichtbar, der Zentralcomputer der Bank, der wie Alberich das Guthaben hortet. Mit ihm tritt der Kunde durch Eingabe seines Karten-Codes in Verbindung. Alberich veranlasst den Automaten jedoch nur zur Ausschüttung des Gewünschten, wenn ein bestimmtes Ritual zur Animation des Funktionsablaufs eingehalten wird. Die Fehlerquote ist umso höher, je unübersichtlicher und unverständlicher die Benutzeroberfläche ist. Manche Kunden haben deshalb Angst vor diesen Automaten, besonders vor solchen für Fahrkarten kurz vor Abfahrt des Zuges. Das Gegenmittel heißt Interface-Design. Es verspricht die zeichenhafte Rückvergegenständlichung oder Rückvergegenwärtigung von etwas, das heute schon ganz und gar abstrakt funktioniert.

Wie der Geldautomat aussieht, ist egal. Er könnte die Form eines freundlichen Gartenzwergs haben. Zentrale Designaufgabe ist hier die benutzerorientierte und -orientierende Oberfläche mit der Anordnung von Berührungspunkten auf dem Touchscreen. Bezogen auf die digitalen Komponenten der Installation geht es allein um deren Bedienbarkeit. Was da verdeckt passiert, sieht und versteht man sowieso nicht, während das Interface zwischen Kundenwunsch und den unsichtbaren Funktionen vermittelt. Die Apparatur ist ort- und gegenstandslos geworden. So werden einst körperhafte Hüllen zu Kommunikationsflächen, auf denen die Begegnung von Mensch und Maschine stattfinden soll. Die Bedienung beschränkt sich auf Benutzereingaben (durch leichtes Antippen, vielleicht gar nur Ansprechen), während visuelle oder akustische »Erklärungen« das griffige Begreifen der alten Handhabungsweise von Werkzeugen ablösen oder der Eingriff verhindert wird, weil das Programm selbsttätig abläuft. Die neuen Hüllen verbergen oder schützen keinen harten Funktionskern, sondern einen prozessualen Ablauf, dessen hoher Abstraktionsgrad eine vereinfachende Erklärung auf der Oberfläche erfährt. So wird die Umhüllung der Objekte zu dem, was sie schon immer war: ein zeichenhaft wirksames Bild. War dieses Bild einst plastisch zum Greifen hergerichtet, erscheint es nun zur Fläche eingeebnet. Die Welt der Werkzeuge und Dinge wird tendenziell zweidimensional.

Gefragt ist nun ein Design, das nicht mehr aus dem körperhaften Gestalten von Produktvolumen entsteht wie zu Zeiten, als die Entwerfer noch im Bildhauerkittel mit plastischen Massen in der Modellbauwerkstatt hantierten. Vielmehr tendiert die Entwurfspraxis nun zu einer Mischung aus Medienästhetik und digitalen Technologien (vgl. KLOTZ 1992; ERLHOFF 1992). Fortan wird an der »Schnittstelle zwischen Grafik und Industrial Design« (BÜRDEK 1991, S. 319 ff.) operiert. Die Akzentverlagerung auf das Flächig-Visuelle ist deutlich zu erkennen.

Was sich hinter dem Interface verbirgt, ist für Designer tabu, wie bei den früheren Hüllengestaltern, die auch ihre Finger von den technischen Innereien lassen mussten. Aber: »Offensichtlich ist es für die Techniker weitaus leichter, das elektronische Innenleben eines Gerätes so zu entwickeln, dass es alle möglichen sagenhaften Funktionen regulieren kann, als jene Funktionen dann auch für die Nutzer durch eine anzeichenhafte Gestaltung von Tasten und Menüanzeigen operationalisierbar zu machen.« (STEFFEN 2000, S. 63) Nach wie vor sind daher Designer gefragt, wenn auch durch neue Aufgaben- und Arbeitsteilung technisch diszipliniert.

»Das Innenleben der Software, ›backend‹ genannt, stellt die Funktionalität bereit: Die eigentliche Funktion der Software spielt sich im Idealfall im Hintergrund ab, sie vereinfacht die Arbeit, ohne sich unnötig zum Benutzer vorzudrängen. Die grafische Benutzeroberfläche, das ›Frontend‹, ist das Gesicht der Software: Sie ermöglicht den Austausch zwischen Mensch und Computer.« (BLANKENSHIP/SAMII 2004, S. 608)

An diesem »Gesicht«, allenfalls noch an seiner Rahmung, jedoch nicht an den unsichtbaren Funktionen dahinter, arbeiten Inter-

Abb. 159: Fahrkarten- und Service-Automat mit integriertem Informations- und Servicesystem und Operator. Modell-Simulation. Entwurf der Gruppe Kunstflug (Heiko Bartels, Hardy Fischer, Harald Hullmann, Charly Hüskes) 1987

face-Designer. Entwerfer sind nun nicht mehr nur für die Unterstützung der sich selbst erklärenden Anschaulichkeit der Mechanik (STEFFEN 2000) zuständig, sondern vermehrt auch für die Zugänglichkeit abstrakter Funktionspotenziale. In diesen Aufgabenbereich fällt der von der Düsseldorfer Gruppe Kunstflug (Heiko Bartels, Hardy Fischer, Harald Hullmann, Charly Hüskes) entworfene Fahrkarten-Serviceautomat, 1988 mit dem nordrhein-westfälischen Studienpreis für Design und Innovation ausgezeichnet.

Allein die in der grafischen Simulation angedeutete Größe der Installation und der gestalterische Aufwand des Entwurfs zeugen von pädagogischer Überdeutlichkeit. Das Ding könnte heute viel kleiner oder überflüssig sein, abgelöst von der Gewohnheit, Fahrkarten über das Internet von daheim aus zu buchen. Im Entwurf der Gruppe Kunstflug tritt der Kunde noch vor einen Schalter inklusive simuliertem Beamten. Es geht offensichtlich um psychoästhetische Ersatzfunktionen und um die Illusion einer kommunikativen Beziehung zum Automaten. Vertrauensbildende Maßnahmen werden mit Bedienungshilfen gekoppelt: Das Zitat eines »Eingangsbogens«, die Anmutung des Materials Holz-Tischplatte und eine beruhigende »Führung« des Benutzers schützen gleichsam vor der Furcht, die komplizierte Maschine nicht bedienen zu können, auf deren Bildschirm notfalls der »Operator« als *deus in machina* oder fiktiver Schalterbeamter mit seinem Finger auf die richtige Stelle der Tastatur bzw. Symbolleiste zeigt (vgl. BARTELS u. a. 1988).

Die Installation (vollständiger Titel: Fahrkarten- und Service-Automat als Gerätearchitektur mit integriertem Informations- und Servicesystem als »Operator«) markiert eine Schwellenposition zwischen mechanischer und digitaler Moderne. Es geht in diesem Entwurf um eine Mischung von Hardware- und Software-Angeboten in Gestalt eines Containers aus Metall, versehen mit einer einladenden Holztischplatte, darüber ein sichtgeschütztes Pult mit dem elektronischen Bedienungsfeld als Zugang zur Software, dahinter der Monitor, auf dem der »Operator« erscheint, um Hilfen zu geben. Freilich handelt es sich um eine nur »scheinbar vollständige face-to-face-Kommunikation« (Eisele), weil dem »Schalterbeamten« eine Kamera fehlt: Er »sieht« seinen Kunden nicht.

Dennoch ist interaktive Kommunikation das Grundmuster des Entwurfs. Es geht nicht nur um reibungsloses Funktionieren der Service-Apparatur bzw. deren Bedienung, sondern auch um Abbau der Fremdheit des Abstrakten, mit dem kommuniziert werden soll. Dazu wird nicht nur der virtuelle Schalterbeamte auf den Bildschirm zitiert, sondern auch auf das gewohnte Ambiente zurückgegriffen: »Einmal High-Tech, einmal Tchibo-Stehtisch, an dem wir aufgewachsen sind.« (H. HULLMANN, in EISELE 2000, S. 305)

Man mag die Betulichkeit überflüssig finden, mit der hier der Bau einer ersten Brücke zwischen analoger und digitaler Alltäglichkeit versucht wird. Auffallend ist die Scheidung beider Welten durch den Holztresen, an den der Kunde sich lehnen oder auf dem er etwas ablegen kann. Unter dem »Ladentisch« befindet sich der mechanische Bereich des Automaten, über der Ablage das elektronische System. Vielleicht entsprach das einem Ordnungswunsch der vier Entwerfer, den sie auf imaginäre Service-Kunden übertrugen. Jedenfalls nimmt der Entwurf Rücksicht auf die funktionale und psychologische Grenzsituation, in der sich Nutzer vergleichbarer Einrichtungen noch heute befinden: Man weiß manchmal nicht, ob man realen oder simulierten Angeboten begegnet. Die Gruppe Kunstflug operiert am Status quo dieser postmodernen Doppelwahrnehmung zwischen Formen des Sichtbaren und des Unsichtbaren. Zudem ist der Service-Automat ein Entwurf, der die Schwellensituation exemplarisch von Seiten des Design her thematisiert.

Die digitale Automatenwelt umstandslos für alle bedienbar zu machen, ist bis heute nicht gelungen. In einem aktuellen Bericht der *Süddeutschen Zeitung* wird genau die Situation beschrieben, auf die die Gruppe Kunstflug erstmals eingegangen ist: Jemand, in Eile und nervös, vermag keine Fahrkarte aus dem Automaten zu ziehen. Ein vom Bundesministerium für Forschung und Technologie gefördertes Produkt (»Virtual Human«) soll ein Gefühle erkennendes, sprechendes, virtuell-menschliches Bildwesen an die Computerschnittstelle mit dem Bahnkunden setzen, das die Verwirrten, ihre Lage erkennend, freundlich anleitet oder gar bedient (vgl. THIERBACH 2006, S. 27).

Produktgestaltung findet inzwischen immer häufiger im Zusammenfügen von Hardwaredesign und Softwaredesign statt. Zwei Kategorien oder Strategien des Gestaltens müssen am Produkt bruchlos zusammenfinden, damit die Kultur des Sowohl-als-auch ihr »Interface« gewinnt. Der einst preisgekrönte Entwurf des Service-Automaten der Gruppe Kunstflug ist ein Lehrbeispiel für die zeitgemäße Aufgabe, Technikprodukte des digitalen Zeitalters zeichenhaft zu »humanisieren« (wie durch das Bild des virtuellen Schalterbeamten) und/oder ihre Funktionsinhalte zu reobjektivieren wie in Gestalt der realen Stehtischplatte. Das Vorgehen wird hier unmittelbar einsichtig. So stört es überhaupt nicht, dass die Installation mitsamt ihrem Aufwand schon historisch ist. Das Grundproblem ist immer noch aktuell: Vergegenständlichung des Abstrakten und Verklammerung der digitalen und mechanischen Welten zu einem handhabbaren Ganzen, das nicht mehr fremd wirkt.

Interfacedesign soll dem Unsichtbaren auf die Beine der Verständlichkeit und Nutzer-Akzeptanz verhelfen. Ein Interface können ganze Kulturen technischer Artefakte haben. Es wäre das ihren Gebrauchern zugewandte Gesicht, das Vertrauen einflößt oder immer noch befremdet: die Oberfläche von etwas, das letztlich ungreifbar und unverständlich bleiben muss, so lange man sich deren Künstlichkeit bewusst bleibt, bis die ganze Welt der Artefakte nur noch über ihr Interface in Erscheinung tritt und man sich daran gewöhnt haben wird, dass Künstlichkeit die Realität ist.

Digitalisierung: Der Mikrochip

Es gibt Schlüssel- oder Basis-Produkte, die lang- oder kurzfristig die Technologie- und Designgeschichte revolutioniert haben wie die Dampfmaschine oder der Elektromotor. Angesichts dieser Versammlung von Elefanten des mechanischen Zeitalters ist der Mikrochip scheinbar die sprichwörtliche Mücke. Gleichwohl ist sein Einsatz extrem effektiv.

Der Mikrochip ist Nukleus der inneren und äußeren Umgestaltung der Geräte- und Apparatewelt. Er bringt sein vollkommen unsichtbares Design unter einer Plastikumhüllung versteckt in Gestalt einer Ordnung elektronischer Funktionsabläufe mit, die nur Chip-Ingenieure verstehen bzw. entwickeln können. Inzwischen ist er das Herz fast aller Dinge. Gerät es aus dem Takt, geht nichts mehr. Was in den unsichtbar eingebauten Mikroprozessoren mit extrem hoher Geschwindigkeit abläuft oder welche gewaltigen Datenmengen ein moderner Speicherchip fasst, entzieht sich menschlichem Vorstellungsvermögen.

Der Chip ist das epochale Gegenmodell zur alten mechanischen Technik, die, soweit »unverkleidet«, sich selbst in ihrer Funktionsweise erklärte: Man konnte ihr bei der Arbeit zusehen. Damit ist jetzt endgültig Schluss. Digitale Technik findet im Geheimraum des Unsichtbaren statt. Nicht nur das Chip-Innere, auch er selbst bleibt irgendwo in der Maschinerie, allein oder auf einer Platte in einem unauffälligen Kästchen zusammen mit anderen, verborgen.

»In alle Bereiche dringen die Mikroprozessoren vor: Am auffälligsten vollzieht sich dies sicherlich bei Geräten der Kommunikations- und Informationstechnologie sowie bei der Unterhaltungselektronik; unbemerkt nisten sich die Chips in Herzschrittmachern und Hörgeräten ein, in Mähdreschern, Fotoapparaten, Energiesparlampen, Dampfkochtöpfen oder Haarfönen; Entwicklungen wie das ›Intelligent Home‹ oder elektronisches Geld stehen an der Schwelle der Markteinführung; und sogenannte ›Smart Labels‹, das sind hauchdünne, flexible und billige Minichips, die in Papier, Folien oder Textilien unsichtbar eingearbeitet werden können, werden in Zukunft womöglich noch den letzten Joghurtbecher mit Kühlschrank und Handy vernetzen.« (STEFFEN 2000, S. 61)

Der Einfluss dieser Winzlinge auf Muster des Alltagslebens ist enorm. Die Erfahrung der Selbstverständlichkeit, dass alles von selbst funktioniert, ist als unvermeidliches Merkmal der digitalen Postmoderne noch nicht ausreichend gewürdigt und in ihren Folgen analysiert. Viele Tätigkeiten, in der mechanischen Epoche bereits reguliert und auf technische Rationalität abgestimmt, werden immer mehr auf den binären Code des automatischen Ein- und Ausschaltens beschränkt, worüber die Apparate selbst entscheiden. Intelligente Maschinen treten an die Stelle des freien menschlichen Willens. Der Chip verkörpert damit im anthropologisch-historischen Sinne auch ein radikales Design am Menschen. Als wahrhaft einschneidendes Ereignis bezeichnet dieses neue indirekte Werkzeug den bereits vollzogenen Übergang von der mechanischen zur digitalen Kultur. Längst fühlt man sich vom sichtbaren und unsichtbaren Design der Apparatewelt genasführt, weil das, was Maschinen können, in ihrem elektronischen Gehirn, weniger in ihrer noch greifbaren Körperlichkeit und Mechanik angelegt ist. Sie verbieten sich nicht nur Eingriffe in ihre Funktionssysteme, sondern diktieren oft autoritär, wie der Nutzer zu handeln hat. Der aber fühlt sich entmündigt, wenn eine sonore Stimme oder ein Display ihm unentwegt einen Befehl erteilt, ohne dessen Befolgung sich nichts tut, selbst wenn man ihn wiederholt ausführt und glaubt, es richtig gemacht zu haben.

Beim Automobil finden skulpturale Muskelspiele im Karosseriedesign statt, während die Elektronik unter der Haube den Triumph vollkommener Unsichtbarkeit feiert. In einem modernen Auto stecken etwa 100 Mikroprozessoren, von denen der Fahrer nicht weiß, was sie alles tun. »In immer mehr Produkte zieht immer mehr Elektronik ein. Milliarden von Mikrochips arbeiten inzwischen in Computern, Handys, Fahrzeugen aller Art, Haushaltsgeräten oder Werkzeugmaschinen. (...). Die Rollenverteilung zwischen Technik und Anwendung kehrt sich – zumindest teilweise – um. Künftige elektronische Systeme werden die Informationen nicht nur selbstständig sammeln, sondern diese auch analysieren sowie kombinieren – und selbst Aktionen einleiten. Agieren werden in diesem Szenario zunehmend also die technischen Systeme, reagieren wird oder kann der Nutzer.« (LUDSTECK 2005, S. 24)

Inzwischen ist eine Apparatewelt vorstellbar, in die kein Mensch mehr eingreifen kann. So verändern sich Wahrnehmung und Erfahrung grundlegend. Die gestaltgebende Potenz programmierter Maschinen wird zum autoritären Design, dem man ausgeliefert ist.

Die äußere Hülle der Apparate erscheint immer beliebiger; die an ihr und den Schnittstellen mit dem Nutzer arbeitenden Gestalter haben das Nachsehen. Das Tempo, in dem die führenden Chip-Hersteller die Entwicklung vorantreiben, um am globalen Markt nicht unterzugehen, zeigt sich in den Quantensprüngen der Leistungsoptimierung ihres Produkts: Laut *Spiegel* (11/2005) trug ein Chip von Intel 1971 noch 2 300 Transistoren bei einer Chipstruktur von 10,0 Mikrometern. Pentium von Intel hatte 1993 bereits 3 Millionen Transistoren bei 0,8 Mikrometer, Pentium 4 im Jahr 2000 kam auf 42 Millionen bei 0,18. Für 2010 sind 3 Milliarden bei 0,01, für 2020 200 Milliarden bei 0,001 Mikrometer angesagt. Die Chipstrukturen tendieren gegen null, die Zahl der Transistoren gegen unendlich. Nach dem sogenannten Moore'schen Prinzip verdoppelt sich die Leistungsfähigkeit von Siliziumchips etwa alle achtzehn Monate.

IBM, Sony und Toshiba haben inzwischen gemeinsam in die mikroelektronische Wundertüte gegriffen und mit Cell einen Superchip entwickelt, der in jeder Sekunde bis zu 256 Milliarden Rechenoperationen durchführen kann. Gedacht zum Einsatz in Spielkonsolen als »Spaßprozessor für daheim«, soll er auch die Computerbranche aufmischen: »Wie ein Vorarbeiter verteilt der die anfallende Arbeit auf acht nachgelagerte Recheneinheiten. Jeder Cell besteht damit gleich aus neun separaten Prozessor-Kernen. Künftige Versionen könnten sogar noch mehr Assistenzrechner an Bord nehmen (...) Cell-Techniker haben Taktfrequenzen von bis zu 4,6 Gigahertz gemessen. Die schnellsten Intel-Prozessoren schaffen derzeit 3,8 Gigahertz.« (EVERS 2005, S. 192) So reifen in der Chipindustrie Produkte heran, deren Leistungsfähigkeit keine Grenzen gesetzt scheinen – eine Entwicklung, die sich mit nur geringer Verzögerung auf Sekundärprodukte wie PC und Handy auswirkt. »Wie an ein Fließband, das umso schneller laufen konnte, je mehr Arbeiter daran malochten, packten die Chipdesigner immer mehr Transistoren für Logik und schnelle Zwischenspeicher auf die nur daumennagelgroße Siliziumunterlage. Und dann schickten sie die Daten mit immer höherer Taktgeschwindigkeit auf die Reise.« (GROTE 2004)

Natürlich mussten Transistoren immer kleiner werden, um in immer größerer Zahl auf die gleiche Fläche zu passen. Es ist ein rasant sich selbst überbietendes Werkzeug-Design, das Epoche macht. Wenn man etwas vergleichbar Kleines neben den Chip legen möchte, etwa eine Pfeilspitze aus Feuerstein, läge da ein Produkt der sogenannten Mikrolith-Industrien des Neolithikums, als steinzeitliche Werkzeughersteller den höchsten Grad der Verfeinerung erreichten. Mikrolith und Mikrochip würden sich als ungleiche Brüder über viele Jahrtausende hinweg erweisen. Der eine als Produkt der geschickten Hand, der andere als Hightech-Kind der Gegenwart, aus dessen Herstellung die Hand sich herauszuhalten hat. Die Produktion haben computergesteuerte Maschinen in klinisch sauberen Fabriken übernommen. Der Mikrolith verkörpert die materialisierte Handkunstfertigkeit auf ihrem prähistorischen Höhepunkt, der Mikrochip die Genauigkeit elektronisch gesteuerter Maschinenfertigung auf ihrem bisher höchsten Stand. Beide stellen im Prinzip die jeweiligen Lebensgestaltungsmuster dar, stellvertretend für alles, was epochal gestaltet und gebraucht worden ist bzw. wird – der eine als direkt, der andere als indirekt wirkendes Werkzeug.

Zu fragen ist daher, ob nicht neu definiert werden muss, was Design genannt werden soll. Der Chip markiert den Kulturbruch zwischen Materialität und Immaterialität. Er ist dabei selbst einer Tendenz des Verschwindens ausgesetzt, wo von Prozessoren im molekularen Nanobereich oder von Transistor-Staubwolken gesprochen wird, in die sich dereinst die heute gerade noch physisch erfahrbaren Konturen der kleinen Rechner auflösen sollen.

Ihr rätselhaftes Äußeres, die teils sichtbaren, teils plastikumhüllten unsichtbaren Grafismen erzählen nichts. Man kann die Schaltdiagramme nicht lesen. So bleibt der Mikrochip das neue Wunderding schlechthin, das seine Arbeit vollständig im Verborgenen leistet. Die ihm mitgegebene Design-Potenz liegt in den Veränderungen der Lebenswelt, die er bewirkt. Alles andere Design erscheint dagegen wie ein Restbestand aus der alten, mechanisch strukturierten Welt.

Mit der traditionellen Gestaltung am plastischen Objekt hat die Mikroelektronik kurzen Prozess gemacht. Auf dem Wege in die Immaterialität ist das einst Griffig-Dreidimensionale ganz flach geworden. Der Designer Jochen Gros spricht daher von einem »schwindelerregenden Schrumpfungsszenario« und schreibt 1990: »Als Fluchtpunkt der Miniaturisierung zeichnet sich bereits die völlige Immaterialität ab. Man braucht zum Beispiel nur wenige Entwicklungsjahre wie im Zeitraffer zu betrachten und sieht viele Produkte geradezu implodieren. Sie schrumpfen aber nicht einfach maßstabsgetreu wie ein Luftballon, dem die Luft ausgeht; das Telefon zieht sich in den Hörer zurück, beim Kofferradio bleiben nur noch die Lautsprecher stehen, den elektrischen Gitarren fallen bestimmte Teile ab, oder der Fernseher wird einfach nur flach. (...) Ferngesteuert verflüchtigen sich (...) tonnenschwere Werkzeugmaschinen zur virtuellen Größe auf der elektronischen Benutzer-Oberfläche.« (GROS 1990, S. 40 und 42)

Die Chip-Entwicklung, selbst ein Design in fortschreitender Miniaturisierung, frisst den Körper der Dinge weg und vertilgt das einst greifbar und begreifbar Gestaltete. An dessen Stelle tritt ein neues Oberflächendesign, das jedoch oft nur noch als Fassade nicht nur der verborgenen praktischen Funktionen, sondern auch dessen gelten kann, was als kulturgenerierendes Design der neuen immateriellen Leistungsträger verstanden werden kann.

Die Digitalisierung hat als Grundgestaltungsmittel der Lebensweise eine offene Zukunft, und sie ist die Grundlage gegenwärtig tiefgreifender Umgestaltungen der gegenständlichen Welt. Sie hat das Universum der Dinge erfasst und ermöglicht die Existenz von Nichtdingen in der Produktkultur der Postmoderne. Wir verdanken ihr die Möglichkeit, abwechselnd in zwei Welten leben zu können – in einer noch sinnlich erfahrbaren, in der die Gegenstände schrumpfen, und in einer imaginären, die für viele schon zum Aufenthalts- und Spielraum oder zum Ausweichquartier für ein paralleles Leben geworden ist. Digitalisierung ist ein innovatives Fundamentaldesign wie einst die Erfindung der Dampfmaschine, die das industrielle Zeitalter eingeleitet hat – eine Basisstrategie der Veränderung von Lebensgrundlagen.

Multifunktionalität: Das hybride Handy

Das Handy hat den unschätzbaren Vorzug, dass man von seinem Körper, so klein und fast schon mit Hand und Ohr verwachsen er sein mag, noch etwas sieht und spürt. Es handelt sich um ein Übergangsprodukt. Obwohl es noch die massenhafte Existenz spürbarer Zuhandenheit führt, ist es schon ein Objekt, dessen eigentliches Design durch Unsichtbarkeit und Immaterialität definiert ist. Quasi ans Handy gefesselt, erleben wir die Konstitution einer neuen, digitalen Kommunikationskultur, die das Telefonzeitalter weit hinter sich lässt. Darüber hinaus ist das Handy zum

Multifunktionstalent schlechthin aufgestiegen und repräsentiert einsam prominent die Gattung digitaler Hybridprodukte. Es kann einfach alles, was mit akustischer und visueller Kommunikation zu tun hat. Zukünftige Archäologen werden es in Massen ausgraben und von einer Handy-Kultur sprechen. Es dürfte dereinst als Erkennungsmerkmal unserer Epoche gelten. Mit *mobile phone, portable* oder dem »deutschen« Handy betreten wir endgültig globalisiertes Design-Terrain. Das Handy ist heute allgegenwärtig – nicht als herausragende Leistung eines Produzenten oder Wurf eines Designers, sondern als anonyme Materialisation eines kulturellen Musters, das weltweit Gültigkeit beansprucht. Es wird daher nicht nach seiner noch wahrnehmbaren Form, sondern nach den formenden Eigenschaften dieses Produkttyps und nach den Folgen zu fragen sein, die aus seiner Handhabung entstehen, also nach dem, was das Produkt als Entwurf mitbringt und auf die Nutzer überträgt. Bei alledem ist es gleichgültig, wie ein Handy aussieht. Von Interesse ist nur, wie es als Werkzeug funktioniert, was man damit anstellt und was daraus folgt. Heute gilt einer, der sein Handy bloß zum Telefonieren benutzt, schon fast als geistig minderbemittelt, wie der Besitzer eines PCs, der sein Gerät nur zum Schreiben verwendet. Wie selbstverständlich wird die zunehmende Funktionstiefe von Maschinen akzeptiert, die viel mehr können, als man eigentlich braucht. So ist aus dem fast schon ehrwürdigen Mobiltelefon der neunziger Jahre binnen kurzer Zeit ein Kombi-Werkzeug entstanden, das die Fähigkeiten eines Computers, einer Kamera und eines Musikwiedergabe-Geräts in sich vereint. Man kann damit E-Mails verschicken, im Internet surfen und am Ende auch noch telefonieren. Demnächst werden über das Handy Fernsehsendungen empfangen. Selbst der Rundfunk nimmt die Chance wahr, das Handy zu nutzen, das, jederzeit verfügbar, Bilder zu den Nachrichten, zur Musik oder zur Werbung mitliefern kann: »Empfänger des neuen Formats ist in der Regel ein modernes Handy, das über GPRS- oder UMTS-Technik Daten via Internet austauschen kann. Mit dem Mobiltelefon loggt sich der User ins Netz ein und hört den Sender seiner Wahl, wie beim herkömmlichen Internet-Radio. Aber bei dem neuen System kommen Bilder, Texte, Werbefotos, Gewinnspiele und Musik per Datenkanal aufeinander abgestimmt gleichzeitig im Handy an.« (KURZ 2005, S. 228)

Nicht jeder Handy-Besitzer nutzt diese Bandbreite von Funktionen. Doch soll es 2005 allein in Deutschland über 74 Millionen Mobilfunknutzer gegeben haben, alles potenzielle Adressaten dieses Angebots. Die öffentlich-rechtliche Geräuschkulisse im Auto, am Arbeitsplatz oder daheim ist Gewohnheit wie eine Tapete, die man nicht mehr wahrnimmt. Nun kommt ein neues Radio-Bild-Telefon nebst Kleincomputer als Spielzeug dazu. Die Hardware schrumpft auf ein Format, das in der Höhlung einer Hand bequem Platz hat, während die Software, in dem Ding versteckt, sich immer mehr aufbläht. Man sieht sofort: Das Design der Umhüllung dieses Funktions-Konglomerats, aus Edelstahl oder buntem Kunststoff handlich geformt, erweist sich als traditionelle ästhetische Diversifizierung des notgedrungen noch Anfassbaren, garniert mit den unvermeidlichen Tastkontakten für die Bedienung. Das eigentliche (und unsichtbare) Design steckt in der Komplexität der Programme, in dem, was der Apparat kann und wozu er erzieht, wie er Verhalten, Erfahrung und Bedürfnisstruktur aller, die ihn nutzen, beeinflusst.

Die alte, umständliche Geste des Telefonierens ist auf der Grundlage einer zunächst unglaublichen Figuration entstanden: Zwei Personen sprechen miteinander über große Entfernung und sehen sich nicht. Aber sie hören und verstehen sich, solange sie nicht gleichzeitig zu sprechen versuchen. Über ihre wiedererkennbaren Stimmen bezeugen beide sich gegenseitig ihre Existenz an einem jeweils anderen Ort. Diese Konstellation ist geblieben; sie hat sich nur modernisiert. Man weiß, dass der andere nicht anwesend, sondern an einem anderen Ort ist. Aber dieser Abwesende kann so tun, als sei er ständig anwesend, ohne seine Abwesenheit real aufzugeben. Bild und Ton abwesender Anwesenheiten werden miteinander austauschbar, trotzdem bleibt man beim Telefonieren getrennt und allein wie eh und je. Doch ist ununterbrochene Handy-Präsenz ein Mittel, das Bewusstsein der eigenen Existenz zu bewahren. Deshalb wird das Ding wie ein Fetisch behandelt, am Körper getragen oder in Griffweite abgelegt, während man sofort in Panik gerät, wenn es im Moment nicht auffindbar ist oder gar als verloren gilt. Handy-Präsenz bedeutet nicht nur Unterwerfung unter eine globale Technologie des Kommunizierens oder den Zwang zum individuellen Existenzbeweis. Sie zeigt auch den kommunizierenden Menschen als rituell handelndes Wesen in unbewusster Bereitschaftshaltung an ein kultisches Gerät angeschlossen, dessen Gebrauch die banalen Anlässe des Telefonierens in einer Art Dauer-Kommunion transzendiert. Das Handy im Geruch der Heiligkeit? Sagen wir nüchtern: Es ist Instrument eines Rituals, dessen unablässige Wiederholung an Gebetspraktiken erinnert.

Hierbei handelt es sich um ein Design des Nutzers; er überbietet das in der Sache selbst angelegte Design und überhöht dadurch ihren Gebrauchswert gewaltig. »Schwere Mangelerscheinungen« können auftreten, wenn das Handy plötzlich fehlt: »Für viele ist es das erste Gerät, das sie morgens berühren (noch vor der Kaffeemaschine), und das letzte, das sie abends weglegen (gleich neben dem Bett).« (DWORSCHAK 2005, S. 96)

Abb. 160: Mobiltelefon SL 55 (sog. Schiebe-Handy). Siemens AG. Entwurf Graham Keery, designafairs, 2000

Aber nicht nur dieses ängstliche In-der-Nähe-Halten, auch eine Tendenz zum Verschmelzen mit dem Objekt fällt auf. Man erkennt Handy-Telefonierende schon von weitem, nicht an ihrem Gerät, sondern an Körperhaltung und Geste: Wie sie eine Hand ans Ohr legen und mit sich selber zu sprechen scheinen, weil das kleine Ding ganz verdeckt zwischen Hand und Ohr eingewachsen ist. Manche lehnen dabei den Oberkörper weit zurück, andere stehen gebeugt, mit geneigtem Kopf, um zu lauschen. Der Apparat ist verschwunden wie eine implantierte Prothese. Während die Implantat-Vermutung auf nahe Zukunft gerichtet ist, kann die These vom Lebensgefährten schon für die Gegenwart als bewiesen gelten. Denn das Handy ist nicht nur Begleitwesen wie einst der Teddy, sondern wird wie ein Schoßtier gehätschelt, dem man ein buntes Wams überziehen und das man unter dem Herzen tragen kann, wo sein Lebendigsein bei jedem Anruf spürbar ist. Insofern ist seine materiale Körperlichkeit noch interessant. Das Schmusewesen verhält sich aber nicht so passiv wie ein Teddy. Es meldet sich im aktivierten Zustand und gibt Laute von sich wie der eigene Hund, den man an seinem Bellen von anderen unterscheiden kann. Mit Erkennungsmelodien wird heute viel Geld verdient. Ausgefallene akustische Motive zum »Downloaden« sind begehrt, um sich und sein Handy unterscheidbar zu machen.

»Das Mobiltelefon zeigt allmählich Züge eines Lebewesens, das in Symbiose mit dem Besitzer haust.« (Dworschak) Diese Beobachtung betrifft zwei parallele Vorgänge: die Gewöhnung an ein technisches Objekt als Ersatz für Nähe und Wärme (ein kreativer Akt des Nutzers, der sich das Notwendige herbeizuschaffen weiß), und die Einwanderung neuer kultureller Steuerungsmuster in das Kommunikationsverhalten, befördert durch Werbung und Nachahmung bzw. Gruppenzwang. Die Identifizierung mit dem Objekt geht hier viel weiter als beim PC. Der ist irgendeine Kiste, langweilig und ortsfest. Das Powerbook wäre schon eher eine Konkurrenz zum Handy. Das aber zählt zum unentbehrlichen Outfit, das ein Gefühl der Zugehörigkeit zu einer Gruppe miteinander Kommunizierender wie zur telematischen Kultur insgesamt vermittelt. Anderseits darf man auch von einem unsichtbar mitgelieferten, für Hersteller, Händler und Netzbetreiber hochprofitablen Abhängigkeitsdesign sprechen, von einem technischen Sucht-Generator. Das Handy positioniert seine Nutzer in einem Raum spontan aufnehmbarer und ebenso rasch wieder abbrechbarer Beziehungen. Eine SMS kann den Beginn eines Flirts oder das Ende einer Affaire bedeuten. Das kleine Ding in der Hand verfügt über die Macht, ein neues soziales Verhalten selbst im intim-persönlichen Bereich durchzusetzen und eine veränderte Kultur des kommunikativen Miteinander zu begründen. Stets am Handy präsent zu sein und andere als präsent vorzufinden, ist besonders für Jugendliche wichtig, die sich niemals von ihrem Gerät trennen. Wer nicht telefoniert, simst wenigstens, das ist nicht so teuer. Zum Eintippen des Textes genügt eine freie Hand, geübt in Daumenakrobatik.

Technologische Paradigmenwechsel künden in der Regel kulturelle an. Diesen gehen innere Bereitschaften, Suchbewegungen, Bedürfnisentwicklungen voraus oder parallel, in denen Zukunftserwartungen zutage treten. Dann folgen Adaptionsprozesse, in denen die neuen technischen Standards angeeignet und zu kollektiven Selbstverständlichkeiten verinnerlicht werden, wie die Fähigkeit, ein Auto zu lenken oder einen Computer zu bedienen. Das mobile Telefonieren ist offenbar zu einer Zeit eingeführt worden, in der das Angebot verdeckten Kundenwünschen entsprach. Anders ist der durchschlagende Erfolg nicht zu verstehen. Im Schatten dieser Wünsche geht die Modernisierung des Kommunikationsverhaltens reibungslos vonstatten: Handy-Besitzer können heute auf den Rest bekennender Festnetz-Telefonierer nur herabsehen. Die leben in einem anderen Jahrhundert und spielen ein altes Stück.

Wieder einmal bestätigt sich die Vermutung Sigfried Giedions, dass die kleinen, unauffälligen Dinge die größten Wirkungen auslösen. Das Handy ist ein Kulturwerkzeug. Es ist klar, wo bei ihm der Designschwerpunkt liegt – nicht auf der Hardware, die, plastisch geformt, anschmiegsam in der Hand liegt und nur das Endstück des kommunikationsindustriellen Dienstleistungsangebots darstellt, sondern in der stillen Formulierung des kollektiven Bedürfnisses, so und nicht anders kommunizieren zu wollen. Es ist eine kulturelle Verhaltensfigur, die das Handy uns mit Nachdruck anempfiehlt, unterstützt von spektakulären Wachstumsraten der global expandierenden Branche, die kein Ende des Booms sieht. Das mitgelieferte Muster einer kulturellen Prägung verschafft dem Leichtgewicht eine Bedeutungsschwere, die man nicht in der Hand spürt. Aber der reflexhafte Griff nach dem Ding, das gerade vibriert oder singt, zeigt, wie weit wir schon disponiert sind, an der neuen Kultur des Austauschs aller mit allen teilzunehmen – ohne die Chance, ihr zu entrinnen.

Das Handy ist aber nur ein Pionier-Hybridprodukt, das einen Trend anzeigt. Die globale Kommunikations- und Unterhaltungsindustrie verspricht schon das nächste: »Musik, Kino, Fernsehen – jede Art von Unterhaltung und Kommunikation ist inzwischen digital, Viiv bedeutet, dass wir all diese Dinge in einer Kiste zusammenbringen, die schon seit Jahren in jedem Haushalt steht: dem PC. Das wichtigste dabei werden Inhalte und einfache Bedienung sein«, so Intel-Aufsichtsrat Craig Barret (in: *Der Spiegel* 15/2006, S. 88). Wie das neue Multifunktions-Handy das einfache Mobiltelefon übertrumpft hat, so könnte der Multimedia-PC den Computer als älteste Maschine im digitalisierten Haushalt der Erfahrung übertreffen.

Mit Beginn der Digitalisierungsepoche sind der Multifunktionalität kaum Grenzen gesetzt. Auch arbeitet die nun beschleunigte Miniaturisierung apparativer Bestandteile dem Wunsch zu, immer mehr Funktionen auf kleinstem Raum unterzubringen. Das Handy, das alles kann, ist nur ein prominentes Beispiel. Der Gebraucher ist von diesem Angebot entweder begeistert oder manchmal auch verwirrt, weil sich zu viele Funktionen hinter ein- und derselben Benutzeroberfläche stapeln. Er erlebt eine Implosion der Funktionsversprechen, auf ein einziges Objekt verdichtet – siehe das digitale Radio im Auto, das er während der Fahrt bedienen darf, sofern er es richtig programmiert hat. Die Gebrauchsanleitung ist so dick wie früher das technische Handbuch für das ganze Auto.

Die funktional hochverdichtete Apparatewelt bringt ein unsichtbares Design im Zwang zur Eingewöhnung mit. Die Abhängigkeit von komplizierten Apparaturen wächst, statt, wie versprochen, abzunehmen, weil angeblich alles ganz einfach geht. Man kann dem Phänomen der Multifunktionalität mit einem Bild aus der alten mechanischen Kultur begegnen, der Ein-Mann-Musikkapelle, bei der ein einzelner Musikant Pauke, Trompete, Tschinelle usw. allein bedienen und zu einem Orchestrion vereinen musste. Das war eine Geschicklichkeitsübung an greifbar-kontrollierbaren Instrumenten. Heute ist man zur Anpassung an kompakte Funktionsanhäufungen gezwungen, die unsichtbar und ungreifbar in die Apparate eingelagert sind. Die Ein-Mann-Kapelle machte ihren Akteur zur mechanischen Puppe, geübt in anatomisch schwierigen Geschicklichkeitsverrenkungen. Die digitale Multifunktions-Apparatur unterwirft ihre Gebraucher einem Wissen und Können jenseits physischer Beweglichkeiten.

Sensualisierung: Spiralnudel und Gummibärchen

Zum Schluss betreten wir ein weites Feld von Bemühungen um das Ungreifbare und Unsichtbare und dennoch sinnlich Erfahrbare, das Produkte unverwechselbar machen kann.

Geruch, Geschmack, Geräusch der Materialien und Dinge sind ein Potenzial, das erst in jüngerer Zeit in seiner ästhetisch-psychologischen Reichweite erkannt und daher aus designhistorischer Sicht lange kaum wahrgenommen worden ist.

Inzwischen hat eine Anthologie zum Thema multisensuelles Design mit Akzent auf Olfaktorik und Akustik den Blick auf dieses Gebiet frei gemacht und den Grundstein für zukünftige Systematisierung und Analyse gelegt (vgl. LUCKNER 2002). Natürlich hat es schon früher Anlässe gegeben, sich beispielsweise der Akustik von Geräten zuzuwenden wie bei Telefonhörern (vgl. SCHULTES 1993, S. 80) oder hat ein Projekt in den USA sich mit Geräuschteppichen der Umwelt und einem *soundscape design* (vgl. SCHAFER 1993, S. 27) befasst.

Doch hat sich Design vorzugsweise in den Bereichen des Visuellen und Haptischen bewegt und designhistorische Literatur sich auf Darstellung und Untersuchung des Sichtbaren und Anfassbaren beschränkt, obwohl lange bekannt war, dass Kaufentscheidungen auch von anderen sinnlichen Reizen ausgelöst werden. Es ist gewiss wichtig, dass ein Porsche wie ein Porsche aussieht. Aber die Identifikation erfolgt für den Fahrer erst wirklich im sinnlich-emotionalen Moment der Beschleunigung, sobald das charakteristische Röhren beginnt. Im irrational-genussvollen Erleben des Hörens entfesselter Kraft liegt das überzeugendste Argument, einen Porsche zu kaufen. Ihn leise zu machen, wäre für Sound-Designer undenkbar. In einer Welt voller Krach möchte man dennoch die Stille zum Designziel erklären. Da das ein Wunschtraum ist, befassen sich Sound-Designer wenigstens mit der Kultivierung akustischer Reize. Vielleicht ist auch hier von einer Kulturisierung (siehe Seite 382) zu sprechen, wo immer es um Wohlklang geht, ähnlich wie bei der Pflege visueller und haptischer Eigenschaften an schönen Produkten. Auch gepflegte Geräusche gehören zur Genusskultur und sorgen für ein Wellness-Gefühl der Berieselung, was man von der musikalischen Kulisse der Baumärkte sogleich widerlegt bekommt. Akustisches Design ist Teil der Sensualisierungsstrategie und für den Alltag noch entwicklungsfähig. An anderer Stelle gibt es alte, bewährte und hochdifferenzierte Vorgehensweisen wie bei der Kreation von Parfüm – der wohlriechende Körper, seine Salbung, ist ein antikes Motiv und der Parfümeur eine Romanfigur. Mit Gerüchen und Geräuschen betritt das Design ein uraltes Erfahrungsfeld der Sinne, die wiederzuentdecken ein Abenteuer sein kann, weil sich hier ein archaisches, ja gattungsgeschichtlich bedeutsames Terrain noch einmal neu zu erschließen scheint.

Sensualisierung bedeutet im Prinzip die Wieder- oder Neuentdeckung sinnlichen Reichtums in einer Phase der produktkulturellen Entwicklung, die von Abstraktionsprozessen und sinnlicher Deprivation gekennzeichnet ist: Wiederentdeckung, weil die Strategie der Anreicherung von Produkten mit Wahrnehmungsreizen sich schon bewährt hat; Neuentdeckung, weil im Zeitalter der Kunststoffe und Materialimitate sowie der synthetischen Aromen und Düfte neue Quellen der Reizung und Täuschung der Sinne erschlossen werden. Im Grunde ist Sensualisierung die älteste der acht aktuellen Designstrategien. Die Maßnahme bezieht sich auf die »Spürsinne« des Hörens, Riechens und Schmeckens. Vor allem die Nahrungsmittelindustrie beansprucht multisensuelles Design: Ein Apfel muss krachen, wenn man hineinbeißt, und er muss duften und säuerlich-süß schmecken. Der Gen-Spezialist mag hier als Designer gelten. Nur hat noch niemand von einem Nudel-Designer gehört.

Dennoch zählt dieses Produkt mit seiner Formgeschichte zum Weltkulturerbe des Nahrungsmittel-Design. Die Nudel an sich ist, wie Ausgrabungsfunde in China belegen, etwa 4000 Jahre alt, jedenfalls in der spaghettiartigen Version. Von dieser Faden-Urnudel führen lange Wege zu den Röhren-, Band- und Spiralnudeln unserer Zeit, die alle auf ihre Weise die Geschmacksorgane zu überzeugen wissen, ob von Hand mit entsprechendem Pasta-Gerät oder von der Teigwaren-Industrie maschinell hergestellt. Heute wird die Nudel, nach Materialzusammensetzung, Form, Länge, Dicke, Oberflächenstruktur und Binnenvolumen ausdifferenziert, als Markenartikel oder No-Name-Produkt angeboten. Alle Sorten, die, in Klarsichttüten abgepackt, Regalmeter im Supermarkt füllen, haben zwei Grundeigenschaften gemeinsam: den meist etwas faden Eigengeschmack und die Fähigkeit, Geschmacksstoffe und Gerüche an sich zu binden. Einige Varianten der Spiralnudel sind dazu besonders geeignet, weil ihr Design das Fassungsvermögen an Flüssigkeit bei gleichbleibend praktischer Kürze der Nudel vergrößert. Diese Teigform, durch entsprechend profilierte Düsen bedingt, ist für ihren Zweck perfekt ausgerüstet. Sie bindet auf dem Teller Mengen an Soße und wird so zum Geruchs- und Geschmacks-Container.

Im Prinzip ist die Nudel ein Endlosprodukt, das als Teigstrang aus der Pressdüse kommt, um automatisch auf Format gestückelt zu werden, ehe man sie trocknen lässt. Das Geheimnis ihrer Außen- und Innenformgebung beruht auf der Werkzeugform der Düse, die so gestaltet sein kann, dass entweder glatte Bänder oder profilierte Röhren herausgepresst werden können, auch gekringelte und solche mit Zäpfchen.

Am Ende ist die Spiralnudel nicht nur ein Beispiel für funktionsoptimierendes anonymes Design, sondern auch effizientes Werkzeug der Eigen-Sensualisierung: Mit ihrem potenziellen Inhalt macht sie sich selbst zum Gegenstand oralen Genusses. Dies alles ohne Designer, weil sich in ihrer Form das Erfahrungskapital aller Nudelesser und Nudelfabrikanten vereinigt hat.

Die Spiralnudel auf dem Teller mit Soße ist ein multisensueller Event erster Klasse. Die funktionale Rationalität der Form schlägt zwischen Zunge und Gaumen augenblicklich in einen komplex strukturierten Genussvollzug um. Er reicht vom Tasterlebnis des Ausquetschens, Zermalmens und Mümmelns über die angenehme Wärmeempfindung und den Materialzustandsnachvollzug des *al dente* bis zu den Verzückungen der Geschmacksorgane, die nach hemmungsloser Fortsetzung des Ereignisses verlangen.

Das Visuelle tritt hier in den Hintergrund, da die Nudeln schon auf dem Teller mit der Soße unansehnlich vermanscht sind, während der Duft des zum Munde Geführten betörend ist und ein durchaus unanständiges Geräusch des Saugens und Schlürfens den Prozess der oralen Befriedigung untermalt. Das Design der Spiralnudel realisiert sich nicht in der Tüte oder auf dem Teller, sondern durch Einverleibung des Gekochten, also im Prozess. Es ist ein kulturell tief verankertes Ereignis: Wir sind, was und wie wir essen – das gierig schlingende Tier oder das hungrige Kind, dem die Mutter einst den Teller mit der Lieblingsspeise vorgesetzt hat.

Vielleicht noch weiter in Tiefenschichten von Bedürfnis, Erfahrung und Gedächtnis reichend, zeigt sich der komplexe Vorgang der sinnlichen Verankerung beim Gummibärchen, einem synthetischen Produkt aus Gelatine, Zucker, Fruchtsäure, Farbe, Aromen und Duftstoffen. Hier kennt man immerhin den Erfinder dieses urdeutschen Produkts: Der Unternehmer Hans Riegel ist 1921 auf die Idee gekommen. Die Firma Haribo produziert Gummibärchen seit 1922. Im Jahr 2004 sollen täglich 80 Millionen »Goldbärchen« hergestellt worden sein. Der Typ ist ein Kultobjekt. Form, Farbe, Geschmack, Duft, Elastizität,

Stofflichkeit und der psychologische Hintergrund des Bärchen-Schemas harmonieren beim *ursulinus elasticus vulgaris* vollkommen. Bei Wikipedia häufen sich scherzhafte Forschungsberichte zum Sozialverhalten der Bärchen in der Tüte, zu ihren sexuellen Phantasien usw. Doch bleibt der symbolische Individualtod des Bärchens durch Verzehr, seine sinnlich-reale Einverleibung, das multisensuelle Ereignis schlechthin. Die Sensualisierungskomponenten Konsistenz, Geschmack, Geruch und assoziative Farbigkeit gehen mit der Kraft des Zeichens (süßer kleiner Bär) eine unschlagbare Verbindung ein. Der Entwurf könnte nicht überzeugender sein. Daher ist es gerechtfertigt, das Gummibärchen in die Designgeschichte einzuführen. Es ist eines der populärsten Objekte der Selbstentschädigung von Konsumenten für ihren Zwangsaufenthalt in einer frustrierend kalten Welt, ein geniales Erfinderprodukt und ein prominenter Vertreter der Gattung extrem kurzlebiger Güter. Das sinnliche Ereignis seines Verzehrs ist beliebig, ja ohne Ende wiederholbar. Von halbtransparent milder Farbgebung, behauptet der Gummibär seine kleinskulpturale Plastizität in zeichenhaft verdichteter Form; er besticht durch materiale Konsistenzqualität der zähen Masse, die zwischen den Zähnen klebend spürbar vergeht, während das nächste Bärchen schon aus der knisternden Packung gegriffen wird. Sein Eigengeruch und sein Geschmack sind ein Triumph der Aroma-Chemie. Die Begleitmusik zum Genuss ist ein schmatzendes Kauen, das unwillkürlich den Speichelfluss auch beim Zuhörer belebt.

Nicht jeder kann das nachvollziehen. Für süchtig Essende müssen geschmackliche Sozialisationsprozesse, kollektive und individuelle Eingewöhnungen vorangegangen sein, damit dieses Design greifen kann. Andere schüttelt es oder es lässt sie kalt. Auf jeden Fall ist das Gummibärchen ein prominentes Fallbeispiel von Food-Design und verweist exemplarisch auf die Existenz einer globalen Nahrungsmittelindustrie, der jede Form von synthetischer Aromatisierung und Gaumenreizung zur Verfügung steht.

Der Konnotationshof um das Zeichen »winziges Bärchen« verweist auf die allseits grassierende Tierliebe, die ohne Widerspruch zu dem archaischen Einverleibungsritus animalischer Kraft durch Essen auf die Süßigkeit übertragen wird. Thomas Gottschalk hat den Artenschutz in Werbespots für das bedrohte Gummibärchen reklamiert, um die Kultwirkung des Produkts zu steigern. Doch galt in Deutschland schon lange: Keine Kindheit ohne Gummibärchen, Zahnschäden inbegriffen. Gummibärchen sind ein Erinnerungsspiegel für Erwachsene und für Kinder ein Genussmittel, das gleich hinter Pommes mit Mayo kommt. Jedenfalls war das einmal so. Sie sind unsterblich, da sie immer wiederkehren und damit für Kontinuität in unserem schnelllebigen Zeitalter sorgen.

Zwar hält sich die Nudel im Vergleich wacker. Sie bleibt ein sinnliches Ereignis. Aber das Gummibärchen ist eben die bedeutungsvollere Verlockung. Es bedarf keiner Beigabe aromatischer Flüssigkeit, weil es die schon in sich gebunden trägt. Vor allem, man muss es vor dem Genuss nicht kochen. Kinder haben das vermutlich schon versucht. Dabei dürfte die Verwandlung in einen anderen Aggregatzustand in Gestalt eines blässlichen Sirups herausgekommen sein. So lässt sich kreativ-sinnliche Forschung am Objekt betreiben. Unter der Hand multisensuell aufgeklärter Konsumenten, wie es Kinder sind, läuft das auf ein interaktives Design hinaus. Freilich auch auf ein Sakrileg: Gummibärchen darf man sich nur als solche erkennbar einverleiben nach der Devise: Du bist zum Fressen süß!

Ob mit oder ohne bewusst angewandtem multisensuellen Design – immer noch oder wieder charakterisieren sinnliche Eigenschaften Einzelgegenstände oder ganze Produktklassen oder -familien auch außerhalb der Nahrungsmittelindustrie. Multisensuelles Design ist letztlich eine Strategie der Animation durch Anreicherung eines Produkts mit sinnlichen Reizen, die möglichst auch in unbewusste Zonen der Erlebnisfähigkeit reichen sollen. Man könnte von einem Revitalisierungszauber an Dingen sprechen, der sogar im Fall der Simulation gelingt, wo sinnliche Eigenschaften eines Produkts nur vorgetäuscht werden und die Wahrnehmung sie zur Realität halluziniert. Produkte werden behandelt, bis man gegerbtes Leder oder Maschinenöl riecht oder zu riechen meint, oder gar in etwas hineinbeißen möchte, um seine Echtheit zu prüfen wie früher bei Münzen, deren Wert man nicht nur am Klang erkannte, sondern auch am spezifischen Materialwiderstand gegen den Biss.

Nahrungsmittel sind nur der natürliche Ort, an dem primäre sinnliche Reize generiert werden können. Heute unterliegen weite Teile der Artefaktenwelt einer Sensualisierung. Schon Objekte, die zu Skulpturen aufgeblasen erscheinen wie manche Autokarosserien, sind Produkte haptischer und visueller Sensualisierung. Ein Lenkrad aus Kunststoff kann dem Fahrer ein Greiferlebnis vermitteln, das noch aufregender wird, sobald die Hände echtes Leder fühlen. Der Geruch eines Neuwagens verschafft dem Erwerber ein erotisches Vergnügen, das ihm bestätigt, sein Geld richtig angelegt zu haben. Und das Sirren der Reifen auf Asphalt ist Musik in seinen Ohren.

Der Versinnlichung einst eher karg-abweisender technischer Produkte sind heute kaum Grenzen gesetzt. Je abstrakter sich die digitalisierte Umwelt darstellt, umso einfallsreicher wird die Methode der Sensualisierung weiterentwickelt. Fast möchte man von einem Versöhnungsversuch mit dem Mangel durch Kreation neuer, ganzheitlicher Erlebnisqualitäten sprechen – von einem Kompensationsgeschäft, in dem auch Augentäuschungen (siehe Resopal) erlaubt sind.

Sensualisierung ist die Strategie einer Re-Materialisierung und künstlichen Archaisierung moderner und postmoderner Produktkulturen. Inzwischen zählt diese Strategie zu den bewährten suggestiven Methoden und wird vielfach im Design angewendet. Dabei umgreift das Prinzip der Versinnlichung die Komponenten Animation, Symbolisierung und Simulation.

Weil diese Strategie die Wahrnehmung in unkontrollierbarer Tiefe berührt, muss sie als Instrument einer Vereinnahmung gelten, gegen die man sich nicht wehren kann – so wenig wie gegen die totale Ästhetisierung der Welt der Dinge und Nichtdinge, die über uns hereingebrochen ist.

3 Totalästhetisierung des Alltags

Die Inflation des Schönen

Der Entwicklung der Postmoderne folgend, dehnt Design sich flächendeckend über die gesamte materiell artifizierte Umwelt aus und bemächtigt sich der Wahrnehmung der Zeitgenossen. Nie war so viel Schönheit und nie so viel Wettbewerb: »Designer-Produkte wollen sich zum Rest des Verfügbaren in jeder Hinsicht elitär verhalten.« (BERNARD 2006, S. 46) Nur ist das immer schwieriger geworden, weil auch der »Rest des Verfügbaren« durch die Hand von Designern gegangen ist oder ein anonymes Design mitbringt. Kaum erscheint ein Produkt auf dem Markt, weiß man, dass ein neues, noch attraktiveres bereits in Entwicklung ist. Es tobt ein Überbietungskampf, in dem es nur Sieger oder Besiegte geben kann. Diesen Schluss darf man aus einer aktuellen Enzyklopädie (PHAIDON 2006) ziehen. Das dreibändige Opus hat ein eigenes Design: Es wird von einem verschraubten Tragegestell (Entwurf Konstantin Grcic) zusammengehalten, das man mit einem Werkzeug öffnen bzw. zerstören muss, um an den Inhalt heranzukommen, den der Designer Philippe Starck wie folgt kommentiert: »The battle of design is almost won but a good book like Phaidon Classics can help to finish the war.«

Vom Verpackungsdesign zum Gadget geadelt, erklärt diese Buch-Gewichthantel Design zum Kriegsschauplatz, auf dem die 999 zitierten »ultimate design classics« schon als Sieger feststehen. Der Alltag gleicht in der Tat einem Schlachtfeld. Die Invasion des Ästhetischen hat ihre Vorbereitungsgeschichte der Durchdringung von Massenproduktkulturen mit Design über ein Jahrhundert hinweg und scheint heute auf ihrem Höhepunkt angekommen. Nichts bleibt von Design verschont, ob Kaffeekannen, Brillen, Computerspiele, Turnschuhe, Telefone, Unterwäsche, Autos, Brüste, Hautcremes, Taschenrechner, Spielzeug, Hundefutter, Lampen, Dildos, Tütensuppen, Wasserbetten, Urlaubsangebote, Fitnessprogramme, Roboter, iPods, Fertighäuser, Spülbürsten, Abenteuerparks, Toaster, Snowboards, Fernsehformate, Digitalkameras, Aromen und Gerüche – das Kaleidoskop des Gestalteten ließe sich unendlich weiterdrehen. Die Darmstädter Ausstellung *Im Designerpark. Leben in künstlichen Welten* (BUCHHOLZ/WOLBERT 2004) hat versucht, die große Unübersichtlichkeit in konzentrierter Form anschaulich zu machen, obwohl kein Versuch einer spiegelbildlich verkleinerten Ausgabe der Kultur des Schönen, in der wir heute leben, mit deren Totalität konkurrieren könnte: Design ist überall, wie der Igel im Märchen kommt es vor dem dummen Konsumenten an. Man darf Design als *fallout* der fortgeschrittenen Industriekulturgeschichte bezeichnen. Allgegenwart und Unvermeidlichkeit des Prinzips der Ästhetisierung sind evident. Die über hundertjährige Geschichte des Entwerfens, Produzierens, Verkaufens und Konsumierens ist zum Hype aufgelaufen, wie es im aktuellen Sprachdesign heißt. Abstumpfungseffekte sind die Folge, so dass immer mehr

Aufwand an Design in immer schnellerem Durchlauf getrieben werden muss, um Produkten die gebührende Aufmerksamkeit zu sichern. Dabei hat sich das Selbstverständnis des Designers verändert.

Ursprünglich Dienstleister im Hintergrund, tritt er als Star auf, sobald es ihm gelingt, sich von der Masse der Entwurfslieferanten erkennbar abzusetzen. Der postmoderne Hang zur kultischen Inszenierung ästhetischer Artefakte geht mit einer Rückstilisierung des Designers zum Typ des genialen Entwurfskünstlers einher. Eine Anzeigenkampagne der AEG (2006) machte sich diesen Trend zunutze, indem sie zu visionärer Mimik ausgeleuchtete Porträts von Entwerfern aus der Geschichte des Unternehmens veröffentlichte, was nicht einer gewissen Komik entbehrte: Derart hochstilisierte Köpfe kann man heute mit Hilfe von Bildbearbeitungsprogrammen aus Passfotos machen.

Die globale Totalästhetisierung der Artefaktenwelt ist eine Folge der weltweit verbindlichen Ökonomie der Ware als Kulturprodukt. Ihr verdanken wir sowohl die Fülle schöner Dinge als auch die Figur des Star-Designers, der alles kann und alles macht wie der Franzose Philippe Starck, Idealtyp dieser Spezies von Generalisten. Bescheidener im persönlichen Geltungsanspruch und im Gestus seiner Entwürfe ist der deutsche Shootingstar Konstantin Grcic, 1965 geboren und

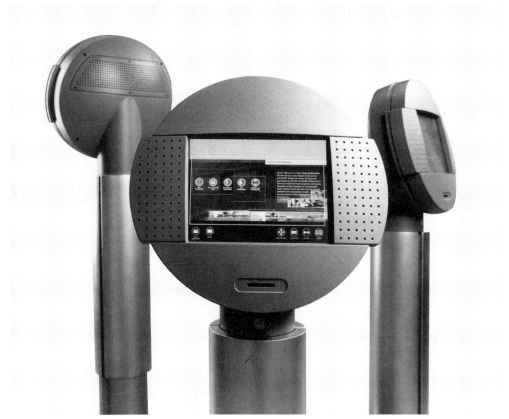

Abb. 161: Point of Information (POI). Terminal für Besucher der Autostadt Wolfsburg. Polygon GmbH, Heusenstamm. Entwurf Volkswagen Design, 2000

schon mit internationalen Auszeichnungen und einer Monografie auf Englisch (BÖHM 2005) geehrt. Grcic wirkt in seiner Arbeitsweise fast antiquiert. Natürlich nutzt sein Team Computer, aber er tastet sich auch über Skizzen und Pappdeckelmodelle an die endgültige Form heran und gönnt sich eine lange Entwicklungszeit für Entwürfe, die in Funktion und Ästhetik durch ihre Einfachheit überzeugen. Aus seinem Büro KGID (Konstantin Grcic Industrial Design) stammen so trickreich praktisch konstruierte Dinge wie der Abfalleimer TP 15Lit (2003), die vielseitig verwendbare, tragbare Lampe Mayday (1998) und der Plastik-Papierkorb SQUARE (1995). Vielleicht ist Grcic so berühmt, weil er als versierter Hardware-Tüftler den alten Typus des am materiellen Produkt tätigen Formgebers verkörpert und die konservative Palette brauchbarer Dinge vom Kugelschreiber bis zum Stuhl bearbeitet. Dies in einer Zeit, da die Selbstvermarktung Vorrang vor der Produktqualität hat: »Erkennbare Signatur und Self Marketing des Designers erscheinen immer unumgänglicher. Die Konsequenzen sind einschneidender, als es auf den ersten Blick scheinen mag. In dem Maße, in dem Designer als Stars und Superstars auftreten, gelangt das Design in seiner Grundidee an sein Ende.« (Di Blasi 2006, S. 41)

Diese Entwicklung zu beklagen oder Designern vorzuwerfen, dass sie mit Popstars konkurrieren, wäre verfehlt. Es handelt sich bei der Selbststilisierung, Überschätzung und Vermarktung um ein Symptom der veränderten Anforderungen an die Entwurfsarbeit und um eine zeitgemäße Rollendefinition. Denn es liegt auf der Hand, dass die starke Nachfrage nach besonderen Entwürfen die Position und das Selbstbewusstsein des Designers stärkt. Der Produktkulturbetrieb macht sie (wie der Kunstbetrieb die Künstler) zu Geschöpfen des Warenkults und einer gesellschaftlichen Mechanik, die nach auffallenden Produktfassaden und profilierten Entwerfern verlangt. Dabei bewegt sich der Designbetrieb in der Öffentlichkeit nach Regeln und Ritualen, die im Kunstbetrieb für Anerkennung von Kunstwerken und Künstlern sorgen. Auch im Designfeld sind heute regelgesteuerte Konsekrationsprozesse (vgl. ZAHNER 2006) zu beobachten. Ausstellungspraxis, Kritikerlob, Medienpräsenz und Musealisierung sorgen für eine Hierarchie der Wertschätzung von Produkten und Urhebern. Diese Entwicklung steht im krassen Widerspruch zu der einst designimmanenten Idee des anonymen Massenprodukts, ja sie scheint geradezu als deren Aufhebung gedacht. Inzwischen ist Design zum festen Bestandteil des Kulturbetriebs aufgestiegen und wird, kultisch überhöht und individualisiert, wie Kunst gehandelt und behandelt.

In absehbarer Zeit wird man daher nicht nur in einer technisch und ästhetisch hochartifiziell strukturierten Umwelt leben, sondern von miteinander konkurrierenden gestalterischen Spitzenleistungen umringt sein.

Abb. 162: Papierbehälter SQUARE aus Polypropylen. Entwurf Konstantin Grcic für Authentics, 1995. Foto H.A.M. Hölzinger

Design ist zum Motor einer spezifischen Kulturindustrie in der Industriekultur aufgestiegen, deren materielles Produkt immer weniger jenem Elaborat der klassischen Moderne gleicht, das man als vorbildliches Design verinnerlicht hat. An seine Stelle ist das gewöhnlich Schöne einer gleichmäßigen Designlandschaft postmoderner Differenzierungen der Form oder deren Übertreibung getreten. Die Rückverwandlung des Designers zum Künstler und die Angleichung des Designmarktes an den Kunstmarkt sind Folgen der Inflation

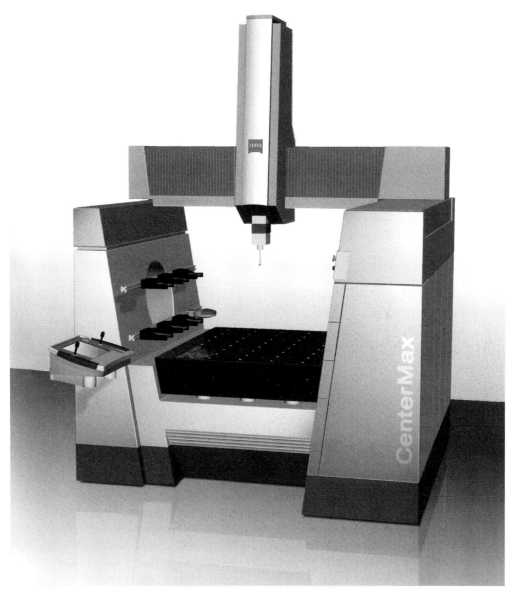

Abb. 163: Messmaschine CenterMax. Carl Zeiss, Oberkochen. Entwurf Fullservice Productdesign GmbH, Schwäbisch-Gmünd, 2000

des Schönen und seiner Allgegenwart. Der hier erhobene Befund gilt für das Universum der Konsumgüter vom Bügeleisen bis zum Automobil. Auch im Investitionsgüterbereich ist die Tendenz zur Durchästhetisierung der Werkzeug- oder Maschinenformen spürbar, aber doch verhaltener, die Funktion betonend: Eine Planierraupe darf bullig, ein Reisebus elegant, ein medizinisches Besteck filigran wirken. Es ist, als sei die Tugend disziplinierter Formverstärkung in das Design von Produktionswerkzeugen oder Verkehrssystemen ausgewandert und habe sie das Terrain der Konsumkultur dem Spiel mit allen Mitteln überlassen.

Im Konsumgüterdesignbereich ist von einer allgemeinen Entfesselung unbeschränkter Gestaltungsfähigkeit und -lust zu sprechen, selbst dort, wo ein noch gezügeltes Endprodukt sich der Qualitätskritik stellt und in die Auswahl des Hervorgehobenen aufsteigt – siehe das *Design Innovation Yearbook* mit den Trägern des *red dot award* des Design Zentrum Nordrhein-Westfalen oder die Berichtbände des International Forum Design Hannover zum *iF award*.

Die gestalterische Perfektion derart hervorgehobener Entwürfe, ihre wie genormt wirkende kühle Glätte, bestärkt einen unabweisbaren Eindruck: Noch nie hat es so viele technoid-elegante, hochprofessionell durchgestaltete Produkte gegeben wie heute. Das Prinzip Design scheint nicht nur auf dem unübersichtlichen Markt promiskuitiver Banalitäten, sondern auch im Raum technischer Produkte seinen ästhetischen Herrschaftsanspruch durchgesetzt zu haben, während soziale Verwerfungen in der postmodernen Gesellschaftsformation immer deutlicher hervortreten und die Reste natürlicher Umwelten oder Kulturlandschaften immer inselhafter wirken. Dieses Ungleichgewicht irritiert, zumal von einem Sozialbezug des Gestaltens keine, von seiner ökologischen Bindung kaum noch die Rede ist, wo immer man sich mit der Wirklichkeit von Designanwendung konfrontiert sieht.

Design in Deutschland oder deutsches Design?

International gibt es Designer wie Sand am Meer, auch namhafte. Ein älteres *Who is Who* aus dem Museum of Modern Art New York (BYARS 1994) verzeichnet 3500 Positionen auf 830 Seiten; die jüngste Enzyklopädie (FIELL & FIELL 2006) nennt auf über 500 Seiten eine etwas reduzierte Masse an Namen und Herstellern. Im Grunde tendiert die Menge der nicht im Licht der Öffentlichkeit stehenden Entwerfer gegen unendlich. Nur wer einen Namen hat, mit dem er aus dem Heer der Konkurrenten herausragt, kann zum Star-Designer aufsteigen.

Es fällt auf, dass in Deutschland noch keine Frau in diese Statusposition aufgerückt ist. Für Frankreich erinnert man sich immerhin an das historische Beispiel Eileen Gray, berühmter als Marianne Brandt aus dem Bauhaus. »Der Designberuf ist ein männerdominierter« (PALLOWSKI 1989, S. 10), obwohl eine umfangreiche Enquete (LANDESGEWERBEAMT/DESIGN CENTER STUTTGART 1989) belegt hat, wie viele gut ausgebildete Entwerferinnen in Designbüros, Betrieben oder freiberuflich arbeiten. Sie bleiben in der Regel anonym gegenüber der Öffentlichkeit. Daran hat sich bis heute wenig geändert.

Man kann sich auch kaum vorstellen, dass Frauen unbedingt mit den männlichen Egos konkurrieren möchten, die sich erst bestätigt sehen, wenn sie an vorderer Stelle der Berühmtheitsskala angekommen sind. Star-Designer wird nur der stets medienpräsente, als überaus beweglich geltende, ökonomisch erfolgreiche, bei bekannten Herstellern in aller

Welt Entwürfe streuende Groß-Designer, den man weder mit dem Werkstätten-Entwurfskünstler um 1900, noch mit dem sachlichen »Gestaltingenieur« der Ulm-Nachfolgezeit vergleichen kann. Der Star-Designer ist Produkt des Medienzeitalters und der Globalisierung, ein berufssoziologisch noch kaum erfasster Typus, der anzeigt, was heute vom Design erwartet wird: die Verwandlung alles Banalen in eine Schönheitsmaske des Banalen durch die Hand einer Berühmtheit.

Ob ein Plastik-Papiereimer von Karim Rashid oder Konstantin Grcic transluzid oder opak ist, seinen Zweck auf bestimmte Weise erfüllt oder nicht, ist unerheblich, zur Hauptsache wird die Signatur seiner Herkunft. Ein Papierkorb aus Polyäthylen, 1960 von einem DDR-Designer namens Albert Krause für ein VEB-Presswerk entworfen, war ein ansehnliches Ding und hatte den Vorzug, dass man sah, ob etwas darin lag. Dieser Korb war leicht und in der Herstellung billig. Darauf kommt es heute nicht an. Objekte und Entwerfer müssen Prominenz behaupten.

Die Figur des Star-Designers stellt ihrerseits jeden Versuch nationaler Eingrenzung und Verortung des Entwurfspotenzials in Frage. Natürlich arbeiten bekannte Entwerfer für Kunden in aller Welt. Was ist daran noch spezifisch deutsch? Die Frage stellt sich zum Beispiel im Fall Konstantin Grcic. Auf der International Design Conference *Gestalt. Visions of German Design* 1996 in Aspen/USA hat Volker Albus ihm ein Zeugnis ausgestellt: »Seine Objekte werden inzwischen von zahlreichen Produzenten in Serie hergestellt: von Flos Arteluce und Moormann, von Capellini und Authentics, von Classicon und SCP. Diese international renommierten Firmen stürzen sich regelrecht auf den jungen Mann aus München. Und in diesem Bekenntnis der Hersteller zu einem, der die bekannten Prinzipien des Funktionalismus so frappierend anders fortschreibt, scheint fast so etwas wie Erleichterung mitzuschwingen: Erleichterung über Objekte, die zu nichts anderem als zum unmittelbaren Gebrauch animieren.« (ALBUS 1997, S. 221)

Mit dem Hinweis auf Nähe zur funktionalistischen Tradition könnte die Hoffnung auf ein neues deutsches Design verbunden gewesen sein. Mit Nennung der Auftraggeber wird sie sogleich widerlegt. Grcic gilt als deutscher Designer mit Weltruf. Was er macht, als deutsch zu bezeichnen, würde aber in die Irre führen: Während der »junge Mann aus München« zum Hoffnungsträger eines neuen deutschen Hardware-Design ausgerufen wurde, hielt Wolfgang Welsch auf besagter Konferenz ungerührt sein Plädoyer für »Transkulturalität« als unvermeidliche Folge der Globalisierung. Nach Welsch schließt das Floating der Produktkulturen aus, sich noch einen »nationalen Stil« beziehungsweise ein Sonderprofil des German Design vorzustellen (vgl. WELSCH 1997, S. 273).

Die International Design Conference von Aspen, vom Designzentrum München in Zusammenarbeit mit dem Rat für Formgebung vorbereitet und in einem Berichtband ausführlich dokumentiert (WETCKE 1997), ist ein Zeitdokument des Umbruchs im Designdenken, aber auch einer gewissen Ratlosigkeit angesichts des Phänomens Transkulturalität. Daher wurde in Aspen ausgiebig historisiert. Bazon Brock erheiterte das Publikum mit einer Performance typisch deutscher Produkte vom Bahlsenkeks über die Odolflasche, die Birkenstocksandale bis zum Gartenzwerg. Tilmann Buddensieg holte weit über Marx, Nietzsche, Vater und Sohn Rathenau bis zu Peter Behrens aus, um die Nobilitierung der AEG-Erzeugnisse zu Kulturprodukten auf der Grundlage deutscher Geistesgeschichte zu kommentieren (BUDDENSIEG 1997, S. 24 f.). Und Heinrich Klotz stellte als auffallendstes Merkmal deutscher Entwürfe deren Unauffälligkeit heraus, war sich aber nicht schlüs-

344　Design im Zeitalter der Mikroelektronik

Abb. 164: Heizprogrammregler HCU 30 (drahtlose digitale Fernbedienung). Honeywell AG, Schönaich. Werksdesign (Jürgen Joppich), 2001

sig, ob man diese Eigenschaft als Makel oder als Beweis gelungener Globalisierung auffassen sollte. Sein Befund: Deutsches Design zeige »die Tendenz zur formalen Sprödigkeit, die zur Entindividualisierung der Form« neige (KLOTZ 1997, S. 81). Dass das »Sprachfundament der klassischen Moderne« (Klotz) für weitere Entwicklungen unentbehrlich sei, war eine Beschwörung der Geschichte. Nur wollte die theoretisch schlüssige und praktisch nachvollziehbare Definition eines neuen deutschen Designprofils über das Historische hinaus nicht gelingen. »Das ubiquitäre Standortgeraune in Deutschland zeigt: Stets beschwören wir am meisten, was uns entschwindet, was wir auf dem Velodrom der Zeit nur noch als kleiner werdenden Punkt im Rückspiegel wahrnehmen. (...) Die Welt der grenzenlos vielen Orte implodiert zur ubiquitären Einheitswelt des millionenfach gleichen Ortes, der gleichen Einkaufsstraßen, der gleichen Sprache, der gleichen Musik, Mode, Esskultur, Freizeitindustrie, der gleichen Warenangebote, der gleichen fiktiven Paradiese,

Attrappenwelten, Erlebniscenters und Cyber-Parks.« (GUGGENBERGER 1997, S. 19) Das war eine realistische Einschätzung der Lage und eine Beschreibung der kulturellen Folgen des Globalisierungsprozesses, der früh begonnen hat. Im *Kommunistischen Manifest* heißt es in einer Agitations-Ausgabe von 1907, knapp sechzig Jahre nach seiner Erstfassung zu Beginn der Industrialisierungsperiode in Deutschland: »Die Bourgeoisie hat durch ihre Exploitation des Weltmarktes die Produktion und Konsumtion aller Länder kosmopolitisch gestaltet. (...) Die uralten nationalen Industrien sind vernichtet worden und werden täglich vernichtet. Sie werden verdrängt durch neue Industrien, deren Einführung eine Lebensfrage für alle zivilisierten Nationen wird, durch Industrien, die nicht mehr einheimische Rohstoffe, sondern den entlegendsten Zonen angehörige Rohstoffe verarbeiten und deren Fabrikate nicht nur im Lande selbst, sondern in allen Weltteilen zugleich verbraucht werden. (...) An die Stelle der alten lokalen und nationalen Selbstgenügsamkeit und Abgeschlossenheit tritt ein allseitiger Verkehr, eine allseitige Abhängigkeit der Nationen voneinander.« (*Das kommunistische Manifest* 1907, S. 36)

Michael Thonet war der erste Globalisierer auf dem Gebiet des Design. Er hat vor hundertfünfzig Jahren vorgeführt, wie man Nutzen daraus zieht. Heute ist Design als Mittel zur Gestaltung des Warenkörpers, der weltweit Verbreitung findet, ebenso der Globalisierung ausgesetzt wie der Bestand an Technologien. Das Beharren auf nationalen Designprofilen ist schlichtweg Nostalgie oder im Einzelfall der Versuch, Marktpositionen für Produkte zu halten, die mit deutscher Techniktradition und Formgebung identifiziert werden, wie zum Beispiel solche von Daimler-Benz oder BMW.

Ohne Zweifel hat es hierzulande beeindruckende, ja einzigartige Designleistungen und unverwechselbare Einrichtungen mit dem Charme der Einmaligkeit wie den Deutschen Werkbund, das Bauhaus und die Hochschule für Gestaltung in Ulm gegeben. Deren Geschichte ist unbezweifelbar eine deutsche. Nationale Traditionslinien des Gestaltens lassen sich noch bis an das Ende der beiden von 1945 bis 1989 existierenden deutschen Parallelgesellschaften verfolgen. Danach verblassen die Konturen. Bekenntnisse zum Wunschbild eines als Trademark handhabbaren Design deutschen Ursprungs abzulegen, ist Aufgabe von Einrichtungen geworden, die sich seit der ersten Welle der Institutionalisierung in den sechziger und Anfang der siebziger Jahre stark vermehrt haben (vgl. SCHÖNBERGER 1997, S. 128 ff.). Nahezu jedes Bundesland verfügt heute über ein Designzentrum, das zwischen Herstellernachfrage und vorhandenen Entwurfspotenzialen vermitteln und den Einsatz von Design intensivieren soll. Die primäre Aufgabe solcher Zentren war (und ist immer noch) die Beratung von Unternehmen in Designfragen, wobei man heute davon ausgehen kann, dass Konzerne und auch mittelständische Unternehmen wissen, was sie der Ausstattung ihrer Produkte für einen Markt schuldig sind, der von Designerzeugnissen überquillt.

Unter dem Gesichtspunkt schwindenden Beratungsbedarfs wäre inzwischen von einer Überinstitutionalisierung zu sprechen. Der wirtschaftspolitische Auftrag der Designzentren wird aber zunehmend von einer anderen Funktion überlagert: Regional und überregional regeln sie den allgemeinen Produktkulturbetrieb, indem sie Ausstellungen einrichten, Preise verleihen, Jahrbücher herausgeben usw. Doch seitdem Design medienpräsent ist und Eventcharakter angenommen hat, könnte man ebenso gut Werbeagenturen mit der Designöffentlichkeitsarbeit beauftragen. Das gilt auch für die Frage, was als deutsches Design gelten soll. Eigent-

346　Design im Zeitalter der Mikroelektronik

Abb. 165: Spheros R 37 Masterpiece LCD-TV-Gerät. Loewe AG, Kronach. Entwurf Phoenix Design Stuttgart, 2004

lich antiquiert, erscheint diese Zuordnung nicht mehr sinnvoll, aber immer noch aktuell. Man kann sie als Versuch bezeichnen, sich gegen Globalisierungsfolgen zu wehren und eine nationale Identität noch dort zu wahren, wo sie sich schon aufgelöst hat.

Als Designhistoriker darf man solche Versuche als Symptom einer Verunsicherung werten, vor allem muss man sich an eine Tatsache halten: Das grundinnovative 20. Jahrhundert der deutschen Design-Moderne ist Vergangenheit, historisches Kulturkapitel, unmittelbarer Verwertung enthoben. Mit ihm darf das kollektive Gedächtnis wuchern. Insoweit ist Designgeschichte in Deutschland eine gesellschaftliche Identitätsgarantie im Nachhinein, weil das hier Gestaltete Vergangenheit erinnerbar hält. Heute realisiertes Design ist Spiegel einer weltweit veränderten Lage: Ob als materialisierte Produktform oder als digital-immaterielles Produkt befindet es sich im freien weltweiten Austausch über alle Grenzen hinweg. Der weitere Verlauf von Designgeschichte kann nur im Rahmen global gültiger, technologieabhängiger Produktkulturen bzw. deren Entstehungs- und Wirkungsgeschichte beschrieben werden.

Die Parallelweltenbastler

Der designgestützten Produktkulturindustrie und dem Star-Designer steht ein Phänomen gegenüber, dessen historische Würdigung seit Entdeckung der Fähigkeiten des Bricoleurs durch Claude Lévi-Strauss (*La pensée sauvage*, 1962) immer noch ansteht. Schon vor Eintritt in das digitale Zeitalter hatten Designer eine stille Konkurrenz im Typus des anonymen Bastlers. Was dieser produziert, entspricht spiegelbildlich dem, was ein Designer tut. Die strukturelle Ähnlichkeit der Tätigkeitsmerkmale und Ziele ist frappierend.

Das Produkt des Bastlers, mit eigener Hand geformt oder zusammengefügt, meist durch ein ästhetisches Finish geadelt, darf aus kulturgeschichtlicher Sicht nicht unterschlagen werden, zumal es die Behauptung widerlegt, Design sei unersetzlich und nur professionell betreibbar. Denn das selbst gestalterisch zu Stande Gebrachte konterkariert jenes perfekte, glatte Design, das die materielle Kultur usurpiert hat und in Form von Computerspielen oder Arbeitsprogrammen auch die virtuelle Erfahrung bestimmt. Aber wer privat als Laie etwas konstruiert, baut, formt oder verändert, setzt etwas in die Welt und ist objektiv produktgestalterisch tätig. Der anhaltende Boom der Bau- und Elektronikmärkte bezeugt die massenhafte Existenz von Bastlern. Hier bekommen Unzählige ihr Material, aus dem sie etwas machen, oder das Gerät, mit dessen Hilfe sie sich in virtuellen Welten bewegen können. Das Vorfindliche hat meist ein Format oder Design, das in seiner Weiterverwendung noch nicht endgültig festgelegt ist.

Es liegt nahe, im Universum der Bastler eine Parallelwelt zur Geschlossenheit und Perfektion der Designkulturen zu sehen. In der Herstellung materieller Güter aus Abfall hat der Typus des Bastlers eine lange Tradition. Zeitweilig, vor allem in Epochen des Mangels und der Not, möchte man von einer Schattenwirtschaft der Selbstversorgung, heute eher vom Zugriff auf den Reichtum an Material und Technik sprechen. Inzwischen gibt es die Konkurrenz einer kreativen »digitalen Boheme« (vgl. ARAGHI u.a. 2006) und gilt dieser Typ des Parallelweltenbastlers als soziologisch bemerkenswerte Figur. Vielleicht ist er Vorbote einer künftigen Massenbewegung, jedenfalls überrascht auch er durch kollektive Kreativität ebenso wie durch ästhetische Anpassungsfähigkeit.

In einer Zeit, die Designer-Stars hofiert, vermittelt die eher verachtete Laienpraxis des Gestaltens die überraschende Erkenntnis, dass der so dominant erscheinende Designbetrieb nicht alle Wahlfreiheit vernichtet hat. Es gibt offenbar genügend Nischen, nicht zuletzt im Internet, für selbstbestimmte Inhalte und Formen der Kulturproduktion. Ein Ethnologe würde ohnehin nicht verstehen, weshalb allein die professionelle Arbeit des Designers oder Programmierers wert- und kulturschaffend sein soll und die semiprofessionelle des Bastlers nicht. Im Gegenteil: Man nehme einen Baumarkt mitsamt Inhalt und stelle eine Auswahl von Erzeugnissen dazu, die aus seinem Angebot entstanden sind. Schon hätte man ein Museum der materiellen Gegenwartskultur gegründet, so aufschlussreich wie eine Sammlung von Serienprodukten in perfektem Design. Entsprechendes gilt für ungezählte Internet-Foren und was dort erfunden und getrieben wird. Computerfreaks, aber auch normale Netzwerkbenutzer entwerfen virtuelle Parallelwelten und schmücken diese ebenso phantasiereich oder an geltende Normen und Sehgewohnheiten gebunden aus, wie sie ihre realen Heimstätten individuell, an entsprechende Standards angelehnt, gestalten.

So können sich heute Laien und Designer auf virtuellen Marktplätzen oder im realen Leben als Konkurrenten begegnen: Die einen mit marktgängigen Warenformen und kommerziellen Spielprogrammen, die anderen mit selbstgefertigten Dingen und eigenem Web-Design. Eine *Spiegel*-Titelstory (»Du bist das Netz«) hat 2006 die Reichweite virtueller Kreativität auszuloten versucht und festgestellt, dass die Konsumenten der neuen digitalen Medien zu Produzenten geworden sind: Dass die besten Online-Innovationen »an der Basis« stattfinden, könne laut Bill Gates »zerstörerische Auswirkungen auf die etablierten Konzerne« haben (HORNIG 2006, S. 65). »Spätestens nach der spektakulären Übernahme von MySpace durch Murdochs News Corp. (...) ist die Online-Plattform zu einem der momentan bedeutendsten Phänomene der US-Massenkultur aufgestiegen. 93 Millionen Nutzerprofile bilden mittlerweile eine riesige Parallelgesellschaft. MySpacer stellen sich dort mit ihrer eigenen Seite vor: Sie zeigen Privatfotos und -videos, lassen ihre Lieblingsmusik erklingen, beschreiben sich selbst und wen sie treffen wollen.« (Ebd., S. 71)

Insbesondere Blogger sowie User, die ihre eigenen Sendungen produzieren und sich so zu einer Marke im Internet zu machen versuchen, bestimmen sich und die Form ihrer Botschaften in diesem Rahmen selbst und bilden eine imaginäre Gemeinschaft. Frank Hornig geht so weit, von der Erfüllung eines Traums marxistischer Medientheorie zu sprechen (ebd., S. 63). Auch politisch wird die freie Inanspruchnahme des Netzes bedeutsam: In Unterdrückungsstaaten gilt die Zunahme kritischer Online-Tagebücher und Blogs als unbeherrschbar (vgl. *Der Spiegel* 74/2006, S. 150 ff.).

Die Internet-Plattform MySpace wird Anfang 2007 weltweit von 140 Millionen Nutzern besucht. Dabei überträgt diese unsichtbare globale Kommunikationsmaschine nicht nur ihr technisch-strukturelles Design auf die Nutzer und steuert deren Verhalten, sondern ermöglicht auch kreative Reaktionen auf das Angebot: Die Nutzer gestalten selber die Regeln und Riten ihres Austauschs miteinander und werden so zu einer virtuellen Gemeinschaft. Sie sind die Designer der Aneignungsformen des Mediums, sie erfinden und leben dessen Gebrauchskultur.

Die Eigenproduktivität der Netzbenutzer bezieht sich aber nicht nur auf die Autorschaft an Texten und Bildern, sondern auch auf Entwurf und Gestaltung virtueller Produkte und Räume, was nun eindeutig Designertätigkeit ist. Auch dieser innovative Zweig digitaler Parallelwelten-Entwürfe beeindruckt durch sein Wachstum: »Im virtuellen Online-Universum *Second Life* basteln 800 000 Menschen an ihrem Traumleben. Die Grenzen zur realen Welt verfließen.« (MOORSTEDT 2006, S. 13) Es ist ähnlich wie beim Baumarkt. Die Firma Lindenlab (eine Immobilienbörse und eine Art Obi für das Virtuelle) stellt ihren Online-3-D-Spielplatz Second Life Nutzern zur Verfügung, die sich als »Avatare« darauf tummeln, um mit anderen Spielern zu interagieren oder sich mit Hilfe virtueller Werkzeuge virtuelle Häuser und Gegenstände zu entwerfen. Man darf in dieser schönen neuen Welt zwar faul sein und herumlungern. Viele wollen aber etwas tun, so dass es Heerscharen von Kreativen gibt: »Eine der Besonderheiten von Second Life liegt darin, dass die Urheberrechte an den geschaffenen Strukturen, an virtuellen Häusern und Mechanik-Ideen bei den Nutzern liegen. Etwa zehn Millionen Objekte wurden laut Lindenlab bislang geschaffen (...). Es gibt bereits 3 000 Spieler, die mit ihrem virtuellen Beruf mehr als 20 000 Dollar im Jahr verdienen. Einige haben ihren realen Job gekündigt« (ebd.), da verdientes Spielgeld in reales umgetauscht werden kann.

Es gibt auch Produktpiraterie wie im richtigen Leben, sobald Spieler Lücken im System nutzen, um ohne Zahlung virtuelle Grundstücke zu kaufen oder die Häuser, Möbel und Kleider anderer Spieler zu kopieren und unbefugten Handel mit diesen Entwürfen zu treiben (vgl. *Der Spiegel* 47/2006, S. 109).

Die Entwicklung hat inzwischen einen rasanten Verlauf genommen: Anfang 2007 gibt es im Second Life schon ca. 3,5 Millionen Avatare, das heißt User, die in diesem Parallelsystem leben und sich selbst und ihr dortiges Dasein gestalten. Das ist kein einfacher Bauplatz mehr, sondern eine komplette Parallelwelt mit allen Einrichtungen, die man sich denken kann: »Die Schwelle zwischen Sein und Schein, zwischen Wirklichkeit und Fiktion ist praktisch eingeebnet. Die Deutschen

Abb. 166: Avatar(in). Bilddetail nach farbiger Abbildung in: Der Spiegel Nr. 8/2007, S. 151

scheinen sie besonders gern zu überschreiten: Sie stellen nach den Amerikanern und den Franzosen das stärkste Kontingent, und sie gründeten als Erste, was niemand sonst hat: ein Arbeitsamt.« (CASATI u. a. 2007, S. 152)

An gleicher Stelle heißt es: »Second Life bedeutet den Beginn einer völlig neuen Anthropologie, eines neuen Menschenbildes.« Um ein verkehrsfähiger Avatar zu werden und sich in der Parallelgesellschaft zu etablieren, braucht man angeblich eine Woche digitale

Gestaltungsarbeit, danach reale Zahlungsmittel wie im richtigen Leben, um sich im Second Life einkaufen und bewegen zu können. Man ist hier sein eigener Körper-, Outfit- und Charakter-Designer, dazu Architekt, Innenraumgestalter usw. Die Profilierung läuft auf ein Eigendesign hinaus, fiktiv zwar, aber als Kreativspiel eine Herausforderung.

Der Medientheoretiker Peter Weibel zeigte sich in einem *Spiegel*-Interview begeistert von diesem Ort virtuell realisierter Utopien der Selbstgestaltung und kündigte die Gründung einer Filiale des ZKM Karlsruhe auf dem Terrain von Second Life an, um Kunst in das zweite Leben zu importieren. Vielleicht könnte man dort auch alternative Schulen und Universitäten gründen?

Jedenfalls ist Second Life eine geballte Ladung Design, ausgeübt von heute wahrscheinlich noch sehr viel mehr digitalen Bastlern und Bastlerinnen als im Februar 2007, die alle am Bild ihrer imaginierten Persönlichkeit und den Formen eines parallelen zweiten Lebens arbeiten – als versierte Entwerferinnen und Entwerfer einer Phantasiewelt.

Kulturhistorisch ist das Moment der Gleichzeitigkeit interessant: Die Figur des gefeierten Designers im Betrieb der realen Welt und der Typ des anonymen Parallelwelten-Bastlers beanspruchen den Status gestalterischer Kompetenz, ohne sich in die Quere zu kommen. Den realen Markt schöner Dinge dominieren die Stars der Entwurfsszene wie einst die Künstlerfürsten den Kunstmarkt am Ende des 19. Jahrhunderts. Auf dem virtuellen Markt der Selbstprofilierung geht es eher demokratisch zu. Bei aller unterschiedlichen Reichweite und ökonomischen Bedeutung ihres Tuns ist beiden Gestaltertypen gemeinsam, dass sie Vorstellungen einer postmodernen Ästhetik des Lebens entwickeln. Beide sind Spezialisten für materielle oder immaterielle Kulturproduktion. Bei der Eroberung virtueller Parallelwelten haben die digitalen Bastler die Nase vorn. Inzwischen bemächtigen sie sich auch der Möglichkeit, selbst Literatur zu machen: Immer mehr Japaner nutzen ihr Handy, um sich in Buchform erschienene Romane für unterwegs herunter zu laden. Es gibt aber auch eine spezifische Handy-Romanproduktion von Usern für User (vgl. COULMAS 2007), die latentes literarisches Potenzial öffentlich macht. Dabei geht es um die Befreiung von traditionellen Strukturen der Literaturverwertung. Publikationspolitisch ziehen die digitalen Laien-Autoren mit der Literaturnobelpreisträgerin Elfriede Jelinek gleich, die ihren jüngsten Roman exklusiv ins Netz gestellt hat, zugänglich für alle.

Das Maß der relativen Bewegungsfreiheit digitaler Bastler wird im Vergleich zu den kommerziellen Computerspielen erkennbar. Hier engt das vorgegebene Programm seine Nutzer auf geschicktes, rasches Reagieren ein. Ob man geometrisierte Schrumpfgnome aufeinander schießen oder Spielzeugrennwagen auf dem Bildschirm sich ausweichen oder aufeinanderprallen lässt – immer handelt es sich um reaktives Verhalten gegenüber einem Programm.

Allein im Jahr 2006 sollen die Hersteller von Spielen, Konsolen und tragbaren Spielgeräten weltweit 31 Milliarden US-Dollar eingenommen haben. »40 Prozent der Teenager spielen intensiv« (HAMANN 2007, S. 19), das heißt, sie üben sich jeden Tag stundenlang auf Wahrnehmung und Gebrauch festgelegter Zeichenrepertoires einer fiktiven Bildlichkeit ein, ohne die Spielstruktur verändern zu können. Vergleichbare Vorgaben machen Grafik-Oberflächen von Homepages, Weblogs usw., indem sie als verbindliche Muster die individuelle Gestaltungsfreiheit einengen. Umso wichtiger werden Freiräume kreativer Beweglichkeit an anderer Stelle. Second Life ist auch nur ein Spiel. Aber es verbindet seine Teilnehmer auf einer gemeinsamen Plattform und animiert sie zu Interaktionen mit anderen Spielern. Vor allem fordert es die Selbstgestaltung einer Kunstfigur, des Avatars oder der Avatarin.

Interaktionen wären auch bei kommerziellen Computerspielen an Konsolen von Sony, Microsoft oder Nintendo vorstellbar. Doch dominieren hier die festgelegten Regeln und Strukturen. Dazu gibt es Parallelen im richtigen Leben: Hier trifft der Konsument oder Nutzer auf Produkte, deren Form und Nutzungsweise festgelegt ist. Oder ihm begegnen solche, die eine Partizipation an ihrer Gestaltung bzw. Entstehung möglich erscheinen lassen. Entweder sind materialisierte Designprodukte so hinzunehmen, wie sie aus der Fabrik auf den Markt kommen. Das ist die Regel. Oder es gibt erste Ansätze einer Beteiligung am Designprozess oder gar bestimmender Mitarbeit am Produkt. Die Auflösung der reinen Empfänger- oder Konsumentenhaltung wird denkbar.

Dass Laien zunehmend ins reale Designgeschäft drängen, liegt nahe: Die Digitalisierung hat Möglichkeiten der Individualisierung des industriellen Massenprodukts eröffnet, die aus immer gleichen Serien tendenziell eine industrielle Unikatkultur zu machen versprechen. Wo individuelle Produktvarianten durch Nutzereingaben in das Produktionsprogramm entstehen, ist ein Beteiligungsmodell für Laien schon angedeutet. Man darf als Kunde zusehen, wie in Dresden die bestellte Variante eines VW-Modells in der »gläsernen Manufaktur« montiert wird, freilich ohne selbst eingreifen zu können. Oder man kann sich beim Hersteller Resopalplatten mit selbstentworfenem Dekor bestellen, sofern man eine profitable Menge abzunehmen verspricht.

Bisher wurde das Prinzip der Produktindividualisierung durch »*customized mass production*« (BÜRDEK 2005, S. 417) unter der Voraussetzung für aussichtsreich erachtet, dass Spezialisten die Programmeingaben machen und die Prozessketten der Herstellung überwachen. Heute kann man sich vorstellen, dass ein Laie nicht bloß zuguckt, wie sein Wahlprodukt auf dem Band entsteht, sondern dass er als Entwerfer eigene Formphantasien am Bildschirm zu einem virtuellen Design perfektioniert, das anschließend auf der computergesteuerten Maschinenstrecke realisiert und am Ende, wie ein Blatt Papier aus dem Drucker, fertig ausgeworfen wird.

In einer Welt, die von Design lebt und kultiviert wird, ist nichts unmöglich. Zukünftige Kompetenz- und Beteiligungsmodelle für Laien könnten der langen Professionalisierungsgeschichte des Designers folgen. Tendenziell wäre am Ende jeder, der Ideen hat oder digital zu generieren weiß, sein eigener Designer.

Ein neuer Designbegriff

Natürlich ist der Begriff Design von der pandemischen Ästhetisierung der Artefaktenwelt und alles irgendwie Gestaltbaren nicht unberührt geblieben. Seine etymologische Wurzel liegt im lateinischen *designare* (abgrenzen, bezeichnen), von dem sich das französische Substantiv *dessin* ableitet (das Produkt der Dessinateure für Manufakturen bezeichnend), ebenso das englische *to design*, das ein Planen und Konstruieren meint.

Noch zur Gründungszeit des Deutschen Werkbundes sprach hierzulande niemand von Design. Damals hieß das noch »Werkkunst«. In den fünfziger Jahren war die Bezeichnung industrielle Formgebung gebräuchlich. Erst allmählich hat sich der Begriff Design durchgesetzt. Wie lange es gedauert hat, bis Design sich als Prinzip der funktionalen und ästhetischen Produktoptimierung in ein

352 Design im Zeitalter der Mikroelektronik

Abb. 167: Einhebelmischer »Canyon«. Hansa Metallwerke AG Stuttgart. Entwurf Octopus Produktdesign (Bruno Sacco, Reinhard Zetsche), 2005

Großunternehmen integrieren ließ, belegt seine Akzeptanz- und Implementationsgeschichte beim Siemens-Konzern (vgl. WETCKE 2006). Im Gegensatz dazu hatte der Konkurrent AEG in einem fulminanten Start mit Peter Behrens ab 1907 das Jahrhundert des Design eröffnet.

Doch wie immer man den Vorgang und das Ergebnis gestalterischer Arbeit am Produkt genannt hat – man bezog sich dabei ausschließlich auf materielle Kulturgüter (vgl. BUCHHOLZ/MACKOWIAK 2004), bis diese Begrenzung gegen Ende des 20. Jahrhunderts aufweicht. Heute registriert man die Erweiterung des Begriffs Design auf sachkultureller und auf immaterieller Ebene. Er bezieht sich jetzt auf greifbare und auf nichtgreifbare Produkte. Design ist nun alles, was geformt ist und formt: »Kein Zweifel, durch Design wird eine synthetisch-artifizielle Erlebnis- und Konsumwelt generiert, ein elaboriertes Konstrukt des Lebens, in dem nahezu alle auf den Menschen einwirkenden Wahrnehmungsdaten und Eindrücke sowie alle Dinge des täglichen Gebrauchs kreativ erfunden, durchgeformt, präfabriziert, wirkungsvoll gestylt und in ihrer ästhetischen, semantischen wie auch emotionalen Anmutung auf bestimmte stimulierende Effekte hin berechnet sind.« (WOLBERT 2004, S. 18)

Allein auf materielle Kultur bezogen, deckt der Begriff ein Universum des Gestaltbaren und Gestalteten ab. Zum Design zählt aber inzwischen nicht mehr nur das vergegenständlichte Gestaltprodukt, sondern auch dessen unsichtbare Organisation im Hinblick auf eine Strategie des Gestaltens von Verhaltensweisen seiner Nutzer. Darüber hinaus umfasst der Begriff Design heute rein immaterielle Produkte, so dass auch der Begriff Produktkultur entsprechend erweitert werden muss: Design besetzt die Territorien des Sichtbaren und des Unsichtbaren. Hardware und Software weiten sich tendenziell ins Unendliche aus. Wie der gemeinte Sachverhalt, so bläht sich auch der einst bescheidene Begriff Design auf, um der Wirklichkeit, die ihm davongelaufen ist, noch zu entsprechen: »Design mutierte zur Generaldisziplin der Lebensgestaltung, wuchs sich aus zur Omnipotenz eines Prinzips und diffundierte schließlich hinein in Bereiche, die man früher kaum mit Design in Verbindung gebracht hätte.« (Ebd., S. 24)

Wir erleben daher heute eine Implosion des Begriffs. Im Sprachgebrauch bezeichnet das Wort Design zwar immer noch das irgendwie durch gestalterischen Eingriff hervorgehobene Produkt, dessen Inbesitznahme Zeitgenossenschaft und womöglich Exklusivität verspricht. Aber da alles Produzierte den Anspruch erhebt, diese Versprechen einzulösen, hat sich der Begriff abgenutzt und grenzenlos ausgeweitet. Die Entgrenzung zeigt sich in den gängigen Bindestrich-Kombinationen vom Hair-Design über das Politik-Design bis zum Wissenschafts-Design. Niemand geniert sich, alle haben Zugriff auf ein Wort, das keinen Gebrauchsmusterschutz genießt. Die Diffusion des Begriffs entspricht einer allgemein akzeptierten Ideologie der Machbarkeit, die versichert, dass es für alles und jedes eine befriedigende Gestaltungslösung gibt – eben ein Design. Es bleibt eine zu Täuschungszwecken dienende leere Worthülse, eine Begriffsmaske oder ein inhaltsloses Sprachdesign übrig.

Auch Begriffe sind historische Verschleißprodukte; sie müssen immer wieder neu konturiert und in ihren Kerninhalten zu Bewusstsein gebracht werden. Beinhaltete der Begriff Design ursprünglich das Versprechen einer ordnenden Kultivierung des Alltags und hob er das sorgsam gestaltete Produkt aus der Masse des mehr oder weniger Geformten hervor, ist ihm diese Unterscheidungskraft heute abhanden gekommen: Design ist überall und alles.

Die historische Aufweichung des Begriffs wird man kaum rückgängig machen können, zumal sie der uferlosen Ästhetisierung entspricht. Aber man kann dem Begriff das falsche Verheißungsvolle, Vielversprechende nehmen, indem man nüchtern feststellt: Design ist Gestaltetes und/oder Gestaltendes, das als Hardware oder Software die kultivierenden Formen seines Gebrauchs teils wahrnehmbar, teils verborgen in sich trägt.

Es sei klargestellt, dass es sich mit diesem Definitionsvorschlag um einen Beitrag zur Eingrenzung des Begriffs Design handelt, was nicht bedeuten muss, dass ein professioneller Entwurf mit der Absicht einer Gestaltung vorliegt oder für jedermann erkennbar ist.

Die dürre Begriffsbestimmung wird hier als vorläufiger Versuch zur sachdienlichen Konturierung des Phänomens Design vorgeschlagen. Sie bleibt offen gegenüber Inhalten, die der bisher gehandhabte historische Designbegriff nicht berücksichtigt hat. Und sie erfasst, was industrielle Produktkulturen an Gestalthaftigkeit hervorgebracht haben, einschließlich dessen, was uns heute überwältigt: die Weltproduktkultur der Postmoderne mit ihren sichtbaren oder unsichtbaren Mustern und Funktionsspektren.

Materielle und immaterielle Produktkulturen

Was materielle Kultur ist und wie man sich ihr mit wissenschaftlichem Erkenntnisinteresse nähern kann, zeigt die Ethnologie auf ihrem heutigen Stand (vgl. z.B. HAHN 2005). Sachkulturen und die mit ihnen verbundenen Sitten, Rituale und Gebräuche – das Immaterielle in ihrem Hintergrund – sind hier The men der Forschung. Aber auch immaterielle Kulturprodukte wie der Avatar als Medium der Mode sind zum Forschungs»gegenstand« aufgestiegen (vgl. GAUGELE 2006).

Materielle Kultur ist das greifbar vergegenständlichte Kollektivprodukt. Immaterielle Kultur ist das Flüchtige und Flüssige der Formen kulturellen Handelns mit oder ohne Gegenstand, das nichtverdinglichte Kollektivprodukt einer Gesellschaft. Diese beiden Kulturen haben schon immer parallel existiert und aufeinander verwiesen. Es gab immer Dinge und ihre teils sichtbare, teils unsichtbare Ingebrauchnahme und Bewertung, die das für banale Zwecke Gemachte und Gestaltete transzendierte und einen zweiten Kulturraum der Erfahrung hinter dem unmittelbar ersten der werkzeuglichen Handhabung eröffnete – den Raum einer immateriellen Kultur der Lebensführung und des Bewusstseins.

Was im Nachhinein Design genannt wird, bezog sich im Laufe seiner Geschichte auf die handwerklich, manufakturell oder industriell reproduzierbare Gestalt von Lebenswerkzeug, darüber hinaus auf alles, was sich während dessen Aneignung und Gebrauch ereignet und der Erfahrung seiner Nutzer eingeprägt hat. Es entstand in einem Raum des Entwurfs und der Reproduktion kultureller Erfahrungsmuster und kollektiver Mentalitätsfiguren, schlug produkt- und handlungsbezogene Wertorientierungen vor, entwickelte spezielle Sprachen (heute eine Weltproduktsprache), schuf zeichenhafte soziale Verständigungs- und Abgrenzungssysteme schon in vorindustrieller Zeit und zunehmend nach der industriellen Revolution in Gestalt differenzierter Massenproduktkulturen.

Design ist demnach immer schon Grundlage und Bestandteil materiell/immaterieller Kulturen gewesen. Neu ist, dass es nun auch rein immateriell produzierte Erfahrungswelten und ästhetisch-soziale Räume gibt wie das Internet. Die virtuellen Parallelwelten sind unsichtbares Design in Reinkultur. Es bezieht sich unmittelbar auf Verhaltenspotenziale oder auf Formen virtuellen Handelns und/oder virtuelle Produkte und ist in seinen Auswirkungen noch nicht erforscht. Doch auch was sich in den nicht unmittelbar einsehbaren Räumen des Gegenstandsgebrauchs verdeckt abspielt, aber durchaus zur Rezeptionsgeschichte materieller Kultur zählt, ist von der älteren Designgeschichtsforschung selten thematisiert, sondern gern anderen Wissenschaftsdisziplinen zur Befragung unter ethnologischen, soziologischen oder psychologischen Gesichtspunkten überlassen worden (vgl. z. B. CSIKSZENTMIHALJI/ROCHBERG-HALTON 1981 (1989), SELLE/BOEHE 1986, HEUBACH 1987, T. HABERMAS 1999).

Nachdem Designer sich fast ein Jahrhundert lang ausschließlich mit dem Entwurf »harter« industrieller Artefakte zu befassen hatten, eröffnet sich ihnen mit Beginn der Postmoderne ein neues Aufgabenfeld in der (Mit-)Gestaltung »weicher« Produkte. Plötzlich gibt es eine eigenständige immaterielle Produktkulturlandschaft neben der dingfesten alten. Je mehr Software auf immer weniger Hardware gebracht wird oder Software selbst als körperloses Designprodukt auftritt, umso dringender müssen Entwerfer sich neu qualifizieren und Forscher ihre Vorgehensweisen den veränderten kulturellen Handlungs- und Erfahrungsräumen anpassen. Heute ist es weniger interessant, was Gebraucher mit Dingen machen (oder diese mit ihnen), als was in ihren Köpfen vorgeht, sobald sie mit Benutzeroberflächen und Computerarbeitsprogrammen konfrontiert sind. Welche Erfahrungsgewinne verbuchen sie, wel-

Abb. 168: K 1200 S. BMW-Group München. Werksentwurf vor 2004 (Markteinführung)

che Verluste erleiden sie? Was unterscheidet Aneignungsprozesse materieller und immaterieller Produkte? Wie lässt sich die Durchdringung beider Kulturen wissenschaftlich beschreiben?

Ein Blick auf den weltweiten Umbruch der alten materiellen zu einer neuen immateriell-virtuellen Kultur lehrt, dass die innovativen Techno-Ökonomien bisher unbekannte Werkzeug- und Erfahrungswelten entstehen lassen. Aber wo sich ökonomische Macht ballt, bilden sich auch besondere kulturelle Abhängigkeiten. Im Begriff Kulturindustrie, den Horkheimer und Adorno einst aus den USA nach Deutschland mitbrachten, findet sich dieser Prozess gespiegelt. Nur ist heute Hollywood kein Thema mehr. Inzwischen gibt es andere Grundlagen-Kulturindustrien. Der Umsatz allein des Chip-Herstellers Intel betrug im Jahr 2005 fast 40 Milliarden Dollar bei einem Marktanteil von rund 17 Prozent der Halbleiter-Produktion weltweit (*Der Spiegel* 15/2006, S. 87). Miteinander konkurrierende Hersteller digitaler Ausrüstung, die sich den Weltmarkt teilen, verzeichnen enorme Wachstumsraten. Die Fülle hoch funktionsverdichteter Produkte nimmt zu, wobei die Folgen ihres Gebrauchs für das kulturelle Selbstbild ihrer Nutzer noch weitgehend unbekannt sind.

Material – ein aktuelles Thema?

Fortschreitende Immaterialisierung von Alltagsvollzügen auf der einen, Weiterentwicklung von Materialtechnologien auf der anderen Seite scheinen einander zu widersprechen. Doch hat die Frage nach Eigenschaften des Materials, aus dem dingfeste Produkte entstehen, die Designgeschichte von Anfang an begleitet und ist auch im Zeitalter der Digitalisierung nicht unwichtig geworden. Es sieht im Gegenteil so aus, als würde sie sich dringender stellen denn je.

Vom »Stoff der Dinge« (LANGENMAIER 1994) war schon einmal die Rede, fast im Sinne einer Wiederentdeckung. Im Grunde wird man an die Anfänge der Designgeschichte erinnert, als es noch um ein so übersichtliches Repertoire von Werkstoffen wie Holz, Eisen, Glas und keramische Erden, aber auch schon um erste Surrogate wie Pappmaché oder Hartgummi ging. Die Entwurfsarbeit war immer materialabhängig und ist es bis heute geblieben. Man könnte eine Designgeschichte, ganz auf die Verwendung von Materialien bezogen, schreiben. Material war und ist ein Fundament der Entwurfslehren und der Herstellung von Produkten. Jede Fabrikation von Gebrauchsgegenständen ist materialspezifisch ausgelegt. Selbst der Mikrochip ist ein materialabhängiges Produkt.

Im Zeitalter der Immaterialien, der Rechnerprozesse mit ihrem unsichtbaren, mate-

Abb. 169: Papierkorb aus Polyäthylen. VEB Presswerk Ottendorf-Okrilla (1961). Entwurf Albert Krause, 1960. Foto Walter Danz

rielosen Design stimmt es zuversichtlich, dass noch oder wieder Wert auf die Erforschung und Weiterentwicklung physisch greifbarer Materialien gelegt und dadurch die Palette materialer Gestaltbarkeiten offengehalten oder bereichert wird. Oft geht es dabei auch um ökologische Aspekte der Materialgewinnung und -anwendung. Wer heute von Materialien spricht, stellt sich stofflich-sinnlich wahrnehmbare Eigenschaften noch realer Produkte vor und denkt in Dimensionen einer materiellen Kultur, deren Grenzen freilich zum Nichtmehr-Sichtbaren und Nichtmehr-Greifbaren geöffnet sind.

Die Frage nach dem Material war immer auch mit der Frage nach dem Wert verbunden, den Dinge durch ihre Stofflichkeit erhielten. Entweder werden Gegenstände wertvoll durch Seltenheit des Stoffes, aus dem sie bestehen, oder durch Verbesserung der Funktionen, die sie im Einsatz eines bestimmten Materials erfüllen, oder durch kunstvolle Verarbeitung, die ein Material veredelt. Bestimmten Stoffen hängt ihre Billigkeit und Gewöhnlichkeit wie ein historisches Gewicht an. Als Beispiel mag jene verzweigte Materialfamilie der Kunststoffe gelten, die man summarisch mit dem Begriff »Plastik« diskriminiert hat.

Noch 1985 hieß es (in: *Plastikwelten* S. 12): »Die Hierarchie der Substanzen ist zerstört, eine einzige ersetzt alle«, wobei es sich angesichts der Vielzahl bis dato entwickelter Kunststoffe eben nicht um eine einzige Substanz gehandelt und die Ersatzfunktion nur einen Teil der Anwendungsgeschichte des neuen Materialtyps abgedeckt hat.

»Plastik« wurde für eine quasi substanzlose Substanz gehalten. Zu Unrecht, wie die Geschichte der chemisch-physikalischen Ausdifferenzierung und Modifizierung der Kunststoffe zeigt, aus der eine eigene Welt materialer Eigenschaften entstanden ist, die heute als unersetzlich gelten. Von ihren Ursprüngen im wissenschaftlich-technisch orientierten

Abb. 170: BA 1171, sog. Bofinger-Stuhl. Glasfaserverstärktes Polyester. Bofinger Production, Ilsfeld. Entwurf Helmut Bätzner, 1966

19. Jahrhundert an dienten Kunststoffe nicht nur zum Ersatz anderer Materialien, sondern vor allem zur innovativen Erweiterung materialer Produktionsgrundlagen. Niemand hätte um 1873 Hartgummi als minderwertigen Stoff bezeichnet, als die Harburger Gummikamm-Compagnie auf der Weltausstellung in Wien eine sieben Meter hohe Hartgummisäule zeigte. Ähnliches gilt für Bakelit, ein ab 1910 verwendetes Phenolharzprodukt, das, sobald es einfärbbar wurde, sich in den 1920er und 1930er Jahren bei Herstellern und Gebrauchern großer Beliebtheit erfreute. Damals entstand eine Weltkultur ekstatisch-schöner Art Déco-Alltagsformen, ehe Designer auf die Idee kamen, aus diesem Material Beispiele der internationalen Moderne der Sachlichkeit zu gestalten, wie das der Bauhäusler Christian Dell um 1930 mit seinen farbigen Picknickgeschirren aus Resopal getan hat.

Heute reagieren Designer anwendungstechnisch versiert und materialästhetisch sensibilisiert auf ein breites Angebot synthetischer Werkstoffe, ohne sich von historischen Vorurteilen verunsichern zu lassen. Doch noch zu Beginn der fünfziger Jahre waren in Deutschland die materialkritischen Bremsen fest angezogen. (Zur Diskussion »für und wider Kunststoff« vgl. BREUER 2007, S. 241–43) Vor allem Werkbündler lehnten Kunststoffe ab. Sie galten ihnen als charakterlos-neutrale, anorganisch-strukturlose Surrogate im Gegensatz zu allen Naturwerkstoffen, obwohl die »Glanzlichter der synthetischen Stoffe seit mehr als einem Jahrhundert existierten und im Industriehistorismus und -jugendstil sowie im Art Déco und amerikanischen Styling mit großen Auflagenzahlen Absatz fanden« (BREUER 2006, S. 41).

Erst nachdem gegen Ende der fünfziger, Anfang der sechziger Jahre im Westen zahlreiche Alltagsgegenstände von der Plastikwelle erfasst wurden und in der DDR die »Plaste und Elaste« planwirtschaftlichen Zielsetzungen zu Hilfe kamen, begann das eigentliche (in Wahrheit schon zweite) Kunststoffzeitalter. Im weiteren Verlauf schmolz auch der Widerstand einst »materialgerecht« denkender Entwerfer, von der allgegenwärtigen Präsenz neuer synthetischer Werkstoffe und ihren reizvollen Verwendungsmöglichkeiten aufgeweicht. In der DDR ließ der Materialmangel oft keine andere Wahl: Die Automobilisierung wäre am Blechmangel gescheitert, hätte man 1957 die Karosserie des legendären Trabi nicht aus sowjetischen Baumwollabfällen und Phenolharz unter Druck und Hitze formstabil duroplastisch zusammenpappen können.

»Plastik« als Sammelbegriff für ein hochdifferenziertes Angebot synthetischer Stoffe und entsprechender Verarbeitungstechnologien bezeichnete nicht nur ein Material, das sich in fast jede Form bringen ließ. Es war auch bald keine Massenproduktkultur mehr denkbar, die auf die Billigkeit und die Vielseitigkeit der Eigenschaften dieses neuen Werkstoffs hätte verzichten können. Prominentes westdeutsches Beispiel war der 1966 von Helmut Bätzner entworfene sogenannte Bofinger-Stuhl aus glasfaserverstärktem Polyester, in einem Stück ohne Handarbeit binnen vier Minuten fertig pressbar. Dieser Stuhl wurde durch geschickte Profilierung der Form stabil und verwindungsfrei gehalten; er war wetterfest und stapelbar, seine Herstellung kostengünstig.

Auch wenn manche der Doktrin des »Echten« verbundene Designer ein schlechtes Gewissen haben mochten, wenn sie billige Plastikartikel entwarfen – die Frage, was »echtes« und was »unechtes« Material sein konnte, hatte sich bald erledigt. Die halbe Welt der Artefakte besteht inzwischen aus synthetischen Materialien. Würde ein Zauberspruch alle in gegenwärtigen Produkten verwendeten Arten solcher Stoffe in Luft auflösen, bräche die artifizierte Umwelt augenblicklich zusammen. Außer Beton- oder Backsteinbauten oder den wenigen Gegenständen, die noch rein aus Metall, Holz, Glas oder Keramik hergestellt sind, würden alle anderen wie Zunder zerfallen und kleine Abfallhäufchen aus restlichen Nicht-Kunststoffen hinterlassen. Eine technoästhetische Umwelt ohne synthetische Materialität ist undenkbar geworden. Kein Küchengerät, kein Lichtschalter, kein Computer, keine Prothese, kein Auto würde mehr funktionieren. Viele Dinge würden ganz verschwinden, und die Verpackungsindustrie müsste auf Stroh, Papier und Wellpappe zurückgreifen.

Aber wo steht das allgemeine Materialbewusstsein heute? Man ist geneigt, von einem Durchbruch zur Weiterentwicklung alter und neuer Werkstoffe zu sprechen. Dabei geht es nicht mehr um die Frage Naturstoff oder Kunststoff, sondern eher um deren hybride Vereinigungsformen, zum Beispiel bei kompostierbaren Polymeren, bei thermoplastisch formbarem Lignin (einem Nebenprodukt der Papierindustrie) oder um Polyesterharze aus nachwachsenden Rohstoffen wie Mais oder Soja (vgl. BEYLERIAN u. a. 2005). Auch zeichnen sich Innovationen wie die *smart textiles* (*wearable computers*) ab, die aus leitfähigen Fasergeweben bestehen und Kleidungsstücke zu Informationsträgern bzw. -übermittlern machen. Hier gehen das Materielle und das Immaterielle eine enge Verbindung ein.

Inzwischen wächst eine Generation praxistauglicher Kunststoffe heran, die jene ältere, auf petrochemischer Basis erzeugte der fünfziger Jahre weit hinter sich lässt. Die Palette plastizierbarer oder zu hauchdünnen Folien ausziehbarer synthetischer Materialien und ihrer Verarbeitungstechnologien ist unübersichtlich geworden, verbargen sich doch schon in der Vergangenheit unter bedeutungsneutralen chemischen Bezeichnungen unzählige Markennamen: Polymethylacrilat wurde zu Acryl, Ethylentetrafluorethylen firmiert unter ETFE (gleich Teflon); Polyamid kennen wir unter anderem als Nylon und Polychloropren als Neopren.

Kaum ein Verbraucher weiß, aus welchen alten oder neuen synthetischen Substanzen die Joghurtbecher oder Kugelschreiber bestehen, die er täglich ver- oder gebraucht. Aber es sind nicht nur die Kunststofftechnologien und deren stetige Weiterentwicklung, die den Pool der Materialien anreichern. Wir wissen, dass keramische Messer aus Zirkondioxyd unvergleichlich gut schneiden, Kohlefaserverstärkung höchste Belastbarkeit garantiert und dünne Porzellanfolien von anschmiegsamer Formbarkeit zur starren Versteifung mutieren können. Jeder kennt Herde mit Heizplatten aus Siliziumnitrid, vom massenhaften Einsatz von Aluminium, Edelstahl und Titan nicht zu reden. Auch gibt es die kerametallisch gleitend gemachten Gelenk-Endoprothesen. Vor der Vielfalt der Materialoberflächendifferenzierung muss man als

Abb. 171: Wannen aus Polypropylen. VEB Presswerk Ottendorf-Okrilla. Entwurf Hubert Petras, 1976. Foto Helge Kern

Laie passen. Hierzu ein Auszug aus dem *Handbuch für Technisches Produktdesign* (KALWEIT u. a. 2006, S. 507):

»aluminieren, anlassen, anodisieren, aufkohlen, auftraglöten, auftragschweißen, bedampfen, beuchen, bedrucken, beizen, bemalen, beschichten, bleichen, borieren, brünieren, carbonitrieren, chlorieren, chromatisieren, dekatieren, drucken, druckluftspritzen, einsatzhärten, eloxieren, emaillieren, färben, feueraluminieren, feuerverbleien, feuerverzinken, feuerverzinnen, fixieren, flammspritzen, galvanisieren, glühen, grobkornglühen, härten, heißprägen, hochdruckspritzen, imprägnieren, inchromieren, kalandern, karbonitrieren, kaschieren, lackieren, laminieren, laugrieren, lichtbogenspritzen, mattieren, merzerisieren, metallspritzen, nassemaillieren, nasslackieren, nassverzinken, nitrieren, normalglühen, phosphatieren, plamaspritzen, plattieren, pulverlackieren, putzen, rauen, ratinieren, scheren, schmelztauchen, sengen, sheradisieren, siebdrucken, silizieren, spachteln, spannungsarmglühen, sprengplattieren, spritzlackieren, sputtern, tampondrucken, tauchlackieren, transparentieren, vakuumbedampfen, verputzen, walken, walzplattieren, weichglühen, wirbelsintern«.

Das ist mitnichten Technolyrik, sondern eine Aufzählung von Möglichkeiten der Materialbeschichtung oder Oberflächenbearbeitung,

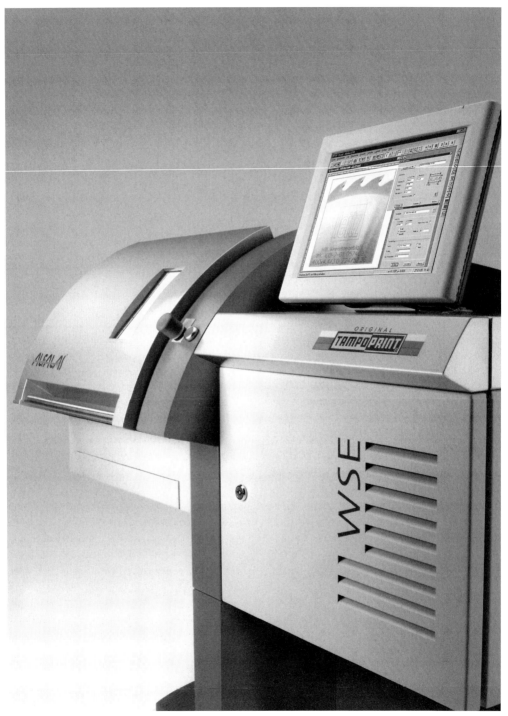

Abb. 172: WSE Laserbeschriftungssystem. Tampoprint AG, Korntal-Münchingen. Entwurf bgp design Stuttgart (Stefan Grobe, Knut Braake), 2004

über die Designer heute verfügen. Man darf davon ausgehen, dass sie sich im Labyrinth materialtechnologischer und materialästhetischer Potenziale je nach Auftrag erst orientieren müssen. Inzwischen helfen ihnen Beratungsfirmen wie *designafairs* in München mit dem Color & Material Lab. Wer sich auskennt und materialinnovative Entwürfe zu liefern versteht, kann sich Hoffnung auf einen *iF material award* des International Forum Design Hannover machen.

Designgeschichtlich ist eine merkwürdige Situation entstanden: Je mehr Virtualität, das heißt immaterielles Design, den Alltag bestimmt, umso raffiniertere Materialtechnologien stehen zur Gestaltung noch handgreiflicher Produkte, vor allem für deren Oberflächen, zur Verfügung. Ein Boom hochdifferenzierter Materialisation scheint auf den Prozess fortschreitender Entmaterialisierung zu antworten.

Aktuelle Literatur über Materialinnovation und Verarbeitungstechnologien ist daher auch für Laien spannend zu lesen. Man wird mit einem weitgehend unbekannten Universum des Möglichen konfrontiert und spürt, auf welchem Boden komplexer und differenzierter Materialstrukturen heute selbst einfach anmutende Produktformen entstehen. So sieht man den Dingen nicht an, welche Materialgeheimnisse sie bergen. Das beginnt bei simpler Sportausstattung: Wer weiß schon, was ein thermoplastisches Polyurethan-Elastomer ist? Beim Joggen trägt man es im Laufschuh als »extrem belastbare und superweiche Zwischensohle aus Elastollan« (KALWEIT u.a., S. 60). Und das hört bei spektakulären Großprojekten auf: Wer realisiert beim Anblick der farbig leuchtenden Plastikhülle der Fröttmaninger Allianz-Arena , dass sie aus 2784 rautenförmigen Polymer-Luftkissen aus ETFE-Foliengewebe besteht und welcher Mikrostruktur dieses Material die magische Eigenschaft farbigen Leuchtens verdankt?

Abb. 173: Running Footwear. Adidas-Salomon AG, Herzogenaurach. Werksdesign, 2004

Das Prinzip *form follows function* scheint abgelöst von *form follows material* – Materialwahl und Berücksichtigung von Fertigungstechnologien entscheiden über die Auslegung einer Produktform. Dabei sind die Kunststoffe des Plastikzeitalters bereits ein »altes« Material, sie sind sozusagen der plastizierbare, noch greifbare Werkstoff der späten Moderne gewesen. Die Postmoderne beginnt, ihr Material neu und anders zu definieren. Nicht dass alle traditionellen Werkstoffe und auch die neueren synthetischen Materialien in der Praxis obsolet geworden wären, wo immer handgreifliche Produkte wie iPod oder Handy in Form gebracht werden. Es kommen aber spezifisch neue Materialdefinitionen hinzu.

Material wird gleichsam zum Abstraktum und geht in technischen Verfahren und Prozessen auf: »Heute beginnt Design auf der Ebene der Atome. Wir driften in die Welt des Unsichtbaren: virtuelle Realitäten, Nano- und Biotechnologie beeinflussen zunehmend unsere Ästhetik und erschließen neue Bausätze unserer Wirklichkeit.« (LIPPERT/WIPPERMANN 2006, S. 9)

Unter dem Stichwort Bang-Design wird gestalterische Arbeit an und mit ganz neuen Materialien und Technologien in Aussicht gestellt.

»Unsere Umwelt wird total gestaltbar: Nanotechnologie prägt Aromen und Geschmäcker, Biodesign schafft Oberflächen und Prothesen, Informationsdesign löst in Black Boxes komplizierte Vorgänge aus und kreiert soziale Netzwerke. Die ganz große Zukunft aber liegt in der Verschmelzung verschiedener neuer Technologien. Diese Megawissenschaft könnte Bang heißen: Sie greift auf der Ebene von Bits (Informatik), Atomen (Nanotechnologie), Neuronen (kognitive Neurowissenschaften) und Genen (Gentechnologie).« (Ebd., S. 13)

So ist zu erwarten, dass es in Zukunft um die Verbindung lebender und toter Materie, um die »Konstruktion von hybriden Organismen und Produkten« (ebd.), das heißt, um ein Design an den Bausteinen des Lebens und Zusammenlebens gehen soll. Das Material wird dabei weitgehend unsichtbar, quasi materielos, erhält aber weiter seine Form durch gestalterische Bearbeitung.

Am Ende ist zu fragen, ob es nicht eines neuen, offenen Materialbegriffs bedarf, der auch die immateriellen Baustoffe einer virtuellen Existenz umfasst. Wer einen »Avatar« konstruiert, um sich auf einer Internet-Plattform wie Second Life zu profilieren, nutzt digitales Material, um sein Produkt in die gewünschte Form zu bringen. Ohne Material kein Sein, ob es sich um physische oder metaphysische Welten handelt. Virtuelles, das heißt materieloses Material müsste dem sinnlich-realen gleichgestellt werden.

Design ist ohne formbares Material, sei es ein handfest greifbar materielles, sei es ein unsichtbar immaterielles, nicht denkbar. In epochalen Schüben hat sich neu bestimmt, was als Material gelten kann. Die materielle Substanz des Gestaltbaren hat sich dabei verändert. Heute stehen wir vor einem erneuten Paradigmenwechsel designspezifisch wirksamer Materialgeschichte, die sich grob in drei Abschnitte gliedern lässt: Ursprünglich ging es um natürliche Werkstoffe oder deren Derivate wie Gusseisen oder Glas; anschließend um Synthetisierung und Differenzierung materialer Eigenschaften im Zuge der Implementierung von Kunststoffen in die materielle Alltagskultur. Heute geht es um gentechnische Manipulation am Material der Natur, um neurotechnische Reizungen des Sensoriums und des Bewusstseins, um informationstechnische Eingriffe in soziale Systeme. *Entry Paradise* deutet als Buchtitel (SELTMANN/LIPPERT 2006) die Verheißung totaler Gestaltbarkeit aller denkbaren physischen und metaphysischen Materialien an.

4 Exkurs: Das designpädagogische Profil des Deutschen Werkbundes

Was als anerkanntes Design gelten soll, ist immer ein Interpretat gewesen. Und Interpreten gab und gibt es viele: Hersteller, Entwerfer, Gebraucher, Kritiker, Historiker, Medien, Institutionen usw. Über weite Strecken des 20. Jahrhunderts hat sich der Deutsche Werkbund als normative Instanz verstanden und die design- und kulturpädagogische Führungsrolle beansprucht. Er diente als Sammelbecken kunstindustrieller Interessen und hatte satzungsgemäß für spezifische Interpretationen von Design zu werben. Vom Jahr seiner Gründung (1907) an hat der Werkbund eigene Richtlinien für korrekten Entwurf, material- und formgerechte Verarbeitung und ein entsprechend aufmerksames Kauf- und Konsumverhalten durchzusetzen versucht. Dies in merkwürdiger Überschätzung kulturpädagogischer Einflussnahmemöglichkeiten und der Bildsamkeit des Massenkonsumenten. Konnte es je ein ästhetisch korrektes Design für alle geben? Im Zeitalter sozialer Differenzierung durch Design und Konsum erscheint eine allgemeinverbindliche Norm kaum denkbar und ist ästhetische Produzenten- und Konsumentenerziehung fragwürdig geworden.

Die folgende Skizze stellt Fragen nach der Genese und Durchsetzungsfähigkeit normativer Konstrukte, beleuchtet Design aus rezeptionsästhetisch-soziologischer Sicht und verfolgt den Weg der in Deutschland gegründeten Traditionseinrichtung Werkbund, die sich als Agentur produktkultureller Modernisierung verstanden hat. Das Bild, das hierbei entsteht, entspricht nicht unbedingt dem Eindruck, der dem Katalog der Münchner Rückschau (vgl. NERDINGER 2007) zu entnehmen ist.

Der pädagogisch-propagandistische Auftrag zur Belehrung von Entwerfern, Herstellern, Händlern und Kunden bzw. Gebrauchern, den der Werkbund 1907 als kunst- und kulturindustrielle Lobby sich selbst erteilt hat, galt einem Formereignis, das zunächst quasi naturwüchsig aus der fortgeschrittenen Ökonomie und Technik rationalisierter Massenproduktion von Waren entstand. »Neudeutsche Werkkunst« – das waren um 1907 vorzugsweise sachlich-funktionale Industrieprodukte, für die gleichwohl geworben werden musste: Sie sollten von allen Gebraucherschichten erworben werden, wobei die pädagogische Bevormundung auf sozio-ästhetisch verankerte Vorlieben traf, die erst hätten aufgelöst werden müssen. Dabei verstand sich der Werkbund auch als politisches Instrument: »Durch die Art, wie er einkauft, kann der Bürger mehr zur Gestaltung des Vaterlandes beitragen, als durch seine Aufregung während der Wahlkampagne.« (BREUER 1908, S. 79) Hinzu kam ein imperialer Gestus: In einer Phase brachialer Ruhigstellung der Kolonien fand in Deutschland ein ästhetisch-kultureller Kolonialisierungsversuch nach innen statt. Ein Zeitgenosse nannte das »Künstler-Kolonialpolitik« und »Kultur-Revolution von oben herab« (SCHÖLERMANN 1910).

Man wundert sich heute, wie rücksichtslos der Werkbund sein Einkulturen-Modell zum einzig legitimen erklären konnte: »Formlosigkeit ist gleichbedeutend mit Unkultur. Die Form ist ein höheres geistiges Bedürfnis«, argumentierte Hermann Muthesius (MUTHESIUS 1912), wobei, was er »Unkultur« bzw. »Formlosigkeit« nannte, aus ethnologischer Sicht gewiss eine Form hatte. Es gibt keinen formlosen Kulturzustand, nur unterschiedliche Manifestationen und Interpretationen materieller Kultur. Die »höhere, durchgeistigte Form« (Muthesius) war ein Konstrukt Gebildeter mit Führungsanspruch in Fragen des Geschmacks, so dass der hochgespannte Formbegriff von Anfang an wie eine Drohung über den praktizierten Gebrauchskulturen schwebte. Banale Maschinenprodukte wurden mit der Aura besonderer Werthaltigkeit ausgestattet, schließlich war die Maschine das Kultursymbol der Epoche. Drei Jahre vor Gründung des Werkbundes hatte Friedrich Naumann, einer seiner künftigen Chefideologen, dekretiert, es sei das »deutsche Zukunftsideal«, ein »künstlerisch durchgebildetes Maschinenvolk« zu werden (NAUMANN 1904, S. 321).

Damit wird der deutschen Industrieproduktkultur-Reform ein allgemeines Bildungsziel unterlegt: die Identifikation mit einer für nationale Zwecke instrumentalisierten Technomoderne. Was der Werkbund beschreibt, legitimiert und propagiert, ist deren Materialisation in einer Form, wie sie sich in Kochtöpfen, Automobilkarosserien, Lokomotiven und Fabrikbauten realisiert und in den Jahrbüchern des Deutschen Werkbundes oder im Warenbuch der Dürerbund-Werkbund-Genossenschaft bis in den Ersten Weltkrieg dokumentiert wird.

Die Reichweite des sachlichen Reformprodukts in die gelebten Produktkulturen der wilhelminischen Gesellschaft ist jedoch begrenzt, seine Aneignung aus Gründen geringer Kaufkraft der unteren Klassen und infolge der Gewöhnungsbedürftigkeit auch für wohlhabende bürgerliche Konsumenten nicht selbstverständlich. Vor allem kommen Werkbundmitglieder, allesamt Vertreter des Bildungsbürgertums, als Abnehmer in Frage, Angehörige einer Schicht, die Abstand zur industriellen Arbeitswelt hält und sich dennoch zum Protagonisten einer rationalisierten Produktkultur erklärt. Aber nicht nur Mitgliedern des Werkbundes oder dem sympathisierenden Bildungsbürgertum soll diese produktkulturelle Reform zugute kommen, sondern jedermann. Die Absicht spiegelt sich im Entwurf von Arbeiterhäusern und Schlichtmobiliar, nicht zuletzt in Riemerschmids Dresdener Maschinenmöbel-Programm. Nach Beginn des Krieges geht die »neudeutsche Werkkunst, eine Weltmacht des Geschmacks« (JESSEN 1912) im Kanonendonner unter. Erst einige Jahre nach Kriegsende wird wieder eine, nun eher unpolitisch-philosophische Diskussion um das Wesen der Form geführt.

Form ohne Ornament

Im Katalog der Ausstellung »Die Form« (1924) ringt der Werkbund um seinen zentralen Begriff, dem er sich seit seiner Gründung fundamental verpflichtet sieht. Walter Riezler beschwört nun: »Wir nehmen den Begriff ›Form‹ ernster und tiefer als die letzten Jahrzehnte«, und Wolfgang Pfleiderer erklärt lapidar: »Form ist, was keine Verzierung hat« (in: RIEZLER 1924, S. 3 und 5).

Das unter Werkbundmitgliedern mehrheitlich akzeptierte, über den Streit um die Typisierung 1914 hinweggerettete Ideal der Ornamentlosigkeit erlebt seine programmatische Erneuerung unter veränderten Bedingungen: Traditionalistische, auch modische Formen scheinen aus dem einst konsequent sachlichen Werkbund-Produktprofil herauszufallen, das man aus Vorkriegsveröffentlichungen kennt. Doch Pfleiderer entwickelt zwei Formbegriffe, die zueinander in einem dialektischen Verhältnis stehen sollen: »technische Form« und »primitive Form«. Die »technische Form« neige zum Mathematischen, Stereometrischen, Abstrakten, die »primitive« zum »Vegetativen«. Beide seien gleichberechtigt, so dass dieser Ausflug in die Phänomenologie der Industrie- und Handwerksformen mit der Feststellung endet: »Es gibt heute in der Werkkunst nur zwei wesentliche Einstellungen, die technische und die primitive.« (Ebd., S. 10)

Das ist ein Versuch, industrierationale Sachlichkeit und handwerkliche Individualisierung miteinander zu versöhnen, gleichzeitig eine Absegnung des Faktischen: Wahrscheinlich ist diese Wanderausstellung den Erwartungen des breiten Publikums weiter entgegengekommen als jede andere davor und danach. Obwohl einige Objekte wie Parodien auf die bemühte Begriffsbestimmung von »Form« wirken, darf man diese Ausstellung als stilles Manifest gegen technizistischen Purismus, vielleicht auch als Anzeichen der Einsicht in kulturgeschichtlich verankerte Vorlieben der Adressaten verstehen. Zu sehen sind Lampen, die in den Salon der Dame, Sessel, die ins Herrenzimmer passen, pseudobäuerliche Keramik für »Naturverbundene«, Bauhaus-Stühle nach de Stijl für den modernen Snob und das karge Kramer-Design zur Erinnerung an die Nachkriegsnot. Der Charme dieser Ausstellung liegt in der Parallelität des Heterogenen. Auch sind ihre kritischen Vorbehalte gegenüber der Technomoderne nachvollziehbar. Wie kein anderer deutscher Bildungs- und Interessenverein hatte der Werkbund ursprünglich ein Bekenntnis zur technischen Form abgelegt und sie als den angemessenen Ausdruck einer modernen Industriegesellschaft interpretiert, die sich Rationalisierungszwängen bis ins Ästhetisch-Private freiwillig fügen müsse. Nun aber heißt es von der Technik: »Wir haben sie nicht, sie hat uns. Wir beherrschen sie nicht, sie beherrscht uns.« (PFLEIDERER, ebd., S. 14)

Für eine Epoche, die produktionsgeschichtlich von der Einführung der Fließbandarbeit geprägt ist, klingt dieses Eingeständnis, als müsse man sich auf Tradition und Verlangsamung besinnen, statt weiter auf Modernisierung zu setzen: Kein »künstlerisch gebildetes Maschinenvolk« (NAUMANN 1904), stattdessen gespaltene Gefühle, eingestandene Ängste und die Bescheidenheit des Laisser faire – vielleicht aus einer Verteidigungshaltung heraus. Erst die Weissenhof-Ausstellung 1927 wird wieder ein eindeutiges Bekenntnis zur Technomoderne mit entsprechend funktionalistischen Architekturen und avantgardistischen Einrichtungsstücken auf neuestem Bauhaus-Niveau ablegen. 1924 war man noch verunsichert. Der Gründergeneration, durch Inflation ökonomisch ruiniert, als Führungsschicht politisch desavouiert, war laut Hans-Ulrich Wehler als einst »einzigartiger Sozialformation unter den westlichen Modernisierungseliten« die »Zuversicht ihrer Bildungsreligion« abhanden gekommen (WEHLER 2003, S. 294). Das heißt, es fehlt ihr jetzt an Überzeugungskraft und Selbstbewusstsein, auf Formstrenge zu beharren.

Wenn man das ursprüngliche Verhältnis der Werkbundgründer zu den Massenproduktkulturen beschreiben will, war es ein eher gespanntes. Letztlich liefen die Bemühungen im Werkbund der Vorkriegszeit auf ein Verbot für sogenannten Kitsch hinaus. Dem promiskuitiven Pluralismus des Banalen wurde eine investigative Geschmackserziehung entgegengesetzt. Nach dem Krieg scheint die Verkrampfung vorübergehend gelöst. Denn in der Ausstellung »Die Form« werden, so streng ihr Titel auch klingt, Kompromisse geschlossen. Für einen Moment blitzt eine Versöhnung mit der Tatsache paralleler Produktkulturen auf.

Das Paradigma der Verzögerung: Gute Form

Ehe diese Öffnung des Denkens gelingen kann, ist es noch ein weiter Weg. Zunächst sehen wir den Werkbund, politisch gleichgeschaltet, mit seinem Ideal von Anstand und Gediegenheit und einem Teil seiner Mitgliedschaft beim Amt Schönheit der Arbeit Unterschlupf finden. Albert Speer hat darüber berichtet (vgl. SPEER 1971, S. 70). Der Werkbund wird 1934 von der Reichskammer der bildenden Künste vereinnahmt. 1938 wird er vom Präsidenten der Reichskulturkammer für überflüssig erklärt und aufgelöst. Liquidator ist der Designer Hermann Gretsch (vgl. WEISSLER 1990, S. 25).

So bleibt der Werkbund für einige Jahre in die Geschmacksbildungspolitik des Amtes Schönheit der Arbeit eingebunden. Dessen Schlichtheitsideal entspricht dem ideologisch-kulturpädagogischen Zweckdenken einiger führender Nazis, die das Erbe der Republik für eigene ästhetische Volkserziehungsmaßnahmen instrumentalisieren. Erst nach achtjähriger Unterbrechung können beteiligte und nicht beteiligte Werkbundmitglieder ihre Politik der ästhetisch-produktmoralischen Belehrung frei fortsetzen.

Überraschend ist nicht nur, dass der Werkbund sich 1947 im Westen rekonstituiert, als sei weder seine politische Glaubwürdigkeit noch die von ihm vertretene Gestaltungslehre beschädigt. Es gibt kein Kontinuitätsproblem. Ihr Mündel, den ungebildeten Massenkonsumenten, will die 1933 vorübergehend in eine Nazi-Agentur für Schlichtformen überführte Institution immer noch nicht in die Freiheit entlassen. Im Gegenteil, ihm soll mit größerem Eifer denn je beigebracht werden, was »gute« und was »schlechte« Form ist. So sollen Lernangebote in Schulen, Volkshochschulen und den Wohnungsberatungsstellen des Werkbunds gemacht werden, Ausstellungen und Messebeteiligungen »der guten Form unserer Erzeugnisse noch größere Bedeutung« sichern und deutsche Botschaften und Generalkonsulate durch Einrichtung in »zeitgemäßer Form für unsere Qualitätsarbeit« im Ausland werben (RAT FÜR FORMGEBUNG 1963, S. 25).

Bei der Gründung des Rat für Formgebung 1952 hatten Vorstandsmitglieder des Werkbunds mitgewirkt und auf das Programm Einfluss genommen. So bildet das Werkbunddenken die Basisideologie für Aktivitäten des Rat für Formgebung als staatliches Organ der Werbung für Gute Form und verfügt die Werkbundpädagogik über einen institutionell verlängerten Arm in die Wirtschaftspolitik der Nachkriegsperiode. Die offizielle Institution für wirtschafts- und kulturpolitische Designförderung und der Traditionsverein bildungsbürgerlicher Prägung ziehen an einem Strang.

Werbung für den zukünftigen Exportweltmeister unter dem doppelten Gütesiegel »Made in Germany« und »Gute Form« ist eine kritikfrei nachvollziehbare Maßnahme-Empfehlung: Die junge Bundesrepublik befindet sich in einer Wachstumsphase und muss Märkte zurück- oder hinzugewinnen. Hingegen ist die Inanspruchnahme der Bildungshoheit im Ästhetischen, von heute aus gesehen, fragwürdig. Denn das Ideal der Guten Form wird mit einem Produktalltag konfrontiert, der längst eine Form hat. Doch im Erziehungsausschuss des Rat für Formgebung sitzen Professoren, Pädagogen, Designer, Ministerialräte, Volkswirte, Kaufleute, Handwerksmeister – wie im alten Werkbund vor 1914. Es ist die gleiche Schicht, die wieder »Form« von oben verordnet, als habe es keine Nazidiktatur, keine zweite Weltkriegskatastrophe, keine Gründung eines demokratischen Staates und somit keinen Anlass zu einer Neuorientierung oder gar kulturpädagogischen Besinnung gegeben.

1907 war der Werkbund modern, 1957 ist er es nicht. Der ironische Kulturflaneur Gregor von Rezzori hätte es »Epochenverschleppung« genannt – das lange Überleben eines von der gesellschaftlichen Entwicklung überholten Habitus, auch wenn diese Verschleppung so gut in das konservative Klima der fünfziger Jahre passte. Der wiederbelebte kulturpädagogische Anspruch ist real durch die legendären »Werkbundkisten« (vgl. NERDINGER 2007, S. 280–283) belegt – Musterkoffer mit vorbildlichem Porzellan, Bestecken oder Gläsern gefüllt, die zu Demonstrationszwecken an Schulen ausgeliehen wurden. Ein weiteres Instrument der Werkbundpädagogik war das »Bilderbuch für junge Leute«, deklariert als »Geschenk des Deutschen Werkbundes an die Jugend« (MENCK 1958). Es enthielt Abbildungen gut geformter Produkte und belehrende Texte. Alles war wie früher: der missionarische Eifer, das Ideal der »Form« und die Belehrungsattitüde, nur freundlich verpackt. Erneut wurde guten Glaubens gegen das gewohnte Ambiente der Mehrheit und den Bestand produktkultureller Erfahrungen agitiert. Die überzeugten Überzeuger waren wieder am Werk: Zwischen 1958 und 1962 tagte im Rat für Formgebung der »Erziehungsausschuss«, einberufen zur Diskussion der Ausbildung des Designer-Nachwuchses, aber auch allgemeiner ästhetischer Bildungsfragen: »Das ABC der Guten Form beginnt bereits im Kindergarten.« (RAT FÜR FORMGEBUNG 1963, S. 29)

Freilich erweist sich die Ideologie der Guten Form im Nachhinein als alles andere denn zukunftsweisend. Die Bemühungen um Geschmacksbildung werden vom Massenkonsum neutralisiert und von der Postmodernisierung des Design überholt. Nichtsdestoweniger kursierten bei Eröffnung der Münchner Werkbund-Jubiläumsausstellung 2007 Handzettel mit der Einladung zu einem workshop *Die Gute Form*. Interessenten wurden aufgefordert, »ein Stück Geschirr oder Besteck« als Beispiel mitzubringen. Die »Epochenverschleppung« ist also wieder oder noch en vogue.

Was Wagenfeld und andere in den fünfziger Jahren entwarfen, war werkbundgerecht gestaltet, aber doch nur insoweit ein »anderes« Design, als es eine von der Norm des Gewöhnlichen abweichende Art der Warenaufbereitung verkörperte. Bedient wurde ein spezieller Markt bzw. die Nachfrage von Mittelschichtangehörigen, die sich als ästhetisch gebildete Modernisierungselite darstellen wollten. Einzelne Produzenten wie die WMF oder Hugo Pott (Bestecke), Süßmuth (Gläser), Gebr. Rasch (Tapeten), Arzberg (Porzellan), profilierten sich auf diesem Markt.

Unter westdeutschen Verhältnissen einer tendenziell amerikanisierten Genuss- und Konsumkultur für alle war das Beharren auf einem Produktideal der schlichten Gebrauchsform jedoch nur Ausdruck eines historischen Weiterträumens. Denn jede Produktkultur hat ihren Ursprung in der gesellschaftlichen Ökonomie, in den technokulturellen Strukturen ihres Produktionsfeldes und in den aneignungsgeschichtlich relevanten sozialen Teilhabebedingungen an ihrem Reichtum. Jede Produktkultur bleibt in kollektive Handlungs-, Wahrnehmungs- und Bewertungsräume eingebettet, deren Stabilität oder Labilität auf der Konstanz oder Wandlungsfähigkeit von Lebensweisen beruht, die sich teils parallel zum Produktionssystem mitmodernisieren, teils älteren Nutzungsformen und Wertvorstellungen folgen. Diese Mischung zeigt sich im Alltag der fünfziger Jahre beispielhaft.

Massenproduktkulturen sind immer ästhetisch »durchwachsen«, zugleich immun gegen Pädagogisierung. Die auf eigene Weise mitgestaltenden Nutzer verleihen oft gerade obskuren Dingen in ebenso obskur erscheinenden Ritualen der Bedeutungsbesetzung ihren Gebrauchswert. Das Vorfindliche, das schon eine Form aus der Fabrik mitgebracht hat, gewinnt weitere Form durch praktische und symbolische Überstaltung. Gebrauchskulturen interpretieren das Vorhandene, indem sie es eigensinnigen, lebenserfahrungsgebundenen Nutzungsmustern unterwerfen, also noch einmal überformen (vgl. SELLE/BOEHE 1986).

Wie immer man sich dreht und wendet – in einer kollektiv ästhetisch sozialisierenden industriellen Produktlandschaft existieren abgeleitete Produktsprachen, konkurrieren miteinander oder gehen ineinander über. Dafür hat die Ethnologie den Begriff »Kreolisierung« eingeführt: »Kreolisierung steht (...) im Gegensatz zum Konzept der Homogenisierung und erklärt den Fortbestand kultureller Vielfalt.« (HAHN 2005, S. 100) Das wurde vom Werkbund übersehen. Man muss den von ihrem tradierten normativen Formbegriff überzeugten Werkbundkulturpädagogen aber zugute halten, dass die grundlegende Studie zur »legitimen Kultur« als Machtfaktor bzw. zur Hierarchie der »feinen Unterschiede« (BOURDIEU 1982) noch nicht zur Verfügung stand, als sie ihre Überzeugungsarbeit zur Guten Form erneut begannen.

Führenden Werkbundmitgliedern war der Mißerfolg ihrer Erziehungskampagne durchaus bewusst: »Wir haben es gut gemeint. (...) Werkbundaufgabe von morgen heißt, Einfluß nehmen auf die Lebensführung« – so Hans Schwippert 1955 (SCHWIPPERT 1975, S. 428). Die Verlagerung des volkserzieherischen Impetus von der Form des Produkts auf die Form der Lebensführung zeigt die pädagogische Autoritätsanmaßung unverändert. Welcher Adressat hätte sich in seine Lebensführung hineinreden lassen? Die Mehrheit der Konsumenten hatte sich an dekorative Formen des Massenprodukts gewöhnt und daran die eigene produktkulturelle Identität entwickelt. Sich in der Welt der schönen Dinge zurechtzufinden und einzurichten, ist eine kulturelle Leistung jenseits einer normativen Ästhetik, die mündigen Menschen als Forderung, sich anders zu verhalten, übergestülpt wird. Entsprechend der Überzeugung, es selber doch richtig gemacht zu haben, werden sie es immer als Zumutung empfinden, wenn jemand auftritt, der ihnen sein eigenes strenges Formideal als das bessere aufdrängen will.

Konsum ist eine Art Kommunikation, eine Verständigungsweise von Gebrauchergruppen untereinander und miteinander auf dem Wege materialisierter Ästhetik, seit es Massenprodukte gibt. Schon vor dem Ersten Weltkrieg war die selbsternannte Modernisierungselite der Werkbündler mit ihrem strengen Formverständnis auf ein ausdifferenziertes produktsprachliches System nach dem Klassenmuster der wilhelminischen Gesellschaft gestoßen. Eine demonstrativ bürgerliche Leitkultur hatte verschiedene Stadien ihrer »Kreolisierung« in Gestalt kleinbürgerlicher und proletarischer Varianten durchlaufen. Nach dem Zweiten Weltkrieg treffen die Produktkulturreformer mit ihrem Ideal der Guten Form auf eine zwischenzeitlich zwar nicht aufgelöste, aber doch aufgeweichte, sich von den alten Klassenstrukturen entfernende, verallgemeinerungsfähige Konsumkultur für alle. Was deren Modernisierungsgrad als technikbeherrschtes Produktmilieu und als symbolisches System des Alltags betrifft, sind Nylhemd, Elektrorasierer, Kühlschrank, Motorroller oder Kleinauto schon Standardprodukte, die auch weniger kaufkräftige Konsumenten binden. Anstatt freizügige Aneignung des Produktreichtums zuzulassen, setzen Werkbund und Rat für

Formgebung die zum kulturellen Idealtyp stilisierte Gute Form allem entgegen, was der Gebraucher längst als schön und begehrenswert empfindet. Kein Wunder, dass die Erziehungsmaßnahme nicht greift und Realisate des Ideals wie der »Schneewittchensarg« der sozioästhetischen Abgrenzung von Minderheiten dienen, die ihr Kulturreservat beanspruchen und sich einbilden, sie allein seien die Modernisierungselite.

Entdeckung der Gebraucher-Milieus und umweltpolitische Wende

Schließlich kommt es zu einem durch die gesellschaftliche Lage bedingten Wechsel der Inhalte und Ziele der Werkbund-Aktivitäten. Julius Posener datiert den Anfang der Neuorientierung auf das Jahr der beginnenden Debatte um »Die große Landzerstörung« ab 1959. Der Werkbund sei seitdem entschieden unbequem geworden, Design nur noch ein Randgebiet (vgl. POSENER in: BURCKHARDT 1978, S. 14 f.).

Auf der Werkbundtagung im März 1959 spricht Walter Rossow von der »Zivilisationssteppe«, in die sich Stadt und Land zu verwandeln drohen (ROSSOW 1975, S. 449). Damit ist das Stichwort zu einer Programmreform gegeben. Endlich hat der Werkbund ein gesellschaftliches Problem vor Augen, dessen existenzielle Dimension die Sorge um den richtigen Gebrauch besonders gestalteter Dinge allmählich als nebensächlich erscheinen lässt. Tatsächlich geschieht etwas Unerwartetes, indem der programmatische Schwerpunkt sich von der Didaktik der Guten Form zur Diskussion bedrohter gesellschaftlicher Lebensgrundlagen verschiebt. Von der Gewalt umweltzerstörerischer Verwertungsinteressen irritiert, beginnen Mitglieder des Werkbundes mit der Bestandsaufnahme gelebter und gefährdeter Alltagskulturen. Auch wenn der angedeutete frühe Anfang sich etwas hinzieht, entwickelt sich aus dem alten Werkbund eine ökologisch sensibilisierte, soziokulturell interessierte, bewohner- und nutzernahe, unabhängige und kritische Institution. Das Programm wechselt von der ästhetischen Vormundschaft zur politischen Anwaltschaft.

Nun geht es tatsächlich um Menschen, nicht mehr um Waren. Wohnen, die Erhaltung öffentlicher Räume, Stadtplanung und Landschaftsordnung werden zu Themenschwerpunkten. Die Hinwendung zu übergreifenden Ordnungsmustern des Alltagslebens lässt Geschmackserziehung zu einem Problem von gestern werden. Durch die Tagung *Bildung und Gestalt* 1965, auf der Adorno dem Funktionalismus die dialektischen Leviten las – »Was gestern funktional war, kann zum Gegenteil werden« (ADORNO 1967, S. 106) –, durch Bemühungen um »Die Zukunft der Alpenregion« (1971) und die deutsch-schweizerische Untersuchung zum »Grenzfall Rhein« (1972), aber auch durch den Einsatz zur Erhaltung abrissbedrohter Quartiere und die Unterstützung von Bürgerinitiativen, zeigt sich der Werkbund in das heiße kulturpolitische Tagesgeschäft verwickelt. Dabei verliert er als quasi gesetzgeberische Instanz in Sachen Produktkultur zwangsläufig an Profil und wird zu einem Diskussionsforum für gesellschaftliche Zeitprobleme. Hans Poelzigs Forderung von 1919, der Werkbund müsse »das Gewissen der Nation« werden, scheint sich nun in mancher Hinsicht zu erfüllen.

Das Münchner Ausstellungsprojekt *Profitopoli$ oder Der Mensch braucht eine andere Stadt* (1971), das in den Folgejahren im In- und Ausland gezeigt und 1979 in veränderter Form aktualisiert wird, macht auf die Verödung der Städte als Beweis »katastrophalen gesellschaftlichen Unvermögens« (Mitscherlich) aufmerksam. Handbücher wie *Labyrinth*

Stadt (1975) und *Lernbereich Wohnen* (1979) entstehen unter dem Dach der damaligen Geschäftsstelle des Werkbundes in Darmstadt.

Der Blick auf materielle Kultur als ein Ganzes von Landschaft, Stadt und Wohnen verändert das Programm inhaltlich und substanziell, indem die Frage nach der Gestaltung, abgelöst vom alten Begriff der »Form«, zu den Nutzungsweisen hin verlagert wird: Was machen Bewohner aus Lebensräumen? Wie grenzen sich subkulturelle Gruppierungen ab? Welche Fähigkeiten und Tugenden werden im Umgang mit Dingen und der Nutzung von Räumen sichtbar? Die milieukulturelle und humanökologische Akzentuierung des Programms in den siebziger Jahren zeigt den Werkbund gesellschaftsnah: Wenn in der Folge gegenständlich Gestaltetes thematisiert wird, geschieht dies im Rahmen kultureller Verhaltensmuster und ihrer sozialen Funktion. Produktkultur relativiert sich als Thema im Rahmen sozialen Lebensbedingungen. »Form« gilt nicht mehr als Allheilmittel für die gefährdete Kultur. Das Zeitalter der normativen Ästhetik und der Versuche, sie zu verallgemeinern, scheint endlich auch für den Werkbund zu Ende zu gehen.

Werkbundarbeit jenseits einer Philosophie der »Form«?

Mit der Entdeckung soziokultureller Milieus und öffentlicher Räume muss der Werkbund zwangsläufig von seinem Privileg, über die »falsche« oder »richtige« Form des Produkts und des Umgangs mit dem Produzierten und Gebauten zu entscheiden, abrücken. Aus der Perspektive von Nutzern und Bewohnern zeigt »Form« sich jeweils anders definiert als aus Expertensicht. Und noch eine weitere Entdeckung steht an: Lucius Burckhardts These vom »unsichtbaren Design« muss die Traditionalisten im Werkbund in Unruhe versetzen, weil sie die Tür zu einer Zukunft aufstößt, in der handfeste Dinge und real bewohnbare Räume eine nur noch eingeschränkt kulturbestimmende Rolle spielen werden. Burckhardt löst den alten Designbegriff weitgehend auf: »Unsichtbares Design. Damit ist heute gemeint: das konventionelle Design, das seine Sozialfunktion selber nicht bemerkt. Damit könnte aber auch gemeint sein: ein Design von morgen, das *unsichtbare* Gesamtsysteme, bestehend aus Objekten und zwischenmenschlichen Beziehungen, bewusst zu berücksichtigen imstande ist.« (In: GSÖLLPOINTNER u. a. 1981, S. 20)

Unsichtbar wird hier ein Design genannt, das Nutzern und Bewohnern durch Dinge und Räume einen Verhaltensrahmen gibt. Das eigentlich gestalterisch Gemeinte bleibt offen. Denkt man diesen Vorschlag in seiner Logik weiter, gehören auch die Anpassungsmuster der Technomoderne, denen Planer, Architekten und Designer selbst unterliegen, zum »unsichtbaren Design«. Das heißt, man kann endlich auch von einem strukturellen Design ohne Autorschaft sprechen. Um 1907 war die Rationalisierung der industriellen Arbeit und der Fabrikation ein solches »unsichtbares« Design. Heute ist es die Formierung des Seins und Bewusstseins über digitale Technologien bzw. deren Anwendung in unsichtbaren Räumen.

Burckhardts These von 1981 bedeutet nicht nur den Durchbruch zur Entdeckung unsichtbarer Erfahrungskonstrukte innerhalb materieller Rahmenbedingungen. Sie enthält auch schon die designtheoretische Ahnung von neuen Erfahrungsräumen ohne materielle Begrenzung: Der Begriff Produktkultur muss erweitert werden im Hinblick auf die Tendenz der Verschränkung von Dingen und Nichtdingen, materiellen und immateriellen Räumen im Alltag. Damit wird auch ein erweiterter Formbegriff fällig. Er umfasst greifbare Objekte und immateriell handhabbares Lebenswerkzeug, das sich in Computerprogrammen, virtuellen Räumen und Riten manifestiert. Es gibt Tassen und Laptops, real gebaute und digitale Handlungsräume als konkurrierende oder einander ergänzende Gattungsprodukte eines Vorgeformten bzw. einer auf Nutzer übertragenen, von diesen realisierten Form. Das ist eine für Werkbündler ungewohnt neue, ja radikale Erkenntnis, für Ältere schwer nachzuvollziehen.

Fünf Jahre nach Burckhardts bahnbrechender These vom unsichtbaren Design wagt sich der Werkbund auf unbekanntes Terrain: Der Designer Bořek Šipek schlägt in seinem Beitrag zum Seminar *Fish and Chips* (1986) einen Wechsel vom »Objektdenken« zum »Raumdenken« vor, weil »der Computer unser neuer Tempel« sei (ŠIPEK 1986, o. S.).

Den Computer als Tempelbau der fortgeschrittenen Industriekultur zu bezeichnen, reißt metaphorisch die Grenzen des materiell Gestaltbaren nieder, an die Burckhardt sich noch gebunden sah. Für einen Moment seiner jüngeren Geschichte befindet sich das Werkbunddenken hinsichtlich Produktkultur auf der Höhe der Zeit und wird das postmoderne Gestaltungsproblem des unsichtbaren Raumes wahrgenommen. Šipeks Vorschlag, sich dem Imaginären zuzuwenden, zu dem der Computer Zugang verschafft, bietet eine völlig neue Perspektive auf alles, was in seiner Unsichtbarkeit Form generiert oder repräsentiert. So zeigt das Seminar »Fish and Chips« den Werkbund in ungewohnter Selbstverjüngungsfähigkeit, auch wenn Jochen Rahe im Rückblick auf das Ergebnis feststellt: »Die Perspektiven der Elektronik und der Computertechnik für die kulturelle Entwicklung der Gesellschaft sind noch verschwommen.« (RAHE 1986, o. S.) Immerhin ist der Werkbund ein Jahr später in der Lage, seine historischen Leistungen in einer Textsammlung *Rund um die Werkbundtasse* (vgl. HOFFMANN 1987) selbst zu ironisieren.

Der einst auf Produktform oder auf Architektur begrenzte Blick scheint geöffnet für das Ungreifbare, der Werkbund sieht sich nicht nur mit dem Veralten seines traditionell gegenstandsgebundenen Formbegriffs konfrontiert, sondern auch zur Definition eines neuen Produktverständnisses aufgefordert. Produkt war für Werkbündler immer das Vergegenständlichte, Form immer das daran gebunden Wirksame. Nun aber entsteht eine doppelt strukturierte Produktkultur auf der Basis alter und neuer Technologien und zeigt sich der Alltag mit alten und neuen Produkttypen sichtbar und unsichtbar hochgerüstet.

In den achtziger und neunziger Jahren entsteht die paradoxe Situation, dass immaterielles Design immer größere Verbreitung und Bedeutung erlangt, während gleichzeitig materialisierte ästhetische Produkte den Alltag überschwemmen. Das Jahrhundert des Design scheint mit einem Überangebot an festen Produkten seinem Zenit entgegenzueilen, während die Computerfreaks dem neuen Angebot »weicher« Technologien erliegen.

So wäre Produktkultur nun generell anders auszulegen als bisher. Doch damit tut der Werkbund sich schwer. Im Katalog der vom Deutschen Werkbund Hessen organisierten Ausstellung *Welche Dinge braucht der Mensch?* (1995) wird der Überfluss materialisierter Produkte an öko-sozialen Einsichten gemessen. Fast wirkt das wie ein letzter Rettungsversuch der Dingwelt durch ihre Eingrenzung und Qualifizierung. Die statistischen 10 000 Objekte, die jeder Erwachsene hierzulande angeblich sein Eigen nennt, sollen weniger zahlreich, sozial nutzbar, langlebig sowie ökologisch unbedenklich herstellbar und entsorgungsfähig werden. Natürlich sollen sie nicht verschwinden; die Notwendigkeit ihrer Existenz wird noch einmal bekräftigt: »Wieviel Dinge braucht der Mensch? So viele, wie ihm zur Entwicklung sozialer Kommunikation abverlangt werden«, antwortet Bazon Brock (in: STEFFEN 1995, S. 29). Er fragt nicht, mit welcher immateriellen Konkurrenz sie zu rechnen haben und wie heute kommunikative Verbundenheit hergestellt wird, während feste Dinge neben dem PC liegen gelassen und gar nicht beachtet werden.

Was aber ist mit einem Design, das ganz und gar unsichtbar bleibt, um in den Köpfen seiner Adressaten und Nutzer Erfahrungsspuren zu hinterlassen? Der Kulturbruch zwischen analog-realen und digital-virtuellen Produkten wird noch nicht wahrgenommen. Das klassische Werkbundressort war immer das der Sachkulturen. Durchgängig wird Zuständigkeit für die Gestalt öffentlicher Räume, ihre Bebauung, Belebung oder Rettung beansprucht. Die digitale Binnenkultur des Alltags kommt im Veranstaltungs- und Themenkalender aber so gut wie nicht vor, obwohl die Welt der Artefakte sich relativiert und eine werkbundferne Modernisierungselite, an den Tropf digitaler Kommunikations- und Unterhaltungsindustrien gehängt, ihre eigenen Riten und Erfahrungsmuster entwickelt. Am Beginn des 21. Jahrhunderts sieht man sich mit mikroelektronisch hochgerüsteten Hybridprodukten wie Handy, PC, iPod, Kamera und Fernsehgerät in einem einzigen kleinen Gehäuse konfrontiert, einer Software-Anhäufung, deren Gebrauch pädagogikresistent ist, weil das neue technologisch-systemische Ambiente seine Nutzer längst überzeugt und absorbiert hat. Demnächst könnte der Multimedia-PC Blickfang im Wohnzimmer sein. Wird er als Medien-Installation oder als Produktdesign zum Thema für den Werkbund werden?

Er war die deutsche Institution schlechthin, die in ihrer hundertjährigen Geschichte einer Philosophie der Form gehuldigt hat und heute noch einmal erleben muss, dass andere Formgeber und Forminterpreten erfolgreicher sind. Wie weit der Werkbund sich in die unsichtbare Kulturarchitektur computerabhängiger Lebensentwürfe einmischen wird, bleibt offen. Heute bereiten Dinge und Nichtdinge gleichermaßen Probleme. Ob er demnächst mit einer Ausstellung *Welche Nichtdinge braucht der Mensch?* überraschen wird?

Wie die industrielle Massen- und Konsumkultur sich aufgebaut hat und heute systemtragend funktioniert, ist inzwischen nachvollziehbar dargestellt (vgl. ULLRICH 2006). Ein Grund mehr, am Ausschließlichkeitskonzept des Bildungsbürgertums zu zweifeln, das den Werkbund hervorgebracht hat, und sich dem Gefüge der Regeln des tatsächlichen Design-Konsums zuzuwenden. Sie zeigen den Konsumenten in ein Marktgeschehen verwickelt, gegen das er sich kaum wehren, in dem er sich aber mit einer gewissen Wahlfreiheit bewegen kann, so dass am Ende bei aller Uniformität der Ästhetisierung eine Art multikultureller Effekt entsteht und die einzelnen Konsumbiografien einen Sinn erkennen lassen, der über das Prinzip der warenästhetischen Ausbeutung und Abhängigkeit hinausweist: »Sobald jemand konsumiert, ist mehr Intensität im Spiel. (...) Wünsche und Erwartungen werden bedacht, und man schätzt die Folgen eines neuen Besitzstücks für die eigene Identität ab: Wird es zu einem passen? Was werden die anderen über einen denken? Welche Assoziationen und Fiktionen löst es aus? Kann man sich damit vielleicht einem Idealbild annähern, das man von sich hat?« (Ebd., S. 192)

Design ist mit den Differenzierungs- und Identifizierungsmöglichkeiten des Konsumenten eng verknüpft oder der Konsument ist, im Umkehrschluss, in seinem Verhalten weitgehend designabhängig geworden. Aber er ist auch Subjekt der kulturellen Tätigkeit, die man Konsum nennt. So wären, wenn überhaupt, andere Erziehungskonzepte zur Verselbstständigung des Konsumenten gefragt als jenes einschränkende, das der Werkbund favorisiert hat.

Zwar sind immer noch Fragen nach Funktion, Gestalt und gesellschaftlicher Wahrnehmung von Produkten zu stellen. Sie wären aber auf das unsichtbare Design auszuweiten. Und Antworten wären nicht auf der Ebene einer ästhetischen Erziehung von Entwerfern, Herstellern und Konsumenten, sondern im Vorfeld ökonomischer und politischer Entscheidungen über die Ziele der Produktion und des Gestaltens zu geben.

In welcher Technokultur möchten wir leben? In welcher nicht? (Falls es noch eine Wahlmöglichkeit gibt.) Jedenfalls würde die sichtbare Form eines Flachbildschirms oder eines Mobiltelefons dabei kaum eine Rolle spielen.

5 Produktkultur jenseits normativer Ästhetik

Zum Stand der Dinge

Designhistorische Forschung erweist sich gezwungenermaßen als Disziplin im Wandel. Kaum hat sie die wesentlichen Gestaltphänomene der Ära der Mechanisierung erfasst, steht sie vor der neuen Aufgabe, deren Überlagerung durch ein Design der digitalen Epoche angemessen zu thematisieren. Worauf es hierbei ankommt, sei anschließend skizziert. Es geht vor allem um das tendenziell entkörperlichte, der Greifbarkeit wie Begreifbarkeit sich entziehende oder schon zur Unsichtbarkeit abstrahierte technische Produkt der Gegenwart und Zukunft.

Strukturelle Entwicklungen der Industrialisierungsgeschichte verlaufen unabhängig von politischen Einschnitten. Insofern bedeutet die wiedergewonnene deutsche Einheit kein Ereignis, das die Problematik des Entwerfens und die Wahrnehmung von Produkten im Prinzip berührt. Unübersehbar ist die digitale Revolution als das wirklich umwälzende globale Ereignis über Produktion, Gestaltung und Konsum hereingebrochen. Sie verändert die Umwelten einschneidender als der zweite technologische Innovationsschub zu Beginn des 20. Jahrhunderts, als der Elektromotor Produktion und Produkt »schlanker« zu machen begann und Peter Behrens das Rollenspektrum des Designers als Entwurfsspezialist für die Großindustrie erstmals ausfüllte. Damals revolutionierte sich das Produktionsfeld durch elektrotechnische Modernisierung; die einst zentrale Dampfkraft wurde durch mobile Energie direkt an der Arbeitsmaschine ersetzt; ebenso erfasste die neue, disponible Mechanisierungsmöglichkeit das technische Massenprodukt für den Konsum.

Von diesem Augenblick an galt das Paradigma der knappen, effektiven Form, in deren Kalkül die neuen technologisch-ökonomischen Voraussetzungen eingingen. Damit konnten sich Designtheoretiker und Entwerfer über viele Jahrzehnte hinweg identifizieren und der warenästhetischen Beliebigkeit ideologisch und praktisch begegnen. Das Offizialdesign der Ära der Mechanik (die Tradition der Guten Form) blieb der technischen Effizienz und einer ihr für angemessen erklärten Ästhetik der Sachlichkeit verbunden – bis zur postmodernen Wende, die nicht nur eine neue Freiheit zur gestalterischen Vielfalt, sondern einen Epochenwechsel in der Definition des technischen Produkts einleitete. »Postmoderne« bezeichnet auch einen Umbruch der Gesamtkultur des Produzierens und Gebrauchens und der Verlagerung funktionaler Produkteigenschaften in den Raum des Unsichtbaren. Schon vor Ende des 20. Jahrhunderts zeichnet sich das Entstehen einer doppelten Produktkultur ab – eine Überlagerung der alten, materiell greifbaren Designwirklichkeit von neuen immateriell strukturierten Produkteigenschaften, sei es an ein- und demselben Objekt, sei es getrennt an verschiedenen Produkten und Dienstleistungsangeboten. Der Bruch ist grundsätzlich und wird durch die Vermischung zunächst abgemildert.

Dennoch sind tiefgreifende Folgen schon zu erkennen.

Organisation und Funktion eines Mikroprozessors sind sinnlich weder erfahrbar, noch über die Form mitteilbar. Einen elektrischen Schalter konnte man noch im Gebrauch verstehen; eine Dampfmaschine war in ihrer sichtbar selbststeuernden Mechanik begreiflich. Die frühen Maschinenformen überzeugten durch Transparenz ihrer technischen Logik im Funktionieren und durch Angemessenheit der Form, die solche Transparenz fördern konnte. Später war es der Traum der Gestalter der Moderne, die unmittelbare Verständlichkeit der technischen Objekte auf dem Wege einer symbolisch-ästhetischen Identifikation der Form mit dem technischen Inhalt herzustellen und zu sichern. Aber was sagt die Form eines pappdeckeldünnen Taschenrechners über seine Funktionsmechanismen aus? Dabei ist dieser Rest an Körperhaftigkeit mitsamt den verbliebenen Antippflächen für die Fingerkuppen schon ein Zugeständnis an den zurückgebliebenen Menschen. Technisch könnte das Ding noch viel kleiner, ja fast ganz abstrakte Funktion sein.

Aus der Miniaturisierung der Funktionskomplexe am Gegenstand, die im Mikrochip ihren symbolischen Ausdruck gefunden hat, entsteht das Problem der Formprothese. Unwiderruflich scheint sich die Hülle von der Funktion zu trennen – das ist vielleicht das entscheidende Merkmal der postmodernen Wende im Design überhaupt. Der Entwurf muss Gegenstände von höchster technischer Effizienz handlich und ansehnlich halten, so dass Auge und Hand daran noch Bedeutungen nachvollziehen können, deren eigentlicher Hintergrund nicht mehr mitverstanden werden kann, weil er sich dem Vorstellungsvermögen entzieht. Der Designer wird wieder zum Hüllengestalter – wie zu Beginn der industriellen Moderne, als es da-

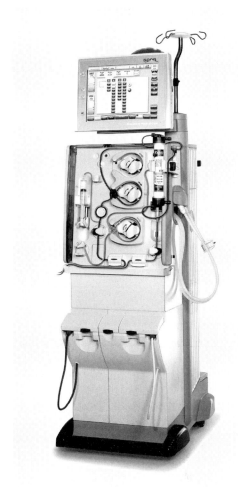

Abb. 174: 5008 Therapiesystem zur Dialysebehandlung. Fresenius Medical Care Deutschland GmbH Bad Homburg. User-Interface (Bildschirm und Schlauchführung) Hans Moritz Design. Gerät: Busse Design Ulm GmbH (Michael Tinius) 2005

rauf ankam, den nackten Funktionen der Mechanik das hübsche Kleid besänftigender Dekoration überzuziehen. Während Hand und Auge heute mit den allermodernsten Dingen spielen, werden sie endgültig über deren Wesen getäuscht. Sie »erfassen« den Gegenstand nur noch äußerlich in einer Form, die sich vom Funktionellen, vom Technischen abtrennt. Im Vergleich mit der Effektivität der Apparate unter den postmodernen Hüllen wirken die Sinne wie verkrüppelt, der Mensch hoffnungslos zurückgeblieben.

Nur ein Teil der alltäglichen Werkzeugwelt erinnert noch an Vertrautes. Was immer mit den Neuen Technologien in Berührung kommt, wird kompakt, flach, klein, wirkt in der Form entweder ganz und gar unauffällig oder fremdartig-modernistisch wie aus einer Science-Fiction-Welt. Alltägliche Apparate wie ein Telefon erscheinen zunehmend formal verfremdet. Das Design ist in eine Krise seiner Darstellungsfähigkeit, verbunden mit unbegrenzten Gestaltungsmöglichkeiten, geraten und erscheint angesichts der Fülle technologischer Innovationen, die sich der Verständlichung entziehen, überfordert. Das technische Konzept wird von Ingenieuren und Marketing-Strategen bestimmt, nicht vom Designer vorgeschlagen. So darf er sich mit dem Problem der Überfrachtung von Produkten mit technischen Funktionen befassen, nachdem die Überfunktionalisierung zu einem Merkmal der materiell/immateriellen Produktkultur aufgestiegen ist.

Im Hightech-Zeitalter scheinen sich Gräben zwischen Technik und Design neu aufzutun. Ingenieure und Designer rivalisierten schon immer; beide hatten ihre eigene Sichtweise und Sprache, gemäß den getrennten Aufgabenfeldern. Heute wird leicht dramatisierend von einem »Kulturkampf zwischen Ingenieuren und Designern« gesprochen (KUPETZ in REESE 2005). In der Tat führt der Ingenieur das Wort, wo es um komplexe technische Innovationsarbeit geht. Was aus dem Ingenieurbereich der Produktentwicklung kommt, bringt eine Form des Funktionierens gleichsam als stilles Design mit, das auch ohne Zutun des Designers auf Gebraucher einwirkt. Der Designer kann sich doppelt zurückgesetzt fühlen: weil das Produkt, das in seine Hand kommt, schon eine technische Form (das primäre Design) hat und weil er um dieses Gebilde herum nur ein sekundäres Design entwickeln darf. Selten gehen Konstruktionsarbeit (das technische Konzept) und Design (das gestalterische Konzept) parallel und konform – das wäre der Idealfall kooperativer Formfindung.

Die Funktionstiefe zahlreicher technischer Objekte entwickelt sich zur totalen Unsichtbarkeit und Unabschätzbarkeit. Die Neuen Technologien übersteigen nicht nur jedes menschliche Vorstellungsvermögen davon, wie die Apparate arbeiten. Sie lassen auch Designer vor der Aufgabe, die Komplexität am Körper des Produkts erkennbar zu machen, ratlos werden. Die Undurchsichtigkeit der Apparatewelt wird zunehmend zum Problem, je mehr Mikroelektronik und Nanotechnologie (als letzter Rest von Mechanik) zum Einsatz kommen. Man könnte auch von einer Vertiefung der Kluft zwischen Technik und Design sprechen. Die Dominanz des Technischen ist evident, Design ist in der Regel nachgängige Überstaltung eines Produkts, das seine technologisch bestimmte, unsichtbare innere Gestalt schon hat, bevor der Designer beauftragt wird, die Hülle zu entwerfen, obwohl man sich heute bemüht, das Verhältnis zwischen Technikern und Designern als ausgeglichen-kooperativ zu definieren (vgl. REESE 2005).

Der Weg von der Mechanik über die Elektrotechnik zur Elektronik führt vom griffigen Werkzeug zur körperlosen Funktion. Im »schwindelerregenden Schrumpfungsszenario der Mikro-Elektronik« gehe nicht nur die dritte Dimension der Objekte verloren, vielmehr wirke das der zweidimensionalen Flächigkeit Angenäherte bereits als Vorbote oder »Vor-Zeichen für Immaterialität« (GROS 1990, S. 40). Mit dem Immateriellen hatten die Designer der Vergangenheit in der Tat wenig zu schaffen; sie waren ja verantwortlich für die Gestalt der materiellen Kultur, auch wenn sie damit das Verhalten im Gebrauch, etwas Immaterielles, zu beeinflussen wussten. Nun aber wird der Entwerfer, einst wie ein Bildhauer den Leib des Objekts formend, zum Flächengestalter, der die Kommunikation zwischen Funktionspool und Nutzer garantieren soll. Immer seltener stellt das ganze Gehäuse oder das Etui der Funktionen die Gestaltungsaufgabe dar, vielmehr ist es dessen dem Benutzer zugewandte Seite oder Oberfläche, die allein als Ort wahrnehmender Berührung noch in Frage kommt und zu gestalten ist. Wo es noch einen Produktkörper gibt, wird er gelegentlich enthusiastisch betont. Der Regelfall ist aber: Die einst körperhafte Hülle schrumpft zur Kommunikationsfläche, auf der die Begegnung von Mensch und Maschine stattfinden soll. Die Bedienung beschränkt sich auf Benutzereingaben (durch leichtes Antippen, vielleicht gar nur Ansprechen), während visuelle oder akustische Erklärungen das griffige Begreifen der alten Handhabungsweise von Werkzeugen ablösen oder der Eingriff verhindert wird, weil das Programm selbsttätig abläuft. Diese neuen Hüllen verbergen oder schützen keinen harten Funktionskern, sondern einen prozessualen Ablauf, dessen hoher Abstraktionsgrad eine vereinfachende Erklärung auf der Oberfläche erfährt. So wird die Umhüllung der Objekte zu dem, was sie im Wesen schon immer war: ein zeichenhaft wirksames Bild. War dieses Bild einst plastisch zum Greifen hergerichtet, erscheint es nun meist zur Fläche eingeebnet: Die Welt der Werkzeuge und Dinge wird tendenziell zweidimensional. Umso mehr fallen Entwürfe auf, die ihre plastische Form betonen.

Design dient im Rahmen entwickelter Computertechnologien und des Entwurfs imaginärer Räume funktionalen Handelns, die sich der Wahrnehmung als virtuelle Realitäten aufdrängen, nicht mehr einer Rationalisierung der Form oder einer Verschlankung des Körpers der Dinge, sondern der Erfindung von Zeichen für das, was die funktionale Apparatur selbst nicht mehr darstellen, ge-

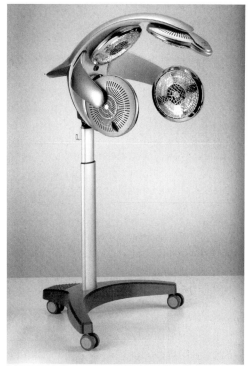

Abb. 175: Climazon 2 IR-Wärmebehandlungsgerät. Wella AG (Procter & Gamble) Darmstadt. Entwurf Patzak Design Darmstadt 2002. (Fuß: designafairs GmbH München)

schweige erklären kann. Dafür ist jeder Aufwand recht, auch die Rückverwandlung des PC in ein »Notizbuch«. Früher führte man einen Terminkalender, heute gibt man seine Merkdaten unterwegs in den Laptop ein. Dessen Buchform, ein veraltetes, kulturell erinnerbares »Bild«, tritt an die Stelle einst original erfahrbarer, dinglicher Werkzeuglichkeit, die ein Taschenkalender noch aufwies.

Dass die Erscheinung der Form vor der Komplexität der Funktionen versagt, ja dass sie diese täuschend reduzieren *muss*, sie aber dennoch darstellen soll, ist die Aporie des Entwerfens heute mehr denn je. So lässt sich inmitten der Überfülle von Designphänomenen behaupten, Design sei Ausdruck jener Krise des technischen Weltverstehens und der kulturellen Ratlosigkeit, die es als Mittel beseitigen helfen soll. Die Produktionsgeschichte war bis an die Schwelle des gegenwärtigen Stadiums ihrer industriellen Revolutionierung mehr oder weniger unmittelbar an Kraft und Intelligenz der arbeitenden Menschen gebunden. Automation und Digitalisierung greifen in diesen Zusammenhang massiv ein. Auch die Designtätigkeit als Form professioneller Arbeit wird zunehmend von der technologischen Entwicklung erfasst und verändert. Entwurfsideen werden mit Computerhilfe animiert, generiert, auf Bildschirmen sichtbar gemacht, in Varianten durchgespielt oder korrigiert. Wie der PC heute im Privatgebrauch ungeahnte Dimensionen der Effektivierung geistiger Arbeit oder des Spiels eröffnet, hat das neue Werkzeug des Computers die Entwurfsateliers erobert (vgl. z. B. BÜRDEK 1991, S. 325 ff.).

Es hilft vor allem, vorweggenommene Wirklichkeit in Gestalt bildhaft-künstlicher Objekte, Räume oder Funktionsabläufe darzustellen, so dass in einer Kette von Simulationen eine Art Design der Virtualität, eine Ästhetik der Möglichkeitsformen entsteht (vgl. SCHÖNBERGER/IDZ 1988). So werden Zeichentisch und Modellwerkstatt zu fossilen Ausstattungsrelikten der Zunft. Die Entwurfsarbeit befindet sich nur an speziellen Computerplätzen auf der Höhe der Zeit (vgl. VAN DEN BOOM 1988), was vermutlich nicht nur als einfacher Modernisierungsschritt im Wechsel des Werkzeugs, sondern als Revolution einer alten Tätigkeitsform zu werten ist.

Zunächst scheint der modernisierte Entwurfsprozess sich lediglich auf einen historisch entwickelteren Stand der Ausrüstung für simulative Techniken zu beziehen, an deren Anfang jene rohen Kreidezeichnungen der Maschinenbaumeister auf den Reißbrettern der mechanischen Werkstätten um 1830 standen, die den ausführenden Schmieden und Schlossern Maße und Form vorgaben. Hier ging es um kommunizierbare Vorstellungen von etwas, das als Ding erst zu produzieren war. Daraus könnte man schließen, dass sich an der Entwurfstätigkeit als einem imaginierenden Vorwegnehmen von Produktfunktion und Produktgestalt im Prinzip nichts geändert hat. Der Computer ist Werkzeug wie ein Stück Kreide. Beide scheinen vergleichbare Brücken zwischen der zur Konkretion einer Form drängenden Gestaltungsphantasie und der vorweggenommenen Erscheinungsbildlichkeit des Gegenstands oder Entwurfsziels zu bauen. Und doch besteht hier ein Unterschied im Prozess der Realisation. Das Kreidestück ist keine Denkmaschine von beliebiger Gelenkigkeit und unvorstellbar rascher, kombinatorischer Reaktion. Es ist grobes, rohes, handwarmes Werkzeug von vergleichsweise geringer Simulationsfähigkeit. Es bleibt hinter dem Vorstellen und Denken zurück, während das Denkzeug des Computers der menschlichen Phantasie vorauseilen, sie überrunden und im Grunde überflüssig machen kann. Man könnte sich eine Software vorstellen, die es jedem Laien ermöglicht, Produkte zu gestalten, in unendlicher Variation – oder sich an ihrer virtuellen Gestalt, die niemals harte Wirklichkeit zu werden braucht, ästhetisch zu laben.

Die zeichnende oder modellierende Hand arbeitet langsamer und anders als die programmierte Maschine. Dem elektronischen Baukasten ist das Herantasten an die Form nach Maßgabe des taktil-motorischen Sinnes nur virtuell, aber nicht real möglich. Es handelt sich um zwei Sorten des Verstehens oder Entwickelns von Anschaulichkeit und Griffigkeit – um einen Kulturbruch zwischen der jüngsten Stufe und allen vorausgehenden Formen entwerferischer Imagination und Realisation. Bis zu dieser revolutionären Wende war der Designer trotz aller technischen Hilfsmittel immer eine Art Materialplastiker von Funktion und Form, die er wie ein Handwerker zu erfinden und zu erproben hatte.

Entwürfe werden heute in Gestalt von Computersimulationen, sogenannten *mock-ups*, präsentiert und erscheinen dabei täuschend real bis ins letzte Detail. Dagegen waren die farbigen Maschinen-Risse um 1835 zwar sehr schöne zeichnerische Vorwegnahmen des Produkts, aber sie blieben auf das ergänzende Vorstellungsvermögen ihrer Betrachter angewiesen wie jeder noch so illusionistisch angelegte spätere Versuch einer vorausgehenden manuellen Visualisierung.

Heute genügt ein Mausklick, und die nächste perfekte Ansicht eines Objekts erscheint auf dem Bildschirm. Bildgenerierende Medien und Programme ermöglichen farbige Wiedergabe-Visionen im Maßstab 1:1 und lassen ein Produkt realer in Erscheinung treten als es jemals in der Realität wirkt.

Mit dem Computer als dem neuen Schlüssel zur gestalterischen Freiheit zieht der Schwund realer Körperlichkeit, der Anfassbarkeit der Dinge, der gegenständlich orientierten Imagination in den Entwurfsprozess ein, so wie er schon in den Gebrauchsprozess der produzierten Objekte eingewandert ist. Das Reale wird im Entwurf *und* im Gebrauch durch »Bilder« des Realen ersetzt, durch eine Wirklichkeit zweiten Grades.

Bei aller überquellenden Fülle von Formen, die heute in kürzester Zeit bildhaft zu erzielen ist, handelt es sich daher um einen Abstraktionsprozess. Spiegelbildlich begegnet dem Designer, was dem Gebraucher seiner Entwürfe widerfährt: »Hinter den Designern der Moderne steht die Tradition der Objektwelt, vor ihnen die sich verflüchtigenden Produkte, deren einziger Zweck die Informationen sind. Was die Produkte wirklich leisten, wird zunehmend immateriell, also software.« (BÜRDEK 1991, S. 316) Man könnte auch sagen, die Produkte werden den generativen Computerprozessen, aus denen sie hervorgehen, immer

Abb. 176: Mock-Up 1:1 der Frontlounge 2. Klasse ICE-T mit Blick zum Fahrer. Siemens AG für die Deutsche Bahn AG. Entwurf Alexander Neumeister, 1995. Foto: Bernhard Lehn

ähnlicher, so wie das Entwerfen zu einem faszinierenden Ausflug in künstlich generierte Bilderwelten werden kann.

Simulation und Miniaturisierung bzw. Entkörperlichung sorgen für zunehmende Abstraktheit des Produkts, dessen einst feste Kontur sich in ein Spektrum von Dienstleistungsangeboten und Oberflächenreizen auflöst. Hinzu tritt eine weitere entwirklichende Tendenz – die zunehmende Mobilität kleiner, leichter, hochfunktionstüchtiger Objekte durch die »Beliebigkeit des Ortes« für ihren Gebrauch (vgl. SCHOLZ 1989) und die multiplizierte Verfügbarkeit, die daraus resultiert. Manche Funktionen rücken dem Menschen so nahe auf den Leib, dass die Wahrnehmungsgrenze unterschritten wird und das Ding dem Gebraucher gleichsam einwächst. Brille und Armbanduhr hatten bereits ihren kulturgeschichtlich festen Platz am Körper, als die Hörhilfe (der Knopf im Ohr) und der Herzschrittmacher ihre prothetische Anverwandlung erst begannen. Einst stand ein schwerer Phonokasten in der Wohnung, dann beflügelte, ganz leichte Akustik geworden, ein Walkman den Jogger auf seiner Runde. Heute trägt man mit dem iPod die halbe Pop-Musikgeschichte unauffällig spazieren.

Andererseits erfolgen Entgrenzungen durch das Unsichtbarwerden von Funktionsträgern, die nur noch ihre Leistung auf Befehl oder programmgesteuert abliefern, während der Apparat, der das bewerkstelligt, verborgen bleibt. Der Gebraucher setzt die gewünschten Funktionen aus der Ferne in Betrieb, nimmt die Einrichtung selbst aber gar nicht mehr wahr. Wer beim Betreten seiner Wohnung nur noch (das Licht ist ohnehin »von selbst« angegangen) die in die Benutzeroberfläche einer Service-Zentraleinheit eingelassene Symbolplatte an der richtigen Stelle leicht berührt oder von unterwegs ein Signal über das Handy gegeben hat, setzt ein System von Dienstleistungen, wie von Geisterhand gesteuert, in Arbeit. Die Klimaanlage erhöht die Raumtemperatur, der Anrufbeantworter spielt die gespeicherten Telefonate an jeden gewünschten Ort der Wohnung mitwandernd ein, während die Tagesschau zeitversetzt auf dem Bildschirm erscheint, der CD-Player von Klassik auf Soul wechselt und der Wecker sich für den nächsten Tag auf sieben Uhr stellt. Inzwischen hat der Herr aller Dinge und Funktionen es sich bequem gemacht. Er hat nicht ein einziges dieser Werkzeuge selbst bedient. Bei in den Hintergrund tretenden Funktionsobjekten ist mit dem Verschwinden aller Bedienungselemente zu rechnen; der Korpus der Apparate könnte auf eine technische *Black Box* schrumpfen, in die Befehle und Programme eingespeist werden; niemand muss diese Objekte mehr sehen, geschweige berühren. Sie brauchen nur noch stumm, abweisend oder freundlich dekoriert dazustehen, falls man sie überhaupt noch zu Gesicht bekommt.

Hinter der Idee des *intelligent home* verbirgt sich der harte Kern einer Designstrategie, die jede alltägliche Geste für apparativ substituierbar erklärt und den Gebraucher/Bewohner deaktiviert. Wenn die harte Objektwelt zugunsten anstrengungslos verbrauchbarer Funktionen oder beliebig erzeugbarer Fiktionen zurücktritt – so wie das Anreißen eines Zündholzes oder das Anknipsen eines Lichtschalters an die Stelle des Feuerschlagens getreten ist –, werden die einst an reale Materialität gebundenen Funktionserfahrungen von den Projektionen einer neuen umstandslosen Leichtigkeit des Gebrauchens auf ein ästhetisch empfängliches Sensorium abgelöst, das sich ohne den Umweg des Begreifens der werkzeuglichen Welt kultiviert. Diese tendiert zunehmend zur Auflösung, verschwindet in der Ungreifbarkeit und Unsichtbarkeit beziehungsloser Ferne. Ob Apparaturen durch extreme Nähe dem Körper einwachsen oder durch extreme Ferne sich der Wahrnehmung entziehen, macht am Ende keinen Unterschied: Die Funktionen werden mit ihrem Gebraucher auf einer anderen Ebene des genussvollen Einverständnisses verschmolzen. Er kennt die Grenze, den gegenständlichen Widerstand, die Anstrengung seiner Überwindung im Werkzeuggebrauch nicht mehr, sondern wird in Teilhabe an der Leichtigkeit des Seins zum Teil des Systems.

Der Gebraucher als zuschaltbares Organ im Funktionskreis eines Designprogramms höherer Ordnung? Das ist eine science-fictionverdächtige Befürchtung. Doch zählt die Implantation elektronisch gesteuerter Funktionen und Genüsse in den vollziehenden Raum der leiblichen Sinne des Gebrauchersubjekts zu den untergründigen, strukturellen Designstrategien der Gegenwart, die sich bereits in unauffälligen Steuerungen des Lebensgefühls realisieren. Die Entkörperlichung der Objektwelt und die Verfügbarkeit von Funktionen, die einst nur in Zukunftsromanen vorstellbar war, tragen dazu bei, dass immer weniger davon wahrnehmbar wird, was unter der Maske der alltäglichen Nutzungsweisen geschieht. Offenbar betreten wir die Schwelle einer neuen Ära der Designgeschichte, in der nicht mehr die Produkte in ihrer fest umrissenen materiellen Werkzeugfunktion und greifbaren Gestalt, sondern ihre im Schnitttempo von Videoclips modisch wechselnden Oberflächenbilder und der darin suggerierte umstandslose Gebrauch von Technologien eine Rolle spielen werden.

Ein vorläufiges, noch hypothetisches Fazit, das in der Erstfassung des vorliegenden Buches (1994) gezogen wurde, kann heute bekräftigt werden: Das Feld der materiell/immateriellen Alltagskulturen der Gegenwart scheint sich, einem globalen Trend folgend, in eine unübersehbare Vielfalt von Oberflächenreizen und multiplen Funktionskonglomeraten aufzulösen, die man insgesamt als Interface einer postmodernen Kultur tendenziell lebenserleichternder und genussversprechender Substitutionsprofile für Verrichtungen verstehen kann, die vor Beginn der Digitalisierungsepoche noch einigermaßen überschaubar »handgreiflich« waren.

Es hat noch nie so viele von Hochtechnologie und Design durchsetzte Produkte gegeben wie heute und noch nie so viele Gebraucher, die auf dieses Angebot zugreifen konnten. Das gilt für alles dinglich Materialisierte ebenso wie für die Teilhabe an der neuen Welt des Immateriellen.

Wo über Design geredet oder geschrieben wird, herrscht in der Regel ein pragmatisch eingefärbter Optimismus. Schon vor Eintritt in die Postmoderne wurde Design als notorisch optimistisches Prinzip aufgefasst, jenseits aller historischen und kulturkritischen Bedenken. Design scheint die Gestaltbarkeit von Lebenswelten im technischen Zeitalter ebenso zu garantieren wie den ökonomischen Erfolg im Rahmen der Globalisierung. Design ist in Theorie und Praxis seiner Anwendung und im propagierten Glauben an sich selbst zu einem Kulturereignis aufgestiegen, das den Zweifel jedes Historikers herausfordern müsste, obwohl oder gerade weil dieses Ereignis gegen Vorbehalte und Kritik immunisiert erscheint. Die erfahrbare Welt ist weitgehend technik-, aber auch designabhängig geworden. Somit ist Design Fakt und Schicksal – es ist nicht aus der Wahrnehmung entfernbar und in seinen Folgen nicht neutralisierbar. Es scheint, als habe das Prinzip Design in der Allgegenwart seiner Anwendung, die einmal utopisch-visionären Ideen folgte, den postutopischen Zustand der Selbstverständlichkeit erreicht.

Doch ergeben sich aus philosophischer, ethischer, ökologischer und kulturwissenschaftlicher Sicht immer wieder Anlässe, an dieser kritikfernen Selbstverständlichkeit zu zweifeln. Die Geschichte lehrt, dass Design immer Instrument *und* Produkt, Produkt *und* Instrument der Industriekultur gewesen ist. Unzählige Entwerfer haben es entweder blind gebraucht, ahnungsvoll dem Zeitgeist geöffnet, in den Dienst sozialer Ideen gestellt, zum Leitwert kulturellen Verhaltens zu machen versucht oder zur Formung des Menschen einsetzen wollen. Sie selbst blieben dabei unbewussten Leitlinien des Wahrnehmens, Denkens und Vorstellens unterworfen, die ihnen ihre Epoche aufgrund der gültigen, von der Produktionsökonomie entworfenen kulturellen Muster vorgab. Daran hat sich im spätindustriell-marktwirtschaftlich organisierten, multikulturell-differenzierten und lebensstilorientierten Alltag der Gegenwart nichts geändert, außer dass es keine gesellschaftsbezogenen Utopien des Design, darunter solche der Beschränkung und Bescheidenheit, mehr gibt.

Der Reiz des Irrationalen

Design scheint als Plan oder Entwurf vernunftbegründet und rational nachvollziehbar. Wie weit das zutrifft oder nicht, muss zum Schluss wenigstens angedeutet werden. Wer genau hinschaut, wird überrascht sein, wie viel Irrationales im Design, in seiner Anwendung und seiner Rezeptionsgeschichte verborgen ist. Man sollte sich daher vergegenwärtigen, wie sachlich hell oder phantastisch dunkel sich das äußere und innere Gesamtbild des Gestalteten zu Beginn des 21. Jahrhunderts in Deutschland präsentiert. Bleiben wir im Reich des Materiellen: Design, so weit das Auge reicht. Der Alltag ist damit vollgestellt. Wie man sieht, ist Design Oberfläche. Das gilt auch für postmoderne Architektur, deren Außenhaut zur Sensation werden kann: »Die archaische Wand, die schützt, trägt und deren Material für sich spricht, gibt es nicht mehr. (…) Nur ihre äußere Schicht ist ästhetisch wirksam.« (HÖHNS 2006, S. 154)

Design und Architektur sind, bei aller unsichtbaren inneren Formierungstendenz der Benutzer-Erfahrung, zu Oberflächenphänomenen geworden. Beide Gattungen beeindrucken durch eine Ästhetik, die ihnen gleichsam vorgehängt ist und über das verborgene Funktionsvolumen der Dinge und Räume den Deckmantel unterhaltsam-ablenkender Form- und Farbspiele breitet.

Umso dringender wird es, dem nachzuspüren, was sich hinter den ästhetischen Kulissen verbirgt. Man braucht den Blick nur etwas zu weiten: Produktkultur und Baukultur sind die beiden einander zugewandten, miteinander verflochtenen Teilbereiche der materiellen Kultur. Beide müssen daher zusammen gesehen werden. Im Süden zitiert die Allianz-Arena das Kolosseum als größtes Amphitheater der antiken Welt. Im Herzen des Landes führt der Berliner Hauptbahnhof die Tradition technischer Prachtbauten des Eisenbahnzeitalters fort. Im Osten ragt der futuristische Bibliotheksturm der Universität Cottbus in eine digitale Epoche, die eigentlich keiner Büchertürme mehr bedürfte.

Neben solchen Highlights der Techno-Postmoderne, gleichsam in ihrem Schatten, wuchern die Bausparkassen-Eigenheimkonglomerate weiter in die Landschaft. Sie bilden eine Zone hoher Designverdichtung und Emotionalität, in der sich die Sehnsucht nach Geborgenheit, Schönheit und Identifikation realisiert. Daneben entstehen irritierende Gebilde wie Wertheim Village, das Outlet-Center an der A3, eine exotische Investoren-Architektur, die einem Computer-Animationsprogramm für nostalgischen Billig-Historismus entsprungen scheint (vgl. SELLE 2006, S. 122 ff.). Alle diese gestalterischen Realisate zählen zum bau- und designgeschichtlichen Bestand der Gegenwart. Sie zeigen, was, wie und zu welchem Zweck gestaltet wird und welche Formen des Fiktiven und Ästhetischen dabei entstehen.

Während bei Fröttmaning das Modell des Circus Maximus unter leuchtender Plastikhaut aktualisiert wird, erlebt man in Cottbus Montaignes Studienplatz in einen gläsernen Turm versetzt und stellt sich in Berlin-Mitte die aus dem 19. Jahrhundert stammende Vision der Vernetzung Europas durch Eisenbahnlinien neu dar. Dies alles in den technisch und ästhetisch emanzipierten Formen der Postmoderne als Wechsel auf die Zukunft ausgestellt.

Das Oszillieren zwischen Vorgestern und Übermorgen ist auch an alltäglichen Dingen zu beobachten, nur fällt es im Vergleich zur massiven Größe des Gebauten weniger auf. Unsichtbares Hightech-Funktionsprofil und üppiger Oberflächendekor vieler Massenproduktypen zwischen mechanischem und digitalem Komfort zeigen an, in welcher Zeit wir leben. Eigenheime werden wie private Tempelbauten errichtet und ausgestattet. Und die historisierende Marktfleckenkulisse neben der Autobahn lässt ahnen, mit welchen Fiktionen die Shopping Center der Zukunft auf das Bedürfnis, Geschichte erleben zu dürfen, antworten werden. Ob ästhetisch zelebriertes Wunderwerk der Techno-Postmoderne oder Verkaufsbuden mit Renaissancegiebeln und Jugendstilornamenten – es herrscht eine Grundtendenz zur Verkünstlichung der Alltagswelt und ihrer symbolischen Anreicherung. In jedem Fall geht es um ein Design, das Notwendigkeit und Zweckmäßigkeit weit hinter sich lässt.

Nicht immer wurde in der Geschichte der Moderne auf deutschem Boden so hemmungslos illusioniert. Und doch kommen einem die Apotheosen technischer Schönheit und die kultischen Performances des Banalen vertraut vor. Es ist alles in der einen oder an-

Abb. 177:   Fotografische Inszenierung des Fendt 936 Vario. AGCO GmbH & Co. KG, Marktoberndorf. Entwurf Johann Epple, Tom Maier, 2005

deren Form schon einmal dagewesen. Man hat es nur vergessen, wird aber durch den Aufwand, der heute getrieben wird, daran erinnert. Es liegt daher nahe, die Geschichte der Produktkulturen in Deutschland noch einmal von dieser wenig beachteten Seite her aufzurollen: Design als Instrument und Bühne kollektiver Kulte.

Das heißt, über Designphänomene nicht nur auf der Grundlage ökonomiegeschichtlicher Daten, technologischer Entwicklungen, des Rationalisierungsgeschehens und der warenästhetischen Bestimmung des Geformten zu berichten, sondern auch aus der Sicht faszinierter Zeitgenossen, die von Zauberwerken gebannt scheinen – weniger von der Rationalität des Kapitalverwertungsinteresses, der Logik eines Ingenieurentwurfs oder von den Dimensionen des Gestalteten beeindruckt als von dem, was an Inszenierung darüber hinausgeht. Sie betrachten die kunstvoll hergerichteten Artefakte, als würden diese die ersehnte Antwort auf nichtartikulierte Sinnerwartungen und Identifikationsbedürfnisse geben. Seit Hartmut Böhme den Nachweis geführt hat, dass die Moderne »viel weniger aufgeklärt« ist, als »sie dies von sich selbst annimmt« (BÖHME 2006, S. 487), und ein neuer (oder alter) Fetischglaube die Alltagskulturen durchdringt, scheint es, als ob die Totalästhetisierung aller Artefakte, die sich heute so eindrucksvoll wie verwirrend vollzieht, auf einen Vorgang hinweist, den man Rückverzauberung der Dinge im digitalen Zeitalter nennen kann.

Böhme hält die Welt der Moderne keineswegs, wie so oft behauptet, für entzaubert. Vielmehr zeigt er den praktizierten Aberglauben auf, der die Sicht auf diese Welt strukturiert. Er geht davon aus, dass »in der Moderne vormoderne Formen und Institutionen der Magie, des Mythos und Kultus, der Religion und der Festlichkeit aufgelöst werden, ohne dass die darin gebundenen Energien und Bedürfnisse zugleich aufgehoben wären – sie werden vielmehr freigesetzt und flottieren durch alle Systemebenen der modernen Gesellschaften (…) Nichts scheint falscher zu sein als die These von der Entzauberung der Welt. Die Fetisch-, Idol- und Kultformen heute – in Politik, im Sport, im Film, im Konsum, in der Mode etc. – belehren im Gegenteil darüber, dass die Entzauberung im Namen der Rationalität zu einem schwer kontrollierbaren, deswegen umso wirkungsvolleren Schub von Energie der Wiederverzauberung geführt hat.« (Ebd., S. 23)

Jeder Fußballstar anbetungswürdig, Madonna ein göttliches, wenngleich durchkonstruiertes Wesen und der von Marx denunzierte Warenfetisch ein ewiger Wiedergänger? Wenn profane Bauwerke magisch zu leuchten beginnen und inmitten einer angeblich rational begründeten Technokultur Verhaltensweisen zu beobachten sind, die an archaische Gesellschaften erinnern (siehe Handy als Grabbeigabe), wird es dringlich, die designhistorische Beobachterposition zu korrigieren.

Industrielle Artefakte werden nicht von selbst zu Überdingen. Sie werden es durch eine Projektionsleistung ihrer Betrachter oder Nutzer. Das die Designentwicklung antreibende Prinzip der Rationalisierung scheint dem von Menschen konstruierten Geheimnis der Dinge ausreichend Raum zu seiner Entfaltung gelassen zu haben. Vor Eintritt in die Moderne (und auch noch eine Weile danach) gab es die religiöse Reliquie oder das wundertätige Heiligenbild, aber keinen Gegenstand des Alltags mit magischen Kräften. Bett, Tisch, Hocker, Löffel, Napf, Pflug, Karren und Kummet waren Gerät, das man brauchte, einfaches Lebenswerkzeug. Auch Tischdecke und Feiertagsgeschirr des Bürgertums oder der prachtvolle Tafelaufsatz im Haushalt des Adels waren keine Fetische, sondern Formen des demonstrativen Gebrauchs. Erst auf den

Weltausstellungen des 19. Jahrhunderts, jenen überwältigenden Inszenierungen der frühen Industriekultur, setzen magische Aufladung des Produkts, das nichts anderes als eine Ware ist, und Verherrlichung des technischen Fortschritts in aller Öffentlichkeit ein.

Was dem bis in die Postmoderne gefolgt ist, kann als eine Geschichte der Ausdehnung und Vertiefung technoästhetisch generierter Mythen und permanenter Fetischisierung gelesen werden. So darf man Designgeschichte auch als Ort der Rückverzauberung einer angeblich gründlich ernüchterten Welt betrachten.

Ikonen der klassischen Moderne und ihrer Nachfolge erscheinen heute, aller Kritik entzogen, in die Ferne unantastbarer Verehrungswürdigkeit gerückt. Dabei sind diese Manifestationen einst banalen Zweckdenkens und ästhetischer Phantasie zu Reliquien der Industriekulturgeschichte aufgestiegen, die im Geruch der Heiligkeit stehen: »Sakrale Objekte werden von profanen Dingen sorgsam separiert. Sie sind von Tabus umgeben.« (KOHL 2003, S. 258) Ihre erste Weihe zu Überdingen erhalten Designobjekte jedoch schon im Lauf ihres Gebrauchs. Auto, PC und Handy bilden die heilige Dreifaltigkeit, der man sich freiwillig beugt: »Der Mensch desertiert ins Lager seiner Geräte«, hat der Philosoph Günther Anders schon vor mehr als einem halben Jahrhundert festgestellt (ANDERS 2002, S. 31). Er leitete diese Verfallenheit aus einer »prometheischen Scham« des modernen Menschen gegenüber seinen Produkten ab, die alles viel besser können als er selbst. Sie sind in ihren hochgezüchteten Eigenschaften weder bezweifelbar noch ersetzbar. Ihre Leistungsfähigkeit und Perfektion grenzen an Wunder.

So erfährt manches Produkt die Seligsprechung noch in der Phase seiner Nutzung; die weitere Sakralisierung übernimmt dann das Museum. Praktisch machen Objekte Karriere auf einer Stufenleiter vom banalen Serienprodukt, mit spezifischer Anmutung und Bedeutungsdichte sowohl vom Design als auch durch den Gebraucher ausgestattet, bis sie in die Hand von Sammlern fallen, um schließlich in der Ruhmeshalle des Museums anzukommen.

Das Museum ist der Olymp anbetungswürdiger Produkte. Doch schon zu Beginn ihrer Karriere ist abzusehen, wie Technik und Design im Verbund ein Bild der Dinge produzieren, das die Zeitgenossen bannt und bezaubert. Aus volkskundlicher Sicht verweist der Zauber moderner Technik, wie er sich an schnittigen Automobilkarosserien oder in Gestalt des grün leuchtenden »magischen Auges« bei Radiogeräten der fünfziger Jahre manifestiert, auf ein weit zurückreichendes Bewusstsein des »Halbgöttlichen« technischer Innovation (vgl. BAUSINGER 2005, S. 32 u. 30). Seit Erfindung der Dampflokomotive, der fauchenden Feuermaschine, wird Technikrezeption nicht nur von naturwissenschaftlicher Rationalität bestimmt. Die rationale Basis ist den wenigsten Zeitgenossen bewusst, geschweige einsichtig. Wer ins Internet abtaucht, um dort zu surfen, bewerkstelligt das mit Hilfe eines technischen Systems, das abstrakt und unverstanden bleibt. Dämonie, Zauber, technische Wunderwerke – der Weg zur Fetischisierung ist überall offen. Der Start einer bemannten Weltraumrakete, im Fernsehen übertragen, bleibt wie zu Zeiten literarischer Technikfiktionen abenteuerlich, voller Geheimnisse und Gefahren. Die Landung des Space Shuttle im Dezember 2006 brachte den nüchternen Nasa-Kommentator aus dem Takt: Plötzlich sprach er in poetischen Bildern, als sei etwas Überirdisches geschehen, als die Raumfähre die Wolkendecke durchbrach und über der Landebahn einschwebte.

Dämonisierung (die Furcht vor dem Unbegriffenen) und rückhaltlose Bewunderung werden Dingen und Ereignissen zuteil, die von Menschen ersonnen und gemacht wurden. Somit sind alle Bedingungen der Fetischproduktion erfüllt – vom Zeitalter der ersten Eisenbahnen bis in die Epoche der Weltraumfahrt. Das ist die Spanne der Designgeschichte und des Industriekapitalismus, aus dem die kühlen Formen der Moderne, aber auch die sich unablässig erneuernden Idole der Konsumgesellschaft entstanden sind: »Sicher ist, dass die fetischistische Konsumkultur zugleich die tragende Säule der Wirtschaft wie das zentrale Expressionsfeld der affektiven Energien der Gesellschaft darstellt. Darum ist sie längst zur wichtigsten Bindekraft moderner Industriegesellschaften geworden.« (BÖHME 2006, S. 350)

Design fokussiert diese Energien auf den Körper von Waren und ist in dieser Funktion zum unentbehrlichen Motor andauernd sich erneuernder Fetischisierung geworden. Der Designer bewährt sich als Spezialist für die magische Inszenierung von Artefakten, geübt in der Überbietung des schon alltäglich Gewordenen durch zauberhafte Neuaufbereitung von Objekten und Oberflächen. Daher ist heute in Ausstellungskatalogen und Monografien kaum noch ein sachlich-informatives Produktfoto zu sehen, sondern eher eine sinnverwirrende, hochästhetisierte Bildpräsentation, so wie die Produkte selbst in der Warenöffentlichkeit ihren Werkzeugcharakter unter dem schönen Schein ihrer Hüllen verschwinden lassen. An die Stelle zweckdienlich materialisierter Entwürfe tritt design fiction als feierliche Selbstinszenierung eines Genres, das die Welt in ein Traumparadies verwandelt.

Böhme nennt den modernen Fetischismus »wählbar, multioptional, karnevalesk« und »demokratisch«, weil jeder Konsument ihn »spielerisch« ausüben könne (ebd., S. 344). Insoweit ist Teilhabe an der Fetischkultur der Postmoderne unvermeidlich. Sie transzendiert das einfache Warenversprechen und spiegelt ein gesellschaftliches Verhalten gegenüber den industriellen Artefakten, das von der Designgeschichtsschreibung so noch nicht thematisiert worden ist.

Fetischglaube ist im technischen Zeitalter unbestreitbar. Es gibt die Wertschätzung durch Design bedeutsam gemachter Dinge, die sich in Formen der Verehrung, ja Vergötzung vollzieht. Designwissenschaftler scheuen sich, solchen Ritualen kritisch zu begegnen. Dabei wird schon der Auftritt neuer Produkte in der Einführungsphase so zelebriert, als handle es sich um eine Offenbarung. Fetische waren immer etwas von Menschen Gemachtes. Heute tritt das Gemachte in einem inszenatorischen Rahmen auf, der – wie bei der Präsentation eines neuen Automodells – kaum noch überbietbar erscheint. So erweist sich der aus designhistorischer Sicht oft vernachlässigte Aspekt des Irrationalismus und der Pseudoreligiosität als Anlass, noch einmal in die Analyse des Phänomens Design, seiner Rezeption und seiner Auswirkungen einzutreten. Demnach wäre es beispielsweise keineswegs absurd oder ein Sakrileg, Marcel Breuers Stahlrohrsitzmaschinen für blanke Fetischformen der Technomoderne zu halten. Oder war B3 tatsächlich nur ein Sessel für Aufgeklärte?

Jüngst hat das Kunstmuseum des Erzbistums Köln (Kolumba) die Designsammlung Werner Schriefers übernommen. Im Vorwort des Katalogs (PLOTZECK u. a. 2006, S. 5) wird die Übernahme mit Hinweis auf die Tradition kirchlicher Schatz- und fürstlicher Kunst- und Wunderkammern begründet, weil dort »scheinbar disparate Dinge (...) als Abbild göttlicher Ordnung das Unsichtbare im Sichtbaren vorstellbar machten«. Von Menschen gefertigten oder von Maschinen ausgespuckten Produkten wird nicht nur die Aura der Musealisierung zuteil, sondern auch eine metaphysische Dimension zuerkannt. Plötzlich ist, was man anschaut oder daheim vielleicht noch in Gebrauch hat, nicht mehr von dieser Welt.

Der Kult mit Relikten der Industriekulturgeschichte schlägt hohe Wellen. Man könnte manche historische Aufarbeitung der Moderne als Beitrag zur Inszenierung des Zaubers interpretieren, mitgetragen vom Mythos des technischen Fortschritts und den Formen seiner Spiegelung in der Ästhetik des Produkts – vom Werkbund über das Bauhaus bis zur »Form um 1930«, von Albert Speers Scheinwerfer-Lichtdomen bis zur unangreifbaren Glätte gegenwärtiger Hightech-Produkte. Noch immer ist jeder Automobilsalon für Besuchermassen ein Ort der Faszination. Die Identifikationsbereitschaft hat nicht nachgelassen.

Es scheint sich beim Phänomen der Faszination um den unbewussten Begegnungswunsch mit dem Numinosen zu handeln – einem Göttlichen, »schauervoll und anziehend zugleich«, wie es der DUDEN (2006) definiert und es eine französische Design-Ikone, die DS (Déesse) von Citroën, verkörpert hat. Sie war zwar keine erschauern machende, aber doch eine hinreißend schöne Göttin der Straße. Man konnte sie anschauen und verehren, und wer darin saß, mochte das Gefühl überirdisch schwerelosen Gleitens genießen. Das wird inzwischen überboten. Wer sich in den Fond einer BMW-Limousine oder an das Steuer eines Porsche Cayenne setzt, findet sich in einem Seitenschiff des Doms der Technik wieder. Einst waren den Mächtigen und Reichen abgesonderte Andachtsräume in den großen Kirchen vorbehalten. Sie knieten vor eigenen Altären. Heute erleben sie sich von schwellenden Polstern und sphärischen Klängen aus geheimnisvollen Quellen umfangen, abgeschirmt vom Verkehrsgeschehen.

Modelle der teuren Premiumklasse sind mobile Kapellen technik- und designgestützter

Abb. 178: Interieur des Audi A8 (Limousine). Audi AG, Ingolstadt. Entwurf Audi Design Team, 2003

Irrationalität. Nichts erscheint Deutschen drohender, als infolge der CO_2-Emissionsbegrenzung zu einer Nation von Kleinwagenbesitzern »degradiert« zu werden, wie es ein Politiker 2007 befürchtete. Nie war so viel Fetischismus. Und nie so viel Denkverlust wie bei Tempo 230, dem sich der Fahrer, von seinem Wahn elektronisch sanft abgeregelt, umgeben von fürsorglichen Airbags, in seinem mit Leder und Holz aufgemöbelten Cockpit anvertraut. Auch hatte die deutsche Automobilindustrie nie solche Macht über Menschen wie heute. Sie übertrifft die der richtigen Kirche, die gegen die Konkurrenz einige selten genutzte Andachtsorte am Rande der Autobahn eingerichtet hat. Vom Sinn ihres Tuns überzeugte Automobilisten sitzen lieber am Volant vor dem eigenen Altar.

Produkte haben keinen Wert an sich und schon gar keine geheimen Kräfte. »Dinge besitzen nur den Wert, den man ihnen beimisst« – diese ebenso simple wie universell-fundamentale Erkenntnis des portugiesischen Poeten und Philosophen Fernando Pessoa aus den frühen dreißiger Jahren des vergangenen Jahrhunderts (PESSOA 2003, S. 168) legt nahe, zur Ermessensfrage zu erklären, wie man Objekte bewerten möchte.

Die individuelle und kollektive Wertschätzung materieller Produkte scheint aus unbewussten Objektbeziehungen ihrer Besitzer zu entstehen, die sich in ihren Sehnsüchten vom Objekt angenommen und bestätigt sehen. Die Fetischisierung funktioniert bei kleinen unauffälligen Objekten und bei besonders hergerichteten Produkten gleichermaßen – so wie der Fetischtyp Teddybär (vgl. SELLE 2007) und der Fetischtyp Auto während der ersten Hochindustrialisierungsepoche (einem Rationalisierungsereignis besonderer Art) in den USA und Deutschland gleichzeitig auftauchen. Die Identifikationsbereitschaft mit einem neuen Auto oder einem Teddy mag unterschiedlich motiviert sein, ist aber in gleicher Irrationalitätstiefe verankert. Die Bewertung oder Überbewertung industrieller Produkte beruht auf individuellen Projektionsbereitschaften ebenso wie auf kollektiven Bedürfnissen nach übersinnlicher Tröstung.

Ohne Zweifel spielt Design in der Geschichte des modernen Fetischismus die Rolle eines Katalysators. So stellt sich die automobile Gesellschaft der Gegenwart als ein von irrationalen Bindungen gefesseltes Kollektiv dar, das kultischer Inszenierungen harrt. Die Automobilindustrie hat die von ihr miterzeugte Bedürfnislage klar erkannt: Autostadt Wolfsburg, Audi Forum Ingolstadt, Mercedes-Benz-Welt Stuttgart, Gläserne Manufaktur Dresden, BMW-Welt München – das sind die neuen Tempelbezirke und Kultstätten zur Feier eines Produktes, das etwas bescheidener auszulegen und ökologisch verträglicher zu machen Provinzpolitikern so wirklichkeitsfremd erscheint, dass sie vom Rückfall ins Kutschenzeitalter faseln. Die populistische Panikerzeugung findet vor dem Hintergrund der Unauflöslichkeit der Bindung an den Technikfetisch Auto statt. Er ist von Ritualen eingekreist: Abholung bzw. Übergabe eines Neuwagens werden zelebriert. Der Kunde erlebt die »Gläserne Manufaktur« als technoide Hallenkirche, in der weiß gekleidete Priestergestalten am Objekt der Begierde hantieren. Das Ereignis ist auf transzendentale Symbolik angelegt wie ein religiöser Ritus. Zugleich handelt es sich um einen »Kultus der Ware« (Walter Benjamin) in elaborierter Form.

So realitätsfern wie Hartmut Böhmes These von der Wiederverzauberung der durchrationalisierten Welt zunächst klingt, ist sie demnach nicht. Sie ist nicht nur Produkt aparter und stringenter Theoriearbeit, sondern auch Ergebnis ausführlicher Recherche der Fakten. Man darf erwarten, dass dieser neue

Abb. 179: Endfertigung in der Gläsernen Manufaktur Dresden (eröffnet 2001). Volkswagen AG, Wolfsburg

Deutungsansatz der Moderne zukünftige Erzählungen von Designgeschichte beeinflussen wird. Die hier soeben beendete leuchtet er im Nachhinein wie ein Blitzlicht in die Tiefe des historischen Raumes aus. Er macht auf einen denkbaren transzendentalen Sinn des Gestalteten aufmerksam, ein Konstrukt, ohne das zu leben ebenso schwer fiele, wie ohne Produkte auszukommen, die sich zur Fetischisierung anbieten.

Anhang

Danksagung

Niemand macht ein solches Buch allein. Unzählige haben mir vorausgedacht, Zitierte wie Ungenannte. Dr. Annette Lallemand hat alle Versionen der Überarbeitung und Neufassung im Manuskript gelesen und für sprachliche Disziplin gesorgt. Dr. Judith Wilke-Primavesi hat das Projekt als Lektorin anregend und ordnend begleitet, so dass der Text übersichtlich gegliedert vor Augen liegt. H.A.M. (Lou) Hölzinger hatte die undankbare Aufgabe, aus teilweise problematischen Bildvorlagen digitalisiertes Material für den Druck herzustellen. Hans Hermann Wetcke war als kundiger Berater und kritischer Leser unersetzlich.

Ihnen und allen hier nicht Genannten, die bereitwillig Auskünfte gegeben oder Bildmaterial zur Verfügung gestellt haben, gilt mein Dank.

Literatur

Abendroth, W. (Hg.): *Faschismus und Kapitalismus. Theorien über die sozialen Ursprünge und Funktionen des Faschismus*, Frankfurt/Wien 1967

Achleitner, F.: Das Besondere des Gewöhnlichen, in: Gsöllpointner u.a. (Hg): *Design ist unsichtbar*, Wien 1981

Adaskina, N.: Die Rolle der Wchutemas in der russischen Avantgarde, in: *Die große Utopie. Die russische Avantgarde 1915–1932*, Hg. Schirn Kunsthalle, Frankfurt/M. 1992

Adler, I.: *Der Mensch und sein Werkzeug (Tools in your Life)*, München 1959

Adorno, Th. W.: Funktionalismus heute, in: ders., *Ohne Leitbild. Parva Aesthetica*, Frankfurt/M. 1967

Aeschbacher, J.: *Dauerbrenner. Von Dingen, die perfekt auf die Welt kamen*, Frankfurt/Berlin/Wien 1985

Ahlers-Hestermann, F.: *Stilwende. Aufbruch der Jugend um 1900*, Berlin 1956

Aicher, O.: Die Hochschule für Gestaltung. Neun Stufen ihrer Entwicklung, in: *archithese* 15/1975

Albus, V.: Konstantin Grcic, in: H. H. Wetcke/Design Zentrum München (Hg.): *Szenenwechsel. German Design goes Rocky Mountain High*, Frankfurt/M. 1997

Albus, V./Borngräber, C.: *DesignBilanz. Neues deutsches Design der achtziger Jahre in Objekten, Bildern, Daten und Texten*, Köln 1992

Alexander, Ch.: *Notes on the Synthesis of Form*, Cambridge, Mass. 1964

Alfieri, P./Cernia, F. (Hg.): *Gli Anni di Plastica*, Mailand 1983

Alles Plastik. 100 Jahre Kunst(stoff)gewerbe im Alltag (Kat.), Museum für Kunst und Gewerbe/Museumspädagogischer Dienst, Hamburg 1985

Amt für industrielle Formgestaltung (Hg.): *Zur Kultur der sozialistischen Arbeitsumwelt. Beiträge zur Arbeitsumweltgestaltung*, Dresden 1985

Amt für industrielle Formgestaltung (Hg.): *Beiträge zur Arbeitsumweltgestaltung. Arbeitsumweltgestalterausbildung, Aufgaben, Leistungsvermögen*, Dresden 1986

Amt für industrielle Formgestaltung (Hg.): *Das Schicksal der Dinge. Beiträge zur Designgeschichte*, Dresden 1989

Amtlicher Bericht über die Industrie-Ausstellung aller Völker zu London im Jahre 1851 von der Berichterstattungskommission der Deutschen Zollvereins-Regierungen, 2 Bde., Berlin 1852/53

Amtlicher Katalog der Ausstellung des Deutschen Reiches zur Weltausstellung in Wien, Berlin 1873

Anders, G.: *Die Antiquiertheit des Menschen*, Bd. 1, *Über die Seele im Zeitalter der zweiten industriellen Revolution*. 2. Aufl., München 2002

Andritzky, M.: Was ist aus der HfG Ulm geworden? Die Konzeption des Instituts für Umweltplanung, in: *Werk und Zeit* 2/1970

Andritzky, M.: Diskussion über den Umweltbegriff, in: *Werk und Zeit* 11/1970

Andritzky, M./Becker, P./Selle, G. (Hg.): *Labyrinth Stadt. Planung und Chaos im Städtebau. Ein Handbuch für Bewohner*, Köln 1975

Andritzky, M./Burckhardt, E./Lindinger, H.: *Aufgaben der Design-Politik in der Bundesrepublik Deutschland. Überlegungen zur Arbeit deutscher Design-Institute.* Hg. Rat für Formgebung, Darmstadt 1975

Andritzky, M./Selle, G. (Hg.): *Lernbereich Wohnen. Sachbuch zur Wohnumwelt vom Kinderzimmer bis zur Stadt.* 2 Bde., Reinbek 1979

Anthony, P. C.: DIN-Normen. Öl im Getriebe des Welthandels, in: Buchholz, K./Wolbert, K. (Hg.): *Im Designerpark. Leben in künstlichen Welten* (Kat.), Darmstadt 2004

Antonoff, R.: *Arbeitsästhetik*, Stuttgart 1976

Araghi, V./Herwig, M./Kruse, K.: Die Anti-Angestellten, in: *Der Spiegel* Nr. 43/2006, S. 211 f.

Arbeitsgruppe HfG-Synopse: *HfG-Synopse* (Taschensynopse), Eröffnungsausgabe, Ulm 1982

Arbeitsorganisation – Ende des Taylorismus?, in: *Kursbuch* 43/1976

Arbeitsrat für Kunst (Hg.): *Ja! Stimmen des Arbeitsrates für Kunst in Berlin*, Berlin 1919

Arbeitsrat für Kunst 1918–1921 (Kat.), Hg. Akademie der Künste, Berlin 1980

Archer, L. B.: *The Structure of the Design Process*, Hg. Royal College of Art London, London 1968

Archer, L. B.: *Systematic Methods for Designers*, London 1963–65. Übersetzung im Manuskriptdruck. Rat für Formgebung, Darmstadt 1971

Argan, G. C.: *Gropius und das Bauhaus*, Reinbek 1962

Armer, K. M./Bangert, A.: *Design der achtziger Jahre*, München 1990

Arndt, J.: Im Mittelpunkt steht der Mensch. Arbeitsorganisation in der DDR, in: *Kursbuch* 43/1976

Art Déco, Kat., Minneapolis 1971

Arvatov, B.: *Kunst und Produktion. Entwurf einer proletarisch-avantgardistischen Ästhetik (1921–1930)*, München 1972

Asendorf, Ch.: *Batterien der Lebenskraft. Zur Geschichte der Dinge und ihrer Wahrnehmung im 19. Jahrhundert*, Gießen 1984

Ashby, M./Johnson, K.: *Materials and Design. The Art and Science of Material Selection in Product Design*, Amsterdam/Boston/Heidelberg/London etc., 2004

Aubin, H./Zorn, W. (Hg.): *Handbuch der deutschen Wirtschafts- und Sozialgeschichte*, Stuttgart 1976

Aufbruch ins Industriezeitalter, Bd. 4 (Führer durch die Ausstellung zur Wirtschafts- und Sozialgeschichte Bayerns von 1705–1850). Hg. J. Erichsen/U. Laufer, Augsburg 1985

Aufriss: Schriftenreihe des Centrum Industriekultur Nürnberg. Begleitheft zur Ausstellung Industriekultur. Expeditionen ins Alltägliche., Hg. Schul- und Kulturreferat der Stadt Nürnberg/Centrum Industriekultur, Nürnberg 1982

Aust, H. W.: *Gute Form verkauft sich gut*, Hg. Institut für angewandte Kunst, Berlin 1957

Autorenkollektiv (Leitung D. Mühlberg): *Arbeiterleben um 1900*, Berlin 1985

Baacke, R.-P./Brandes, U./Erlhoff, M.: *Design als Gegenstand. Der neue Glanz der Dinge*, Berlin 1983

Bachelard, G.: *Die Poetik des Raumes*, München 1967

Bächler, H./Letsch, H./Scharf, K.: *Ästhetik-Mensch-gestaltete Umwelt*, Berlin 1982

Baehr, V./Kotik, J.: *Gesellschaft-Bedürfnis-Design*. IUP 4, Hg. Institut für Umweltplanung der Universität Stuttgart, Ulm 1972

Bahns, J.: *Biedermeier-Möbel. Entstehung, Zentren, Typen*, München 1979

Balász, B.: Sachlichkeit und Sozialismus, in: *Die Weltbühne* 51/1928

Bangert, A.: *Der Stil der 50er Jahre. Design und Kunsthandwerk*, München 1983 (a)

Bangert, A.: *Der Stil der 50er Jahre. Möbel und Ambiente*, München 1983 (b)

Bangert, A.: *Italienisches Möbeldesign. Klassiker von 1945–1985*, München/Paris 1985

Banham, R.: Environment of the Machine Aesthetic, in: ders., *The Architecture of the Well-Tempered Environment*, New York 1969

Barber, C.: *The Birth of the Beetle*. Sparkford 2003. Übers. Bernhard Wiersch: *Der Käfer. Ferdinand Porsche und die Entwicklung des Volkswagens*, Bielefeld 2004

Barrett, C.: Interview »Alle wollen mitspielen«, in: *Der Spiegel* Nr. 15/2006, S. 86 ff.

Bartels, H./Fischer, H./Hullmann, H./Hüskes, C.: »Soft-Hard-Design«, in: *form* 121/1988

Barthes, R.: *Mythen des Alltags*, Frankfurt/M. 1970

Bartsch, E.: Das Erbe des Bauhauses und aktuelle Fragen der Designpolitik in der DDR, in: *Wissenschaftliche Zeitschrift der Hochschule für Architektur und Bauwesen Weimar* 5/6, 1983

Battersby, M.: *The Decorative Thirties*, New York 1971

Bau und Wohnung. Die Bauten der Weißenhof-Siedlung in Stuttgart, errichtet 1927 nach Vorschlag des Deutschen Werkbundes im Auftrag der Stadt Stuttgart und im Rahmen der Werkbundausstellung »Die Wohnung«, Hg. Deutscher Werkbund, Stuttgart 1927

Baudrillard, J.: *Agonie des Realen*, Berlin 1978

Baudrillard, J.: *Das Ding und das Ich. Gespräch mit der täglichen Umwelt*, Wien 1974

bauhaus berlin. prospekt (1932)

Bauhaus Dessau, hg. im Auftrag der Freunde des Bauhauses, Juli 1931

Bauhaus Weimar. Arbeiten der Werkstätten für Holz, Keramik, Metall und Textilien der Weimarer Periode des Bauhauses 1919–1925. Hg. Kunstsammlungen Weimar, Weimar 1969

bauhaus, eine veröffentlichung des instituts für auslandsbeziehungen, Stuttgart 1974

Bauhaus-Archiv Berlin, Museum für Gestaltung (Hg.): *Sammlungskatalog (Auswahl). Architektur, Design, Malerei, Graphik, Kunstpädagogik*, Berlin 1981

Bauhaus-Archiv Berlin, Museum für Gestaltung (Hg.): *Experiment Bauhaus. Das Bauhaus-Archiv Berlin (West) zu Gast im Bauhaus Dessau*, Berlin 1988

Bauhaus. Zeitschrift für Gestaltung, Jahrgänge 1920–30 (*Bauhaus. Zeitschrift für Bau und Gestaltung*, Jg. 1–4, Dessau 1926–31. (Reprint München 1984)

Baumann, H. H.: *Design*, Maulburg 1979

Bausinger, H.: *Volkskultur in der technischen Welt*, Frankfurt/New York 2005 (Stuttgart 1961)

Bayer, H./Gropius, W. und I. (Hg.):*Bauhaus 1919–1928*, Stuttgart 1955

Bayley, S.: *In Good Shape. Style in Industrial Products 1900 to 1960*, New York 1979

Bayerisches Landesamt für Denkmalpflege (Hg.): *Vom Glaspalast zum Gaskessel. Münchens Weg ins technische Zeitalter*, München 1978

Beck, L.: *Die Geschichte des Eisens in technischer und kulturgeschichtlicher Beziehung*, 5 Bde., Braunschweig 1891–1903

Begenau, S. H.: *Funktion, Form, Qualität. Zur Problematik einer Theorie der Gestaltung*, Berlin 1967

Behne, A.: *Neues Wohnen, neues Bauen*, Leipzig 1927

Behne, A.: *Der moderne Zweckbau*, München 1926, Reprint Frankfurt/Wien 1964

Behne, A.: Kritik des Werkbundes, in: *Werkbundarchiv* I, Hg. J. Frecot/D. Kerbs, Berlin 1972

Behne, A.: *Die Wiederkehr der Kunst*, Berlin 1919, Reprint Nendeln/Liechtenstein 1973

Behrendt, W. C.: *Der Kampf um den Stil im Kunstgewerbe und in der Architektur*, Stuttgart 1920

Behrendt, W. C.: *Der Sieg des neuen Baustils*, Stuttgart 1927

Behrens, P.: *Feste des Lebens und der Kunst. Eine Betrachtung des Theaters als höchsten Kultursymbols*, Leipzig 1900

Behrens, P.: Kunst und Technik, in: *Elektrotechnische Zeitschrift* 22/1910

Behrens, P.: Die Zusammenhänge zwischen Kunst und Technik, in: *Der Kunstwart* 16/1914

Behrens, P.: Über die Beziehung der künstlerischen und technischen Probleme, in: *Technische Abende im Zentralinstitut für Erziehung und Unterricht*, 5. Heft, Berlin 1917

Behrens, P.: *Das Ethos und die Überlagerung der künstlerischen Probleme*, Darmstadt 1920

Belting, H.: *Das Ende der Kunstgeschichte. Eine Revision nach zehn Jahren*, München 2002

Benevolo, L.: *Geschichte der Architektur des 19. und 20. Jahrhunderts*, München 1964

Benjamin, W.: Louis-Philippe oder das Interieur, in: ders., *Schriften*, Bd. 1, Hg. Th. W. Adorno u.a., Frankfurt/M. 1955

Benjamin, W.: *Berliner Kindheit um Neunzehnhundert*, Frankfurt/M. 1962 (1983)

Benjamin, W.: *Das Kunstwerk im Zeitalter seiner technischen Reproduzierbarkeit* (1936), Frankfurt/M. 1970

Benjamin, W.: *Illuminationen. Ausgewählte Schriften*, Frankfurt/M. 1977

Bense, M.: *Zeichen und Design. Semiotische Ästhetik*, Baden-Baden 1971

Benton, T.: Futurism and the Machine, in: Moos, S. v./Smeenk, C. (Hg.): *Avantgarde und Industrie*, Delft 1983

Berg, P.: *Deutschland und Amerika 1918–1929. Über das deutsche Amerikabild der zwanziger Jahre*, Lübeck/Hamburg 1963

Berlepsch, H. A. (Hg.): *Chronik der Gewerke. Nach Forschungen in den alten Quellensammlungen und Archiven vieler Städte Deutschlands und der Schweiz*, 9 Bde., St. Gallen 1850–1853, Reprint Osnabrück 1966

Berlin zwischen 1798 und 1848. Facetten einer Epoche (Kat.). Hg. Akademie der Künste, Berlin 1981

Bernard, A.: Das Prinzip »Designer«-Produkt, in: *Süddeutsche Zeitung Magazin* Nr. 14/2006

Berndt, H./Horn, A.: *Architektur als Ideologie*, Frankfurt/M. 1968

Berninger, E. H.: Am Vorabend der zweiten Industriellen Revolution. Technik in den Jahren 1927 bis 1932, in: Wichmann H.: *Design contra Art Déco* 1993

Bertonati, E.: *Die neue Sachlichkeit in Deutschland*, München 1974

Bertsch, G. C.: Zukunft? Was war das?, in: *Vom Bauhaus bis Bitterfeld*, Gießen 1991

Bertsch, G. C./Hedler, E.: *SED. Schönes Einheits-Design. Stunning Eastern Design. Savoir Éviter Le Design*, Köln 1990

Bestandsaufnahme. Eine deutsche Bilanz 1962. Sechsunddreißig Beiträge deutscher Wissenschaftler, Schriftsteller und Publizisten. Hg. H. W. Richter, München/Wien/Basel 1962

»Bestes Stück«, in: *Der Spiegel* 4/1985

Beth, Th./Jungnickel, D./Lenz, H.: *Design Theory*, Mannheim 1985

Bettelheim, Ch.: *Die deutsche Wirtschaft unter dem Nationalsozialismus*, München 1974

Betz, L.: *Das Volksauto – Rettung vor Untergang der deutschen Automobilindustrie*, Stuttgart 1931

Beylerian, G./Dent, A./Moryadas, A. (Hg.): *Material Connexion. Innovative Materialien für Architekten, Künstler und Designer*, München/Berlin/London/New York 2005

Biedermeier. Die Erfindung der Einfachheit (Kat.), Hg. H. Ottomeyer/K.A. Schröder/L. Winters, Ostfildern 2006

Biedermeiers Glück und Ende. Die gestörte Idylle 1815–1848 (Kat.), Münchner Stadtmuseum, Hg. H. Ottomeyer in Zusammenarbeit mit U. Lauter, München 1987

Biensfeldt, J.: *Freiherr Dr. Th. von Cramer-Klett, erblicher Reichsrat der Krone Bayerns. Sein Leben und sein Werk. Ein Beitrag zur bayerischen Wirtschaftsgeschichte des 19. Jahrhunderts. Wirtschafts- und Verwaltungsstudien LVIII.* Hg. G. Schanz, Leipzig/Erlangen 1923

Bier, J.: Mies van der Rohes Reichspavillon in Barcelona, in: *Die Form IV*, 1929

Bignens, C.: Gesellschaft im Windkanal? Europa und der Amerikanismus, in: (Kat.) *Stromlinienform*, Zürich 1992

Bikini. Kalter Krieg und Capri-Sonne. Die fünfziger Jahre. Politik, Alltag, Opposition. Hg. E. Siepmann, Reinbek 1983

Bill, M.: *Form. Eine Bilanz über die Formentwicklung um die Mitte des 20. Jahrhunderts,* Basel 1952

Bill, M.: *Das Konstante und das Modische,* Winterthur 1954

Bill, M.: *Die gute Form,* Winterthur 1957

Birkigt, K./Stadler, M. (Hg.): *Corporate Identity. Grundlagen, Funktionen, Fallbeispiele,* 2. Aufl., Landsberg 1985

Bischoff, J. (Hg.): *Die Klassenstruktur der Bundesrepublik Deutschland. Ein Handbuch zum sozialen System der BRD,* Berlin 1976

Bittorf, W.: *Automation. Die zweite industrielle Revolution,* Darmstadt 1956

Blaich, F.: *Kartell- und Monopolpolitik im kaiserlichen Deutschland (1879–1914),* Düsseldorf 1973

Blankenship, E./Mandana, S.: SAP Software – Gestaltung von virtuellen Arbeitsplätzen, in: Buchholz, K./Wolbert, K. (Hg.): *Im Designerpark. Leben in künstlichen Welten* (Kat.), Darmstadt 2004

Bloch, E.: *Das Prinzip Hoffnung,* 3 Bde., Berlin 1955

Blumenberg, H. C.: *Meister der perfekten Form,* Düsseldorf 1969

Boberg, J./Fichter, T./Gillen, E. (Hg.): *Exerzierfeld der Moderne. Industriekultur in Berlin im 19. Jahrhundert,* München 1984

Boberg, J./Fichter, T./Gillen, E. (Hg.): *Die Metropole – Industriekultur in Berlin im 20. Jahrhundert,* München 1986

Boe, A.: *From Gothic Revival to Functional Form. A Study in Victorian Theories of Design,* Oslo/Oxford 1957

Böhm, F. (Hg.): *KGID Konstantin Grcic Industrial Design.* London 2005

Böhme, Hartmut: *Fetischismus und Kultur. Eine andere Theorie der Moderne,* Reinbek 2006

Böhme, Helmut: *Prolegomena zu einer Sozial- und Wirtschaftsgeschichte Deutschlands im 19. und 20. Jahrhundert,* 2. Aufl., Frankfurt/M. 1973

Böhmer, G.: *Die Welt des Biedermeier,* Eltville 1981

Bollerey, F./Hartmann, K.: Bruno Taut. Vom phantastischen Ästheten zum ästhetischen Sozial(ideal)isten, in: *Bruno Taut 1880–1938* (Kat.), Hg. U. Conrads, 1980

Bollnow, O. F.: *Mensch und Raum,* Stuttgart 1963

Bolz, N.: Bang-Design, in: Seltmann, G./Lippert, W. (Hg.): *Entry Paradise. Neue Welten des Designs,* Hamburg 2006

Bongard, W.: *Fetische des Konsums. Portraits klassischer Markenartikel,* Hamburg 1964

Bonsiepe, G.: Ist Ulm am Ende? Zur Situation der Hochschule für Gestaltung, in: *form* 41/1968

Bonsiepe, G.: Design in Südamerika – in Chile, in: *form* 59/1972

Bonsiepe, G.: *Design im Übergang zum Sozialismus. Ein technisch-politischer Erfahrungsbericht aus dem Chile der Unidad Popular 1971–73,* Hamburg 1974

Bonsiepe, G.: *Teoria e pratica del disegno industriale. Elementi per una manualistica critica,* Mailand 1975

Bonsiepe, G./Maldonado, T.: Wissenschaft und Gestaltung, in: *ulm* 10/11, 1964

Borchardt, K.: *Die industrielle Revolution in Deutschland,* München 1972

Born, K. E.: Der soziale und wirtschaftliche Strukturwandel Deutschlands am Ende des 19. Jahrhunderts, in: Wehler, H.-U. (Hg.), *Moderne deutsche Sozialgeschichte,* Köln 1976

Borngräber, Ch.: *Stilnovo. – Design in den 50er Jahren. Phantasie und Phantastik,* Frankfurt/M. 1979

Borngräber, Ch.: Die fünfziger Jahre. Kunst und Raumkunst, in: Gsöllpointner u.a. (Hg.): *Design ist unsichtbar,* Wien 1981

Borngräber, Ch. (Hg.): Das Deutsche Avantgardedesign. Möbel, Mode, Kunst und Kunstgewerbe, in: *Kunstforum International* 82/1986

Borngräber, Ch.: Rezeptionsästhetik der beweglichen Güter, in: *Kunstforum International* 99/1989, Design III: Deutsche Möbel. Unikate, Kleinserien, Prototypen

Borrmann, N.: *Paul Schultze-Naumburg. Maler, Publizist, Architekt. 1869–1949,* Essen 1989

Bosselt, R.: Diskussionsbeitrag zur Heranbildung des gewerblichen Nachwuchses im Rahmen der Verhandlung des Deutschen Werkbundes zu München am 11. und 12. Juli 1908, in: *Die Veredelung der gewerblichen Arbeit,* o.J. (1908)

Bott, G.: Ziele und Geschichte der Ausstellungen der Darmstädter Künstlerkolonie 1901–1914, in: *Kunsthandwerk um 1900. Jugendstil, art nouveau, modern style, nieuwe kunst* (Kat.), Hg. Hessisches Landesmuseum Darmstadt, 2. Aufl., Darmstadt 1973

Bott, G. (Hg.): *Von Morris zum Bauhaus. Eine Kunst gegründet auf Einfachheit*, Hanau 1977

Bourdieu, P.: Zur *Soziologie der symbolischen Formen*, Frankfurt/M. 1970

Bourdieu, P.: Die *feinen Unterschiede. Kritik der gesellschaftlichen Urteilskraft*, Frankfurt/M. 1982

Bracher, K. D.: *Die Auflösung der Weimarer Republik. Eine Studie zum Problem des Machtzerfalls in der Demokratie*, Villingen 1960

Bracher, K. D.: *Die deutsche Diktatur. Entstehung, Struktur, Folgen des Nationalsozialismus*, Köln 1972

Bracher, K. D.: *Die nationalsozialistische Machtergreifung. Studien zur Errichtung des totalitären Herrschaftssystems in Deutschland*, Frankfurt/M. 1974

Brachner, A.: Phasen des technologischen Wandels, in: *Leben und Arbeiten im Industriezeitalter*. Hg. Germanisches Nationalmuseum Nürnberg, Nürnberg/Stuttgart 1985

Brandes, U.: *hartmut esslinger & frogdesign*, Göttingen 1992

Brandes, U.: *Richard Sapper. Werkzeuge für das Leben*, Göttingen 1993

Brandstätter, C./Hubmann, F. (Hg.): *Made in Germany. Die Gründerzeit deutscher Technik und Industrie in alten Photographien 1840–1914*, Wien/München/Zürich 1977

Braun, S.: *Zur Soziologie der Angestellten*, Frankfurt/M. 1964

Braun, S./Fuhrmann, J.: *Angestelltenmentalität. Berufliche Position und gesellschaftliches Denken der Industrieangestellten. Bericht über eine industriesoziologische Untersuchung*, Neuwied/Berlin 1970

Braun-Feldweg, W.: *Normen und Formen industrieller Produktion*, Ravensburg 1954

Braun-Feldweg, W.: *Gestaltete Umwelt*, Berlin 1956

Braun-Feldweg, W.: *Beiträge zur Formgebung*, Essen 1960

Braun-Feldweg, W.: *Industrial Design heute. Umwelt aus der Fabrik*, Reinbek 1966

Bredendieck, H.: Theorie als Ansatz, in: *form + zweck* 5/1980

Bredendieck, H.: Die künstliche Umwelt, in: *form + zweck* 4/1981

Brenner, H.: *Die Kunstpolitik des Dritten Reiches*, Hamburg 1963

Breuer, G.: »Vertreibung aus dem ersten Paradies«. Kunststoff in der Bundesrepublik der fünfziger Jahre im Kontext von Designdiskursen, in: Schneider, R./Flagge, I. (Hg.): *Original Resopal. Die Ästhetik der Oberfläche* (Kat.), Deutsches Architektur Museum Frankfurt/Berlin 2006

Breuer, G.: *Jupp Ernst 1905–1987. Designer, Grafiker, Pädagoge*. Tübingen/Berlin 2007

Breuer, M.: Die Möbelabteilung des Staatlichen Bauhauses zu Weimar, in: *Fachblatt für Holzarbeiter*, 1925

Breuer, M.: Kleinwohnungstyp ›bambos‹, in: *Bauhaus* 1/1928

Breuer, M.: metallmöbel und moderne räumlichkeit, in: *das neue frankfurt* 1/1928

Breuer, M.: Metallmöbel, in: Deutscher Werkbund (Hg.), *Innenräume, Räume und Einrichtungsgegenstände aus der Werkbundausstellung ›Die Wohnung‹ in Stuttgart*, Stuttgart 1928

Brix, M./Steinhauser, M.: *Geschichte allein ist zeitgemäß. Historismus in Deutschland*, Gießen 1978

Brock, B.: Umwelt und Sozio-Design, in: *Format 36/1972*

Brock, B.: Objektwelt und die Möglichkeit subjektiven Lebens. Begriff und Konzept des Sozio-Design, in: ders., *Ästhetik als Vermittlung, Arbeitsbiographie eines Generalisten*, Hg. K. Fohrbeck, Köln 1977

Brock, B.: Kann man Lebensformen, muß man sie gestalten? Designer-Kunst 2. Klasse, in: *Gefühlscollagen-Wohnen von Sinnen* (Kat.), Hg. V. Albus u.a., Köln 1986

Brock, B.: Das Deutschsein des deutschen Design, in: H. H. Wetcke/Design Zentrum München (Hg.): *Szenenwechsel. German Design goes Rocky Mountain High*, Frankfurt/M. 1997

Brock, B.: Vergegenständlichungszwang zwischen Ethik und Logik der Aneignung, in: Steffen, D. (Hg.): *Welche Dinge braucht der Mensch?* (Kat.), Gießen 1995

Brock, B./Reck, H. U.: *Stilwandel als Kulturtechnik, Kampfprinzip, Lebensform oder Systemstrategie in Werbung, Design, Architektur, Mode*, Köln 1986

Broszat, M.: *Der Staat Hitlers. Grundlegung und Entwicklung seiner inneren Verfassung*, München 1969

Bruckmann, P.: Diskussionsbeitrag zur Heranbildung des gewerblichen Nachwuchses im Rahmen der Verhandlung des Deutschen Werkbundes zu München am 11. und 12. Juli 1908, in: *Die Veredelung der gewerblichen Arbeit*, o.J. (1908)

Brückner, P.: *Zur Sozialpsychologie des Kapitalismus*, Frankfurt/M. 1972

Brückner, P.: *Versuch, uns und anderen die Bundesrepublik zu erklären*, Berlin 1978

Brunhammer, J.: *The Art Deco Style*, London 1983

Bruton, E.: *Uhren. Geschichte, Schönheit, Technik*, Eltville 1982

Bucher, B.: *Geschichte der technischen Künste*, 3 Bde., Stuttgart/Berlin/Leipzig 1879-1893

Bucher, L.: *Kulturhistorische Skizzen aus der Industrieausstellung aller Völker*, Frankfurt/M. 1851

Buchholz, K./Wolbert, K. (Hg.): *Im Designerpark. Leben in künstlichen Welten* (Kat.), Darmstadt 2004

Buckschmitt, J.: *Ernst May, Bauten und Planungen*, Stuttgart 1963

Buddensieg, T.: Das Alte bewahren, das Neue verwirklichen. Zur Fortschrittsproblematik im 19. Jahrhundert, in: Buddensieg/Rogge: *Die nützlichen Künste*, Berlin 1981

Buddensieg, T.: Die Dinge der Form, in: H. H. Wetcke/Design Zentrum München (Hg.). *Szenenwechsel. German Design goes Rocky Mountain High*, Frankfurt/M. 1997

Buddensieg, T.: Englisches »Maschinenwesen« und preußischer »Gewerbefleiß«. Goethes Blick auf Wedgwood, Beuth und Schinkel, in: *Die Grenzen sprengen. Edzard Reuter zum Sechzigsten*, Berlin 1988

Buddensieg, T./Rogge, H.: Formgestaltung für die Industrie. Peter Behrens und die Bogenlampen der AEG, in: G. Bott (Hg.): *Von Morris zum Bauhaus. Eine Kunst gegründet auf Einfachheit*, Hanau 1977

Buddensieg, T./Rogge, H.: *Industriekultur. Peter Behrens und die AEG 1907-1914*, Berlin 1979 (2. Aufl. 1981)

Buddensieg, T./Rogge, H.: *Die nützlichen Künste. Gestaltende Technik und Bildende Kunst seit der industriellen Revolution. Studien und Materialien zur Ausstellung »Die nützlichen Künste«* (Kat.), Berlin 1981

Bürdek, B. E.: Bemerkungen zum Industrial Design heute. Obsoleszenz, Aufstieg und Fall des Industrial Design, in: *form* 47/1969

Bürdek, B. E.: *Design. Geschichte, Theorie und Praxis*, Basel/Boston/Berlin 2005

Bürdek, B. E.: *Design-Theorie. Methodische und systematische Verfahren im Industrial Design*, Stuttgart 1971

Bürdek, B. E.: *Einführung in die Designmethodologie*, Hamburg 1975

Bürdek, B. E.: *Design. Geschichte, Theorie und Praxis der Produktgestaltung*, Köln 1991

Bugholzmöbel – Das Werk Michael Thonets. Ein Wiener Sessel erobert die Welt (Kat.), Hg. Österreichisches Bauzentrum, Wien o.J.

Burandt, U.: Ergonomie: Geschichte und Aufgaben einer jungen Wissenschaft, in: *Ergonomie, Produktion, Design*. Colloquien-Reihe »Design und Arbeitswelt«. Hg. Rat für Formgebung, Darmstadt 1975

Burandt, U.: *Ergonomie für Design und Entwicklung*, Köln 1978

Burckhardt, L.: Der seine Bedürfnisse konsumierend befriedigende Mensch zerstört sein Environment und das seiner Mitmenschen, in: *Gute Form 77. Eine Umfrage zur Situation des Design heute*, in: werk/archithese 4/1977

Burckhardt, L. (Hg.): *Der Deutsche Werkbund in Deutschland, Österreich und der Schweiz. Form ohne Ornament*, Stuttgart 1978

Burckhardt, L.: Design ist unsichtbar, in: Gsöllpointner u.a. (Hg.): *Design ist unsichtbar*, Wien 1981

Burckhardt, L.: *Die Kinder fressen ihre Revolution. Wohnen – Planen – Bauen – Grünen. Design ist unsichtbar. Durch Pflege zerstört. Der kleinstmögliche Eingriff. Die Mülltheorie der Kultur.* Hg. B. Brock, Köln 1985

Burckhardt, L.: Mode und Jugendmode, in: *Schock und Schöpfung. Jugendästhetik im 20. Jahrhundert* (Kat.), Hg. Deutscher Werkbund und Württembergischer Kunstverein, Darmstadt/Neuwied 1986

Burkhardt, F.: Design in der Bundesrepublik Deutschland, in: *Produkt, Form, Geschichte. 150 Jahre deutsches Design*. Hg. Institut für Auslandsbeziehungen, Stuttgart 1985

Burkhardt, F./Franksen, J. (Hg.): *Dieter Rams*, Berlin 1981

Burrichter, G.: Die industrielle Pyschotechnik und der durchsichtige Betrieb, in: *Rationalisierung 1984* (Kat.), Hg. Neue Gesellschaft für Bildende Kunst, Berlin 1983

Bush, D. J.: *The Stream-lined Decade*, New York 1975

Butter, R.: Amerika: Land der unbegrenzten Design-Möglichkeiten, in: *form* 66/1974

Buxbaum, B.: Der deutsche Werkzeugmaschinen- und Werkzeugbau im 19. Jahrhundert, in: *Beiträge zur Geschichte der Technik und Industrie*, Bd. 9, Berlin 1919

Byars, M.: *The Design Encyclopedia. The Museum of Modern Art New York.* London 1994

Campbell, J.: *Der Deutsche Werkbund 1907–1934*, München 1989

Casati, R./Matussek, M./Oehmke, P./Uslar, M.: Alles im Wunderland, in: *Der Spiegel* Nr. 8/2007

Centre de Recherche sur la Culture Technique (Hg.): *Culture technique (»machines au foyer«)*. Nr. 3 spécial, Neuilly-sur-Seine 1980

Centre de Recherche sur la Culture Technique (Hg.): *Culture technique. Nr. 5 spécial (Design)*, Neuilly-sur-Seine 1981

Chan-Magomedow, S. O.: Ausbildung an den Wchutemas, in: *form + zweck* 3/1980

Chan-Magomedow, S. O.: *Wchutemas. Moscou 1920–1930*, 2 Bde., Paris 1990

Childe, V. G.: *Eine Geschichte der Werkzeuge*, Wien 1948

Claessens, D. und K.: *Kapitalismus als Kultur. Entstehung*

und Grundlagen der bürgerlichen Gesellschaft, Düsseldorf 1973

Claessens, D./Klönne, A./Tschoepe, H. (Hg.): *Sozialkunde der Bundesrepublik*, Düsseldorf/Köln 1978

Collins, M.: *Design und Postmoderne,* Hg. A. Papadakis, mit Beiträgen von V. Fischer, Ch. Jencks und P. Portoghesi, München 1990

Compasso d'Oro 1954–1984. Trent' anni di design italiano (Kat.), Posen/Kattowitz/Krakau/Warschau 1985

Conrads, U.: *Programme und Manifeste zur Architektur des 20. Jahrhunderts,* Gütersloh 1964

Conway, P.: Die Rolle des Geschmacks im amerikanischen Verbrauchsgütermarkt, in: *Werk und Zeit* 5/1967

Conze, W.: *Die Zeit Wilhelms II. und die Weimarer Republik. Deutsche Geschichte 1890–1933,* Tübingen 1964

Conze, W.: Sozialgeschichte 1800–1850, in: H. Aubin/W. Zorn (Hg.): *Handbuch der deutschen Wirtschafts- und Sozialgeschichte*, Stuttgart 1976

Conze, W./Raupach, H. (Hg.): *Die Staats- und Wirtschaftskrise des Deutschen Reichs 1929–33,* Bd. 8 der Schriftenreihe des Arbeitskreises für moderne Sozialgeschichte. Hg. W. Conze, Stuttgart 1967

Cordes, G.: Die Aktualität bedürfnisgerechter Produktgestaltung, in: *Tendenzen* 95/1974

Coulmas, F.: Lesen ohne Limit, in: *Süddeutsche Zeitung* Nr. 88 vom 17.04.2007

Csikszentmihalyi, M./Rochberg-Halton, E.: *Der Sinn der Dinge. Das Selbst und die Symbole des Wohnbereichs*, Stuttgart 1989

Curjel, H. (Hg.): *Henry van de Velde, Zum neuen Stil*, München 1955

Darmstädter Gespräche 1952. Mensch und Technik. Dritter Tag: Industrielle Formgebung, Darmstadt 1952

Das Deutsche Kunstgewerbe im Jahr der großen Pariser Ausstellung. Bilder von der deutschen Abteilung der Internationalen Ausstellung in Monza 1925. Hg. Deutscher Werkbund, Berlin 1926

Das Dritte Reich. Seine Geschichte in Texten, Bildern und Dokumenten. Hg. H. Huber, München 1964

Das Kommunistische Manifest. Mit Vorreden von Karl Marx und Friedrich Engels und einem Vorwort von Karl Kautsky. Agitations-Ausgabe Hamburg 1907 (London 1847/48)

Das Haus Thonet. Festschrift zum 150jährigen Bestehen der Firma Gebrüder Thonet AG, zusammengestellt von R. Mang, Frankenberg/Eder 1969

Das Möbelbuch Schönheit der Arbeit, Bd. 2 der Fachschriftenreihe des Reichsamtes Schönheit der Arbeit, Berlin 1937 und 1940

Das Taschenbuch Schönheit der Arbeit. Hg. Amt Schönheit der Arbeit, Berlin 1938

Davies, K.: *At Home in Manhattan. Modern Decorative Arts, 1925 to the Depression* (Kat.), Hg. New Haven 1983

de Bruyn, G.: Hase und Igel. Der Wettlauf zwischen Design und Marketing. Positive Zwischenbilanz: Die Entwürfe von GINBANDE, in: *Baukultur* 15/1990

de stijl. Internationales Monatsblatt für Neue Kunst, Wissenschaft und Kultur, redigiert von Th. v. Doesburg, Jahrgänge 1917–1931

de Stijl. Schriften, Manifeste zu einem theoretischen Konzept ästhetischer Umweltgestaltung. Hg. H. Bächler/H. Letsch, Leipzig/Weimar 1984

Deneke, B.: Die Gewerbeförderung, in: *Leben und Arbeiten im Industriezeitalter* (Kat.), 1985 (a)

Deneke, B.: Vom Wohnen und von der Haushaltsführung, in: *Leben und Arbeiten im Industriezeitalter* (Kat.), 1985 (b)

Der Deutsche Werkbund, redaktioneller Beitrag, in: *Deutsche Kunst und Dekoration XXII,* 1908

Der Fall »Memphis« oder die Neo-Moderne. Schriftenreihe der Hochschule für Gestaltung Offenbach am Main, Bd. 7, Offenbach 1984

Der gute Geschmack. *Kursbuch* 79/1985

Der KdF-Wagen von A-Z. Hg. Volkswagenwerk GmbH, Berlin o.J. (1939)

Der Modellfall Ulm. Zur Problematik einer Hochschule für Gestaltung, in: *form* 6/1959

Der westdeutsche Impuls. 1900–1914. Kunst und Umweltgestaltung im Industriegebiet. Die Deutsche Werkbund-Ausstellung Cöln 1914 (Kat.), Hg. Kölnischer Kunstverein, Köln 1984

Design als Postulat am Beispiel Italiens. Hg. IDZ Berlin und Bundesverband der Deutschen Industrie, Berlin 1973

Design and Industry. The Effects of Industrialization and Technical Change of Design, London 1980

Design Dasein. Ausgewählte Objekte zum Sitzen, Stellen und Leben (Kat.), Museum für Kunst und Gewerbe Hamburg, Hamburg 1987

Design since 1945. Hg. Philadelphia Museum of Art, Philadelphia 1983

Design Theorien I. Hg. IDZ Berlin, Berlin 1978

Design und Konsum. Sendereihe des WDR (Fernsehen), Buch: K. H. Krug, Köln 1971

Design und Kunst. Burg Giebichenstein 1945-1990. Hg. Florian Hufnagl/Die Neue Sammlung München, München 1991

Design. Was ist an den Designschulen los?, in: *Werk und Zeit* 3/4, 1983

Design: vorausdenken für den Menschen. Eine Ausstellung aus der Bundesrepublik Deutschland. Hg. Rat für Formgebung, Darmstadt 1984

design? Umwelt wird in Frage gestellt. IDZ 1. Hg. IDZ Berlin, Berlin 1970

Dessauer, F.: *Philosophie der Technik. Das Problem der Realisierung,* Bonn 1928

Deutsche Bauausstellung Berlin 1931. Amtl. Katalog und Führer, Berlin 1931

Deutsche Schiffsbaukunst. Der Lloyddampfer »Columbus«, in: *Innen-Dekoration* XXXV, 1924

Deutsche Technik. Die technopolitische Zeitschrift. Amtl. Organ des Hauptamtes für Technik der Reichsleitung der NSDAP, Jahrgänge 1937–42

Deutscher Gewerkschaftsbund (Hg.): *Arbeiter, Kultur und Lebensweise im Königreich Württemberg.* Ludwig-Uhland-Institut für empirische Kulturwissenschaft, Tübingen 1979

Deutscher Hausrat mit dem Gütezeichen der DAF. Hg. Reichsheimstättenamt der Deutschen Arbeitsfront, Berlin 1941

Deutscher Hausrat. Eine Sammlung von zweckmäßigen Entwürfen für die Einrichtung von Kleinstwohnungen. Hg. Deutscher Werkbund, Dresden 1919

Deutscher Werkbund e.V. (Hg.): *Weiter Wohnen wie gewohnt?* (Kat.), Darmstadt 1979

Deutsches Design 1950–1990. Designed in Germany. Hg. Michael Erlhoff/Rat für Formgebung, München 1990

Deutsches Institut für Wirtschaftsforschung Berlin (Hg.): *DDR-Wirtschaft. Eine Bestandsaufnahme,* Frankfurt/M. 1974

Dexel, G. u. W.: *Das Wohnhaus von heute,* Leipzig 1928

Dexel, W.: *Der Bauhausstil – ein Mythos. Texte 1921-1965. Mit 4 Aufsätzen von G. Dexel.* Hg. W. Vitt, Starnberg 1976

Di Blasi, J.: Verkehrte Grundidee? In: *Kunstzeitung* Nr. 121/Sept. 2006

Dichter, E.: *Strategie im Reich der Wünsche,* München 1964

Die 20er Jahre und das Neue Frankfurt. Ein Gespräch mit Ferdinand Kramer anlässlich seines 80. Geburtstags am 22.1.1978. Hg. Deutscher Werkbund, Darmstadt 1978

Die Alltagskultur der letzten 100 Jahre. Überlegungen zur Sammelkonzeption kulturgeschichtlicher und volkskundlicher Museen. Tagungsberichte. Hg. Museum für Deutsche Volkskunde Berlin/Staatliche Museen Preußischer Kulturbesitz, Berlin 1980

Die Ausstellung der Darmstädter Künstlerkolonie (Ein Dokument Deutscher Kunst, Darmstadt 1901). Hg. A. Koch, Reprint Darmstadt 1979

Die Darmstädter Künstler-Kolonie, in: *Deutsche Kunst und Dekoration IV,* 1899

Die Durchgeistigung der deutschen Arbeit. Wege und Ziele im Zusammenhang von Industrie, Handwerk und Kunst, Jena 1912

Die Form ohne Ornament. Werkbundausstellung 1924. Hg. W. Riezler, Berlin/Leipzig 1924

Die Form. Stimme des Deutschen Werkbundes 1925–1934. Hg. F. Schwarz/F. Gloor, Gütersloh 1969

Die Fünfziger. Stilkonturen eines Jahrzehnts (Kat.), Hg. Museum Villa Stuck, München 1984

Die gläserne Kette. Visionäre Architekturen aus dem Kreis um Bruno Taut 1919–1920 (Kat.), Leverkusen 1964

Die große Utopie. Die russische Avantgarde 1915 – 1932 (Kat.), Hg. Schirn Kunsthalle Frankfurt, Frankfurt/M. 1992

Die künstlerische Gestaltung des Arbeiterwohnhauses. 14. Konferenz der Centralstelle für Arbeiter- und Wohlfahrtseinrichtungen am 5. und 6. Juni in Hagen, Berlin 1906

Die Kunst in Industrie und Handel. Jahrbuch des Deutschen Werkbundes, Jena 1913

Die Ulmer Schule, in: *form* 15/1961

Die verborgene Vernunft. Funktionale Gestaltung im 19. Jahrhundert (Kat.), Hg. Die Neue Sammlung, München 1971

Die Veredelung der gewerblichen Arbeit im Zusammenwirken von Kunst, Industrie und Handwerk. Verhandlungen des Deutschen Werkbundes in München am 11. und 12.7.1908, Leipzig o.J. (1908)

Die Vereinigten Werkstätten für Kunst im Handwerk zu München. Redaktioneller Beitrag, in: *Deutsche Kunst und Dekoration VIII,* 1901

Die wirtschaftliche Lage der deutschen Handlungsgehilfen im Jahre 1908. Bearbeitet nach statistischen Erhebungen des Deutschnationalen Handlungsgehilfenverbandes, vorgenommen im Jahre 1908, Hamburg 1910

Die Wohnung. Hg. Deutscher Werkbund, Stuttgart 1927

Die zwanziger Jahre des Deutschen Werkbundes. Hg. Deutscher Werkbund und Werkbund-Archiv, Gießen 1982

Die zwanziger Jahre in München (Kat.), Hg. C. Stölzl/Münchner Stadtmuseum, München 1979

Die zwanziger Jahre. Kontraste eines Jahrzehnts (Kat.), Hg. Kunstgewerbemuseum Zürich, Zürich 1973

Diller, A.: *Geliebtes Dampfradio. Technik und Kulturgeschichte.* Hg. Landesmuseum Koblenz in Zusammenarbeit mit dem Südwestfunk Baden-Baden, dem Deutschen Funkarchiv Frankfurt am Main und dem Bundesarchiv Koblenz, Koblenz 1984

Dinoto, A.: *Art Plastic. Designed for Living*, New York 1984

Doerr, H.: Schönheit des Wohnens – ein politisches Problem, in: A. Teut: *Architektur im Dritten Reich*, Berlin 1967

Doesburg, Th. v.: *Grundbegriffe der neuen gestaltenden Kunst*, Bauhausbuch Bd. 6, Frankfurt/M. 1925, Reprint Mainz 1966

Dohrn, W.: Deutsche Werkstätten für Handwerkskunst, in: *Innen-Dekoration* XX, 1909

Dolata, U./Werle, R. (Hg.): *Gesellschaft und die Macht der Technik. Sozioökonomischer und institutioneller Wandel duch Technisierung*. Frankfurt/New York 2007

Dolivo-Dobrowolsky, M. v.: Die moderne Massenfabrikation in der Apparatefabrik der AEG (Vortrag 1912), in: Buddensieg, T./Rogge, H.: *Industriekultur. Peter Behrens und die Bogenlampen der AEG 1907–1914*, Berlin 1979

Doren, H. v.: *Industrial Design: A Practical Guide.* New York 1954

Dorfles, G.: *Gute Industrieform und ihre Ästhetik*, München 1964

Dorfles, G.: *Der Kitsch*, Tübingen 1969

Dreyer, F. A.: *Deutsche Kultur im Neuen Reich. Wesen, Aufgaben und Ziele der Reichskulturkammer*, Schlieffenbücherei Bd.7, Postdam 1934

Drigalski, W. v./Herrmann, H. P./Richter, F.: *Arbeit und Wohnung*, Berlin 1931

Drittes internationales bauhaus kolloquium 5.–7. Juli 1983. *Wissenschaftliche Zeitschrift der Hochschule für Architektur und Bauwesen Weimar* 5/6, 1983

Droste, M./Ludewig, M./Bauhaus-Archiv: *Marcel Breuer*, Köln 1992

Dunas, P.: *Luigi Colani und die organisch-dynamische Form seit dem Jugendstil*, München 1993

Duncan, A.: *Lampen, Lüster, Leuchten. Jugendstil/Art Déco*, München 1979

Duncan, A.: *American Art Deco. Kunst und Design der 20er und 30er Jahre in Amerika*, München 1986

Duncan, A.: *Art Déco. Die Möbelkunst der französischen Designer*, Stuttgart 1986

Dworschak, M.: Die Freundeszentrale, in: *Der Spiegel* Nr. 10/2005

Eckert, G. (Hg.): *Aus den Lebensberichten deutscher Fabrikarbeiter. Zur Sozialgeschichte des ausgehenden Jahrhunderts*, Braunschweig 1963

Eckstein, H.: *Fünfzig Jahre Deutscher Werkbund*, Frankfurt/M. 1958

Eckstein, H.: Die Gute Form. Begriff, Wesen, Gefährdung und Chancen in unserer Zeit, in: *Glastechnische Berichte* 12/1961

Eckstein, H.: *Der Stuhl. Funktion, Konstruktion, Form. Von der Antike bis zur Gegenwart*, München 1977

Eckstein, H.: *Formgebung des Nützlichen. Marginalien zur Geschichte und Theorie des Design*, Düsseldorf 1985

Eckstein, H.: *Die neue Sammlung*. Hg. Die Neue Sammlung, München o.J.

Ehmer, J.: Rote Fahnen – Blauer Montag, in: *Puls* 1979

Eichhorn, K.: Deutscher Hausrat für Siedlungen und Kleinwohnungen, in: *Bauen, Siedeln, Wohnen* 23/1938

Ein Dokument Deutscher Kunst. Darmstadt 1901/1976 (Kat.), 5 Bde., Hg. Ausstellungsgesellschaft »Ein Dokument Deutscher Kunst«, Darmstadt 1976

Ein Streifzug durch 25 Jahre ästhetisches Formieren von Industrieprodukten in der DDR (1949–1974), in: *form + zweck* 5/1974

Eine Firmendokumentation 1927–1977. 50 Jahre Quelle. Hg. Gustav Schickedanz KG, Fürth 1977

Eisele, P.: *Deutsches Design als Experiment. Theoretische Neuansätze und ästhetische Manifestationen seit den sechziger Jahren*. Diss. HBK Berlin 2000

Eisele, P./Gronert, S. (Hg.): *Horst Michel – DDR-Design. Eine Tagung der Fakultät Gestaltung an der Bauhaus-Universität Weimar*. Weimar 2004

Eitelberger v. Edelberg, R.: *Die Österreichische Kunstindustrie und die heutige Weltlage*, Wien 1871

Eitelberger v. Edelberg, R.: *Österreichische Kunstinstitute und kunstgewerbliche Zeitfragen*, Wien 1879

El Lissitzky, Maler, Architekt, Typograf, Fotograf. Erinnerungen, Briefe, Schriften. Hg. S. Lissitzky-Küppers, Dresden 1967

Elias, N.: *Über den Prozeß der Zivilisation. Soziogenetische und psychogenetische Untersuchungen*, Bd. 1: *Wandlungen des Verhaltens in den weltlichen Oberschichten der Gesellschaft. Entwurf zu einer Theorie der Zivilisation*, 5. Aufl., Frankfurt/M. 1978

Ellinger, Th.: *Die Informationsfunktion des Produkts*, Köln/Opladen 1986

Emge, C. A.: *Die Idee des Bauhauses. Kunst und Wirklichkeit*, Berlin 1924

Emmerich, W. (Hg.): *Proletarische Lebensläufe. Autobiographische Dokumente zur Entstehung der zweiten Kultur in Deutschland*, 2 Bde., Reinbek 1976

Engelhardt, Th.: Die Privatbeamten. Zur Sozialgeschichte der deutschen Industrieangestellten während der

Früh- und Hochindustrialisierung, in: *Leben und Arbeiten im Industriezeitalter* 1985

Engelhardt, Th.: Menschen nach Maß. Fabrikdisziplin und industrielle Zeitökonomie während der Industrialisierung Bayerns, in: *Leben und Arbeiten im Industriezeitalter* (Kat.), 1985

Engelsing, R.: *Zur Sozialgeschichte deutscher Mittel- und Unterschichten*, Göttingen 1973

Engerth, W.: *Bildliche Darstellung von Maschinenbestandteilen in isometrischer Projektion*, Wien 1843

Enzensberger, H. M.: Die Aporien der Avantgarde, in: ders., *Einzelheiten*, Frankfurt/M. 1962

Enzensberger, H. M.: Von der Unaufhaltsamkeit des Kleinbürgers. Eine soziologische Grille, in: *Kursbuch* 45/1976

Enzensberger, H. M.: Verteidigung der Normalität, in: *Kursbuch* 68/1982

Erhard, L.: Eröffnungsrede zur »Sonderschau formschöner Industrieerzeugnisse« auf der Frühjahrsmesse Hannover 1955, in: *Sammeltexte*, Hg. Rat für Formgebung, Darmstadt o.J.

Erlaß des Führers vom 5.11.1940 zur Vorbereitung des Deutschen Wohnungsbaues nach dem Kriege, in: *Der Deutsche Baumeister* 11/1940

Erlaß des Reichsministers für Volksaufklärung und Propaganda vom 22.6.1934, Aufträge an bildende Künstler und Kunsthandwerker betreffend, in: *Zentralblatt der Bauverwaltung*, 1934

Erler, G. (Hg.): *Kultur und Kulturrevolution in der Sowjetunion*, Berlin/Kronberg 1978

Erler, M.: *Das Gesellschaftsbild im Bauhaus*, Dipl. Arb. Berlin 1969 (Standort Bauhaus-Archiv)

Erlhoff, M.: *Wohlstand für alle*, Düsseldorf 1957

Erlhoff, M.: Kopfüber, zu Füßen. Prolog für Animateure, in: Kat. *documenta 8*, Bd. 1, Kassel 1987

Erlhoff, M.: Neue Formen der Ausbildung. Am Beispiel des »Kölner Modells«, in: Verlagsbeilage »Design«, *Frankfurter Allgemeine Zeitung* vom 24.11.1992

Ernst May und das Neue Frankfurt 1925–1930 (Kat.), Hg. Architekturmuseum Frankfurt am Main, Berlin 1986

Eröffnungsfeier der Darmstädter Kunstausstellung, redaktioneller Beitrag, in: *Deutsche Kunst und Dekoration* VIII, 1901

Erziehung und Ausbildung zu guter Form in Handwerk und Industrie. Vier Empfehlungen des Rates für Formgebung, Darmstadt 1963

Essen in der Arbeitswelt, Hg. IDZ Berlin, Berlin o.J.

Etzold, H.-R.: *Der Käfer. Eine Dokumentation*. Bd. 2: Die Käfer-Entwicklung von 1934 bis heute. Vom Urmodell zum Weltmeister, Stuttgart 1992

Evers, M.: Wunderwinzling im Wohnzimmer, in: *Der Spiegel* Nr. 7/2005, S. 195

ex und hopp. Das Prinzip Wegwerf. Eine Bilanz mit Verlusten (Kat.), Hg. O. Hoffmann/Deutscher Werkbund, Gießen 1989

Exner, W. F.: *Das Biegen des Holzes, ein für Möbel-, Wagen- und Schiffbauer wichtiges Verfahren. Mit besonderer Rücksichtnahme auf die Thonet'sche Industrie*, Weimar 1876

Eyck, E.: *Geschichte der Weimarer Republik*, 2 Bde., Zürich/Stuttgart 1956

Fabrikzeitalter. Dokumente zur Geschichte der Industrialisierung am Beispiel Rüsselsheim (Kat.), Hg. Museum der Stadt Rüsselsheim, Gießen 1976

Falke, J.: *Die Kunstindustrie in der Gegenwart. Studien auf der Pariser Weltausstellung im Jahre 1867*, Leipzig 1868

Falke, J.: *Die Kunstindustrie auf der Wiener Weltausstellung 1873*. Hg. K. v. Lützow, Leipzig 1875

Falke, J.: *Geschichte des deutschen Kunstgewerbes*, Berlin 1888

Fallada, H.: *Kleiner Mann, was nun?*, Berlin 1932

Faschismus. Renzo Vespignani (Kat.), Hg. Neue Gesellschaft für Bildende Kunst und Kunstamt Kreuzberg, Berlin 1976

Fecht, T./Weißler, S. (Hg.): *Plastikwelten*. Berlin 1985

Fehr, M./Koch, D.: *über die moderne art zu leben oder: rationalisierung des lebens in der modernen stadt*, Gießen 1977

Feldhaus, F. M.: *Kulturgeschichte der Technik. Skizzen*, Berlin 1928 (Reprint Hildesheim 1976)

Feldhaus, F. M.: *Geschichte des technischen Zeichnens*, Wilhelmshaven 1953

Ferdinand Kramer – Architektur und Design (Kat.), Hg. Bauhaus-Archiv Berlin, Museum für Gestaltung, Berlin 1983

Ferdinand Kramer. Der Charme des Systematischen – Architektur, Einrichtung, Design (Kat.), Hg. C. Lichtenstein, Gießen 1991

Fiebach, J./Franz, M./Hirdina, H./Hirdina, K./Mayer, G./Pracht, E./Reschke, R.: *Ästhetik heute*, Berlin 1978

Fiedler, J. (Hg.): *Bauhaus*, 2006 (o.O., Tandem-Verlag)

Fiell, Ch. u. P.: *Industriedesign A-Z*, Köln 2006

fifty fifty. Formen und Farben der 50er Jahre (Kat.), Stuttgart 1987

Fischer, Th.: Eröffnungsreferat zur Verhandlung des Deutschen Werkbundes zu München am 11. und 12. Juli 1908, in: *Die Veredelung der gewerblichen Arbeit*, o.J. (1908)

Fischer, V.: Der Traum aus dem die Stoffe sind. Das Geheimnis der Eigenschaften. »ent.materialien« von Tom Stark, in: Kat. *Original Resopal. Die Ästhetik der Oberfläche.* Hg. Museum für Angewandte Kunst Frankfurt am Main 2006

Fischer, V.: »Form follows fantasy«. Zur Memphisierung heutigen Designs, in: *Der Fall »Memphis« oder die Neo-Moderne.* Schriftenreihe der HfG Offenbach, Bd. 7 (1984)

Fischer, V.: Pop Histoire. Zu einigen nachfunktionalistischen Leitbildern in Design und Architektur, in: *Gefühlscollagen – Wohnen von Sinnen* (Kat.), Albus, V. u.a. (Hg.), Köln 1986

Fischer, V. (Hg.): *Design heute. Maßstäbe: Formgebung zwischen Industrie und Kunst-Stück,* München 1988

Fischer, V.: Die Kulturisierung des Banalen. Die Postmoderne und das Alltägliche, in: Collins (Hg.), *Design und Postmoderne,* München 1990

Fischer, V.: Wechselwirkungen von Design und Architektur. Produktgestalter übernehmen Aufgaben von Architekten, in: Verlagsbeilage »Design«, *Frankfurter Allgemeine Zeitung* vom 24.11.1992

Fischer, W: *Die Deutsche Wirtschaftspolitik 1918–1945,* Opladen 1968

«Fish and Chips« – Gestaltung für Menschen im elektronischen Zeitalter. Experimentelle Designprodukte, in: *werkundzeitmagazin* 1/1986. Kat. zur Ausstellung von Designprojekten des Werkbundseminars »Fish and Chips« vom 6.-12. April 1986 in Stuttgart (Redaktion Jochen Rahe/Gudrun Scholz)

Fleisser, M.-L.: Eine Zierde für den Verein. Roman vom Rauchen, Sporteln, Lieben und Verkaufen, in: dies., *Werke,* Bd. 2, Frankfurt/M. 1972

Flusser, V.: *Gesten. Versuch einer Phänomenologie,* Frankfurt/M. 1994

Fontane, Th.: *Wanderungen durch die Mark Brandenburg,* Bd. 1, München 1966

Ford, H.: *Mein Leben und Werk,* Leipzig 1923

Ford, H.: *Das große Heute und das größere Morgen,* Leipzig 1927

form + zweck, Fachzeitschrift für industrielle Formgestaltung 6/1976, Sonderheft »50 Jahre Bauhaus« und 3/1979, Sonderheft »Bauhaus Weimar, Dessau, Berlin«

Forty, A.: *Objects of Desire. Design and Society 1750-1980,* London 1986

Frampton, K.: Ideologie eines Lehrplanes, in: *archithese* 15/1975

Francke, G.: Das Bauhaus und die faschistische Kulturreaktion, in: *Drittes internationales Bauhauskolloquium,* 1983

Frankl, P. T.: *Form und Re-Form,* New York 1930 (1969)

Frauen im Design. Berufsbilder und Lebenswege seit 1900, 2 Bde., Hg. Landesgewerbeamt Baden-Württemberg/ Design Center Stuttgart 1989

Frecot, D.: Die Lebensreformbewegung, in: K. Vondung Hg.: *Das wilheminische Bildungsbürgertum,* Göttingen 1976

Frecot, J./Geist, J. F./Kerbs, D.: *Fidus 1868–1948. Zur ästhetischen Praxis bürgerlicher Fluchtbewegungen,* München 1973

Freud, S.: *Der Witz und seine Beziehung zum Unbewußten,* 20. Aufl., Frankfurt/M. 1983

Friedell, E.: *Kulturgeschichte der Neuzeit,* 2 Bde., 4. Aufl., München 1983 oder Bd. 3, 22. Aufl., München 1948

Friedhof der Handys, in: *Der Spiegel,* Nr. 48/2001, S. 81

Friedl, F./Ohlhauser, G.: *Das gewöhnliche Design.* Dokumentation einer Ausstellung des Fachbereichs Gestaltung der Fachhochschule Darmstadt 1976, Köln 1979

Friedmann, G.: *Der Mensch in der mechanischen Produktion (Problèmes humains du machinisme industriel,* Paris 1946), Köln 1952

Friemert, Ch.: Design und Gesellschaft, in: Neue Gesellschaft für Bildende Kunst (Hg.), *Funktionen Bildender Kunst in unserer Gesellschaft,* Steinbach 1971

Friemert, Ch.: Praktische und politische Perspektiven, in: *Tendenzen* 95/1974

Friemert, Ch.: Der ›Deutsche Werkbund‹ als Agentur der Warenästhetik in der Aufstiegsphase des deutschen Imperialismus, in: W. F. Haug (Hg.), *Warenästhetik. Beiträge zur Diskussion, Weiterentwicklung und Vermittlung ihrer Kritik,* Frankfurt/M. 1975

Friemert, Ch.: Was ist Designtheorie?, in: Meurer, B./Vinçon, H. (Hg) *Kritik der Alltagskultur,* Berlin 1979

Friemert, Ch.: *Produktionsästhetik im Faschismus. Das Amt »Schönheit der Arbeit« von 1933 bis 1939,* München 1980

Friemert, Ch.: Design in der Krise – Inszenierung statt Gebrauch, in: *form + zweck* 6/1981

Friemert, Ch.: *Die gläserne Arche, Kristallpalast London 1851 und 1854,* Dresden 1984

frogdesign hartmut esslinger (Hg.): *frogart. images and objects by frogdesign,* Philadelphia 1988

Fromm, E.: *Arbeiter und Angestellte am Vorabend des Dritten Reiches. Eine sozialpsychologische Untersuchung,* Stuttgart 1980

Fry, Ch. R. (Hg.): *Art Deco Interiors in Color,* New York 1977

Fuchs, G.: Die Vorhalle zum Hause der Macht und der Schönheit (Zur Hamburger Vorhalle von Prof. Peter Behrens), in: *Deutsche Kunst und Dekoration XI,* 1902

Fuchs, G.: Unmaßgebliche Gedanken für die Pariser

Weltausstellung, in: *Deutsche Kunst und Dekoration II,* 1898
Fuchs, G.: Zur Kunstgewerbe-Schule der Zukunft, in: *Deutsche Kunst und Dekoration XIII,* 1903/04
Fuchs, H./Burkhardt, F.: *Produkt Form Geschichte. 150 Jahre deutsches Design.* Hg. Institut für Auslandsbeziehungen, Stuttgart 1985
Fünf Jahre Bundespreis »Gute Form«. Eine Ausstellung des Rates für Formgebung (Kat.), Hg. Deutsches Museum München 1974
Fünfziger Jahre (Kat.), Hg. Stadtmuseum Offenbach 1984
Fürst, A.: *Das Weltreich der Technik. Entwicklung und Gegenwart,* 4 Bde., Berlin 1923
Fürstenberg, H. (Hg.): *Carl Fürstenberg. Die Lebensgeschichte eines deutschen Bankiers 1870–1914,* Berlin 1931
Fürth, H.: *Ein mittelbürgerliches Budget,* Jena 1907

Galbraith, J. K.: *Die moderne Industriegesellschaft,* München 1968
Garnich, R.: *Konstruktion, Design und Ästhetik,* Esslingen 1968
Gaßner, H.: Von der Utopie zur Wissenschaft und zurück. Zur Geschichte des Konstruktivismus in der Sowjetunion, in: Neue Gesellschaft für Bildende Kunst (Hg.): *Kunst in die Produktion. Sowjetische Kunst während der Phase der Kollektivierung und Industrialisierung 1927–1933,* Berlin 1977
Gaßner, H.: Konstruktivisten. Die Moderne auf dem Weg und die Modernisierung, in: *Die große Utopie. Die russische Avantgarde 1915–1932* (Kat.), Hg. Schirn Kunsthalle, Frankfurt/M. 1992
Gaßner, H./Gillen, E. (Hg.): *Zwischen Revolutionskunst und sozialistischem Realismus. Dokumente und Kommentare. Kunstdebatten in der Sowjetunion von 1917 bis 1934,* Köln 1979
Gaugele, E.: Model der Modulation. Der Avatar als neues Medium der Mode, in: Frank, S./Windmüller, S. (Hg.): *Normieren, Standardisieren, Vereinheitlichen,* Bd. 41 Hessische Blätter für Volks- und Kulturforschung, Marburg 2006
Geest, J. v./Macel, O.: *Stühle aus Stahl. Metallmöbel 1925–1940.* Mit einem einführenden Essay von Schuldt, Köln 1980
Gefühlscollagen – Wohnen von Sinnen (Kat.), Hg. V. Albus u.a., Köln 1986
Geismeier, W.: Stilkunst um 1900 in Deutschland, in: *Stilkunst um 1900* (Kat.), Hg. Staatliche Museen zu Berlin, Berlin 1972

Geismeier, W.: *Das Bild vom Biedermeier. Zeit und Kultur. Kunst und Kunstleben des Biedermeier,* Leipzig 1979
Geist, J./Krause, J.: *Küche, Stube usw. Geschichte der Arbeiterwohnung,* Filmserie des WDR 1976-1978 (Textheft Köln 1979)
Geist, J./Krause, J./Scherer, F./Schulz, M.: Küche, Stube usw. Eine Folge synthetischer Bilder zur Geschichte der Arbeiterwohnung, in: *Kursbuch 59/1980*
Geliebtes Dampfradio. Technik- und Kulturgeschichte (Kat.), Hg. Landesmuseum Koblenz, Koblenz 1984
Gelsenkirchener Barock (Kat.), Hg. Stadt Gelsenkirchen/Städtisches Museum, Heidelberg 1991
Gestaltkreis im Bundesverband der Deutschen Industrie: Forderungen zur ästhetischen Bildung, in: *Werk und Zeit* 7/1967
Geyer, E./Bürdek, B. E.: Design-Management, in: *form* 51/1970
Giedion, S.: *Befreites Wohnen,* Zürich/Leipzig 1929
Giedion, S.: *Walter Gropius, Mensch und Werk,* Stuttgart 1954
Giedion, S.: *Die Herrschaft der Mechanisierung. Ein Beitrag zur anonymen Geschichte,* Frankfurt/M. 1982
Giese, F.: *Girlkultur. Vergleiche zwischen amerikanischem und europäischem Rhythmus und Lebensgefühl,* München 1925
Gilbreth, F. W.: *Bewegungsstudien,* Berlin 1921
Glaser, H.: *Maschinenwelt und Alltagsleben. Industriekultur in Deutschland vom Biedermeier bis zur Weimarer Republik,* Frankfurt/M. 1981
Glaser, H.: *Die Kultur der wilhelminischen Zeit. Topographie einer Epoche,* Frankfurt/M. 1984
Glaser, H.: *Kulturgeschichte der Bundesrepublik Deutschland,* Bd. 1: *Zwischen Kapitulation und Währungsreform. 1945-1948,* München/Wien 1985
Glaser, H.: *Kulturgeschichte der Bundesrepublik Deutschland,* Bd. 2: *Zwischen Grundgesetz und Großer Koalition. 1949–1967,* München/Wien 1986
Glaser, H./Ruppert, W./Neudecker, N. (Hg.): *Industriekultur in Nürnberg. Eine deutsche Stadt im Maschinenzeitalter,* München 1980
Gmelin, L.: *Deutsches Kunstgewerbe zur Zeit der Weltausstellung in Chicago 1893,* München 1893
Göhre, P.: *Denkwürdigkeiten und Erinnerungen eines Arbeiters,* 2 Bde., Leipzig 1903
Göhre, P.: Das Warenhaus, in: *Die Gesellschaft. Sammlung sozialpsychologischer Monographien,* Bd. 12, Hg. M. Buben, Frankfurt/M. 1907
Gömmel, R.: Kapitalbildung und Unternehmensorganisation, in: *Leben und Arbeiten im Industriezeitalter* (Kat.), 1985

Götz, N.: Notiz in: *Leben und Arbeiten im Industriezeitalter* (Kat.), 1985

Goldzamt, E.: *William Morris und die sozialen Usprünge der modernen Architektur,* Dresden 1976 (a)

Goldzamt, E.: Das Erbe von William Morris und das Bauhaus, in: *Wissenschaftliche Zeitschrift der Hochschule für Architektur und Bauwesen Weimar* 516, 1976 (b)

Golücke, D.: *Bernhard Hoetger. Bildhauer, Maler, Baukünstler, Designer,* Bremen 1984

Gorsen P./Knödler-Bunte, E.: *Proletkult 1. System einer proletarischen Kultur.* Dokumentation, Stuttgart/Bad Cannstatt 1974

Gorsen P./Knödler-Bunte, E.: *Proletkult 2. Zur Praxis und Theorie einer proletarischen Kulturrevolution in Sowjetrußland 1917–1925.* Dokumentation, Stuttgart/Bad Cannstatt 1975

Graeff, W. (Hg.): *Innenräume, Räume und Inneneinrichtungsgegenstände aus der Werkbundausstellung »Die Wohnung«, insbesondere aus den Bauten der städtischen Weißenhofsiedlung in Stuttgart,* Stuttgart 1928

Graeff, W.: *Jetzt wird Ihre Wohnung eingerichtet. Deutsches Warenbuch für den neuen Wohnbedarf. Zweckmäßiges Wohnen für jedes Einkommen,* Potsdam 1933

Grandjean, E.: *Physiologische Gestaltung der Büroarbeit,* Stuttgart 1969

Grandjean, E.: *Ergonomie in der Praxis.* Schriftenreihe Arbeitswissenschaft Bd. 7, Köln 1982

Graul, R. (Hg.): *Die Krisis im Kunstgewerbe. Studien über die Wege und Ziele der modernen Richtung,* Leipzig 1902

Gray, C.: *Das große Experiment. Die russische Kunst 1863 1922,* Köln 1974

Grebing, H.: *Geschichte der deutschen Arbeiterbewegung. Ein Überblick,* München 1970

Greenwood, D. P.: *Modern Design in Plastics,* London 1983

Gretsch, H.: Erneuerung unserer Wohnkultur, in: *Bauen, Siedeln, Wohnen* 23/1938

Gretsch, H.: *Gestaltendes Handwerk,* Stuttgart 1942

Grönwald, B.: Wchutemas/Wchutein, in: *form + zweck* 2/1981

Groh, R.: Sozialistisch Rühren und Mixen, in: *Vom Bauhaus bis Bitterfeld* (Kat.) 1991

Grohn, C.: *Die Bauhausidee. Entwurf, Weiterführung, Rezeption,* Berlin 1991

Gronen, W./Lemke, W.: *Geschichte des Radsports und des Fahrrades,* Eupen 1978

Gropius, W.: *Idee und Aufbau des Staatlichen Bauhauses Weimar,* München/Weimar 1923

Gropius, W.: Grundsätze der Bauhausproduktion, in: Gropius, W./Moholy-Nagy, L. (Hg.), *Neue Arbeiten der Bauhauswerkstätten,* Bauhausbücher Bd. 7, München 1925

Gropius, W.: Normung und Wohnungsnot, in: *Technik und Wirtschaft* 20/1927

Gropius, W.: *Architektur. Wege zu einer optischen Kultur,* Frankfurt/Hamburg 1956

Gropius, W.: Die geistige Grundlage des Staatlichen Bauhauses in Weimar (1924), in: H.M. Wingler, *Das Bauhaus,* Bramsche 1962

Gropius, W.: *Die neue Architektur und das Bauhaus,* Mainz/Berlin 1965

Gropius, W./Gropius, I./Bayer, H.: *Bauhaus 1919–1928,* Stuttgart 1955

Gros, J.: *Erweiterter Funktionalismus und empirische Ästhetik,* Dipl. Arb. an der SHfBK Braunschweig 1973

Gros, J.: *Design im Vorzeichen der Digitale. Grundzüge einer aktuellen Stil-Semantik,* Hochschule für Gestaltung, Offenbach 1990

Gros, J.: Virtuelle Alternativen?, in: D. Steffen (Hg.). *Welche Dinge braucht der Mensch?,* Gießen 1995

Grote, A.: Der Takt der zwei Herzen, in: *Süddeutsche Zeitung* Nr. 28/2004

Grosskinski, A.: *Schönheit des Wohnens,* Freiburg 1941

Großstadtproletariat. Zur Lebensweise einer Klasse (Kat.), Hg. Museum für Volkskunde/Staatliche Museen zu Berlin, Berlin 1983

Grunenberg, A.: DDR – Ein Volk steht im Stress. Zwischen sozialistischem Fortschritt und industrieller Modernisierung, in: *DIE ZEIT* 14/1986

Gsöllpointner, H./Hareiter, A./Ortner, L. (Hg.): *Design ist unsichtbar* (Berichtband des Österreichischen Instituts für visuelle Gestaltung in Linz zur Tagung »Forum Design«), Wien 1981

Günther, S.: *Interieurs um 1900. B. Pankok, B. Paul und R. Riemerschmid als Mitarbeiter der Vereinigten Werkstätten für Kunst im Handwerk,* München 1971

Günther, S.: Art Déco/Bauhaus, in: *Die Kunst und das schöne Heim* 1/1976 (a)

Günther, S.: Arbeitermöbel, Architektenentwürfe zu Arbeitermöbeln in Deutschland von der Jahrhundertwende bis zum Beginn des Ersten Weltkrieges, in: *Werk und Zeit* 5/1976 (b)

Günther, S.: *Das deutsche Heim. Luxusinterieurs und Arbeitermöbel von der Gründerzeit bis zum »Dritten Reich«,* Gießen 1984

Günther, S.: *Bruno Paul 1874–1968,* Berlin 1992 (a)

Günther, S.: *Design der Macht. Möbel für Repräsentanten des ›Dritten Reiches‹,* Stuttgart 1992 (b)

Guggenberger, B.: Lifestyles for the Future, in: H. H. Wetcke/Design Zentrum München (Hg.): *Szenenwechsel. German Design goes Rocky Mountain High*, Frankfurt/M. 1996

Guidot, R.: *Design. Die Entwicklung der modernen Gestaltung*. Übers. Bettine Witsch-Aldar. Stuttgart 1994

Gurlitt, C.: *Die deutsche Musterzeichnerkunst und ihre Geschichte*, Darmstadt 1899

Gutzkow, K.: Lebenserinnerungen (1852), in: ders., *Werke*, Bd. 10, Leipzig o.J.

Gysling-Billeter, E.: Die angewandte Kunst. Sachlichkeit trotz Diktatur, in: *Die dreißiger Jahre – Schauplatz Deutschland* (Kat.), München 1977

Haase, H.: Das Kulturerbe in der Klassenauseinandersetzung unserer Zeit, in: *Weimarer Beiträge* 29, Berlin/Weimar 1983

Habermas, J.: Die Dialektik der Rationalisierung. Vom Pauperismus in Produktion und Konsum, in: *Merkur* 8/1954

Habermas, J.: Notizen zum Mißverhältnis von Kultur und Konsum, in: *Merkur* 3/1956

Habermas, J. (Hg.): *Stichworte zur »geistigenSituation der Zeit«*, Bd. 1: *Nation und Republik*; Bd. 2: *Politik und Kultur*, Frankfurt/M. 1979

Habermas, J.: Moderne und postmoderne Architektur, in: ders., *Die Neue Unübersichtlichkeit*, Frankfurt/M. 1985

Habermas, T.: *Geliebte Objekte. Symbole und Instrumente der Identitätsbildung*, Frankfurt/M. 1999

Haffner, H./Baureferat der Landeshauptstadt München (Hg.): *Mobiliar im öffentlichen Raum*, München 1997

Häfner, L.: Ziele und Aufgaben des Kampfbundes Deutscher Architekten und Ingenieure, in: *Die Bauzeitung* 15/1933

Hahn, H. P.: *Materielle Kultur. Eine Einführung.* Berlin 2005

Hahn, P.: Bauhaus Kontrovers. Zur Bauhaus-Diskussion heute, in: *Bauhaus-Archiv* 1981

Hahn, P. (Hg.): *bauhaus berlin. Auflösung Dessau 1932. Schließung Berlin 1933. Bauhäusler und Drittes Reich. Eine Dokumentation,* zusammengestellt vom Bauhaus-Archiv Berlin, Weingarten 1985

Haindl, S.: *Maschinenkunde und Maschinenzeichnen*, München 1852

Haltern, U.: *Die Londoner Weltausstellung von 1851. Ein Beitrag zur Geschichte der bürgerlich-industriellen Gesellschaft im 19. Jahrhundert*, München 1971

Hamann, G.: Die Eingeborenen des Internet, in: *DIE ZEIT* Nr. 12/16.3.2006, S. 25f.

Hamann, G.: Im Bann der Pixelwesen, in: *DIE ZEIT* Nr. 14/29.3.2007

Hamann, R./Hermand, J.: *Deutsche Kunst und Kultur von der Gründerzeit bis zum Expressionismus. Stilkunst um 1900*, Berlin 1967

Hamel, H. (Hg.): *Bundesrepublik Deutschland – DDR. Die Wirtschaftssysteme. Soziale Marktwirtschaft und sozialistische Planwirtschaft im Systemvergleich*, 4. Aufl., München 1983

Hampe, P.: Sozioökonomische und psychische Hintergründe der bildungsbürgerlichen Imperialbegeisterung, in: K. Vondung (Hg.): *Das wilhelminische Bildungsbürgertum*, Göttingen 1976

Hansen, U.: *Stilbildung als absatzwirtschaftliches Problem der Konsumgüterindustrie*, Berlin 1969

Hansen, U./Leitherer, E.: *Produktgestaltung*, Stuttgart 1972

Hareiter, A.: Was ist Design? Fragmentarische Betrachtung anläßlich eines Rückblicks auf Forum Design, in: *Kunstforum International* 66/1983

Harlan, V.: *Im Schatten meiner Filme*, Gütersloh 1966

Harlan, V.: *Wie es war. Erlebnisse eines Filmregisseurs unter seinem allerhöchsten Chef, dem »Schirmherrn des deutschen Films«, Dr. Josef Goebbels*, München ca. 1960 (Typoskript in der Bayerischen Staatsbibliothek München)

Hartig, M.: Erziehung zur Wohnkultur, in: *Wohnungswirtschaft* 20/1930

Hartlaub, G. F.: Ethos der neuen Baukunst, in: *Die Form* IV/1929

Hartmann, H.: Möbel unserer Zeit, in: *Die Baugilde* 14/1932

Hartwich, H. H.: *Staatskrise, Wirtschaftskrise, Reich. Die Staats- und Wirtschaftskrise des Deutschen Reiches 1929–33*, Stuttgart 1967

Haselberg, P. v.: *Funktionalismus und Irrationalität. Studien über Thorstein Veblens »Theory of the Luxure Class«*, Frankfurt/M. 1962

Haselberg, P. v.: *Funktionalismus und Irrationalität*, Frankfurt/M. 1962

Hauffe, T.: Das Neue deutsche Design und die Postmoderne, in: Buchholz, K./Wolbert, K. (Hg.): *Im Designerpark*, (Kat.) Darmstadt 2004

Haug, W. F.: *Kritik der Warenästhetik*, Frankfurt/M. 1971

Haug, W. F.: *Warenästhetik. Beiträge zur Diskussion, Weiterentwicklung und Vermittlung ihrer Kritik*, Frankfurt/M. 1975

Haug, W. F.: *Warenästhetik und kapitalistische Massenkultur (I). »Werbung« und »Konsum«. Systematische Einführung*, Berlin 1980

Haug, W. F.: *Die Faschisierung des bürgerlichen Subjekts. Zur Ideologie der gesunden Normalität und die Ausrottungspolitiken im deutschen Faschismus*, Berlin 1986

Hauser, A.: Idealisten und Utilitaristen. Carlyle, Ruskin, Präraffaelismus, Morris und das Kulturproblem der Technik, in: ders., *Sozialgeschichte der Kunst und Literatur*, München 1953

Hauss-Fitton, B.: Auftakt und Apex der Stromlinienform in den USA. Die Weltausstellungen »A Century of Progress« and »The World of Tomorrow«, in: *Stromlinienform* (Kat.), Hg. C. Lichtenstein u.a., Baden/Zürich 1992

Heilborn, E.: *Zwischen zwei Revolutionen. Der Geist der Schinkelzeit*, Berlin 1927

Heimbucher, J.: Ulm löst sich auf. Zur Situation der Hochschule für Gestaltung, in: *form* 44/1968

Heimbucher, J./Michels, P.: Bauhaus – HfG – IUP, Diplomarbeit am Institut für Umweltplanung der Universität Stuttgart, Stuttgart 1971

Heine, C.: *Die psychische Veralterung von Gütern*, Nürnberg 1968

Hellmann, U.: *Künstliche Kälte. Die Geschichte der Kühlung im Haushalt*, Gießen 1990

Hellmann, U./Honke, D.: *Industrial Design. Herstellen-Verkaufen-Gebrauchen*, Hannover 1983

Hellwag, F.: Kunsthandwerkliche Holzarbeiten auf dem Lloyddampfer »Bremen«, in: *Fachblatt für Holzarbeiter* 25/1930

Hendeles, Y.: Partners (The Teddy Bears Projekt), in: Kat. *Partners*. Ydessa Hendeles, Hg. Chris Dercon und Thomas Weski/Haus der Kunst München, Köln 2003

Henderson, W. O.: *Die industrielle Revolution in Europa 1780–1914*, Wien 1969

Henning, F. W.: Humanisierung und Technisierung der Arbeitswelt. Über den Einfluss der Industrialisierung auf die Arbeitsbedingungen im 19. Jahrhundert, in: Reulecke, J./Weber, W. (Hg.): *Fabrik-Familie-Feierabend*, Wuppertal 1978

Herding, K./Mittig, H. E.: *Kunst und Alltag im NS-System. Albert Speers Berliner Straßenlaternen*, Gießen 1975

Hermand, J. (Hg.): *Jugendstil. Wege der Forschung*, Bd. CX, Darmstadt 1971

Hermand, J.: Vorschein im Rückzug. Zum Sezessionscharakter des Jugendstils, in: *Ein Dokument Deutscher Kunst* (Kat.), Darmstadt 1976

Hermand, J./Trommler, F.: *Die Kultur der Weimarer Republik*, München 1978

Hermann Muthesius 1861–1927 (Kat.), Hg. Akademie der Künste, Berlin 1978

Hermann, G. (Hg.): *Das Biedermeier im Spiegel seiner Zeit*, Berlin/Leipzig/Wien/Stuttgart 1913

Herzogenrath, W.: Die fünf Phasen des Bauhauses, in: *Paris-Berlin. Colloque de l'Office franco-allemand pour la Jeunesse*. Hg. Centre Georges Pompidou, Paris 1978

Herzogenrath, W. (Hg.): *bauhaus utopien. Arbeiten auf Papier* (Kat.), Kölnischer Kunstverein o.J.

Hesse, H.: Henry van de Velde und sein Verhältnis zu Ruskin, Morris und der englischen Art Nouveau-Bewegung, in: *Art Nouveau in England und Schottland* (Kat.), Hg. Karl-Ernst-Osthaus-Museum, Hagen 1968

Heubach, F. W.: *Das bedingte Leben. Theorie der psychologischen Gegenständlichkeit der Dinge. Ein Beitrag zur Psychologie des Alltags*, 2. Aufl., München 1996

Heuss, Th.: *Friedrich Naumann. Der Mann, das Werk, die Zeit*, Stuttgart 1949

Heuss, Th.: *Was ist Qualität? Zur Geschichte und Aufgabe des Deutschen Werkbundes*, Tübingen/Stuttgart 1951

Heuss, Th.: *Erinnerungen 1905–1933*, Tübingen 1963

Heyden, T.: *Die Bauhauslampe. Zur Karriere eines Klassikers*, Berlin 1992

Hickethier, K./Lützen, W. D./Reiss, K. (Hg.): *Das Deutsche Auto. Volkswagenwerbung und Volkskultur*, Gießen 1974

hfg ulm, ein Rückblick, in: *archithese* 15/1975

Hilberseimer, L.: Handwerk und Industrie, in: *Bauhaus* 2/1929 (a)

Hilberseimer, L.: Kleinstwohnungen, in: *Bauhaus* 2/1929 (b)

Hillier, B.: *Art Deco of the 20s and 30s*, London 1968

Hillier, B.: *The Style of the Century. 1900–1980*, London 1983

Himmelheber, G.: Klassizismus, Historismus, Jugendstil, in: H. Kreisel (Hg.), *Die Kunst des deutschen Möbels. Möbel und Vertäfelungen des deutschen Sprachraums von den Anfängen bis zum Jugendstil*, München 1973

Himmelheber, G.: *Kunst des Biedermeier 1815–1835. Architektur, Malerei, Plastik, Kunsthandwerk, Musik, Dichtung und Mode*, München 1988

Hinz, B./Mittig, H. E./Schäcke, W./Schönberger, A. (Hg.): *Die Dekoration der Gewalt. Kunst und Medien im Faschismus*, Gießen 1979

Hinz, S.: *Innenraum und Möbel. Von der Antike bis zur Gegenwart*, Wilhelmshaven 1989

Hirdina, H.: Entwickelt, produziert, in Gebrauch. Konsumgüter zwischen dem VIII. und IX. Parteitag der SED, in. *form + zweck* 2/1976

Hirdina, H.: Ökonomie und Ästhetik am Bauhaus, in: *Tendenzen* 126/127, 1979

Hirdina, H.: DDR-Design – die frühen Jahre, in: *5. Kolloquium zu Fragen der Theorie und Methodik der industriellen Formgestaltung 19./20. November 1981*, Hg. Hochschule für industrielle Formgestaltung Halle – Burg Giebichenstein, Halle 1981

Hirdina, H.: Die Suche nach der objektiven Form, in: *Drittes internationales bauhaus kolloquium,* 1983

Hirdina, H.: Versuch über das neue Frankfurt, in: *Neues Bauen, Neues Gestalten,* 1984

Hirdina, H.: *Gestalten für die Serie. Design in der DDR 1949–1985,* Dresden 1988

Hirdina, H.: Offene Strukturen, geschlossene Formen. DDR- und BRD-Design – ein Vergleich, in: Buchholz, K./Wolbert, K. (Hg.): *Im Designerpark. Leben in künstlichen Welten,* Darmstadt 2004

Hirdina, K. Der Funktionalismus und seine Kritiker, in: *form + zweck* 3/1975

Hirdina, K.: Zur Ästhetik des Bauhausfunktionalismus, in: *Wissenschaftliche Zeitschrift der Hochschule für Architektur und Bauwesen Weimar* 5/6, 1976

Hirdina, K.: *Pathos der Sachlichkeit. Funktionalismus und Fortschritt ästhetischer Kultur,* München 1981

Hirdina, K.: Der Funktionalismus: Programm ästhetischer Wertung, in: *Weimarer Beiträge* 6/1981

Hirschberg, E.: *Die soziale Lage der arbeitenden Klassen in Berlin,* Berlin 1897

Hirschwald, H.: Welcher Gegenstand ist kunstgewerblich?, in: *Deutsche Kunst und Dekoration* XIII 1903–04

Hirth, G.: *Kulturgeschichtliches Bilderbuch aus vier Jahrhunderten* (bearb. von M. v. Boehm), 2 Bde., München 1923–25

Hirth, J.: *Der Formenschatz der Renaissance,* 2 Bde., München 1877

Hirzel, S.: *Kunsthandwerk und Manufaktur in Deutschland seit 1945,* Berlin 1953

Historismus. Kunsthandwerk und Industrie im Zeitalter der Weltausstellungen (Kat.), Hg. Kunstgewerbemuseum Berlin, Berlin 1973

Hitler, A.: Rede zur Eröffnung der Internationalen Automobilausstellung in Berlin, in: *Völkischer Beobachter* Nr. 46 vom 15.2.1935, S. 1f. (»Der Führer wünscht die Schaffung des deutschen Volkswagens«)

Hobsbawm, E. J.: *Die Blütezeit des Kapitals. Eine Kulturgeschichte der Jahre 1848–1875,* Frankfurt/M. 1980

Hochhuth, R./Koch, H. H.: *Kaisers Zeiten. Bilder einer Epoche. Aus dem Archiv der Hofphotographen Oscar und Gustav Tellgmann,* Gütersloh 1977

Hoesch, C. A.: Elektrizität und ihre Gegenstände. Elektrotechnik, ihre Gestaltung und Entwicklung, in: H.H. Wetcke/Design Zentrum München (Hg.): *Siemens Industrial Design. 100 Jahre Kontinuität im Wandel.* Ostfildern 2006

Hoesch, C. A.: »Die Vorbereitung«. Siemens-Design von 1900 bis 1914, in: H. H. Wetcke/Design Zentrum München (Hg.): *Siemens Industrial Design. 100 Jahre Kontinuität im Wandel,* Ostfildern 2006

Höhne, G.: Die Probleme in den neuen Bundesländern. Ein kritischer Blick auf Unternehmen und Institutionen, in: Verlagsbeilage »Design«, *Frankfurter Allgemeine Zeitung* vom 24.11.1992

Höhns, U.: Vorgehängt und hinterlüftet. Oberfläche und Architektur, in: Schneider, R./Flagge, I. (Hg.): (Kat.) *Original Resopal.* Berlin 2006

Hoffmann, H.: »Die Wohnung unserer Zeit« auf der Deutschen Bauausstellung Berlin 1931, in: *Moderne Bauformen,* 1931

Hoffmann, L.: *Die Maschine ist nothwendig,* Berlin 1832

Hoffmann, W./Müller, J. H.: *Das deutsche Volkseinkommen 1851–1957,* Tübingen 1959

Hofmann, C.: Die Lust am Haben und die Angst vor den Dingen, in: *Kursbuch* 49/1977

Hofmann, W.: *Grundelemente der Wirtschaftsgesellschaft,* Reinbek 1969

Hoffmann, O.: Ortswechsel, in: Steffen, D. (Hg.): *Welche Dinge braucht der Mensch?* (Kat.) Gießen 1995

Hoffmann, O. (Hg.), *Rund um die Werkbundtasse:* Darmstadt 1987

Hofmann, W.: Luxus und Widerspruch, in: *Ein Dokument Deutscher Kunst* (Kat.), 1976

Hofstätter, P. R.: Bedarf und Bedürfnis, in: ders. (Hg.), *Psychologie,* Frankfurt/M. 1957

Hohmann, K.: *Produktdesign. Anleitung zu einem methodischen Gesamtdesign,* Essen 1979

Holz, H. H.: Bemerkungen zum ideologischen Charakter der Bauhaus-Konzeption, in: *Tendenzen* 126/127, 1979

Holzinger, L.: *Der produzierte Mangel. Warenästhetik und kapitalistisches Krisenmanagement,* München 1973

Holzkamp, K.: *Sinnliche Erkenntnis. Historischer Ursprung und gesellschaftliche Funktion der Wahrnehmung,* 2. Aufl., Frankfurt/M. 1975

Horkheimer, M./Adorno, Th. W.: *Dialektik der Aufklärung. Philosophische Fragmente,* Frankfurt/M. 1969

Horn, R.: *Memphis. Objects, Furniture and Patterns,* Philadelphia 1985

Hornig, F.: Du bist das Netz, in: *Der Spiegel* Nr. 29/2006 (Titel-Essay)

Hortleder, G.: *Ingenieure in der Industriegesellschaft. Zur Soziologie der Technik und der naturwissenschaftlichen Intelligenz im öffentlichen Dienst und in der Industrie,* Frankfurt/M. 1973

Hubmann, F.: *Das deutsche Familienalbum. Die Welt von Gestern in alten Photographien. Von der Romantik zum zweiten Kaiserreich,* Herrsching 1990

Hübner, H.: *Die soziale Utopie des Bauhauses,* Diss. Münster 1963

Hübsch, H.: *In welchem Style sollen wir bauen?* Karlsruhe 1828 (Reprint Karlsruhe 1984)

Hückler, A.: Deutsches Design Ost und West, in: H. H. Wetcke/Designzentrum München (Hg.): *Szenenwechsel. German Design goes Rocky Mountain High,* Frankfurt/M. 1997

Hufnagl, F.: Was ist das Besondere am deutschen Design? Ein Gespräch mit dem Museumsdirektor, in: *Süddeutsche Zeitung Magazin* Nr. 22/2. Juni 2006, S. 6–38

Hüppauf, B.: Maschine-Mensch-Apparat, in: *Paragrana* Bd. 14/2005, Heft 2 («Körpermaschinen – Maschinenkörper»)

Hüter, K.-H.: *Das Bauhaus in Weimar. Studie zur gesellschaftspolitischen Geschichte einer deutschen Kunstschule,* Berlin 1976

Hundhausen, C.: *Die betriebswirtschaftliche Bedeutung der Produktgestaltung,* Essen 1964

Hundt, W.: *Bei Heinrich Vogeler in Worpswede. Erinnerungen,* Worpswede 1981

Huse, N.: *Neues Bauen 1918–1933. Moderne Architektur in der Weimarer Republik,* München 1975

ICSID (International Council of Societies of Industrial Design): *Constitution,* Brüssel o.J. (1971)

iF Industrieforum Design Hannover (Hg.): *Dieter Rams, Designer. Die leise Ordnung der Dinge,* Göttingen 1990

iF Material Award 2006. Dokumentation des International Forum Design, zusammengestellt von Ebling, S./Warda, R./Storck, M. Hannover 2006

iF International Forum Design (Hg.): *ICSID Design Congress 2003. Critical Motivations and New Dimensions.* Berichtband Hannover o.J.

Il contributo della scuola di ulm/The Legacy of the School of Ulm, in: *Rassegna* 19/3, 1984

Illustrierter Hauptkatalog von August Stukenbrok (1912), Reprint Hildesheim/New York 1973

Imhof, G.: *Der Mensch und sein Körper. Von der Antike bis heute,* München 1983

industrial design 1. Hg. Hochschule für industrielle Formgestaltung Halle, Halle o.J.

Industrie und Technik in der deutschen Malerei von der Romantik bis zur Gegenwart (Kat.), Hg. Wilhelm-Lehmbruck-Museum, Duisburg 1969

Institut für angewandte Arbeitswissenschaft e. V (Hg.): *Taschenbuch der Arbeitsgestaltung,* Köln 1977

Institut für Auslandsbeziehungen (Hg.): *bauhaus,* Stuttgart 1974

Itten, J.: pädagogische fragmente einer formenlehre, in: *Die Form* 5/1930

Itten, J.: *Mein Vorkurs am Bauhaus. Gestaltungs- und Formenlehre,* Ravensburg 1963

Itten, J.: *Tagebücher. Stuttgart 1913–1916. Wien 1916–1919.* Kommentar von E. Badura-Triska, Wien 1990

Jablonowski, U.: »Wo berühren sich die Schaffensgebiete des Technikers und Künstlers?« (Walter Gropius). Beziehungen zwischen dem Dessauer Bauhaus und den Werken des Junkerskonzerns, in: *Dessauer Kalender,* 1983

Jacob & Josef Kohn. Der Katalog von 1916, Reprint München 1985

Jäckh, E.: *Werkbund und Mitteleuropa,* Weimar 1916

Jaeger, H.: *Unternehmer in der deutschen Politik (1890–1918),* Bonn 1967

Jaeger, H.: Unternehmer und Politik im wilhelminischen Deutschland, in: *Tradition. Zeitschrift für Firmengeschichte und Unternehmerbiographie* 6/1968

Jaffé, E.: Die Selbstüberschätzung des Künstlers, in: *Dekorative Kunst* XVIII, 1910

Jaffé, H. I.: *De Stijl 1917–1931. Der niederländische Beitrag zur modernen Kunst,* Berlin/Frankfurt/Wien 1965

Jamaikina, E.: *Wechselbeziehungen und Zusammenarbeit zwischen deutschen und sowjetischen Architekten in den ersten 20 Jahren nach der Oktoberrevolution,* Berlin 1973

Jaumann, A.: Kunst-Politik, in: *Deutsche Kunst und Dekoration* XV, 1904–05

Jaumann, A.: Vom künstlerischen Eigentums-Rechte, in: *Innen-Dekoration* XVIII, 1907 und XIX, 1908

Jehle, M.: Eisenbahn und Industrialisierung, in: *Leben und Arbeiten im Industriezeitalter* (Kat.), Hg. Germanisches Nationalmuseum Nürnberg 1985

Jessen, P.: Der Werkbund und die Großmächte der Deutschen Arbeit, in: *Jahrbuch des Deutschen Werkbundes,* Jena 1912

Joedicke, J./Plath, Ch.: *Die Weißenhofsiedlung,* Stuttgarter Beiträge 4, Stuttgart 1968 ;

Jörges, C.: Telefon und Telefonieren, in: Buchholz, K./Wolbert, K. (Hg.). *Im Designerpark. Leben in künstlichen Welten* (Kat.), Darmstadt 2004

Johannes Itten. Der Unterricht (Kat.), Hg. Bauhaus-Archiv Berlin, Berlin 1974

Johannsen, U.: *Das Marken- und Firmenimage*, Berlin 1971

Joseph M. Olbrich 1867–1908 (Kat.), Darmstadt 1983

Jourdan, J.: Neue Sachlichkeit und weiter. Zur Biographie Ferdinand Kramers, in: *Ferdinand Kramer – Architektur und Design* (Kat.), 1983

Jugendstil. Möbel und Zimmereinrichtungen um 1900, Hannover 1981 (Reprint von *Möbel und Zimmereinrichtungen der Gegenwart*, 2 Bde., Berlin 1904–05)

Jung, H./Deppe, F. u.a.: *BRD-DDR. Vergleich der Gesellschaftssysteme*, 5. Aufl., Köln 1976

Junghanns, K.: *Der Deutsche Werkbund. Sein erstes Jahrzehnt*, Berlin 1982

Jungwirth, N./Kromschröder, G.: *Die Pubertät der Republik. Die 50er Jahre der Deutschen*, Frankfurt/M. 1978

Kabisch, W.: Von der Chronik eines angekündigten Todes und der Rettung durch geistiges Pingpong-Spiel. Deutsches Design heute, in: *Daidalos* 40/1991

Kaelble, H.: Sozialer Aufstieg in Deutschland 1850–1914, in: *Vierteljahresschrift für Sozial- und Wirtschaftsgeschichte* 60/1973

Kallai, E.: zur einführung, in: *Katalog zur Bauhaus-Ausstellung im Gewerbemuseum Basel*, 1929

Kallen, P. W.: *Unter dem Banner der Sachlichkeit. Studien zum Verhältnis von Kunst und Industrie am Beginn des 20. Jahrhunderts*, Köln 1987

Kalweit, A./Paul, C./Peters, S./Wallbaum, R. (Hg.): *Handbuch für Technisches Produktdesign. Material und Fertigung. Entscheidungs-Grundlagen für Designer und Ingenieure.* Berlin/Heidelberg 2006

Kamper, D./Rittner, V. (Hg.): *Zur Geschichte des Körpers. Perspektiven der Anthropologie*, München/Wien 1976

Karl Friedrich Schinkel 1781–1841 (Kat.), Hg. Staatliche Museen zu Berlin, Berlin 1982

Kasemeier, R.: *Kleine Minox, große Bilder*, Seebruck 1974, Reprint Stuttgart 2001

Katona, G.: *Der Massenkonsum. Eine Psychologie der neuen Käuferschichten*, Düsseldorf 1965

Katz, S.: *Classic Plastics. From Bakelite to High Tech with a Collectors Guide*, London 1984

Kaufhaus des Ostens. Berliner Möbeloffensive '85. Hg. Werkbund-Archiv, Museum der Alltagskultur des 20. Jahrhunderts, Berlin 1985

Kautz, H.: *Industrie formt Menschen. Versuch einer Normierung der Industriepädagogik*, Einsiedeln 1929

Kellner, P./Poessnecker, H.: *Produktgestaltung an der HfG Ulm. Versuch einer Dokumentation und Einschätzung.* Reihe Designtheorie – Beiträge zur Entwicklung von Theorie und Praxis des Industrial Design, Hanau 1978

Kelm, M.: *Produktgestaltung im Sozialismus*, Berlin 1971

Kelm, M.: Das Maß unseres Designs, in: *form + zweck* 15/1983

Kelm, M.: Arbeitsumweltgestaltung – Leistungsbeitrag zur sozialistischen Rationalisierung, in: *Beiträge zur Arbeitsumweltgestaltung. Vorträge zum internationalen Symposium »Arbeitsumweltgestaltung-Leistungsbeitrag zur sozialistischen Rationalisierung« am 29./30. November 1983 im Dresdner Rathaus.* Hg. Amt für industrielle Formgestaltung, Dresden 1984

Kemp, W.: *John Ruskin. Leben und Werk*, München/Wien 1983

Kepes, G. (Hg.): *Der Mensch und seine Dinge (The Manmade Object, 1960)*, Brüssel 1972

Kerschensteiner, G.: *Die gewerbliche Erziehung der deutschen Jugend*, Darmstadt 1901

Kerschensteiner, G.: Diskussionsbeitrag zur Heranbildung des gewerblichen Nachwuchses im Rahmen der Verhandlung des Deutschen Werkbundes zu München am 11. und 12. Juli 1908, in: *Die Veredelung der gewerblichen Arbeit*, o.J. (1908)

Kersting, W. M.: *Die lebendige Form. Serienmodell und Massenfabrikation*, Berlin o.J. (1932)

Kiaulehn, W.: *Die eisernen Engel. Geburt, Geschichte und Macht der Maschinen von der Antike bis zur Gegenwart*, Darmstadt 1954

Kirsch, H.-Ch.: *William Morris – ein Mann gegen die Zeit. Leben und Werk*, Köln 1983

Kirsch, K.: *Die Weißenhofsiedlung. Werkbund-Ausstellung »Die Wohnung Stuttgart 1927«*, Stuttgart 1987

Kittel, H.: Die staatliche Designpolitik in der DDR und das Amt für industrielle Formgestaltung, in: *Vom Bauhaus bis Bitterfeld* (Kat.), Hg. R. Halter/Deutscher Werkbund, Gießen 1991

Klar, E. M.: *Kritik an der Rolle des Design in der Verschwendungsgesellschaft*, Diplomarbeit an der HfG Ulm, 1968

Klatt, J.: Die Radio- und Phono-Kombination von Braun. Sk 4 bis Sk 55, in: *Braun + Design. Unabhängige Zeitschrift für Design-Sammler* Nr. 15, Dez./Jan. 1998/90

Klenn, F.: *Kurze Geschichte der Technik*, Freiburg/Basel/Wien 1961

Klinckowstroem, Ch. v.: Kleine Kulturgeschichte der alltäglichen Dinge, in: *Kultur und Technik*, Heft 1 und 2/1981

Klingender, F. D.: *Kunst und industrielle Revolution*, Frankfurt/M. 1976

Klitzke, U.: *Ästhetische Arbeitsplatzgestaltung in Lehre und Forschung am Fachbereich 3 der Hochschule der Künste Berlin*, Hg. HdK Berlin 1981

Klitzke, U.: Projekt ästhetische Arbeitsplatzgestaltung, in: *Tendenzen* 133/1981

Klitzke, U./Pfennig, H. J./Scheiffele, W.: Arbeitsplatzgestaltung. Ein Beitrag zur Humanisierung der Arbeitswelt?, in: *Tendenzen* 95/1974

Klöcker, I.: *Produktgestaltung. Aufgaben, Kriterien, Ausführung*, Berlin/Heidelberg/New York 1981

Klöcker, I.: *Zeitgemäße Form – industrial design international*, München 1967

Klönne, A.: *Die deutsche Arbeiterbewegung. Geschichte – Ziele – Wirkungen*, Düsseldorf/Köln 1980

Klotz, H. (Hg.): *Revision der Moderne. Postmoderne Architektur 1960-1980*, München 1984

Klotz, H.: Ausbildung an der HfG Karlsruhe. Die Elektronik eröffnet neue Perspektiven, in: Verlagsbeilage »Design«, *Frankfurter Allgemeine Zeitung* vom 24.11.1992

Klotz, H.: Design in Deutschland, in: H. H. Wetcke/Design Zentrum München (Hg.): *Szenenwechsel. German Design goes Rocky Mountain High*, Frankfurt/M. 1997

Kluke, P.: Hitler und das Volkswagenprojekt, in: *Vierteljahreshefte für Zeitgeschichte*, 8. Jg. 1960

Koch, A.: An die deutschen Künstler und Kunstfreunde, in: *Deutsche Kunst und Dekoration* I, 1898

Koch, A.: Darmstadt und die volkswirtschaftliche Bedeutung des Kunstgewerbes, in: ders., *Darmstadt, eine Stätte moderner Kunstbestrebungen*, Darmstadt 1905

Koch, A.: *Das vornehm-bürgerliche Heim. Handbuch neuzeitlicher Wohnungskultur*, Darmstadt 1917

Koch, A.: *1000 Ideen zur künstlerischen Ausgestaltung der Wohnung*, Darmstadt 1926

Koch, W.: Die *Konzentrationsbewegung in der deutschen Elektroindustrie*, München/Berlin 1907

Kocka, J. (Hg.): Arbeiterkultur im 19. Jahrhundert, in: *Geschichte und Gesellschaft* 1/1979

Kocka, J.: Technik und Arbeitsplatz im 19. Jahrhundert, in: Buddensieg, T./Rogge, H. (Hg.): *Die nützlichen Künste* (Kat.), Berlin 1981

Kohl, K.-H.: *Die Macht der Dinge. Geschichte und Theorie sakraler Objekte*, München 2003

Köhler, H.: Stuttgart hat ein Design-Center, in: *Werk und Zeit* 3/1971

Köllmann, W.: *Friedrich Harkort*, Düsseldorf 1964

Kofler, L.: *Zur Geschichte der bürgerlichen Gesellschaft*, 5. Aufl., Darmstadt/Neuwied 1974

Kollmann, F.: *Schönheit der Technik*, München 1928

Kollmann, F.: Aerodynamik im Automobilbau. »Wann kommt das neue Auto?«, in: *Das neue Frankfurt* 1/1932-33

Kolloquium (4., 5. und 6.) zu Fragen der Theorie und Methodik der industriellen Formgestaltung, Hg. Hochschule für industrielle Formgestaltung Halle – Burg Giebichenstein, Halle 1980; 1981; 1982

Koppelmann, U.: Produktgestaltung – Versuch einer umfassenden absatzwirtschaftlichen Deutung, in: *Der Markt* 40/1971

Kopperschmidt, J./Minke, G.: *Institut für Umweltplanung Ulm (1 UP). Kurzfassung der langfristigen Konzeption für ein Aufbaustudium am Institut für Umweltplanung*, Ulm 1971

Korrek, N.: Versuch einer Biographie. Die Hochschule für Gestaltung Ulm, in: *form + zweck* 6/1984

Kosko, B.: Himmel oder Hölle. Das Gehirn als Chip und der Chip als Gehirn, in: *Spiegel spezial* 3/1995, S. 68

Kotik, J.: *Konsum oder Verbrauch. Gesellschaftlicher Reichtum, Gebrauchswert, Nutzungsprozeß, Bedürfnisse*, Hamburg 1974

Krabbe, W. R.: *Gesellschaftsveränderung durch Lebensreform. Strukturmerkmale einer sozialreformerischen Bewegung im Deutschland der Industrialisierungsperiode*. Studien zum Wechsel von Gesellschaft und Bildung im 19. Jahrhundert, Bd. 14, Göttingen 1974

Kracauer, S.: Individuelle oder typisierte Möbel?, in: *Das neue Frankfurt* 1/1928

Kracauer, S.: *Die Angestellten. Eine Schrift vom Ende der Weimarer Republik*, Frankfurt/M. 1930, Reprint Allensbach/Bonn 1959

Kracauer, S.: *Das Ornament der Masse*, Frankfurt/M. 1963

Kramer, F.: Die Wohnung für das Existenzminimum, in: *Die Form* 24/1929

Kramer, F. und L.: Sozialer Wohnungsbau der Stadt Frankfurt am Main in den 20er Jahren, in: *Ferdinand Kramer – Architektur und Design* (Kat.), 1983

Kramer, L.: Rationalisierung des Haushalts und Frauenfragen – die Frankfurter Küche und zeitgenössische Kritik, in: *Ernst May und das Neue Frankfurt 1925–1930*. Hg. Deutsches Architekturmuseum Frankfurt am Main, Berlin 1986

Kratzsch, G.: *Kunstwart und Dürerbund. Ein Beitrag zur Geschichte der Gebildeten im Zeitalter des Imperialismus*, Göttingen 1969

Krausse, J.: Volksempfänger. Zur Kulturgeschichte der Monopolware, in: *Kunst und Medien* (Kat.), Hg. Staatliche Kunsthalle Berlin, Berlin 1984

Krausse, J.: Die Frankfurter Küche, in: *Oikos. Von der Feuerstelle zur Mikrowelle* (Kat.), Hg. M. Andritzky/Deutscher Werkbund, Gießen 1992

Kreller, E.: Die Entwicklung der deutschen elektrotechnischen Industrie und ihre Aussichten auf dem Weltmarkt, in: *Staats- und socialwissenschaftliche Forschungen.* Hg. G. Schmoller und M. Sering, Bd. 22, Heft 3, Leipzig 1903

Krise des funktionalistischen Design? Dokumentation einer Veranstaltung des VDID. Hg. Design Center Stuttgart/Landesgewerbeamt Baden-Württemberg, Stuttgart 1981

Kröll, F.: *Bauhaus 1919–1933 Künstler zwischen Isolation und kollektiver Praxis,* Düsseldorf 1974

Kröll, F.: Bauhaus 1919–1933. Ein Abriss, in: *Tendenzen* 126/127, 1979

Kropp, E.: *Wandlung der Form im XX. Jahrhundert,* Bd. 5 der »Bücher der Form«. Hg. W. Riezler im Auftrag des Deutschen Werkbundes, Berlin 1926

Krovoza, A./Oestmann, A.: Kleinbürger in Deutschland. Soziale und politische Konturen einer ›verhinderten Klasse‹, in: *Kursbuch* 45/1976

Kruft, H.-W.: Die Arts-and-Crafts-Bewegung und der deutsche Jugendstil, in: G.Bott (Hg.): *Eine Kunst gegründet auf Einfachheit,* Hanau 1977

Kruft, H.-W.: Die Künstlerkolonie auf der Mathildenhöhe, in: Burckhardt. (Hg.): *Der Deutsche Werkbund. Form ohne Ornament,* Stuttgart 1978

Kruppa, K.: Gestalten – ohne an Kunst zu denken. Zum Schaffen von Marianne Brandt, die am 18.6.1983 verstarb, in: *Bildende Kunst* 8/1983, Hg. Verband Bildender Künstler der DDR

Kruse, A.: *Die Produktdifferenzierung in Theorie und Praxis,* Freiburg 1960

Kuby, Th.: *Schöner leben? Probleme des Design.* Abendstudio des Südwestfunks. Sendeskript, Baden-Baden 1970

Kuczynski, J.: *Geschichte des Alltags des deutschen Volkes,* Bd. 3, Berlin 1981; Bde. 4 und 5, Berlin 1982

Kühne, L.: *Gegenstand und Raum. Über die Historizität des Ästhetischen,* Dresden 1981

Kühne, L.: Über Postmodernismus, in: *form+zweck* 6/1982

Kühne, L.: *Haus und Landschaft,* Dresden 1985

Kühnl, R. (Hg.): *Der deutsche Faschismus in Quellen und Dokumenten,* Köln 1975

Kuhirt, U. (Hg.): *Kunst in der DDR 1960–1980* (darin: »Formgebung in den sechziger und siebziger Jahren«), Leipzig 1983

Kuhn, G./Ludwig, A. (Hg.): *Alltag und soziales Gedächtnis. Die DDR-Objektkultur und ihre Musealisierung.* Hamburg 1997

Kunst im Dritten Reich. Dokumente der Unterwerfung (Kat.), Hg. Frankfurter Kunstverein, Frankfurt/M. 1974/75

Kunst in der Revolution. Architektur, Produktgestaltung, Malerei, Plastik, Agitation, Theater, Film in der Sowjetunion 1917–1932 (Kat.), Hg. Frankfurter Kunstverein, Frankfurt/M. 1972

Kunst in der Revolution. Materialien. Sowjetische Kunst während der Phase der Kollektivierung und Industrialisierung 1927–1933. Hg. Neue Gesellschaft für Bildende Kunst, Berlin 1977

Kunst und Alltag um 1900. Drittes Jahrbuch des Werkbund-Archivs. Hg. E. Siepmann, Gießen 1978

Kunst, Handwerk, Kunstgewerbe und Kunstindustrie in ihren Wechselbeziehungen, redaktioneller Beitrag, in: *Innen-Dekoration* XXII, 1911

Kunstflug. Neues Deutsches Design (Kat.), Krefeld 1983

Kunsthandwerk um 1900. Jugendstil, art nouveau, modern style, nieuwe kunst (Kat.), Hg. Hessisches Landesmuseum, Darmstadt 1973

Kunstschulreform 1900–1933. Dargestellt vom Bauhaus-Archiv Berlin an den Beispielen Bauhaus Weimar/Dessau/Berlin – Kunstschule Debschitz München – Frankfurter Kunstschule – Akademie für Kunst und Kunstgewerbe Breslau – Reimann-Schule Berlin, Berlin 1977

Kunststoff-Objekte 1860–1960. Sammlung Kölsch (Kat.), Hg. Museum Folkwang, Essen 1983

Kupetz, A.: Made in Germany, in: Buchholz, K./Wolbert, K. (Hg.): *Im Designerpark. Leben in künstlichen Welten* (Kat.), Darmstadt 2004

Kurz, F.: Radio auf die Augen, in: *Der Spiegel* Nr. 43/2005, S. 228

Kutschke, C./Pistorius, E./Schädlich, Ch.: Schriften zur Theorie und Geschichte der Architektur, industriellen Formgestaltung und bildenden Kunst im 20. Jahrhundert. Auswahl der 1980-1983 in der DDR erschienenen Literatur, in: *Wissenschaftliche Zeitschrift der Hochschule für Architektur und Bauwesen Weimar* 5/6, 1983

Landesgewerbeamt Baden-Württemberg/Design Center Stuttgart (Hg.): *Frauen im Design. Berufsbilder und Lebenswege seit 1900,* 2 Bde., Stuttgart 1988

Lane, B. M.: *Architecture and Politics in Germany 1918–1945,* Cambridge, Mass. 1968

Lang, L.: *Das Bauhaus 1919–1933. Idee und Wirklichkeit,* Berlin 1966

Langbehn, J.: *Rembrandt als Erzieher. Von einem Deutschen,* 46. Aufl., Leipzig 1903

Lange, A.: *Das wilhelminische Berlin,* Berlin 1967

Lange, K.: *Die künstlerische Erziehung der deutschen Jugend,* Darmstadt 1893

Langenmaier, A.-V./Design Zentrum München (Hg.): *Akustik – eine Aufgabe des Design. Der Klang der Dinge,* München 1993

Langenmaier, A.-V./Design Zentrum München (Hg.): *Das Verschwinden der Dinge. Neue Technologien und Design,* München 1993

Langenmaier, A.-V./Design Zentrum München (Hg.): *Der Stoff der Dinge. Material und Design,* München 1994

Latham, R. S.: Der Designer in USA. Stilist, Künstler, Produktplaner?, in: *form* 34/1966

Laux, W.: Erfahrungen eines Beteiligten, in: *form + zweck* 5/1974

Lattermann, G.: Der Volksempfänger, in: Buchholz, K./Wolbert, K. (Hg.): *Im Designerpark. Leben in künstlichen Welten* (Kat.), Darmstadt 2004

Lattermann, G.: Resopal – weit mehr als Laminat, in: Schneider, R./Flagge, I. (Hg.): *Original Resopal. Die Ästhetik der Oberfläche* (Kat.), Deutsches Architektur Museum Frankfurt, Berlin 2006

Lawson, B.: *How designers think,* London 1980

Leben und Arbeiten im Industriezeitalter. Eine Ausstellung zur Wirtschafts- und Sozialgeschichte Bayerns seit 1850 (Kat.). Hg. Germanisches Nationalmuseum Nürnberg, Nürnberg/Stuttgart 1985

Lecatsa, R.: Die Permanenz der Collage und die Erholung mit allen Stilen. Stadt-Design-Dasein, in: V. Albus u.a. (Hg.): *Gefühlscollagen – Wohnen von Sinnen* (Kat.), Köln 1986

Lederer, E./Marschak, J.: Der neue Mittelstand, in: *Grundriß der Sozialökonomik IX, Abt. Das soziale System des Kapitalismus,* I. Teil: *Die gesellschaftliche Schichtung im Kapitalismus,* Tübingen 1926

Leipold, H.: Planversagen versus Marktversagen, in: H. Hamel (Hg.), *Bundesrepublik Deutschland-DDR. Die Wirtschaftssysteme,* 4. Aufl., München 1983

Leisewitz, A.: *Klassen in der Bundesrepublik heute,* Frankfurt/M. 1976

Leitherer, E.: *IndustrieDesign. Entwicklung – Produktion – Ökonomie,* Stuttgart 1991

Leixner, O. v.: *Soziale Briefe aus Berlin,* Berlin 1894

Lenz, M.: Gedankensprünge. Zur experimentellen Arbeit der Gruppe GINBANDE, in: *Design-Report* 5/1988

Leppert-Fögen, A.: *Die deklassierte Klasse. Studien zur Geschichte und Ideologie des Kleinbürgertums,* Frankfurt/M. 1974

Leroi-Gourhan, A.: *Hand und Wort. Die Evolution von Technik, Sprache und Kunst,* 2. Aufl., Frankfurt/M. 1984

Lessing, J.: *Das Kunstgewerbe auf der Wiener Weltausstellung 1873,* Berlin 1874

Lessing, J.: *Die Renaissance im heutigen Kunstgewerbe. Ein Vortrag,* Berlin 1877

Lessing, J.: *Berichte von der Pariser Weltausstellung 1878,* Berlin 1878

Lessing, J.: *Das halbe Jahrhundert der Weltausstellungen* (Vortrag in der volkswirtschaftlichen Gesellschaft zu Berlin), Berlin 1900

Lethen, H.: *Neue Sachlichkeit 1924–1932. Studien zur Literatur des »Weißen Sozialismus«,* Stuttgart 1970

Lethen, H.: Chicago und Moskau. Berlins moderne Kultur der 20er Jahre zwischen Inflation und Weltwirtschaftskrise, in: I. Boberg u.a. (Hg.): *Die Metropole – Industriekultur in Berlin im 20. Jahrhundert,* München 1986

Letsch, H.: Zur Frage des Klassencharakters der ästhetischen Konzeption des Bauhauskonstruktivismus, in: *Wissenschaftliche Zeitschrift der Hochschule für Architektur und Bauwesen Weimar* 2/1959-60

Letsch, H.: *Der Alltag und die Dinge um uns,* Berlin 1983

Letsch, H.: *Plädoyer für eine schöne Umwelt,* Berlin 1985

Lévi-Strauss, C.: *La pensée sauvage,* Paris 1962. (*Das wilde Denken,* Frankfurt/M. 1968)

Lichtenstein, C.: Paul Jaray, in: *Stromlinienform* (Kat.), Museum für Gestaltung Zürich, Baden/Zürich 1992

Lichtwark, A.: *Die Grundlagen der künstlerischen Bildung. Der Deutsche der Zukunft,* Berlin 1905

Lichtwark, A.: *Eine Auswahl seiner Schriften,* 2 Bde., eingeleitet von K. Scheffler, Berlin 1917

Lichtwark, A.: Der Deutsche der Zukunft. Schlußwort auf dem 1. Kunsterziehungstag in Dresden 1901, in: ders., *Das Bild des Deutschen,* 2. Aufl., Weinheim 1962

Lihotzky, G.: Rationalisierung im Haushalt, in: *Das neue Frankfurt* 5/1926–27

Lindinger, H.: Designgeschichte 1. Das 19. Jahrhundert. Materialien, in: *form* 26/1964

Lindinger, H.: Designgeschichte 4. Produktformen von 1850-1965, in: *form* 30/1965

Lindinger, H.: Design: seit 1850 oder seit eh und je, ein Stil oder eine humane Grundaktivität, in: *form* 57/1972

Lindinger, H. (Hg.): *Hochschule für Gestaltung Ulm. Die Moral der Gegenstände* (Kat.), Berlin 1987

Lindinger, H./Huchthausen, C.-H.: *Geschichte des Industrial Design. Die Entwicklung des Design in Deutschland von 1850–1975 an exemplarischen Beispielen.* Hg. Internationales Design-Zentrum/Rat für Formgebung, Berlin 1978

Lindner, H.: *Strom, Erzeugung, Verteilung und Anwendung der Elektrizität,* Reinbek 1985

Lippe, R. zur: *Am eigenen Leibe. Zur Ökonomie des Lebens*, Frankfurt/M. 1978

Lippe, R. zur: *Sinnenbewußtsein. Grundlegung einer anthropologischen Ästhetik*, Reinbek 1987

Lippert, W./Wippermann, P.: Entry Paradise, in: Seltmann, G./Lippert, W. (Hg.): *Entry Paradise. Neue Welten des Designs*, Basel 2006

Lissitzky, E.: *Proun und Wolkenbügel. Schriften, Briefe, Dokumente*, Dresden 1977

Löbach, B.: *Beiträge zur bevölkerungsorientierten Designtheorie 1. Materialien zur Umweltgestaltung*, Bd. 3, Cremlingen/Weddel 1976

Löbach, B.: *Industrial Design. Grundlagen der Industrieproduktgestaltung*, München 1976

Löbach, B.: *Produktgestaltung*, Stuttgart 1981

Löbach, B.: *Design durch alle. Alternativen zur fremdbestimmten Massenproduktkultur*, Schriftenreihe der HBK Braunschweig, Bd. 3, Braunschweig 1983

Löbach, B./Schmidt, H.: *Design-Materialien. Was ist Industrial Design?* Hg. IDZ Berlin, Braunschweig 1976

Loewy, R.: *Häßlichkeit verkauft sich schlecht*, Düsseldorf 1958

Loos, A.: Ornament und Verbrechen, in: ders., *Schriften*, Bd. 1, Hg. E. Glück, Wien/München 1962

Lotz, W.: *Wie richte ich meine Wohnung ein? Modern, gut, mit welchen Kosten?*, Berlin 1930

Lotz, W.: Das Ende des Bauhauses in Dessau, in: *Die Form* 9/1932

Lucie-Smith, E.: *A History of Industrial Design*, Oxford 1983

Luckner, P. (Hg.): *Multisensuelles Design. Eine Anthologie*, Halle (Saale) 2002

Luckner, P.: Problemskizze zur ästhetischen Spezifik der Arbeitsumweltgestaltung, in: *6. Kolloquium zu Fragen der Theorie und Methodik der industriellen Formgestaltung 21./22. Oktober 1982*. Hg. Hochschule für industrielle Formgestaltung Halle – Burg Giebichenstein, Halle 1982

Luckner, P. (Hg.): *Verständigung zu Akustik und Olfaktorik als Material im Designprozess. Symposium zum Modellversuch im Hochschulbereich »Multisensuelles Design« an der Burg Giebichenstein – Hochschule für Kunst und Design, Halle 2001*

Luckner, P.: Zur *Dialektik von ästhetischer Gestaltung sozialistischer Produktionsprozesse und sozialistischer Persönlichkeitsbildung*, Diss. Dresden 1984

Luckner-Bien, R. (Hg.): *75 Jahre Burg Giebichenstein 1915-1990. Beiträge zur Geschichte* (Kat.), Halle 1990

Lübke, W.: *Geschichte der Renaissance in Deutschland*, 2 Bde., 2. Aufl., Stuttgart 1882

Ludsteck, W.: Wenn digitaler Staub die Informationen sammelt, in: *Süddeutsche Zeitung* Nr. 37/2005

Lützeler, H. und M.: *Unser Heim*, Bonn 1939

Lunatscharski, A.: *Vom Proletkult zum sozialistischen Realismus*, Berlin 1981

Luthmer, F.: *Bürgerliche Möbel aus dem ersten Drittel des neunzehnten Jahrhunderts*, Frankfurt/M. 1908

Luthmer, F./Schmidt, R.: *Empire- und Biedermeiermöbel aus Schlössern und Bürgerhäusern*, Frankfurt/M. 1923

Lux, J. A.: Die Moderne in Wien, in: *Deutsche Kunst und Dekoration* XIV, 1905

Lux, J. A.: *Von der Empire- zur Biedermeierzeit. Eine Sammlung von Möbeln und Innenräumen*, Stuttgart 1906 (7. Aufl. 1930)

Lux, J. A.: *Die Geschichte des modernen Kunstgewerbes in Deutschland*, Leipzig 1908 (a)

Lux, J. A.: Das künstlerische Problem der Industrie, in: *Innen-Dekoration* XIX, 1908 (b)

Lux, J. A.: *Geschmack im Alltag. Ein Lebensbuch zur Pflege des Schönen*, Dresden 1910

Lux, J. A.: *Ingenieur-Ästhetik*, München 1916

Lyotard, J.-F.: Beantwortung der Frage: Was ist postmodern?, in: Engelmann, P. (Hg.). *Postmoderne und Dekonstruktion. Texte französischer Philosophen der Gegenwart*, Stuttgart 1990

Lyotard, J.-F.: Beantwortung der Frage: Was ist postmodern? Übers. D. Schmidt, in: Lyotard, J.-F.: *Postmoderne für Kinder. Briefe aus den Jahren 1982–1985*, Wien 1987

Machine Art (Kat.), Hg. Museum of Modern Art, New York 1934 (Reprint 1969)

Machlitt, U.: Das Bauhaus vor dem Hintergrund sozioökonomischer Strukturen und politischer Kräftegruppierungen in Dessau 1925 bis 1930, in: *Wissenschaftliche Zeitschrift der Hochschule für Architektur und Bauwesen Weimar* 5/6,1976

Maenz, P.: *Art Déco. 1920–1940*, Köln 1974

Maenz, P.: *Die 50er Jahre*, Stuttgart 1978 (Köln 1985)

Märten, L.: Historischer Materialismus und neue Gestaltung, in: *Bauhaus* 1/1929

Märten, L.: *Formen für den Alltag. Schriften, Aufsätze, Vorträge*, Dresden 1981

Maier, B.: *Industrial Design*, 2 Bde., Forchheim 1978

Maldonado, T.: Ist das Bauhaus noch aktuell?, in: *ulm* 10/11, 1964

Maldonado, T.: *Umwelt und Revolte. Zur Dialektik des Entwerfens im Spätkapitalismus*, Reinbek 1970

Malewitsch, K.: *Suprematismus. Die gegenstandslose Welt*, Köln 1962, Reprint Mainz/Berlin 1980

Mang, K.: *Geschichte des modernen Möbels*, Stuttgart 1978
Mang, K.: *Thonet Bugholzmöbel. Von der handwerklichen Fertigung zur industriellen Produktion*, Wien 1982
Manske, B./Scholz, G. (Hg.): *Täglich in der Hand. Industrieformen von Wilhelm Wagenfeld aus sechs Jahrzehnten*, Bremen 1987
Manske, B. (Hg.): *Wilhelm Wagenfeld (1900–1990)*, Ostfildern 2000
Marcilhac, F.: Art-Déco 1925, o.O., in: *Ouest-France* 1984
Marx, K.: *Ökonomisch-philosophische Manuskripte. Erstes Manuskript. Die entfremdete Arbeit*. MEW-Ergänzungsband, Schriften bis 1844, 1. Teil, Berlin 1974
Maschinenmöbel der »Dresdener Werkstätten für Handwerkskunst«, redaktioneller Beitrag, in: *Dekorative Kunst* XIV, 1906
Maser, S.: *Einige Bemerkungen zu einer Theorie des Design*, Braunschweig 1972
Maser, S.: *Grundlagen der allgemeinen Kommunikationstheorie*, 2. Aufl., Stuttgart/Berlin/Köln/Mainz 1973
Matschoss, C.: *Geschichte der Dampfmaschine. Ihre kulturelle Bedeutung, technische Entwicklung und ihre großen Männer*, Berlin 1901 (Reprint Hildesheim, 2. Aufl. 1982)
Matschoss, C.: *Ein Jahrhundert Deutscher Maschinenbau. Von der mechanischen Werkstätte bis zur deutschen Maschinenfabrik. 1819–1919*, Berlin 1919
Matthias, J.: *Die Formensprache des Kunstgewerbes. Über die Bedeutung, Gestaltung und Anwendung der ornamentalen Formen, Typen und Symbole auf dem Gebiete der technischen Künste*, Liegnitz 1875
May, E.: Das neue Frankfurt, in: *Das neue Frankfurt* 1/1926–27
May, E.: Das soziale Moment in der neuen Baukunst, in: *Das neue Frankfurt* 1/1926–27
May, E.: Wohnungspolitik der Stadt Frankfurt am Main, in: *Das neue Frankfurt* 1/1926–27
May, E.: Die Wohnung für das Existenzminimum, in: *Das neue Frankfurt* 11/1929
Mayer, D. (Hg.): *Hans Fallada: Kleiner Mann, was nun? Historische, soziologische, biographische und literaturgeschichtliche Materialien zum Verständnis des Romans*, Frankfurt/Berlin/München 1974
Mayer, R.: Rodtschenko im Bauhaus, in: *Bildende Kunst* 3/1983
Meadows, D.: *Die Grenzen des Wachstums*, Reinbek 1973
Meikle, J. I.: *Industrial Design in America 1925–1939*, Philadelphia 1979
Meikle, J. I.: Das Rennen ums Publikum. Die Stromlinienform als Stil, in: C. Lichtenstein u.a. (Hg.): *Stromlinienform* (Kat.), Baden/Zürich 1992
Memphis-Design (Kat.), Kruithuis 1984
Menck, C.: *Ein Bilderbuch des Deutschen Werkbundes für junge Leute*, Düsseldorf 1958
Mendini, A.: Für ein banales Design, in: H. Gsöllpointner u.a. (Hg.): *Design ist unsichtbar* (Kat.), Wien 1981
Merz, E./Rusinat, T./Zorn, U.: *Produktkritik. Entwicklungen und Tendenzen in der BRD*. Diskussionspapier 5. Hg. Institut für Umweltplanung (IUP) an der Universität Stuttgart, Ulm 1971
Meurer, B./Selle, G.: Neue Wege an den DesignAusbildungsstätten. Kommunaldesigner – ein Vorschlag aus Darmstadt, in: *Werk und Zeit* 3/1973
Meurer, B./Vinçon, H. (Hg.): *Kritik der Alltagskultur*, Berlin 1979
Meurer, B./Vinçon, H.: *Industrielle Ästhetik. Zur Geschichte und Theorie der Gestaltung*, Gießen 1983
MEW (Marx/Engels Werke) Bd. 23, Berlin 1962
Meyer, E.: *Der neue Haushalt. Ein Wegweiser zur wissenschaftlichen Hausführung*, 32. Aufl., Stuttgart 1928
Meyer, H.: Mein Hinauswurf aus dem Bauhaus, in: C. Schnaidt (Hg.): *Hannes Meyer. Bauten, Projekte und Schriften*, Teufen 1965
Meyer, H.: *Bauen und Gesellschaft. Schriften, Briefe, Projekte*, Dresden 1979
Meyer, S./Schulze, E.: »Moderne Technik im Haushalt«. Alltagstechnologien aus historischer Sicht, in: M. Andritzky/Deutscher Werkbund (Hg.): *Oikos. Von der Feuerstelle zur Mikrowelle* (Kat.), Gießen 1992
Meyer, Th.: *Produktplanung und Produktgestaltung im Zeitalter des Merkantilismus am Beispiel der Manufaktur Höchst. Ein Beitrag zur Kunst- und Designgeschichte*. Diplomarbeit an der HfG Offenbach 1976
Michel, W.: Die Deutschen Werkstätten für Handwerkskunst, in: *Deutsche Kunst und Dekoration* XXI, 1907–08
Michel, W.: Ozean-Expreß »Bremen«, in: *Deutsche Kunst und Dekoration* LXD, 1929–30
Mickler, O.: *Facharbeit im Wandel. Rationalisierung im industriellen Produktionsprozess*, Frankfurt/M. 1981
Mitscherlich, A.: *Die Unwirtlichkeit unserer Städte. Anstiftung zum Unfrieden*, Frankfurt/M. 1965
Mode – das inszenierte Leben. Kleidung und Wohnung als Lernenvironment. Hg. IDZ Berlin, Berlin o.J. (1974)
Modellversuch »Neuorganisation der Studiengänge im Bereich Design« an der FH Darmstadt. Erster und zweiter Zwischenbericht. Abschlußbericht. Hg. Fachbereich Gestaltung der FH Darmstadt 1974/75

Möbel perdu, in: *Der Spiegel* 51/1982

Möller, C.: *Gesellschaftliche Funktionen der Konsumwerbung*, Stuttgart 1970

Moholy-Nagy, L.: *Von Material zu Architektur* (1929), Reprint Mainz/Berlin 1968

Moholy-Nagy, S.: *Laszlo Moholy-Nagy. Ein Totalexperiment*, Mainz/Berlin 1972

Mohr, Ch./Müller, M.: *Funktionalität und Moderne. Das neue Frankfurt und seine Bauten 1925–1933*, Köln/Frankfurt 1984

Moles, A.: Die Krise des Funktionalismus, in: *form* 41/1968

Moles, A.: *Psychologie des Kitsches*, München 1972

Mollenkopf, H.: Der Haushalt – Ein Maschinenpark, in: M. Andritzky/Deutscher Werkbund (Hg.): *Oikos. Von der Feuerstelle zur Mikrowelle* (Kat.), Gießen 1992

Mommsen, H./Grieger, M.: *Das Volkswagenwerk und seine Arbeiter im Dritten Reich*. Düsseldorf 1996

Moorstedt, T.: Man lebt nur zweimal, in: *Süddeutsche Zeitung* Nr. 235 vom 12. Okt. 2006

Moos, St. v.: Eine Avantgarde geht in die Produktion. Die Zürcher CIAM-Gruppe und der »Wohnbedarf«, in: H. Gsöllpointner u.a. (Hg.): *Design ist unsichtbar*, Wien 1981

Moos, St. v./Smeenk, C. (Hg.): *Avantgarde und Industrie*, Delft 1983

Morawe, Ch. F.: Die Darmstädter Künstler-Kolonie auf der Weltausstellung, in: *Deutsche Kunst und Dekoration* VI, 1900

Morris, W.: *Kunsthoffnungen und Kunstsorgen*, Leipzig 1901

Morris, W.: *Kunstgewerbliches Sendschreiben*, Leipzig 1901/02

Morris, W.: *Gesellschaft gestern und heute*, Frankfurt/Berlin/Leipzig/Wien 1924

Morris, W.: *Kunde von Nirgendwo. Eine Utopie der vollendeten kommunistischen Gesellschaft*. Nachdruck der Übersetzung von *News from Nowhere*, in: *Die Neue Zeit*, 1892/93, neu herausgegeben von G. Selle, Köln 1974 (Reutlingen 1980)

Mottek, H. (Hg.): *Studien zur Geschichte der industriellen Revolution in Deutschland*, Berlin 1960

Mrazek, W.: Die industrielle Revolution in Österreich und Michael Thonets Bugholzmöbel-Industrie, in: *Das Haus Thonet*, 1969

Much, F. J.: Frankfurter und Stuttgarter Küchen auf der Werkbundausstellung »Die Wohnung 1927« in Stuttgart, in: M. Andritzky/Deutscher Werkbund (Hg.): *Oikos. Von der Feuerstelle zur Mikrowelle* (Kat.), Gießen 1992

Müller, A.: *Das Staatliche Bauhaus Weimar und sein Leiter*, Weimar 1924

Müller, D.: *Klassiker des modernen Möbeldesign. Otto Wagner – Adolf Loos – Josef Hoffmann – Koloman Moser*, 2. Aufl., München 1984

Müller, L.: *DES-IN & Entwurfsbeispiele für eine alternative Produktionsform*, Diplomarbeit an der HfG Offenbach 1977

Müller, M.: Von der Ästhetisierung der Geschichte zur Ästhetisierung des Lebens, in: *Ein Dokument Deutscher Kunst* (Kat.), Darmstadt 1976

Müller, M.: Die sinnliche Erscheinung des Gebrauchswerts, in: *Werk, Bauen + Wohnen* 4/1983

Müller, S.: Das Deutsche Museum für Kunst im Handel und Gewerbe, in: H. Hesse-Frielinghaus u.a., *Karl Ernst Osthaus. Leben und Werk,* Recklinghausen 1971

Müller, S.: *Kunst und Industrie. Ideologie und Organisation des Funktionalismus in der Architektur*, Diss. München 1974

Müller-Krauspe, G.: Design-Ideologien (I). Opas Funktionalismus ist tot, in: *form* 46/1969 (a)

Müller-Krauspe, G.: Design-Ideologien (II). Styling – das Prinzip der Diskontinuität, in: *form* 47/1969 (b)

Müller-Wulckow, W.: *Bauten der Gemeinschaft*, Königstein 1929

Müller-Wulckow, W.: *Die deutsche Wohnung der Gegenwart*, Königstein/Leipzig 1930

Mumford, L.: *Mythos der Maschine. Kultur, Technik und Macht*, Wien 1974

Mundt, B.: *Die deutschen Kunstgewerbemuseen im 19. Jahrhundert*, München 1974

Mundt, B.: *Historismus. Kunstgewerbe zwischen Biedermeier und Jugendstil*, München 1981

Mundt, B./Hettler, I./Netzer, S.: *Interieur und Design in Deutschland 1945–1960* (Kat.), Staatliche Museen zu Berlin, Kunstgewerbemuseum, Berlin 1993

Muschter, G.: Das Bauhaus – Idee und Wirklichkeit. Gedanken zum Anliegen des B. und zur Pflege seines Erbes, in: *Architektur der DDR* 4/1983

Museum für Gestaltung Zürich/Kunstgewerbemuseum (Hg.): *Bauhaus 1919–1933. Meister- und Schülerarbeiten Weimar Dessau Berlin. Eine Ausstellung mit Exponaten von Museen der Deutschen Demokratischen Republik* (Kat.), Zürich 1988

Muthesius, H.: *Das englische Haus*, 3 Bde., Berlin 1904

Muthesius, H.: Der Weg und das Endziel des Kunstgewerbes, in: *Dekorative Kunst XIII*, 1904-05

Muthesius, H.: *Wohnungskultur. Dritte Flugschrift zur ästhetischen Kultur*. Hg. Dürerbund, München 1906

Muthesius, H.: *Kultur und Kunst*, 2. Aufl., Leipzig/Jena 1909

Muthesius, H.: Wo stehen wir? Vortrag auf der Jahresversammlung des Deutschen Werkbundes in Dresden 1911, in: *Die Durchgeistigung der Deutschen Arbeit*, 1912

Muthesius, H.: Die Zukunft der Deutschen Form, in: *Der Deutsche Krieg – Politische Flugschriften*, Heft 50. Hg. E. Jäckh, Stuttgart/Berlin 1915

Muthesius, H.: Handarbeit und Massenerzeugnis, in: *Technische Abende im Zentralinstitut für Erziehung und Unterricht*, 4. Heft, Berlin 1917

Naumann, F.: Die Kunst im Zeitalter der Maschine, in: *Der Kunstwart* 17/2, 1904

Naumann, F.: *Deutsche Gewerbekunst. Eine Arbeit über die Organisation des Deutschen Werkbundes*, Berlin 1908

Naumann, F.: Kunst und Volkswirtschaft. Sonderdruck in: *Die Hilfe* 27/1912

Naumann, F.: *Werkbund und Weltwirtschaft. Der Werkbundgedanke in den germanischen Ländern*, Jena 1914

Naumann, F.: Diskussionsbeitrag im Rahmen der Verhandlung des Deutschen Werkbundes zu München am 11. und 12. Juli 1908, in: *Die Veredelung der gewerblichen Arbeit*, o.J. (1908)

Naumann, F.: *Der deutsche Stil*, Hellerau/Dresden o.J. (1915)

Naylor, G.: *The Arts and Crafts Movement. A Study of its Sources, Ideals and Influences on Design*, London 1971

Naylor, G.: *The Bauhaus Reassessed. Sources and Design Theory*, Huntingdon 1985

Neckel, S.: Design. Was den Alltag formt, in: *du* 766, Mai 2006, S. 48 ff.

Nedoluha, A.: *Kulturgeschichte des technischen Zeichnens*, Wien 1960

Nedoluha, A.: *Geschichte der Werkzeuge und Werkzeugmaschinen*, Wien 1961

Negt, O./Kluge, A.: *Öffentlichkeit und Erfahrung. Zur Organisationsanalyse von bürgerlicher und proletarischer Öffentlichkeit*, Frankfurt/M. 1972

Negt, O./Kluge, A.: *Geschichte und Eigensinn*, Frankfurt/M. 1981

Nehls, W.: Die heiligen Kühe des Funktionalismus müssen geopfert werden, in: *form* 43/1968

Nerdinger, W.: *Walter Gropius. Der Architekt Walter Gropius. Zeichnungen, Pläne und Fotos aus dem Busch-Reisinger Museum, dem Harvard University Art Museum/Cambridge, Mass. und dem Bauhaus-Archiv Berlin*, Berlin 1985

Nerdinger, W. (Hg.): *100 Jahre Deutscher Werkbund 1907–2007* (Kat.), München 2007

Neue Aufgaben für die industrielle Formgestaltung, in: *form + zweck* 5/1974

Neue Lebensformen. Wunsch und Praxis, in: *Ästhetik und Kommunikation* 34/1978

Neue Medien: Neue Gewohnheiten – neues Design? Studien und Materialien, Bd. 6. Hg. HfG Offenbach, Offenbach 1985

Neue Prächtigkeit. Form-Fetischisten, Spinner oder verkannte Avantgarde? Junge deutsche Designer starten zum Angriff auf den Allerweltsgeschmack, in: *Der Spiegel* 2/1985

Neue Wohnung – modern gestaltet. Zweckmäßige Einrichtungsvarianten für die Wohnungsbauserie 70 (Autorengruppe des VEB Fachbuchverlags Leipzig), Leipzig 1983

NEUES BAUEN, NEUES GESTALTEN. DAS NEUE FRANKFURT/die neue stadt. *Eine Zeitschrift zwischen 1926 und 1933*. Hg. Amt für industrielle Formgestaltung, ausgewählt und eingeleitet von H. Hirdina, Dresden 1984

Neumann, E. (Hg.): *Bauhaus und Bauhäusler. Bekenntnisse und Erinnerungen*, Bern/Stuttgart 1971

Neuwirth, W.: *Wiener Werkstätte. Avantgarde. Art Déco. Industrial Design*, Wien 1984

Niethammer, L. (Hg.): *Wohnen im Wandel. Beiträge zur Geschichte des Alltags in der bürgerlichen Gesellschaft*, Wuppertal 1979

Niethammer, L./Brüggemeier, F.: Wie wohnten Arbeiter im Kaiserreich?, in: *Archiv für Sozialgeschichte*, Bd. 16, Bonn 1976

Noblet, J. de: *Histoire et évolution du design*, Paris 1973

Noether, E.: *Vertrustung und Monopolfrage in der deutschen Elektrizitäts-Industrie*, Mannheim/Leipzig 1913

Nosbisch, W.: Die neue Wohnung und ihr Innenausbau. Der neuzeitliche Haushalt, in: *Das neue Frankfurt* 6/1926-27

Nosbisch, W. (Hg.): *Das Wohnungswesen der Stadt Frankfurt (Main)*. Hg. Hochbauamt und Wirtschaftsamt Frankfurt, 1930

Obrist, H.: Luxuskunst oder Volkskunst, in: *Dekorative Kunst* IX, 1901–02

Oehlke, H.: Bauhauspädagogik und die Ausbildung von Industrieformgestaltern in der DDR, in: *Wissenschaftliche Zeitschrift der Hochschule für Architektur und Bauwesen Weimar* 5/6, 1976

Oehlke, H.: Zehn Bemerkungen, in: *form + zweck* 5/1982

Oehlke, H.: Designtheorie in der Lehre, in: *form + zweck* 3/1983

Oehlke, H.: Design in der DDR, in: R. Halter/Deuscher Werkbund (Hg.): *Vom Bauhaus bis Bitterfeld* (Kat.), 1991

Oehlke, H.: Design in der DDR, in: Erlhoff, M. (Hg.): *Deutsches Design 1950–1990. Designed in Germany*. München 1990

Ohl, H.: Das Bewußtsein, das Ulm geschaffen hat, in: *archithese* 15/1975

Ohl, H.: Design ist meßbar, in: *Prämierte Produkte. Eine Ausstellung des Bundespreises ›Gute Form‹ 1969-1977* (Kat.), Hg. Rat für Formgebung, Darmstadt 1977

Ohlhauser, G. (Hg.): *Die Sinnlichkeit der Oberfläche. Produkte, Materialien und Verfahren. Wie Oberflächen unsere Welt prägen*. Groß-Umstadt (Resopal GmbH) 2005

Oikos. Von der Feuerstelle zur Mikrowelle. Haushalt und Wohnen im Wandel (Kat.), Hg. M. Andritzky/Deutscher Werkbund Baden-Württemberg, Gießen 1992

Olbrich, J. M.: Das »Dokument Deutscher Kunst«, in: *Deutsche Kunst und Dekoration* VI, 1900

Olbrich, J. M.: Unsere nächste Arbeit, in: *Deutsche Kunst und Dekoration* VI, 1900

Olins, W.: *Corporate Identity. Strategie und Gestaltung*, Frankfurt/M. 1990

Opitz, H.: *Produktplanung. Konstruktion. Arbeitsvorbereitung*, Essen 1971

Original Resopal. Die Ästhetik der Oberfläche (Kat.), R. Schneider/J. Flagge/Deutsches Architekturmuseum Frankfurt (Hg.), Berlin 2006

Osborn, M.: La Maison Moderne in Paris, in: *Deutsche Kunst und Dekoration* VII, 1900–01

Osterroth, R.: *Ferdinand Porsche. Der Pionier und seine Welt*, Reinbek 2004

Osterwold, T.: Laienkultur, in: *Szenen der Volkskunst* (Kat.), Hg. Württembergischer Kunstverein, Stuttgart 1981

Osthaus, K. E.: *Grundzüge der Stilentwicklung*, Hagen 1918

Osthaus, K. E.: *Van de Velde. Leben und Schaffen des Künstlers*, Hagen 1920 (Reprint Berlin 1984)

Oswald, W.: *Kraftfahrzeuge und Panzer der Reichswehr, Wehrmacht und Bundeswehr*, Stuttgart 1971

Otto, K. H.: Imitation und Surrogat, in: *Innen- Dekoration* XIX, 1908

Otto, K. H.: Zeichen der Zeit in der künstlerischen Produktion, in: *Innen-Dekoration* XX, 1909

Otto, K.: *Industrielle Formgebung in den USA*, Berlin 1963

Ottomeyer, H./Schröder, K. A./Winters, L. (Hg.): *Biedermeier. Die Erfindung der Einfachheit* (Kat.), Albertina Wien, Deutsches Historisches Museum Berlin, Milwaukee Art Museum, Ostfildern 2006

Packard, V.: *Die geheimen Verführer*, Düsseldorf 1958

Packard, V.: *Die große Verschwendung*, Düsseldorf 1961

Pallowski, K.: *Planungstendenzen im heutigen Kapitalismus und ihre Folgen für das Berufsbild von Designern*, Typoskript 1973

Pallowski, K.: Ästhetik und Funktion. Ein Beitrag zur Diskussion des Funktionalismus, in: *tendenzen* 95/1974

Pallowski, K.: Designerinnen heute. Über die Erfahrung von Frauen in einem »Männerberuf«, in: Landesgewerbeamt Baden-Württemberg/Design Center Stuttgart (Hg.): *Frauen im Design. Berufsfelder und Lebenswege seit 1900*, Stuttgart 1989

Pallowski, K.: Zwischen Post- und Prämoderne. Der Stuttgarter Design-Kongress ›Erkundungen‹, in: *Werk und Zeit* 2/1986

Panati, C.: *Universalgeschichte der ganz gewöhnlichen Dinge*. Übers. U. Rennert und D. Mendlewitsch, Frankfurt/M. 1994

Papadakis, A.: *Dekonstruktivismus. Eine Anthologie*, Stuttgart 1989

Papanek, V.: *Das Papanek-Konzept*, München 1972

Papanek, V.: Design *for the Real World*, 2. Aufl., London 1985

Passarge, W.: Die Ausstellung des Staatlichen Bauhauses in Weimar, in: *Das Kunstblatt* 10/1923

Passarge, W.: *Deutsche Werkkunst der Gegenwart*, Berlin 1940

Pazaurek, G. E.: *Guter und schlechter Geschmack im Kunstgewerbe*, Stuttgart/Berlin 1912

Pazaurek, G. E.: *Gläser der Empire- und Biedermeierzeit*, Leipzig 1923

Pazitnow, L.: *Das schöpferische Erbe des Bauhauses 1919–1933*. Heft 1 der Studienreihe für angewandte Kunst, Berlin 1963

Pechmann, G. v.: Die Brauchbarkeit künstlerischer Entwürfe für die Industrie, in: *Dekorative Kunst* XVIII, 1910

Pechmann, G. v.: Die *Qualitätsarbeit. Ein Handbuch für Industrie, Kaufleute, Gewerbepolitiker*, Frankfurt/M. 1924

Pecht, F.: *Kunst und Kunstindustrie auf der Weltausstellung von 1867*, Leipzig 1867

Pecht, F.: *Kunst und Kunstindustrie auf der Wiener Weltausstellung 1873*, Stuttgart 1873

Pehnt, W.: *Die Architektur des Expressionismus*, Stuttgart 1973

Pehnt, W.: Ferne Ziele, große Hoffnung. Der Deutsche Werkbund 1918–1924, in: L. Burckhardt (Hg.): *Der Deutsche Werkbund*, Stuttgart 1978

Pese, C.: Das Warenhaus, in: *Leben und Arbeiten im Industriezeitalter* (Kat.), Nürnberg/Stuttgart 1985

Pese, C.: Serielle Massenproduktion, in: *Leben und Arbeiten im Industriezeitalter* (Kat.). Nürnberg/Stuttgart 1985

Pese, C.: Technik und Ästhetik, in: *Leben und Arbeiten im Industriezeitalter* (Kat.). Nürnberg/Stuttgart 1985

Pessoa, F.: *Das Buch der Unruhe des Hilfsbuchhalters Bernado Soares*. Übers. I. Koebel, Frankfurt/M. 2006

Petroski, H.: *Messer, Gabel, Reißverschluß. Die Evolution der Gebrauchsgegenstände*, Basel/Boston/Berlin 1994

Petruschat, J.: »Take me plastics«, in: Hg. R. Halter/Deutscher Werkbund: *Vom Bauhaus bis Bitterfeld* (Kat.), Gießen 1991 (a)

Petruschat, J.: Arbeitsumweltgestaltung, in: Hg. R. Halter/Deutscher Werkbund: *Vom Bauhaus bis Bitterfeld* (Kat.), Gießen 1991 (b)

Petzet, H. W.: *Von Worpswede nach Moskau. Heinrich Vogeler. Ein Künstler zwischen den Zeiten*, 3. Aufl., Köln 1973

Pevsner, N.: *Wegbereiter moderner Formgebung. Von Morris bis Gropius*, Hamburg 1949

Pevsner, N.: *Architektur und Design. Von der Romantik zur Sachlichkeit*, München 1971

Pfaender, H./Baum, W./Schäfer, H.: *Walter Maria Kersting. Architekt, Formgestalter, Ingenieur, Grafiker*, Darmstadt 1974

Pfeil, E.: *Die Wohnwünsche der Bergarbeiter. Soziologische Erhebung, Deutung und Kritik der Wohnvorstellungen eines Berufs*, Tübingen 1954

Pfleiderer, W.: Einleitung zum Kat. *Die Form ohne Ornament*. Werkbundausstellung 1924, Stuttgart/Berlin/Leipzig

Phaidon Design Classics. 999 Objects chosen in Consultation with wide Rage of International Design-World Insiders, Berlin 2006

Pietsch, L.: Das Hohenzollern-Kunstgewerbehaus Berlin. Aus Anlass seines 25-jährigen Bestehens, in: *Deutsche Kunst und Dekoration* XV, 1904/05

Pilz, W.: Zum Verhältnis von Kunst und Produktgestaltung, in: *Zeitschrift für Kunstpädagogik* 2/1974

Piore, M./Sabel, Ch. F.: *Das Ende der Massenproduktion. Studie über die Requalifizierung der Arbeit und die Rückkehr der Ökonomie in die Gesellschaft*, Berlin 1985

Plastikwelten (Kat.), Elefanten-Press-Galerie, Hg. T. Fecht/S. Weißler, Berlin 1985

Plath, Ch.: *Die Weißenhofsiedlung*, Stuttgart 1968

Plotzeck, J. M./Winnekes, K./Kraus, S./Surmann, U. (Hg.): *Schenkung Werner Schriefers. Werk- und Formensammlung* (Kat.), Köln 2006

Poelzig, H.: Werkbundaufgaben, in: DWB-Mitteilungen 4/1919 bzw. Die Neue Sammlung (Hg.). *Zwischen Kunst und Industrie. Der deutsche Werkbund*, München 1975

Pohl, W.: Design auf dem Wege zu einer Wissenschaft? in: *form* 60/1972

Pohrt, W./Schwarz, M.: Wegwerfbeziehungen. Versuch über die Zerstörung der Gebrauchswerte, in: *Kursbuch* 35/1974

Poll, H.: Fahrradproduktion von der Werkstätte zur industriellen Massenproduktion, in: *Aufriss. Schriftenreihe des Centrum Industriekultur*, 1982

Pollak, G.. *Die gesellschafts- und kulturpolitische Funktion des Deutschen Werkbundes 1907–1919. Die ideologische, wirtschaftliche und gesellschaftspolitische Funktion des Deutschen Werkbundes 1907–1919*, 2 Bde., Diss. Weimar 1971

Polster, B./Meyer, O.: *Braun. 50 Jahre Produktinnovation*. Köln 2005

Pollmann, G.: Kultur im Heim, in: *Bauen, Siedeln, Wohnen* 23/1938

Popp, J. (Hg.): *Deutsches Warenbuch, Kriegsausgabe*. Hg. Dürerbund-Werkbund-Genossenschaft, Hellerau 1915

Popp, J.: *Die Technik als Kulturproblem*, München 1929

Portig, G.: Die nationale Bedeutung des Kunstgewerbes, in: *Deutsche Zeit- und Streitfragen. Flugschriften zur Kenntnis der Gegenwart*. Hg. F. von Holtzendorf, Jg. XII, Heft 177–192, 1883

Posener, J.: *Anfänge des Funktionalismus. Von Arts and Crafts zum Deutschen Werkbund*, Berlin/Frankfurt/Wien 1964

Posener, J.: Der Deutsche Werkbund, in: *Werk und Zeit* 5/1970

Posener, J.: Zwischen Kunst und Industrie: Der Deutsche Werkbund, in: Burckhardt, L. (Hg.): *Der Werkbund in Deutschland, Österreich und der Schweiz*. Stuttgart 1978, sowie in: Die Neue Sammlung (Hg.): *Zwischen Kunst und Industrie*. München 1975

Posener, J.: Geben Sie mir den härtesten Gropius! Gespräch mit Julius Posener, aufgezeichnet und bearbeitet von E. Siepmann und S. Weißler im Werkbund-Archiv Berlin am 23.11.1988, in: Weißler, S. (Hg.): *Design in Deutschland 1933–45. Ästhetik und Organisation des Deutschen Werkbundes im »Dritten Reich«*, Gießen 1990

Posener, J.: Warum und seit wann hat man gestaltet?, in: Meurer, B./Vinçon, H. (Hg.), *Kritik der Alltagskultur*, Berlin 1979

Preußen. Versuch einer Bilanz. Ausstellungsführer (Kat., Bd. 1), Hg. G. Korff, Reinbek 1981

Preußen. Beiträge zu einer politischen Kultur (Kat., Bd. 2). Hg. M. Schlenke, Reinbek 1981

Preußen. Zur Sozialgeschichte eines Staates. Eine Darstellung in Quellen (Kat., Bd. 3), bearbeitet von P. Brandt u.a., Reinbek 1981

Priddat, B. P.: Poesie der Ökonomie. Über die politische oder romantische Ökonomie, in: *Poiesis* 2/1986

Produkt und Umwelt. Ergebnisse einer Ausschreibung. IDZ 7. Hg. IDZ Berlin, Berlin 1974

PROFITOPOLIS oder der Mensch braucht eine andere Stadt (Kat.), Hg. Die Neue Sammlung, München 1971, (1979)

Projektgruppe Arbeiterkultur Hamburg (Hg.): *Vorwärts und nicht vergessen. Arbeiterkultur in Hamburg um 1930* (Kat.), Hamburg 1982

Provokationen. Design aus Italien. Ein Mythos geht neue Wege (Kat.), Hg. Deutscher Werkbund Niedersachsen und Bremen, Hannover 1982

Pudor, H.: *Erziehung zum Kunstgewerbe. Beiträge zu einer geschichtlichen, ästhetischen und technischen Betrachtung des neuzeitlichen Kunstgewerbes,* Berlin 1906

Püschel, J.: Die Gruppe Hannes Meyer in der Sowjetunion, in: *form + zweck* 6/1976

Pulos, A. J.: *American Design Ethic. A History of Industrial Design to 1940*, Hg. vom MIT, Cambridge, Mass. 1983

Puls, D. (Hg.): *Wahrnehmungsformen und Protestverhalten. Studien zur Lage der Unterschichten im 18. und 19. Jahrhundert,* Frankfurt/M. 1979

Radice, B.: *Memphis. Research, Experiences, Results, Failures and Successes of New Design*, London 1985

Raggi, F.: Radical Design. Tendenzen der Designer-Avantgarde Italiens, in: *Design als Postulat am Beispiel Italiens* (Kat.), 1973

Rahe, J.: Ideen und Erfolge – ein Rückblick, in: *»Fish and Chips«. Gestaltung für Menschen im elektronischen Zeitalter. Experimentelle Designprojekte.* Werkbundwerkundzeitmagazin 1 (1986)

Rams, D.: Die Rolle des Designers im Industrieunternehmen, in: H. Gsöllpointner u.a. Hg.: *Design ist unsichtbar*, Wien 1981

Rams, D.: Weniger, aber besser, in: H. H. Wetcke/Design Zentrum München (Hg.): *Szenenwechsel. German Design goes Rocky Mountain High*, Frankfurt/M. 1997

Ranke, W.: Das klassizistische Berlin, in: *Preußen. Versuch einer Bilanz* (Kat.), 1981

Rat für Formgebung (Hg.): *Informationsschrift,* 2. Nachdruck Darmstadt 1960

Rat für Formgebung (Hg.): *Designnotstand in Deutschland,* Darmstadt 1971

Rat für Formgebung (Hg.): *Empfehlungen zur künftigen Ausbildung von Industriedesignern. Denkschrift an die Adresse der Ministerpräsidenten und Senatspräsidenten aller Bundesländer,* Darmstadt 1971

Rat für Formgebung (Hg.): *Erziehung und Ausbildung zu guter Form in Handwerk und Industrie. Vier Empfehlungen,* Darmstadt 1963

Rat für Formgebung (Hg.): *Gute Form*. Kat. zur Ausstellung *An Exhibition of German Industrial Design in London,* Darmstadt 1965

Rat für Formgebung (Hg.): *Ergonomie, Produktion, Design* (1'75). *Das ergonomische Design von Werkzeugen, Geräten und Maschinen* (2'75); *Das ergonomische Design von Arbeitsplätzen und Arbeitsumwelt* (3'75); *Das ergonomische Design in der nichtindustriellen Arbeitswelt* (4'75), Darmstadt 1975

Rat für Formgebung (Hg.): *Design-Bericht 1989–90,* Frankfurt/M. 1990

Rationalisierung 1984 (Kat.), Hg. Neue Gesellschaft für Bildende Kunst und Staatliche Kunsthalle Berlin, Berlin 1983

Rau, E.: Die Innenausstattung im Flugschiff DOX, in: *Fachblatt für Holzarbeiter* 25/1930

Rauecker, B.: *Das Kunstgewerbe in München.* Münchener Volkswirtschaftliche Studien. Hg. L. Brentano und W. Lotz, Stuttgart/Berlin 1911

Rauecker, B.: *Rationalisierung als Kulturfaktor,* Berlin 1929

Rauter, E. A.: *Warum die Werkzeuge die Menschen und die Menschen die Werkzeuge verändern,* München 1977

Rave, P. O.: *Die Kunstdiktatur im Dritten Reich,* Hamburg 1949

Read, H.: Der Ursprung der Form in der Kunst, in: G. Kepes (Hg.): *Der Mensch und seine Dinge*, Brüssel 1972

Read, H.: *Kunst und Industrie. Grundsätze industrieller Formgebung,* Stuttgart o.J.

Reck, H. U.: Arm, aber ehrlich. Nachsichten zum DDR-Design, in: *Kursbuch* 106/1991 (»Alles Design«)

Redlich, L.: Wohnmöbel in unseren deutschen Gauen, in: *Bauen, Siedeln, Wohnen* 23/1938

Redtenbacher, F.: *Der Maschinenbau,* Bd. 1. Mannheim 1862

Redtenbacher, R.: *Tektonik, Principien der künstlerischen Gestaltung der Gebilde und Gefüge von Menschenhand, welche den Gebieten der Architektur, der Inge-*

nieurfächer und der Kunst-Industrie angehören, Wien 1881
Reed, R. C.: *The Streamlined Era,* San Marino 1975
Reich, W.: *Die Massenpsychologie des Faschismus,* Berlin 1971
Reichow, J.: Formgestaltung in der UdSSR, in: *form + zweck* 4/1972
Renner, P.: Zu den Arbeiten von Ferdinand Kramer, in: *Die Form* 10/1927
Resopal GmbH (Hg.)/Ohlhauser, G.: *Resopal 2008. Die Sinnlichkeit der Oberfläche.* Groß-Umstadt 2003
Resopal GmbH (Hg.)/Ohlhauser, G.: *Qear. Resopal 2005,* Groß-Umstadt 2005
Resopal GmbH (Hg.)/Ohlhauser, G.: *Soft Wear. Mehr Qwear Foot Wear. Resopal 2006,* Groß-Umstadt 2006
Resopal GmbH (Hg.)/Ohlhauser, G.: *Casual Wear. Resopal 2004,* Groß-Umstadt 2004
Reuleaux, F.: *Brief aus Philadelphia,* Braunschweig 1877
Reuleaux, F./Moll, C. I.: *Konstruktionslehre für den Maschinenbau,* Braunschweig 1854
Reulecke, J. (Hg.): *Die deutsche Stadt im Industriezeitalter. Beiträge zur modernen deutschen Stadtgeschichte,* Wuppertal 1978
Reulecke, J./Weber, W. (Hg.): *Fabrik – Familie – Feierabend. Beiträge zur Sozialgeschichte des Alltags im Industriezeitalter,* Wuppertal 1978
Reuß, E.: Hitlers Rennschlachten. Die Silberpfeile unterm Hakenkreuz, in: *Süddeutsche Zeitung* Nr. 65 vom 18./19.3.2006 («Mobiles Leben»)
Rexroth, T.: *Warenästhetik – Produkte und Produzenten,* Kronberg 1974
Richard Riemerschmid. Vom Jugendstil zum Werkbund. Werke und Dokumente (Kat.), Hg. W. Nerdinger, München 1982
Richter, J.: *Die Entwicklung des kunsterzieherischen Gedankens,* Leipzig 1909
Riedler, A.: *Das Maschinenzeichnen,* Berlin 1896
Riedler, A.: *Die neue Technik,* Berlin 1921
Riedrich, O.: Was ist deutsche Wohnkultur?, in: *Die Bauzeitung* 35/1938
Riemerschmid, R.: Grundriß und Aussehen, Innenausbau und Einrichtung des Arbeiterwohnhauses, in: *Die künstlerische Gestaltung des Arbeiterwohnhauses,* 1906
Riemerschmid, R.: *Der Einfluß der Großindustrie auf die Formung unserer Zeit,* Berlin 1926
Rietveld als Meubelmaker. Wonen met experimenten 1900–1924 (Kat.), Hg. Centraal Museum Utrecht, Utrecht 1983

Riezler, W.: Die Kulturarbeit des Deutschen Werkbundes, in: *Weltkultur und Weltpolitik,* Folge 7, München 1916
Riezler, W.: Vorwort zum Kat. *Die Form ohne Ornament.* Werkbundausstellung 1924, Stuttgart/Berlin/Leipzig 1924
Ritter, G. A./Kocka, J.: *Deutsche Sozialgeschichte,* Bd. 2 (1870-1914), München 1977
Rittich, W.: Deutsches Kunsthandwerk. Zur ersten Deutschen Kunsthandwerksausstellung, München 1938, in: *Die Kunst im Dritten (Deutschen) Reich* II, Ausgabe A, 1938
Rogge, H.: »Ein Motor muß aussehen wie ein Geburtstagsgeschenk«, in: Buddensieg, T./Rogge, H.: *Die nützlichen Künste,* Berlin 1981
Rogge, H.: *Fabrikwelt um die Jahrhundertwende am Beispiel der AEG Maschinenfabrik in Berlin Wedding,* Köln 1983
Ropohl, U.: *Kultur der Normalität. Ästhetisch-kulturelle Praxis in Alltag und Lebensgeschichte eines Arbeiters, einer Sekretärin und einer Kunstamtsleiterin. Vergleichende Fallanalysen als Beitrag zur Grundlagenforschung für die Kultur- und Kunstpädagogik,* Diss. Oldenburg 1986
Rößler, H.: *Musterblätter von Maschinenzeichnungen zum Gebrauch für Mechaniker, Gewerbeschulen und Gewerbevereine,* Darmstadt 1838
Rosenberg, A.: *Entstehung und Geschichte der Weimarer Republik,* Frankfurt/M. 1955
Rosenthal, Ph./Schneider, E.: *Die Formgestaltung als wirtschafts- und kulturpolitischer Faktor. Denkschrift des Rates für Formgebung,* Darmstadt 1967
Rossow, W.: Das Land, in: W. Fischer/Die Neue Sammlung (Hg.): *Zwischen Kunst und Industrie. Der Deutsche Werkbund.* München 1975
Rost, D.: *So wirbt Siemens. Kommunikation in der Praxis,* Düsseldorf/Wien 1971
Rotzler, W. (Hg.): *Johannes Itten,* 2. Aufl., Zürich 1978
Rudorff, E.: *Heimatschutz,* Leipzig/Berlin 1901
Rübenach, B.: *der rechte winkel von ulm, ein bericht über die hochschule für gestaltung 1958/59,* Hg. B. Meurer, Darmstadt 1987
Rummel, R.: Die verzerrte Siemens-Moderne. Design im Spiegel von Werbe- und Propagandastrategien der NS-Zeit, in: H.H. Wetcke/Design Zentrum München (Hg.): *Siemens Industrial Design. 100 Jahre Kontinuität im Wandel,* Ostfildern 2006
Rundgang durch die Kunstgewerbliche Abteilung der Darmstädter Ausstellung 1898, in: *Deutsche Kunst und Dekoration* 111, 1898–99

Ruppert, W.: *Chiffren des Alltags. Erkundungen zur Geschichte der industriellen Massenproduktkultur*, Marburg 1993

Ruppert, W.: *Die Fabrik-Geschichte von Arbeit und Industrialisierung in Deutschland*, München 1983

Rürup, R. (Hg.): Technik und Gesellschaft im 19. und 20. Jahrhundert, in: *Geschichte und Gesellschaft* 2/1978

Russel, R.: *Stuhl und Stil 1850–1950. Die Entwicklung des Sitzmöbels in Beispielen bedeutender Gestalter*, Stuttgart 1980

Rykwert, J.: Die dunkle Seite des Bauhauses, in: ders., *Ornament ist kein Verbrechen. Architektur als Kunst*, Köln 1982

Samter, H.: *Das Reich der Erfindungen*, Berlin 1896

Sauer, P.: *Demokratischer Neubeginn in Not und Elend. Das Land Württemberg-Baden von 1945 bis 1952*, Ulm 1978

Scandinavian Modern Design 1880–1980 (Kat.), New York 1982

Scarlett, F./Townley, M.: *Arts Décoratifs 1925. A Personal Recollection of the Paris Exhibition*, London/New York 1975

Schade, G.: Angewandte Kunst, in: *Stilkunst um 1900 in Deutschland* (Kat.) Hg. Staatliche Museen zu Berlin, Berlin 1972

Schädlich, Ch.: Das Bauhaus in Dessau, in: *form+zweck* 6/1976

Schädlich, Ch.: Die Moskauer Höheren künstlerisch-technischen Werkstätten und das Bauhaus, in: *Wissenschaftliche Zeitschrift der Hochschule für Architektur und Bauwesen Weimar* 4/5, 1976

Schädlich, Ch.: Über den geschichtlichen Rang des Bauhauses als künstlerische Ausbildungsstätte, in: *Wissenschaftliche Zeitschrift der Hochschule für Architektur und Bauwesen Weimar* 4/5, 1976

Schädlich, Ch.: Wchutemas 1920-1930. Die Moskauer Höheren künstlerischen Werkstätten. Zum 60. Jahrestag ihrer Gründung, in: *Architektur der DDR* 11/1980

Schädlich, Ch.: bauhaus 1919–1933. Hg. Wissenschaftlich-kulturelles Zentrum Bauhaus Dessau, Dessau 1985

Schäfer, H. D.: *Das gespaltene Bewusstsein. Deutsche Kultur und Lebenswirklichkeit 1933–1945*, München 1981

Schaefer, H.: *The Roots of Modern Design. Functional Tradition in the 19. Century*, London 1970

Schaer, W.: Die Ulmer Schule, in: H. Gsöllpointner u.a. (Hg.): *Design ist unsichtbar*, Wien 1981

Schafer, M. R.: Soundscape. Design für Ästhetik und Umwelt, in: A.-V. Langenmaier/Design Zentrum München (Hg.), *Der Klang der Dinge*, München 1993

Schaukal, R.: Die Kunst-Seuche, in: *Innen-Dekoration* XIX, 1908

Scheerer, H.: Gestaltung im Dritten Reich, in: *form* 69/1975 (a); 70/1975 (b); 71/1975 (c)

Scheffler, K.: *Sittliche Diktatur. Ein Aufruf an alle Deutschen*, Stuttgart/Berlin 1920

Scheffler, K.: Das Möbel von heute und morgen, in: *Deutsche Bauzeitung* 66/1932

Scheffler, K.: *Die Form als Schicksal*, 2. Aufl., Erlenbach 1939

Scheid, E.: Heim und Technik in Amerika, in: M. Andritzky/Deutscher Werkbund (Hg.): *Oikos. Von der Feuerstelle zur Mikrowelle* (Kat.), Gießen 1992

Scheidig, W.: *Bauhaus Weimar 1919–1925. Werkstattarbeiten*, München 1966

Schepers, W./Schmitt, P. (Hg.): *Das Jahrhundert des Design. Geschichte und Zukunft der Dinge* (Kat.), Frankfurt/M. 2000

Scherhorn, G.: *Bedürfnis und Bedarf. Sozialökonomische Grundbegriffe im Lichte der neueren Anthropologie*, Berlin 1959

Schettler, K.: Sozial angewandte Kunst, in: *Dekorative Kunst* V, 1899–1900

Schildt, A./Sywottek, A. (Hg.): *Modernisierung im Wiederaufbau. Die westdeutsche Gesellschaft der 50er Jahre*, Bonn 1993

Schiller, K.: Die Designidee geht um die Welt. Bundeswirtschaftsminister Schiller zu Fragen des Industrie-Design, in: *form* 45/1969

Schivelbusch, W.: *Geschichte der Eisenbahnreise. Zur Industrialisierung von Raum und Zeit im 19. Jahrhundert*, München/Wien 1977

Schivelbusch, W.: *Lichtblicke. Zur Geschichte der künstlichen Helligkeit im 19. Jahrhundert*, München/Wien 1983

Schlesinger, G.: Der Einfluß des Werkzeuges auf Leben und Kultur, in: *Technische Abende im Zentralinstitut für Erziehung und Unterricht*, 2. Heft, Berlin 1917

Schliebener, W.: Deutscher Hausrat, Deutsche Möbel, in: *Fachblatt für Holzarbeiter* 33/1938

Schliepmann, H.: Nationale Kunst – Nothwendige Kunst, in: *Deutsche Kunst und Dekoration* I, 1897–98

Schloz, Th.: *Sehbares, Greifbares, Fühlbares. Vom Umgang mit Gegenständen, dem Bezug zu Sachen und dem Leben mit den Dingen*, Magisterarbeit Tübingen 1984

Schmalenbach, F.: *Jugendstil. Ein Beitrag zu Theorie und Geschichte der Flächenkunst*, Diss. Würzburg 1935

Schmalenbach, F.: Jugendstil und neue Sachlichkeit, in: *Kunsthistorische Studien*, Basel 1941

Schmidt, E.: *Die verhinderte Neuordnung 1945–1952. Zur Auseinandersetzung um die Demokratisierung der Wirtschaft in den westlichen Besatzungszonen und in der Bundesrepublik Deutschland*, Frankfurt/M. 1970

Schmidt, P.: *bauhaus weimar 1919–1925, dessau 1925–1932, berlin 1932–1933*, Dresden 1966

Schmidt, W. (Hg.): *Journal des Luxus und der Moden*. Hg. F. J. Bertuch und G. M. Kraus 1786–1827, 2 Bde., Reprint Leipzig 1968

Schmidt-Hellerau, K.: Materialverschwendung und Materialgefühl, in: *Die Durchgeistigung der deutschen Arbeit*, 1912

Schmidtke, H. (Hg.): *Ergonomie*, 2 Bde., München 1973/74

Schmitz, H.: *Deutsche Möbel des Klassizismus*, Stuttgart 1923

Schmitz, H.: *Der schöne Wohnraum*, Berlin 1928

Schmoller, G.: *Über das Maschinenzeitalter in seinem Zusammenhang mit dem Volkswohlstand*, Berlin 1903

Schmuttermeier, E.: Die Wiener Werkstätte, in: *Traum und Wirklichkeit* (Kat.), Hg. Museen der Stadt Wien 1985

Schmutzler, R.: *Art Nouveau, Jugendstil*, Stuttgart 1962

Schnaidt, C. (Hg.): *Hannes Meyer. Bauten, Projekte und Schriften*, Teufen 1965

Schnaidt, C.: Ulm 1955–1975, in: *archithese* 15/1975

Schnaidt, C.: *Umweltbürger und Umweltmacher. Schriften 1964–1980*, Dresden 1982

Schneider, B.: *Design – Eine Einführung. Entwurf im sozialen, kulturellen und wirtschaftlichen Kontext*. Basel/Boston/Berlin 2005

Schneider, R./Flagge, I./Deutsches Architekturmuseum Frankfurt (Hg.): *Original Resopal. Die Ästhetik der Oberfläche* (Kat.), Berlin 2006

Schneider, U.: »Wie richte ich meine Wohnung ein?«. Wohnen und Haushalt, in: Projektgruppe Arbeiterkultur Hamburg (Hg.), *Vorwärts – und nicht vergessen. Arbeiterkultur in Hamburg um 1930*, Hamburg 1982

Schneider-Esleben, C.: Barockoko. Das Spiel mit den Stilen und Stühlen und der Hang zum Gesamtkunstgewerbe, in: *Gefühlscollagen – Wohnen von Sinnen* (Kat.), Hg. V. Albus u.a., Köln 1986

Schnutenhaus, O. R.: *Die Absatztechnik der amerikanischen industriellen Unternehmung*, Berlin 1927

Schock und Schöpfung. Jugendästhetik im 20. Jahrhundert (Kat.), Hg. Deutscher Werkbund und Württembergischer Kunstverein Stuttgart, Darmstadt/Neuwied 1986

Schölermann, W.: »Wiener Brief«, in: *Deutsche Kunst und Dekoration* IV, 1899

Schölermann, W.: *Künstler-Kolonialpolitik und Revolution von oben. Zwei Vorträge*, Leipzig 1910

Schönberger, A.: Deutschlands Designzentren und ihre wirtschaftliche und kulturelle Bedeutung, in: H. H. Wetcke/Design Zentrum München (Hg.): *Szenenwechsel. German Design goes Rocky Mountain High*, Frankfurt/M. 1997

Schönberger, A.: *Die neue Reichskanzlei von A. Speer*, Berlin 1981 (a)

Schönberger, A.: Die neue Reichskanzlei. Architektur, Technik und die Medien im Nationalsozialismus, in: T. Buddensieg/H. Rogge (Hg.): *Die nützlichen Künste*, Berlin 1981 (b)

Schönberger, A.: Internationales Design Zentrum Berlin (Hg.): *Simulation und Wirklichkeit. Design, Architektur, Film, Naturwissenschaften, Ökologie, Ökonomie, Psychologie*, Köln 1988

Schöne Form, gute Ware. Wilhelm Wagenfeld (Kat.), Hg. Württembergisches Landesmuseum, Stuttgart 1980

Schönwandt, R.: *German Design. Neue Dimensionen für Form und Funktion*, 2. Aufl., Dortmund 1991

Scholz, G.: *Die Macht der Gegenstände. Designtheorie. Drei Essays*, Berlin 1989

Schroeder, K.: *Die veränderte Republik. Deutschland nach der Wiedervereinigung*, München 2006

Schröter, A./Becker, W.: *Die deutsche Maschinenbauindustrie in der industriellen Revolution*, Berlin 1962

Schürer, A.: *Der Einfluss produktbestimmender Faktoren auf die Gestaltung, dargestellt an Beispielen aus der Elektro-Industrie*, Bielefeld 1969

Schütz, E.: Der Volkswagen, in: *Deutsche Erinnerungsorte. Eine Auswahl*. Hg. E. François und H. Schulze, München 2005

Schürmeyer, W.: Mechanisierung des Wohnungsbaus in Frankfurt (Main), in: *Deutsche Bauzeitung* 61/1927

Schultes, H.H.: Das Telefon – die Grenzen des Design, in: Langenmaier/Designzentrum München (Hg.): *Der Klang der Dinge*, München 1993

Schultze-Naumburg, P.: *Kulturarbeiten*, 10 Bde., München 1901-17

Schultze-Naumburg, P.: *Kunst und Rasse*, München 1928

Schultze-Naumburg, P.: *Kampf um die Kunst. Nationalsozialistische Bibliothek* Heft 36/1932

Schultze-Naumburg, P.: *Kunst aus Blut und Boden*, Leipzig 1934

Schulze, H.: Der mediale Körper. Zu einer Anthropologie medial-plastischer Leiblichkeit, in: *Paragrana* Bd. 14/2005, Heft 2 (»Körpermaschinen – Maschinenkörper«)

Schumacher, F.: *Erziehung durch Umwelt*, Hamburg 1947

Schur, R.: *Autobuch für den Pimpfen*, 7. Aufl., Berlin 1941

Schuster, F.: Die neue Wohnung und der Hausrat, in: *Das neue Frankfurt* 5/1926–27

Schuster, F.: *Ein Möbelbuch. Ein Beitrag zum Problem des zeitgenössischen Möbels,* Frankfurt/M. 1929

Schwab, A.: *Möbelkonsumtion und Möbelproduktion in Deutschland,* Berlin 1915

Schwabe, H.: *Die Förderung der Kunst-Industrie in England und der Stand dieser Frage in Deutschland,* Berlin 1866

Schweiger, W. J.: *Wiener Werkstätte. Kunst und Handwerk 1903–1932*, Wien 1982

Schwerd, F.: Wie entstand der deutsche Stahlhelm?, in: *Betrieb und Wehr. Monatsblätter für wehrwirtschaftliche und wehrpsychologische Kriegsführung und Arbeitsgestaltung* Folge 9/1936 (Beilage zur Zeitschrift *Deutsche Technik*)

Schwippert, H.: Warum Werkbund?, in: W. Fischer/Die Neue Sammlung (Hg.): *Zwischen Kunst und Industrie. Der Deutsche Werkbund*, München 1975

Seckendorff, E. v.: *Die Hochschule für Gestaltung in Ulm. Gründung (1949-1953) und Ära Max Bill (1953-1957),* Ulm 1989

Seeger, H.: Funktionalismus im Rückspiegel des Design, in: *form* 44/1968

Seeger, M.: Zur Situation der Formgebung in Deutschland, in: Rat für Formgebung (Hg.), *Informationsschrift 2*, Darmstadt 1960

Seeger, M.: Design aus Italien, in: *Werk und Zeit* 5/1970

Seeger, M./Hirzel, S. (Hg.): *Deutsche Warenkunde Eine Bildkartei des Werkbundes,* 4 Bde., Stuttgart 1955–61

Segal, D.: Die Welt der Gegenstände und die Semiotik, in: *Kunst und Literatur* 8/1968

Segre, R.: Design und die Dritte Welt, in: *form* 49/1970

Seherr-Thoss, H. C. v.: *Die Deutsche Automobilindustrie. Eine Dokumentation von 1887 bis heute,* Stuttgart 1974

Seit langem bewährt (Kat.), Hg. Die Neue Sammlung, München 1968

Selden, B.: Die Stromlinienform im Haushalt, in: *Stromlinienform* (Kat.), Hg. Museum für Gestaltung Zürich, Baden/Zürich 1992

Selle, G.: Das Produktdesign der 50er Jahre: Rückgriff in die Entwurfsgeschichte, vollendete Modernisierung des Alltagsinventars oder Vorbote der Postmoderne?, in: Schmidt, A./Sywottek, A. (Hg.), *Modernisierung im Wiederaufbau. Die westdeutsche Gesellschaft der 50er Jahre*, Bonn 1993

Selle, G.: *Design im Alltag. Vom Thonetstuhl zum Mikrochip,* Frankfurt/M. 2007

Selle, G.: *Designgeschichte in Deutschland von 1870 bis heute,* Köln 1978

Selle, G.: *Designgeschichte in Deutschland. Produktkultur als Entwurf und Erfahrung,* Köln 1987

Selle, G.: Die verlorene Unschuld der Armut. Über das Verschwinden einer Kulturdifferenz, in: *Vom Bauhaus bis Bitterfeld* (Kat.), Hg. R. Halter/Deutscher Werkbund, Gießen 1991

Selle, G.: *Ideologie und Utopie des Design. Zur gesellschaftlichen Theorie der industriellen Formgebung,* Köln 1973

Selle, G.: Waren. Kultur. Wertheim Village oder die Richtigkeit des Falschen, in: G. Ohlhauser: *Kultur. Gut. Denkwerkstatt 2005 der Resopal GmbH*, Groß-Umstadt 2006

Selle, G./Boehe, J.: *Leben mit den schönen Dingen. Anpassung und Eigensinn im Alltag des Wohnens,* Reinbek 1986

Seltmann, G./Lippert W. (Hg.). *Entry Paradise. Neue Welten des Designs.* Basel/Boston/Berlin 2006

Sembach, K.-J.: *Stil 1930*, 2. Aufl., Tübingen 1984

Sembach, K.-J.: *Jugendstil. Die Utopie der Versöhnung,* Köln 1990

Sembach, K.-J./Schulte, B. (Hg.): *Henry van de Velde. Ein europäischer Künstler seiner Zeit* (Kat.), Köln 1992

Semper, G.: *Der Stil in den technischen und tektonischen Künsten oder Praktische Ästhetik. Ein Handbuch für Techniker, Künstler und Kunstfreunde,* 2 Bde., Reprint München 1978

Semper, G.: *Der Stil in den technischen und tektonischen Künsten oder Praktische Ästhetik,* Bd. 1: *Textile Kunst*, Frankfurt/M. 1860; Bd. 2: *Keramik, Tektonik, Stereotomie, Metallotechnik,* München 1863

Semper, G.: *Wissenschaft, Industrie und Kunst. Vorschläge zur Anregung nationalen Kunstgefühls*, London 1851/Braunschweig 1852 (Reprint in: *Wissenschaft, Industrie und Kunst. Neue Bauhausbücher*, Mainz/Berlin 1966)

Shadowa, I.: Wchutemas-Wchutein. Die Höheren Künstlerisch-Technischen Werkstätten Moskau, in: Bauhaus-Archiv Berlin, Sammlungskatalog, Berlin 1981

Shorter, E.: *Die Geburt der modernen Familie*, Reinbek 1977

Siebel, W.: Fabrikarbeit und Rationalisierung, in: Boberg, J. u.a. (Hg.): *Exerzierfeld der Moderne*, München 1984

Sieben Fragen an Gustav Stein zur Unabhängigkeit des Rates für Formgebung, in: *form* 46/1969

Siedlermöbel, Redaktioneller Beitrag, in: *Fachblatt für Holzarbeiter* 32/1937

Siegwart, H.: *Produktentwicklung in der industriellen Unternehmung*, Bern 1974

Silbermann, A.: *Vom Wohnen der Deutschen. Eine soziologische Studie über das Wohnerlebnis*, Köln/Opladen 1963

Simmel, G.: Das Problem des Stils, in: *Dekorative Kunst* XI, 1909

Simmel, G.: *Philosophie des Geldes*, 7. Aufl., Berlin 1977

Šipek, B.: Computertempel. Vom Objektdenken zum Raumdenken, in: »*Fish and Chips*«. *werkundzeitmagazin* 1/1986

Sloterdijk, P.: Ein Plädoyer für die Alltäglichkeit, in: *Umriß 1 + 2/1984* (Wien)

Slotta, R.: Bemerkungen zum Verhältnis von »Technik« und »Kunst« am Industrie- und Maschinenbau, in: Buddensieg, T./Rogge, H. (Hg.): *Die nützlichen Künste* (Kat.), Berlin 1981

Sohn-Rethel, A.: *Ökonomie und Klassenstruktur des deutschen Faschismus. Aufzeichnungen und Analysen*, 2. Aufl., Frankfurt/M. 1975

Sollen Dinge lange leben? Brauchen wir Wegwerfprodukte? Macht uns die Mode reicher?, Interview von H. Hirdina mit G. Müller (Chefredakteur »Kultur im Heim«), H. Wessel (Leiter der Abt. Wissenschaft bei »Neues Deutschland«) und F. Döbbel (Redakteur der Wochenzeitung »Die Wirtschaft«), in: *form + zweck* 1/1974

Sombart, W.: Wirtschaft und Mode. Beitrag zur modernen Bedarfsgestaltung, in: Loewenfeld, L./Kurella, H. (Hg.), *Grenzfragen des Nerven- und Seelenlebens*, Bd. 2, Wiesbaden 1901/02

Sombart, W.: *Kunstgewerbe und Kultur*, Berlin 1908

Sonderegger, C.: Der Wasserkessel. Vom Gebrauchsgegenstand zum Luxusartikel, in: *Oikos. Von der Feuerstelle zur Mikrowelle* (Kat.), Hg. M. Andritzky/Deutscher Werkbund, Gießen 1992

Sontag, S.: *Kunst und Antikunst. Essays*, München/Wien 1980

Sparke, P.: *Italienisches Design. Von 1870 bis heute*, Braunschweig 1989

Speer, A.: *Erinnerungen*, 9. Aufl., Frankfurt/Berlin 1971

Spiegel special Nr. 6/1995: *Das Jahrhundert des Design. Der schöne Schein.*

Spiegel-Verlagsreihe »Märkte im Wandel«, Bd. 11: *Freizeitverhalten*, Hamburg 1983

Spiller, G.: Historisch-ökonomische Aspekte und gegenwärtige Aufgaben der Industriellen Formgestaltung im Sozialismus, in: *Kolloquium zu Fragen der Theorie und Methodik der industriellen Formgebung 19./20. November 1981*, Hg. Hochschule für industrielle Formgestaltung Halle – Burg Giebichenstein, Halle 1981

Staatliches Bauhaus Weimar (Kat.), München/Weimar 1923

Stadt Eisenhüttenstadt/Dokumentationszentrum Alltagskultur der DDR (Hg.): *Alltagskultur der DDR*. Berlin-Brandenburg 1996

Stahl, G.: Von der Hauswirtschaft zum Haushalt oder wie man vom Haus zur Wohnung kommt, in: Kat. *Wem gehört die Welt*, 1977

Stahl, K./Curdes, G.: *Umweltplanung in der Industriegesellschaft*, Reinbek 1970

Stam, M.: Das Maß. Das richtige Maß. Das Minimum-Maß, in: *Das neue Frankfurt* 2/1929

Statz, V./Ungewitter, G. G. (Hg.): *Gothisches Musterbuch*, 2 Bde., Leipzig 1856

Steckner, C.: *Zur Ästhetik des Bauhauses. Ein Beitrag zur Erforschung synästhetischer Grundsätze und Elementarerziehung am Bauhaus*, Stuttgart 1985 (Selbstverl.)

Steffen, D.: Pluralistisch und allgegenwärtig. Design unter den Bedingungen der neunziger Jahre, in: Schepers, W./Schmitt, P. (Hg.): *Das Jahrhundert des Design. Geschichte und Zukunft der Dinge* (Kat.), Frankfurt/M. 2000

Steffen, D. (Hg.): *Welche Dinge braucht der Mensch?* (Kat.), Gießen 1995

Steinmann, M. (Hg.): *CIAM – Internationale Kongresse für Neues Bauen. Dokumente zur 1. Periode 1928–1939*, Stuttgart 1979

Stelzer, O.: Der Vorkurs in Weimar und Dessau, in: *50 Jahre Bauhaus* (Kat.), Hg. Württembergischer Kunstverein, Stuttgart 1968

Stenbock-Fermor, A.: *Deutschland von unten. Reisen durch die proletarische Provinz 1930*, Luzern/Frankfurt/M. 1980

Stepanow, A. W.: Das Bauhaus und die Wchutemas. Über methodologische Analogien im Lehrsystem, in: *Wissenschaftliche Zeitschrift der Hochschule für Architektur und Bauwesen Weimar* 5/6, 1983

Sternberger, D.: *Über den Jugendstil und andere Essays*, Hamburg 1956

Sternberger, D.: Panorama des Jugendstils, in: *Ein Dokument Deutscher Kunst* (Kat.), Darmstadt 1976, Bd. 1

Sterner, G.: *Jugendstil. Kunstform zwischen Individualismus und Massengesellschaft*, Köln 1975

Stilkunst um 1900 in Deutschland (Kat.), Hg. Staatliche Museen zu Berlin, Berlin 1972

Stölzl, Ch./Zischka, U.: Zur Geschichte der deutschen Blechspielzeugindustrie im 19. und 20. Jahrhundert, in: *Die Welt aus Blech. Mechanisches Spielzeug aus zwei Jahrhunderten* (Kat.), Mainz 1981

Stolze, D.: Das Wirtschaftswunder. Glanz der Zahlen und Statistiken, in: *Bestandsaufnahme. Eine deutsche Bilanz 1962. Sechsunddreißig Beiträge deutscher Wissenschaftler, Schriftsteller und Publizisten.* Hg. H. W. Richter, München/Wien/Basel 1962

Stratmann, M.: Wohnungsbaupolitik in der Weimarer Republik, in: Kat. *Wem gehört die Welt,* Berlin 1977

Strauß, B.: *Wohnen, Dämmern, Lügen.* München/Wien 1994

Strauß, B.: *Der Untenstehende auf Zehenspitzen.* München/Wien 2004

Strobel, M.: *Alte Bügelgeräte,* München 1983

Stromlinienform. Streamline. Aérodynamisme. Aerodynamismo (Kat.), Museum für Gestaltung Zürich, Hg. C. Lichtenstein/F. Engler, Baden/Zürich 1992

Stürmer, M.: *Handwerk und höfische Kultur,* München 1982

Sturm, H. (Hg.): *Ästhetik und Umwelt. Wahrnehmung ästhetischer Aktivität und ästhetisches Urteil als Moment des Umgangs mit der Umwelt,* Tübingen 1979

Suckow, M.: Im Westen nichts Neues?, in: *Vom Bauhaus bis Bitterfeld* (Kat.), Hg. R. Halter/Deutscher Werkbund, Gießen 1991

System-Design Bahnbrecher: H. Gugelot 1920–1965 (Kat.), Hg. Die Neue Sammlung, München 1984

Szenen der Volkskunst (Kat.), Hg. Württembergischer Kunstverein, Stuttgart 1981

Taut, B.: *Alpine Architektur,* Hagen 1919

Taut, B.: *Die Auflösung der Städte oder die Erde eine gute Wohnung,* Hagen 1920

Taut, B.: *Frühlicht. Eine Folge zur Verwirklichung des neuen Baugedankens,* 4 Hefte, Magdeburg 1921/22

Taut, B.: *Die neue Wohnung. Die Frau als Schöpferin,* Leipzig 1925

Taylor, F. W.: *Die Grundsätze wissenschaftlicher Betriebsführung (The Principles of Scientific Management),* München 1913

Technologische Encyklopädie oder alphabetisches Handbuch der Technologie, der technischen Chemie und des Maschinenwesens zum Gebrauche für Kameralisten, Ökonomen, Künstler, Fabrikanten und Gewerbetreibende jeder Art, Hg. J. J. R. v. Prechtl, Stuttgart 1830–1852

Teige, K.: *Liquidierung der ›Kunst‹. Analysen und Manifeste,* Frankfurt/M. 1968

Tendenzen 126/127, 1979. Sonderheft 60 Jahre Bauhaus

Teut, A.: *Architektur im Dritten Reich,* Frankfurt/Berlin 1967

The World of Art Deco (Kat.), Hg. Minneapolis Institute of Art, New York 1971

Thierbach, D.: Der Blech-Otto zeigt Gefühl, in: *Süddeutsche Zeitung* Nr. 241 vom 19. Okt. 2006

Thompson, M.: *Die Theorie des Abfalls. Über die Schaffung und Vernichtung von Werten,* Stuttgart 1981

Thon, Th.: *Lehrbuch der Reißkunst oder die wahren Grundsätze der Zeichnenwissenschaft. Mit einem Atlas von 36 lithographirten Tafeln,* Ilmenau 1832

Thonet. Bugholzmöbel 1830-1974 (Kat.), Hg. Museum für Kunsthandwerk Frankfurt am Main, Frankfurt/M. 1974

Thuma, J. A.: *Schönheit der Technik – die gute Industrieform,* Stuttgart 1955

Timm, A.: *Einführung in die Technikgeschichte,* Berlin/New York 1972

Tjalve, E.: *Systematische Formgebung für Industrieprodukte,* Düsseldorf 1978

Tränkle, M.: *Wohnkultur und Wohnweisen,* Tübingen 1972

Traum und Wirklichkeit. Wien 1870–1930 (Kat.), Hg. Museen der Stadt Wien, Wien 1985

Treue, W. (Hg.): *Deutschland in der Weltwirtschaftskrise in Augenzeugenberichten,* München 1976 (a)

Treue, W.: *Die Technik in Wirtschaft und Gesellschaft 1800–1970,* in: Aubin, H./Zorn, W. (Hg.): Handbuch der deutschen Wirtschafts- und Sozialgeschichte, Stuttgart 1976

Türcke, C.: *Erregte Gesellschaft. Philosophie der Sensation,* München 2002

Uhlmann, J./Schaarschmidt, K.-H.: Spielraum für ästhetisches Formieren, in: *form + zweck* 2/1972

Ullrich, W.: *Habenwollen. Wie funktioniert die Konsumkultur?,* Frankfurt/M. 2006

ulm. Zeitschrift der Hochschule für Gestaltung Ulm 1–21/1958–1968

Um 1930. Bauten, Möbel, Geräte, Plakate, Fotos (Kat.), Hg. Die Neue Sammlung, München 1969

Ungewitter, G.G.: *Entwürfe zu gothischen Möbeln,* Glogau 1851

Unsere Bourgeoisie. Kursbuch 42/1975

Utitz, E.: *Die Kultur der Gegenwart in den Grundzügen dargestellt,* Stuttgart 1921

van de Velde, H.: *Die Renaissance im modernen Kunstgewerbe,* Berlin 1901 van de Velde, H.: *Kunstgewerbliche Laienpredigten,* Leipzig 1902

van de Velde, H.: *Geschichte meines Lebens,* München 1962

van den Boom, H.: *Ein designtheoretischer Versuch.* Schriftenreihe der HBK Braunschweig, Bd. 4, Braunschweig 1984

van den Boom, H.: Vom Modell zur Simulation – Die Zukunft des Designprozesses, in: A. Schönberger/Internationales Design-Zentrum Berlin (Hg.), *Simulation und Wirklichkeit,* Köln 1988

Veblen, Th.: *Theorie der feinen Leute. Eine ökonomische Untersuchung der Institutionen,* München 1971

Vegesack, A. v.: *Deutsche Stahlrohrmöbel,* München 1986

Vegesack, A. v. (Hg.): *Das Thonet Buch,* München 1987

Verändert die Welt! Poesie muß von allen gemacht werden! (Kat.), Hg. Kunstverein Hamburg 1971 (Moderna Museet Stockholm 1969)

Verband Deutscher Industrie Designer e. V. (VDID): *Rahmenplan für die Ausbildung von Industrie-Designern in der BRD,* Darmstadt 1968

Veronesi, G.: *Into the Twenties. Style and Design 1909 to 1929,* London 1968

Villiger, R.: *Industrielle Formgestaltung. Eine betriebs- und absatzwirtschaftliche Untersuchung,* Winterthur 1957

Vilmar, F.: *Mitbestimmung am Arbeitsplatz. Basis demokratischer Betriebspolitik,* Neuwied 1971

Vischer, F. Th.: *Mode und Cynismus,* 3. Aufl.,1888

Vogeler, H.: *Das neue Leben. Ausgewählte Schriften zur proletarischen Revolution und Kunst,* Hg. D. Pforte, Darmstadt/Neuwied 1973

Voigt, G.: Goebbels als Markentechniker, in: W. F. Haug (Hg.), *Warenästhetik. Beiträge zur Diskussion. Weiterentwicklung und Vermittlung ihrer Kritik,* Frankfurt/M. 1975

Volkswagen AG (Hg.). *Käfer ade. Das Buch vom Volkswagen zum Bandablauf seines letzten Käfer in Mexiko,* Wolfsburg 2003

Voltz, J. M.: *Bilder aus dem Biedermeier,* Baden-Baden 1957

Vom Bauhaus bis Bitterfeld. 41 Jahre DDR-Design. (Kat.), Hg. R. Halter/Deutscher Werkbund, Gießen 1991

Von der Malerei zum Design. Russische konstruktivistische Kunst der zwanziger Jahre (Kat.), Hg. Galerie Gmurzynska, Köln 1981

Vondung, K. (Hg.): *Das wilhelminische Bildungsbürgertum. Zur Sozialgeschichte seiner Ideen,* Göttingen 1976

Vorausdenken für den Menschen. Eine Ausstellung aus der Bundesrepublik Deutschland (Kat.), Hg. Rat für Formgebung, Darmstadt 1984

Vorbilder für Fabrikanten und Handwerker. Auf Befehl des Ministers für Handel, Gewerbe und Bauwesen herausgegeben von der Technischen Deputation für Gewerbe (bearb. von C. Boetticher, K. F. Schinkel, P. C. W. Beuth u.a.), 3 Bde., Berlin 1821–1837

Vorträge zum internationalen Symposium »Arbeitsumweltgestaltung – Leistungsbeitrag zur sozialistischen Rationalisierung« am 29./30. November im Dresdener Rathaus. Hg. Amt für industrielle Formgestaltung (AiF), Dresden 1984

Waberer, K.v.: Schöne Sachen, in: *Kursbuch* 79/1985

Waentig, H.: *Wirtschaft und Kunst. Eine Untersuchung über Geschichte und Theorie der modernen Kunstgewerbebewegung,* Jena 1909

Wagenfeld, W.: Das Staatliche Bauhaus – die Jahre in Weimar, in: *form* Nr. 37/1967. Nachgedruckt in: Manske, B./Scholz, G. (Hg.): *Täglich in der Hand. Industrieformen von Wilhelm Wagenfeld aus sechs Jahrzehnten,* Worpswede 1987

Wagenfeld, W.: *Wesen und Gestalt der Dinge um uns,* Potsdam 1948

Wagner, O.: Die Kunst der Gegenwart, in: Ver *Sacrum* 111, 1990

Wahnzimmer. Neue Möbel, fotografiert von Tom Jacobi und beschrieben von Nicolaus Neumann, in: *Stern* 27/1986

Wald, R.: *Industriearbeiter privat. Eine Studie über Lebensformen und Interessen,* Stuttgart 1966

Walker, J. A.: *Designgeschichte. Perspektiven einer wissenschaftlichen Disziplin.* Übers. Ch. Wyrwa, München 1992

Walter, P.: Kultur und Handwerk, in: *Die Kunst im Dritten (Deutschen) Reich,* Ausgabe A, 1938

Ward, M. u. N.: *Home in the Twenties and Thirties,* London 1978

Warnke, M.: Zur Situation der Couchecke, in: J. Habermas (Hg.): *Zur geistigen Situation der Zeit,* Bd. 2, Frankfurt/M. 1979

Was ist neues deutsches Design?, in: *Schöner Wohnen* 9/1986

Weber, H.: *Geschichte der DDR,* München 1985

Weber, M.: *Wirtschaft und Gesellschaft,* 2. Aufl., Tübingen 1972

Weber, M.: *Die protestantische Ethik (I). Eine Aufsatzsammlung,* 3. Aufl., Hamburg 1973

Weber-Kellermann, I.: *Die deutsche Familie. Versuch einer Sozialgeschichte,* Frankfurt/M. 1974

Weber-Kellermann, I.: *Die Kindheit. Kleidung und Wohnen, Arbeit und Spiel. Eine Kulturgeschichte*, Frankfurt/M. 1979

Wehler, H.-U.: *Das Deutsche Kaiserreich 1871–1918*, Göttingen 1975

Wehler, H.-U.: *Deutsche Gesellschaftsgeschichte* Bd. 4, 1914–1949. München 2003

Wehler, H.-U. (Hg.): *Moderne deutsche Sozialgeschichte*, Köln 1976

Weimarer Republik. Hg. Kunstamt Kreuzberg und Institut für Theaterwissenschaft der Universität Köln, Berlin/Hamburg 1977

Weingarten, H.: Neue Wohnkultur. Auf der Reichsausstellung »Schaffendes Volk«, in: *Innen-Dekoration* 48/1937

Weißler, S. (Hg.): *Design in Deutschland 1933–45. Ästhetik und Organisation des Deutschen Werkbundes im »Dritten Reich«*, Gießen 1990

Wellmer, A.: *Zur Dialektik von Moderne und Postmoderne. Vernunftkritik nach Adorno*, Frankfurt/M. 1985

Welsch, W.: Die veränderte Form der Kulturen, in: H. H. Wetcke/Design-Zentrum München (Hg.): *Szenenwechsel. German Design goes Rocky Mountain High*, Frankfurt/M. 1977

Welsch, W.: *Unsere postmoderne Moderne*, 2. Aufl., Weinheim 1988

Welsch, W.: Perspektiven für das Design der Zukunft, in: ders., *Ästhetisches Denken*, Stuttgart 1990

Welsch, W.: Die veränderte Form der Kulturen. Auf dem Weg zu einem transkulturellen Design, in: H.H. Wetcke/Designzentrum München (Hg.): *Szenenwechsel. German Design goes to Rocky Mountain High*, Frankfurt/M. 1997

Weltausstellungen im 19. Jahrhundert (Kat.), Hg. Die Neue Sammlung, München 1973

»*Wem gehört die Welt«. Kunst und Gesellschaft in der Weimarer Republik*. Hg. Neue Gesellschaft für Bildende Kunst, 2. Aufl., Berlin 1977

Wember, P.: *Die Jugend der Plakate*, Krefeld o.J.

Wendorff, R.: *Zeit und Kultur. Geschichte des Zeitbewusstseins in Europa*, Opladen 1980

Wendt, U.: Die *Technik als Kulturmacht in sozialer und geistiger Beziehung*, Berlin 1906

»*Wenn bei Capri die rote Sonne im Meer versinkt«. In den Warengebirgen der 50er Jahre*. Hg. Werkbund-Archiv Berlin, Berlin 1982

Wenzel, E.: Erste Jahrestagung des Gestaltkreises, in: *Werk und Zeit* 1/1966

Werkbund-Ausstellung Cöln 1914 (Kat.), Köln/Berlin 1914

Westheim, P.: Soziale Verpflichtung des Kunstgewerblers, in: *Innen-Dekoration XX*, 1909

Westheim, P.: Vereinigte Werkstätten für Kunst im Handwerk, in: *Deutsche Kunst und Dekoration XXVIII*, 1911

Westheim, P.: Volkskunst unserer Zeit, in: *Dekorative Kunst XXIII*, 1915

Wetcke, H. H./Design Zentrum München (Hg.): *Siemens Industrial Design. 100 Jahre Kontinuität im Wandel*, Ostfildern 2006

Wetcke, H. H./Design Zentrum München (Hg.): *Szenenwechsel. German Design goes Rocky Mountain High*, Frankfurt/M. 1997

Wetzel, H.: Die Werkbund-Siedlung auf dem Weißenhof bei Stuttgart, in: *Deutsche Bauzeitung* 61/1927

Wichert, F.: Der neue Hausrat. Zum Hauptthema dieses Heftes und zur Einführung des Frankfurter Registers, in: *Das neue Frankfurt* 1/1928 (a)

Wichert, F.: Die neue Baukunst als Erzieher, in: *Das neue Frankfurt* 11–12/1928 (b)

Wichmann, H.: *Aufbruch zum Neuen Wohnen. Deutsche Werkstätten und WK-Verband 1898–1970*, Basel/Stuttgart 1978

Wichmann, H.: *Industrial Design, Unikate, Serienerzeugnisse. Kunst, die sich nützlich macht. Die Neue Sammlung. Ein neuer Museumstyp des 20. Jahrhunderts*, München 1985

Wichmann, H.: *Design contra Art Déco. 1927–1932, Jahrfünft der Wende*, München 1993

Wichmann, S.: *Jugendstil Floral Funktional in Deutschland und Österreich und den Einflussgebieten*, Herrsching 1984

Wick, R.: *Bauhaus-Pädagogik*, Köln 1982 (a)

Wick, R.: Designsoziologie als Bezugswissenschaft von Designpädagogik, in: Rat für Formgebung (Hg.), *Designmaterialien. Design, Handel, Konsum und Erziehung. Arbeitsbericht C-11*, Darmstadt 1982 (b)

Wick, R.: Das Ende des Funktionalismus am Beispiel Möbeldesign, in: *Kunstforum International*, 66/1983

Wick, R. (Hg.): *Ist die bauhaus pädagogik aktuell?*, Köln 1985

Wick, R.: Designgeschichte im Lehramt Kunst. Fachwissenschaftliche und fachdidaktische Erwägungen zu einer noch konsolidierungsbedürftigen Disziplin, in: *Kunst lehren und lernen*, Hg. Funktionsbereich Kunst- und Designpädagogik im Fachbereich 4 der Universität Gesamthochschule Essen, Essen 1986

Wiener Werkstätte. Josef Hoffmann und Kolo Moser, redaktioneller Beitrag, in: *Deutsche Kunst und Dekoration XVII*, 1905–06

Wies, R.: *Das Journal des Luxus und der Moden* (1786–

1827), ein Spiegel kultureller Strömungen der Goethezeit, Diss. München 1953

Wiese, St. v.: »Lasst alle Hoffnung fahren!«. Bauhaus und de Stijl im Widerstreit, in: Bauhaus-Archiv Berlin (Sammlungskatalog), Berlin 1981

Wilhelm Wagenfeld. 50 Jahre Mitarbeit in Fabriken (Kat.), Hg. Kunstgewerbemuseum der Stadt Köln, Köln 1974

Wilhelm, K.: Produkt-Gestaltung und Präsentation, in: Buddensieg, T./Rogge, H. (Hg.): *Industriekultur. Peter Behrens und die AEG 1907–1914*, Berlin 1979 (2. Aufl. 1981)

Wilhelm, R.: Deutsches Kunsthandwerk, in: *Die Kunst im Deutschen Reich*, Ausgabe A, 1939

Wilhide, E.: *William Morris. Decor and Design*, London/New York 1991

William Morris 1834–1896. Persönlichkeit und Werk (Kat.), Hg. Museum Bellerive, Zürich 1979

Wilser, L.: Germanischer Stil und deutsche Kunst, in: *Deutsche Kunst und Dekoration* IV und V, 1899–1900

Wilson, R. G./Pilgrim, D./Tashjian, D.: *The Machine Age in America 1918–1942*, New York 1986

Wingler, H. M.: *Das Bauhaus*, Bramsche 1962

Wingler, H. M.: *Bauhaus in Amerika. Resonanz und Weiterentwicklung*, Berlin 1972

Wingler, H. M.: Die pädagogische Konzeption des Bauhauses, in: *Paris-Berlin 1900–1933* (Kat.), München 1979

Winkler, K.-J./Ruby, J./Voigt, E./Korrek, N.: Stahlrohrmöbel und Bauhaus – eine Studie, in: *Wissenschaftliche Zeitschrift der Hochschule für Architektur und Bauwesen Weimar* 2/1983

Winter, F. G.: *Planung oder Design. Über die Chancen der Phantasie in einer sich wandelnden Gesellschaft*, Ravensburg 1972

Wir Kleinbürger. Kursbuch 45/1976

Wirtensohn, C.: *Fundgrube neuer Erfindungen*, Wien 1873

Wirth, I.: *Berliner Biedermeier*, Berlin 1972

Wissenschaftliche Zeitschrift der Hochschule für Architektur und Bauwesen Weimar 5/6,1976; 4/5, 1979; 5/6, 1983 (Sonderhefte für das 1., 2. und 3. internationale bauhaus-kolloquium)

Wissner, A.: *Die Entwicklung der zeichnerischen Darstellung von Maschinen, unter besonderer Berücksichtigung des Maschinenbaus bis zu Beginn des 20. Jahrhunderts*, Diss. München 1948

Witte, I.: *Die rationelle Haushaltsführung. Betriebswissenschaftliche Studien* (Ch. Frederick, The New Housekeeping. Efficiency Studies in Home Management), Berlin 1922

Witte, I.: *Heim und Technik in Amerika*, Berlin 1928

Wladimir Tatlin 1885–1953 (Kat.), Hg. Kunstverein München, München 1970

Wohnbedarf. Werkbund-Ausstellung Stuttgart 1932 (Kat.), Stuttgart 1932

Wohnen + Leben 2. Marketinggerechte Strukturen zentraler Lebensbereiche, 4 Bde., Hg. Gruner & Jahr AG, Hamburg 1983

Wohnen und Identität. Kolloquium 6, Hg. Hochschule für Gestaltung Offenbach, Offenbach 1982

Wolbert, K.: Alles Design – oder was?, in: Buchholz, K./Wolbert, K. (Hg.): *Im Designerpark. Leben in künstlichen Welten* (Kat.), Darmstadt 2004

Wolf, G.: *Wohnung und Haus des Mittelstands. Grundsätzliches zur Planung ihrer Grundrisse, Einzelteile und Gesamterscheinung*, Berlin/Leipzig 1936

Wolff, F.: Der Neubau des Warenhauses Wertheim in Berlin, in: *Deutsche Kunst und Dekoration* XV, 1904–05

Wolsdorf, C.: Die Bauhauslampe – Versuch einer Rekonstruktion ihrer Entstehungsgeschichte, in: *Design. Formgebung für jedermann, Typen und Prototypen* (Kat.), Hg. Kunstgewerbemuseum Zürich, Zürich 1983

Wolters, R.: Vom Beruf des Baumeisters, in: *Die Kunst im Dritten Reich*, Folge 7/8, Ausgabe B, 1943

Wülker, G.: *Designer. Eine Umfrage zum Bedarf an Designern in der Wirtschaft*, Hg. DIHT, Bonn 1973

Wünsche, K.: *Bauhaus: Versuche, das Leben zu ordnen*, Berlin 1989

Wulff, J.: *Die bildenden Künste im Dritten Reich*, Gütersloh 1963

Wurm, E.: *Die Lebenshaltung des deutschen Arbeiters*, Dresden 1892

z. B. Stühle. Ein Streifzug durch die Kulturgeschichte des Sitzens (Kat.), Hg. Deutscher Werkbund/Badischer Kunstverein, Karlsruhe 1982

Zahner, N.T.: *Die neuen Regeln der Kunst. Andy Warhol und der Umbau des Kunstbetriebs im 20. Jahrhundert*, Frankfurt/New York 2006

Zais, E.: *Die Kurmainzische Porzellanmanufaktur zu Höchst*, Mainz 1887

Zapf, W. (Hg.): *Lebensbedingungen in der Bundesrepublik*, Frankfurt/M. 1977

Zapp, W.: *Die Minox ist mein Leben*. Videocassette, Hg. Minox GmbH Wetzlar 1998

Zec, P. (Hg.)/red dot edition: *Design Innovationen. Jahrbuch 2001*, Essen 2001

Zec, P. (Hg.): *red dot edition. Jahrbücher des Designzentrum Nordrhein-Westfalen 2004/2005 und 2006/2007*, Essen 2005 bzw. 2007

Ziehe, Th.: Die alltägliche Verteidigung der Korrektheit, in: *Schock und Schöpfung* (Kat.), Hg. Deutscher Werkbund/Württembergischer Kunstverein, Darmstadt/Neuwied 1986

Žižek, S.: The Unbearable Lightness of the Virtual, in: iF International Forum Design (Hg.): *ICSID Design Congress*, Hannover 2003

Zuchold, G.-H.: Bemerkungen zu Schinkels Verhältnis zur Kunst der Antike, in: *Karl Friedrich Schinkel* (Kat.), 1982

Zunkel, F.: Industriebürgertum in Westdeutschland, in: H. U. Wehler (Hg.): *Moderne deutsche Sozialgeschichte*, Köln 1976

Zur Entwicklung und Konzeption des IUP. Stellungnahme der Fachschaft am Institut für Umweltplanung Ulm der Universität Stuttgart, Ulm o.J. (1971)

Zwischen Kunst und Design. Neue Formen der Ästhetik, in: *Kunstforum International* 66/1983

Zwischen Kunst und Industrie. Der Deutsche Werkbund (Kat.), Hg. Die Neue Sammlung, München 1975

Register

Achleitner, Friedrich 290
Adaskina, Natalja 140
adidas-Salomon AG 361
Adler-Automobilwerke 215
Adorno, Theodor W. 255f., 356, 369
AGCO GmbH (Fendt) 383
Aicher, Otl 239, 242 ff.
Aicher-Scholl, Inge 242
Albers, Josef 136
Albus, Volker 269, 319, 343
Alessi 278, 297, 303, 316 ff.
Alex Lindner GmbH 249
Alfa Romeo 208
Alldeutscher Verband 123
Allgemeine Electrizitäts-Gesellschaft (AEG) 90, 99–111, 114, 183, 297, 303, 322, 339, 343, 353
Allgemeiner Deutscher Gewerkschaftsbund 157
Allianz-Arena 361, 382
Allwohn, Adolf 131
Amt für industrielle Formgestaltung (AiF) 226f., 256, 286
Amt Schönheit der Arbeit 188, 198f., 201, 366
Amt zur Überwachung der gesamten geistigen und weltanschaulichen Schulung und Erziehung der NSDAP 196
Anders, Günther 15, 385
Andersch, Alfred 244
Andritzky, Michael 262
AOK Berlin 125
Appert, François 47
Apple 297, 299
Araghi, Verena 347
Arbeitskreis für industrielle Formgebung beim BDI 223
Arbeitsrat für Kunst 130f., 133, 137
Arent, Benno von 192
Arndt, Jürgen 286
Arp, Hans (Jean) 231
Art Nouveau 85
Arts & Crafts 85, 94
Arzberg 367
Asendorf, Christoph 60, 68
Ashbee, Charles Robert 93
Audi Design Team 387
Audi Forum Ingolstadt 388
Authentics 340, 343
Autostadt Wolfsburg 339, 388
Avenarius, Ferdinand 115

Bachelard, Gaston 88
Bächler, Hagen 137, 290f.
Badisches Landesmuseum Karlsruhe 42
Baillie Scott, Hugh Mackay 93
Balász, Béla 175
BANG-Design 361
Bangert, Albrecht 233
Banham, Reyner 257
Barret, Craig 333
Bartels, Heiko 324f.
Bätzner, Helmut 357f.
Baudrillard, Jean 312
Bauhaus 55, 118f., 129f., 132–142, 145, 153–162, 164f., 172, 181f., 201, 229, 234, 248, 251, 281, 289, 342, 345, 365, 387
Bauhaus-Archiv, Museum für Gestaltung Berlin 130, 135, 138f., 141, 143, 145, 149, 151, 154f., 158, 181
Baumberger, Winfried 258
Bausinger, Hermann 385
Bayerische Motorenwerke AG (BMW) 321, 345, 355, 387f.
Becker, Walter 30f.
Behne, Adolf 129, 131, 194
Behrens, Peter 84, 90, 94f., 99f., 102 ff., 106–111, 113f., 120, 160, 183, 214, 303, 322, 343, 353, 374
Benjamin, Walter 71, 87, 388
Bense, Max 248
Benton, Tim 186
Berliner Kunstgewerbemuseum 38
Bernard, Andreas 338
Berninger, Ernst H. 183
Bertsch, Karl 110, 288f.
Berzelius, Jöns Jakob v. 46
Bettelheim, Charles 195, 213
Beuth, Peter Wilhelm Christian 38, 40
Beylerian, George M. 359
bgp design 360
Bibliothèque Royale des Belgique Brüssel 79
Biedrzynski 243
Biensfeldt, Johannes 30
Bignens, Christoph 209, 215
Bill, Max 240–243, 348
Blankenship, Esther 323
Bloch, Ernst 256
BMW Group 355
BMW-Welt München 388
Bofinger Production 357f.
Böhm, Florian 340
Böhme, Hartmut 384, 386

Böhme, Helmut 25, 88, 151, 220
Bonsiepe, Gui 249, 256
Borchardt, Knut 72, 113
Borngräber, Christian 232 f., 268 f., 281 f., 319
Borrmann, Norbert 122
Borsig, August 29
Bosselt, Rudolf 94, 133
Böttger, Rudolf Christian 47
Bourdieu, Pierre 72, 126, 239, 281, 322, 368
Braake, Knut 360
Brandes, Uta 279, 297
Brandt, Marianne 155, 342
Braun AG 226, 230, 235–239, 257, 266, 298
Braun, Arthur 226
Braun, Erwin 238
Breuer, Gerda 358
Breuer, Marcel 55, 136, 139 f., 145 f., 148–151, 153 ff., 162, 168, 182, 248, 273, 363, 386
Breuer, Robert 106
Brinkmann, Woldemar 197
Brix, Michael 63, 66
Brock, Bazon 256, 343, 372
Broszat, Martin 197
Bruckmann, P. & Söhne 65, 87, 97, 115, 190
Brunhammer, Yvonne 181
Brüning, Heinrich 197
Bruton, Eric 58
Bucher, Bruno 77
Buchholz, Kai 338, 353
Buddensieg, Tilmann 40, 99 f., 104, 106, 343
Buderus 163
Bund deutscher Werbeberater e.V. (BDW) 223
Bundesverband der deutschen Industrie (BDI) 223
Burandt, Ulrich 286
Bürck, Paul 94
Burckhardt, Lucius 263, 281, 319, 369 ff.
Burkhardt, François 262
Bürdek, Bernhard E. 244, 256, 303, 323, 351, 378 f.
Burne-Jones, Edward 93
Burrichter, Günther 170
Bush, Donald J. 182
Buske, Albert 227
Busse Design Ulm 375
Buxbaum, Berthold 26, 37
Byars, Mel 342

Calor SAS 298
Cambacérès, Regis de 46
Campbell, Joan 208
Capellini 343
Carl Zeiss, Oberkochen 341
Casati, Rebecca 349
Centre régional d'Escalade Massy 314
Chancel, Jean Louis
Chan-Magomedow, Selim O. 140
Christiansen, Hans 93 f.
Citroën 387
Claessens, Dieter 122
Classicon 343
Cobarg, Claus C. 238

Colani, Luigi 253, 261, 297
Cole, Henry 78
Collins, Michael 269
Color & Material Lab 361
Consemüller, Erich 149
Conze, Werner 71 f., 123
Cotta, Johann Friedrich 42
Coulmas, Florian 350
Cramer-Klett, Theodor v. 29 f.
Csikszentmihalji, Mihalyi 355
Curjel, Hans 80, 90

D'Annunzio, Gabriele 186
Daimler-Benz AG 205, 219, 232
Danhauser, Josef 43
Danz, Walter 356
Darmstädter Künstlerkolonie 79 f., 89, 102
Das Neue Frankfurt 160 f.
Dawes-Plan 151
de Stijl 137 ff., 142, 181, 281, 365
Dell, Christian 187, 310, 357
Deneke, Bernward 74
Der Ring 172
Der Spiegel 282, 333, 348 f., 356
Design Zentrum München 304
designafairs GmbH München 331, 361, 377
Designcenter Stuttgart 223
DES-IN-Gruppe 264
Dessau-Törten 158
desta-Haus 189
Deutsche Bahn AG 379
Deutsche Bauausstellung 189
Deutsche Kunst und Dekoration (DkuD) 80 f., 90, 93, 107
Deutsche Stahlmöbel GmbH 189
Deutsche Werkstätten Hellerau 110, 183
Deutscher Werkbund 110, 113, 115–123, 133, 155 f., 160 f., 168, 170, 183, 198, 208, 222, 227, 345, 363–373, 387
Deutsches Amt für Meßwesen und Warenprüfung (DAMW) 227
Deutsches Handwerksinstitut 211
Deutsches Institut für Wirtschaftsforschung 222
Deutsches Museum München 35
Dexel, Grete 159
Di Blasi, Johanna 340
Dichter, Ernest 255
Die Dame 186
Die Neue Sammlung 229
Doesburg, Theo van 135–139, 281
Dolata, Ulrich 15
Dolivo-Dobrowolsky, Michael v. 100, 104
Dresdener Werkstätten für Handwerkskunst 99, 110 ff.
Dreyfuss, Henry 209
Duden 387
Dunas, Peter 261, 297
Duncker & Maste 37
Dürer, Albrecht 121
Dürerbund-Werkbund-Genossenschaft 121, 364
Dworschak, Manfred 331 f.

Earnshaw, James E. 30
Eckmann, Otto 94, 107
Eckstein, Hans 192
Edison, Thomas Alva 60
Ege, Klara 212
Eichhorn, Karl 212
Eichler, Fritz 226, 237 f.
Eisele, Petra 269, 275, 318 f., 325
Elias, Norbert 17 f., 20, 86
Elium Studio Paris 298
Endell, August 94
Enzensberger, Hans Magnus 244, 291
Epple, Johann 383
Erhard, Ludwig 232
Erler, Michael 132
Erlhoff, Michael 270, 272, 323
Esslinger, Hartmut 279 f., 297
Evans, Oliver 19
Evers, Marco 328
Exner, Wilhelm Franz 54
Exposition de la societé des artistes décorateurs 181

Fagus-Werke 133
Falke, Jacob v. 77, 82
Fallada, Hans 178, 180
Feilner, Tobias 43
Feininger, Lyonel 129 f., 132
Feldhaus, Franz Maria 33
Ferrand, Eduard 47
Fiell, Charlotte u. Peter 342
Finsterlin, Hermann 131
Fischer, Hardy 324 f.
Fischer, Karl (Metallwarenfabrik) 228
Fischer, Theodor 99, 107, 161
Fischer, Uwe 318, 320
Fischer, Volker 219, 267 f., 270, 276, 278, 282, 300, 302, 313
Flos Arteluce 343
Flusser, Vilém 300
Fontane, Theodor 38
Ford, Henry 140, 179, 297
Frampton, Kenneth 246, 249
Franchot (Mechaniker) 46
Frankfurter Küche 169, 171–174
Frankfurter Römerstadt 169
Frederick, Christine 172
Fresenius Medical Care 375
Freud, Sigmund 237
Freudenberg, Lutz 257
Friedell, Egon 67
Friedl, Friedrich 12
Friedmann, Georges 157, 170
Friemert, Chup 120, 256
frogdesign 279 f., 297
Fuchs, Georg 78, 80
Fuller, Richard Buckminster 209
Fullservice Productdesign 341

Gallé, Emile 94
Galloway, Elijah 47

Gaßner, Hubertus 132, 140, 151
Gates, Bill 348
Gaugele, Elke 354
Gavina 146
Geddes, Norman Bel 209
Geest, Jan van 148
Geismeier, Willi 43
General Electric Company 108
Germanisches Nationalmuseum Nürnberg 33
Geschwister-Scholl-Stiftung 242
Gesellschaft Werbeagenturen Frankfurt (GWA) 223
Gestaltkreis beim BDI e.V. 223
Giedion, Sigfried 14, 19, 332
Giese, Fritz 152
Gilbert, George 308
Gilbreth, Frank Bunker 170
Gillen, Eckart 132
GINBANDE Design 318, 320
Glaser, Hermann 30, 219
Gläserne Kette 130
Glaspalast München 34
Glückert, Julius (Hofmöbelfabrik) 93
Goebbels, Joseph 188, 200 ff.
Goethe, Johann Wolfgang v. 17
Goggomobil 249
Gottschalk, Thomas 336
Götz, Norbert 34
Graf, Emil 161
Graul, Richard 96
Grcic, Konstantin 338 ff., 343
Gretsch, Hermann 196, 211 f., 366
Grieger, Manfred 207
Grießing, Otto 201
Grobe, Stefan 360
Grönwald, Bernd 140
Gropius, Walter 132 f., 136 f., 142, 154, 156, 158, 161, 168, 181
Gros, Jochen 257, 263, 329, 376
Groß, Hagen 239
Großherzog Ernst Ludwig von Hessen und bei Rhein 79, 84, 93 f.
Grote, Andreas 328
Groupe SEB 298
Grundig 234, 250
Grunenberg, Antonia 220
Gsöllpointner, Helmuth 370
Gugelot, Hans 236, 238–241, 243 f., 247
Guggenberger, Bernd 345
Guild and School of Handicrafts 93
Guild of St. George 93
Günther, Sonja 126, 194, 198, 214
Gutzkow, Karl 17 ff.

Habermas, Jürgen 66, 255, 281
Habermas, Tilmann 355
Habich, Ludwig 94
Hahn, Peter 159
Hahn, Hans Peter 354, 368
Hamel, Hannelore 219
Hamann, Götz 350
Hampe, Peter 121

Hansa Metallwerke AG 352
Hansen, Ursula 255
Haug Moritz Design 375
Hapag 161
Harburger Gummikamm Compagnie 357
Hareiter, Angela 281
Haribo 335
Harkort, Friedrich Wilhelm 25
Harlan, Veit 207
Harnisch, August 258
Hartig, Margarete 167
Hartl, Hans 183
Harzburger Front 192
Haug, Wolfgang Fritz 188, 255 f., 267
Hausrat GmbH 162 f.
Hecht, Luitpold 281
Hedler, Ernst 289
Heidenreich, Fritz 225
Heilborn, Ernst 42, 47
Heilmann, Josua 47
Heine, Klaus Achim 318, 320
Helios 108
Henschel AG 231
Herzogenrath, Wulf 136
Hessisches Landesmuseum Darmstadt 84, 126
Heubach, Friedrich 311, 355
Heuss, Theodor 125
Heyden, Thomas 142, 144
Heyder, Horst 234
Hickethier, Knut 202
Hilberseimer, Ludwig 165
Hildinger, Paul 240 f.
Hillier, Bevis 181 f.
Himmelheber, Georg 42, 45 f.
Hirdina, Karin 258
Hirdina, Heinz 156 ff., 219, 222, 229, 250, 253, 258, 281, 290 f.
Hirschberg, E. 74
Hirth, Georg 64
Historisches Archiv der Friedrich Krupp GmbH 210
Hitler, Adolf 186, 192, 194, 196, 198, 203–207, 211, 213 f.
Hochschule für Gestaltung (HfG) Ulm 155, 240, 242 f., 345
Hochschule für Kunst und Design Burg Giebichenstein/Halle 224, 258
Hochstädter & Bergmann 88
Hoesch, Christoph A. 300, 303
Hoff, Robert van't 137
Hoffmann, Josef 91
Hoffmann, Ludwig 35
Hoffmann, Ot 371
Hoffmann, Walter G. 88 f.
Högner, Rudi 226
Höhne, Günter 289
Höhns, Ulrich 382
Hölzinger, H.A.M. 236, 241, 317, 340
Hollweck, Thomas 89
Holthöfer, Ulrike 271, 276
Holtzhausen, August Friedrich 26
Holzinger, Lutz 256

Honeywell AG 344
Horkheimer, Max 255, 356
Hornig, Frank 348
Howe, Elias 47
Huber, Patriz 88, 94
Hückler, Alfred 289
Hufnagl, Florian 297
Hullmann, Harald 324 f.
Humboldt, Wilhelm v. 43
Hunt, Walter 47
Hüskes, Charly 324 f.
Huszar, Vilmos 137
Huxley, Aldous 178

Idea-Produkt-Design
iF material award 361
IG Farben 246
IKEA 282
Industrieform e.V. 223
Institut für angewandte Kunst 226
Institut für industrielle Gestaltung 226
Institut für neue technische Form 223
Intel 328, 333, 356
International Council of Societies of Industrial Design (ICSID) 223, 227
International Forum Design 342, 361
Internationales Design Zentrum (IDZ) 223
Itten, Johannes 134–137, 154

Jaffé, Hans L.-C. 137
Jahny, Margarete 252
Jaray, Paul 209
Jelinek, Elfriede 350
Jessen, Peter 119, 364
John, Erich 226, 251
Joppich, Jürgen 344
Jourdan, Jochem 161
Jucker, Carl Jakob 141–145
Junghans (Uhrenfabrik) 57
Jungwirth, Nikolaus 233

Kaiser, Rudolf 224
Kallai, Ernst 157
Kalweit, Andreas 359, 361
Kammerer, Friedrich 47
Kamper, Dietmar 61
Kandinsky, Wassily 135 ff.
Karstadt AG 260
Kasemeier, Rolf 307
Katona, George 255
KdF-Limousine 206
KdF-Schiff »Wilhelm Gustloff« 197
Keery, Graham 331
Kellner, Petra 248
Kelm, Martin 224, 257, 286
Kemp, Wolfgang 91
Kern, Helge 359
Kerschensteiner, Georg 115 f.
Kersting, Walter Maria 200 ff.
KGID (Konstantin Grcic Industrial Design) 340
Kirsch, Hans-Christian 93

Klar, Michael E. 256
Klatt, Jo 239
Klee, Paul 136
Klett & Co. 33
Klitzke, Udo 285
Klotz, Heinrich 323, 343 f.
Knoll International 146
Koch, Alexander 79 f.
Kocka, Jürgen 30, 89
Kohl, Karl-Heinz 15, 385
Kohn, Jacob 53
Kok, Antony 137
Kolumba (Kunstsammlung des Erzbistums Köln) 386
Komenda, Erwin 204, 206
Kommunistische Partei Deutschlands (KPD) 166
Kommunistisches Manifest 345
Köpping, Karl 94
Kracauer, Siegfried 152, 161, 177 f.
Kramer, Ferdinand 160–166, 168, 365
Kratzsch, Gerhard 126
Krause, Albert 343, 356
Krauß, Paul 252
Krausse, Joachim 172 f., 200
Kreller, Erich 108
Kröll, Friedhelm 136
Kromschröder, Gerhard 233
Kruft, Hanno-Walter 95
Krupp, Alfred 29
Kuby, Thomas 256
Kuczynski, Jürgen 30
Kufus, Axel 271, 276
Kuhirt, Ullrich 227, 257
Kuhler, Otto 209
Kühne, Lothar 168 f., 289
Kummer (elektrischer Apparatebau) 108
Kunstflug 281, 322, 324 ff.
Kunstgewerbemuseum Zürich 38, 62
Kunstwart 115, 121
Kupetz, Andrej 297, 376
Kurmainzische Porzellanmanufaktur Höchst 36
Kurz, Felix 330

Lahmeyer (elektrischer Apparatebau) 108
Landesgewerbeamt Stuttgart 223, 342
Langbehn, Julius 121 f.
Lange, Konrad 86
Langenmaier, Arnica-Verena 304, 308, 356
Lanz, Michael 296
Laszlo, Paul 176
Lattermann, Günter 200
Laubner, Jo 276
Läuger, Max 94
Lausitzer Glaswerke AG 190
Laux, Werner 224, 227
Le Corbusier (Charles-Edouard Jeanneret) 153, 244
Lecatsa, Rouli 270
Leck, Bart van der 137
Lederer, Emil 175, 178
Lehn, Bernhard 379
Leixner, Otto v. 73, 89

Lenin, Wladimir Ijitisch 140
Leppert-Fögen, Anette 177
Leroi-Gourhan, André 16
Lessing, Julius 60, 77 f.
Lethen, Helmut 135, 152 f., 179
Letsch, Herbert 137, 290 f.
Lettré, Emil 190
Lévi-Strauss, Claude 347
Ley, Robert 206
Lichtenstein, Claude 209
Lichtwark, Alfred 121
Lindenlab 349
Lindinger, Herbert 245, 247, 262, 281
Lippe, Rudolf zur 55, 170, 172 f., 188
Lippert, Werner 361 f.
Lissitzky, El 135, 137, 139 f.
Lloyd 194
Löbach, Bernd 264
Loewe AG 346
Loewy, Raymond 209
Loos, Adolf 108, 153
Lübke, Wilhelm 64
Luckhardt, Wassili und Hans 189
Luckner, Peter 286 f., 304, 334
Ludsteck, Walter 327
Luftschiffbau Zeppelin GmbH 209
Lunatscharski, Anatoli 137
Lützeler, Heinrich und Marga 211
Lux, Joseph August 45, 85, 91, 94, 101, 110, 118, 124
Lyotard, François 16, 295

Mácel, Otakar 148
Mackintosh, Charles Rennie 93
Maddox-Brown, Ford 93
Madersperger, Rudolf Joseph 47
Madonna 384
Maenz, Paul 184, 233
Maffei 35, 120
Maier, Tom 383
Makart, Hans 71
Maldonado, Tómas 243 f., 246, 249, 256
Malewitsch, Kasimir 137, 140, 281
Manske, Beate 142
Marinetti, Filippo Tommaso 186
Marquard, Odo 15
Marsais, P. 47
Marschak, Jakob 175, 178
Marshallplan 219
Marx, Karl 20, 31, 59, 191, 255 f., 258, 343, 384
Mathildenhöhe Darmstadt 89 f., 94
Matschoss, Conrad 26
May, Ernst 160, 162, 164, 167 f.
Mayer, Albert 96
McCloy, John 242
Meikle, J. I. 209
Memphis 269 f., 276, 300
Menck, Clara 367
Mendini, Alessandro 269
Mercedes-Benz 209, 345
Mercedes-Benz-Welt Stuttgart 388

Meurer, Bernd 159, 165, 201, 223, 256
Meyer, Adolf 161
Meyer, Hannes 136, 139 f., 156–159, 162, 173, 248
Meyer, Olaf 237
Meyer, Thomas 36
Michel, Horst 222, 254, 290
Michel, Ralph 239
Microsoft 297, 351
Mieritz, H. E. 124
Mies van der Rohe, Ludwig 136 f., 150, 153, 159
Migge, Leberecht 131
Mitropa 170
Mitscherlich, Alexander und Margarete 256, 369
Moholy-Nagy, Laszlo 136 f., 142, 148, 154, 168
Mohr, Christoph 169, 172
Moles, Abraham 256
Möller, Carola 255
Molnár, Farkas 139
Mommsen, Hans 207
Mondrian, Piet 137 f., 164
Monthiers, Jean Marie 314
Moore, Henry 231, 328
Moormann 343
Moorstedt, Tobias 249
Moritz, Hans 375
Morris, William 78, 85, 92 ff., 115, 130, 133
Moser, Koloman 91
Mrazek, Wilhelm 52
MTM 285
Müller, Erich 252
Müller, Gerd Alfred 230
Müller, J. Heinz 89
Müller, Lothar 264
Müller, Michael 163, 166, 169, 172
Müller, Sebastian 120
Müller-Krauspe, Gerda 255 f.
Müller-Kühn, Helmut 247
Mumford, Lewis 119
Mummenthey, Karl-Heinrich 41
Münchner Stadtmuseum 34, 58
Münchener Werkstätten für Handwerkskunst 89
Münchhausen, Herrmann 126
Mundt, Barbara 40, 63 f.
Murdoch, Rupert 348
Museum der Stadt Rüsselsheim 150
Museum für Dekorative Kunst Paris 181
Museum für Kunst und Kulturgeschichte der Hansestadt Lübeck 44, 47
Museum of Modern Art New York 342
Mussolini, Benito 186
Muthesius, Hermann 93, 95 ff., 118, 123, 364
MySpace 348

Napoleon Bonaparte 42 f.
Nationalsozialer Verein 123
Nationalsozialistische Deutsche Arbeiterpartei (NSDAP) 192, 194, 196
Naumann, Friedrich 99, 112, 115, 123 f., 126, 364 f.
Neckermann 259
Nedoluha, Alois 30, 34

Nehls, Werner 256 f.
Nerdinger, Winfried 157, 168, 363, 367
Neumeister (Alexander) & Partner 284, 379
Nietzsche, Friedrich 121, 343
Nintendo 351
Nosbisch, Werner 162
Novembergruppe 130

Obi 349
Octopus Produktdesign 352
Oehlke, Horst 251, 288, 290
Offelsmeyer, C. O. 231
Ohl, Herbert 249
Ohlhauser, Gerd 12, 312
Olbrich, Joseph Maria 79, 87, 89 ff., 94
Olins, Wally 278
Olympus 297
Opel AG 90, 150 f., 214
Osterwold, Tilmann 264
Osthaus, Karl Ernst 124
Ottomeyer, Hans 42
Oud, J. J. P. 137 f.

Packard, Vance 255
Panasonic 297
Pankok, Bernhard 89
Pap, Gyula 142
Papanek, Victor 256
Patzak Design Darmstadt 377
Paul, Bruno 89, 110, 112, 120
Paxton, Joseph 29
Pehnt, Wolfgang 130, 214
Pepys, Samuel 46
Perriand, Charlotte 153
Perry, John 47
Pessoa, Fernando 388
Petras, Hubert 359
Petri, Trude 190
Petruschat, Jörg 233
Pevsner, Nikolaus 36
Pfaender, Heinz 239
Pfaff AG 247
Pfleiderer, Wolfgang 364 f.
Phaidon Design Classics 338
Philips 297
Piëch, Anton 207
Pilgrim, Dianne H. 210
Pilz, Wolfgang 62 f.
Pleischl, Adolf Martin 47
Plotzeck, Joachim M. 386
Poess-Necker, Holger 248
Pollak, Günter 124
Pollmann, Georg 212
Polster, Bernd 237
Polygon 339
Porsche, Ferdinand 202, 204–207, 297, 303, 334, 387
Portig, Gustav 82, 86, 116
Posener, Julius 118, 168, 369
Pott, Hugo 367
Priddat, Birger P. 48

Procter & Gamble 299, 377
Projektgruppe Arbeiterkultur 166
Przyrembel, Hans 155
Punk, Ekkehard 258

Quelle (Gustav Schickedanz KG) 246

Radice, Barbara 269, 281
Raggi, Franco 257, 276
Rahe, Jochen 371
Rams, Dieter 236, 238f., 257, 289
Rasch, Gebr. 367
Rashid, Karim 343
Rat für Formgebung 223f., 226f., 238, 270, 285, 297, 343, 366f.
Rat für Gestaltung 227
Rat für Industrieform 227
Rathenau, Emil und Walter 343
Rave, Paul Ortwin 194
Read, Herbert 16
Reck, Hans Ulrich 288
red dot design yearbook 228, 342
Redtenbacher, Ferdinand 34
Reese, Jens 376
Reichsamt Schönheit der Arbeit 199
Reichsausschuss für Arbeitszeitermittlung (REFA) 151
Reichsforschungsgesellschaft für Wirtschaftlichkeit im Bau- und Wohnungswesen 172
Reichsheimstättenamt der Deutschen Arbeitsfront (DAF) 198
Reichsheimstättenwerk 214
Reichskammer der bildenden Künste 366
Reichskulturkammer 196, 366
Reimer, Gerhard 285
Reis Robotics 283
Renner, Paul 164
Resopal GmbH 298, 311ff.
Reuleaux, Franz 77
Rexroth, Tilman 256
Rezzori, Gregor v. 367
Rheinbund 42
Rheinischer Verein zur Förderung des Arbeiterwohnungswesens 124
Richter, Hans 139
Richter, Reinhard 252
Riefenstahl, Leni 192
Riegel, Hans 335
Riemerschmid, Richard 80, 83, 89, 99f., 110–113, 163
Rietveld, Gerrit Thomas 140, 151
Riezler, Walter 364
Rittner, Volker 61
Robert Bosch GmbH 219
Rochberg-Halton, E. 355
Rödiger, Ulrich 261
Rodtschenko, Aleksander 140, 151
Roericht, Hans 245
Rogge, Henning 99, 108. 110
Röhl, Peter 134
Römmler AG 310
Rosenthal AG 225, 253

Rossetti, Dante Gabriel 93
Rossow, Walter 369
Rost, Dankwart 263
Rowenta 298
Rudorff, Ernst 122
Rummel, Ralf 213
Rumpler, Edmund 120
Ruskin, John 78, 85, 91–94, 129, 133
Rykwert, Joseph 136

Saalecker Werkstätten 122
Sacco, Bruno 352
Samii, Mandana 323
Sammlung Kölsch 179
Samsung 297
SAP Software 297
Sapper, Richard 278, 297, 316
Sauer, Paul 219
Scarlett, Frank 181
Schädlich, Christian 140
Schaer, Walter 249
Schäfer, Hans-Dieter 192, 196, 205, 213
Schafer, Murray 334
Scharf, K. 137, 290
Scharfenberg, Rudolf 249
Schattat, Hartmut 252
Scheerer, Hans 195, 197, 207f., 214
Scheffler, Karl 80, 82
Scheid, Eva 172
Schild, Axel 234
Schinkel, Karl Friedrich 36, 38–41, 43, 45f., 62, 66, 111, 194
Schivelbusch, Wolfgang 60f.
Schlemmer, Oskar 132, 134f., 141, 149f.
Schlesinger, Georg 28, 31, 91, 153
Schmidt, Arno 244
Schmidt, Carl 38
Schmidt, Joost 135
Schmidt, Karl 89, 100, 110
Schmidt-Hellerau, Karl 94
Schmitz, Peter 270, 276, 319
Schmoller, Gustav 72
Schmutzler, Robert 85
Schnaidt, Claude 156f., 240, 242f.
Schneewittchensarg 235, 237, 239f., 369
Schneider, Beat 300
Schneider, Romana 13
Schneider, Wolfgang 258
Schneider-Esleben, Claudia 270
Schölermann, Wilhelm 363
Scholl, Hans und Sophie 242
Scholl, Inge 242
Scholz, Gudrun 142, 380
Schönberger, Angela 194, 345, 378
Schönwandt, Rudolf 279
Schreiner, Frank 273f.
Schreyer, Lothar 136
Schriefers, Werner 386
Schroeder, Klaus 220
Schröter, Alfred 30f.

Schuckert-Werke 108
Schuldt 148
Schultes, Herbert H. 334
Schultze-Naumburg, Paul 121f., 183, 188, 214
Schulze, Franz Ferdinand 47
Schumacher, Fritz 122
Schuster, Franz 162
Schütte-Lihotzky, Grete 169, 171, 173
Schwechten, Franz 107
Schwerd, Friedrich 113f.
Schwintzer & Gräff 144f.
Schwippert, Hans 223, 368
SCP 343
Seckendorff, Eva v. 242f.
Second Life 349f., 362
Seeger, Hartmut 256
Selle, Gert 200, 207, 256, 288, 291, 355, 368, 382, 388
Seltmann, Gerhard 362
Sembach, Klaus-Jürgen 185f., 188f.
Semper, Gottfried 77
Severini, Gino 137
Shadowa, Larissa 140
Sharp 297
Siebel, Werner 31
Siegel, Gebr. 275
Siemens & Halske 108, 188
Siemens AG 299, 331, 379
Siemens Design Studio 281
Simmel, Georg 191
Sipek, Bořek 371
Slotta, Rainer 35, 41
Slutzky, Naum 138
Sombart, Werner 90, 188
Sony 297, 328, 351
Sottsass, Ettore 269
South Kensington Museum 78
Sozialdemokratische Partei Deutschlands (SPD) 166
Sozialistische Einheitspartei Deutschlands (SED) 226f., 258, 288
Sparke, Penny 268, 316
Speer, Albert 188, 192f., 198, 213, 366, 387
Spinn GmbH 195
Sprelacart 262, 309
Staatliche Museen zu Berlin 39
Staatliche Porzellanmanufaktur Berlin 190
Staatliche Schlösser und Gärten Potsdam-Sanssouci 46
Städtische Erwerbslosenzentrale Frankfurt am Main 162ff.
Städtische Kunsthalle Düsseldorf 132
Stahl, Gisela 169f., 172
Stam, Mart 55, 153, 248
Standard Möbel Lengyel & Co. 150
Starck, Philippe 338f.
Stark, Tom 313
Steffen, Dagmar 267, 300, 323, 325, 327, 372
Steinhauser, Monika 63, 66
Stepanow, Alexander W. 140
Stepanowa, Warwara Fjodorowna 151
Sternberger, Dolf 85ff.
Stiletto Studios 274

Stolze, Dieter 246
Strauß, Botho 308, 318
Struve, Friedrich Adolf August 47
Studio Alchimia 268
Stukenbrok, August 75
Suckow, Michael 251
Süßmuth (Glashütte) 367
Sywottek, Arnold 234

Tampoprint AG 360
Tashjian, Dickran 210
Tatlin, Wladimir 132, 140, 281
Taut, Bruno 130ff., 166
Taylor, Frederick Winslow 157
The Four 93
Thierbach, Dieter 326
Thonet, Michael 52–56, 59, 62, 94, 111, 146, 148, 153, 273, 345
Thun, Matteo 276, 278
Tietz AG 90
Tiller-Girls 152
Tinius, Michael 375
Townley, Marjorie 181
Trabi 288, 358
Transrapid 284
Treue, Wilhelm 25
Troost, Paul Ludwig 194
Tucholsky, Kurt 178

Ullrich, Wolfgang 372
Ulmer Hocker 240f., 243
Ungewitter, Georg Gottlob 64
Union 108

van de Velde, Henry 79f., 86, 90, 94, 118f., 133
van den Boom, Holger 378
Vantongerloo, Georges 137
Vargas, Eduardo 244
VDID (Verband Deutscher Industriedesigner) 223
VDI-VDMA-Gemeinschaftsausschuss Technische Formgebung 223
VEB Elektro-Apparate-Werke Treptow, Berlin 226
VEB Fernmeldewerk Leipzig 227
VEB Kombinat Robotron, Dresden 257
VEB Porzellanfabrik Lettin 222
VEB Porzellankombinat Colditz 252
VEB Preßwerk Ottendorf, Okrilla 356, 359
VEB Rathenower Optische Werke 251
VEB Sitzmöbelindustrie Waldheim 234
VEB Werkzeugmaschinenkombinat »7. Oktober« 285
Vegesack, Alexander v. 53
Verband Deutscher Industriedesigner (VDID) 223
Verein zur Beförderung des Gewerbefleißes 37
Vereinigte Lausitzer Glaswerke AG 195
Vereinigte Werkstätten für Kunst im Handwerk München 83, 110
Victoria & Albert Museum 78
Villeroy & Boch 297
Vinçon, Hartmut 159, 165, 201, 223, 256
Vogeler, Heinrich 130

Voit, August 29
Volksempfänger VE 301 W 201
Volkswagen AG 204, 235, 389

Wachsmann, Konrad 244
Waentig, Heinrich 40, 64, 115 f.
Waerndorfer, Fritz 91
Wagenfeld, Wilhelm 142–145, 190, 195, 211, 221, 239, 254, 367
Walker, John A. 12 f.
Walser, Martin 244
Watt, James 26
Wchutemas 132, 140, 151
Webb, Philip 93
Weber, Hermann 219
Wega 297
Wehler, Hans-Ulrich 82, 365
Weibel, Peter 350
Weißenhof-Siedlung Stuttgart 156
Wella AG 377
Wellmer, Albrecht 279
Welsch, Wolfgang 267, 343
Wendorff, Rudolf 57
Werder, Ludwig 29
Werk und Zeit 223
Werkbundausstellung »Die Wohnung« 155, 170, 189
Werkstätten für Wohnungseinrichtung München 110
Werle, Raymund 15
Wersin, Wolfgang v. 196, 211
Wertheim (Kaufhaus) Berlin 98
Wertheim Village 382
Westheim, Paul 91
Wetcke, Hans Hermann 213, 289, 343, 353
Wichert, Fritz 153, 165

Wichmann, Hans 111 f., 182 f., 229
Wick, Rainer 133, 136, 140, 160, 269
Wiener Werkstätte 91, 181
Wiese, Stephan v. 137
Wils, Jan 137
Wilson, R. G. 210
Wilsonart International 298
Wingler, Hans M. 133, 136
Winterhilfswerk 192
Winzler 46
Wippermann, P. 361
WK-Verband 220
Wolbert, Klaus 338, 353
Wolf, Gustav 178
Wolff, Paul 173
Wolters, Rudolf 208
Wurm, Emanuel 74, 89
Württembergische Metallwarenfabrik (WMF) 95 ff., 177, 180, 221, 254, 276 ff., 367

Zahner, Nina Tessa 340
Zanotta 243
Zapf, Norman 209
Zapp, Walter 306, 308
Zeischegg, Walter 243, 248
Zentralinstitut für Gestaltung 226 f.
Zentralstelle zur Förderung deutscher Wertarbeit e. V. 223
Zeppelin-Luftschiff 120
Zetsche, Reinhard 352
Ziehe, Thomas 231
Žižek, Slavoj 284
ZKM Karlsruhe 350
Zuchold, Gerd-H. 41

Bildnachweis

Adidas-Salomon AG, Herzogenaurach Abb. 173
AGCO GmbH & Co KG, Marktoberdorf Abb. 177
AIF (Amt für industrielle Formgebung) Abb. 106, 107, 110, 111, 118, 127, 128
Alessi (Omegna/Italien) Abb. 156 (Foto H. A. M. Hölzinger)
Audi AG, Ingolstadt Abb. 178
Archiv des Autors Abb. 1, 2, 6, 13, 14, 19, 20, 21, 22, 23, 24, 27, 28, 30, 31, 34, 35, 46, 47, 48, 50, 66, 77, 87, 88, 89, 90, 91, 92, 94, 95, 96, 97, 98, 100, 101, 102, 103, 133, 134, 136, 138
Authentics (Konstantin Grcic) Abb. 162 (Foto H.A.M. Hölzinger)
Badisches Landesmuseum Karlsruhe Abb. 8
Bauhaus Archiv, Museum für Gestaltung, Berlin Abb. 52, 54, 55, 56, 57, 58, 59, 64, 67, 68, 69, 81
Baumberger, Winfried (Halle) Abb. 132 (Foto Karl August Harnisch)
Bibliothèque Royale de Belgique, Brüssel Abb. 25
BMW Group, München Abb. 168
Bofinger Production/Vitra Museum Weil am Rhein Abb. 170
Braun AG, Kronberg Abb. 109, 113, 130, 140
Buddensieg, T./Rogge H.: *Industriekultur. Peter Behrens und die AEG 1907-1914*, Berlin 1979 (Gebr. Mann Verlag) Abb. 36, 39, 40, 41
Carl Zeiss, Oberkochen Abb. 163
Deutsches Museum München Abb. 5
Elefanten-Press-Galerie Abb. 116
Fresenius Medical Care Deutschland GmbH, Bad Homburg Abb. 174
frogdesign (Hartmut Esslinger) Abb. 146
Fuchs, Heinz (Mannheim) Abb. 17, 18
Germanisches Nationalmuseum Nürnberg Abb. 3
Gros, Jochen (Offenbach) Abb. 137
Groupe SEB Deutschland GmbH/Rowenta (Erbach/Odw. u. Pont-L'Éveque/Frankreich) Abb. 152
Günther, S. *Das Deutsche Heim*. Gießen 1984 (Anabas Verlag) Abb. 49

Hansa Metallwerke AG, Stuttgart Abb. 167
Hessisches Landesmuseum Darmstadt Abb. 29, 51
Hirdina, H.: *Gestalten für die Serie*. (VEB Verlag der Kunst, Dresden 1988) Abb. 131, 135, 149, 169 (Foto Walter Danz), 171 (Foto Helge Kern)
Historisches Archiv der Friedrich Krupp GmbH, Essen Abb. 99
Holthöfer, Ulrike/Kufus, Axel Abb. 142
Honeywell AG, Schönaich Abb. 164
Institut für Neue Technische Form, Darmstadt Abb. 119, 120 (Fotos H.A.M. Hölzinger)
Knoll International Deutschland GmbH Abb. 60-63
Koliusis, Nikolaus (Stuttgart) Abb. 44, 45, 83, 84, 85, 86
Kramer, Lore (Frankfurt am Main) Abb. 70, 71, 72, 73
Krausse, Joachim (Berlin) Abb. 75, 76
Kunstflug (Heiko Bartels, Hardy Fischer, Harald Hullmann, Charly Hüskes) Foto Ulrich Klaas Abb. 159
Loewe AG, Kronach Abb. 165
Luckner, Peter (Halle) Abb. 150
Minox AG, Wetzlar Abb. 154
Müller-Wulckow, W.: *Architektur der zwanziger Jahre in Deutschland*. Königstein 1975 (Verlag Langewiesche) Abb. 74
Münchner Stadtmuseum Abb. 4, 15
Museum der Stadt Rüsselsheim Abb. 65
Museum für Kunst und Kulturgeschichte der Hansestadt Lübeck
Abb. 9,11 (Foto Helmut Göbel)
Museum für Kunsthandwerk, Frankfurt am Main Abb. 26
N+P industrial design (Neumeister und Partner), München Abb. 176 (Foto Bernhard Lehn)
Radio Bremen (Archiv) Abb. 93
Rat für Formgebung Abb. 42, 105, 112, 114, 115, 117, 126
Reis GmbH & Co KG Maschinenfabrik, Obernburg/Main Abb. 148
Resopal GmbH, Groß-Umstadt Abb. 155 (Foto Jean-Marie Monthiers)
Rogge, H.: *Fabrikwelt um die Jahrhundertwende am Bei-*

spiel der AEG. Köln 1983 (Du Mont Buchverlag) Abb. 37, 38
Rosenthal AG, Selb Abb. 108, 129
Sammlung Kölsch Abb. 79
Schmitz, Peter (Hildesheim) Abb. 141 (Foto Dieter Schohl)
Siemens AG, München Abb. 147, 151, 153, 160
SPIEGEL-Verlag, Hamburg Abb. 166
Staatliche Museen zu Berlin Abb. 7
Staatliche Schlösser und Gärten Potsdam-Sanssouci Abb. 10
Städtische Kunsthalle Düsseldorf Abb. 53
Stadtarchiv Ulm (Zeitschrift »ulm«) Abb. 121, 122, 123, 124, 125
Stiletto-Studios (Frank Schreiner), Berlin Abb. 143 (Foto Idris Kolodziej)
Tampoprint AG, Korntal-Münchingen Abb. 172
Gebr. Thonet, Frankenberg/Eder Abb. 12
Vitra Management AG/Klaus Uwe Fischer u. Achim Heine Abb. 157, 158
Volkswagen AG, Wolfsburg Abb. 139, 161, 179
Wella AG (Procter & Gamble), Darmstadt Abb. 175
Wichmann, H.: *Aufbruch zum neuen Wohnen*. Basel 1978 (Birkhäuser Verlag) Abb. 43 (Foto Sophie Renate Gnamm) 82, 104
WMF (Württembergische Metallwarenfabrik), Geislingen Abb. 16, 32, 33, 78, 80, 144, 145

Copyright-Nachweis

© VG Bild-Kunst, Bonn
Peter Behrens, Lyonel Feininger, Ulrike Holthöfer, Erich John, Richard Riemerschmid, Geritt Thomas Rietveld
© Oskar Schlemmer, Archiv und Familiennachlass, Badenweiler

Nicht in allen Fällen konnten die Urheberrechte ermittelt werden. Betroffene Rechteinhaber mögen sich bitte mit dem Verlag in Verbindung setzen.

Kulturwissenschaften

Gert Selle
DESIGN IM ALLTAG
Vom Thonetstuhl zum Mikrochip
2007 · 220 Seiten · ISBN 978-3-593-38337-8

Gerhard Schweppenhäuser
ÄSTHETIK
Philosophische Grundlagen und Schlüsselbegriffe
2007 · Ca. 240 Seiten · ISBN 978-3-593-38347-7

Christina von Braun, Christoph Wulf (Hg.)
MYTHEN DES BLUTES
2007 · 369 Seiten · ISBN 978-3-593-38349-1

Mathias Mertens
KAFFEEKOCHEN FÜR MILLIONEN
Die spektakulärsten Ereignisse im World Wide Web
2006 · 183 Seiten · ISBN 978-3-593-38025-4

Volkmar Sigusch
NEOSEXUALITÄTEN
Über den kulturellen Wandel von Liebe und Perversion
2005 · 225 Seiten · ISBN 978-3-593-37724-7

Gerne schicken wir Ihnen aktuelle Prospekte
vertrieb@campus.de · www.campus.de

campus
Frankfurt · New York

Aktuelle Themen

Peter Cornelius Mayer-Tasch (Hg.)
MEER OHNE FISCHE?
Profit und Welternährung
2007 · 232 Seiten · ISBN 978-3-593-38350-7

Stephan Lessenich, Frank Nullmeier (Hg.)
▶ **DEUTSCHLAND – EINE GESPALTENE GESELLSCHAFT**
2006 · 374 Seiten · ISBN 978-3-593-38190-9

Herfried Münkler, Grit Straßenberger, Matthias Bohlender (Hg.)
▶ **DEUTSCHLANDS ELITEN IM WANDEL**
2006 · 537 Seiten · ISBN 978-3-593-38026-1

Yannick Vanderborght, Philippe Van Parijs
▶ **EIN GRUNDEINKOMMEN FÜR ALLE?**
Geschichte und Zukunft eines radikalen Vorschlags
2005 · 167 Seiten · ISBN 978-3-593-37889-3

Gerd Grözinger, Michael Maschke, Claus Offe
▶ **DIE TEILHABEGESELLSCHAFT**
Modell eines neuen Wohlfahrtsstaates
2006 · 221 Seiten · ISBN 978-3-593-38196-1

Gerne schicken wir Ihnen aktuelle Prospekte
vertrieb@campus.de · www.campus.de

Frankfurt · New York

OB